高等学校土木工程本科指导性专业规范配套系列教材

总主编 何若全

桥梁工程

QIAOLIANG
GONGCHENG

主　编　王慧东
副主编　沈锐利
主　审　强士中

重庆大学出版社

内容提要

本书以铁路桥梁为主适当兼顾了公路桥梁,系统地介绍了铁路简支梁桥、连续梁桥、拱桥、斜拉桥、悬索桥和桥梁墩台基础等的构造特点、施工方法及计算原理和方法,参考目前高等学校桥梁工程教学实际情况,按最新修订的铁路、公路桥梁和城市道路桥梁的相关规范编写,同时还介绍了高速铁路和城市轨道交通中桥梁工程的相关内容。

本书适合作为高等学校土木工程专业铁道工程方向桥梁工程课程的教材,也可用作相关专业设计和施工技术人员参考书。

图书在版编目(CIP)数据

桥梁工程/王慧东主编. —重庆:重庆大学出版社,2014.6

高等学校土木工程本科指导性专业规范配套系列教材

ISBN 978-7-5624-7684-9

Ⅰ.①桥… Ⅱ.①王… Ⅲ.①桥梁工程—高等学校—教材 Ⅳ.①U44

中国版本图书馆 CIP 数据核字(2013)第 188686 号

高等学校土木工程本科指导性专业规范配套系列教材

桥梁工程

主　编　王慧东

副主编　沈锐利

主　审　强士中

责任编辑:张　婷　　版式设计:张　婷

责任校对:任卓惠　　责任印制:赵　晟

*

重庆大学出版社出版发行

出版人:邓晓益

社址:重庆市沙坪坝区大学城西路 21 号

邮编:401331

电话:(023)88617190　88617185(中小学)

传真:(023)88617186　88617166

网址:http://www.cqup.com.cn

邮箱:fxk@ cqup.com.cn(营销中心)

全国新华书店经销

重庆双百印务有限公司

*

开本:787×1092　1/16　印张:27.75　字数:693 千

2014年6月第1版　2014年6月第1次印刷

印数:1—3 000

ISBN 978-7-5624-7684-9　定价:45.00元

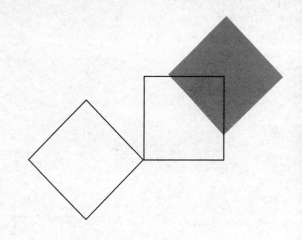

编委会名单

总　序

进入 21 世纪的第二个十年,土木工程专业教育的背景发生了很大的变化。"国家中长期教育改革和发展规划纲要"正式启动,中国工程院和国家教育部倡导的"卓越工程师教育培养计划"开始实施,这些都为高等工程教育的改革指明了方向。截至 2010 年年底,我国已有 300 多所大学开设土木工程专业,在校生达 30 多万人,这无疑是世界上该专业在校大学生最多的国家。如何培养面向产业、面向世界、面向未来的合格工程师,是土木工程界一直在思考的问题。

由住房和城乡建设部土建学科教学指导委员会下达的重点课题"高等学校土木工程本科指导性专业规范"的研制,是落实国家工程教育改革战略的一次尝试。"专业规范"为土木工程本科教育提供了一个重要的指导性文件。

由"高等学校土木工程本科指导性专业规范"研制项目负责人何若全教授担任总主编,重庆大学出版社出版的《高等学校土木工程本科指导性专业规范配套系列教材》力求体现"专业规范"的原则和主要精神,按照土木工程专业本科期间有关知识、能力、素质的要求设计了各教材的内容,同时对大学生增强工程意识、提高实践能力和培养创新精神做了许多有意义的尝试。这套教材的主要特色体现在以下方面:

(1)系列教材的内容覆盖了"专业规范"要求的所有核心知识点,并且教材之间尽量避免了知识的重复;

(2)系列教材更加贴近工程实际,满足培养应用型人才对知识和动手能力的要求,符合工程教育改革的方向;

(3)教材主编们大多具有较为丰富的工程实践能力,他们力图通过教材这个重要手段实现"基于问题、基于项目、基于案例"的研究型学习方式。

据悉,本系列教材编委会的部分成员参加了"专业规范"的研究工作,而大部分成员曾为"专业规范"的研制提供了丰富的背景资料。我相信,这套教材的出版将为"专业规范"的推广实施,为土木工程教育事业的健康发展起到积极的作用!

中国工程院院士　哈尔滨工业大学教授

沈世钊

前　言

　　为配合1998年教育部新专业目录对土木工程专业调整的要求,根据建设部人事司土木工程专业指导委员会制定的"高等学校土木工程本科指导性专业规范"对土木工程专业内涵和培养方案的要求,面向应用型人才培养,本着"专业规范"中有关"核心内容最低标准"和"内容最小化"的精神,本书按照"面向产业、面向世界、面向未来"的宗旨,按现行的《铁路桥涵设计基本规范》(TB 10002.1—2005)、《铁路桥涵钢筋混凝土和预应力混凝土结构设计规范》(TB 10002.3—2005)、《铁路桥涵混凝土和砌体结构设计规范》(TB 10002.4—2005)、《铁路桥涵地基和基础设计规范》(TB 10002.5—2005)、《铁路柔性墩桥技术规范》(TB 10052—97)、《铁路结合梁设计规定》(TBJ24—89)、《公路桥涵设计通用规范》(JTG D60—2004)、《公路钢筋混凝土及预应力混凝土桥涵设计规范》(JTG D62—2004)、《铁路桥涵施工规范》(TB 10203—2002)及《铁路混凝土与砌体工程施工规范》(TB10210—2001)编写,力求充分反映当前桥梁工程的科研、设计及施工成果,在充分阐述铁路与公路桥梁工程的共性基础上,以铁路桥梁工程为主,兼顾公路桥梁工程的特点,还介绍了高速铁路和城市轨道交通中桥梁工程的基本内容。在阐释规范中基本原理和基本方法的同时,给出其使用的过程,对重要的部分给出了一定数量的例题,最大限度贴近工程实践和应用。

　　通过本书的学习,使学生能够掌握土木工程学科的基本原理和基本知识,完成工程师的基本训练,能胜任桥梁工程的技术与管理工作。本书编写理念有助于培养具有扎实的基础理论、宽广的专业知识、较强的实践能力和创新能力,具有一定的国际视野,能面向未来的高级专门人才。

　　石家庄铁道大学王慧东编写第1章、第11章,靳明君、王兴珍、王慧东编写第2章,陈伟、王兴珍编写第3章,陈伟、陈铁编写第4章,西南交通大学沈锐利、王慧东编写第5、第6章,孟庆峰编写第7章,向敏编写第8章、第9章,张彦玲编写第10章,全书由王慧东、沈锐利整理统稿。强士中教授审阅了全部书稿,并提出了很多宝贵意见。

　　本书在编写过程中参考和引用了大量其他同行和研究者的成果,在此致以深深的谢忱。

　　尽管编者勤奋工作,希望尽量少有谬误,但由于时间仓促、水平所限,不当之处在所难免,恳请读者指正。

编　者

2013年10月

目 录

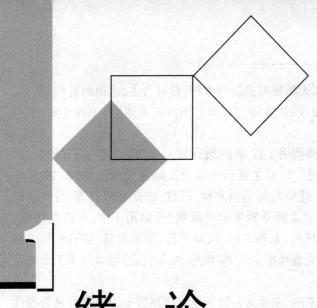

1 绪 论

本章导读：

阐述桥梁在交通工程中的作用及其在社会经济和文化发展中的重要地位,介绍桥梁的组成、分类和结构体系,也介绍了国内外桥梁发展的历史及现状。

1.1 桥梁的发展历程

桥梁是供车辆和行人等跨越河流、山谷、海湾或其他等线路障碍的工程建筑物,是跨越障碍的通道。桥梁是随着历史的演进和社会的进步而逐渐发展起来的。考察近代桥梁发展的历史,可以看出,当陆地交通运输工具发生重大变化,对桥梁在载重、跨度方面会提出新的要求,当工程材料取得重大进步,便推动了桥梁工程技术的发展。桥梁发展到今天,其基本类型虽仍是梁桥、拱桥和悬索桥,但建设技术更加先进合理,建筑材料更加坚固耐用,结构形式更加丰富多彩,使用功能更加完备齐全。

在现代社会中,建立高效的交通运输网络,对促进交流、发展经济、提高国力,具有重要的意义,而桥梁是其不可或缺的组成部分。因此,桥梁工程一定会随着这种要求,取得巨大的发展和成就。一座重要的桥梁通常会集中体现一个国家或地区在工程设计、建筑材料和制造工艺等方面的技术水平。作为建筑实体它会反映当时社会的意识形态,并长久地存在于社会生活之中。工程宏大、结构造型雄伟壮观的大桥,具有很高的审美价值,往往能成为一座城市或一个地区的标志。

纵观桥梁建筑的历史特征,可以根据技术特点按时间顺序将其划分为古代桥梁、现代桥梁和当代桥梁。

古代桥梁大致指 19 世纪中叶以前所修建的桥梁。这些桥梁的设计和施工完全依靠建造者的经验,没有力学知识的指导。建桥材料以天然或加工过的木材、石材为主,也用到竹索、藤索、铁索、铸铁,乃至锻铁。在桥式方面,已有梁、拱和索桥三大类。当时技术落后,工具简陋,不会修建深水基础,施工周期也长。

现代桥梁指 19 世纪后期以来,由工程师使用工程力学、设计规范及桥梁工程知识所兴建的桥梁。19 世纪 20 年代,世界上出现铁路,现代桥梁主要是为适应铁路建设的需要,在 19 世纪后期逐步发展起来的。在铁路发展的初期,建桥材料仍是木材、石材、铸铁和锻铁等,后来钢材逐步占据主导地位。20 世纪初,钢筋混凝土逐渐受到桥梁界重视,开始用于中、小跨度桥梁。建桥工具得到很大发展,出现了蒸汽机、打桩机、电动工具、风动工具、起重机具、铆钉机等。在深水基础方面,可以施工沉井、气压沉箱和大直径桩。从 20 世纪 30 年代起,随着汽车工业的发展,公路桥梁也开始大力发展。

可以把在 20 世纪 50 年代左右发展起来的、主要为公路和城市道路服务的桥梁称之为当代桥梁。在材料方面,除常规钢材和钢筋混凝土外,还有预应力混凝土、高强螺栓、高强钢丝、低合金钢以及其他新型材料。用于桥梁建造的机具和设备有焊接机、张拉千斤顶、震动打桩机、水上平台、大吨位起重机和浮吊、钻机、架桥机等。在桥梁基础方面,可修建高桩承台,大直径打入斜桩,就地灌注桩、浮运沉井等。在梁、拱和悬索桥等基本桥式的基础上,发展了许多新桥式和构造,如连续刚构桥、斜拉桥、梁拱组合体系、箱形梁、结合梁、正交异性钢桥面板等。结构设计理论得到改进和完善,逐步从容许应力法向极限状态法发展;结构分析也更加注重大跨、纤细结构的振动以及地震问题的研究。施工技术和工艺得到重视,出现了不少新的施工方法,如悬臂施工、转体施工、浮运法以及整件吊装等。

1.1.1 我国的桥梁建筑

我国在桥梁建筑方面有着悠久的历史。据史料记载,远在约 3 000 年前的周朝,宽阔的渭河上就出现过浮桥。在隋大业元年(605 年)左右,李春在河北赵县修建了净跨 37.02 m,宽 9 m 的赵州石拱桥,又称安济桥(图 1.1)。该桥构思巧妙、造型美观、工艺精致,历经 1 400 年而无恙,举世闻名,被誉为"国际土木工程里程碑建筑"。1192 年建成的位于北京西南的卢沟桥,共 11 孔,单跨跨度 11.4 ~ 13.5 m,桥栏上配有栩栩如生的大小石狮子 485 个,世之罕见。

建于宋朝(1053—1059 年)的福建泉州万安桥(又称洛阳桥),长 834 m,共 47 孔,位于"波涛汹涌,水深不可址"的洛阳江口上。在建桥时先顺桥向抛投大量块石,在水面上形成一条长堤,然后在块石上放养牡蛎,靠牡蛎壳与块石胶结形成的整体筏形基础来抵抗风浪。在这水下长堤上,用大条石纵横置(不用灰浆)形成桥墩,再架设石梁。世界上最长的石梁桥,当属福建泉州安平桥。该桥始建于南宋绍兴八年(1138 年),历时 13 年建成,桥长约 2.5 km(桥长近五华里俗称五里桥),共 352 孔,桥身现存 2 070 m,被誉为"天下无桥长此桥"(图 1.2)。1237 年建造的福建漳州虎渡桥桥长 335 m,其所用的巨型条石尺寸达 1.7 m × 1.9 m × 23.7 m,重达 200 t。上述颇具代表性的古代桥梁集中体现了我国劳动人民在桥梁美学、力学、基础工程、起重运输工程和制造工艺方面的伟大成就。

1876 年英商在上海私修吴淞铁路,1881 年清政府修建唐山胥各庄铁路,是中国铁路和铁路桥梁的开端。但中国近代大部分桥梁建造是由外商垄断的。20 世纪 30 年代,曾修建过一些钢桁架梁桥和混凝土梁桥、拱桥等。著名的杭州钱塘江桥位于浙赣铁路,采用气压沉箱基础,主跨

16×65.84 m,为公路铁路两用,由我国桥梁先驱茅以升先生主持修建。该桥 1937 年 9 月通车,同年 12 月侵华日军攻陷杭州,国民政府军队西撤后将桥炸毁,1947 年 3 月修复,如图 1.3 所示,与当时世界先进的桥梁建筑技术比,该桥还是较为落后的。

图 1.1　赵州桥(605 年左右)　　　　　图 1.2　安平桥(1138 年)

图 1.3　杭州钱塘江大桥(1937 年)

中华人民共和国成立后,桥梁工程得到很大发展。在国民经济恢复时期和第一个五年计划期间,迅速修复并加固了不少旧桥,也新建了不少重要大桥。在 20 世纪 50 ~ 60 年代,修订了桥梁设计规范,编制了桥梁标准设计,逐步培养并形成了一支桥梁工程设计与施工队伍,为桥梁工程的稳步发展,创造了有利条件。1978 年后,随着国家经济的迅猛发展和国力的增强,桥梁工程出现了前所未有的强劲发展局面,以图赶超世界先进水平。

1957 年,武汉长江大桥建成,它使中国长江南北两岸的铁路网连接起来,结束了我国万里长江无桥的历史,标志着我国钢桥技术提高到新的水平。该桥为公铁两用,大桥正桥为 3 m × 128 m 的连续钢桁架梁,下层为双线铁路,上层为 18 m 宽的公路桥面,全桥总长 1 670.4 m。1969 年,南京长江大桥建成(图 1.4),它是我国自行设计、制造、施工,并采用国产高强钢材的现代化公铁两用桥。大桥正桥为 3 联 3 m × 160 m 的连续钢桁梁及 1 孔 128 m 的简支钢桁梁,下层为双线铁路,全长 6 772 m,上层公路桥总长 4 589 m。因桥址处水深流急、地质复杂,基础施工非常困难。该桥的建成,标志着我国钢桥和桥梁工程建设技术又上了一个新台阶。

1993 年,九江长江大桥(图 1.5)建成,该桥为公路铁路两用桥,主跨采用(180 + 126 + 180)m 的钢桁梁加柔性拱,第一次使连续钢桁梁的跨度超过了 200 m。

2000 年 8 月,芜湖长江大桥(图 1.6)顺利合龙,它是目前我国跨度最大、规模最大的公铁两用桥,也是在长江上修建的第九座公铁两用桥,它的建成,表明我国已彻底结束长江上火车轮渡的历史。芜湖长江大桥主跨为连续钢桁架梁加低塔斜拉索加劲的组合体系,分跨为(180 + 312 +

图 1.4　南京长江大桥(1969 年)

图 1.5　九江长江大桥(1993 年)

图 1.6　芜湖长江大桥(2000 年)

180)m,其余部分为最大跨度 144 m 的连续钢桁架梁,主跨基础采用双壁钢围堰大直径钻孔桩;下层铁路桥全长 10.6 km,上层公路桥为 4 车道,宽 18 m,全长 6.08 km。大桥建设体现出钢桥的当代水平。除桥型外,还采用了钢筋混凝土桥面板与主桁架结合的板桁组合结构、厚板焊接整体节点、大尺寸箱形杆件等技术。

　　石武客专武汉天兴洲公铁两用长江大桥(图 1.7)主桥为(98 + l96 + 504 + 196 + 98) m 的双塔三索面三主桁斜拉桥,上层为 6 车道公路,下层为 4 线铁路、2 线客运专线、2 线 I 级铁路;采用纵横梁体系,有砟桥面,混凝土桥面板在纵梁上方加托,只与纵梁结合,不与主桁及横梁结合的道砟槽板结合桥面。

　　京沪高速铁路南京大胜关长江大桥为三主桁拱的 6 线铁路桥梁(图 1.8),其中 2 线为高速

图 1.7 天兴洲长江大桥(2009 年)

正线、2 线为Ⅰ级铁路干线、另 2 线为地铁,设计行车速度为 300 km/h。主桥采用(108 + 192 + 336 + 336 + 192 + 108)m 连续钢桁拱桥,浅水区域边孔用 2 联 2 m×84 m 连续钢桁梁,主桥和边孔都为 3 片主桁或 3 片钢桁拱。桥面方案经多种比选,最终采用由正交异性钢桥面板和主桁的下弦杆焊连在一起的整体钢桥面结构,混凝土道砟板与正交异性钢桥面板相结合,形成道砟整体结合桥面。

图 1.8 大胜关长江大桥(2011 年)

我国大跨径铁路桥梁包括公铁两用桥梁,以桁架梁形式为主。材料主要采用 16 Mnq 钢等低合金钢,结构连接从早期的铆接过渡到栓焊连接,施工采用伸臂拼装等方法。在 20 世纪 80 年代,我国开始研制钢箱梁和正交异性桥面板结构。1982 年,在陕西安康建成了主跨 176 m 的铁路斜腿刚构桥,居世界同类桥梁首位。近 30 多年来,随着大跨度公路悬索、斜拉桥的建设,全焊加劲钢箱梁结构得到较多的应用。

钢筋混凝土简支梁在小跨度桥梁中应用较早。从 20 世纪 50 年代起,我国开始对预应力混凝土桥进行研究和试验。1956 年,建成第一座使用跨度 20 m 预应力混凝土简支梁的京周公路哑巴河公路桥和使用跨度 23.8 m 的预应力混凝土简支梁的东陇海线新沂河铁路桥。之后的六十年来,按各种标准跨度,采用不同截面形式、先张法或后张法、普通高度梁或低高度梁等,逐步形成了系列标准设计,使混凝土简支梁桥在中小跨度范围内得到广泛应用。例如,至今我国铁路已建成预应力混凝土梁 3 万孔左右,其中绝大部分是中小跨度的桥梁。公路预应力混凝土简支梁跨度纪录为 62 m,铁路简支梁桥跨径纪录 64 m。

1965 年,我国采用悬臂施工方法,开始建造预应力混凝土 T 形刚构桥,如江苏盐河公路桥[分跨(16.5 + 33.0 + 16.5)m]和河南卫河窄轨铁路桥[分跨(25 + 50 + 25)m],这为以后修建大跨度预应力混凝土桥梁积累了经验。从 20 世纪 80 年代起,采用悬臂法施工的大跨度预应力混凝土连续梁桥以及连续刚构桥得到迅速发展。通常,这类桥型在纵向采用三跨对称布置的变高度变截面梁,在横向采用单箱(或多箱)单室(或多室)的箱形截面,纵横向采用钢绞线大吨位预应力体系,竖向预应力采用高强度精轧螺纹钢筋,以及对称悬臂浇筑或拼装的施工方法。1988 年国内建成的广东洛溪大桥(图 1.9),双薄壁墩,分跨(65 + 125 + 180 + 110)m,是预应力混凝土刚构桥向更大跨度发展的开端,也为这一桥型在国内的发展奠定了坚实基础。在随后的 20 多年里,先后修建了几十座同类桥梁。2006 年建成的重庆石板坡长江大桥(图 1.10)为钢-混凝土混合连续刚构桥,主跨达 330 m,跨度中部为 108 m 长的钢箱梁,采用浮运吊装架设。

图 1.9　广东洛溪大桥(1988 年)

图 1.10　石板坡长江大桥(2006 年)

　　30 多年来,大跨度连续梁和连续刚构体系也广泛应用于铁路桥梁。1986 年,在广西防城建成茅岭江桥,单线铁路连续梁主跨 80 m。1991 年,在浙江杭州建成钱塘江二桥(图 1.11),为双线铁路连续梁,主跨 80 m,一联长度达 1 340 m,居世界首位。1995 年,在四川攀枝花建成攀钢专用线金沙江桥,单线铁路连续刚构,主跨 168 m,居国内同类桥梁首位。1996 年,在南昆线上建成了 4 座各具特色的预应力混凝土桥:清水河桥、板其 2 号桥、喜旧溪桥和南盘江桥。清水河桥采用连续刚构体系,主跨 128 m,从谷底到桥面高达 182 m,墩高 100 m,为铁路桥梁的最高墩;板其 2 号桥采用曲线连续刚构体系,主跨布置为(44 + 72 + 44)m,曲线半径 450 m,是我国铁路上的第一座弯梁桥;喜旧溪桥是主跨布置为(44 + 72 + 44)m 的连续刚构体系,主墩采用布置两个横联的双薄壁结构;南盘江桥的主跨是带 V 形支承的连续梁体系,按部分预应力混凝土理论设计。2004 年,在重庆武隆渝怀线建成的黄草乌江双线铁路桥(图 1.12),主跨达到 168 m。

图1.11　钱塘江二桥(1991年)　　　　　图1.12　黄草乌江大桥(2004年)

　　我国石拱桥历史悠久。1949年以来,修建了大量经济美观的石拱桥。1959年建成的湖南黄虎港桥,主跨50 m,首次采用木板拱架技术施工;1961年建成的洛阳龙虎门桥,主跨90 m,采用钢拱架施工;同年建成的云南长虹桥主跨达112.5 m;1972年,建成了四川丰都县九溪沟公路大桥,跨度达到116 m;1990年,湖南凤凰建成乌巢河桥(图1.13),跨度达120 m。2000年建成山西晋城至河南焦作公路线上的丹河大桥,跨度达146 m,创造了新的世界纪录。铁路石拱桥跨度纪录为1966年建成跨度54 m的成昆铁路一线天桥(图1.14)。

图1.13　湖南凤凰乌巢河桥(1990年)

图1.14　成昆铁路一线天桥(1966年)

除传统的石拱桥外,我国还建造出一些混凝土和钢筋混凝土拱桥结构。例如,位于四川盆地北部边缘旺苍城郊的旺苍大桥是我国第一座钢管拱桥,1991 年 4 月竣工。大桥全长 365 m,主桥长 244.03 m,主跨上部结构为跨径 115 m 的钢管混凝土下承式等截面悬链线哑铃系杆拱。旺苍大桥的建成通车,为钢管混凝土拱桥在我国的推广作了极大的贡献。上海卢浦大桥是当今世界第一钢结构拱桥,也是世界上首座完全采用焊接工艺连接(除合龙接口采用栓接外)的大型拱桥,现场焊接焊缝总长度达 40 000 m,接近上海市内环高架路的总长度。卢浦大桥(图 1.15)全长 3 900 m,主拱桥长 550 m,拱顶高于江面 100 m,于 2003 年 6 月 28 日竣工。在此后十几年间,建成和在建的钢管拱桥已经超过百座,钢管拱桥建设技术也在我国逐步推广开来。

图 1.15　上海卢浦大桥(2003 年)

1995 年以前我国还没有现代化的悬索桥,1995 年 12 月建成通车的汕头海湾大桥(图 1.16)是我国第一座现代化的大型预应力混凝土悬索桥,其主跨 452 m,桥面净宽 23.8 m,主缆直径 550 mm,加劲梁为预应力混凝土箱梁型,桥下通航净高 46 m,可以通过 5 万吨级船舶。2007 年建成的西堠门大桥(图 1.17),主桥为两跨连续半漂浮钢箱梁悬索桥,主跨 1 650 m,跨度居悬索桥世界第二、国内第一,其中钢箱梁全长位居世界第一,该桥具有设计施工技术难度大、科技创新多、抗风性能高等特点。

图 1.16　汕头海湾大桥(1995 年)

图 1.17　西堠门大桥(2009 年)

斜拉桥是一种跨越能力很大的桥型,跨径通常为 300~1 000 m,具有很强的竞争优势。我国斜拉桥建设起步较晚,但近 30 年来其建设有突飞猛进的发展。世界上跨度 600 m 以上的斜拉桥有 16 座,12 座在我国。苏通大桥(图 1.18)主跨跨径达到 1 088 m,是世界第二大跨径的斜拉桥,其主塔高度达到300.4 m,主桥两个主墩基础分别采用131根直径2.5~2.85 m、长约120 m 的灌注桩,主桥最长的斜拉索长达577 m。其建造技术极具挑战性,是我国建桥史上建设标准最高、技术最复杂、科技含量最高的现代化特大型桥梁工程之一。

图1.18 苏通长江大桥(2008年)

从20世纪90年代中期起,我国开始规划超长的跨海桥梁工程。2002年6月,东海跨海大桥(图1.19)开工建设。该桥是上海国际航运中心洋山深水港区一期工程的重要配套工程,全长约为31 km。全桥设5 000吨级主通航孔一处,采用主跨420 m的双塔双索面结合梁斜拉桥,另设1 000吨级辅通航孔一处和500吨级辅通航孔两处,引桥为50~70 m不等的预应力混凝土连续箱梁,2005年年底建成通车。2003年6月,杭州湾跨海大桥(图1.20)开工建设。该桥位于同(江)三(亚)国道主干线上,全长36 km,设南北两个航道,其中北航道桥为主跨448 m的双塔双索面钢箱梁斜拉桥,南航道桥主跨为318 m的单塔双索面钢箱梁斜拉桥,引桥采用30~80 m不等的预应力混凝土连续梁,2008年建成通车。2009年建成的舟山大陆连岛工程由岑港大桥、响礁门大桥、桃夭门大桥、西堠门大桥和金塘大桥等五座跨海大桥及接线公路组成,起于舟山本岛,途经里钓岛、富翅岛、册子岛、金塘岛,于宁波镇海登陆,按高速公路标准建设,全长约50 km,其中,桥长约25 km。该大桥建设还创造了多项国内和世界第一。正在建设的港珠澳大桥,跨越珠江口伶仃洋海域,是连接香港地区、珠海及澳门地区的大型跨海通道。港珠澳大桥全长为49.968 km,主体工程"海中桥隧"长35.578 km,为世界最长的跨海大桥。作为中国建设史上里程最长、投资最多、施工难度最大的跨海桥梁项目,港珠澳大桥受到海内外广泛关注。港珠澳大桥总工期计划为6年,预计2015年至2016年建成通车,它的江海直达船航道桥为三塔四跨斜拉桥,跨径为(110 + 129 + 258 + 258 + 129 + 110)m,图1.21为其效果图。

图1.19 东海跨海大桥(2005年)

图1.20 杭州湾跨海大桥(2008年)

图1.21　港珠澳跨海大桥的江海直达船航道桥(在建)

1.1.2　世界的桥梁建筑

与中国桥梁建筑情况相似,直至19世纪中期,国外桥梁建筑材料仍以木、石、铸铁、锻铁为主。

据记载,公元前2000年以前,巴比伦曾在幼发拉底河上建造石墩木梁桥。第一座在罗马跨越台伯河的Sublicius桥,采用石墩木梁结构,建于公元前621年,毁于公元前23年。

目前世界上最古老的石拱桥是位于伊拉克境内的Nimrod桥,大约建于公元前1800年。在希腊,仍保留着公元前1300年建造的石拱桥。图1.22所示为在罗马跨越台伯河的天使桥,始建于公元134年,共5孔(中间3孔为原桥),跨度18 m。1688年,在栏杆柱上增加了10尊天使雕像,使其成为罗马最优雅美观的桥。

图1.22　罗马天使桥(公元134年)

18世纪,欧洲石拱桥建造达到最高水平。这个时期的桥梁专家以法国的J. R. 佩罗内为代表,代表作是跨越瓦兹河的圣马克桑斯桥,共3孔,跨径各为21.8 m,矢高1.98 m,桥墩各有两对石柱构成,该桥已于1970年毁于战火。当冶炼业使用焦炭而能生产大型铸件时,英国人于1779年在科尔布鲁克代尔首次建成一座主跨30.5 m的铸铁肋拱桥,该桥使用170年后退役,现已作为文物保存。

19世纪中叶,钢材问世,静定钢桁架梁、拱以及悬索桥的内力分析方法逐步被工程界所掌握。1867 年,德国的 H. 格贝尔建造了一座主跨 38 m 的静定悬臂桁架梁桥。1880—1890 年,英国采用该桥式,建成了跨度空前的福斯湾铁路桥(Firth Falls Bridge)(图 1.23),为悬臂桁架梁,主跨 521.2 m,总长 1 620 m,支承处桁高达 110 m。该桥被视为现代桥梁的典型代表。

图 1.23 英国福斯湾铁路桥(1880—1890 年)

从 20 世纪 50 年代至今,随着公路和城市桥梁的大量兴建,新型桥式的广泛应用,施工方法的不断改进,各种桥型的跨度纪录一再被刷新,世界桥梁工程取得长足进步。

图 1.24 美国新河谷桥(1977 年)

图 1.25 韩国傍花大桥(2000 年)

在拱桥中,钢拱由于自重轻、易于施工、跨越能力大而得到广泛应用。世界上第一座钢拱桥是美国圣路易斯的 Eads 桥(1867—1874 年),主跨 158.8 m,双层桥面。在 20 世纪中期,钢拱桥建造在西方国家迅猛发展。1977 年,美国建成新河谷(New River Gorge)桥(图 1.24),该桥采取缆索吊装,主拱圈为钢桁架且采用了耐候钢材以减少养护工作量,跨度 518.2 m,这一拱桥跨度纪录一直保持到 2000 年。这一年韩国建成傍花(Banghua)大桥(图1.25),主跨达到 540 m。

斜拉桥的早期工艺技术(正交异性板、钢箱梁、斜拉索预应力工艺、施工方法等)发展于德国,建桥材料以钢材为主。1955 年由德国人迪辛格设计的第一座当代钢斜拉桥 Stromsund 桥,在瑞典建成分跨为(74.7 + 182.6 + 74.7)m。1999 年日本建成的多多罗(Tataro)桥(图1.26)跨度为 890 m。

图1.26 日本多多罗桥(1999 年)

受工业、技术、资源和传统等影响,一些国家和地区倾向于修建混凝土斜拉桥。1962 年在委内瑞拉建成的马拉开波(Maracaibo)桥,主桥为混凝土斜拉桥,主跨 235 m(1981 年换索),开创了混凝土斜拉桥的先例。1991 年,挪威修建了斯卡尔桑德(Skarnsundet)桥,把混凝土斜拉桥的跨度提高到 530 m。在结合梁斜拉桥方面,1995 年完工的法国诺曼底(Normandy)桥(图1.27)一枝独秀。该桥为三跨斜拉桥,主跨达 856 m,边跨为混凝土连续梁,中跨由桥塔两边各 116 m 长的混凝土梁和中部 624 m 长的钢梁组成。悬出的混凝土梁段对中部钢梁起到加劲作用,改善了结构在风荷载下的动力特性。

图1.27 法国诺曼底桥(1995 年)

2012 年 7 月 1 日通车的俄罗斯 Russky 桥(图 1.28)是目前世界主跨跨径最大的斜拉桥,分跨为(60 + 72 + 3 × 84 + 1 104 + 3 × 84 + 72 + 60)m,主跨采用钢梁,长 1 244 m,每侧伸入边跨 70 m,边跨用混凝土梁的混合梁斜拉桥,梁宽 28 m,索塔为 A 型,高 320.9 m(为目前世界纪录)。基础承台面积 3 200 m²,高 13 m,斜拉索用压密的 PSS 体系。

图 1.28 俄罗斯 Russky 大桥(2012 年)

从 1883 年美国建成布鲁克林桥至今,世界上已建成跨度超过 300 m 的悬索桥近 80 座。1931 年,世界上第一座超千米现代悬索桥——华盛顿桥(图 1.29)建成通车,主跨为 1 066.8 m。1937 年,著名的旧金山金门(Golden Gate)大桥(图 1.30)建成,主跨达 1 280.16 m。同年,英国建成的福斯(Forth)悬索桥主跨 1 005.8 m,成为欧洲第一座跨度超过 1 000 m 的桥。1998 年建成的日本明石海峡大桥(图 1.31),主跨达到 1 991 m,塔高 280 m,桥面宽 35 m,设 6 车道,两根大缆的直径为 1.222 m。该桥是目前世界上跨度最大的桥,为 20 世纪的桥梁工程建设添上了辉煌的一笔。

图 1.29 美国乔治华盛顿桥(1931 年)

图 1.30　旧金山金门大桥(1937 年)

图 1.31　日本明石海峡大桥(1998 年)

　　1946 年,德国修建的科隆莱茵河(Deutz)桥为连续钢箱梁,分跨为(132.1 + 184.5 + 120.7)m。1991 年日本修建的 Ikitsuki Ohashi 桥的主跨达 400 m,为钢悬臂桁架梁。

　　20 世纪 70 年代前后,混凝土连续刚构桥首先在瑞士得到应用。1969 年,修建的 Chillon 桥主跨 104 m,为多跨高架桥。进入 80 年代后,连续刚构桥在世界范围内得到广泛应用。1991 年,葡萄牙在波尔图港建成了双线铁路连续刚构桥,主跨 250 m,成为铁路预应力混凝土梁桥的跨度领先者。

　　在超长跨海桥方面,1964 年美国修建了切萨皮克海湾桥隧工程(Chesapeake Bay Bridge-Tunnel)。该桥隧工程连接 Delmarva 半岛的查尔斯海岬和维吉尼亚州的诺福克,全长 28.2 km,由大约 3.22 km 长的堤道和海底隧道、4 个人工岛、两座用于通航的大桥以及 19.3 km 长的多跨混凝土梁桥组成。1986 年,在沙特和巴林之间,建成了长达 26 km 的堤道桥(Causeway Bridge,指越过宽阔水域、桥面尽可能接近水面的桥);在巴林和卡塔尔之间,一条达 45 km 的堤道桥也在建设之中。加拿大联邦大桥(Confederation Bridge)跨越诺森伯兰海峡,连接爱德华王子岛与新不伦瑞克,1997 年建成通车。全桥长 12.9 km,由 63 孔预应力混凝土连续梁(刚构)桥组成,其中 43 孔的跨度为 250 m。其他跨海桥还有:马来西亚的滨城桥(Penang Bridge,全长 13.5 km,1985 年),巴西的里约—尼泰罗伊桥(Rio Niteroi Bridge,全长 13.29 km,1974 年),美国的七英里桥(Seven Mile Bridge,全长 11.27 km,1982 年)等。

1.1.3 桥梁工程展望

从 1890 年的英国福思湾铁路桥算起,现代桥梁走过了 100 多年的发展历程。人类对陆地交通的需求、科学与技术的不断进步,是桥梁工程得以发展的强大动力。20 世纪后期,通过结构形式、工程材料、设计理论、施工设备、制造工艺等方面的不断研究与创新,使桥梁工程建设技术取得了长足的进步。纵观中外桥梁在近几十年的发展情况,可以预见,21 世纪的桥梁建设会呈现如下特点。

1)桥跨结构继续向大跨超大跨方向发展

在具有一定承载能力条件下,跨越能力仍然是反映桥梁技术水平的主要指标。为避免修建或少建深水桥墩,加大通航能力,悬索桥、斜拉桥等桥式的跨度记录一再被刷新。一方面为适应陆地交通发展需要建造跨越能力更大的桥梁;另一方面,建造前所未有的大跨超大跨度桥梁,需要渊博的技术知识、卓越的才能和创造性的勇气,是对自然和人类自身的挑战,因此具有极大的吸引力。

修建跨海(峡)桥是促使桥梁向大跨超大跨度度发展的重要因素之一。意大利墨西那(Messina)海峡悬索桥(图 1.32),跨度达 3 300 m,2006 开始筹建,现已进入实施阶段。1979 年开始,西班牙和摩洛哥政府就对跨越欧非直布罗陀海峡的工程进行规划和方案征集工作,其中桥梁方案的设计跨度达 5 000 m。日本计划修建第二国土轴工程(太平洋沿岸高速公路)包括六座跨越海峡的桥梁工程,其中纪淡海峡大桥跨度在 2 500~3 000 m,而跨越丰予海峡及津轻海峡的悬索桥设计跨度也在 3 000 m 以上。

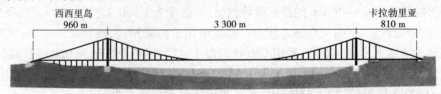

图 1.32 意大利墨西那(Messina)海峡悬索桥

在我国,21 世纪的陆地交通工程将有更大规模的发展,也需要修建一系列跨海工程和连岛工程。根据国道主干线系统布局规划,将在 21 世纪初期完成若干条纵、横向国道主干线的建设,这就需要建造许多特大跨度的桥梁。例如,自黑龙江同江县至海南省三亚市的南北向干线将依次跨越渤海海峡、长江口、杭州湾、珠江口和琼州海峡。

2)新桥设计理论与旧桥评估理论更趋完善

桥梁设计理论是现代桥梁工程的基石。随着桥跨的增加、建桥环境(如海洋环境)的变化、结构体系的多样和复杂化,桥梁的设计会面临许多新的课题和难题。需要适应桥梁发展的需要,开展设计理论研究,完善设计规范。

自 20 世纪 70 年代以来,国际上开始逐步采用以结构可靠性理论为基础、以分项系数表达的概率极限状态设计法,如欧洲结构规范 EUROCODE 、英国桥梁规范 BS5400、美国桥梁规范 AREA(铁路)和 AASHTO(公路)、加拿大桥梁规范 CAN/CSA-S6 等。与过去采用的容许应力设计和破坏强度设计等方法相比,极限状态设计理论更趋完善和合理。我国公路桥梁已从 1985 年开始采用极限状态法进行结构设计,并正在逐步颁布新一代设计规范。

由于不利的环境影响、结构的自然老化、车辆荷载的增加以及养护维修的欠缺,一部分桥梁不可避免地要暴露出各种结构损伤。这导致了结构的承载能力和耐久性降低,使得运营状况不能完全满足规定的要求。如何评估既有桥梁的运营条件和承载能力,如何对已损伤桥梁进行修复加固,是保证线路安全畅通的重要问题,已引起世界性的关注。自 20 世纪 80 年代起,在一些工业发达国家,桥梁工程的重点已逐步转移到其养护维修、鉴定评估和加固改造方面。在公路桥梁方面,美、英、加等国家先后颁布了基于结构可靠性理论的评估规范。

开展旧桥评估的理论研究和实践,一方面在于准确评估桥梁的承载能力,对于尽量避免加固替换的高额费用和延长桥梁的使用寿命具有明显的技术意义和经济意义;另一方面可针对旧桥暴露出来的问题完善桥梁设计的理论和方法。今后的设计规范应基于全寿命设计思想,并使桥梁构件具备可检性、可换性、可修性和可控性等特征。

3)建桥材料向高强、轻质、多功能方向发展

材料科学的进步是推动桥梁工程发展的重要动力之一,随着当代桥梁向大跨度发展,桥梁对建桥材料提出高强、轻质和多功能的新要求。

在材料强度方面,世界各国都很注重提高建桥材料的强度。国外高强钢的抗拉强度达到 800 ~ 900 MPa。我国在建设九江长江大桥时,发展了 15 MnVNq 钢;芜湖长江大桥采用的是 14 MnNbq 新钢种,其抗拉强度为 550 ~ 600 MPa。预应力钢筋是向大直径、高强度、低松弛、耐腐蚀、与混凝土黏结力高、拼接便利的方向发展。目前国外高强钢筋的最大直径约为 $\phi44$ mm,抗拉强度为 1 350 MPa;我国高强钢筋的最大直径为 $\phi32$ mm,抗拉强度为 930 MPa。高强度低松弛钢丝及钢绞线在桥梁工程中的应用日趋广泛。为适应斜拉桥斜索和悬索桥主缆的需要,美、德、英、日等国开发了 $\phi4 \sim 9$ mm 的高强镀锌钢丝,其强度为 1 550 ~ 2 000 MPa。高强混凝土具有强度高、抗冲击性能好、耐久性强等优点。将其应用于桥梁结构,既可减小梁高,又能减轻梁体自重而增大跨度。目前,我国已采用 C80 级混凝土,国外同行业已制成 C200 级混凝土。

轻质材料的应用对减轻结构重力、增加桥梁跨越能力有明显作用。轻质混凝土(密度为 1.6 ~ 2.0 t/m^3)在国外桥梁上时有应用,而在我国还需发展。另外,目前还只用于航天工业的高强度轻质铝合金等也得到桥梁工程界的重视和研究,这些材料的特点是重量轻、刚度大、热膨胀系数低、耐疲劳、抗腐蚀等,某些国家已将其用于军用桥梁。

在钢材的功能方面,抗腐蚀性能好、结构表面不需油漆的耐候钢(weathering steel)逐步得到应用。美国早在 20 世纪 70 年代就在桥梁上应用耐候钢;1991 年我国采用武钢生产的耐候钢,在京广线巡司河上建成第一座耐候钢桥。在国外,高性能钢(high performance steel)的种类及其应用逐步增加。它不仅保持了较高的强度,而且在材料的抗腐蚀和耐候性能、可焊性、抗脆断和疲劳性能等方面都比传统钢材有明显的提高和改善。其他具备多功能的钢材有:按热力控制加工生产的高质量、高强度的厚钢板(该钢材在 40 ~ 100 mm 厚度内不需要降低标准设计强度),能大幅度减轻焊接时的预热作业的抗裂钢,抗层裂钢,变厚度钢,波纹钢板(用于结合梁桥的腹板),树脂复合型减振钢板等。

在混凝土方面,具备高强、早强、缓凝、微膨胀、不离析、自密实等性能的混凝土得到广泛应用。通过掺入高效减水剂及活性矿物掺合料,混凝土的耐久性得到改善。

近年来,纤维增强塑料(FRP)在桥梁工程中的应用发展迅猛。FRP材料具有轻质、高强、耐腐蚀和抗疲劳、易于维修等特性,可以布材、板材和构件的形式用于旧桥维修加固和新桥建造。在旧桥加固方面,多采用粘贴碳纤维布的方法来补强混凝土结构。在新桥梁建造中,部分传统材料可被FRP材料取代,如拉索和桥面板等。1996年,瑞典首次将FRP拉索用于一座悬索桥;20世纪90年代以来,采用FRP桥面板与钢梁或钢筋混凝上梁组合的桥梁结构在中美等国得到应用。

4)信息技术在桥梁工程中的应用更趋广泛

在21世纪,随着信息技术和智能材料的广泛应用,桥梁结构会变得"灵敏",其设计、施工和管理也将更为科学合理。在规划和设计方面,可以通过快速仿真分析,优化设计及逼真演示桥梁功能,为决策提供可靠依据。在制造方面,可采用智能化制造系统加工结构构件,遥控技术进行施工控制和管理,GPS技术进行定位与测量,机器人技术进行结构整体安装或复杂环境下的施工等。在健康监测和管理方面,可综合应用计算机技术(网络及数据库,图像图形技术)、人工智能技术、传感器技术及计算数学、有限元分析等多学科,建立一套桥梁设计、施工及养护维修的科学评价体系(施工控制,运营状态监测,损伤诊断及评估,预警和养护对策等),实时掌握桥梁的健康状况。例如,通过在桥上装配智能传感系统,就可以感知风力、气温等天气状况,并随时获取桥梁的承载和交通状况;通过埋入结构内的智能传感器,可随时监测结构的潜在危险(如应力超限,疲劳裂纹扩展等)并及时发出预报等。

5)日益重视桥梁美学、建筑造型和景观设计

桥梁作为建筑实体除向社会大众提供使用功能外,还凸显出其作为建筑审美客体的作用。在历史上,许多著名的桥梁建筑,如旧金山海湾大桥、悉尼港大桥、武汉长江大桥等,以其宏大的气势和造型,为人们带来壮美的共鸣,成为城市或地区的象征。

国家经济的持续发展、大众审美要求的提高以及社会不断增强的自我标志意识,将会导致桥梁建筑设计理念的逐步改变。桥梁作为可定量计算分析的设计产品,一直是工程师独占的领域。随着传统设计学科之间的交叉,现在有更多的建筑师、艺术家、景观和环境方面的专家参与到桥梁设计中来,通过设计合作,把技术(材料、结构、施工)与美学、造型和景观密切联系起来,共同创造出既保证安全适用,又体现美学魅力的桥。

概括地讲,桥梁建设的基本目标是安全、适用、经济、美观。围绕这一基本目标桥梁技术的发展应表现在:桥梁具有较大的跨越能力和承载能力;车辆能安全运行于桥上并使旅客有舒适感;讲求经济效益,力图降低造价;结构优美并考虑其与环境的协调。

今后我国桥梁的发展方向大致有以下几方面:

- 发展大跨度桥梁,进一步研究与之相关的动力和稳定等问题;
- 研究超长的跨海(峡)桥的设计、施工和环保技术;
- 开发中小跨度钢桥、混凝土桥和结合梁桥的新的截面形式,完善桥梁的标准设计;
- 注重施工技术的发展,提高桥梁建造的机械化、自动化、大型化水平;
- 广泛采用以极限状态法和可靠性理论为基础的方法指导桥梁设计与评估;
- 更多地将高强轻质材料和新型材料应用于桥梁工程;

- 建立和完善桥梁健康监测与管理系统,提高既有桥梁的养护、评估和加固水平;
- 开展桥梁美学、建筑造型和景观设计的系统研究。

1.2 桥梁组成分类及结构体系

1.2.1 桥梁的组成

桥梁组成部分的划分与桥梁结构体系有关。常见的简支梁桥的基本组成部分如图 1.33 所示。

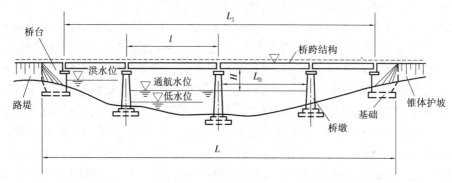

图 1.33 桥梁的基本组成

1)上部结构

上部结构指桥梁位于支座以上的部分。它包括桥跨结构和桥面构造两部分,前者指桥梁中直接承受桥上交通荷载的、架空的主体结构部分,后者则指为保证桥跨结构能正常使用而建造的桥上各种附属结构或设施。

桥跨结构的形式多样。对梁桥而言,其主体结构是梁;对拱桥而言,其主体结构是拱;对悬索桥而言,其主体结构是主索,也称为大缆。附属结构或设施是指公路桥的行车道铺装,铁路桥的道砟、枕木、铁轨,伸缩装置,排水防水系统,人行道,安全带(护栏),路缘石,栏杆,照明等。

2)下部结构

下部结构,指桥梁位于支座以下的部分,也叫支承结构。它包括桥墩、桥台以及墩台的基础,是支承上部结构、向下传递荷载的结构物。桥梁墩台的布置是与桥跨结构相对应的。桥台设在桥跨结构的两端,桥墩则分设在两桥台之间。桥台除起到支承和传力作用外,还起到与路堤衔接、防止路堤滑塌的作用。为此,通常需在桥台周围设置锥体护坡。墩台基础是承受由上至下的全部荷载(包括交通荷载和结构重力)并将其传递给地基的结构物。它通常埋入土层之中或建筑在基岩之上,有时需要在水中施工。

3)支座

在桥跨结构与墩台之间,还需设置支座,以连接桥跨结构与桥梁墩台,提供荷载传递途径,适应结构变位要求。支座提供的约束影响上部结构的受力行为,因此,可视支座为上部结构的一部分。

　　除此之外,根据具体情况,与桥梁配套建造的附属结构物可能有挡土墙、护坡、导流堤、检查设备、台阶扶梯、导航装置等。

　　结合图1.33,对桥梁工程常用的专有名词和技术术语阐述如下。

　　①正桥与引桥:对规模较大的桥梁工程,通常包含正桥与引桥两部分。正桥指桥梁跨越主要障碍物(如通航河道)的结构部分。一般,它采用跨越能力较大的结构体系,需要深基础,是整个桥梁工程中的重点。引桥指连接正桥和路的桥梁区段,其跨度一般较小,基础一般较浅。在正桥和引桥的分界处,有时还会设置桥头建筑(桥头堡)。

　　②跨度:也称跨径,表示桥梁的跨越能力。对多跨桥梁,最大跨度称为主跨。一般而言,跨度是表征桥梁技术水平的重要指标。桥跨结构相邻两支座间的距离 L_1 称为计算跨径。桥梁结构的分析计算以计算跨径为准。

　　③孔径:对梁式桥,设计洪水位线上相邻两桥墩(或桥台)间的水平净距 L_0 称为桥梁的净孔径。各孔净孔径之和,称为总孔径,它反映出桥位处排泄洪水能力的大小。

　　对公路梁桥,把两桥墩中线间距离或桥墩中线与台背前缘(胸墙)的间距,称为标准跨径 L_K (也称为单孔跨径)。当跨径在 50 m 以下时,通常采用标准跨径(0.75 ～ 50 m ,共 21 级,常用 10 m、16 m、20 m、40 m 等)设计。对铁路梁桥,则以计算跨径作为标准跨径(4 ～ 168 m,共 18 级,常用 20 m、24 m、32 m、48 m、64 m、96 m 等)。采用标准跨径设计,有利于桥梁制造和施工的机械化,也有利于桥梁养护维修等需要。

　　④桥长:对梁桥,两桥台侧墙或八字墙尾端之间的距离 L_T,称之为桥梁全长。它标志桥梁工程的规模。两桥台台背前缘(对铁路桥,指桥台挡砟前墙)之间的距离 L,称之为多孔跨径总长(公路)或桥长(铁路)。它仅作为划分特大桥、大桥、中桥、小桥和涵洞的一个指标,见表1.1。

表1.1　桥梁涵洞按跨径分类

桥涵分类	公路桥涵		铁路桥涵
	多孔跨径总长 L(m)	单孔跨径 L_K(m)	桥长 L(m)
特大桥	$L > 1\ 000$	$L_K > 150$	$L > 500$
大　桥	$100 \leqslant L \leqslant 1\ 000$	$40 \leqslant L_K \leqslant 150$	$100 < L \leqslant 500$
中　桥	$30 < L < 100$	$20 \leqslant L_K < 40$	$20 < L \leqslant 100$
小　桥	$8 \leqslant L \leqslant 30$	$5 \leqslant L_K < 20$	$L \leqslant 20$
涵　洞	①	$L_K < 5$	②

注:① 对管涵和箱涵,不论孔数多少和跨径大小,均为涵洞;

　　② 一般指 $L_1 < 6$ m 且顶上有土壤者。

　　⑤桥下净空高度:设计洪水位或设计通航水位与桥跨结构最下缘标高的高差 H,称为桥下净空高度。桥下净空高度应大于通航及排洪要求所规定者。

　　⑥桥梁建筑高度与容许建筑高度:桥面(或铁路桥梁的轨底)到桥跨结构最下缘的高度 h,称为桥梁建筑高度。公路或铁路桥定线中所确定的桥面(或轨底)标高与通航及排洪要求所规定的净空高度之差,为容许建筑高度。显然,桥梁建筑高度不得大于容许建筑高度。

1.2.2　桥梁的分类

桥梁有各种不同的分类方式,每一种分类方式均反映出桥梁在某一方面的特征。

(1)按工程规模划分

按工程规模划分,有特大桥、大桥、中桥、小桥等(表1.1)。

(2)按桥梁用途划分

按桥梁用途划分,有铁路桥、公路桥、公铁两用桥、人行桥等。

铁路桥专供铁路列车行驶,桥的宽度和跨度有限,其所承受的车辆活载相对较大,由于铁路迂回运输不易实现,桥必须结实耐用且易于修复。

与铁路桥相比,公路桥的车辆活载相对较小,桥的宽度和跨度相对较大。

公铁两用桥指能同时承受公路和铁路车辆荷载的桥。我国长江上的主要特大桥,如武汉、南京、枝城、九江、芜湖长江大桥等。

人行桥指专供行人(有时包括非机动车)使用的桥。它跨越城市繁忙街道处(也叫天桥),或市区内河流,或封闭高速公路,为行人(及非机动车)提供方便。除高速公(铁)路上的桥梁外,其他桥梁通常提供行人过桥的通道。

相对于公路桥和铁路桥而言,在城市范围内的桥梁(包括立交桥及人行桥,但不包括铁路桥)也被称为城市桥,其设计荷载标准与公路桥的有所差别,桥梁的造型和景观也需适当考虑城市环境因素。

(3)按桥跨结构所用材料划分

按桥跨结构所用材料划分,有钢桥,钢筋混凝土桥,预应力混凝土桥,结合梁桥,用砖、石、素混凝土块等砌体材料(习称圬工)建造的拱桥,木桥等。

由于钢材具有匀质性好、强度高、自重小等优点,钢桥具有较大的跨越能力,在跨度上一直处于领先地位。在我国,传统上铁路桥采用钢桥(钢板梁桥、钢桁梁桥)较多。近年来随着大跨度公路悬索桥和斜拉桥的发展,公路钢桥也越来越多。

钢筋混凝土桥和预应力混凝土桥的建造费用较少,养护维修方便,是目前应用最为广泛的桥梁,在中、小跨度内已逐步取代钢桥,在大跨度范围内也具有较强的竞争力。

结合梁桥主要指钢梁与钢筋混凝土桥面板组合成的梁桥或加劲梁。

圬工桥主要指石拱桥,其取材方便,构造简单,适用于跨度不大、取材方便的山区拱桥。

除临时性桥梁和林区桥梁外,一般不采用木桥。在历史上,还曾先后采用过铸铁(cast iron)和锻铁作为建桥材料,在结构钢出现之后,这类桥梁就不再修建了。

(4)按结构体系划分

按结构体系划分,桥梁可分为梁桥、刚构桥、拱桥、悬索桥四种基本体系,也有将刚构桥划在梁桥体系的,主要是因为梁墩固结处墩分担的弯矩较小,基本不影响梁的行为,这样,就成为三种基本体系了。再加上由上述两种基本体系或一种基本体系与梁、柱、塔及索等构件形成的组合体系,如图1.34(i)(j)所示的斜拉桥、系杆拱桥等。

(5)按桥跨结构与桥面的相对位置划分

按桥跨结构与桥面的相对位置划分,有上承式、下承式和中承式桥。对梁桥和拱桥、桥面布置在桥跨结构顶面的为上承式桥;相应地,布置在底面的称为下承式桥[图1.34(d)];布置在中

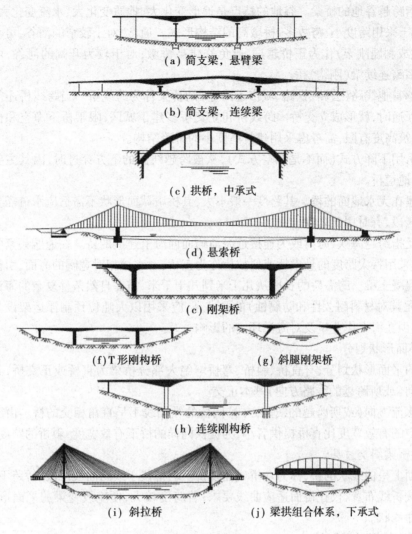

图 1.34 桥梁结构体系分类

间的称为中承式桥[图 1.34(c)]。桥面位置的选择与容许建筑高度和实际需要有关。

上承式桥被广泛采用,适用于容许建筑高度较大的情况,其特点是上部结构的宽度较小,墩台的圬工数量有所节省,桥面视野开阔等。在容许建筑高度很小、布置上承式桥困难时,可采用下承式桥。由于桥跨结构在桥面之上且需要满足桥上净空的要求,故结构横向宽度相对较大,墩台尺寸也相应有所增加。有时因地形限制或结构造型需要把桥面布置在桥跨结构高度的中间部位,形成中承式桥。因承重结构有一部分是位于桥面之上,占用了桥面宽度,为使桥面宽度满足要求,必须加宽两片拱肋或桁梁的中心距,这将使横梁宽度增加,用料偏多。在同一座桥中,桥跨结构与桥面的相对位置可有所变化。

(6)按跨越的对象划分

按桥梁跨越的对象划分,有跨河桥、跨谷桥、跨线桥、立交桥、地道桥、旱桥、跨海桥等。

大部分桥梁是跨越河流的。修建跨河桥,不可使河流功能受到损害。为此,必须遵循桥渡勘测设计规范的要求,使桥的孔径、跨度、桥面高程、基础埋深等既能保证桥在排洪和通航时的安全,又不碍及河流的功能。

跨谷桥指跨越谷地的桥梁。谷地的特点是地形变化大、地质变化大、水流变化大,谷底至桥面较高,不适于采用跨度小、跨数多、桥墩高的结构形式。通常,对于较窄的河谷,可考虑采用一跨结构(如拱或斜腿刚架)作为正桥越过,避免修建高桥墩;对于较为开阔的河谷,可考虑采用跨度较大的多跨连续梁(刚构)桥。

直接跨越其他线路(公路、铁路、城市道路等)的桥梁称为跨线桥。当跨线桥还需要与其所跨越的线路互通时,就形成立交桥。跨线桥和立交桥多建于城区,限于桥下净空和桥面高程的要求,容许建筑高度有限,需考虑采用建筑高度小的桥跨结构。

当桥梁采用下降方式(而不是架空方式),从被跨越线路的下方穿过时,因其主要部分位于地下,便称为地道桥。

旱桥指建在无水地面的桥。其跨度一般不大,其桥墩截面形状不需适应水流需要。对于引桥的不过水区段,有时用此名称。

跨海桥泛指跨越海峡、海湾或为连接近海岛屿而向海上建造的桥。在通航频繁的海峡或海上航道处,多采用特大跨度的悬索桥或斜拉桥作为正桥;对水域相对宽阔的海面,引桥可采用多跨的预应力混凝土梁。跨海桥的长度从几千米到几十千米,需在自然条件复杂的海洋环境中施工,对质量(尤其对材料耐久性和防腐蚀)的要求高,应采用以大吨位预制浮运架设为主的施工方法,尽量减少在海上作业量及对海洋环境的影响。

(7)按平面形状划分

按桥梁的平面形状划分,有直桥、斜桥、弯桥。绝大部分桥梁为直桥或正交桥,其纵轴线方向同水流方向(或所跨越的线路方向)基本正交。

斜桥指水流方向(或所跨越的线路方向)同桥的纵轴线不呈直角相交的桥。由于斜桥所提供的桥下净空的有效宽度比直桥提供者小,为提供同样的桥下有效宽度,斜桥的跨度就需加大,因此,不宜使桥梁斜交过甚。

在水平面上呈曲线状的桥,称为弯桥或曲线桥。当桥位于线路曲线区段、桥跨不大时,可将多跨直线梁按折线布置,仅让桥面适应曲线要求;若跨度较大,便应改变梁的平面形状,使桥跨结构本身呈曲线状。

(8)按预计使用时间划分

按预计使用时间的长短划分,有永久性桥梁和临时性桥梁。永久性桥梁指用钢材、混凝土、石材等耐久材料所修建的桥梁。桥梁的设计和施工应该遵照适用的规范,期望使用寿命约100年。临时性桥梁也称为便桥,指为了使线路早日开通,对使用寿命不作长久打算的桥,其材料可用木材、钢材和制式设备(如万能杆件等),孔径和跨度可以基本不考虑洪水影响;当造桥物资不充足时,还可以对桥上的行车提出一些限制。

(9)固定式桥梁、开启桥

绝大部分的桥梁在建成后不可移动,称为固定式桥梁。在特殊情况下,为同时满足线路高程要求和河流通航要求,也修建开启桥或活动桥。开启桥指一部分桥跨结构(通常为钢梁)可以提升或转动(平转或竖转)的桥,而升高或转动的目的则是为了在桥下可通过较高的船舶。与固定式桥梁相比,开启桥的桥长有限,建造费用可以节省,但其交通量将受限制,且维修管理费用也较高。

(10)军用桥

为军事目的而修建的桥,可称之为军用桥。军用桥多为临时性桥梁,在我国,公路常用贝雷梁,铁路常用64军用梁,它们由基本构件组成,拆装简便,运输方便,承载力大。另一种就是浮桥或舟桥,其用船或浮箱代替桥梁,浮在水面。在军用的制式舟桥中,需要增加其机动性,多使其具有自行性。采用轻质合金材料、碳纤维复合材料等建造的现代军用桥种类繁多,其构件尺寸小、自重轻,易于快速部署,紧急情况下可用直升机吊运至架桥区域。

(11)高架桥

伴随着城市交通的发展,需要修建高架桥或高架路。其主要目的是让线路高出于地面,从而保持线路畅通或增加其通行能力。在山区修建高架桥,主要目的则是为了保护森林植被,减少对自然环境的破坏。高架桥也指跨越深谷或宽谷的高桥。

(12)栈桥

在码头上用于沟通河岸与轮船,用以装卸货物或上下旅客的通道,称为栈桥。传统的栈桥采用桩和梁作为承重结构,因其和古代栈道相似而得名。桥梁施工中,为在河岸与水中桥墩之间建立通道,往往也搭建临时性栈桥。

(13)其他桥梁

专为输水而修建的架空渠道称为渡槽或水道桥。而为输送天然气、煤气、自来水、电力等而建造的桥,统称为管线桥。为让运河跨越河流等障碍而修建的桥,称为运河桥,桥上可行船。另外,还可根据桥梁的突出构造特点进行分类。

1.2.3 桥梁的结构体系

按结构体系及其受力特点,桥梁可划分为梁、拱、索三种基本体系和组合体系。不同的结构体系具有不同的结构形式和受力特点。

1)梁 桥

梁桥是古老的桥梁结构体系之一。梁作为承重结构,主要是以其抗弯能力来承受荷载的。在竖向荷载作用下,其支承反力也是竖直的;简支的梁部结构只受弯、剪,不承受轴向力。

常用的简支梁的跨越能力有限,跨度通常不超过40 m,为加大跨度,悬臂梁和连续梁[图1.34(a)、图1.34(b)]得到发展。他们都是利用增加中间支承以减少跨中正弯矩,更合理地利用材料并分配内力,加大跨越能力。悬臂梁采用铰结或一简支跨(称为挂孔)来连接其两个端头,其为静定结构,受力明确,计算简便;但因结构变形在连接处不连续而对行车和桥面养护产生不利影响,近年来已很少采用。连续梁因桥跨结构连续,克服了悬臂梁的不足,是目前采用较多的梁式桥型。

梁式体系分实腹式和空腹式。实腹梁的横截面形式多为T形、I形和箱形等,空腹梁主要指桁架式(truss)桥跨结构。梁的高度和截面尺寸可在桥长方向保持一致或随之变化。对中小跨度的实腹梁桥,常采用等高度T形梁(混凝土)或I形梁(钢);跨度较大时,可采用变高度(在中间支承处增大梁高)的箱形截面预应力混凝土连续梁(刚构)桥或钢桁架梁,并配合悬臂方法施工。

2)拱 桥

拱桥[图1.34(c)]的主要承重结构是具有曲线外形的拱圈。在竖向荷载作用下,拱圈主要承受轴向压力,但也受弯、受剪。拱趾处的支承反力除了竖向反力外,还有较大的水平推力。

　　根据拱的受力特点,多采用抗压能力较强且经济合算的砌体材料(石材等)和钢筋混凝土来修建拱桥,也因拱是有推力的结构,对地基的要求较高,故一般宜建于地基良好之处。按照静力学划分,拱分成单铰拱、双铰拱、三铰拱和无铰拱。因铰的构造较为复杂,通常采用无铰拱体系。

　　随着施工方法的进步,除了传统的满堂支架或拱架施工方法外,现可采用悬臂施工、转体施工、劲性骨架施工等施工新技术。这对拱桥在更大跨度范围内的应用,起到了重要的促进作用。

3) 悬索桥

　　悬索桥主要由缆(又称索)、塔、锚碇、加劲梁等组成,见图1.34(d)。对跨度较小(通常小于300 m)、活载较大且加劲梁较刚劲的悬索桥,可以视其为缆与梁的组合体系。但大跨度悬索桥的主要承重结构为缆,组合体系的效应可以忽略。在竖向荷载作用下,其索受拉,锚碇处会承受较大的竖向(向上)和水平(向河心)力。索通常用高强度钢丝制成圆形大缆,加劲梁多采用钢桁架或扁平箱梁,桥塔可采用钢筋混凝土或钢。因大缆的抗拉性能得以充分发挥且尺寸基本上不受限制,故悬索桥的跨越能力一直在各种桥型中名列前茅。不过,由于结构较柔,悬索桥较难满足当代铁路桥的要求。

　　在修建跨度相对较小(通常不大于300 m)的悬索桥,当两岸用地受到限制而无法布置锚碇时或出于景观需要,可采用自锚式悬索桥(Self-anchored Suspension Bridge)。其特点是:将大缆的两端固定在加劲梁的两端,省略了大体积的锚碇,但导致了梁的材料用量的增加,也增加了施工难度。

4) 组合体系

　　组合体系桥指承重结构采用两种基本体系,或一种基本体系与某些构件(梁、塔、柱、斜索等)组合在一起的桥。在两种结构系统中,梁是其中常见的一种,与梁组合的可以是柱、拱、缆或塔及斜索。代表性的组合体系有以下几种:

　　(1)刚架桥

　　刚架桥是梁与立柱(或称墩柱)的组合体系。刚架桥中的梁与立柱刚性连接,形成刚架,见图1.34(e)。其主要特点是:立柱具有相当的抗弯刚度,故可分担梁部跨中正弯矩,达到降低梁高、增大桥下净空的目的。在竖向荷载作用下,主梁与立柱的连接处会产生负弯矩;主梁、立柱承受弯矩,也承受轴力和剪力;柱底约束处既有竖直反力,也有水平反力。刚架桥的形式多半是立柱直立的、单跨或多跨的门形框架,柱底约束处可以是铰结或固结。钢筋混凝土刚架桥适用于中小跨度、建筑高度要求较严的城市或公路跨线桥。

　　立柱斜向布置的刚架桥称为斜腿刚架桥,见图1.34(f),其受力特点与刚架桥大致相同。在竖向荷载作用下,斜腿以承压为主,两斜腿之间的梁部受到一定的轴向力。斜腿底部可采用铰结或固结形式,并受到较大的水平推力。对跨越深沟峡谷、两侧地形不宜建造直立式墩柱的情况,斜腿刚架桥表现出其独特之处。另外,墩柱在立面上呈V形并与梁部固结的桥梁,称为V形刚架桥,其在受力上具有连续梁和斜腿刚架的特点。由于V形支撑的作用,支点负弯矩及梁高可适当减小,跨度可适当加大,也使得外形较为美观。

　　(2)T形刚构桥和连续刚构桥

　　随着预应力技术和对称悬臂施工方法的发展,具有刚架形式和特点的桥梁可用于跨径更大的情况,如T形刚构桥,见图1.34(g)。预应力混凝土T形刚构桥是因悬臂施工方法的发展而衍生出来的一种桥型。其桥墩的尺寸及刚度较大,墩顶与梁部固结,墩底与基础固结;仍在跨中设铰或挂孔来连接邻近T构。它融合了悬臂梁桥和刚架桥的部分特点:因是静定结构,能减少次内力、简化主梁配筋;T构有利于对称悬臂施工,但粗大的桥墩因承受弯矩较大而费料;桥面线型不连续而影响行车。目前,已很少采用这种桥式。

在连续梁桥的基础上,把主跨内较柔细的桥墩与梁部固结起来,就形成所谓的连续刚构桥,见图1.34(h)。其特点是:桥墩(为单壁或双薄壁墩)较为纤细,以受轴向力(而不是弯矩)为主,表现出柔性墩的特性,这使得梁部受力仍然体现出连续梁的受力特点(主跨梁部仅受到较小轴向力作用)。这种桥式除保持了连续梁的受力优点外,还节省了大型支座的费用,减少了桥墩及基础的工程量,改善了结构在水平荷载下的受力性能,有利于简化施工工序,适用于需要布置大跨、高墩的桥位。

为突出结构造型上的不同,将T形刚构桥和连续刚构桥划归为组合体系。但从主要受力特点上看,T形刚构桥和连续刚构桥仍主要表现出梁的受力特点。字面上,"刚构"一词可以理解为墩梁刚性连接形成的桥跨结构。

(3)梁、拱组合体系

梁、拱组合体系同时具备梁的受弯和拱的承压特点。组合形式可以是刚性拱及柔性系杆(称为系杆拱),也可以是柔性拱及刚性梁[图1.34(j)]。这类结构的主要优点是:利用系杆或梁部受拉(若是混凝土梁则对其施加预应力)来承受和抵消拱在竖直荷载下产生的水平推力。这样,桥跨结构既具有拱的外形和承压特点,又不存在大的水平推力,可在一般地基条件下修建。相对而言,梁、拱组合体系的施工较为复杂。

(4)斜拉桥

斜拉桥[图1.34(i)]是梁与塔、斜索组成的组合体系,结构形式多样,造型优美壮观。在竖向荷载作用下,梁以受弯为主,塔以受压为主,斜索则承受拉力。梁体被斜索多点扣住,表现出弹性支承连续梁的特点;这样,梁所承受的恒载弯矩减小,梁体高度可以降低,结构自重可以减轻,跨度可以增加;另外,塔和斜索的材料性能也能得到较充分地发挥。因此,斜拉桥的跨越能力仅次于悬索桥,是近几十年来发展很快的一种桥式。由于刚度问题,斜拉桥在铁路桥梁上的应用极为有限。

(5)其他组合体系

其他组合体系主要包括斜拉体系(塔及斜索)与梁、拱、索的组合。例如:

①矮塔、斜索与变截面预应力混凝土连续梁或连续刚构形成的组合体系(国内称为矮塔斜拉桥或部分斜拉桥)。这种桥型将原来置于梁体内的一部分预应力钢筋外置,以便提高预应力效率;外形上与斜拉桥相近,但受力上介于传统梁桥和斜拉桥之间。典型的桥例是:瑞士的甘特桥(主跨174 m,1980年),日本的Ibigawa桥(主跨271.5 m,2001年),中国的柳州三门江桥(主跨160 m,2006年)。斜拉体系也可以与大跨度钢桁架梁组合。在这种体系中,主要承重构件是钢桁架梁,斜拉体系只起到辅助施工和分担荷载的"加劲"作用,如芜湖长江大桥。

②斜拉体系与拱的组合,形成斜拉拱桥。在这种桥式中,将斜索下端锚于桥面以分担荷载,如马来西亚的Seri Saujana桥(主跨300 m,2002年)。

③将斜索布置在悬索桥桥塔两侧,形成斜拉-悬索组合体系。这一桥式主要用于悬索桥加固,也曾作为一些跨海峡特大桥(如直布罗陀大桥,印尼的爪哇—巴厘桥等)方案。

对结构体系的分类,无一定之规,上述分类也不可能涵盖式样繁多的桥型。需要强调的是,仅仅对桥梁的结构体系有所了解,还远不能完全把握住桥梁的结构特点。在结合桥位情况选择某种结构体系的同时,还需要对与这一结构体系相适应的建桥材料(钢、混凝土或两者)、结构横截面形状及布置(多主梁,或箱梁,或桁架梁)、结构的横向和立面布置(如斜拉桥和索面的布置和造型)、重要构造细节(如预应力配筋方式,节点处理)、施工方法(如浮运、顶推、悬臂施工等)等进行比较、分析和选择。这样,才能建造出符合工程规律、具有经济效益的桥梁。

1.3 桥梁设计基本原则与程序

1.3.1 桥梁设计的内容和基本原则

1)桥梁设计的主要内容

桥梁设计的主要内容包括:a. 选择桥位;b. 确定桥梁必需的长度和高度;c. 选择合理的桥梁结构形式并拟定桥跨及墩台基础的施工方案,即选择桥式及初拟结构尺寸;d. 对桥跨、墩台、基础进行结构设计,确定桥梁各部分的合理尺寸,按规范进行验算,以保证桥梁满足强度、刚度及稳定的要求;e. 绘制施工图。

2)桥梁设计的基本原则

在桥梁设计中,必须遵从经济、适用、安全和美观的基本原则,并满足耐久性和环保的要求,具体为以下要求:

(1)使用功能上的要求

桥上行车道与人行道宽度应保证列车(车辆)和人群的安全畅通,并能满足发展的需要;桥型、跨度和净空应满足泄洪、安全通航或通车等要求;建成的桥梁要保证使用年限,便于检修;桥梁的两端方便于车辆的进入和疏散,而不致产生交通堵塞现象;考虑综合利用,方便各种管线(水、电气、通信等)的搭载等。

(2)经济上的要求

①桥梁设计应遵循因地制宜,就地取材和方便施工的原则。

②经济的桥型应该是造价和养护费用综合最优的桥型,设计中应充分考虑方便维修和减少维修费用,维修时尽可能不中断交通,或中断交通的时间最短。

③所选择的桥位地质、水文条件好,并使桥梁长度较短。

④能缩短河道两岸的运距,以促进该地区的经济发展,产生最大的效益。对于过桥收费的桥梁应能吸引更多的车辆通过,达到尽快回收投资的目的。

⑤在设计中应尽量采用先进的施工技术和设备以满足快速施工的要求,从而降低总造价,提高经济效益。

(3)结构和构造上的要求

整个桥梁结构及各部构件在制造、运输、安装和使用过程中均具有足够的强度、刚度、稳定性和耐久性。

(4)美观上的要求

一座桥梁应具有优美的外形,结构在空间上有和谐的比例,与周围环境相协调。城市和游览区的桥梁,可较多地考虑建筑艺术上的要求。另外,施工质量对桥梁美观也有很大影响。

(5)技术上的要求

桥梁设计应尽可能采用成熟的新结构、新设备、新材料和新工艺。在认真学习国内外先进技术,充分利用新技术成就的同时,努力创新,淘汰和摒弃原来落后和不合理的设计思想。只有这样才能更好地贯彻适用、经济、安全、美观的原则,提高我国的桥梁建设水平,赶上和超过世界先进水平。

(6)环境保护方面的要求

桥梁设计应考虑环境保护和可持续发展的要求。从桥位选择、桥跨布置、基础方案、墩身外形、上部结构施工方法、施工组织设计等全面考虑环境要求;采取必要的工程措施,并配合必要的环境监测保护体系,将对环境的不利影响降至最小。

(7)安全上的要求

①桥梁结构在强度、稳定和耐久性方面应有足够的安全储备。

②对于河床易变迁的河道,应设计好导流设施,防止桥梁基础底部被过度冲刷;对于通行大吨位船舶的河道,除按规定加大桥孔跨径外,必要时设置防撞构筑物等。

③防撞栏杆应具有足够的高度和强度,人与车流之间应做好防护栏,防止车辆撞击人行道或撞坏栏杆而落到桥下。

④对于交通繁忙的桥梁,应设计好照明设施并有明确的交通标志,两端引桥坡度不宜太陡,以避免发生车辆碰撞等引起的车祸。

⑤对于修建在地震区的桥梁,应按抗震要求采取防震措施;对于大跨柔性桥梁,尚应考虑风振效应;对于车速较高的铁路桥梁还应考虑车辆耦合振动所引起的行车安全性及乘车舒适性问题。

1.3.2 混凝土桥梁耐久性设计

在各国高速铁路桥梁建设时,耐久性设计均得到充分的重视,例如:明确规定耐久性设计的有关内容,考虑易损部件更换的措施,预留15%的预应力束补张拉位置,预留各种检查维修通道等;在桥梁设计时力求构造简单、规格外形标准化,尽量消除构造上的薄弱环节等。影响混凝土结构耐久性的因素十分复杂,主要取决于以下4个方面:a.混凝土材料的自身特性;b.混凝土结构的设计与施工质量;c.混凝土结构所处的环境条件;d.混凝土结构的使用条件和防护措施。

混凝土材料自身的特性和结构的设计与施工质量是决定其耐久性的内因。混凝土的材料组成,如水灰比、水泥品种和数量、骨料的种类与级配都直接影响混凝土结构的耐久性。混凝土的缺陷(例如裂缝、气泡、空穴等)会造成水分和侵蚀性物质渗入混凝土内部,与混凝土发生物理化学作用,影响混凝土结构的耐久性。

混凝土结构所处的环境条件和防护措施,是影响混凝土结构耐久性的外因。外界环境因素对混凝土结构的破坏是环境因素对混凝土结构物理化学作用的结果。环境因素引起的混凝土结构损伤或破坏主要有:

(1)混凝土的碳化

混凝土的碳化是指混凝土中氢氧化钙与渗透进混凝土中的二氧化碳和其他酸性气体发生化学反应的过程。一般情况下混凝土呈碱性,在钢筋表面形成碱性薄膜,保护钢筋免遭酸性介质的侵蚀,起到了"钝化"保护作用。碳化的实质是混凝土的中性化,使混凝土的碱性降低,钝化膜破坏,在水分和其他有害介质侵入的情况下,钢筋就会发生锈蚀。

(2)氯离子的侵蚀

氯离子对混凝土的侵蚀是氯离子从外界环境侵入已硬化的混凝土造成的。海水是氯离子的主要来源,北方寒冷地区向道路、桥面撒盐化雪除冰都有可能使氯离子渗入混凝土中。氯离子对混凝土的侵蚀属于化学侵蚀,氯离子是一种极强的去钝化剂,氯离子进入混凝土,到达钢筋表面,并吸附于局部钝化膜处时,可使该处的 pH 值迅速降低,破坏钢筋表面的钝化膜,引起钢筋腐蚀。氯离子侵蚀引起的钢筋腐蚀是威胁混凝土结构耐久性的最主要和最普遍的病害,会造成巨大的损失,应引起设计、施工及养护管理部门的重视。

(3)碱-骨料反应

碱-骨料反应一般指水泥中的碱和骨料中的活性硅发生反应,生成碱-硅酸盐凝胶,并吸水产生膨胀压力,造成混凝土开裂。碱-骨料反应引起的混凝土结构破坏程度,比其他耐久性破坏发展更快,后果更为严重。碱-骨料反应一旦发生,很难加以控制,一般不到两年就会使结构出现明显开裂,所以有时也称碱-骨料反应是混凝土结构的"癌症"。对付碱-骨料反应只能预防并避免其产生的条件形成,因为混凝土结构一旦发生碱-骨料反应破坏,目前还没有可靠的修补措施。防止混凝土碱-骨料反应的主要措施是:选用含碱量低的水泥,不使用碱活性大的骨料,选用不含碱或含碱低的化学外加剂,通过各种措施控制混凝土的总含碱量不大于 3 kg/m^3。

(4)冻融循环破坏

渗入混凝土中的水在低温下结冰膨胀,从内部破坏混凝土的微观结构,经多次冻融循环后,损伤积累将使混凝土剥落酥裂、强度降低。盐溶液与冻融的协同作用比单纯的冻融更为严重,一般将盐冻破坏看作冻融破坏的一种特殊形式,即最严酷的冻融破坏。冻融破坏的特征是混凝土剥落,严重威胁混凝土的耐久性。混凝土冻融破坏发展速度快,一经发现混凝土冻融剥落,必须密切注意剥蚀的发展情况,及时采取修补和补强措施。

提高混凝土抗冻耐久性的主要措施是采用掺入引气剂的混凝土。国内外的大量研究和工程实践表明,掺入引气剂的混凝土抗冻耐久性明显提高,这是因为引气剂形成的互不连通的微细气孔在混凝土受冻初期能使毛细孔中的静水压力减少,在混凝土受冻结构过程中,这些孔隙可以阻止或抑制水泥浆中微小冰体的形成。

(5)钢筋腐蚀

钢筋腐蚀是影响钢筋混凝土结构耐久性和使用寿命的重要因素。处于干燥环境下,混凝土碳化速度缓慢,具有良好保护层的钢筋混凝土结构一般不会发生钢筋腐蚀。在潮湿的或有侵蚀介质(例如氯离子)的环境中,混凝土将加速碳化,覆盖钢筋表面的钝化膜逐渐破坏,加之有水分和氧的侵入,将引起钢筋的腐蚀。钢筋腐蚀伴有体积膨胀,使混凝土出现沿钢筋的纵向裂缝,造成钢筋与混凝土之间的粘结力破坏、钢筋截面面积减少、结构构件的承载力降低、变形和裂缝增大等一系列不良后果,并随着时间的推移,腐蚀会逐渐恶化,最终可能导致结构的完全破坏。

值得注意的是,几乎所有侵蚀混凝土和钢筋的作用都需要有水作介质。另一方面,几乎所有的侵蚀作用对混凝土结构的破坏都与侵蚀作用引起混凝土膨胀导致最终的混凝土开裂有关。而且当混凝土结构开裂后,腐蚀速度将大大加快,混凝土结构的耐久性将进一步恶化。在影响混凝土结构耐久性的诸多因素中,钢筋腐蚀危害最大。钢筋腐蚀与混凝土碳化有关,在一般情况下,混凝土保护层碳化是钢筋腐蚀的前提,水分、氧气的存在是引起钢筋腐蚀的必要条件。因此提高混凝土结构耐久性的根本途径是:增强混凝土密实度,防止或控制混凝土开裂,阻止水分的侵入;加大混凝土保护层的厚度,防止由于混凝土保护层碳化引起钢筋钝化膜的破坏。

1.3.3 桥梁设计的程序

一座大中型桥梁的规划设计所涉及的因素很多,是一个综合的系统工程。在我国,根据国家基本建设程序的要求逐步形成了包括技术、经济及组织工作在内的科学的大桥的设计程序。它分为前期工作及设计阶段:前期工作包括编制预可行性研究报告和可行性研究报告;设计阶段按"三阶段设计"进行,即初步设计、技术设计与施工图设计(图1.35)。各阶段设计文件完成后的上报和审批都由国家指定的行政部门办理,批准后的文件就成为各建设阶段进行的依据,也是下一阶段设计文件编制的依据。

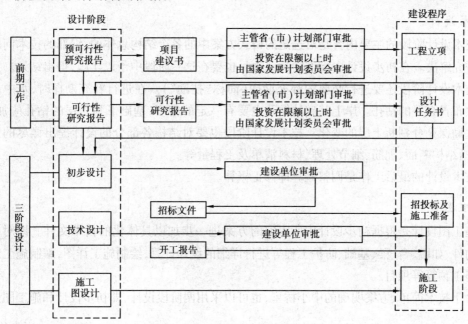

图 1.35　设计阶段与建设程序关系图

1)前期工作

即预可行性研究报告(简称"预可")与工程可行性研究报告(简称"工可")的编制阶段。两者应包含的内容及目的是一致的,只是研究的深度不同。

"预可"阶段着重研究建桥的必要性及宏观经济上的合理性。在"预可"研究形成的"预工程可行性研究报告书"(简称"预可报告")中,应从经济、政治、国防等方面,详细阐明建桥理由和工程建设的必要性和重要性;同时初步探讨技术上的可行性。对于区域性线路上的桥梁,应以建桥地点(渡口等)的车流量调查(计及国民经济逐年增长)为立论依据。"预可"阶段的主要工作目标是解决建设项目的上报立项问题,因而,在"预可报告"中,应编制几个可能的桥型方案,并对工程造价、资金来源、投资回报等问题有初步的估算和设想。设计方将"预可报告"交业主后,由业主据此编制"项目建议书"报主管上级审批。

在"项目建议书"审批后,着手工程可行性研究("工可")阶段的工作。在这一阶段,着重研究选用和补充制定桥梁的技术标准,包括设计荷载标准、桥面宽度、通航标准、设计车速、桥面纵坡、桥面平纵曲线半径等,应与河道、航运、规划等部门共同研究,以共同协商确定相关的技术标准。

2)初步设计

由计划部门下达的设计任务书是初步设计的依据。初步设计阶段首先是通过调查、勘测(初测、初勘、定测和祥勘)、搜集资料,解决桥梁总体规划问题:即选定桥址、桥型确认、桥长和分跨情况确定,其次是初拟桥梁结构的主要尺寸、估算工程数量,提出主要材料用量及全桥造价的概算指标。在这一过程中,往往应对所选定的桥址做出几种不同方案进行比选,呈报审批后才能确定实施的方案。

3)技术设计

技术设计阶段的主要内容是对选定的桥式方案中的各个结构总体的、细部的技术问题作进一步研究解决。在初步设计中批准的科研项目也要在这一阶段中予以实施,得出结果。

技术设计阶段还要进行必要的补充勘探(简称"技勘")。在进行补充勘探时,水中基础必须每墩布置必要的钻孔。岸上基础的钻孔也要有一定的密度,基础下到岩层的钻孔应加密,还要通过勘探充分判断土层的变化。技术设计阶段也要对结构各部分的设计提出详尽的设计图纸,包括结构断面、配筋、细节处理、材料清单及工程量等。

技术设计的最后工作是调整概算即修正概算。

4)施工图设计

施工图设计是根据初步设计中所审定的方案进一步加以具体化的技术文件。即对桥梁各部分构件,如墩、台、梁、基础、防护工程等进行详细的设计计算,绘制施工详图,编制施工组织设计和施工预算等项目。

对于技术简单、方案明确的中小桥型,也可以采用两阶段设计,即初步设计和施工图设计。

1.3.4 桥梁平面、纵断面设计与净空要求

1)平面设计

桥梁平面设计是解决桥梁轴线与所跨越障碍物的平面关系问题,即跨越的位置和角度。

小桥涵的位置与线型一般应该符合线路的走向,为满足水文、线路弯道等的要求,可以设计成斜桥和弯桥。大桥、特大桥的桥址中线应该尽量与洪水流向正交,以避免在桥头形成水袋而产生三角回流,影响线桥安全。桥、线应该综合考虑,桥梁尽量选择在河道顺直、水流稳定、地质条件良好的河段上跨越河流。

2)纵断面设计

桥梁的纵断面设计包括确定桥梁的长度和孔径、桥梁的分跨、桥面标高、桥上和桥头引道的纵坡以及基础的埋置深度等。

3)净空要求

桥梁净空包括桥上净空和桥下净空。桥上净空是保证车辆行人安全通过桥梁所必需的桥梁净空界限,在净空范围内不许桥跨结构的构件和其他建筑物伸入。

铁路桥梁桥上净空应符合国家标准《标准轨距铁路建筑限界》(GB 146.2—83),见图1.36。图中虚线为建筑接近限界,在此限界内,除机车车辆及其有关的设备外(如车辆缓行器、接触电线等),其他建筑物或设备均不得侵入。实线表示桥梁建筑限界,桥梁的任何构件不得入侵此限界。在建筑限界与桥梁限界之间可以装设照明、通信信号设备。

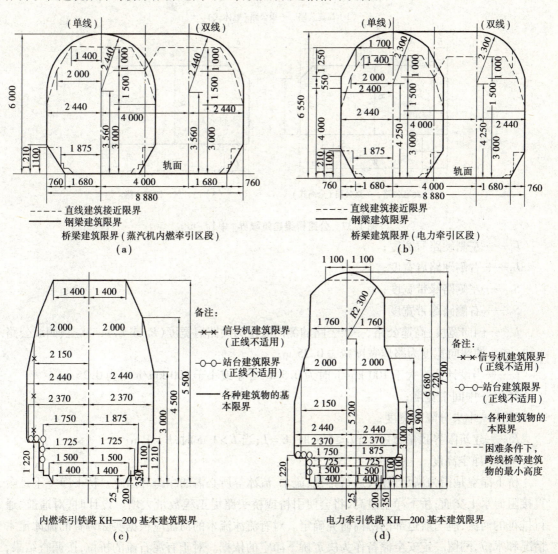

图1.36　铁路桥梁建筑限界与基本建筑限界(单位:mm)

我国交通部颁布的《公路工程技术标准》(JTJ B01—2003)中,规定了各级公路桥面的净空限界,见图1.37。在建筑限界内,不得有任何部件侵入。

图中:

W——行车道宽度;

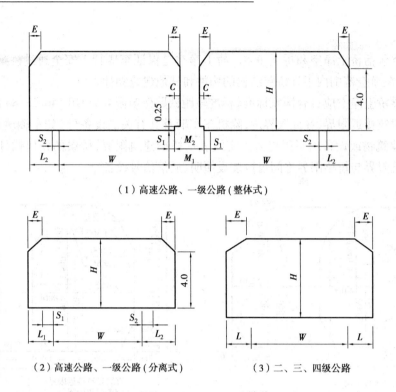

（1）高速公路、一级公路（整体式）

（2）高速公路、一级公路（分离式）　　　　（3）二、三、四级公路

图1.37　公路桥梁建筑限界（单位:m）

L_1——左侧硬路肩宽度；

L_2——右侧硬路肩宽度；

S_1——左侧路缘带宽度；

S_2——右侧路缘带宽度；

L——侧向宽度:高速公路、一级公路的侧向宽度为硬路肩宽度（L_1 或 L_2）;二、三、四级公路的侧向宽度为路肩宽度减去 0.25 m;

C——当设计速度大于 100 km/h 时为 0.5 m,等于或小于 100 km/h 时为 0.25 m;

M_1——中间带宽度;

M_2——中央分隔带宽度;

E——建筑限界顶角宽度:当 $L \leqslant 1$ m 时,$E = L$;当 $L > 1$ m 时,$E = 1$ m;

H——净空高度。

　　桥下净空是指为满足通航,通行排筏、流木、流冰等所必需的净跨和净空。桥下净空不足会直接阻碍水上交通;桥下净空过高,将会使引桥或桥头路堤工程数量大增。设计时,对通航、通行排筏的河流,应与航运部门协商研究确定。对有流冰流木的河流应根据实际调查的流冰流木情况和水位,酌留一定安全储备作为决定桥下净空的依据。对于有泥石流的桥位,按调查结果,桥下净空应能满足泥石流通过的要求。对于不通航,不通行排筏,无流木、流冰的河流,铁路桥梁桥下净空高度按表1.2规定办理,公路桥桥下净空按表1.3办理。

表1.2　桥下净空高度

序号	桥的部位	高出设计洪水频率水位加 Δh 后的最小高度（m）	高出检算洪水频率水位加 Δh 后的最小高度（m）
1	梁底（洪水期无大漂流物时）	0.50	0.25
2	梁底（洪水期有大漂流物时）	1.50	1.00
3	梁底（有泥石流时）	1.00	—
4	支承垫石顶	0.25	—
5	拱肋和拱圈的拱脚	0.25	—

表1.3　非通航河流桥下最小净空

桥梁的部位		高出计算水位（m）	高出最高流冰面（m）
梁底	洪水期无大漂流物	0.50	0.75
	洪水期有大漂流物	1.50	—
	有泥石流	1.00	—
支承垫石顶面		0.25	0.50
拱脚		0.25	0.25

1.3.5　桥梁设计方案比选

桥式方案比选是初步设计的重点内容,必须根据自然和技术条件,因地制宜,在综合应用专业知识,了解掌握国内外新技术、新材料、新工艺的基础上,进行深入细致的研究和分析对比,才能科学地构思出优秀的设计方案。

桥梁设计方案的比选和确定可按下列步骤进行:

(1)明确各种标高的要求

在桥位纵断面图上,先按比例绘出设计洪水位、通航水位、堤顶标高、桥面标高、通航净空、堤顶行车净空位置图。

(2)桥梁分孔和初拟桥型方案草图

在上述确定了各种标高的纵断面图上,根据泄洪总跨径的要求,作出桥梁分孔和桥型方案草图。作草图时思路要宽广,只要基本可行,尽可能多绘几种,以免遗漏可能的桥型方案。

(3)方案初筛

对草图方案作技术和经济上的初步分析和判断,筛去弱势方案,从中选出 2~4 个构思好、各具特点的方案,做进一步详细研究和比较。

(4)绘制桥型方案图

根据不同桥型、不同跨度、宽度和施工方法,拟定主要尺寸并尽可能细致地绘制各个桥型方案的尺寸详图。对于新结构,应做初步的力学分析,以准确拟定各方案的主要尺寸。

(5)编制估算或概算

依据编制方案的详图,可以计算出上、下部结构的主要工程数量,然后依据各省、市或行业的"估算定额"或"概算定额"编制出各方案的主要材料(钢、木、混凝土等)用量、劳动力数量、全桥总造价。

(6)方案选定和文件汇总

全面考虑建设造价、养护费用、建设工期、营运适用性、美观等因素,综合分析,确定每一个方案的优缺点,最后选定一个推荐方案。在深入比较的过程中,应当及时发现并调整方案中不尽合理之处,确保最后选定的方案是最优方案。

上述工作全部完成之后,着手编写方案说明书。说明书中应阐明方案编制的依据和标准、各方案的主要特色、施工方法、设计概算以及方案比较的综合性评述,对于推荐方案应作较详细的说明。各种测量资料、地质勘察和地震烈度复核资料、水文调查与计算资料等应按附件载入。

1.4 桥梁设计荷载

荷载是指使对结构施加的外力,其结果是在结构的内部产生了内力和变形;作用是指使对结构施加的外力或引起结构外加变形或约束变形的原因之统称,其结果也是在结构的内部产生了内力和变形。如果从它们对结构产生的效应上看,两者是一致。因此,从对结构影响的效应上看,可以不加区分,现行铁路规范采用的是"荷载"表述,公路和城市道路采用的是"作用"表述,本书对两种表述不加区分。

选定荷载、结构分析和施工图的绘制是桥梁设计工作中的3个主要内容,荷载的种类、形式和大小选择是否恰当,关系到桥梁结构在使用期限内的安全和可靠性,也关系到桥梁建设投资的合理性。由于实际与可能作用在桥梁结构上的荷载越来越复杂。例如,对于大跨径桥梁结构,风载、地震荷载的重要性愈显突出;又如,预应力混凝土桥梁结构,近期各国规范都将预应力、混凝土徐变与收缩的影响、温度变化的影响等列入荷载看待。由于荷载种类、形式复杂化,在桥梁设计中,考虑哪些荷载可能同时出现的组合也就复杂化了。

荷载可以按照不同的逻辑进行分类,如铁路桥梁规范将荷载分为主要荷载、次要荷载及特殊荷载。主要荷载为结构设计中必须考虑的经常起作用的荷载;次要荷载为设计结构主要部件时虽非经常起作用,但在荷载组合时必须考虑的荷载;特殊荷载则是根据桥梁结构特性、建桥地点具体情况和施工方法等,要特别加以考虑的荷载。公路和城市道路桥梁规范将作用分为永久作用、可变作用和偶然作用3类等。

我国现行的铁路桥梁、公路桥梁、城市道路桥梁和高速铁路(客运专线)桥梁的设计荷载有不同的规定,现予以介绍。

1.4.1 铁路桥梁设计荷载

1)荷载分类与组合

铁路桥涵结构设计应该根据结构的特性,按表1.4所列的荷载,就其可能的最不利组合情况进行计算。铁路荷载按其性质和发生的几率划分为主力、附加力和特殊荷载。主力是经常作用的;附加力不是经常发生的,或者其最大值发生的几率较小;特殊荷载是暂时的或属于灾害性的,发生的几率很小。

表 1.4 铁路桥涵荷载

荷载分类		荷载名称	荷载分类	荷载名称
主力	恒载	结构构件及附属设备自重 预加力 混凝土收缩和徐变的影响 土压力 静水压力及水浮力 基础变位的影响	附加力	制动力或牵引力 风 力 流水压力 冰压力 温度变化的作用 冻胀力
	活载	列车竖向静活载 公路活载(需要时考虑) 列车竖向动力作用 长钢轨纵向水平力(伸缩力 和挠曲力) 离心力 横向摇摆力 活载土压力 人行道人行荷载	特殊荷载	列车脱轨荷载 船只或排筏的撞击力 汽车撞击力 施工临时荷载 地震力 长钢轨断轨力

注:1. 如杆件的主要用途为承受某种附加力,则在计算此杆件时,该附加力应按主力考虑;

　　2. 流水压力不与冰压力组合,两者也不与制动力或牵引力组合;

　　3. 船只或排筏的撞击力、汽车撞击力以及长钢轨断轨力,只计算其中的一种荷载与主力相组合,不与其他附加力组合;

　　4. 列车脱轨荷载只与主力中恒载相组合,不与主力中活载和其他附加力组合;

　　5. 地震力与其他荷载的组合见国家现行《铁路工程抗震设计规范》(GBJ111)的规定;

　　6. 长钢轨纵向力及其与制动力或牵引力等的组合,按《新建铁路桥上无缝线路设计暂行规定》有关规定办理。

　　各种荷载并不全部同时作用在桥梁结构上,它们对结构物的强度、刚度、稳定性等方面的影响也不一致。因此,在桥梁设计时,应对计算项目要求选取导致结构物出现最不利情况的各种荷载进行计算,就是所谓的"最不利荷载组合"。例如在桥梁墩台基础设计中,当验算基底承载力时,应选取导致基底面产生最大应力的各项荷载组合起来检算;检算基底稳定性时,则应选取导致桥墩承受最大水平力而向下竖向力为最小时的各荷载组合起来进行检算。由此可见,对结构物的不同要求,荷载最不利组合是不相同的,不同要求的最不利荷载组合,一般不能直接判断,需要选择不同荷载组合,通过实际计算进行比较确定。

　　桥梁设计时,仅考虑主力与一个方向(顺桥或横桥向)的附加力相组合。

　　根据各种结构的不同组合,应将材料基本容许应力和地基容许承载力乘以不同的提高系数。对预应力混凝土结构中的强度和抗裂性计算,应采用不同的安全系数。

　　公铁两用的桥梁,考虑同时承受铁路及公路活载时,公路活载按全部活载的 75% 折减计算。

2) 恒载

　　恒载指桥梁结构自重、土压力、静水压力及水浮力、预应力混凝土结构的预加应力、混凝土收缩和徐变的影响等。这些荷载是对桥梁经常起作用的,其施力点一般也固定不变,故称恒载。

3)列车活载

铁路活载是列车及由列车引起的荷载,包括列车(机车和车辆)重量、冲击力、离心力、列车活载引起的土压力等。此外还有人行活载。公铁两用桥还要考虑汽车活载。

列车活载因机车类型不同,其轴重轴距各异,对桥梁的影响各不相同。各国就此用机车车辆对桥梁的影响进行分析研究后,制定出标准活载来表征不同机车车辆荷载,使计算简化。我国现行铁路标准活载称"中华人民共和国铁路标准活载",简称"中—活载",其计算图式如图1.38所示,分普通活载和特种活载。普通活载的前五个集中荷载,相当于一台机车,其后一段30 m长的均布荷载则大致和两个煤水车及另一台机车相当;再后的均布载重代表车辆荷载,其长度不加限制。特种活载是用以反映某些轴重很大的特殊车辆(如架桥机、救援列车)对小跨度桥梁的不利影响的。中—活载图式是象征性的,其加载长度可由计算图式决定。至于架桥机工作时的施工荷载,应按架桥机的实际轴重另行计算。

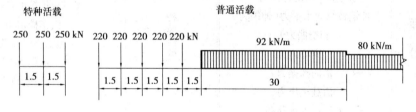

图1.38 中—活载图式(距离以m计)

设计中采用"中—活载"加载时,标准活载计算图式可任意截取。"中—活载"换算均布静活载和加载规定见《铁路桥涵设计基本规范》(TB 10002.1—2005)附录C。

列车静活载在桥台后破坏棱体上引起的侧向土压力,应按列车静活载换算为当量均布土层厚度计算。

人们通常以列车在桥梁上通过时桥梁因列车荷载竖向作用产生的最大效应 S_{dy}(如简支梁跨中处产生的最大挠度或最大弯矩)与列车在桥上静止时桥梁因列车荷载竖向作用产生的最大效应 S_{st} 之比值,来描述 S_{dy} 相对于 S_{st} 的增长率,并以动力系数$(1+\mu)$来表示。列车竖向动力作用产生的原因包括列车运行速度较高、线路轨面不平整、机车中动力机构的竖向振动、轮缘有缺陷等。影响动力系数的因素在列车行车速度不太快的情况下(小于等于160 km/h)主要有:a.桥梁结构的形式及其跨长;b.机车车辆的类型;c.桥上线路的设备状态。这些因素是相互作用的,因此动力系数是各种因素的综合反映。动力系数的计算公式请参见《铁路桥涵设计基本规范》(TB 10002.1—2005)。

列车在曲线上时,应该考虑列车竖向静活载产生的离心力。离心力的计算公式:

对集中活载 N:

$$F = \frac{v^2}{127R}(f \cdot N)$$

对分布活载 q:

$$F = \frac{v^2}{127R}(f \cdot q)$$

式中 F——离心力,kN;

   N——"中—活载"图式中的集中荷载,kN;

q——"中—活载"图式中的分布荷载,kN/m;

R——曲线半径,m;

v——设计速度,km/h;

f——竖向活载折减系数,$f = 1.00 - \dfrac{v - 120}{1\,000}\left(\dfrac{814}{v} + 1.75\right)\left(1 - \sqrt{\dfrac{2.88}{L}}\right)$;

L——桥上曲线部分的荷载长度,m。

当 $L \leqslant 2.88$ m 或 $v \leqslant 120$ km/h 时,f 值取 1.0;当计算 f 值大于 1.0 时取 1.0;当 $L > 150$m 时,取 $L = 150$ m 计算 f 值。

离心力按水平向外作用于轨顶以上 2.0 m 处。当计算速度大于 120 km/h 时,离心力和竖向活载组合时应考虑以下 3 种情况:

①不折减的"中—活载"和按 120 km/h 速度计算的离心力($f = 1.0$);

②折减的"中—活载"(($f \cdot N$)$f \cdot q$)和按设计速度计算的离心力($f < 1.0$);

③曲线桥梁还应考虑没有离心力时列车活载作用的情况。

制动力或牵引力应按列车竖向静活载的 10% 计算。但当与离心力或列车竖向动力作用同时计算时,制动力或牵引力应按列车竖向静活载的 7% 计算。双线桥应采用一线的制动力或牵引力。桥头填方破坏棱体范围内的列车活载所产生的制动力或牵引力不予计算。制动力或牵引力作用在轨顶以上 2.0 m 处,但计算桥墩台时移至支座中心处,计算台顶活载的制动力或牵引力时移至轨底,计算刚架结构时移至横杆中线处,均不计移动作用点所产生的竖向力或力矩。采用特种活载时,不计制动力或牵引力。

横向摇摆力应取 100 kN,作为一个集中荷载取最不利位置,以水平方向垂直线路中心线作用于钢轨顶面。多线桥梁只计算任一线上的横向摇摆力。

同时承受多线列车活载的桥跨结构和墩台,其列车竖向活载对主要杆件双线应为两线列车活载总和的 90%,三线及三线以上应为各线列车活载总和的 80%;对承受局部活载的杆件,则均应为该活载的 100%;各线均假定采用同样情况的最不利列车活载。

铺设无缝线路桥梁,桥梁设计应考虑无缝线路长钢轨纵向力作用。检算墩台时伸缩力、挠曲力、断轨力作用点为墩台支座铰中心,检算支座时伸缩力、挠曲力、断轨力作用点为墩台支座顶中心,台顶断轨力作用点为台顶。断轨力可在全联范围内的墩台上分配。

当考虑列车脱轨荷载时,列车脱轨荷载可不计动力系数。对于多线桥,只考虑一线脱轨荷载,且其他线路上不作用列车活载。

4)其他荷载

风荷载指大风吹到桥跨结构、桥墩台和列车时所产生的风压力。方向与桥梁轴线垂直的风力称横向风力;方向与桥梁轴线一致的风力称纵向风力。其计算与桥跨结构所处地区的风压强度与受风面积有关,具体计算时可参看铁路桥梁设计规范的有关条款。

流水压力是指水流作用于桥墩上游迎水面的压力。其与桥墩的平面形状、圬工粗糙率、水流速度、水流形态、水温以及水的粘滞性有关,通常由实验确定。铁路桥规根据多年实验研究,规定采用下列公式计算桥墩上的流水压力:

$$P = KA\frac{\gamma v^2}{2g_n} \tag{1.1}$$

式中 P——流水压力,kN;

A——桥墩阻水面积,m^2,通常计算至一般冲刷线处;

γ——水的容重,一般采用 10 kN/m^3;

g_n——标准自由落体加速度,m/s^2;

v——计算时采用的流速,m/s:检算稳定性时采用设计频率水位的流速;计算基底应力或基底偏心时采用常水位的流速;

K——桥墩形状系数,其值如下:方形桥墩为 1.47,矩形桥墩(长边与水流平行)为 1.33,圆形桥墩为 0.73,尖端形桥墩为 0.67,圆端形桥墩为 0.60。

流水压力的分布假定为倒三角形,其合力的着力点位于水位线以下 1/3 水深处。

位于有冰凌的河流和水库中的桥墩台,应根据当地冰凌的具体条件及墩台的结构形式,考虑下列有关的冰荷载作用:①河流流冰产生的动压力;②风和水流作用于大面积冰层产生的静压力;③冰覆盖层受温度影响膨胀时的静压力(在闭塞空间);④冰堆整体推移的净压力;⑤冰层因水位升降产生的竖向作用力。

桥涵结构和构件还应计算均匀温差和日照温差引起的变形和应力。

对于刚架、拱等超静定结构、预应力混凝土结构、结合梁等,应考虑混凝土收缩的影响,但涵洞可不考虑。混凝土收缩影响,可按降低温度的方法来计算。对于整体灌筑的混凝土结构,相当于降低温度 20 ℃;对于整体灌筑的钢筋混凝土结构,当于降低温度 15 ℃;对于分段灌筑的混凝土或钢筋混凝土结构,相当于降低温度 10 ℃;对于装配式钢筋混凝土结构,可酌降低温度 5 ~ 10 ℃。

船只或排筏撞击力的计算比较复杂,铁路桥梁设计规范确定的计算公式是建立在"船只或排筏作用于墩台上的有效动能都全部转化为撞击力所做的静力功"这一假定上。具体计算时可参看有关资料。

地震力是指地震时强烈的地面运动所引起的结构惯性力,不是静力荷载,而是动力荷载,不是固定值,而是一随机变量。《铁路工程抗震设计规范》规定,工程修建在地震烈度为 7 度及以上地震区时,应考虑地震力影响。具体计算时可参看《铁路工程抗震设计规范》中的有关条款。

施工荷载是指在施工过程中作用于桥梁各部分的临时荷载,如人群荷载、施工机具、材料质量等等。具体数值应根据实际情况确定,并参照有关规定。

1.4.2 客运专线桥梁设计荷载

客运专线是专门运行时速大于等于 200 km 旅客列车的高速铁路。客运专线桥梁的主要特点为:列车速度快,对桥梁产生的动力效应较大;桥梁总长占整个线路总长的比重大;墩的刚度(包括顺桥和横桥方向)和梁的刚度(包括竖向、横向和扭转)都较大;设计年限为 100 年;桥上无缝线路与桥的共同作用及车桥耦合作用问题变得更加突出。针对高速铁路桥涵设计的特点,我国的设计计算方法仍然采用容许应力法,所以,荷载的分类及荷载的组合原则,仍然沿用铁路桥涵设计规范的规定,只是根据高速行车和采用无缝线路的实际情况,在荷载项目上,增列了长钢轨纵向水平力、长钢轨断轨力和高速行车引起的气动力。

1)长钢轨纵向水平力

桥梁因温度变化而伸缩,因列车荷载作用而发生挠曲。桥梁的这种变形受到轨道结构的约束。又因桥上无缝线路的连续性,致使梁变形时,钢轨产生两种纵向水平力,分别称之为伸缩力和挠曲力,同时两种力也反作用于梁,并传递到支座和墩台上。伸缩力和挠曲力都是主力,但二者在同一轨道上不会同时产生。

2)长钢轨断轨力

桥上无缝线路的钢轨,由于疲劳、纵向力过大或其他原因损伤而可能造成断轨。在正常运营养护条件下,发生断轨的概率比较小,而断轨力的值又比较大,所以,规定不论单线或双线桥梁,只计算一轨的断轨力,而且将其作为特殊荷载,称为长钢轨断轨力。断轨力按一跨简支梁或一联连续梁长范围内的线路纵向阻力之和计算,最大断轨力不超过最大温度拉力值。在荷载组合上,只考虑它与主力相组合,不与其他附加力组合。

3)气动力

气动力是指高速列车运行时带动周围空气随之运动,形成的列车风在临近列车的建筑物上产生的波动压力,它与列车形状、速度以及临近建筑物距线路的距离、建筑物的高度等因素有关。列车风压力呈正、负压力波形式。气动力属主力。

除增列了上述3项荷载外,其他荷载项目及有关荷载组合的规定,都与现行"铁路桥涵设计规范"相同。

4)列车标准荷载

我国《新建时速200 km客货共线铁路设计暂行规定》中规定,列车竖向静活载采用中华人民共和国铁路标准活载,即"中—活载"。而高速铁路采用ZK活载(图1.39、图1.40)。

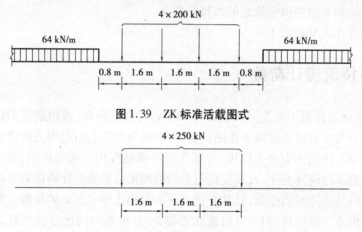

图1.39 ZK标准活载图式

图1.40 特种活载图式

高速铁路的竖向荷载设计图式,是高速铁路桥梁设计的基础,是最重要的参数之一。活载标准的制定历来为各国所重视。活载标准应满足运输能力的需要、满足机车车辆发展的需要,并保证据此确定的承重结构具有足够的可靠度,能确保运输安全。对于高速铁路还要考虑较高的旅客乘坐舒适度的要求。

桥梁是铁路线上主要承重结构(例如京沪高速铁路桥梁长度占全线很大比例),活载图式制订合理与否,直接影响到行车安全和工程造价。如果选定的活载图式标准偏低,则会危及行车安全或影响运输能力,标准过高则会造成浪费。所以说,活载设计图式的选定不单单是个技术问题,更是一个经济政策的问题,同时也反映一个国家的技术发展水平和综合国力。

设计加载时,活载图式可任意截取。对多符号影响线,活载图式可隔开,即在同符号影响线各区段进行加载,中间的异符号影响线区段不加载。用空车检算桥梁各部分构件时,其竖向活载按 10 kN/m 计算。桥跨结构或墩台尚应按其实际使用的施工机械和维修养护可能作用的荷载加以检算。

5) 动力系数

当列车以一定速度通过桥梁时,桥梁产生振动,使桥梁结构的动挠度、动应力比相同的静荷载作用时的挠度和应力大,这种由于桥梁振动引起的挠度和应力增大的影响,通常就以冲击系数 μ 或动力系数 $\varphi = (1 + \mu)$ 来衡量。动力系数是结构或构件最大的动力响应与最大静力响应之比,其数值大小是列车—轨道—桥梁三者的动力特性和动力相互作用状态的综合反映。各国根据其桥梁试验资料和采用的理论分析方法,得出了各自的冲击系数值。

对应于 ZK 活载的静效应 M'、Q' 的动力系数 φ_1'、φ_2',应该是:

$$\varphi_1' = 0.83 \times \varphi_1 \times \frac{1}{0.8} = 1.037\,5\varphi_1 = \frac{0.996}{\sqrt{L_\phi} - 0.2} + 0.913 \tag{1.2}$$

$$\varphi_2' = 0.83 \times \varphi_2 \times \frac{1}{0.8} = 1.037\,5\varphi_2 = \frac{1.494}{\sqrt{L_\phi} - 0.2} + 0.815 \tag{1.3}$$

关于连续梁和涵洞的动力系数,以及其他有关规定,是从 UIC(国际铁路联盟)规范沿引而来的:

$$\varphi_u = \varphi - 0.1(H_C - 1.0) \tag{1.4}$$

式中　φ——动力系数;

　　　H_C——为涵洞及结构顶至轨底的填料厚度,m。

　　　φ_u 计算值小于 1.0 时取 1.0。

1.4.3　公路桥梁设计荷载

现行《公路桥涵设计通用规范》(JTG D60—2004)(以下简称《通用规范 JTG D60》)中将使桥梁结构产生内力的所有因素统称为作用,也就可以视为力学上引起内力的荷载,从该意义上,两者可以不加区分。作用分为永久作用、可变作用和偶然作用。永久作用(恒载)是指结构在设计使用期内其值不随时间变化,或其变化与平均值相比可忽略不计的荷载。可变作用是指结构在设计使用期内其值随时间变化,且其变化与平均值相比不可忽略的荷载。偶然作用是指结构在设计使用期内不一定出现,但一旦出现其值很大,且持续时间很短的荷载。作用的规定见表 1.5。

《通用规范 JTGD60》修订了公路桥涵结构设计的作用(或荷载)效应的组合方式及其组合系数;引入了作用的短期效应组合和长期效应组合,并提出了各种可变作用(或荷载)短期效应组合时的频遇值系数和长期效应组合时的准永久值系数;引入了公路桥涵设计的安全等级及其重要性系数,以桥涵结构破坏可能产生的后果严重程度的不同采用了不同的重要性系数,使结构的设计更趋合理;取消了原标准汽车荷载等级,改为采用公路—I 级和公路—II 级标准汽车荷载,取消了挂车和履带车验算荷载,将验算荷载的影响间接反映在汽车荷载中;将汽车冲击系数以跨径为主要影响因素的计算方法,改为以结构基频为主要影响因素的计算方法。

表 1.5　作用分类

编　号	作用分类	作用名称
1	永久作用	结构重力(包括结构附加重力)
2		预加力
3		土的重力
4		土侧压力
5		混凝土收缩及徐变作用
6		水的浮力
7		基础变位作用
8	可变作用	汽车荷载
9		汽车冲击力
10		汽车离心力
11		汽车引起的土侧压力
12		人群荷载
13		汽车制动力
14		风荷载
15		流水压力
16		冰压力
17		温度(均匀温度和梯度温度)作用
18		支座摩阻力
19	偶然作用	地震作用
20		船舶或漂流物的撞击作用
21		汽车撞击作用

1)作用分类及作用效应组合

公路桥涵结构设计应考虑结构上可能同时出现的作用,按承载能力极限状态和正常使用极限状态进行作用(或荷载)效应组合,取其最不利效应组合进行设计。

①只有在结构上可能同时出现的作用(或荷载),才进行其效应的组合。当结构或结构构件需做不同受力方向的验算时,则应以不同方向的最不利的作用(或荷载)效应进行组合。

②当可变作用的出现对结构或结构构件产生有利影响时,该作用(或荷载)不应参与组合。实际不可能同时出现的作用(或荷载)或同时参与组合概率很小的作用(或荷载),按表1.6规定不考虑其作用(或荷载)效应的组合。

表1.6 可变作用不同时组合表

编　　　号	作用名称	不与该作用同时参与组合的作用编号
13	汽车制动力	15,16,18
15	流水压力	13,16
16	冰压力	13,15
18	支座摩阻力	13

③施工阶段作用(或荷载)效应的组合,应按计算需要及结构所处条件而定,结构上的施工人员和施工机具设备均应作为临时荷载加以考虑。组合式桥梁,当把底梁作为施工支撑时,作用(或荷载)效应宜分两个阶段组合,底梁受荷为第一个阶段,组合梁受荷为第二个阶段。

④多个偶然作用不同时参与组合。

公路桥涵结构按承载能力极限状态设计时,按照可能出现的作用(或荷载),将其分为两种作用(或荷载)效应组合,即基本组合和偶然组合。作用(或荷载)效应的基本组合是指永久作用设计值效应与可变作用设计值效应的组合,这种组合用于结构的常规设计,是所有公路桥涵结构都应该考虑的。作用设计值效应为作用的标准值效应乘以相应的分项系数。作用(或荷载)效应的偶然组合是指永久作用标准值、可变作用代表值和一种偶然作用标准值的效应组合,视具体情况,也可不考虑可变作用效应参与组合。作用效应偶然组合用于结构在特殊情况下的设计,所以不是所有公路桥涵结构都要采用的,一些结构也可采取构造或其他预防措施来解决。

公路桥梁结构按正常使用极限状态设计时,需要考虑可变作用的短期效应组合和长期效应组合,其可变作用代表值采用频遇值和准永久值。正常使用极限状态设计仅涉及结构构件的抗裂、裂缝宽度和挠度,其结构可靠度要比承载能力极限状态低得多。可变作用的频遇值是指结构上较频繁出现的且量值较大的作用取值,但它比可变作用的标准值小,实际上由标准值乘以小于1.0的频遇值系数ϕ_1得到。可变作用的准永久值是指在结构上经常出现的作用取值,但它比可变作用的频遇值又要小一些,实际上是由标准值乘以小于ϕ_1的准永久值系数ϕ_2得到。详细的组合情况和系数的取值请参见《通用规范 JTG D60》。

2)汽车荷载

汽车荷载分为公路—Ⅰ级和公路—Ⅱ级两个等级。各级公路桥涵设计的汽车荷载等级应符合表1.7的规定。

表1.7 各级公路桥涵的汽车荷载等级

公路等级	高速公路	一级公路	二级公路	三级公路	四级公路
汽车荷载等级	公路—Ⅰ级	公路—Ⅰ级	公路—Ⅱ级	公路—Ⅱ级	公路—Ⅱ级

汽车荷载由车道荷载和车辆荷载组成。桥梁结构的整体计算采用车道荷载;桥梁结构的局部加载、涵洞、桥台和挡土墙土压力等的计算采用车辆荷载。车辆荷载与车道荷载的作用不得叠加。

车道荷载由均布荷载和集中荷载组成,如图1.41所示。车道荷载的均布荷载标准值应满布于使结构产生最不利效应的同号影响线上,集中荷载标准值只作用在相应影响线中一个最大影响线峰值处。这种汽车荷载的计算图式,只要知道梁的影响线面积和最大竖坐标值,荷载效应即可计算出来,方便人工和计算机加载计算。公路—Ⅰ级车道荷载的均布荷载标准值为 $q_k = 10.5$ kN/m。集中荷载标准值按以下规定选取:桥梁计算跨径≤5 m 时,$p_k = 180$ kN;桥梁计算跨径≥50 m 时,$p_k = 360$ kN;桥梁计算跨径在 5～50 m 时,p_k 值采用直线内插求得。计算剪力效应时,上述集中荷载标准值 p_k 应乘以 1.2 的系数。公路—Ⅱ级车道荷载的均布荷载标准值 q_k 和集中荷载标准值 p_k 按公路—Ⅰ级车道荷载的 0.75 倍采用。

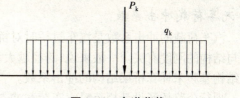

图 1.41　车道荷载

但是车道荷载不能解决局部加载、跨径较小的涵洞、桥台和挡土墙土压力等的计算问题,因此,规范中提出了另外一种单车的计算图式,即车辆荷载,见图 1.42。

桥梁设计时,为取得主梁的最大受力,汽车荷载在桥面上需要偏心加载,其方法仍可按图 1.43 所示的车辆荷载横向布置偏心加载确定。对平面问题的荷载横向分布系数的详细计算方法见本书的有关章节,如果按空间问题考虑汽车荷载的效应,就没有必要计算荷载横向分布系数。

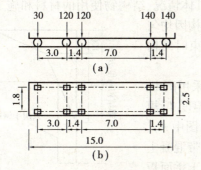

图 1.42　车辆荷载的立面、平面尺寸
（长度单位:m,荷载单位:kN）

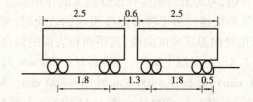

图 1.43　车辆荷载横向布置
（长度单位:m）

多车道横向折减的含义是,在桥梁多车道上行驶的汽车荷载使桥梁构件的某一截面产生最大效应时,其同时处于最不利位置的可能性不大。显然,这种可能性随车道数的增加而减小,而桥梁设计时各个车道上的汽车荷载都是按最不利位置布置的,因此,计算结果应根据上述可能性的大小进行折减。这是个概率事件,可以认为各车道上的汽车荷载加载是互不相关的,按重复独立试验随机事件的概率理论,建立多车道横向折减系数与相关变量的关系式,得到折减系数的具体数值。

规范规定的汽车荷载标准值是在特定的条件下确定的。例如,在汽车荷载的可靠性分析中,用于计算各类桥型结构效应的车队,采用了自然堵塞时的车间间距,汽车荷载自身的重力,也采用了路上运煤车或其他重车居多的调查资料。但是,在实际桥梁上通行的车辆不一定都能达到上述条件,特别是大跨径的桥梁。所以,国外有些规范对车辆荷载适用跨径做了限制。规范采用纵向折减的方法,对特大跨径桥梁的计算效应进行折减。折减系数 α 采用公式 $\alpha = 0.979\,13 - 4.718\,5 \times 10^{-5} L_0$,式中,$L_0$ 为计算跨径（以 m 计）。折减系数 α 以加载长度为函数更合理些,但考虑到折减值较小,且跨径很大的桥梁才进行折减,α 以 L_0 为函数计算起来更方便一些。

3)汽车荷载冲击系数

汽车荷载的冲击系数是汽车过桥时对桥梁结构产生的竖向动力效应的增大系数。冲击影响与结构的刚度有关。一般来说,跨径越大、刚度越小,对动荷载的缓冲作用越强,规范中采用了结构基频来计算桥梁结构的冲击系数。

现行公路桥涵设计规范对汽车荷载冲击力的计算作了如下规定:

①钢桥、钢筋混凝土及预应力混凝土桥、圬工拱桥等上部构造和钢支座、板式橡胶支座、盆式橡胶支座及钢筋混凝土柱式墩台,应计算汽车的冲击作用。

②填料厚度(包括路面厚度)等于或大于 0.5 m 的拱桥、涵洞以及重力式墩台不计冲击力。

③支座的冲击力按相应的桥梁取用。

④汽车荷载的冲击力标准值为汽车荷载标准值乘以冲击系数。

⑤冲击系数 μ 可按下式计算:当 $f < 1.5$ Hz 时,$\mu = 0.05$;当 1.5 Hz $< f < 14$ Hz 时,$\mu = 0.176\ 7 \ln f - 0.015\ 7$;当 $f > 14$ Hz 时,$\mu = 0.45$。式中,f 为结构基频(Hz),取值可参考有关规范。

⑥汽车荷载的局部加载及在 T 梁、箱梁悬臂板上的冲击系数采用 1.3。

4)温度作用

桥梁结构当要考虑温度作用时,应根据当地的具体情况、结构物使用的材料和施工条件等因素计算由温度作用引起的结构效应。计算桥梁结构因均匀温度作用引起外加变形或约束变形时,应从受到约束时结构的温度开始,考虑最高温度和最低温度的作用效应。

计算桥梁结构由于梯度温度引起的效应时,可采用图 1.44 所示的竖向温度梯度曲线,其桥面板表面的最高温度 T_1 规定见表 1.8。对混凝土结构,当梁高 $H < 400$ mm 时,图中 $A = H - 100$(mm);梁高 $H \geqslant 400$ mm 时,$A = 300$ mm。对带混凝土桥面板的钢结构,$A = 300$ mm,图 1.44 中的 t 为混凝土桥面板的厚度(mm)。混凝土上部结构和带混凝土桥面板的钢结构的竖向日照反温差为正温差乘以 -0.5。

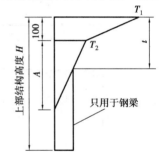

图 1.44　竖向梯度温度(单位:mm)

表 1.8　竖向日照正温差计算的温度基数

结构类型	T_1(℃)	T_2(℃)
混凝土铺装	25	6.7
50 mm 沥青混凝土铺装层	20	6.7
100 mm 沥青混凝土铺装层	14	5.5

5)地震作用

公路桥梁地震作用的计算及结构的设计,应符合现行"公路工程抗震设计规范"的规定。

1.4.4　城市桥梁设计荷载

《城市桥梁设计规范》(CJJ 11—11)中,作用(荷载)分类与公路桥梁作用(荷载)相同,设计采用的作用亦按永久作用、可变作用、偶然作用分类。除可变作用中的设计汽车荷载与人群荷

载外,作用与作用效应组合均按现行行业标准《公路桥涵设计通用规范》(JTG D60)的有关规定执行。其主要区别如下:

（1）桥梁设计时,汽车荷载的计算图式、荷载等级及其标准值、加载方法和纵横向折减等应符合下列规定:

①汽车荷载应分为城—A级和城—B级两个等级。

②汽车荷载应由车道荷载和车辆荷载组成。车道荷载应由均布荷载和集中荷载组成。桥梁结构的整体计算应采用车道荷载,桥梁结构的局部加载、桥台和挡土墙压力等的计算应采用车辆荷载。车道荷载与车辆荷载的作用不得叠加。

③车道荷载的计算（图1.45）应符合下列规定:

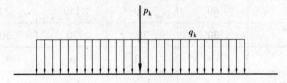

图1.45　车道荷载

车道荷载除了城—A级对应公路—Ⅰ级,城—B级对应公路—Ⅱ级,其余都一致。

④车辆荷载的立面、平面布置及标准值应符合下列规定:

a.城—A级车辆荷载的立面、平面、横桥向布置（图1.46）及标准值应符合表1.9及表1.10的规定:

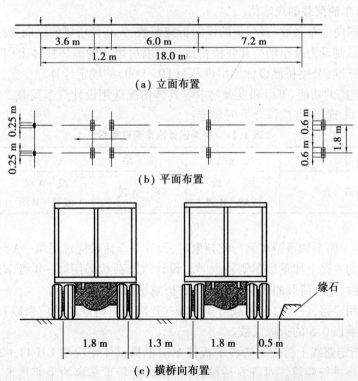

（a）立面布置

（b）平面布置

（c）横桥向布置

图1.46　城—A级车辆荷载立面、平面、横桥向布置

表1.9 车辆荷载布置表

车轴编号	1	2	3	4	5
轴重(kN)	60	140	140	200	160
轮重(kN)	30	70	70	100	80
总重(kN)	700				

表1.10 城—A级车辆荷载

车轴编号	1	2	3	4	5
轴重(kN)	60	140	140	200	160
轮重(kN)	30	70	70	100	80
纵向轴距(m)	3.6	1.2	6	7.2	
每组车轮的横向中距(m)	1.8	1.8	1.8	1.8	1.8
车轮着地的宽度×长度(m)	0.25×0.25	0.6×0.25	0.6×0.25	0.6×0.25	0.6×0.25

b.城—B级车辆荷载的立面、平面布置及标准值应采用现行行业标准《公路桥涵设计通用规范》(JTG D60)车辆荷载的规定值。

c.车道荷载横向分布系数、多车道的横向折减系数、大跨径桥梁的纵向折减系数、汽车荷载的冲击力、离心力、制动力及车辆荷载在桥台或挡土墙后填土的破坏棱体上引起的土侧压力等均应按现行行业标准《公路桥涵设计通用规范》(JTG D60)的规定计算。

(2)应根据道路的功能、等级和发展要求等具体情况选用设计汽车荷载。桥梁的设计汽车荷载应根据表1.11选用,并应符合下列规定:

表1.11 桥梁设计汽车荷载等级

城市道路等级	快速路	主干路	次干路	支路
设计汽车荷载等级	城—A级或城—B级	城—A级	城—A级或城—B级	城—B级

①快速路、次干路上如重型车辆行驶频繁时,设计汽车荷载应选用城—A级汽车荷载。

②小城市中的支路上如重型车辆较少时。设计汽车荷载采用城—B级车道荷载的效应乘以0.8的折减系数,车辆荷载的效应乘以0.7的折减系数。

③小型车专用道路,设计汽车荷载可采用城—B级车道荷载的效应乘以0.6的折减系数,车辆荷载的效应乘以0.5的折减系数。

(3)在城市指定路线上行驶的特种平板挂车应根据具体情况按CJJ 11—2011规范附录A中所列的特种荷载进行验算。对既有桥梁,可根据过桥特重车辆的主要技术指标,按CJJ11—2011规范附录A的要求进行验算。

对设计汽车荷载有特殊要求的桥梁,设计汽车荷载标准应根据具体交通特征进行专题论证。

（4）桥梁人行道的设计人群荷载应符合下列规定：

①人行道板的人群荷载按 5 kPa 或 1.5 kN 的竖向集中力作用在一块构件上,分别计算,取其不利者。

②梁、桁架、拱及其他大跨结构的人群荷载 W 可采用下列公式计算,且 W 值在任何情况下不得小于 2.4 kPa。

当加载长度 $L < 20$ m 时:

$$W = 4.5 \times \frac{20 - \omega_p}{20}$$

当加载长度 $L \geqslant 20$ m 时:

$$W = \left(4.5 - 2 \times \frac{L - 20}{80}\right)\left(\frac{20 - \omega_p}{20}\right)$$

式中 W——单位面积的人群荷载,kPa;

L——加载长度,m;

ω_p——单边人行道宽度,m;在专用非机动车桥上为 1/2 桥宽,大于 4 m 时仍按 4 m 计。

③检修道上设计人群荷载应按 2 kPa 或 1.2 kN 的竖向集中荷载,作用在短跨小构件上,可分别计算,取其不利者。计算与检修道相连构件,当计车辆荷载或人群荷载时,可不计检修道上的人群荷载。

④专用人行桥和人行地道的人群荷载应按现行行业标准《城市人行天桥与人行地道技术规范》(CJJ 69)的有关规定执行。

（5）桥梁的非机动车道和专用非机动车桥的设计荷载,应符合下列规定：

①当桥面上非机动车与机动车道间未设置永久性分隔带时,除非机动车道上的人群荷载作为设计荷载外,尚应将非机动车道与机动车道合并后的总宽作为机动车道,采用机动车布载,分别计算,取其不利者。

②桥面上机动车道与非机动车道间设置永久性分隔带的非机动车道和非机动车专用桥,当桥面宽度大于 3.50 m,除人群荷载作为设计荷载外,尚应采用小型车专用道路设计汽车荷载（不计冲击）作为设计荷载,分别计算,取其不利者。

③当桥面宽度小于 3.50 m,除人群荷载作为设计荷载外,再以一辆人力劳动车（图 1.47）作为设计荷载分别计算,取其不利者。

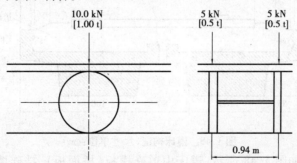

图 1.47 一辆人力劳动车的荷载图

（6）作用在桥上人行道栏杆扶手上竖向荷载应为 1.2 kN/m,水平向外荷载应为 2.5 kN/m,两者应分别计算。

表 1.12　护栏防撞等级

道路等级	设计车速（km/h）	车辆驶出桥外有可能造成的交通事故等级	
		重大事故或特大事故	二次重大事故或二次特大事故
快速路	100、80、60	SB、SBm	SS
主干路	60	SB、SBm	SA、SAm
	50、40	A、Am	SB、SBm
次干路	50、40、30	A	SB
支　路	40、30、20	B	A

注：①表中 A，Am，B，SA，SB，SAm，SBm，SS 等均为防撞等级代号。
　　②因桥梁线形、运行速度、桥梁高度、交通量、车辆构成和桥下环境等因素造成更严重碰撞后果的区段，应在表 1.12 基础上提高护栏的防撞等级。

（7）防撞护栏的防撞等级可按表 1.12 选用。与防撞等级相应的作用于桥梁护栏上的碰撞荷载大小可按现行行业标准《公路交通安全设施设计规范》（JTG D81）的规定确定。

综上所述，桥梁设计荷载是设计规范规定的荷载组合，是指桥梁在使用期内设计者期望的桥梁结构能够安全承受的荷载或作用组合引起的效应的最大值，是一个假想的检算指标。

1.5　桥面构造

桥梁的桥面构造因其功能、活载类型及建桥材料等的不同而不同。本节对几种典型的桥面予以介绍。

1.5.1　普通铁路有砟桥面

普通铁路混凝土梁有砟桥面包括道床、道砟槽板、排水防水系统、人行道、栏杆和伸缩缝等。

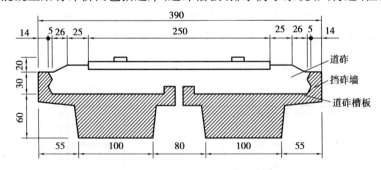

图 1.48　道床构造（尺寸单位：cm）

普通铁路的道床如图 1.48 所示，道床由道砟槽板（桥面板）、挡砟墙、内边墙和端边墙组成。道床的作用为：减弱列车对桥梁的冲击作用，缓和列车的振动，防止枕木位移，将车轮集中荷载分布到梁顶面，调整轨底的标高。挡砟墙的作用是挡住道砟。为了不使挡砟墙参与梁的共同受力，沿其纵向每隔 3～4 m，横向设断缝（包括挡砟墙上纵向钢筋断开），缝内填塞防水材料。

图 1.48 是直线、单线桥一般采用的道床尺寸。道砟槽顶宽不得小于 3.9 m。为了便于抽换枕木,枕木底应高出挡砟墙顶面一定距离。为了适应养桥机械化,枕木底下道砟厚度一般不得小于 25 cm。

为防止雨水渗入梁体引起钢筋锈蚀和混凝土冻胀开裂或侵蚀,损害梁的耐久性,桥面板顶面做成排水坡,并在其上铺设防水层。雨水流到挡砟墙内侧汇向泄水管排出桥面。泄水管设在梁的两侧,以便养护清理。为了纳入防水层的边缘,在挡砟墙和端边墙内设有嵌口,在每片 T 梁内侧的内边墙上也做成了嵌口,将防水层嵌入嵌口,各部分嵌口详细尺寸及防水层的构造见图 1.49。

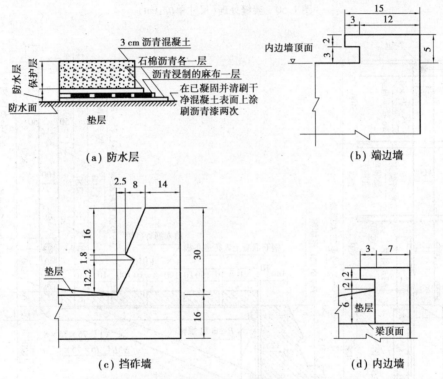

图 1.49 挡砟墙、边墙及水层构造详图(尺寸单位:cm)

横向排水坡有两种设置形式:一种是在道砟槽顶面铺垫三角垫层,形成横坡;另外一种是将桥面板做成倾斜面,形成横坡以省去垫层。防水层应不透水、坚固、弹韧性强、与圬工粘结牢固。防水层分热沥青防水层和冷作防水层。热沥青防水层劳动条件差,不便施工。目前,较多采用冷作防水层,这种防水层铺设比较方便,劳动条件好。

梁缝包括梁与梁、梁与台之间的横向伸缩缝及两片梁之间的纵向构造缝。铁路桥梁梁缝处理比较简单,图 1.50 是纵横向梁缝处理构造:在梁缝上设置铁盖板或钢筋混凝土盖板,板下隔一定距离焊有短钢筋,以防止盖板移位。如梁缝较宽,可以焊两排钢筋。

铁路桥梁设置人行道是为了养护人员工作及翻修道床时临时堆放道砟。图 1.51 是一般混凝土简支梁的人行道及栏杆构造图,角钢支架通过预埋在挡砟墙内的 U 形螺栓进行固定,预制钢筋混凝土步板铺设在支架上。

位于曲线上的桥梁,由于有离心力的作用,需要外轨超高,在挡砟墙上加设有挡砟块。

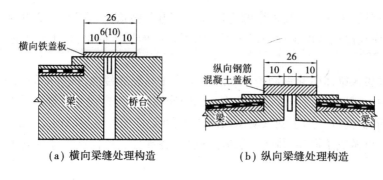

（a）横向梁缝处理构造　　　　（b）纵向梁缝处理构造

图 1.50　梁缝处理(尺寸单位:cm)

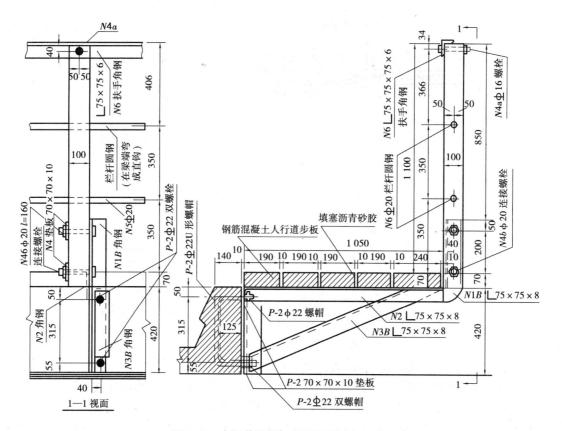

图 1.51　人行道及栏杆布置图(单位:cm)

1.5.2　高速铁路桥面

高速铁路桥面的布置应符合下列规定：

①桥上轨道可根据具体情况采用有砟轨道或无砟轨道。有砟轨道轨下枕底道砟厚度不应小于 0.35 m(当设置砟下胶垫层时含胶垫层厚度)。

②直曲线上桥面采用相同的布置。有砟桥面布置见图 1.52。采用高挡砟墙,直曲线上高度等高,挡砟墙高度应根据最小曲线半径时墙顶不低于外轨顶面计算确定。双线桥面道砟槽宽 9.40 m,线间距 5.0 m,线路中心至挡砟墙净距 2.2 m。桥上不设护轮轨。

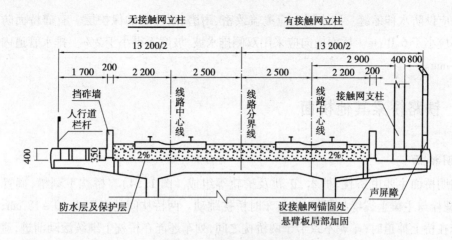

图 1.52 有砟桥面布置图

③无砟桥面布置见图 1.53。无砟桥面布置原则上与有砟桥面相同。

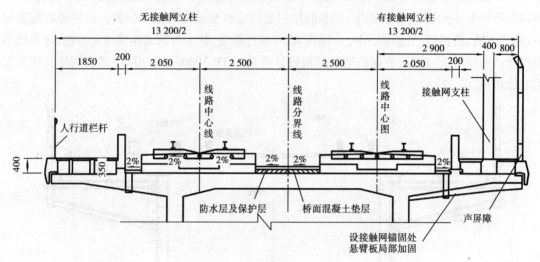

图 1.53 无砟桥面布置图

④曲线地段桥上建筑限界加宽按《高速铁路设计暂行规定》附录 A 办理。

⑤桥面应为主要设备的安装预留位置。

⑥桥面两侧应设置维修作业通道。维修作业通道宽应不小于 0.8 m。作业通道外侧栏杆的高度应为 1.0 m，栏杆扶手内侧至线路中心的距离不得小于 3.75 m。桥面宜采用整体结构。

⑦接触网支柱顺线路方向跨距不应超过 63 m，也不应小于 48 m。支柱可设在桥墩上，也可设在桥面上。曲线地段接触网支柱内侧边缘至线路中心净距应满足建筑限界加宽的要求。当接触网支柱必须设置在桥面上时，支柱沿桥纵向的布置，32 m 简支梁宜设在梁跨的 1/4 或 3/4 处，其他简支梁跨宜设在梁跨的 1/2 处。

⑧主梁翼缘悬臂板端部应设钢筋混凝土遮板以保护横向预应力锚具，并能防止雨水流经梁体。

⑨桥面必须设置性能良好的防、排水设施。桥面上铺设的防水层应密闭有效，在桥梁纵向

伸缩缝处应设防水伸缩缝。防水层上应覆盖致密、耐磨、耐冲击的保护层。有砟桥面防水保护层厚度不应小于 6.0 cm。桥面横向应采用双侧排水坡,坡度不得小于 2%。排水管道内径不得小于 150 mm。

1.5.3　铁路桥梁其他桥面

1)铁路明桥面

铁路明桥面主要由桥枕、护木、正轨及护轨等组成(图 1.54)。桥枕下刻槽,搁置于主梁上,用钩螺栓与主梁上翼缘扣紧,以免行车时桥枕跳动。两桥枕间的净距为 10 ~ 18 cm,这是为了当列车在桥上掉道时,车轮不致卡于两桥枕之间,列车还能在桥枕上继续滚动前进,避免发生重大事故。桥面上除正轨外,还设有护轨。护轨两端延伸到桥台以外的一段距离,并弯向轨道中心。护轨的作用就是当列车掉道后,用以控制车轮前进的方向,避免发生翻车事故。在桥枕两端设有护木,用螺栓与桥枕连牢,护木的作用是固定桥枕之间的相对位置。这种桥面构造简单、施工方便、费用低、易养护,但行车噪声大、环境污染重、枕木与纵梁连接处易锈蚀,过去较多应用在铁路钢桥上,现行《铁路桥梁钢结构设计规范》(TB 10002.2—2005)要求钢桥宜优先采用有砟桥面。

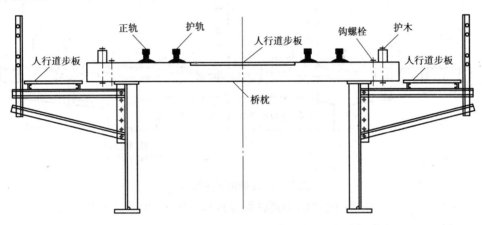

图 1.54　明桥面的构造形式

2)铁路有砟桥面

采用有砟桥面为了改善混凝土桥面板的受力性能,通常桥面板纵向每隔 3 m 左右设置断缝。钢桁梁桥面构造推荐的 4 种形式(双线桥梁)如图 1.55 ~ 图 1.58 所示。

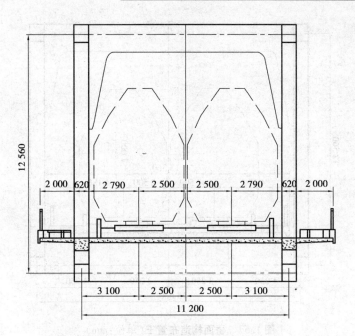

图 1.55　桥面构造布置一(单位:mm)

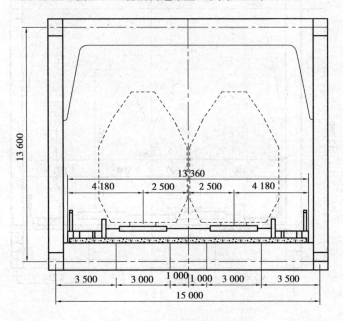

图 1.56　桥面构造布置二(单位:mm)

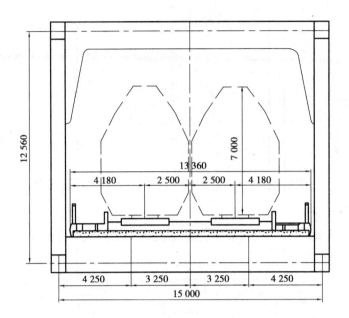

图 1.57　桥面构造布置三（单位：mm）

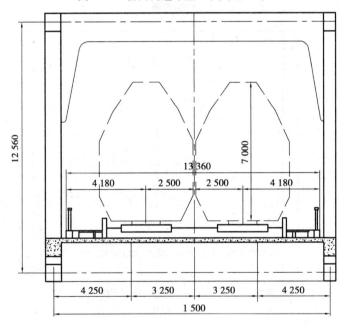

图 1.58　桥面构造布置四（单位：mm）

1.5.4　公路桥面

　　公路钢筋混凝土和预应力混凝土桥的桥面部分通常包括桥面铺装、防水和排水设备、伸缩缝、人行道（或安全带）、缘石、栏杆和灯柱等构造，如图 1.59 所示，城市桥梁桥面的构造与此大体相同。

　　桥面直接与车辆、行人接触，它对桥梁的主要结构起保护作用，使桥梁能正常使用。同时，桥面构造多属外露部位,其选择是否合理、布置是否恰当直接影响桥梁的使用功能、布局和美观。因此,必须要了解桥面构造各部件的作用和工作性能,合理选择,精心设计,精心施工。

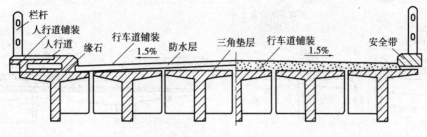

图 1.59 桥面的一般构造

1)桥面布置

桥面的布置应在桥梁的总体设计中考虑,根据道路的等级、桥梁的宽度、行车要求等条件确定。混凝土梁式桥的桥面有双向车道布置、分车道布置和双桥面布置等形式。双向车道布置是指行车道的上下行交通布置在同一桥面上,上下行交通由画线分隔,没有明显的界限。分车道布置可在桥面上设置分隔带,用以分隔上下行车辆,或者直接采用主梁分离式布置,然后在主梁间设置分隔带。

2)桥面铺装

桥面铺装即行车道铺装,亦称桥面保护层,它是车轮直接作用的部分。桥面铺装的功能是保护属于主梁整体部分的桥面板,防止车辆轮胎或履带直接磨耗行车道板,保护主梁免受雨水侵蚀,并对车辆轮重的集中荷载起分布作用。因此,行车道铺装要求有抗车辙、行车舒适、抗滑、不透水(和桥面板一起作用时)、刚度好等性能。行车道铺装可采用水泥混凝土、沥青混凝土、沥青表面处治和泥结碎石等各种类型材料。水泥混凝土和沥青混凝土桥面铺装用得较广,能满足各项要求。水泥混凝土铺装的耐磨性能好,适合重载交通,但养生期长,以后修补较麻烦。沥青混凝土桥面铺装维修养护方便,但易老化和变形。沥青表面处治和泥结碎石桥面铺装,耐久性较差,仅在中级和低级公路桥梁上使用。

桥面铺装一般不作为结构的组成部分参与受力计算,如在施工中能确保铺装层与行车道板紧密结合成整体,则铺装层的混凝土(除去作为车轮磨耗部分可取 0.01 ~ 0.02 m 厚)可以计算在行车道的厚度内和行车道板共同受力。为使铺装层具有足够的强度和良好的整体性(能起联系各主梁共同受力的作用),一般宜在混凝土中设置直径为 10 mm 左右的钢筋网。

沥青表面处治桥面铺装是用沥青和集料按层铺法铺筑而成的厚度不超过 3cm 的沥青桥面铺装。水泥混凝土桥面铺装是以水泥与水合成的水泥浆为结合料,碎(砾)石为集料,砂为细集料,经过拌和、摊铺、振捣和养护所修筑的桥面铺装。水泥混凝土桥面铺装直接铺设在防水层或桥面板上,层厚为 6 ~ 8 cm,其混凝土强度等级应尽量与桥面板的混凝土标号接近,铺设时应避免两次成形。装配式桥梁的水泥混凝土铺装层内宜配置 Φ6@20 双向钢筋网,有超重车通过时,则采用 Φ8@20 双向钢筋网。

沥青混凝土桥面铺装是按级配原理选配原料,加入适量的沥青均匀拌和,并经摊铺与压实而成的桥面铺装。宜由粘结层、防水层、保护层及沥青面层组成,其总厚度宜为 6 ~ 10 cm,铺设方式分为单层式和双层式两种。高速公路、一级公路的沥青桥面铺装为双层式,下层为 3 ~ 4 cm 中粒式沥青混凝土整平层,表面层的厚度与级配类型可与其相邻桥头引线相同,但不宜小于 2.5 cm。多雨潮湿地区、纵坡大于 5% 或设计车速大于 50 km/h 的大、中型高架桥和立交桥的桥面应铺设抗滑表面层。如图 1.60 所示。

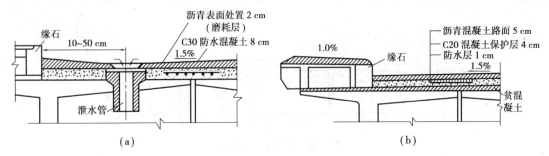

图 1.60 桥面铺装构造

3)桥面纵横坡

桥面应该设置纵横坡,以利雨水迅速排出,防止或减少雨水对铺装层的渗透,从而保护行车道板,延长桥梁的使用寿命。

桥面上设置纵坡有利于排水。同时,在平原地区,还可以在满足桥下通航净空要求的前提下,降低墩台标高,减少桥头引道土方量,从而节省工程费用。桥面的纵坡,一般都做成双向纵坡,在桥中心设竖曲线,纵坡一般以不超过 3% 为宜。

桥面的横坡有单向和双向横坡,一般采用 1.5% ~ 3%,桥面横坡通常有 3 种布置形式:

①对于板桥(矩形板梁或空心板梁)或就地浇筑的肋板式梁桥,为了节省铺装材料并减轻恒载,可以将横坡直接设在墩台顶部而使桥梁上部构造做成双向倾斜,此时,铺装层在整个桥宽上做成等厚[图 1.61(a)]。

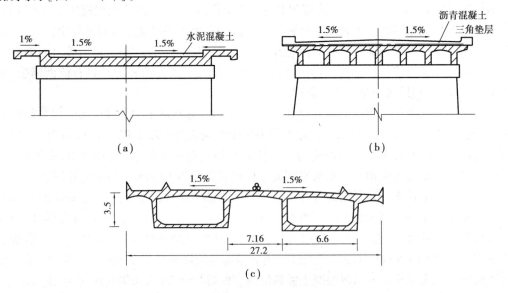

图 1.61 桥梁横坡的设置方法(单位:m)

②通常在装配式肋板式梁体中,为使主梁构造简单、架设与拼装方便,横坡不再设在墩台顶部,而直接设在桥面板上。先铺设一层厚度变化的混凝土三角垫层形成双向倾斜,再铺设等厚的混凝土铺装层[图 1.61(b)]。

③在桥宽较大的桥梁中(如城市桥梁)中,用三角垫层设置横坡,将使混凝土用量与恒载增

加太多。为此,可将桥面板做成倾斜的形成横坡[图 1.61(c)]。它的缺点是主梁构造复杂、制作麻烦。

4)防水与排水设备

桥面的防水层,设置在行车道铺装层下边,它将透过铺装层渗下的雨水汇集到排水设备(泄水管)排出。钢筋混凝土桥面板与铺装层之间是否设防水层,应视当地的气温、雨量、桥梁结构和桥面铺装的形式等具体情况而定。防水层桥面伸缩缝处应连续铺设,不可切断且桥面纵向应铺过桥台背;桥面横向两侧,则应伸过缘石底面从人行道与缘石砌缝里向上叠起 0.10 m。如本无需设防水层,但考虑桥面铺装长期磨损(如桥面排水不良等),仍可能漏水,故桥面在主梁受弯作用处应设置防水层。防水层有 3 种类型:a.洒布薄层沥青或改性沥青,其上撒布一层砂,经碾压形成沥青涂胶下封层;b.涂刷聚氨酯胶泥、环氧树脂、阳离子乳化沥青、氯丁胶乳等高分子聚合物涂料;c.铺装沥青或改性沥青防水卷材以及浸渍沥青的无纺土工布等。

为了迅速排除桥面积水,防止雨水积滞于桥面并渗入梁体而影响桥梁的耐久性,在桥梁设计时要有一个完整的排水系统。在桥面上除设置纵横坡排水外,常常需要设置一定数量的泄水管。

通常当桥面纵坡 >2%,而桥长 <50 m 时,一般能保证从桥头引道上排水,桥上就可以不设泄水管。此时,可在引道两侧设置流水槽,以免雨水冲刷引道路基。当桥面纵坡 >2%,而桥长 >50 m 时,为防止雨水积滞,桥面就需要设置泄水管,每隔 12~15 m 设置一个。当桥面纵坡 <2% 时,泄水管就需要设置更密一些,一般每隔 6~8 m 设置一个。泄水管的过水面积通常每平方米桥面上不小于 0.000 2~0.000 3 m²,泄水管可沿行车道两侧左右对称排列,也可交错排列。泄水管离缘石的距离为 0.10~0.50 m。

泄水管也可布置在人行道下面(图 1.62),桥面水通过设在缘石或人行道构件侧面的进水孔流入泄水孔,并在泄水孔的三个周边设置相应的聚水槽,起到聚水、导流和拦截作用。为防止大块垃圾进入堵塞泄水道,在进水的入口处设置金属栅门。

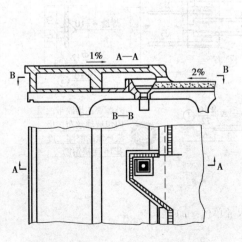

图 1.62 在人行道下设置泄水管

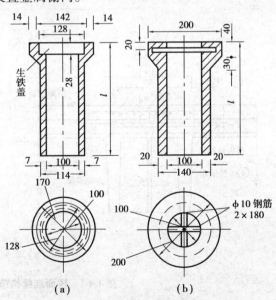

图 1.63 金属与钢筋混凝土泄水管(单位:mm)

泄水管通常为金属泄水管,图 1.63(a)所示为一种构造比较完备的铸铁泄水管,适用于具有防水层的铺装结构,图 1.63(b)为钢筋混凝土泄水管,适用于不设防水层而采用防水混凝土的铺装构造上。

5)桥面连续

桥梁运营的经验表明,桥面上的伸缩缝在使用中很容易损坏。因此,为了提高行车的舒适性、减轻桥梁的养护工作和提高桥梁的使用寿命,就应该力求减少伸缩缝的数量。近年来,对于多孔简支体系的桥梁,减少桥梁伸缩缝的做法主要是采用桥面连续构造。桥面连续构造的实质,是将简支上部结构在伸缩缝处实行铰接,使伸缩缝处的桥面部分成为连续体,而主梁仍表现为简支体系的受力特征。

桥面连续的基本构造,对简支板桥是在桥面铺装混凝土中设置连接钢筋网,钢筋网跨越板梁两端接缝处,并在接缝处设置假缝和垫铺橡胶片,将混凝土桥面铺装在一定长度范围内与板梁隔开,使梁端之间的变形由这一整段铺装层来分布承担,从而减少混凝土铺装层中的拉应力,见图 1.64(a)。对肋板式简支梁桥,则首先把梁端接头处的桥面板用连接钢筋连接起来,连接钢筋在一定长度范围内用玻璃丝布和聚乙烯胶带包裹,使其与现浇混凝土隔开,梁端之间的变形由这段范围内的分布钢筋承担,另外在桥面铺装混凝土中设置连续钢筋网,使整个桥面铺装形成连续构造,见图 1.64(b)。

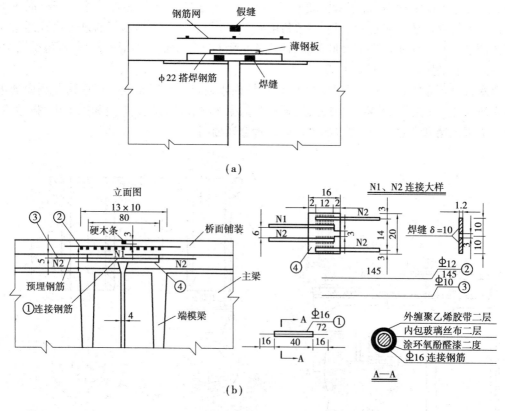

图 1.64　桥面连续构造(尺寸单位:cm)

6)伸缩缝

桥梁在气温变化、混凝土的收缩、徐变等因素作用下,桥面会产生纵向变形,车辆荷载也会引起梁端的转动和纵向位移。为使车辆平稳通过并满足桥梁变形的要求,需要在梁端与桥台背墙及相邻梁端之间设置伸缩缝,在伸缩缝处还要设置伸缩缝装置。在伸缩缝装置附近的栏杆、桥面铺装是断开的,以满足梁体的自由变形需要。

伸缩装置形式选定的主要条件为伸缩量 Δl,是将温度变化引起的伸缩量(Δl_t 占全部伸缩量的主要部分)和混凝土的徐变收缩所引起的收缩量($\Delta l_e + \Delta l_s$)作为基本伸缩量处理,对于其他因素,一般都作为安全裕量 Δl_E 和构造上的需要量考虑, Δl_E 可按计算变形量的30%估算。因而总变形量为 $\Delta l = \Delta l_t + \Delta l_e + \Delta l_s + \Delta l_E$,对大跨径的桥梁尚应计入由荷载作用和梁体上下部温差等引起梁端转角产生的变形量。

对桥面伸缩缝的设计与施工,应全面考虑下述要求:

①能够适应桥梁温度变化所引起的伸缩。除了考虑年最高温差变化所引起的伸缩外,还必须考虑施工时温度变化所需调整的量,以便在全部的预期温度范围内都能可靠地工作。

②桥面平坦,行驶性良好的构造。伸缩缝装置与前后桥面必须取平,包括伸缩缝装置在内的前后桥面平整度,在 3 m 长范围内,必须保证误差在 ±3 mm 内。在桥墩、桥台与桥头引道沉降结束后,上述误差应在 ±8 mm 以内。

③施工安装方便,且与桥梁结构连为整体。

④具有能够安全排水和防水的构造,同时能有效防止垃圾阻塞。

⑤承担各种车辆荷载的作用,应耐受冲击。伸缩缝装置之所以易于破损和寿命短,一般认为不全是由于交通量引起的,而往往是由重型车辆引起的,因此重型车交通量大的道路,应选择耐久性好的伸缩缝装置。

⑥养护、修理与更换方便。

⑦经济廉价。

我国公路桥梁和城市桥梁工程上使用的伸缩缝种类很多,可分成五大类,即对接式伸缩缝、钢制支承式伸缩缝、橡胶组合剪切式伸缩缝、模数支承式伸缩缝和无缝式伸缩缝。一般根据计算要求对比厂家提供的参数加以选用即可。

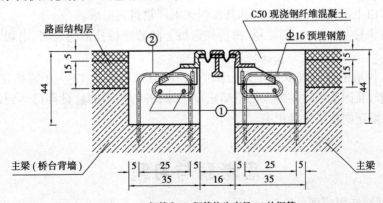

1# 钢筋和 2# 钢筋均为直径 16 的钢筋

图 1.65　模数支承式伸缩缝(尺寸单位:cm)

图 1.65 所示的钢与橡胶组合的模数式伸缩缝具有伸缩量大、结构复杂但功能比较完善的

特点,是目前高速公路上主要使用的一种伸缩装置。它的主要部分是由异型钢与各种截面形式的橡胶条组成的犹如手风琴式的伸缩体,加上支撑横梁、位移控制系统以及弹簧支撑系统。每个伸缩体的伸缩量为60~100 mm。伸缩量更大时,可以用两个以上的伸缩体,中间用若干根中梁隔开。中梁支撑在下设横梁(顺桥向)上,其作用是承受大部分车轮压力。为了保证伸缩时中梁始终处于正确位置,作同步位移,将中梁底部连接在连杆式或弹簧式的位移控制系统上。当伸缩体做成60 mm、80 mm、100 mm三种型号时,视中梁根数不同,可以组合成宽度为60 mm、80 mm、100 mm倍数的各种伸缩缝。因此,称此种伸缩缝为异型钢与异型橡胶组合的缝宽可以按模数变化的伸缩装置。

7)安全带、人行道、灯柱、栏杆和护栏

位于城镇和近郊的桥梁应该设置人行道,根据人行交通量可以选用0.75 m、1 m,大于1 m时,按0.5 m倍数递增。在行人稀少地区可以不设置人行道,为保障行车安全在行车道边缘设置高出行车道的安全带。

公路桥梁的栏杆是桥梁上的一种安全防护设施,除了漫水桥或与路基同宽的小桥涵外,公路与城市道路的桥梁上均需设置栏杆或护栏。栏杆给行人和车辆以视觉上的安全感,可以保障行人的安全,但不能抵挡机动车辆的冲撞;护栏则既能保障行人的安全,又能抵挡车辆的冲撞,使车辆不致冲出桥外。护栏适用于高速公路或汽车专用公路上的桥梁,它应具有一定的强度,坚实而牢固。不过,从行人安全来讲,采用柔性而又牢固的护栏更为理想。近年的高速公路桥梁还采用将栏杆和安全带结合的防撞护栏,防撞护栏的设计要求具有良好的吸收车辆碰撞能量的特性,并尽量减少对车轮以上部位的碰撞。

在城市及城郊行人和车辆较多的桥梁上,要有照明设施,一般采用柱灯在桥面上照明。照明灯一般高出行车道5 m左右。灯柱的设计要经济合理,要确实能起到照明作用,同时也要符合在全桥的立面上具有协调的效果。

本章小结

(1)桥梁是交通线路跨越天然或人工障碍的建筑物。

(2)桥梁常由上部结构、下部结构和其他相关附属建筑物组成。

(3)桥梁有3种基本形式,即梁桥、拱桥和索桥。随着建桥技术的发展,出现了许多组合体系桥梁。

(4)我国古代桥梁建设曾取得举世公认的成就,但从清末至1949年桥梁建设停滞不前。而近三十多年来,我国成为世界最大的桥梁建设工地,各种桥型的建设都已达到或接近世界先进水平,部分桥型还刷新了世界纪录。

思考题与习题

1.桥梁包括哪些组成部分?

2.桥梁跨径的标准化有什么意义?

3.简述桥梁的分类。

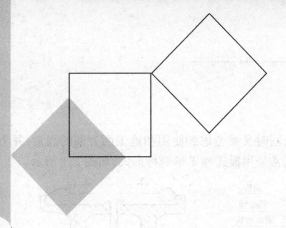

2

混凝土简支梁桥

> **本章导读：**
>
> 　　介绍了铁路(公路)混凝土简支梁桥构造特点、铁路(公路)混凝土简支梁桥的设计计算方法；对轨道梁及桥梁常用支座构造及应用作了简要介绍。重点是混凝土简支梁桥构造特点、受力特点以及设计计算方法。

　　在混凝土梁式桥体系中，简支梁是应用最广泛的一种桥型。它受力简单，设计计算方便，易于设计成各种标准设计。而且简支梁为静定结构，结构内力不受地基变形的影响，对基础要求较低。在多孔简支梁桥中，由于相邻桥孔各自单独受力，便于预制、架设、施工费用低。因此，在高架桥、跨河(海)的引桥上也被广泛采用。

　　根据预应力度不同，混凝土梁桥可分为普通钢筋混凝土、预应力混凝土和部分预应力混凝土梁桥；按施工方法不同，可分为整体式梁桥、装配式梁桥以及整体-装配组合式。

　　本章主要介绍各种混凝土简支梁桥的构造和设计计算方法，并阐述梁式桥支座的构造及应用。

2.1　铁路钢筋混凝土简支梁桥

2.1.1　铁路钢筋混凝土简支梁桥构造

　　中小跨度的铁路桥梁，其上部结构以往多采用普通钢筋混凝土梁，这种梁的优点是施工工艺简单，无须特殊设备，一般工地均能制造。但由于钢筋混凝土梁不可避免的裂缝，使其耐久性受到影响，所以钢筋混凝土梁已逐渐被预应力混凝土梁取代，但既有铁路线路改建或专用线的建设，中小跨度的桥梁仍采用普通钢筋混凝土梁。本节以铁路桥梁标准设计的钢筋混凝土简支梁为例,说明其构造及设计计算原理。

1)截面形式与主要技术指标

梁的截面形式主要由受力要求决定,同时又要考虑到使用和施工两方面的因素,并力求用料节省。单线铁路桥梁标准设计中,截面常采用板式和T形两种形式,如图2.1所示。

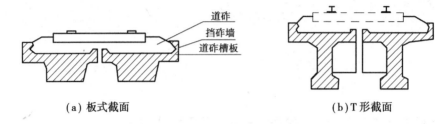

（a）板式截面   （b）T形截面

图2.1 单线铁路钢筋混凝土简支梁截面形式

跨度小于等于6 m的梁,由于跨度小,梁高也低,为了使截面形式简单,便于施工制作,采用板式截面。板式桥跨结构沿纵向分成两片,由于板底支承面很宽,单片也不会发生侧向倾覆,因而两片梁之间不做联结。跨度大于等于8 m的梁,由于跨度增大,梁高也相应增高,若用板式截面,则受拉区混凝土面积显著增加。为了节省材料和减轻梁重,便于架设和提高跨越能力,常采用T形截面。T形梁制作简单,但易发生侧向倾覆,因此,T形梁在运输过程中需设临时支撑,安装就位后,必须把横隔板连接起来,使两片梁形成稳定的结构体系,之后才可通过架桥机架设下一孔梁。

铁路钢筋混凝土简支梁标准设计有普通高度和低高度两种高度的梁,一般情况下采用普通高度梁。在平原、河网地区和枢纽站场以及城市立交修建桥梁,当梁的建筑高度受到限制时,需要降低梁的高度,可采用低高度梁。表2.1和表2.2分别为铁路普通高度梁和低高度梁标准设计的主要技术参数。

表2.1 普通高度钢筋混凝土简支梁主要技术参数表

计算跨度 L(m)	全长 L_0(m)	截面形式	建筑高度 h(m)		梁高 h(m)	h/L	梁肋中心距(m)	支座垫板尺寸(mm)	
			轨底至梁底	轨底至墩台顶				纵向	横向
4	4.50	板式	1.00	1.003	0.50	1/8	1.80	3 mm 厚石棉垫	3 mm 厚石棉垫
5	5.50	板式	1.10	1.103	0.60	1/8.3	1.80	3 mm 厚石棉垫	3 mm 厚石棉垫
6	6.50	板式	1.20	1.203	0.70	1/8.6	1.80	3 mm 厚石棉垫	3 mm 厚石棉垫
8	8.50	肋式	1.75	1.84	1.25	1/6.4	1.80	310	270
10	10.50	肋式	1.90	2.08	1.40	1/7.2	1.80	420	600
12	12.50	肋式	2.05	2.23	1.55	1/7.8	1.80	420	600
16	16.50	肋式	2.40	2.58	1.90	1/8.4	1.80	420	600
20	20.50	肋式	2.70	3.10	2.20	1/9.1	1.80	420(400)	800

表2.2　低高度钢筋混凝土梁主要技术特征表

| 计算跨度 $L(m)$ | 全长 $L_0(m)$ | 截面形式 | 建筑高度 $h(m)$ | | 梁高 $h(m)$ | h/L | 梁肋中心距 (m) | 支座垫板尺寸 (mm) | |
			轨底至梁底	轨底至墩台顶				纵向	横向
4	4.50	板式	0.85	0.853	0.35	1/11.4	1.70	3 mm 厚石棉垫	3 mm 厚石棉垫
5	5.50	板式	0.90	0.903	0.40	1/12.5	1.70	3 mm 厚石棉垫	3 mm 厚石棉垫
6	6.50	板式	0.95	0.953	0.45	1/13.3	1.70	3 mm 厚石棉垫	3 mm 厚石棉垫
8	8.50	板式	1.05	1.14	0.55	1/14.5	1.70	310	270
10	10.50	板式	1.20	1.40	0.70	1/14.3	1.70	380	280
12	12.50	板式	1.35	1.55	0.85	1/14.1	1.80	380	280
16	16.50	工字形	1.60	1.80	1.10	1/14.6	1.80	380	280
20	20.50	工字形	1.85	2.07	1.35	1/14.8	1.80	380	280

位于曲线上的简支梁桥,为了简化模板类型,在标准设计中,曲线梁与直线梁截面采用相同的外形尺寸。由于梁的工作线（中线）与曲线的线路中线不重合,曲线梁有离心力和偏载的作用,因此主筋用量较直线梁要多。另外,外轨超高由道砟厚度调整,为避免加厚的道砟向外坍落,在外侧挡砟墙上加设 L 形挡砟块。

2）构造示例

图2.2为标准设计中跨度为16 m的道砟桥面钢筋混凝土梁的一般构造。

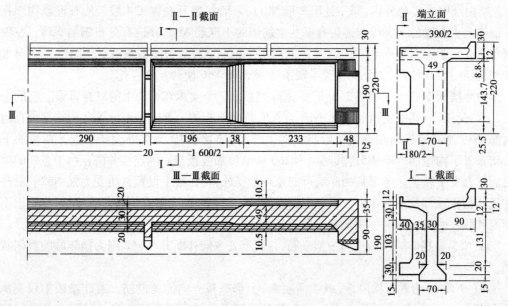

图2.2　l＝16 m 钢筋混凝土梁概图(单位:cm)

（1）梁的总体布置

该梁全长 16.5 m,梁部结构由纵缝分为两个 T 形块件,主梁高度为 1.9 m,道砟槽宽 1.92 m,

两片梁的中心距为 1.8 m。跨中部分腹板厚 300 mm,靠近梁端部分增厚到 490 mm,以适应腹板内主拉应力变化的需要。为了保证主筋的净距和钢筋保护层的需要,下翼缘宽 700 mm。道砟槽板厚按规定最小为 120 mm,为使道砟槽板能与主梁共同工作,在道砟槽板与梁肋相交处设置梗肋,其坡度为 1:3,板与肋相交处的厚度为 240 mm,满足"桥规"要求。在梁端以及距梁端 5.25 m 处,设有与梁一起灌筑的横隔板。横隔板使两片梁连成整体保持横向稳定性,也使两片梁在列车荷载下能很好地分担荷载共同工作并防止梁受扭转变形。两片梁架设就位后,须将横隔板连接好才能通车。中间横隔板厚度为 160 mm。端横隔板厚度较大,为 460 mm,主要是考虑到维修或更换支座时,需在端横隔板下放置千斤顶,因此端横隔板又称顶梁。为了便于维修检查,所有横隔板中间留有过人方孔。

(2)梁内钢筋布置

图 2.3 为跨度 16 m 钢筋混凝土直线梁的钢筋布置。

①梁体钢筋布置见图 2.3(a)。每片梁肋主要受力钢筋共有 43 根 φ20(N1 ~ N15),N1 ~ N12(共 23 根)由跨中向两端相继弯起锚固在梁的受压区,和箍筋一起承受主拉应力。其中 N1 ~ N10 弯至梁顶后伸入受压区长度大于 20 倍的钢筋直径,满足锚固长度要求,不设与纵筋平行的直段,且不设弯钩;N11 ~ N12 因不能满足锚固长度要求,需要向上弯转锚固在受压区;N15 钢筋(共 16 根)伸入支座,与弯起的 N13、N14 钢筋端部均加直角钩以保证具有足够锚固。主钢筋在梁下翼缘内布置参见图 2.3(a),为了缩小下翼缘尺寸,采用 3 根钢筋成束布置。N1 ~ N7 布置在下翼缘中心部分且在最上两排,使它们能在腹板较薄的跨中部分相继弯起。N8 ~ N14 或布置在下翼缘中心偏外部分,或布置在下翼缘的底排,它们只能在腹板较厚的梁端部分相继弯起。

箍筋采用 4 肢 φ8 钢筋,间距 250 mm,编号 N21、N22。N21 布置在跨中区段薄腹板部分内,N22 在梁两端厚腹板部分内,同一处用 2 根 N21(或 N22)错开叠置成 4 肢。所有箍筋均绑扎在架立钢筋上。在梁的下翼缘内还设有捆扎主筋用的小箍筋 N62,并设有分布钢筋 N53。在腹板两侧布置有间距为 100 mm 直径为 φ8 的纵向水平钢筋 N27。为使灌筑混凝土时保持纵向水平钢筋和箍筋的设计位置,还分别设置了联系筋 N65 和 N66 使其互相绑扎。

②道砟槽板钢筋布置见图 2.3(b)。道砟槽板是一个支承在梁肋上的双悬臂梁。它的上部受拉、下部受压,故其主要钢筋 N18、N19 与 N20 均置于板的上部。N18 与 N20 为端部带直钩的直钢筋,N19 则在靠板的端部向下弯折再向上弯起。N18、N19 与 N20 交错布置。在板的下部还交错布置了构造筋 N50、N51,其间距为 260 mm,以加强板与肋的连接并防止由于意外的反向弯曲而使板发生断裂。考虑到挡砟墙可能意外遭受外力,在其中设置封闭受力筋 N52。沿桥纵向在道砟槽板顶部及下翼缘内设置分配钢筋 N53。N34 与 N53 除有传递荷载,承担混凝土不均匀降温和收缩时的应力的作用外还兼做架立筋。

N54、N55 为挡砟墙及内边墙的架立筋,在断缝处也同样断开。N52 则为挡砟墙的封闭状受力筋。

N48(或 N49)为置于横隔板(或端横隔板)上部顺桥方向的辅助筋。道砟槽板不仅支承在主梁上,同时也支承在横隔板上,设这些钢筋是为了承受该处实际可能发生的而在板的计算中未考虑的负弯矩。为了固定人行道角钢支架,挡砟墙埋有 U 形螺栓(P-2φ22),以便安装桥面人行道。

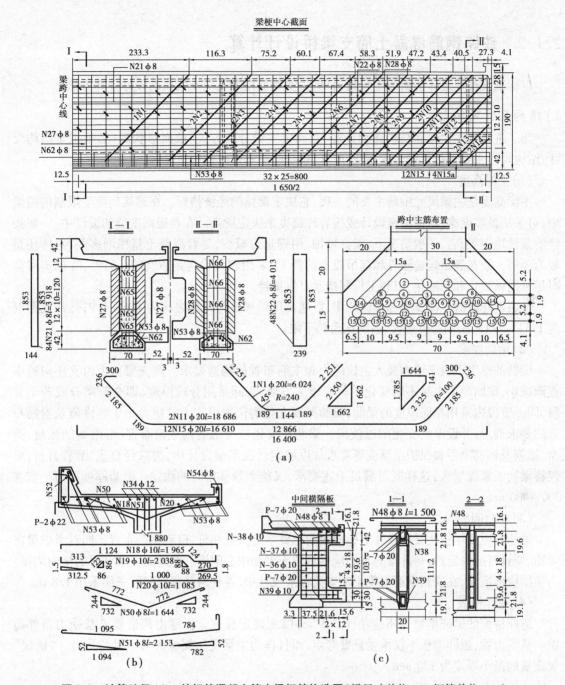

图2.3 计算跨径16 m 的钢筋混凝土简支梁钢筋构造图(梁尺寸单位:cm;钢筋单位:mm)

③横隔板钢筋布置见图2.3(c)。在跨中横隔板内的主要钢筋为P-7φ20,其他如N36、N37、N38、N39 等则为构造钢筋。起"顶梁"作用的端横隔板,其主要钢筋为P-9φ20。其他如N40、N41、N47 均系端横隔板内的竖向与水平钢筋。它们相互连成钢筋网以承受此处的复杂应力。端横隔板的钢筋布置比中横隔板要密,这是因为此处要安放支座,以便传递强大的集中反力。

2.1.2 铁路钢筋混凝土简支梁桥设计计算

以标准设计中道砟桥面的 T 梁桥为例,说明钢筋混凝土简支梁桥的设计计算方法。

1) 结构尺寸的拟订

为了进行方案比较和结构详细计算,在确定主梁分块方式、截面形状后,必须拟定结构尺寸,结构尺寸主要包括主梁高度、梁肋厚度、梁肋间距和道砟槽板厚度等。

(1)主梁高度

主梁高度是主梁尺寸中最主要的一项,它决定梁体的经济指标。在建筑高度受限制的桥梁中,可采用低高度梁,根据平衡设计或按容许挠度来决定梁高。在普通高度梁的设计中,一般按经济条件决定梁高。一般情况下,梁高增加,用钢量可减少,尽管混凝土量稍增多些,总体还是较为经济。故在满足运输限界和起吊能力前提下,采用较大梁高是适宜的。另外,在确定梁高时尽可能模数化和标准化,以利工厂制造及日后更换。

铁路钢筋混凝土简支梁标准设计中,普通高度梁梁高与跨度之比为 1/6 ~ 1/9;低高度梁则为 1/11 ~ 1/15,梁的跨度愈大,高跨比愈趋下限。

(2)梁肋厚度

梁肋的厚度取决于梁内最大主拉应力和主筋布置的构造要求。简支梁剪力由支座向跨中逐渐减小,梁肋厚度也是不断变化的。为施工方便,实际采用分段厚度,即全跨梁分成若干分段,同一分段内采用相同厚度的梁肋,梁肋厚度变化的位置可按主拉应力小于容许值及斜筋布置的要求确定,并设厚度变化的过渡段。梁肋厚度还应考虑肋内主筋布置,根据钢筋数量、类型、排列及钢筋净距和保护层厚度等要求加以确定。在 T 梁设计中,为减轻自重、节省材料,可仅将梁肋下翼缘增大,这样既可满足上述要求,又能兼顾移梁时的稳定。梁肋厚度取值一般为 200 ~ 400 mm。

(3)梁肋间距

梁肋间距要尽量使梁肋内外道砟槽板的悬臂弯矩大致相近,以利钢筋布置。同时考虑梁在运输、架设时的稳定性,每片梁的重心应尽量位于梁肋中心附近。此外还要有必要的横向刚度。为使结构标准化,在铁路钢筋混凝土简支梁标准设计中,各种跨径梁肋间距一律采用 1.8 m。

(4)道砟槽板

道砟桥面的道砟槽顶宽不应小于 3.9 m,以此确定板宽。板厚由构造要求及受力条件确定。从受力看,道砟槽板不仅承受悬臂弯矩,而且作为主梁受压翼缘参与主梁的受力。"桥规"规定板的最小厚度为 120 mm。

2) 道砟槽板的设计计算

(1)计算荷载

道砟槽板上所承受的荷载有恒载和活载。

恒载包括道砟槽板自重、连同线路设备在一起的道砟质量、人行道支架(包括立柱、扶手和栏杆等)和步行板质量,其具体计算请参见"桥规"。

道砟槽板承受的列车荷载采用特种活载。特种活载轴重经钢轨、枕木、道砟分布到道砟槽板顶面,如图 2.4 所示。特种活载轴重 250 kN,自枕木底面向下以 45°扩散。纵向(顺梁方向)

由于钢轨作用分布长度为 1.2 m。横桥向枕木长 2.5 m,如果桥上采用的是木枕,轨枕下道砟厚度为 0.32 m,则分布长度为 3.14 m（2.5 m + 2 × 0.32 m = 3.14 m）;如果桥上采用的是预应力混凝土轨枕,轨枕下道砟厚度为 0.29 m,则分布长度为 3.08 m（2.5 m + 2 × 0.29 m = 3.08 m）。考虑冲击力在内的列车均布活载按下式计算(沿顺桥方向取 1 m 长):

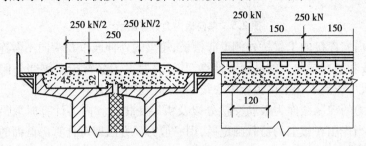

图 2.4　桥面荷载的分布(单位:cm)

预应力混凝土轨枕:

$$q = (1 + \mu) \times \frac{250}{1.2 \times 3.08} = 67.6(1 + \mu) \quad (\text{kN/m}) \tag{2.1}$$

木枕:

$$q = (1 + \mu) \times \frac{250}{1.2 \times 3.14} = 66.4(1 + \mu) \quad (\text{kN/m}) \tag{2.2}$$

式中　$(1 + \mu)$——竖向活载的冲击系数,铁路桥规规定按下式计算:

$$1 + \mu = 1 + \alpha\left(\frac{6}{30 + L}\right) \tag{2.3}$$

式中　h——从轨底至道砟槽板顶面的填料厚度,m;

　　　L——板的计算跨度,m。

其中:$\alpha = 4(1 - h) \leqslant 2$。

道砟桥面梁式桥跨上的人行道竖向静活载按桥规取用。在距桥中心 2.45 m 以内的一段考虑养护翻修道床时堆放道砟,按 10 kN/m² 计算,在距离桥中心 2.45 m 以外的一段按 4 kN/m² 计算。

对于明桥面梁式桥跨上的人行道竖向静活载按"桥规"规定取 4 kN/m²。

(2)内力计算

道砟槽板横向支承在主梁的梁肋上,在纵向由横隔梁支承。桥梁中常见的板大多数是按单向板计算的。例如,箱形梁两腹板间的桥面板,虽系支承在主梁梁肋和横隔板上,由于横隔板的间距一般大于主梁梁肋间距的两倍,故仍按单向板设计。但应在横隔梁上方板的顶部设置垂直于横隔板的钢筋以承受该处实际上存在的负弯矩。

位于主梁梁肋间的板,其支承情况实质上是弹性固接的,设计时可按下列公式近似计算:

支点弯矩:

$$M = -0.7M_0 \tag{2.4}$$

跨中弯矩:

$$M = 0.5M_0 \tag{2.5}$$

式中,M_0 为按简支板计算的跨中最大弯矩,如图 2.5 所示。计算时,计算跨度为两梗间净距加板的厚度,但不大于两梗间净间距加梁梗宽度。

剪力按简支板计算。计算剪力时,计算跨度为梗间净距。

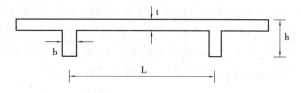

图2.5　单向板内力计算图示

对于有足够横向连接的 T 梁桥外侧道砟槽板、箱梁的外伸肢以及横向不做连接的 T 梁的内外道砟槽板，常按固结在梁肋上的悬臂梁计算，其计算跨度为悬臂端至梁肋外侧的距离。对于箱形梁，道砟槽板可按支承在主梁腹板中心线下缘的箱形框架计算。

道砟槽板应力的控制截面为板肋交接处以及板厚变化处。内力计算时取沿桥梁方向 1 m 宽的板带进行。当作用在板上的荷载确定后，用一般力学方法即可计算出截面的弯矩和剪力。

（3）荷载组合

设计计算时应根据检算的部位分别采用不同的组合。

对于双梗式梁的中间板以及分片式梁的内侧板，其所用的组合为：列车活载 + 除人行道部分以外的所有恒载。

计算外侧悬臂板时，采用两种加载：a. 列车活载 + 全部恒载 + 距桥梁中心 2.45 m 以外的人行道活载；b. 全部恒载 + 全部人行道活载。这两种组合均按主力计算，取最不利的情况进行设计。

（4）钢筋配置

板的内力求出后，按单筋矩形板配筋，配筋时要满足最小配筋率要求。

为使钢筋骨架具有一定的刚度，且受力比较均匀，"桥规"要求，板内受力钢筋直径不小于 10 mm，其最大间距不大于 200 mm，在所有受力钢筋转折处均应设分配钢筋，在直段内分配钢筋直径不小于 8 mm，间距不大于 300 mm。

悬臂板不仅支承于主梁上，同时也支承在横隔板上，因此道砟槽板沿桥方向也发生挠曲，在横隔板上道砟槽板将产生负弯矩。为了承受这种弯矩，在横隔板上方的板顶部位应设置垂直于横隔板的钢筋，其直径不应小于分配钢筋直径，间距不大于 200 mm，也不大于板厚的两倍。

钢筋布置后，要验算截面应力和裂缝宽度。截面正应力主要是验算钢筋应力，混凝土压应力一般均满足要求。板内不设置箍筋和斜筋，因此要求截面最大剪应力小于无箍筋及斜筋时的主拉应力 $[\sigma_{tp-2}]$，否则可设置梗肋以增加板厚降低剪应力。裂缝宽度验算可按"桥规"有关条文进行。

3）主梁的设计计算

（1）荷载及荷载组合

主梁所承受的荷载包括恒载和活载。恒载包括道砟、线路设备、人行道和梁自重。活载包括列车活载（计入冲击）和人行道的竖向活载。人行道的竖向静活载，不与列车活载同时计算。但在特殊情况下为了方便群众通行而加宽的人行道，因其竖向静活载与列车活载是同时作用的，故必须都视为主力而同时计算。这时，人行道的竖向静活载应按实际情况确定。

（2）内力计算

为设计主梁钢筋，需绘制梁的弯矩包络图和剪力包络图。主梁内力一般需要计算跨中、$L/4$ 处的最大弯矩以及支座、跨中截面的最大剪力，如果主梁腹板是变截面的，还需计算变截面处的最大剪力。

恒载内力按全桥满布均匀荷载作用下的简支梁计算。

列车活载作用下主梁的内力,可利用影响线和换算均布活载进行计算。计算时应计入冲击的影响。例如,要计算跨度为 L 的简支梁跨中截面列车活载作用下的最大弯矩值,首先画出跨中截面弯矩影响线,然后根据加载长度及影响线最大纵坐标位置,在铁路桥规附录 C 中查出中—活载的换算均布荷载 $K_{0.5}$,一片梁上的换算均布荷载为 $K_{0.5}/2$,则跨中最大弯矩:

$$M_{活} = (1 + \mu)q\omega \tag{2.6}$$

式中　q——换算均布荷载,$q = K_{0.5}/2$;

ω——影响线面积。跨中截面弯矩影响线面积 $\omega = \dfrac{1}{2}L\left(\dfrac{L}{4}\right) = \dfrac{1}{8}L^2$

$1 + \mu$——冲击系数,见式(2.3),其中 L 应取简支梁跨度值。

同理,可求其他截面有关内力。

(3)钢筋布置及应力检算

如果设计的梁为 T 梁,应首先检算板厚是否符合铁路桥规有关规定,能否按 T 梁计算。我国铁路钢筋混凝土梁标准设计,板厚均符合"桥规"有关规定,故主梁都按 T 梁计算。

跨中截面主梁的钢筋面积可按下式初步估算:

$$A_s = \frac{M_{中}}{[\sigma_s]Z} \tag{2.7}$$

式中　$M_{中}$——跨中截面计算弯矩;

$[\sigma_s]$——普通钢筋的容许应力;

Z——内力偶臂,对于 T 梁 $Z \approx \dfrac{h_0 - h_i'}{2}$,其中 h_i' 为翼缘板的平均厚度。

选择钢筋时应尽量采用螺纹筋,因为螺纹钢筋对控制裂缝开展有利。主筋直径通常为 16 ~ 40 mm,视钢筋布置及对裂纹控制考虑其大小。

布置钢筋时,钢筋净距和保护层厚度应符合"桥规"规定。钢筋根数较多时可采用 2 根或三根钢筋组成的钢筋束。

钢筋布置后,再按 T 形截面精确计算混凝土压应力、钢筋拉应力和最大剪应力。当采用分层钢筋时,要验算最外层钢筋的拉应力。

铁路桥规规定,钢筋混凝土中的混凝土最大压应力和钢筋拉应力按下式计算:

钢筋混凝土的压应力:

$$\sigma_c = \frac{M}{W_0} \leqslant [\sigma_b] \tag{2.8}$$

钢筋拉应力:

$$\sigma_s = \frac{nM}{W_s} \leqslant [\sigma_s] \tag{2.9}$$

式中　M——计算弯矩,MN·m;

$[\sigma_b]$——弯曲受压及偏心受压时混凝土的容许应力,MPa;

$[\sigma_s]$——普通钢筋的容许应力,MPa;

W_0,W_s——对混凝土受压边缘及对所检算受拉钢筋重心处的换算截面抵抗矩,m³;

n——钢筋的弹性模量与混凝土的变形模量之比。

最大剪应力:

对于等高度的钢筋混凝土梁,只需验算中性轴处的剪应力。因计算时不考虑混凝土受拉区的作用,故该处的剪应力在数值上等于主拉应力。该值由下式求得:

$$\tau = \frac{V}{bz} \le [\sigma_{tp-1}] \qquad (2.10)$$

式中　τ——中性轴处的剪应力,MPa;

V——计算剪力,MN;

b——中性轴处的腹板厚度,m;

z——内力偶的力臂,m。

对于变高度的钢筋混凝土梁,计算剪应力时应考虑到高度变化的影响。根据受弯构件剪应力计算公式的推导原则,变高度钢筋混凝土梁中性轴处的剪应力可按下式计算:

$$\tau = \frac{V}{bz} - \frac{M}{bzh_0}\tan\alpha \qquad (2.11)$$

式中　M——截面内的计算弯矩,MN·m;

h_0——有效高度,m;

α——高度变化的角度。

钢筋混凝土梁的强度分抗弯强度和抗剪强度。抗弯强度由混凝土的弯曲压应力和钢筋拉应力不超过容许值来保证,而抗剪强度则视剪应力大小分别依靠混凝土或钢筋来承担。

铁路桥规规定了三个容许主拉应力值:

$\tau_{max} \le [\sigma_{tp-1}]$——表示梁肋截面尺寸满足要求;

$[\sigma_{tp-1}] \ge \tau_{max} \ge [\sigma_{tp-2}]$——除剪应力小于或等于$[\sigma_{tp-3}]$的区段外,均需按计算设置箍筋及斜筋来承受全部剪应力;

$\tau_{max} \le [\sigma_{tp-2}]$——可不必按计算设置箍筋和斜筋,剪应力全部由混凝土承受,但应按构造要求设置箍筋。

为了计算箍筋和斜筋,首先绘制出半跨梁的剪应力图。在剪应力图形中划出剪应力小于或等于$[\sigma_{tp-3}]$的区段部分由混凝土承担,其余部分由箍筋或斜筋承担。

箍筋不仅承受主拉应力,还与主梁一起形成刚劲骨架,故"桥规"要求:箍筋直径不小于8 mm,其间距当支撑受拉钢筋时不大于梁高的3/4 或300 mm,当支撑受压钢筋时不大于受压钢筋直径的15 倍及300 mm;支座中心两侧各相当梁高1/2 的长度范围内箍筋间距不应大于100 mm。通常,箍筋直径为8~10 mm,间距100~300 mm,并沿梁长均匀布置。铁路桥规还规定每一箍筋在一行上所箍的受拉纵筋不应多于5 根,受压纵筋不多于3 根,否则应用4 肢或多肢箍筋。

根据箍筋布置情况,可以算出箍筋承担的剪应力:

$$\tau_k = \frac{A_k[\sigma_s]}{bs} \qquad (2.12)$$

式中　A_k——每道箍筋的总截面面积;

$[\sigma_s]$——钢筋容许应力;

b——梁腹板厚度;

s——箍筋间距。

设计时,要使箍筋所承担的剪应力大于或接近于跨中剪应力值,这样可避免跨中附近斜筋承受反复变号的应力。

在剪应力图中,除去混凝土和箍筋承担的部分后,其余部分则由斜筋承担,承担剩余主拉应力所需要的斜筋总截面积为:

$$A_\omega = \frac{\Omega_0 b}{\sqrt{2}[\sigma_s]} \tag{2.13}$$

式中 Ω_0——由斜筋承担的剩余剪应力图面积;

   $[\sigma_s]$——斜筋的容许应力;

   b——梁腹板宽度。

根据斜筋直径就可以确定斜筋的根数。根据每批弯起根数用等分面积法或公式计算方法确定每批斜筋的弯起点,并在弯矩包络图与材料图上检查主筋弯起的可能性。

斜筋宜沿梁的中线对称布置,方向与主拉应力方向一致,一般与梁水平轴成45°,不小于30°。为保证任一截面混凝土开裂后有斜筋承受主拉应力,铁路桥规规定在设置斜筋的区段内,任何一个与梁轴线垂直的截面至少应与一根斜筋相交。

在布置斜筋时还应注意,为加强梁端抗剪强度,保证伸入支座截面的主筋不少于2根且不少于跨中钢筋面积的1/4。伸入支座截面内的主筋还应满足锚固长度的要求。

对于钢筋混凝土梁,还应验算板与肋相交处的剪应力。当受拉区的翼缘突出梁肋较大时,应验算梁肋下翼缘处的剪应力。验算方法见铁路桥规5.2.5条。

除按计算决定钢筋外,尚应按构造要求设置钢筋。如梁高大于1 m时,为抑制腹板裂缝开展,在梁腹板高度范围内应设置间距为100~150 mm的纵向水平钢筋,且直径不宜小于8 mm等。

(4)裂缝宽度及挠度计算

①裂缝宽度计算

铁路桥规规定,一般大气条件下的地面结构钢筋混凝土构件,主力作用时其裂缝宽度容许值有防护措施时为0.25 mm,无防护措施时为0.20 mm,当主力加附加力作用时可提高20%。

钢筋混凝土矩形、T形及工字形截面受弯及偏心受压构件的计算裂缝宽度可按下列公式计算:

$$w_f = K_1 K_2 r \frac{\sigma_s}{E_s}\left(80 + \frac{8 + 0.4d}{\sqrt{\mu_z}}\right) \tag{2.14}$$

式中 w_f——计算裂缝宽度,mm;

   r——中性轴至受拉边缘的距离与中性轴至受拉钢筋重心的距离之比,对梁和板 r 可分别采用1.1和1.2;

   σ_s——受拉钢筋重心处的钢筋应力,MPa;

   E_s——钢筋的弹性模量,MPa;

   d——受拉钢筋直径,mm;

   K_1——钢筋表面形状影响系数,对光钢筋 $K_1 = 1.0$,带肋钢筋 $K_1 = 0.8$;

   K_2——荷载特征影响系数,$K_2 = 1 + \alpha \frac{M_1}{M} + 0.5 \frac{M_2}{M}$;

   α——系数,对光钢筋取0.5,对带肋钢筋取0.3;

   M_1——活载作用下的弯矩,MN·m;

   M_2——恒载作用下的弯矩,MN·m;

M——全部计算荷载作用下的弯矩，$MN \cdot m$，当主力作用时为恒载弯矩与活载弯矩之和，主力加附加力作用时为恒载弯矩、活载弯矩及附加力弯矩之和；

μ_z——受拉钢筋的有效配筋率，$\mu_z = \dfrac{(\beta_1 n_1 + \beta_2 n_2 + \beta_3 n_3)A_{s1}}{A_{c1}}$；

n_1, n_2, n_3——单根、两根一束、三根一束的受拉钢筋根数；

$\beta_1, \beta_2, \beta_3$——考虑成束钢筋的系数，单根钢筋$\beta_1 = 1.0$，两根一束$\beta_2 = 0.85$，三根一束$\beta_3 = 0.70$；

A_{s1}——单根钢筋的截面积，m^2；

A_{c1}——与受拉钢筋相互作用的受拉混凝土面积，m^2。

②挠度计算

铁路桥规规定，在简支梁中，由静活载（即不计冲击力）所引起的竖向挠度不应超过跨度的$1/800$。

当由恒载及静活载引起的竖向挠度等于或小于 15 mm 或跨度的$1/1\,600$时，可不设上拱度，宜用调整道砟厚度的办法解决；大于上述数值时应设上拱度。上拱度曲线与恒载及$1/2$静活载所产生的拱度曲线基本相同，但方向相反。

钢筋混凝土简支梁的跨中挠度f可按下式计算：

$$f = \frac{5}{384} \times \frac{qL^4}{0.8E_h I} \tag{2.15}$$

式中　q——静活载的换算均布荷载，可根据跨中力矩影响线求出；

　　　L——计算跨度；

　　　E_h——混凝土受压弹性模量；

　　　I——不计混凝土受拉区换算截面惯性矩。

对于装配式钢筋混凝土梁，除考虑运营工况外，尚应检算 T 梁的倾覆稳定性；对起吊、运送和架设安装等情况进行计算，关于这方面内容可参照有关资料。

2.1.3　计算示例

1)设计资料及依据

(1)设计资料

计算跨度 $L = 16$ m，单线、直线梁、工厂预制。

(2)设计依据

《铁路桥涵设计基本规范》(TB 10002.1—2005)；

《铁路桥涵钢筋混凝土和预应力混凝土结构设计规范》(TB 10002.3—2005)。

2)设计荷载

(1)恒载

①道砟及线路设备：道砟槽宽为 3.9 m，轨底至梁顶高取 0.45 m。

②自重：可按结构构件的设计尺寸和材料的重力密度计算。

（2）列车活载

列车竖向活载纵向计算采用中—活载。

活载冲击系数：

$$1 + \mu = 1 + \alpha \frac{6}{30 + L}$$

$$\alpha = 4(1 - h) \leqslant 2;$$

式中　L——梁的计算跨度。

（3）人行道活载

人行道的竖向静活载：距桥中心 2.45 m 以内采用 10 kN/m^2，距桥中心 2.45 m 以外采用 4 kN/m^2。

3）结构尺寸拟定

结构尺寸如图 2.2 所示。

材料选择为：

混凝土：C25；普通钢筋：受力钢筋采用 HRB335，构造钢筋采用 Q235。

4）道砟槽板的计算

（1）荷载计算

①恒载：道砟容重 $\gamma = 20$ kN/m^3；钢筋混凝土容重 $\gamma_c = 25$ kN/m^3；混凝土容重 $\gamma = 23$ kN/m^3。

a. 线路及道砟重：$q_1 = 20h_1 = 20 \times 0.45 = 9$ kN/m。

b. 道砟槽板自重：

道砟槽板平均厚度：

跨中：$h_i = \dfrac{\dfrac{12 + 15}{2} + \dfrac{15 + 24}{2}}{2} = 16.5$ cm；

梁端：$h_i' = \dfrac{\dfrac{12 + 15}{2} + \dfrac{15 + 20.8}{2}}{2} = 15.7$ cm。

梁端截面道砟槽板厚度较薄，取梁端道砟槽板进行设计计算，即 $q_2 = \gamma_c h_i' = 25 \times 0.157 = 3.925$ kN/m。

挡砟墙重：$Q_1 = \dfrac{0.14 + 0.245}{2} \times 0.3 \times 25 = 1.44$ kN/m。

人行道板重：$q_3 = 1.67$ kN/m；人行道支架重：$Q_2 = 0.63$ kN/m。

②活载：

列车活载：

q_4——取中活载的特种荷载计算；

分布面积：$A = 1.2 \times (2.6 + 2 \times 0.32) = 1.2 \times 3.24 = 3.89$ m^2；

冲击系数：$1 + \mu = 1 + \alpha \dfrac{6}{30 + L}$；

内悬臂板：$1 + \mu = 1 + 2 \times \dfrac{6}{30 + 0.72} = 1.39$；

外悬臂板:$1 + \mu = 1 + 2 \times \dfrac{6}{30 + 0.79} = 1.39$;

$$q_s = (1 + \mu)\frac{P}{A} = 1.39 \times \frac{250}{3.89} = 89.33 \text{ kN/m}。$$

人行道竖向静活载:线路中心线 2.45 m 以内,$q_5 = 10$ kN/m;线路中心线 2.45 m 以外,$q_6 = 4$ kN/m。

（2）内力计算

板内力计算按一端固定的悬臂板,取 1 m 宽进行计算,道砟槽板应力控制截面为板肋交接处。桥面板上作用的恒载和活载（列车活载及人行道活载）的分布情况如图 2.6、图 2.7 所示,计算时考虑下列几种荷载组合。

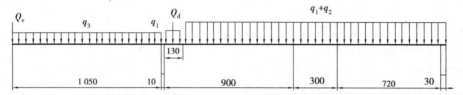

图 2.6　道砟槽板恒载计算示意图（单位:mm）

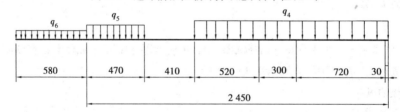

图 2.7　道砟槽板活载计算示意图（单位:mm）

内悬臂板:恒载+列车活载。

外悬臂板:组合 1:恒载+列车活载+线路中心线 2.45 m 以外的人行活载;组合 2:恒载+人行道全部人行活载。

内悬臂板:

$M = (9 + 3.925) \times 0.72 \times 0.36 + 89.33 \times 0.72 \times 0.36 = 26.5$ kN·m

$Q = (9 + 3.925) \times 0.72 + 89.33 \times 0.72 = 73.6$ kN

外悬臂板:

组合 1:

$M = (9 + 3.925) \times 0.9 \times 0.45 + 1.44 \times 0.705 + 1.67 \times 1.41 + 0.63 \times 1.96 +$
$\quad 89.33 \times 0.49 \times 0.245 + 4 \times 0.55 \times 1.675 = 24.2$ kN·m,

$Q = (9 + 3.925) \times 0.9 + 1.44 + 1.67 + 0.63 + 89.33 \times 0.49 + 4 \times 0.55 = 61.3$ kN。

组合 2:

$M = (9 + 3.925) \times 0.9 \times 0.45 + 1.44 \times 0.705 + 1.67 \times 1.41 + 0.63 \times 1.96 +$
$\quad 10 \times 0.5 \times 1.15 + 4 \times 0.55 \times 1.675 = 19.3$ kN·m,

$Q = (9 + 3.925) \times 0.9 + 1.44 + 1.67 + 0.63 + 10 \times 0.5 + 4 \times 0.55 = 22.6$ kN。

选其最不利荷载组合:内悬臂板 $M = 26.5$ kN·m,$Q = 73.6$ kN。

（3）配筋设计

按单筋矩形梁设计钢筋，截面尺寸如图 2.8 所示。

混凝土保护层厚度 30 mm，取 $a_s = 35$ mm，则 $h_0 = h - a_s = 173$ mm。

可先假定：$Z \approx 0.9 h_0 = 0.9 \times 173 = 155.7$ mm，

$$A_s = \frac{M}{[\sigma_s]Z} = \frac{26.5 \times 10^6}{180 \times 155.7} = 945.6 \text{ mm}^2。$$

选用 $\phi 10@80$ mm，$A_s = 982$ mm^2，布置如图 2.9 所示。

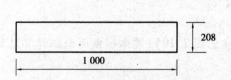

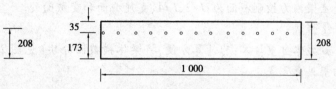

图 2.8　截面尺寸图（单位：mm）　　　图 2.9　钢筋布置图（单位：mm）

（4）应力检算

①受压区高度计算：

相对受压区高度：$\alpha = \sqrt{(n\mu)^2 + 2n\mu} - n\mu$；

$n = 15$；

$$\mu = \frac{A_s}{bh_0} = \frac{982}{1\,000 \times 173} = 0.568\% > \mu_{\min} = 0.15\%；$$

$$\alpha = \sqrt{(n\mu)^2 + 2n\mu} - n\mu = \sqrt{(15 \times 0.005\,68)^2 + 2 \times 15 \times 0.005\,68} - 15 \times 0.005\,68 = 0.33。$$

受压区高度：$x = \alpha h_0 = 0.33 \times 173 = 57.09$ mm。

内力偶臂：$Z = \left(1 - \frac{\alpha}{3}\right)h_0 = \left(1 - \frac{0.33}{3}\right) \times 173 = 154.0$ mm。

②正应力计算：

混凝土压应力：$\sigma_c = \dfrac{2M}{\alpha\left(1 - \dfrac{\alpha}{3}\right)bh_0^2} = \dfrac{2 \times 26.5 \times 10^6}{0.33 \times \left(1 - \dfrac{0.33}{3}\right) \times 1\,000 \times 173^2} = 6.03$ MPa $< [\sigma_b] =$

8.5 Mpa。

钢筋拉应力：$\sigma_s = \dfrac{M}{A_s Z} = \dfrac{26.5 \times 10^6}{982 \times 154.0} = 175.2$ MPa $< [\sigma_s] = 180$ MPa。

③剪应力计算：

截面中性轴处的剪应力：$\tau = \dfrac{V}{bZ} = \dfrac{73.6 \times 10^3}{1\,000 \times 154.0} = 0.48$ MPa $< [\sigma_{tp-2}] = 0.67$ MPa。

全部主拉应力均由混凝土承担。

（5）裂缝宽度检算

裂缝宽度按公式（2.14）进行计算：$w_f = K_1 K_2 r \dfrac{\sigma_s}{E_s}\left(80 + \dfrac{8 + 0.4d}{\sqrt{\mu_z}}\right)$。

螺纹钢筋：

$K_1 = 0.8, r = 1.2, M = 26.5$ kN；

$$K_2 = 1 + 0.3\frac{M_1}{M} + 0.5\frac{M_2}{M} = 1 + 0.3 \times \frac{89.33 \times 0.72 \times 0.36}{26.5} + 0.5 \times \frac{(9 + 3.925) \times 0.36 \times 0.72}{26.5}$$

$= 1.33$；

$$\mu_z = \frac{n_1 \beta_1 A_{s1}}{A_{c1}} = \frac{982}{1\,000 \times 70} = 0.014;$$

$$w_f = 0.8 \times 1.33 \times 1.2 \times \frac{175.2}{2.1 \times 10^5} \times \left(80 + \frac{8 + 0.4 \times 10}{\sqrt{0.014}}\right) = 0.193 \text{ mm} < [w_f] = 0.2 \text{ mm}_\circ$$

5)主梁设计及检算

（1）内力计算

主梁内力控制截面为：$L/2$、$L/4$、支座截面和变截面处。

①恒载：

a. 梁体自重计算：为计算方便,将梁体横截面分块(见图 2.10)；梁体横截面面积计算过程及结果见表 2.3。

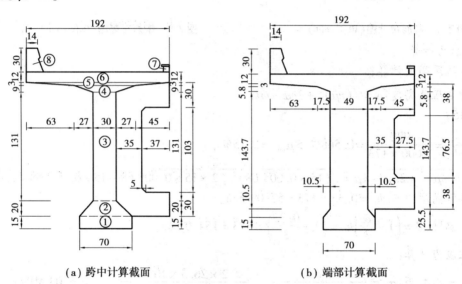

（a）跨中计算截面　　　　　　　　　（b）端部计算截面

图 2.10　梁体横截面分块示意图(单位:cm)

表 2.3　梁体横截面面积计算表

分　块	跨中截面(cm^2)	梁端截面(cm^2)
①	$70 \times 15 = 1\,050$	$70 \times 15 = 1\,050$
②	$\frac{1}{2} \times (70 + 30) \times 20 = 1\,000$	$\frac{1}{2} \times (70 + 49) \times 10.5 = 624.75$
③	$131 \times 30 = 3\,930$	$143.7 \times 49 = 7\,041.3$
④	$\frac{1}{2} \times (30 + 30 + 27 \times 2) \times 9 = 513$	$\frac{1}{2} \times (49 + 49 + 17.5 \times 2) \times 5.8 = 385.7$
⑤	$\frac{1}{2} \times (192 + 84) \times 3 = 414$	$\frac{1}{2} \times (192 + 84) \times 3 = 414$
⑥	$192 \times 12 = 2\,304$	$192 \times 12 = 2\,304$
⑦	$2 \times 3 + 7 \times 10 = 76$	$2 \times 3 + 7 \times 10 = 76$
⑧	$\frac{1}{2} \times (14 + 24.5) \times 30 = 577.5$	$\frac{1}{2} \times (14 + 24.5) \times 30 = 577.5$
总计	9 864.5	12 473.25

每片梁的体积为：$V_1 = (9\ 864.5 \times 525 + 12\ 473.25 \times 300) \times 2 = 17\ 841\ 675\ cm^3 = 17.84\ m^3$。

中间横隔板混凝土体积为：

面积：$A = 30 \times (37 + 35) - 0.5 \times 20 \times 20 + 103 \times 35 + 0.5 \times (30 + 27) \times 45 + 0.5 \times (27 + 18) \times 27 + 0.5 \times 2 \times 5 \times 5 = 7\ 480\ cm^2 = 0.748\ m^2$；

平均厚度：$h = 0.5 \times (16 + 20) = 18\ cm = 0.18\ m$；

体积：$V_2 = 2 \times 0.18 \times 0.748 = 0.269\ 3\ m^3$。

梁端横隔板（内、外）混凝土体积计算：

内侧面积：$A = (35 + 27.5) \times 38 + 0.5 \times 10.5^2 + 76.5 \times 35 + 2 \times 0.5 \times 5 \times 5 + 0.5 \times (38 + 35) \times 45 + 0.5 \times (35 + 29.5) \times 17.5 = 7\ 339.5\ cm^2 = 0.733\ 95\ m^2$；

内侧体积：$V_3 = 2 \times 0.47 \times 0.733\ 687\ 5 = 0.689\ 9\ m^3$；

外侧面积：$A = \dfrac{1}{2} \times \left(143.7 \times 2 + 2.0 \times 10.5 \times \dfrac{5.8}{17.5}\right) \times 10.5 = 1\ 545\ cm^2 = 0.154\ 5\ m^2$；

外侧体积：$V_4 = 2 \times 0.047 \times 0.154\ 5 = 0.145\ 2\ m^3$。

端边墙混凝土体积，如图 2.11 端边墙大样图所示：

面积：$A = 2 \times 3 + 16 \times 12 = 198\ cm^2 = 0.019\ 8\ m^2$；

体积：$V_5 = 2 \times 0.019\ 8 \times (1.92 - 0.245) = 0.066\ 3\ m^3$。

垫层的体积：

面积：$A = 0.5 \times 160.5 \times 6 = 481.5\ cm^2 = 0.048\ 15\ m^2$；

体积：$V_6 = 0.048\ 15 \times 16.5 = 0.794\ 5\ m^3$；

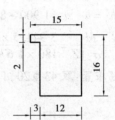

图 2.11 端边墙大样图（单位：cm）

总体积：$V = V_1 + V_2 + V_3 + V_4 + V_5 = 17.84 + 0.269\ 3 + 0.689\ 9 + 0.145\ 2 + 0.066\ 3 = 19.01\ m^3$；

总重量：$Q_1 = 25V + 23V_6 = 25 \times 19.01 + 23 \times 0.794\ 5 = 493.5\ kN$；

每米重：$q_1 = \dfrac{Q_1}{L_p} = \dfrac{493.5}{16.5} = 29.9\ kN/m$。

b. 线路设备、道砟重量：$q_2 = 1.92 \times 0.45 \times 1 \times 20 = 17.3\ kN/m$。

c. 人行道和栏杆：$q_3 = 1.67 + 0.63 = 2.3\ kN/m$；$q_恒 = q_1 + q_2 + q_3 = 29.9 + 17.3 + 2.3 = 49.5\ kN/m$。

②活载：活载内力利用影响线进行计算。根据影响线加载长度和最大纵标位置查得换算均布荷载 K，则活载内力为：

$$M_活 = \frac{1}{2}(1 + \mu)K\Omega_i;$$

$$Q_活 = \frac{1}{2}(1 + \mu)K\Omega_i。$$

式中　$\alpha = 4(1 - 0.45) = 2.272$，$\alpha$ 取 2；

$1 + \mu = 1 + 2 \times \dfrac{6}{30 + 16} = 1.260\ 9$。

主梁内力：$M = M_活 + M_恒$，$Q = Q_活 + Q_恒$。

控制截面内力见表 2.4。

表2.4　控制截面内力值

内　力		弯矩(kN·m)		剪力(kN)			
		$\frac{1}{2}L$	$\frac{1}{4}L$	支点	变截面	距支座1.9 m	$\frac{1}{2}L$
恒载内力		1 535.7	1 151.8	383.9	251.5	292.7	0
活载	K	119.4	123.8	137.7	146.0	143.3	172.2
	Ω	32	24	8	5.47	6.21	2
	内力	2 408.8	1 873.2	694.5	503.5	561.3	217
总计		3 944.5	3 025.0	1 078.4	755.0	854.0	217

(2)主要受力钢筋的拟定和布置

对于跨中截面可先假定:$a = 80$ mm;

则 $h_0 = h - a = 1\,900 - 80 = 1\,820$ mm,$Z \approx 0.92 h_0 = 0.92 \times 1\,820 = 1\,674.4$ mm,

$$A_s = \frac{M}{[\sigma_s]Z} = \frac{3\,944.5 \times 10^6}{180 \times 1\,674.4} = 13\,087.6 \text{ mm}^2 。$$

钢筋布置:取43 Φ20,$A_s = 13\,502$ mm²。布置图见图2.12。

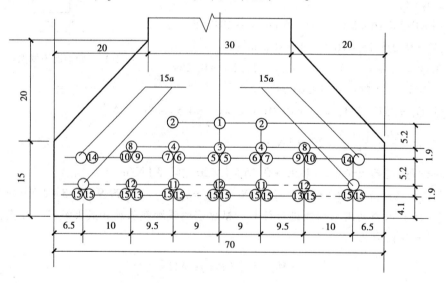

图2.12　跨中主筋布置图(单位:cm)

(3)跨中截面抗弯强度计算

跨中截面简化后如图2.13所示,本梁设有梗肋,$\tan \alpha = 1:3$,而 $h = 24$ cm $> 190/10 = 19$ cm,满足铁路桥规的相关规定。

由表2.3可知,顶板横截面的面积为 3 231 cm²(④+⑤+⑥),则道砟槽板的换算厚度为:

$$h_i' = \frac{3\,231 - 30 \times (12 + 3 + 9)}{192 - 30} = 15.5 \text{ cm};$$

道砟槽板宽度为:$b_i = 192$ cm。

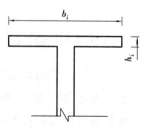

图2.13　跨中截面简化图

如图 2.12，主筋重心位置：

$$a = \frac{14 \times 4.1 + 7 \times 6 + 14 \times 11.2 + 5 \times 13.1 + 3 \times 18.3}{43} = 8.76 \text{ cm};$$

$$h_0 = h - a = 190 - 8.76 = 181.24 \text{ cm}。$$

假设 $x > h_i'$，由 $S_a = S_f$ 得：

$$\frac{1}{2}b_f'x^2 - \frac{1}{2}(b_f' - b)(x - h_i')^2 = nA_s(h_0 - x)$$

$$\frac{1}{2} \times 192x^2 - \frac{1}{2}(192 - 30)(x - 15.5)^2 = 15 \times 135.02 \times (181.23 - x)$$

$$x = 69.39 \text{ cm} > h_i'$$

故按 T 梁检算：

$$I_0 = \frac{1}{3}b_i'x^3 - \frac{1}{3}(b_i' - b)(x - h_i')^3 + nA_s(h_0 - x)^2$$

$$= \frac{1}{3} \times 1\,920 \times 693.9^3 - \frac{1}{3} \times (1\,920 - 300)(693.9 - 155)^3 + 10 \times 13\,502 \times$$

$$(1\,812.3 - 693.9)^2$$

$$= 3.83 \times 10^{11} \text{ mm}^4$$

$$\sigma_c = \frac{Mx}{I_0} = \frac{3\,944.5 \times 10^6 \times 693.9}{3.83 \times 10^{11}} = 7.15 \text{ MPa} < [\sigma_b] = 8.5 \text{ MPa}$$

$$\sigma_s = \frac{nM(h - x - a)}{I_0} = \frac{15 \times 3\,944.5 \times 10^6 \times (1\,900 - 693.9 - 87.6)}{3.83 \times 10^{11}} = 172.79 \text{ MPa} < [\sigma_s] = 180 \text{ MPa}$$

最外排钢筋应力

$$\sigma_s = 172.79 \times \frac{1\,900 - 693.9 - 41}{1\,900 - 693.9 - 87.6} = 179.99 < [\sigma_s] = 180 \text{ MPa}$$

跨中截面满足要求。

(4)抗剪强度计算

①跨中截面：

$$S_z = nA_s(h_0 - x) = 15 \times 13\,502 \times (1\,812.3 -$$

$693.9) = 2.27 \times 10^8 \text{ mm}^3$

$$\tau_0 = \frac{QS_z}{bI_0} = \frac{217 \times 10^3 \times 2.27 \times 10^8}{300 \times 3.83 \times 10^{11}} = 0.43 \text{ MPa}$$

$< [\sigma_{tp-2}] = 0.67 \text{ MPa}$

②梁端截面：

梁端截面主筋布置如图 2.14 所示。

$$a = \frac{12 \times 4.1 + 2 \times 6 + 2 \times 11.2}{16} = 5.23 \text{ cm};$$

$$h_0 = h - a = 184.77 \text{ cm}$$

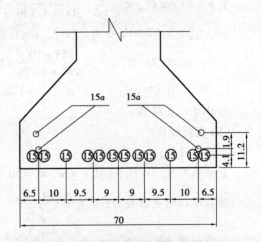

图 2.14 梁端截面主筋布置图(单位:cm)

由表 2.3 知，顶板横截面的面积为 3 107 cm²(④+⑤+⑥)，则道砟槽板的换算厚度为：

$$h_i' = \frac{3\,107 - 49 \times (12 + 3 + 5.8)}{192 - 49} = 14.6 \text{ cm}$$

梁端截面的钢筋面积：$A_s = 16 \times 3.14 \times 1^2 = 50.24 \text{ cm}^2$

设 $x > h_f$，$S_a = S_1$，$\frac{1}{2}b'_f x^2 - \frac{1}{2}(b'_f - b)(x - h'_f)^2 = nA_s(h_0 - x)$

$\frac{1}{2} \times 192 x^2 - \frac{1}{2} \times (192 - 49)(x - 14.6)^2 = 15 \times 50.24(184.77 - x)$

$x = 40.34 \text{ cm} > h'_i$

按 T 梁检算：

$I_0 = \frac{1}{3}b'_i x^3 - \frac{1}{3}(b'_i - b)(x - h'_i)^3 + nA_s(h_0 - x)^2$

$= \frac{1}{3} \times 1\,920 \times 403.4^3 - \frac{1}{3} \times (1\,920 - 490)(403.4 - 146)^3 + 15 \times 5\,024 \times (1\,847.7 - 403.4)^2$

$= 1.91 \times 10^{11} \text{ mm}^4$

$S_z = nA_s(h_0 - x) = 15 \times 5\,024 \times (1\,847.7 - 403.4) = 1.09 \times 10^8 \text{ mm}^3$

$\tau_0 = \frac{QS_z}{bI_0} = \frac{1\,078.4 \times 10^3 \times 1.09 \times 10^8}{490 \times 1.91 \times 10^{11}} = 1.256 \text{ MPa}$

$[\sigma_{\text{tp}-2}] = 0.67 \text{ MPa} < \tau_0 < [\sigma_{\text{tp}-1}] = 1.80 \text{ MPa}$

按计算配置腹筋。

梁肋变截面：

$Z_{\text{中}} = \frac{3.83 \times 10^{11}}{2.27 \times 10^8} = 1\,687 \text{ mm}$；

$Z_{\text{支}} = \frac{1.91 \times 10^{11}}{1.09 \times 10^8} = 1\,752 \text{ mm}$；

$Z = \frac{Z_{\text{中}} + Z_{\text{支}}}{2} = 1\,720 \text{ mm}$

当 $b = 30 \text{ cm}$ 时，$\tau_0 = \frac{Q}{bZ} = \frac{755 \times 10^3}{300 \times 1\,720} = 1.46 \text{ MPa}$

$[\sigma_{\text{tp}-2}] = 0.67 \text{ MPa} < \tau_0 < [\sigma_{\text{tp}-1}] = 1.80 \text{ MPa}$；

当 $b = 49 \text{ cm}$ 时，$\tau_0 = \frac{Q}{bZ} = \frac{755 \times 10^3}{490 \times 1\,720} = 0.896 \text{ MPa}$

$[\sigma_{\text{tp}-2}] = 0.67 \text{ MPa} < \tau_0 < [\sigma_{\text{tp}-1}] = 1.80 \text{ MPa}$

按计算配置腹筋。

(5)腹筋设计

①箍筋设计：

全梁采用 $n_k = 4$ 肢，直径 8 mm，$a_k = 50.3 \text{ mm}^2$，$S_k = 250 \text{ mm}$

箍筋承担的主拉应力值：$\tau_k = \frac{n_k a_k [\sigma_s]}{bS_k}$

在腹板宽 30 cm 处，$\tau_k = \frac{n_k a_k [\sigma_s]}{bS_k} = \frac{4 \times 50.3 \times 180}{300 \times 250}$

$= 0.483 \text{ MPa}$

在腹板宽 49 cm 处，$\tau_k = \frac{n_k a_k [\sigma_s]}{bS_k} = \frac{4 \times 50.3 \times 180}{490 \times 250} =$

0.296 MPa

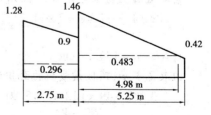

图 2.15　剪应力图(单位：MPa)

②斜筋设计：支点截面至跨中截面剪应力如图 2.15 所示。

斜筋由主筋弯起,所以:

$a_\omega = 3.14 \text{ cm}^2, [\sigma_s] = 180 \text{ MPa}$

对梁肋宽为 49 mm 梁段:

$$\Omega_1 = \frac{1}{2} \times (0.9 + 1.28 - 0.296 \times 2) \times 2\,750 = 2\,184 \text{ N/mm}$$

$$n_{\omega 2} = \frac{0.707 \times 490 \times 2\,184}{314 \times 180} = 13.4 \text{ 根}$$

对梁肋宽为 30 cm 梁段:

$$\Omega_2 = \frac{1}{2} \times (1.46 - 0.483) \times 4\,980 = 2\,432.7 \text{ N/mm}$$

$$n_{\omega 2} = \frac{0.707 \times 300 \times 2\,432.7}{314 \times 180} = 9.1 \text{ 根}$$

$n_{\omega 1}$ 实际取 10 根,$n_{\omega 2}$ 实际取 13 根。

斜筋的布置按每根斜筋承担力相等原则,并满足铁路桥规相关规定,具体布置见图 2.16。

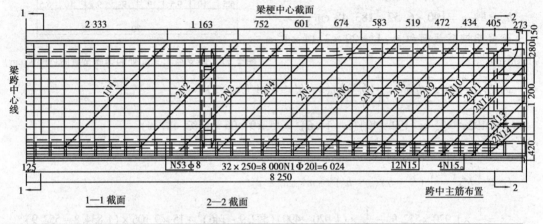

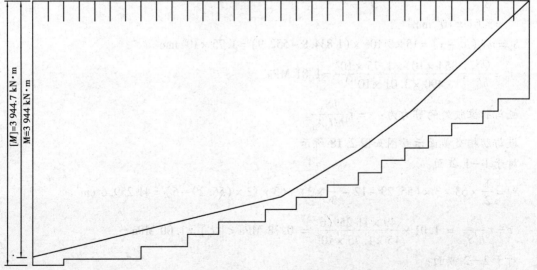

图 2.16　梁的弯矩包络图与材料抵抗弯矩图

跨中截面容许承受的最大弯矩$[M]$为：

$$[M] = \frac{[\sigma_s]I_0}{h(h-x-a')} = \frac{180 \times 3.83 \times 10^{11}}{15 \times (1\,900 - 693.9 - 41)} = 3\,944.7 \text{ kN} \cdot \text{m}$$

部分主筋起弯后，各截面弯矩包终图与材料图位置关系如图 2.16 所示，各截面强度满足要求。

（6）翼缘与梁肋连接处剪应力检算

①上翼缘与梁梗连接处：

上翼缘与梁梗连接处的剪应力（距支点 1.9 m 处）：由表 2.4 得 $Q = 854$ kN。

距支点 1.9 m 处的钢筋布置如图 2.17 所示。

所以有：

$$a = \frac{14 \times 4.1 + 7 \times 6.01 + 8 \times 11.21}{14 + 7 + 8} = 6.52 \text{ cm}$$

$$h_0 = h - a = 190 - 6.52 = 183.48 \text{ cm}$$

该截面钢筋截面积为：$A_s = 29 \times 3.14 \times 1^2 = 91.06 \text{ cm}^2$

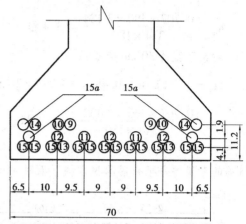

图 2.17　距支点 1.9 m 处的钢筋布置图（单位：cm）

$$x > h_f, S_a = S_1, \frac{1}{2}b_f'x^2 - \frac{1}{2}(b_f'-b)(x-h_f')^2 = nA_s(h_0-x)$$

$$\frac{1}{2} \times 192x^2 - \frac{1}{2} \times (192-49)(x-14.6)^2 = 15 \times 91.06 \times (183.48-x)$$

$x = 55.29$ cm，与假设相符。

$$I_0 = \frac{1}{3}b_i'x^3 - \frac{1}{3}(b_i'-b)(x-h_i')^3 + nA_s(h_0-x)^2$$

$$= \frac{1}{3} \times 1\,920 \times 552.9^3 - \frac{1}{3} \times (1\,920-490)(552.9-146)^3 + 15 \times 9\,106 \times (1\,834.8-552.9)^2$$

$$= 3.01 \times 10^{11} \text{mm}^4$$

$$S_z = nA_s(h_0-x) = 15 \times 9\,106 \times (1\,834.8-552.9) = 1.75 \times 10^8 \text{ mm}^3$$

$$\tau_0 = \frac{QS_z}{bI_0} = \frac{854 \times 10^3 \times 1.75 \times 10^8}{490 \times 3.01 \times 10^{11}} = 1.01 \text{ MPa}$$

板与肋橡胶处的剪力为：$\tau = \tau_0 \dfrac{bS_A}{h_i'I_0A_0}$。

板与肋相交截面示意图如图 2.18 所示。

对于 1—1 截面：

$$S_1 = \frac{1}{2} \times 63 \times 3 \times \left(55.29 - 12 - \frac{1}{3} \times 3\right) + 63 \times 12 \times (55.29 - 6) = 41\,259.6 \text{ cm}^3$$

$$\tau = \tau_0 \frac{bS_1}{h_i'S_0} = 1.01 \times \frac{49 \times 41\,259.6}{15 \times 1.75 \times 10^5} = 0.78 \text{ MPa} < [\tau_c] = 1.00 \text{ MPa}$$

对于 2—2 截面：

$$S_2 = 41\,259.6 + 17.5 \times 15 \times (55.29 - 7.5) + \frac{1}{2} \times 17.5 \times 5.8 \times \left(55.29 - 15 - \frac{1}{3} \times 5.8\right)$$

$$= 55\,751.1 \text{ cm}^3$$

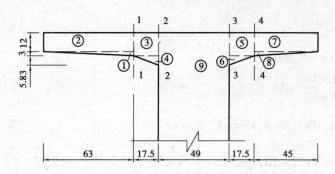

图 2.18 板与肋相交截面示意图（单位：cm）

$$\tau' = \tau_0 \frac{bS_1}{h'_i S_0} = 1.01 \times \frac{49 \times 55\,751.1}{20.8 \times 1.75 \times 10^5} = 0.76 \text{ MPa} < [\tau_c] = 1.00 \text{ MPa}$$

②下翼缘与梁梗连接处：

下翼缘与梁梗连接处的剪应力：

由计算得知梁端处的剪应力：$\tau_0 = \dfrac{QS_z}{bI_0} = 1.256$ MPa

梁肋与下翼缘相交处截面示意图如图 2.19 所示。

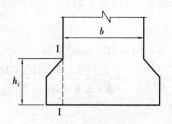

图 2.19 中 1—1 截面：$b = 49$ cm，$h_i = 25.5$ cm。

由图 2.15 可知：$A_{sf} = 12.56$ cm^2（4 根），$A_s = 50.24$ cm^2（16 根）

图 2.19 梁肋与下翼缘相交处截面示意图

$$\tau = \tau_0 \frac{bA_{sf}}{h_i A_s} = 1.256 \times \frac{49 \times 12.56}{25.5 \times 50.24} = 0.60 < [\tau_c] = 1.00 \text{ MPa}$$

（7）裂缝宽度检算

跨中裂缝宽度按规范公式进行计算：

$$\omega_f = K_1 K_2 r \frac{\sigma_s}{E_s} \left(80 + \frac{8 + 0.4d}{\sqrt{\mu_z}}\right)$$

螺纹钢筋：

$$K_1 = 0.8, K_2 = 1 + 0.3\frac{M_1}{M} + 0.5\frac{M_2}{M} = 1 + 0.3 \times \frac{2\,408}{3\,944} + 0.5 \times \frac{1\,536}{3\,944} = 1.38$$

$r = 1.1$

$A_{c1} = 2ab_i = 2 \times 8.77 \times 70 = 1\,227.8$ cm^2

$$\mu_z = \frac{(n_1\beta_1 + n_2\beta_2 + n_3\beta_3)A_{s1}}{A_{c1}} = \frac{3 \times 1 + 4 \times 0.85 + 36 \times 0.70}{1\,227.8} \times 3.14 = 0.080\,8;$$

$$\omega_f = 0.8 \times 1.38 \times 1.1 \times \frac{172.79}{2.1 \times 10^5} \times \left(80 + \frac{8 + 0.4 \times 20}{\sqrt{0.080\,8}}\right) = 0.136 \text{ mm} < [\omega_f] = 0.2 \text{ mm}。$$

（8）变形检算

铁路规范要求：简支梁桥，在不计冲击力的活载（静活载）作用下，产生的跨中挠度不应超过其跨度的 1/800。

可按材料力学公式进行计算：

$$f = \frac{5Ml^2}{48EI_0}$$

$$E = 0.8E_c = 2.4 \times 10^4 \text{ MPa}$$

$$n = \frac{E_s}{0.8E_c} = \frac{2.1 \times 10^5}{2.4 \times 10^4} = 8.75$$

由 $\frac{1}{2}b'_f x^2 - \frac{1}{2}(b'_f - b)(x - h'_i)^2 = nA_s(h_0 - x)$

$$\frac{1}{2} \times 192 x^2 - \frac{1}{2} \times (192 - 30)(x - 15.5)^2 = 8.75 \times 135.02 \times (181.23 - x)$$

$$x = 52.2 \text{ cm}$$

$$I_0 = \frac{1}{3}b'_i x^3 - \frac{1}{3}(b'_i - b)(x - h'_i)^3 + nA_s(h_0 - x)^2$$

$$= \frac{1}{3} \times 1\,920 \times 522^2 - \frac{1}{3} \times (1\,920 - 300) \times (522 - 155)^3 + 8.75 \times 13\,502 \times (1\,812.3 - 522)^2$$

$$= 2.61 \times 10^{11} \text{ mm}^4$$

$$f = \frac{5Ml^2}{48EI_0} = \frac{5 \times 3\,944.5 \times 10^6 \times 16\,000^2}{48 \times 2.4 \times 10^4 \times 2.61 \times 10^{11}} = 16.8 \text{ mm} < \frac{L}{800} = 20 \text{ mm}$$

满足要求。

2.2 铁路预应力混凝土简支梁桥

钢筋混凝土构件中,由于荷载作用,受拉区混凝土必然产生裂缝。如果裂缝开展过大,不仅导致构件刚度下降很多,而且也会影响构件的耐久性,因此使钢筋混凝土结构的应用范围受到很大限制。

预应力混凝土梁和普通钢筋混凝土梁相比有如下优点:

①预加力大大提高了梁的抗裂性,从而增加了梁的刚度和耐久性。

②采用高强钢材,可节省钢材用量。

③由于采用高强混凝土,截面面积减少,梁体自重减轻,提高了跨越能力。

④预应力混凝土梁中由于有弯起的预应力筋,其预剪力可抵消部分荷载剪力,因此提高了梁的抗剪能力,可做成薄腹板梁。

2.2.1 普通铁路预应力混凝土简支梁桥构造

1)先张法预应力混凝土简支梁的构造

先张法预应力混凝土梁,是在灌筑混凝土前利用张拉台座等设备先张拉预应力钢筋使其达到设计应力后,临时锚固在台座上,随后灌筑混凝土,待混凝土达到一定强度后,放松预应力钢筋,通过钢筋与混凝土之间的粘结力将预应力传给混凝土。我国既有铁路上先张法预应力简支梁的标准设计跨径为 8 ~ 20 m。

先张法预应力混凝土梁的预应力筋可以采用精轧螺纹粗钢筋和钢绞线两种。力筋配置形式有直线筋和折线筋两种。标准设计都是采用直线配筋,为适应荷载弯矩沿跨径的变化情况,避免梁上缘混凝土因预应力作用而开裂,在跨度 1/4 左右至梁端有不同数量的预应力钢筋分批进行绝缘,即用硬质塑料管将钢筋与混凝土隔开,以消除绝缘段钢筋的预应力。

图 2.20 所示为标准设计中道砟桥面先张法预应力混凝土梁。跨度为 16.0 m,全长 16.5 m,梁的横截面形式采用上翼缘较宽的工字形截面,梁高 1.9 m,底宽 0.68 m,腹板厚度从跨中到梁端,按剪力变化情况分段加厚(加厚厚度从 0.20 m 过渡到 0.46 m)。

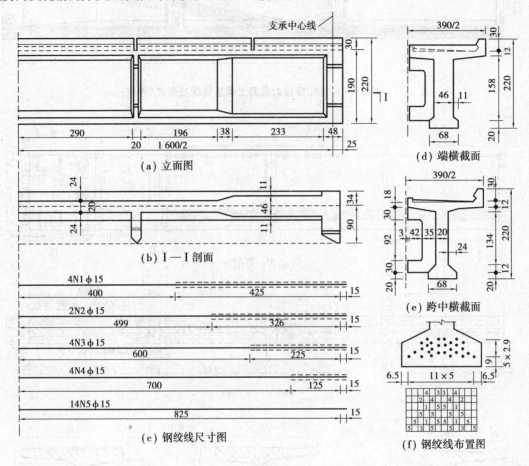

图 2.20 计算跨径 16 m 的先张法预应力混凝土 T 梁构造(单位:cm)

预应力钢筋为 7ϕ5 钢绞线,每片梁下翼缘布置 28 根钢绞线,直线配筋,全部集中在梁的下翼缘内,根据弯矩包络图,除 14 根全长有效外,其余 14 根分批在预应力钢筋理论切断点延长一定锚固长度后,用塑料套管绝缘,将预应力钢筋和混凝土隔离开。

从受力角度分析,先张梁采用折线配筋形式,能够有效地降低梁端的主拉应力,改善结构性能,与后张梁相比,又可节省锚头,减少施工工序,尤其可避免后张梁因管道压浆不密实而出现的诸多病害,具有更好的耐久性,特别适用于高原严寒地区。但折线配筋使张拉设备复杂,施工麻烦,除特殊情况外,一般很少采用。

青藏铁路最高海拔 5 000 m 以上,最低气温达 −45°,多年冻土区 550 km,穿越这一地区的铁路桥梁主要应解决低温冻融的循环作用问题。从耐久性考虑,在我国首次于青藏线上大量使用了折线配筋的先张法预应力混凝土梁。图 2.21 所示为跨度 24 m 先张法预应力混凝土梁折线配筋形式。

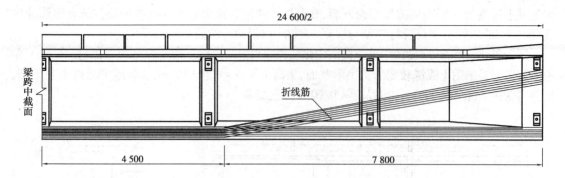

图 2.21　跨度 24 m 先张预应力混凝土梁折线配筋形式(单位:mm)

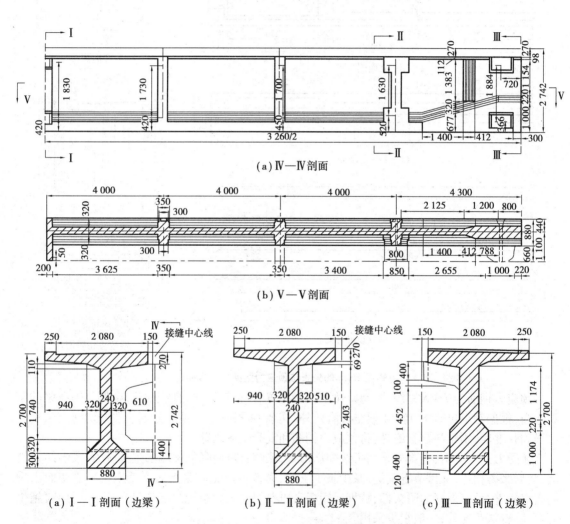

(a) Ⅳ—Ⅳ剖面

(b) Ⅴ—Ⅴ剖面

(a) Ⅰ—Ⅰ剖面(边梁)　　(b) Ⅱ—Ⅱ剖面(边梁)　　(c) Ⅲ—Ⅲ剖面(边梁)

图 2.22　32 m 后张法预应力混凝土简支梁概图

2）后张法预应力混凝土简支梁桥

后张法预应力混凝土梁,是先灌筑梁体混凝土,并在混凝土中预留管道,待混凝土达到一定强度后,在管道中穿入预应力钢筋进行张拉。张拉至设计应力后,在钢筋两端用锚具锚住,阻止预应力钢筋的回缩。然后撤去张拉设备,在孔道内压浆,封端。后张法梁的预应力是靠设置在钢筋两端的锚固装置传递给混凝土的。

既有铁路桥后张法预应力混凝土简支梁标准设计有:三标桥2018(跨度有16~20 m),专桥2059(跨度24~32 m)、专桥2037~2042(跨度24~32 m)等。

（1）预应力混凝土简支T梁

图2.22为设计时速200 km客货共线铁路,跨度32 m后张法预应力混凝土简支梁概图。梁高2.7 m,上翼缘预制宽2.33 m,两片梁之间现浇0.30 m宽接缝。上翼缘与腹板相交处厚度为0.34 m,大于梁高的1/10。为了使梁体截面重心接近腹板中心线,同时使梁顶具有排水坡度,因此翼缘板内侧较厚。腹板厚度为0.24 m,仅在梁端2.0 m范围内为布置锚头逐渐增厚至0.44 m。下翼缘宽0.88 m,外缘厚度为0.27 m。

图2.23为该梁钢丝束布置图。每片直线梁跨中下翼缘内布置9束钢绞线。为了减少主拉应力并便于均匀布置锚头及安放千斤顶,钢绞线成曲线形分批向上弯起。钢绞线的两端伸出梁端垫板之外,以便从两端进行张拉。

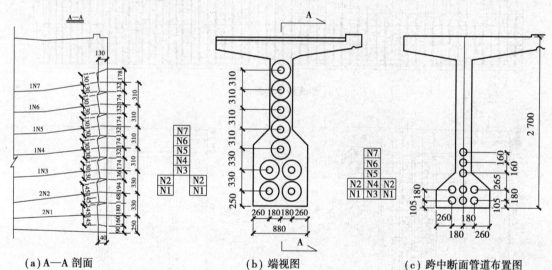

（a）A—A剖面　　　　　　（b）端视图　　　　　（c）跨中断面管道布置图

封锚钢筋尺寸及数量表

编号	图式	直径（mm）	长度（mm）	数量	总长（m）	单位重（kg/m）	总重（kg）
D1	280	φ8	280	36	10.08	0.395	4.0
D2	220	φ8	220	72	15.840	0.395	6.3
合计					Q235		10.3

张拉时间	初张拉（抗拉强度大于30 MPa时）				传力锚固时钢绞线应力		1 100.07
张拉程序	1	2	3	4	张拉时的控制应力		1 376.4(744.0)
钢束编号	N2	N2	N5	N7	张拉时的张拉力		1 734.3(937.4) 1 541.6(833.3)
张拉时间	终张拉及复位				混凝土强度等级 C55		
张拉程序	1	2	3	4	5	6	7 8 9
钢束编号	N3	N6	N1	N1	N4	N5	N7 N2 N2
钢束伸长值（mm）	204.0	钢筋下料长度（mm）		L+1 400	每束绞线根数		9/8

图2.23　32 m后张法预应力混凝土简支梁钢束布置图

梁内按构造要求布置双肢φ12、间距为0.1 m的箍筋,支座附近范围内,因斜截面抗剪强度的需要,加密至 0.08 m。为了增加下翼缘在预压力作用下横向抗裂性,布置有直径φ8、间距0.1 m的闭合形镫筋。在腹板两侧设置直径φ8的纵向水平筋,以防混凝土收缩等原因引起的裂纹扩展。腹板内还设置定位钢筋网,以固定制孔器的位置。

为提高混凝土塑性性能,有利于增强抗裂性,在预应力钢筋下面布置有直径φ10、间距0.1 m的纵向普通钢筋。梁内普通钢筋布置如图 2.24 所示。

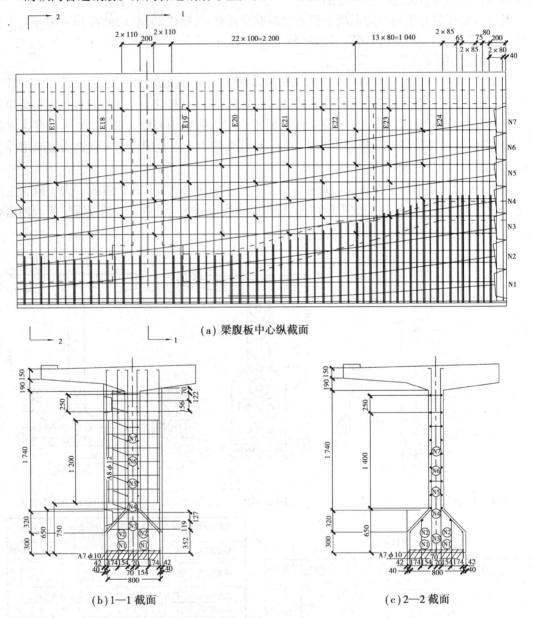

(a) 梁腹板中心纵截面

(b) 1—1 截面　　　　　　　　(c) 2—2 截面

图 2.24　32 m 后张法预应力混凝土简支 T 梁普通钢筋布置图

(2)预应力混凝土简支箱梁

箱形截面是一种闭口薄壁截面,与 T 梁相比,具有较大抗扭刚度,并且具有较高的截面效率指标,同时它的顶板和底板面积均较大,能有效地承担正负弯矩,并满足配筋的要求。

图 2.25 为设计时速 200 km 客货共线铁路,跨度为 40 m 后张法预应力混凝土简支箱形梁配筋示意图。梁体采用单箱单室、等高度、等截面箱梁。箱梁顶板宽 9.96 m,箱底宽 5.6 m,梁高 3.65 m。

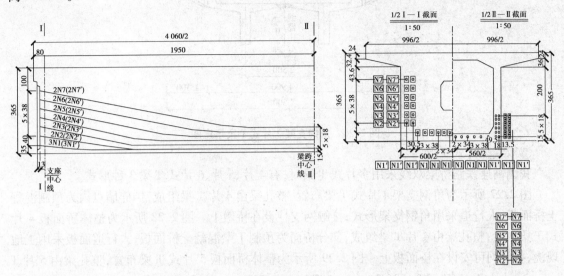

图 2.25 预应力钢筋配置示意图(单位:cm)

梁体纵向预应力体系采用高强度低松弛钢绞线,抗拉强度标准值为 1 860 MPa,纵向钢束底板采用 $15 - \phi_j^s 15.2$、$12 - \phi_j^s 15.2$ 两种钢绞线,腹板采用 $9 - \phi_j^s 15.2$ 钢绞线。纵向钢束管道采用波纹管成孔,底板波纹管内径 0.09 m,腹板波纹管内径 0.08 m。

2.2.2　高速铁路预应力混凝土简支梁桥构造

高速铁路桥梁除要满足一般铁路桥梁的要求外,必须有更高的强度、刚度和耐久性,必须保证可靠的稳定性和行车的舒适性。常用跨度梁桥上部结构在结构形式、张拉锚固体系上已形成系列化和标准化,已编有高速铁路跨度为 20 m、24 m、32 m、40 m 预应力混凝土简支梁桥上部结构通用图。

1)高速铁路常用跨度简支梁基本类型

(1)T 形截面梁

T 梁结构简单、制作运输及养护维修方便、造价低,因此在国内外高速铁路中被广泛采用。

T 梁为保证桥跨的整体性,架设后必须通过现浇混凝土将桥面、横隔板连成整体并施加横向预应力。与箱梁相比,分片式 T 梁横向刚度和抗扭刚度明显小于箱梁。因此,在构造上可通过加强横向连接来克服分片 T 梁横向刚度的不足,同时为满足高速铁路桥面宽度要求,增加 T 梁片数对加强横向刚度也是有利的。我国高速铁路单线桥梁采用 2 片 T 梁;双线桥梁采用多片式形式,有 4 片、5 片和 6 片 T 梁 3 种,目前跨度有 12 m 和 16 m 两种。

①单线 2 片式 T 梁

高速铁路桥梁单线采用 2 片式 T 梁布置如图 2.26 所示,整孔梁由 2 片 T 梁组成,挡砟墙以内为预制混凝土桥面板,人行道采用角钢支架形式,接触网支柱设在桥墩上。

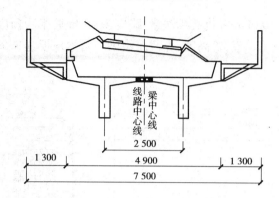

图 2.26　角钢支架 2 片式 T 梁示意图

②双线多片式 T 梁

我国高速铁路桥梁双线采用多片式 T 梁时,有 4 片、5 片、6 片式 T 梁 3 种形式。

图 2.27 所示为角钢支架 4 片式 T 梁布置,整孔梁由 4 片 T 梁组成,挡砟墙以内为预制混凝土桥面板,人行道采用角钢支架形式,接触网支柱设在桥墩上。图 2.28 所示为整体桥面板 4 片式 T 梁布置,整孔梁由 4 片 T 梁组成,部分桥面为预制 T 梁混凝土桥面板,人行道面板采用工地现浇,接触网可安设在桥面板上。图 2.29 所示为整体桥面板 5 片式 T 梁布置,整孔梁由 5 片 T

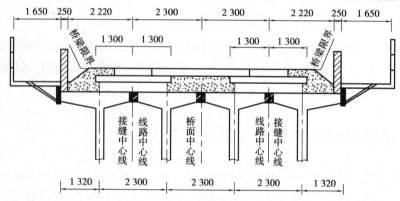

图 2.27　角钢支架 4 片式 T 梁示意图(线间距 4.6 m,单位:mm)

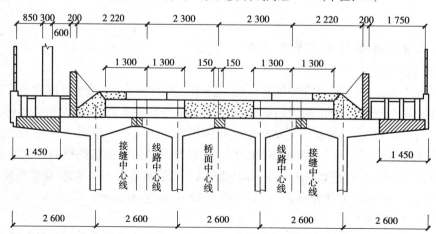

图 2.28　整体桥面板 4 片式 T 梁示意图(线间距 4.6 m,单位:mm)

梁组成,全部桥面采用预制 T 梁桥面板,接触网支柱可安设在桥面板上。图 2.30 所示为整体桥面板 6 片式 T 梁布置,整孔梁由 6 片 T 梁组成,全部桥面由预制 T 梁桥面板,接触网支柱可安设在桥面板上。

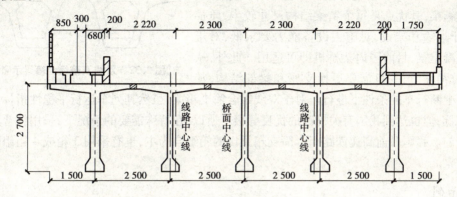

图 2.29　整体桥面板 5 片式 T 梁示意图(线间距 4.6 m,单位:mm)

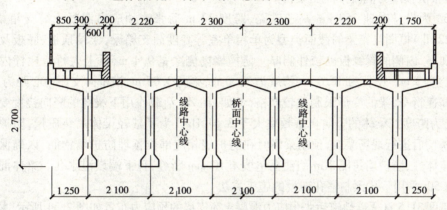

图 2.30　整体桥面板 6 片式 T 梁示意图(线间距 4.6 m,单位:mm)

(2)箱形截面梁

高速铁路混凝土简支箱梁桥主要采用双线整孔简支箱梁和组合简支箱梁两种类型。

图 2.31 为双线简支整孔箱梁截面示意图。双线采用单箱整体式结构,腹板数量少,有利于节省圬工量,并且稍厚的腹板对布置预应力钢筋和提高梁体的耐久性都是有利的。尤其重要的是,双线单箱单室整体式结构,虽不能有效地降低桥梁的动力系数,但从车辆运行平稳考虑,由

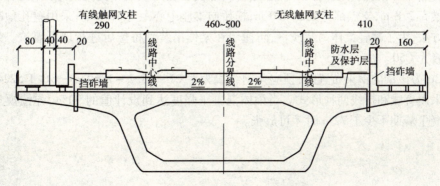

图 2.31　简支整孔箱梁截面示意图(单位:cm)

于结构自重增大,对乘坐舒适度有进一步改善。我国目前高速铁路简支箱梁主要采用双线单箱单室整体式结构,也可采用双线单箱双室整体式结构。

图2.32 为双线双箱组合截面示意图。对于双线组合简支箱梁,其优点是每个箱梁结构尺寸较小,质量较轻,便于运输和架设,对施工设备能力要求低,对于小跨度混凝土梁,目前国内架桥机即可适用。此外,从养护、维修角度看,一旦需要更换支座和梁部结构,甚

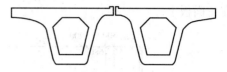

图2.32 双线双箱组合箱梁示意图

至可在不中断行车的条件下进行。对于双线组合简支箱梁,虽然其列车运行平稳性指标比整体式结构稍低,但也达到我国有关标准的优良等级。所以,在特殊需要的情况下,采用组合梁结构也是可行的。我国目前高速铁路组合简支箱梁以两箱组合为主,也有采用 3 箱或 4 箱组合的高速铁路桥梁。

2)构造示例

(1)后张法预应力混凝土简支梁桥

图2.33 为设计时速 350 km 高速铁路,跨度 32 m 后张法预应力混凝土简支箱梁(通桥(2008)2322-Ⅱ)概图。箱梁的截面类型为单箱单室等高度简支箱梁,梁端顶板、底板及腹板局部向内侧加厚,内侧的翼缘板也较外侧厚。防撞墙内侧净宽9.4 m,桥上人行道栏杆内侧净宽11 m,桥梁宽 12 m。梁长为32.6 m,跨度为 31.5 m,梁高 3.05 m,横桥向支座中心距为 4.5 m。为了适应高速行车,梁的变形限制比较严格,例如:在 ZK 活载作用下梁体的竖向挠度要求小于 $L/1\,500$(L 为跨度),梁体的竖向自振频率大于 3.81 Hz。为了减轻梁体吊装质量,防护墙在梁体吊装到桥位后进行现场灌筑,预制梁体时在防护墙相应部位预埋防护墙钢筋,以确保防护墙与梁体的整体性,防护墙每隔 2 m 用油毛毡填塞 10 mm 断缝,且下端设泄水孔。梁体混凝土强度等级为 C50,采用整孔预制整孔架设的施工方法。

计算跨度 31.5 m 无砟轨道后张预应力混凝土简支梁的预应力布置如图 2.34 所示,采用的预应力钢绞线为 1×7 – 15.2 – 1 860——GB/T 5224—2003,锚固体系为拉丝体系,预应力筋采用两端同步张拉,左右对称进行。图中除 N2b、N2c 和 N2d 为 12-φ15.2 外,其余均为 9-φ15.2。

(2)先张法预应力混凝土简支梁的构造

图2.35 为设计时速 250 km 高速铁路,跨度 31.5 m 的高速铁路先张法预应力混凝土简支箱梁(双线)概图。梁长为 32.6 m,桥面板宽 13 m。截面类型为单箱单室箱形梁,梁端顶板、腹板局部向内侧加厚,底板分别向内外侧加厚。内外侧腹板与顶板相交处均采用圆弧倒角过渡。跨中部分梁高2.8 m,支点部分梁高3.0 m,横桥向支座中心距为4.7 m。采用整孔预制整孔架设的施工方法,为了减轻梁体吊装质量,防撞墙在梁体吊装到桥位后进行现场灌筑。梁体混凝土强度等级为 C50。

图2.36 为该梁的钢束布置图,预应力钢绞线为 1×7 – 15.2 – 1860——GB/T 5224—2003,钢束形式采用直线和折线两种形式。当梁体混凝土强度达到设计值的 90%,弹性模量达到相应值且混凝土龄期不少于 72 h 时才可放张。

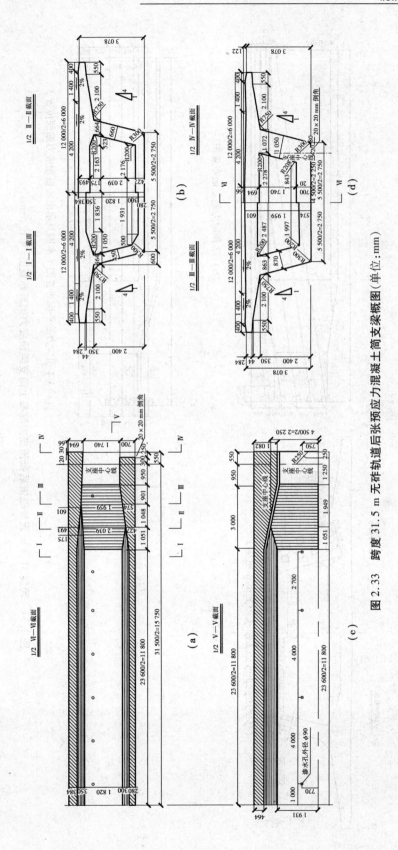

图 2.33　跨度 31.5 m 无砟轨道后张预应力混凝土简支梁概图（单位：mm）

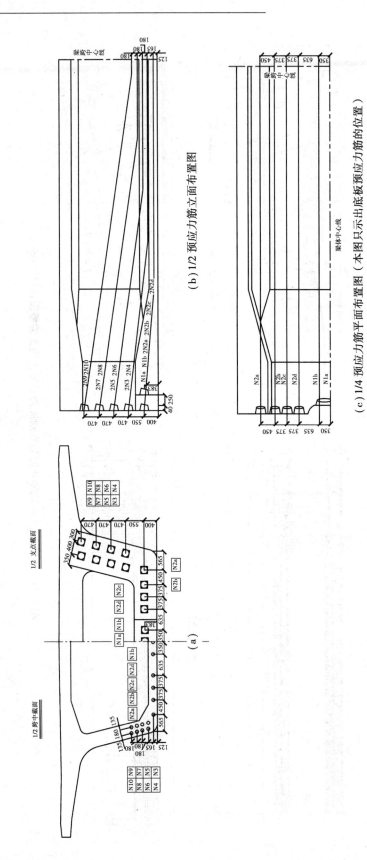

(b) 1/2 预应力筋立面布置图

(c) 1/4 预应力筋平面布置图（本图只示出底板预应力筋的位置）

图 2.34 跨度 31.5 m 无砟轨道后张预应力混凝土简支梁预应力钢筋布置图（单位：mm）

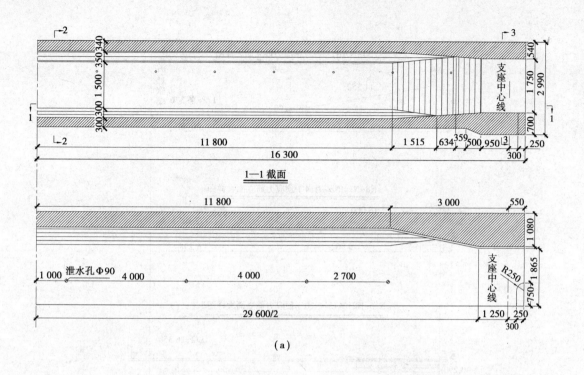

（a）

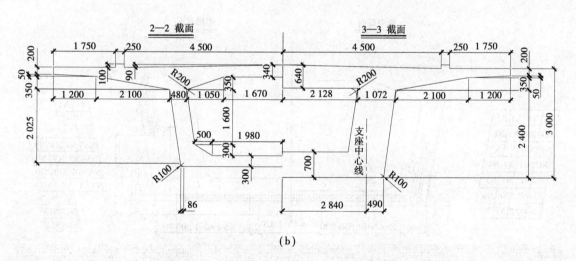

（b）

图2.35 计算跨度31.5 m先张法预应力混凝土简支箱梁概图（单位:cm）

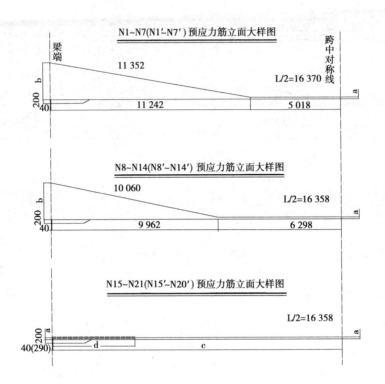

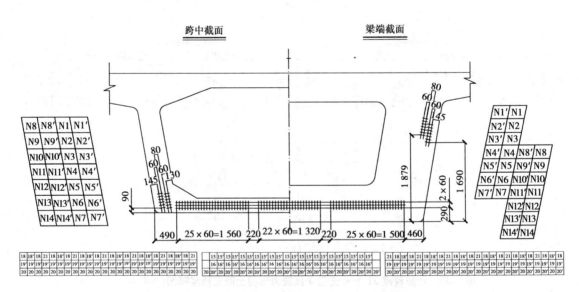

图 2.36　先张法预应力混凝土简支梁力筋布置图

2.2.3 其他形式预应力混凝土简支梁桥

1)部分预应力混凝土简支梁

部分预应力是与全预应力对应而言的概念。所谓"全预应力"是指在使用荷载作用下,沿预应力筋方向的正截面不出现拉应力的混凝土结构。全预应力梁有许多优点,如抗裂性好、刚度大等,但经过几十年的使用经验表明,它也存在许多问题。由于梁在使用条件下不允许出现拉应力,必然要施加较大预压应力,由于预压应力过大,这就给使用带来一系列难以克服的后果:在长期较大预压应力下,混凝土徐变使得梁的上拱度逐渐增大,对于铁路桥梁,会致使桥上道砟不断减薄,行车时易造成轨枕压断的现象。为此,在预应力混凝土梁中,适当地降低预应力是合理的,同时在梁中配置一定数量的普通钢筋以改善梁的使用性能。

部分预应力混凝土结构是指沿预应力筋方向正截面出现不超过规定数值的拉应力或出现不超过规定宽度裂缝的结构。部分预应力混凝土的受力特征介于全预应力混凝土与钢筋混凝土之间。

铁路桥规为此引入预应力度的概念,预应力度按下式定义:

$$\lambda = \frac{\sigma_c}{\sigma} \tag{2.16}$$

式中　σ——由运营荷载(不包括预加力)引起的构件控制截面受拉边缘的应力,MPa;

　　　σ_c——由预加力(扣除全部预应力损失)引起的构件控制截面受拉边缘的预压应力,MPa。

铁路桥规规定预应力混凝土结构,其预应力度不宜小于0.7。

部分预应力混凝土梁应采用混合配筋,普通钢筋应尽量采用较小直径的带肋钢筋,以较密的间距布置于受拉区边缘,普通受拉钢筋的最小配筋率与钢筋混凝土构件中纵向受力钢筋的最小配筋率相同。

2)预弯预应力混凝土简支梁

预弯预应力混凝土梁的制作过程是将一根屈服强度较高的工字型钢梁按一定要求的拱曲线做成预弯钢梁,然后把钢梁的两端搁置在支座上,并在离两端约1/4跨度的位置上作用一对大小相等的集中力(预弯力),使预弯钢梁产生一定的预弯弯矩。在预弯弯矩的作用下,钢梁下缘是处于受拉状态,在这种受拉状态下将钢梁下翼缘用高等级混凝土包裹住。待混凝土强度达到设计强度的90%以上时,卸去作用于钢梁上的预弯力,则钢梁将发生回弹,从而使包裹钢梁下缘的混凝土(称一期混凝土)受到预压应力。待梁体运输就位之后,再浇筑钢梁腹板两侧及上翼缘混凝土(称为二期混凝土)。于是就构成了预弯预应力混凝土梁,施工过程如图2.37所示。

预弯预应力混凝土梁与预应力混凝土梁有所不同,预弯预应力混凝土梁采用预弯的钢梁具有较大的抗弯刚度,除在回弹时对一期混凝土施加预压应力外,钢梁本身也承担相当部分的荷载弯矩。特别在一期混凝土开裂之后,钢梁的抗弯作用可以使应力产生重分配,从而延缓裂缝的发展。

预弯预应力混凝土梁具有下述特点:

①刚度大。钢梁制作时有一定的反拱度,混凝土中钢梁本身刚度大,故整个预弯梁在荷载下的挠度较小,其高跨比较小,一般为1/40~1/25,适用于跨度大、建筑高度要求低的地区。

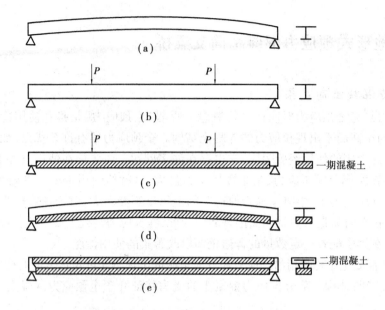

图 2.37　预弯预应力混凝土梁工艺过程

②抗裂性能好。在荷载作用下,当一期混凝土开裂后使较大荷载转移给劲性钢梁,从而延缓裂缝的集中和发展;当移去荷载后,由于劲性钢梁的回弹,则裂缝具有较好的闭合性能。

③制作简单,省工省料。对一期混凝土施加预应力时不需要锚具和张拉设备及张拉台座等,也省去压浆等工序,可以由预制厂制造运往工地架设,二期混凝土的灌筑可在钢梁上立模进行现场施工无需支架等辅助设备,便于交通繁忙地段使用。

④适用范围广。预弯预应力混凝土梁除用于大跨度、低梁高的特殊建筑外,所有能采用钢梁和钢筋混凝土梁的场合,都可以采用预弯预应力混凝土梁,如工业厂房、影剧院、地下建筑和高层建筑以及铁(公)路桥梁等建筑物。

3) 双预应力混凝土梁

双预应力混凝土简支梁是在简支梁的下缘施加预压应力和在梁的上缘施加预拉应力,如图2.38 所示。

双预应力混凝土梁的工作原理是,利用预拉应力筋对跨中截面混凝土产生轴向压力和负弯矩,用以抵抗恒载及活载产生的正弯矩。同时使用的预压应力筋,对跨中截面混凝土将产生轴向拉力和负弯矩,其中轴向拉力与轴向压力可以大部分或全部抵消,而两项负弯矩叠加,增加了梁的承载能力。因此对同样跨径的桥梁,采用预压应力筋后,可以减小桥梁的建筑高度。适宜在多层立交工程、跨线桥、跨越建筑密集区段的高架桥上使用。

预应力混凝土梁在生产过程中还可将梁片横向分段,在预制场分段预制,然后运至桥位便梁上,再通过预应力钢筋串联起来形成整片梁,最后用架桥机架梁就位,工程上通常称为串联式预应力混凝土梁。

这里需要指出的是:前面介绍的预应力混凝土简支梁,其预应力筋都是布置在梁体内,通常称之为体内配筋结构。如果将预应力筋布置在构件混凝土截面以外,力筋通过转向块、横隔梁等结构物对梁施加预应力,这种布筋方式的预应力结构称为体外配筋的预应力结构。一般情况下体外预应力筋多呈折线形。典型体外预应力筋的布置见图2.39。

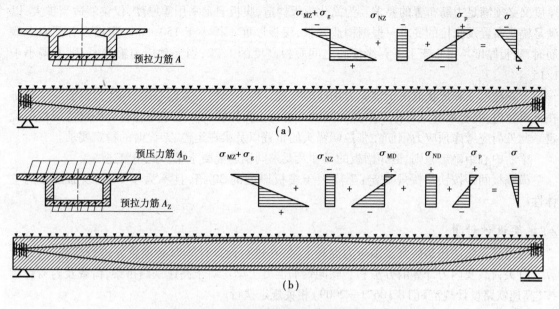

图 2.38 双预应力筋对跨中截面的应力状态

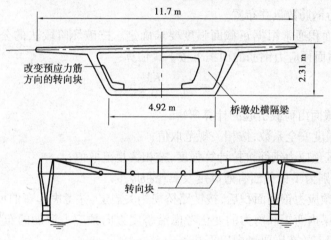

图 2.39 典型 PC 桥体外力筋的布置

2.2.4 铁路预应力混凝土简支梁桥设计计算

预应力混凝土简支梁常用的制造方法是先张法和后张法,由于两种制造方法施工工艺不同,其计算公式也有所不同。本节仅对预应力混凝土简支梁的设计计算的总体过程予以简单介绍。

1) 结构尺寸的拟定

预应力混凝土梁梁高的选择,基本原则同钢筋混凝土简支梁。对于后张法预应力混凝土简支梁而言,梁的高度还要考虑梁端部锚具的布置,对于较大跨度的梁还应考虑运输的要求。

梁的腹板厚度主要应根据剪应力和主拉应力的大小来确定。但对于后张法预应力混凝土梁,由于力筋沿跨度方向逐步由跨中向两端弯起,而这些钢筋大部分布置在腹板内,所以腹板的厚度又必须满足力筋布置的要求。为简化模板构造,腹板通常采用等厚度,仅梁端适当扩大,以满足锚头布置及张拉的要求。根据构造要求,腹板厚度不得小于 150 mm。腹板内有预应力箍筋时,腹板厚度不得小于上下翼缘梗肋之间腹板高度的 1/20;当无预应力箍筋时,则不得小于 1/15。

下翼缘尺寸和形状取决于预应力钢筋的布置。为了获得最大偏心距,预应力钢筋应尽量排在下翼缘内,要求紧凑且对称于梁截面竖轴。混凝土保护层及管道净距应符合铁路桥规相关规定。此外尚应考虑预应力钢筋在张拉端锚头的布置以及梁在运输、架设时的稳定要求。

梁肋中心距确定原则、道砟槽板的尺寸及要求同钢筋混凝土梁。此不赘述。

横隔板间距按铁路桥规规定:不应大于腹板厚度的 30 倍,且不大于 6 m,以加强梁的整体性。

2)主梁设计计算

无论是先张法还是后张法预应力混凝土梁,在进行设计计算时必须首先进行荷载、内力计算。有关荷载及内力计算的方法和步骤同钢筋混凝土梁。对于高速铁路桥梁,荷载及内力计算按《高速铁路设计规范》(TB 10621—2009)相关规定执行。

下面仅介绍预应力混凝土简支梁力筋确定的原则和设计计算的步骤。

(1)确定预应力钢筋数量并布置

预应力钢筋的面积通常根据正截面强度要求确定。按破坏阶段法的公式估算力筋面积。对于 T 形梁,跨中截面预应力钢筋的面积可按下式估算:

$$A_p = \frac{KM}{(h_0 - 0.5h'_f)f_p} \tag{2.17}$$

式中 M——跨中截面由荷载引起的计算弯矩;

K——抗弯强度安全系数,按相关规范取值;

f_p——受拉区预应力钢筋抗拉计算强度,按相关规范取值;

h_0、h'_f——分别为 T 梁截面有效高度及翼缘板厚度。

求出跨中截面预应力钢筋面积后,按铁路桥规相关规定,并考虑起弯的可能性,排列力筋的位置并编号。根据梁内弯矩和剪力的变化考虑沿跨度方向预应力钢筋的布置。对后张法预应力混凝土梁而言,钢束的布置要考虑以下几点:

①首先确定跨中截面的预应力钢筋的排列,并满足铁路桥规要求。

②根据梁内弯矩和剪力的变化,力筋由跨中向端部弯起布置成曲线形,预应力筋弯起角一般取 7°~10° 为宜。

③根据张拉力选用张拉体系,确定端部锚具的布置,预应力钢筋在梁端的位置以锚具均匀分散布置为原则。

④选用合适的力筋弯起曲线半径,当采用钢丝束、钢绞线束的钢丝时:其直径等于或小于 5 mm 时,不宜小于 4 m;钢丝直径大于 5 mm 时,不宜小于 6 m。若预应力混凝土用螺纹钢筋,其直径等于或小于 25 mm 时,不宜小于 12 m;直径大于 25 mm 时,不宜小于 15 m。

当确定了起弯角和弯曲半径后,即可计算出预应力弯起筋在计算截面的位置及长度,如图 2.40。

先张法预应力混凝土梁,通常采用直线配筋,自 1/4 跨度至梁端这一区段内,由于弯矩降低剧烈,上翼缘的应力往往会超过容许值。为此,必须采取措施使预应力筋分批脱离工作(俗称

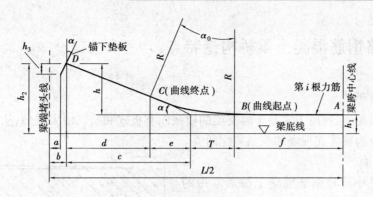

图 2.40　钢束位置计算图

力筋绝缘）。

预应力钢筋的布置应对称于构件截面的几何竖轴线，否则，在确定构件的内力时尚需考虑预应力对截面竖轴线的偏心影响。

（2）预应力混凝土梁桥的设计计算步骤

预应力混凝土梁桥纵向预应力体系计算包括：检算截面强度、抗裂性、应力、裂缝宽度及变形等，其步骤为：

拟订截面尺寸，初估预应力钢筋的数量并布置预应力钢筋。

按规定检算其强度、抗裂性、应力、裂缝宽度及变形。

①按破坏阶段法检算构件截面的强度。构件在预加应力、运送、安装和运营阶段的破坏强度安全系数不应低于相应规范要求。

②对于不允许出现拉应力的预应力混凝土结构，应按弹性阶段检算截面抗裂性，但在运营阶段正截面抗裂性检算中，应计入混凝土受拉塑性变形的影响。构件的抗裂安全系数不应低于相应规范要求。

③按弹性阶段检算预加应力、运送、安装和运营阶段构件的应力。

④当运营阶段正截面混凝土拉应力超过 $0.7f_{ct}$ 时，应按开裂截面计算。对允许开裂的预应力混凝土结构，检算运营阶段应力时，不应计入开裂截面受拉区混凝土的作用，另外应检算其在运营阶段和架桥机通过时开裂截面的裂缝宽度。

⑤按弹性阶段计算梁的变形（挠度和转角）。

此外，还要进行横向截面计算、施工阶段（顶梁、架设、运输等）计算，设计计算详细内容参照结构设计原理以及铁路桥规的相关规定。

2.3　公路钢筋混凝土简支梁桥特点

与铁路桥相比较，公路桥活载有两个明显特点：一是竖向活载占全部荷载比例远小于铁路；二是桥上总是布置几行并列的车队，而且可以在桥面上一定范围内横向移动。反映在公路桥梁的构造上，其桥面较宽，厚度较小，材料用量较少，显得轻巧，桥式选择也灵活多样。本节阐述公路钢筋混凝土、预应力混凝土简支梁桥构造和计算特点。

2.3.1 公路钢筋混凝土梁桥构造特点

1) 主梁横截面形式

公路钢筋混凝土、预应力混凝土简支梁的横截面有板式和肋式两大类型;从制造工艺来讲,主梁截面又可分为整体式现浇和预制装配两类。

(1)板式截面

板式截面是小跨径钢筋混凝土桥最常用的主梁截面形式,由于用这种截面建成的桥梁外形上像一块薄板,故习惯上称之为板桥。简支板桥可以采用整体式结构,也可以采用装配式结构。整体式板桥的截面一般都设计成等厚度的矩形截面,如图 2.41(a)所示,有时为了减轻自重也可将受拉区稍加挖空做成矮肋式,如图 2.41(b)所示。整体式板桥应用跨度一般在 8 m 以下,当施工现场无起重设备而有模板支架材料时,宜采用就地灌筑的整体式钢筋混凝土板桥。

图 2.41(c) 为小跨径($L \leqslant 8$ m)桥使用广泛的装配式板梁桥,由几块预制的实心板条利用板间企口缝填入混凝土拼连而成。在荷载作用下,板间借铰传递剪力而共同受力。装配式板桥也可做成横截面被挖空的空心板桥,如图 2.41(d)所示,以达到减轻自重和加大适用跨径的目的。

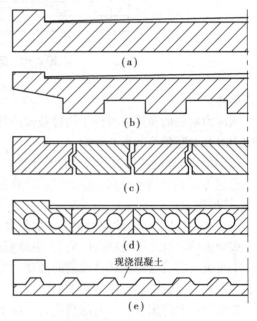

图 2.41　板式截面

装配式钢筋混凝土空心板桥常用跨径为 6~13 m;装配式预应力混凝土(先张法)空心板适用的跨径为 8~16 m。常用的空心板开孔形式如图 2.42 所示。

图 2.41(e)是一种装配——整体组合式板桥,它利用一些小型预制构件安装就位后作为底模,在其上再浇筑混凝土结合成整体,在缺乏起重设备的场合更为适用。图 2.43 为各种异形板截面形式,多用于跨径较大的城市高架桥上(20~30 m 左右的预应力混凝土连续板桥),采用这种截面,不仅减小了板的自重,而且与柱形桥墩相配合,桥下净空较大,造型也美观,但施工较复杂。

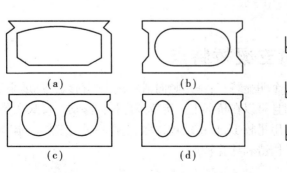

图 2.42　空心板的挖洞形式

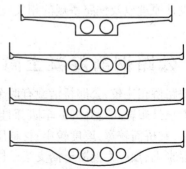

图 2.43　异形板截面

（2）肋式截面

整体式梁桥在城市立交桥中应用较广泛，它具有整体性好、刚度大、易于做成复杂形状等优点。常用的现浇整体式 T 形梁桥横截面形式如图 2.44 所示。在城市高架桥中，一般要求有较大的桥下净空，此外，建筑高度常受限制，因而常做成低高度的宽肋式单 T 形截面或双 T 形截面，如图 2.44(a)、图 2.44(b)所示，这种截面的肋宽可以做到 2～4 m，桥宽不宜过大，一般为 10～15 m。在建筑高度较小的简支梁桥中，也可采用多主梁 T 形截面的整体式横断面布置，如图 2.44(c)所示。当跨径较大时，可采用双 T 形截面，如图 2.44(d)、图 2.44(e)、图 2.44(f)所示。

图 2.45 所示为装配式肋梁桥横截面的几种基本类型。图 2.45(a)为预制主梁为 Ⅱ 形截面，横向为密排式多主梁横截面。预制主梁之间用穿过腹板的螺栓连接，其装配简易。Ⅱ 形主梁的特点是截面形状稳定，横向抗弯刚度大、块件堆放、装卸都方便。设计经验表明，跨径较大时 Ⅱ 形梁桥的混凝土和用钢量都比 T 形梁桥大，而且构件重，横向联系较差，制造也较复杂，现已很少使用。

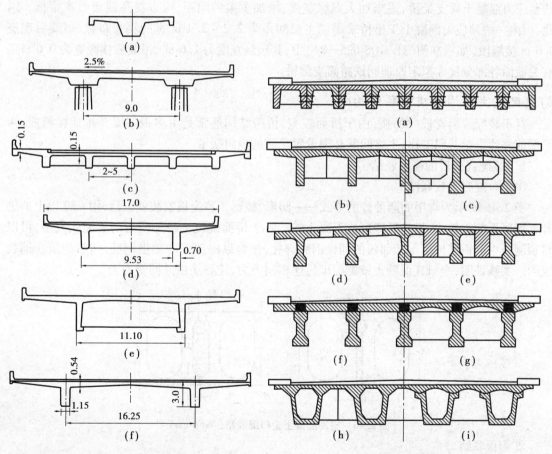

图 2.44　整体式 T 形截面(单位：m)　　　　图 2.45　装配肋梁式横截面基本类型

目前，我国用得最多的是装配肋梁式横截面形式，如图 2.45(b)、图 2.45(c)所示。主梁采用 T 形截面，T 形梁的翼板构成桥梁的行车道，又是主梁的受压翼缘。在预应力混凝土梁中，受拉翼缘部分做成加宽的马蹄形，以满足承受压应力和布置预应力钢筋的需要。它的特点是外形简单,制造方便,横向有横隔梁联结,整体性也较好。不足之处是单片主梁在运输、安装过程中不稳定。特别是预应力混凝土 T 形梁,更不能斜置、倒置,或在安装过程中斜倾而导致断裂。为增加单片主梁的稳定性,并减轻吊装质量,便于运输和安装,主梁可采用短翼板的 T 形或 I 形截面,借现浇桥面板混凝土连接成整体,或者在预制主梁上现浇整体桥面板,组合成梁肋式横截面,如图 2.45(d)—图 2.45(g)所示。其优点是主梁构件轻,桥面板整体性好,不足之处是增加了现浇混凝土的施工工序,延长了施工期。

图 2.45(h)和图 2.45(i)所示箱形截面是一种闭口薄壁截面,其抗扭刚度大,并且具有较 T 形截面高的截面效率指标,同时它的顶板和底板面积均比较大,能有效地承担正负弯矩,并满足配筋要求。因此在已建成的大跨度预应力混凝土梁桥中,跨度超过 40 m 后,其截面形式大多为箱形截面。应指出的是此截面较少用于钢筋混凝土简支梁桥,因为受拉区混凝土不参与工作,多余的箱梁底板除徒然增加自重外并无其他益处。

当起吊质量允许时,主梁间距采用 1.8 ~ 2.2 m 为宜。在我国过去编制的公路桥涵标准图中,无论是钢筋混凝土还是预应力混凝土 T 梁,主梁间距多采用 1.6 m。实际上,对于跨径较大的预应力混凝土简支梁桥,适当加大翼缘宽度,增加主梁的间距,可以提高截面效率指标。因此,国内一些预应力混凝土 T 梁桥采用了主梁间距为 2.2 ~ 2.4 m 宽的翼缘布置,吊装后现浇 0.6 m 接缝段(如标准图(JT/GQS 025—84)中,其预制宽度为 1.6 m,吊装后接缝宽为 0.6 m)。有关截面各部分尺寸拟定原理同铁路简支梁桥。

2)装配式主梁间的横向联结构造

对于装配式简支板(梁)桥,由于桥面较宽,桥跨结构通常是由多根主梁并排连接组成,为了保证多片主梁共同工作,主梁间就必须设置足够的横向联结。

(1)装配式板桥的横向联结

①企口混凝土铰联结

图 2.46 所示为常用的两种铰的形式——圆形、棱形。装配板安装就位后,用 C30 以上的细骨料混凝土填入铰内,捣实后即形成混凝土铰。对于桥面铺装也参加受力的装配式板桥,可以将预制板中的钢筋伸出与相邻板的同样钢筋绑扎,作为纵向铰缝的加强钢筋,然后浇筑在铺装层内。实践证明,企口式混凝土铰能保证传递横向剪力,使各块板共同受力。

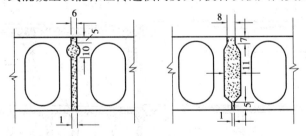

图 2.46　现浇混凝土企口缝联结(单位:cm)

②钢板联结

由于企口混凝土铰需要现场浇筑混凝土,待达到设计强度后才能通车,为了加快工程进度,亦可采用钢板联结,如图 2.47 所示。具体做法是用一块钢盖板 N1 焊在相邻两块板的预埋钢板 N2 上。钢板中距通常为 0.8 ~ 1.5 m。跨中部分布置较密,向两端支点逐渐减疏。

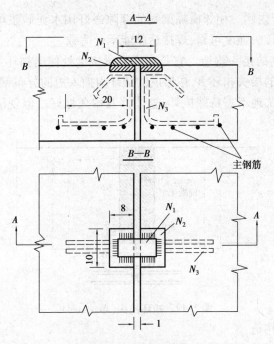

图 2.47　焊接钢板联结

（2）装配式 T 梁的横向联结

①横隔梁横向联结构造

在设有横隔梁的装配式 T 形梁桥中,均借助横隔梁的接头使所有的主梁联结成整体。接头要有足够的强度,以保证结构的整体性。联结形式通常有焊接钢板联结和扣环联结。

图 2.48 是采用钢板联结的接头构造。上缘接头钢板设在 T 梁翼板上,下缘接头钢板设在横梁梁肋的两侧。焊接钢板预先与横隔梁的受力钢筋焊接在一起做成安装骨架,当 T 梁安装就位后,即可在横隔梁的预埋钢板上再加焊钢盖板连成整体。在端横隔梁靠近墩台一侧,因不好

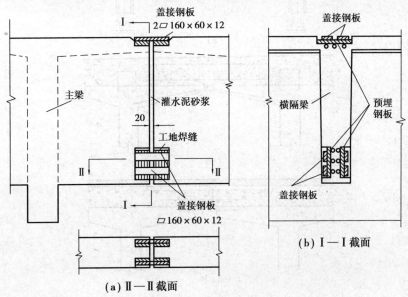

图 2.48　横隔梁的钢板联结构造(单位:mm)

施焊,故焊接接头只设于内侧。相邻横隔梁间的缝隙最好用水泥砂浆填满,所有外露钢板也应用水泥砂浆封盖。这种接头强度可靠,焊接后就能承受荷载。

图2.49是扣环联结的接头构造。它是在横隔梁接缝处伸出扣环A,安装时在相邻构件的扣环两侧再安上腰圆形的接头扣环B,在形成的圆环内插入短的分布钢筋后,就地浇筑混凝土,封闭接缝。这种接头在工地不需特殊机具,整体性及耐久性好。但现浇混凝土数量较多,接头施工后不能立即受载。

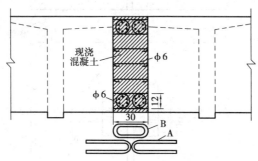

图2.49 扣环接头(单位:cm)

②桥面板横向联结构造

为改善装配式T梁桥挑出翼板的受力状态,往往将悬臂板也联结起来。常用的桥面板(翼缘板)连接有刚性接头和铰接接头两种方式。

图2.50(a)中T形梁桥面板的接头称为钢筋扣环接头。图2.50(b)中的桥面板连接方式为在铺装层内配置受力钢筋,并将主梁翼缘板内伸出的连接钢筋和梁肋顶上增设的Π形钢筋锚固于铺装层中。显然,以上两种接头构造由于连接钢筋太多,给施工增添了一些困难。图

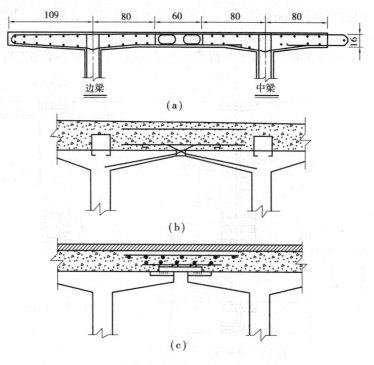

图2.50 装配式T形梁桥面板刚性接头构造

2.50(c)所示的构造为翼缘板用钢板连接,接缝处的铺装混凝土内放置上下两层钢筋网。图 2.50中的3种桥面板连接方式为刚性连接,此处的刚性接头可以传递弯矩和剪力。图2.51所示的3种桥面板横向连接为铰接,铰接接头只传递剪力。图2.51(a)所示的构造与图2.50(c)的形式相仿,唯在铺装层只设单层短钢筋组成的钢筋网,这样接缝处只能承受剪力而不能承受弯矩。图2.51(b)和图2.51(c)为企口连接。将翼缘板的顶层钢筋伸入企口内交叉弯制,然后在接缝处再安放局部的Φ6钢筋网,并将它们浇筑在桥面混凝土铺装层内。也可以将翼缘板顶层钢筋伸出,并弯套在一根长的钢筋上,以形成纵向铰。有关其他构造如钢筋的配置等,其原理同铁路混凝土梁桥。

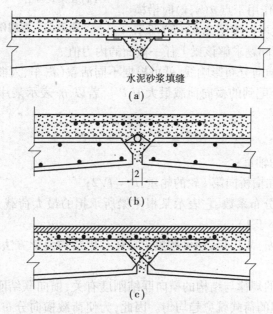

图 2.51 装配式 T 形梁桥面板铰接接头构造

2.3.2 荷载横向分布系数计算

1) 荷载横向分布概念

公路钢筋混凝土、预应力混凝土梁式桥,一般由多片主梁组成并通过一定的横向联结连成一个整体,如图2.52(a)所示,当一片主梁受到荷载作用后,除了这片主梁承担一部分荷载外,还通过主梁间的横向联结把另一部分荷载传到其他各片主梁上去。或者说,当荷载作用在任何一片主梁时,其他主梁也必然分担一部分荷载,而且随外荷载的位置不同,对该梁产生的影响也不同。如果用坐标把这些影响值描绘成一条曲线,便是该片梁的荷载分布影响线,因为是横桥方向的,所以称为荷载横向分布影响线。有了各片主梁的荷载横向分布影响线,就可以根据荷载在横桥向的最不利位置,求得各片主梁分配到的横向荷载最大值。

实际上,对于一座由多片主梁和横隔梁组成的梁桥来说,它属于一个空间整体结构,当荷载作用在桥梁上,荷载必然是在 x 和 y 方向同时发生传递,使各片梁共同参与工作。鉴于结构受力和变形的空间性,结构的内力计算属于空间理论的问题,需要利用结构内力影响面求解。为了便于实用计算,设计中可以把结构空间问题转化成简单的平面问题来求解。这种方法的实质是将空间的内力影响面分离成两个单值函数的乘积，即 $\eta_1(x)\cdot\eta_2(y)$，因此，对于某一根主梁某一截面的内力值就可以表示为：

$$S = P\eta(x,y) = P\eta_1(x)\eta_2(y) \quad (2.18)$$

式中　$\eta(x,y)$——空间计算中梁的内力影响面；

　　　$\eta_1(x)$——单梁截面轴向内力影响线；

　　　$\eta_2(y)$——梁荷载横向分布影响线。

$P\cdot\eta_2(y)$ 就是当 P 作用于点 $a(x,y)$ 时沿横向分配给某梁的荷载，就可以按图 2.52(b) 所示的单梁一样，完全按平面问题求解该梁上任一截面的内力值。

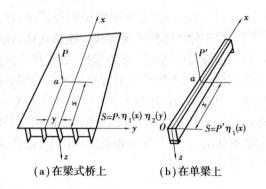

(a) 在梁式桥上　　(b) 在单梁上

图 2.52　荷载作用下的内力计算

有了各片梁的荷载横向分布影响线，就可根据不同活载(汽车、人群活载)按横向最不利位置布置，求得各片主梁分配到的横向荷载最大值 P'。若以 η_i 表示某片主梁横桥向第 i 汽车轮压下的影响线坐标，则：

$$P' = \sum P_i\eta_i = m_c P \quad (2.19)$$

式中　P——汽车活载的轴重；

　　　P_i——汽车活载在横桥向第 i 轮的轮重，$P_i = P/2$；

　　　m_c——荷载横向分布系数，它表示某根主梁所承担的最大荷载是一列汽车各轴重的倍数(通常小于 1)。

荷载横向分布系数 m_c 求出后，便可按单梁那样利用结构力学方法求出主梁某截面的最大内力。

桥上荷载横向分布的规律与结构的横向联结刚度有关，横向联结刚度愈大，荷载横向分布作用愈显著，各主梁负担的荷载就愈趋均匀。因此，为使荷载横向分布的计算能更好地适应各种类型的结构特性，就需要按不同的横向构造简化计算模型，使用相应的计算方法。目前计算荷载横向分布常用的方法有杠杆原理法、偏心压力法(刚性横梁法)、铰接板(梁)法、刚接板(梁)法和比拟正交异性板法。

2) 杠杆原理法

杠杆原理法忽略主梁之间横向结构的联系作用，即假设桥面板在各主梁梁肋处断开，而成为沿横向支承在主梁上的多跨简支梁或悬臂梁来，如图 2.53 所示。

图 2.53 为一座由四片 T 梁组成的装配式梁式桥。当桥上有汽车荷载作用时，按照这样的假定，作用在左边悬臂板 1—2 上的轮重只传递给 1 号和 2 号梁，作用在中部简支板 2—3 上的荷载只传给 2 号和 3 号梁。也就是说，板上的轮重是按简支梁反力的方式分配给左右两片主梁，而每片梁的反力利用简支板的静力平衡条件即可求出，这就是通常所谓的作用力"杠杆原理"。如果主梁所支承的相邻两块板上都有荷载，该梁所受的荷载就是两个支承反力之和。

有了各根主梁的荷载横向分布影响线，就可根据各种活载的最不利荷载位置求得相应的横向分布系数。对于汽车、人群荷载的横向分布系数，可按下式计算：

汽车：　　　　　　　　　　$$m_{0q} = \frac{1}{2}\sum\eta_i \quad (2.20)$$

人群：　　　　　　　　　　$$m_{0r} = \eta_r \quad (2.21)$$

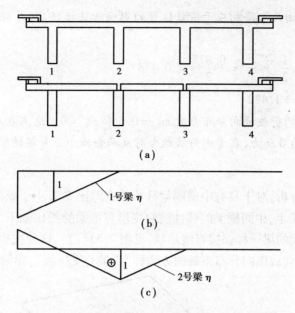

图 2.53　按杠杆原理法计算荷载横向分布系数

式中　η_i,η_r——对应于汽车和人群荷载集度的荷载横向分布影响线竖标。

杠杆原理法适用于计算荷载位于主梁支点时的荷载横向分布系数。此时,主梁的支承刚度远大于主梁间横向联系的刚度,受力特征与杠杆原理法接近。另外该法也可用于双根主梁桥的荷载横向分布计算。

【例 2.1】　图 2.54(a)所示为一座桥面净空为净—$7+2\times0.75$ m 人行道的钢筋混凝土 T 梁桥。试求荷载位于支点时 1 号梁和 2 号梁相应于公路—Ⅰ级汽车荷载和人群荷载的横向分布系数。

【解】　当荷载位于支点时,应按杠杆原理法计算荷载横向分布系数。首先绘制 1 号梁和 2 号梁的荷载横向分布影响线,如图 2.54(b)和图 2.54(c)所示。在横向分布影响线上确定荷载

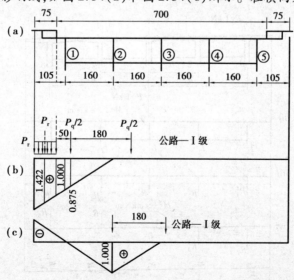

图 2.54　杠杆原理法计算横向分布系数(单位:cm)
(a)桥梁横截面;(b)1 号梁荷载横向分布影响线;(c)2 号梁荷载横向分布影响线

横向最不利的位置,并由此求得相应于荷载位置的影响线竖标值后,可得1号梁的荷载横向分布系数为:

公路 Ⅰ 级: $m_{0q} = \dfrac{1}{2} \sum \eta_i = \dfrac{0.875}{2} = 0.438$

人群荷载: $m_{0r} = \eta_r = 1.422$

同理,可得2号梁的荷载横向分布系数 $m_{0q} = 0.5$ 和 $m_{0r} = 0$。这里在人行道上没有布载,是因为人行道荷载引起的负反力,在考虑荷载组合时反而会减小2号梁的受力。

3)偏心压力法

根据试验与理论分析,对于具有中横隔梁且桥的宽跨比 B/L 小于或接近0.5时(一般称为窄桥),当荷载作用在桥上,中间横梁的弹性挠曲变形与主梁的相比微不足道。也就是说,中间横梁像一片刚度无穷大的梁一样保持直线形状,见图2.55(a)。这种把横梁当做支承在各片主梁上的连续刚体,计算荷载横向分布系数的方法称为"偏心受压法",亦称"刚性横梁法"。

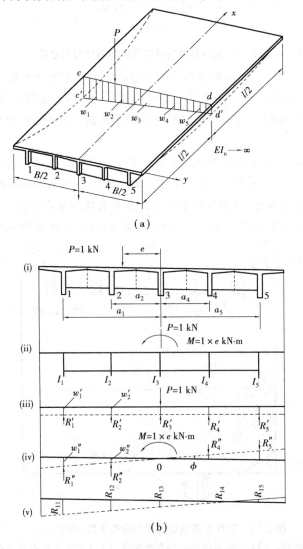

(a)

(b)

图2.55 偏心压力法计算图示

图 2.55(b) 为一座由五片主梁组成的梁桥的跨中截面。各片主梁的抗弯刚度为 EI_i，各梁距截面扭转中心点 O 的距离为 a_i，集中荷载 P 作用在离截面扭转中心 O 距离为 e 处。分析荷载 P 在各片主梁上的横向分布情况。

(1)偏心荷载 P 对主梁的荷载分布

由于假定横梁是刚性体，所以可以按刚体力学关于力的平移原理将荷载 P 移到 O 点，用一个作用在中心线上的竖向力 P 和一个作用于刚性横梁上的偏心力矩 $M = Pe$ 叠加来代替，见图 2.55(b)(ii)。

①中心荷载 P 的作用：由于假定横梁是刚性的，且荷载 P 通过截面扭转中心线，因此横梁只做平行下挠，如图 2.55(b)(iii)，各片主梁的挠度相等，即：

$$\omega_1' = \omega_2' = \cdots\cdots = \omega_n' \tag{2.22}$$

根据简支梁跨中荷载与挠度的关系，再由静力平衡条件，可以求得中心荷载 P 在各片主梁间的荷载分布为：

$$R_i' = \frac{I_i}{\sum I_i} P \tag{2.23}$$

②偏心力矩 $M = Pe$ 的作用：在偏心力矩 $M = Pe$ 作用下，横梁绕扭转中心 O 有一个微小的转动角 ϕ，如图 2.33(b)(iv)，因此各片主梁产生的竖向挠度可表示为：

$$\omega_1'' = a_i \operatorname{tg} \phi \tag{2.24}$$

根据简支梁跨中荷载与挠度的关系，再由力矩平衡条件，可以求得偏心矩 M 作用下各片主梁所分配的荷载为：

$$R_i'' = \frac{ea_i I_i}{\sum a_i^2 I_i} P \tag{2.25}$$

式中　e——荷载作用位置，如果荷载不是作用在中心线的左侧(图 2.55(b)(i))，而是作用在右侧，则 e 取负值。

③偏心荷载 P 对主梁的总作用：在偏心荷载作用下，每片主梁分配到的荷载，为上述①和②两种工况叠加。

令 $P = 1$ 即可得到在偏心单位集中力作用下各主梁分配到的荷载为：

$$R_i = \frac{I_i}{\sum I_i} + \frac{ea_i I_i}{\sum a_i^2 I_i} \tag{2.26}$$

当荷载 $P = 1$ 作用在 1 号边梁轴线上(此时 $e = a_1$)，2 号梁分得的荷载(此时 $a_i = a_2$)为：

$$R_{21} = \frac{I_2}{\sum I_i} + \frac{a_1 a_2 I_2}{\sum a_i^2 I_i}$$

其中，R_{21} 的第一个脚标表示由于该荷载引起反力的梁号，第二个脚标则表示荷载 $P = 1$ 作用位置。

设单位荷载 $P = 1$ 作用在 K 号梁轴上($e = a_k$)，任意 i 号梁所分配荷载的一般公式为：

$$R_{ik} = \frac{I_i}{\sum I_i} + \frac{a_k a_i I_i}{\sum a_i^2 I_i} \tag{2.27a}$$

$$R_{ik} = R_{ki} \frac{I_i}{I_k} \tag{2.27b}$$

其中,如果荷载作用点与所求主梁在中心线的一侧 e 取正值,在中心线两侧则 e 取负值。当荷载 $P=1$ 作用在 1 号梁轴线上时,1 号梁和 5 号梁所分担的荷载为:

$$R_{11} = \frac{I_1}{\sum I_i} + \frac{a_1^2 I_1}{\sum a_i^2 I_i} \tag{2.28a}$$

$$R_{51} = \frac{I_5}{\sum I_i} - \frac{a_1 a_5 I_5}{\sum a_i^2 I_i} \tag{2.28b}$$

求得了各根梁所受的荷载,就可以绘制 $P=1$ 作用在 1 号梁上时对各根梁的荷载分布图式,如图 2.55(b)(v)所示。由于各梁挠度呈直线规律变化,其横向分布影响线必然也成线性分布,故实际上只要计算两根边梁的荷载值 R_{11} 和 R_{15} 就足够了。

(2)利用荷载横向影响线求主梁的荷载横向分布系数

以上论述了沿桥的横向只有一个集中荷载作用的情况。然而实际沿横向作用的车轮荷载不止一个,此时通常利用横向分布影响线来计算横向一排(几个)荷载对某根主梁的总影响。式(2.27a)中的 R_{ik} 就是 i 号梁的荷载横向影响线在 k 梁位处的竖标值,通常写成 η_{ik}。如以 1 号梁为例,它的横向影响线的两个控制标值就是:

$$\eta_{11} = R_{11} = \frac{I_1}{\sum I_i} + \frac{a_1^2 I_1}{\sum a_i^2 I_i}$$

$$\eta_{15} = R_{15} = \frac{I_1}{\sum I_i} - \frac{a_1 a_5 I_1}{\sum a_i^2 I_i}$$

若各主梁的截面均相同,上式可简化成:

$$\eta_{11} = \frac{1}{n} + \frac{a_1^2}{\sum a_i^2} \tag{2.29a}$$

$$\eta_{15} = \frac{1}{n} - \frac{a_1 a_5}{\sum a_i^2} \tag{2.29b}$$

有了荷载横向影响线,就可以根据荷载沿横向的最不利位置来计算相应的横向分布系数。在汽车荷载作用下主梁 i 的荷载横向分布系数:

$$m_q = \frac{1}{2} \sum \eta_i = \frac{1}{2}(\eta_{i1} + \eta_{i2} + \cdots\cdots + \eta_{in})$$

【例 2.2】 一座计算跨径 $l=19.50$ m 的钢筋混凝土 T 形简支梁,其横截面如图 2.56(a)所示,设有 3 片中横隔梁。试求荷载位于跨中时 1 号边梁的荷载横向分布系数 m_{cq}(公路—Ⅰ级汽车荷载)和 m_{cr}(人群荷载)。

【解】因为此桥设有刚度强大的中横隔梁,且承重结构的跨宽比为:

$$\frac{l}{B} = \frac{19.50}{5 \times 1.60} = 2.4 > 2$$

故当荷载位于跨中时可按偏心压力法来计算横向分布系数 m_c。

(1)求荷载横向分布影响线竖标

本桥各根主梁的横截面均相等,梁数 $n=5$,梁间距为 1.60 m,则:

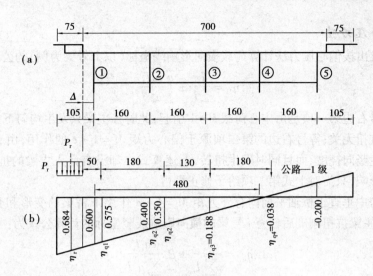

图2.56　偏心压力法计算横向分布系数图示(单位:cm)

$$\sum_{i=1}^{5} a_i^2 = a_1^2 + a_2^2 + a_3^2 + a_4^2 + a_5^2 = (2 \times 1.60)^2 + 1.60^2 + 0 + (-1.60)^2 +$$

$$(-2 \times 1.60)^2 = 25.60 \text{ m}^2$$

由式(2.17)得,1号梁在两个边主梁处的横向影响线的竖标值为:

$$\eta_{11} = \frac{1}{n} + \frac{a_1^2}{\sum\limits_{i=1}^{n} a_i^2} = \frac{1}{5} + \frac{(2 \times 1.60)^2}{25.60} = 0.20 + 0.40 = 0.60$$

$$\eta_{15} = \frac{1}{n} - \frac{a_1 a_5}{\sum\limits_{i=1}^{n} a_i^2} = 0.20 - 0.40 = -0.20$$

(2)绘出荷载横向分布影响线,并按最不利位置布载,如图2.56(b)所示,人行道缘石至1号梁轴线的距离 Δ 为:

$$\Delta = 1.05 - 0.75 = 0.3 \text{ m}$$

荷载横向分布影响线的零点至1号梁轴线的距离为 x,可按比例关系求得:

$$\frac{x}{0.60} = \frac{4 \times 1.60 - x}{0.2}$$

解得 $x = 4.80$ m。

并据此计算出对应各荷载点的影响线竖标 η_{qi} 和 η_r。

(3)计算荷载横向分布系数 m_c

1号梁的活载横向分布系数分别计算如下:

汽车荷载:$m_{cq} = \dfrac{1}{2} \sum \eta_q = \dfrac{1}{2} (\eta_{q1} + \eta_{q2} + \eta_{q3} + \eta_{q4}) = \dfrac{1}{2} \cdot \dfrac{0.60}{4.80}(4.60 + 2.80 + 1.50 -$

$0.30) = 0.538$

人群荷载:$m_{cr} = \eta_r = \dfrac{\eta_{11}}{x} x_r = \dfrac{0.60}{4.80} \times \left(4.80 + 0.30 + \dfrac{0.75}{2}\right) = 0.684$

求得1号梁的各种载荷向分布系数后,就可以得到各类荷载分布至该梁的最大荷载值。

4) 修正的偏心压力法

前面已经推出按偏心压力法计算荷载横向影响线坐标(以 1 号梁为例)的公式:

$$\eta_{1i} = \frac{I_1}{\sum I_i} \pm \frac{a_i a_1 I_1}{\sum a_i^2 I_i}$$

上式中等号右边第一项是由中心荷载 $P=1$ 引起,此时各主梁只发生均匀下挠而无转动,显然它与主梁的抗扭无关;等号右边的第二项源于偏心力矩 $M=1 \cdot e$ 的作用,由于截面的转动,各主梁不仅发生竖向挠度,而且同时发生扭转,上述算式中却没有计入主梁的抗扭作用。而要计入主梁抗扭影响,只需对上式第二项给予修正即可。

通过分析跨中垂直于桥轴平面内有外力矩 $M=1 \cdot e$ 作用下桥梁的变形和受力情况,见图 2.57,得到考虑主梁抗扭刚度后任意 i 号梁的横向影响线竖坐标的计算公式为:

$$\eta_{ij} = \frac{I_i}{\sum I_i} \pm \beta \frac{e a_i I_i}{\sum a_i^2 I_i} \tag{2.30}$$

其中系数

$$\beta = \frac{1}{1 + \frac{G l^2}{12E} \frac{\sum I_{Ti}}{\sum a_i^2 I_i}} < 1$$

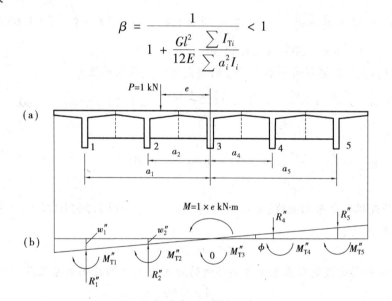

图 2.57　修正刚性横梁法计算图示

β 称为抗扭修正系数,它与梁号无关,纯粹取决于结构的几何尺寸和材料特性。此公式与偏心压力法公式不同点仅在于第二项乘了小于 1 的抗扭修正系数 β,所以此法称为"修正偏心压力法"。计算时,式中混凝土的剪切模量 G 可取 $0.425E$,I_{Ti} 为 i 号主梁的抗扭惯矩,根据截面形状采用相应的计算公式。

用偏心压力法(修正的偏心压力法)计算荷载横向分布系数,概念明确,是工程设计中较常用的一种计算荷载分布系数的方法。对于宽跨比 $B/L \leq 0.5$ 且有中横梁的梁桥,在计算跨中荷载时,不失为一个比较精确而简单的计算方法。

5) 铰接板(梁)法

装配式钢筋混凝土、预应力混凝土铰接板(梁)桥广泛应用于中小跨径的公路梁桥,其各板块(梁)间沿桥跨方向用混凝土的铰缝联在一起。

（1）计算假定与荷载转换

图 2.58（a）所示为一座混凝土企口缝连接（铰接）的装配式板桥承受荷载 P 的变形图式。把桥跨结构在纵向沿主梁连接处（铰缝）切开，切口处的赘余力有竖向剪力 $g(x)$，横向弯矩 $m(x)$、纵向剪力 $t(x)$ 和法向力 $n(x)$，见图 2.58（b）。通过精确分析，发现 $m(x)$、$t(x)$ 和 $n(x)$ 的影响很小，可以忽略不计。为了简化计算，假定竖向荷载作用下铰缝内只传递剪力 $g(x)$，如图 2.58（c）所示。

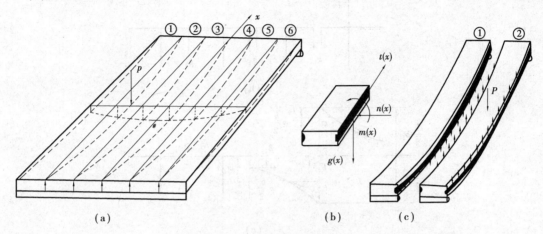

图 2.58　铰接板桥受力示意图

板与板之间的铰接缝沿纵向是一条连续的构造，当 1 号板跨中受集中力 $P=1$ 作用时，各铰接缝沿全长均产生分布的垂直剪切力，并通过它们将荷载分布于整个桥面结构。研究荷载横向分布时，可以将集中力 P 用呈正弦分布的连续分布荷载 $\rho(x)=\rho_0\sin\dfrac{\pi x}{l}$ 来替代。这样不仅能使荷载、挠度和内力三者的变化规律协调统一，而且实际工程计算可行。

（2）铰接板（梁）桥的荷载横向分布计算

为了介绍铰接板（梁）桥荷载横向分布理论的一般情况，从铰接 T 形梁出发，建立铰接力 $g_i(x)$ 的正则方程，并求解。

图 2.59 所示为四根同样截面的 T 形梁，通过铰并排的联结在一起，梁的编号为 1,2,3,4。且设在 1 号梁轴上作用单位正弦荷载 $p(x)=1\cdot\sin\dfrac{\pi x}{l}$，在铰上所产生的未知铰接力 $g_i(x)$ 也同样是按半波正弦曲线分布，在按超静定结构体系（图 2.59（b））求解未知铰接力的峰值 g_i，其正则方程为：

$$\left.\begin{array}{l}\delta_{11}g_1+\delta_{12}g_2+\delta_{13}g_3+\delta_{1p}=0\\\delta_{21}g_1+\delta_{22}g_2+\delta_{23}g_3+\delta_{2p}=0\\\delta_{31}g_1+\delta_{32}g_2+\delta_{33}g_3+\delta_{3p}=0\end{array}\right\}\qquad(2.31)$$

其中，g_i、δ_{ik} 和 δ_{ip} 是沿桥跨方向为正弦曲线 $\sin\dfrac{\pi x}{l}$ 的铰接力及梁的变形在跨中的峰值。

图 2.59（c）表示当 $g_1=1$，而其他铰接力为零时的变位情况。在铰接力为 $g_1=1$ 作用下，1 号梁在设铰处的竖向位移有三部分组成，它们是：

a. 梁的竖向挠度 ω；

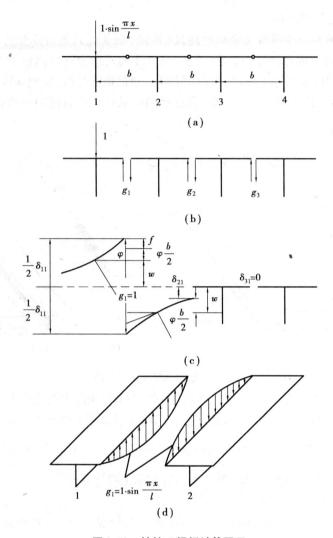

图 2.59　铰接 T 梁桥计算图示

b. 由扭转角 φ 引起的竖向位移 $\varphi\dfrac{b}{2}$；

c. 悬臂板的弹性挠度 f，如图 2.59 所示。

$$f = \frac{d_1^3}{3EI_1} = \frac{4d_1^3}{Eh_1^3} \tag{2.32}$$

式中　I_1——单位板宽的抗弯惯矩；

　　　d_1——相邻两主梁梁肋的净距的 $1/2$；

　　　h_1——相当于 I_1 的常厚度板的厚度,如板厚从梁肋至悬臂端按直线变化时,可取靠梁肋

　　　　　 $\dfrac{1}{3}d_1$ 处的厚度。

　　在 $g_1 = 1$（其他铰接力为零）作用下, 2 号梁产生与 1 号梁相反而同值的竖直挠度（图 2.59
(c)）。因此, 1,2 号梁在设铰处的相对位移,由图 2.59(c)可知,为:

$$\delta_{11} = 2\left(\omega + \varphi\,\frac{b}{2} + f\right)$$

因为每根主梁的截面是相同的,所以:

$$\delta_{11} = \delta_{22} = \delta_{33}$$

$$\delta_{23} = \delta_{21} = \omega + \left(-\varphi\,\frac{b}{2}\right) = \omega - \varphi\,\frac{b}{2}$$

按弹性变形互等定理有:$\delta_{12} = \delta_{21} = \delta_{23} = \delta_{32}$,$\delta_{13} = \delta_{31} = 0$,因为在基本体系中,单位铰接力 $g_1 = 1$ 对于③号切口的相对位移没有影响。

此外,作用于 1 号梁轴的外荷载 $1 \cdot \sin\dfrac{\pi x}{l}$ 产生的位移为:

$$\delta_{1p} = -\omega$$

$$\delta_{2p} = \delta_{3p} = 0$$

令扭转位移与主梁挠度之比为 γ,则:

$$\gamma = \frac{\phi\,\dfrac{b}{2}}{\omega} = \frac{\pi^2 EI}{4GI_t}\left(\frac{b}{l}\right)^2 = 5.8\,\frac{I}{I_t}\left(\frac{b}{l}\right)^2 \tag{2.33}$$

再令悬臂板挠度与主梁挠度之比为 β,则:

$$\beta = \frac{f}{\omega} = \frac{\pi^4 I d_1^3}{3 l^4 I_1} = 390\,\frac{I d_1^3}{l^4 h_1^3} \tag{2.34}$$

将前述的变形系数 δ_{ii} 和 δ_{ik} 代入式(2.31)并利用式(2.33)和式(2.34)简化,可以得到含有参数 γ 和 β 的方程组:

$$\left.\begin{aligned}
2(1 + \gamma + \beta)g_1 - (1 - \gamma)g_2 &= 1 \\
-(1 - \gamma)g_1 + 2(1 + \gamma + \beta)g_2 - (1 - \gamma)g_3 &= 0 \\
-(1 - \gamma)g_2 + 2(1 + \gamma + \beta)g_3 &= 0
\end{aligned}\right\} \tag{2.35}$$

解方程(2.23)求得 g_1, g_2, g_3 后,显然各梁所分配到的荷载为:

$$\begin{aligned}
\eta_{11} &= 1 - g_1 \\
\eta_{21} &= g_1 - g_2 \\
\eta_{31} &= g_2 - g_3 \\
\eta_{41} &= g_3
\end{aligned} \tag{2.36}$$

其中,η_{ii} 中的第二个脚标表示荷载作用的梁号,i 表示被分配到荷载的梁号。因为挠度与荷载互成正比,且根据弹性挠度互等定理,$\eta_{i1} = \eta_{1i}$,式(2.36)所示的 η_{i1} 实际上就是 1 号梁的荷载横向分布影响线竖向坐标值。对于其他各梁的荷载横向分布影响线的求法,与 1 号梁类似。

但值得指出的是,参数 γ 一般比 β 值要大(在铰接板桥中 $\beta \approx 0$),在不影响计算精度的条件下,可以令参数 $\beta = 0$。《公路桥梁荷载横向分布计算》一书中有关铰接板(梁)的荷载横向分布影响线表中的坐标值 η_{ik} 是在忽略 β 的情况下得出的。如果 $\dfrac{\beta}{1 + \gamma} > 5\%$ 时需考虑 β 的影响,此时,对表列之值进行如下修正。设 $\overline{\eta}_{ii(\beta)}$ 和 $\overline{\eta}_{ik(\beta)}$ 为修正后的坐标值。则

$$\left.\begin{aligned}
\overline{\eta}_{ii(\beta)} &= \eta_{ii} + \frac{\beta}{1 + \gamma}(1 - \eta_{ii}) \\
\overline{\eta}_{ik(\beta)} &= \eta_{ik} - \frac{\beta}{1 + \gamma}\eta_{ik}
\end{aligned}\right\} \tag{2.37}$$

铰接板(梁)法适用于无中横隔梁 T 梁桥或企口缝联结的板桥当荷载作用于跨中时计算其荷载横向分布系数。

6) 刚接板(梁)法

刚接板(梁)法的假定相邻主梁间为刚接,也就是说在联结处除了传递剪力外,还要传递弯矩。它适用于有中横隔梁且翼缘板为刚性连接的 T 梁桥以及整体式板桥,当荷载作用于跨中时计算荷载横向分布系数,其计算原理和实用计算方法参见相关资料。

7) 比拟正交异性板法(G-M法)

比拟正交异性板法(简称 G-M 法)是一种根据板的理论来求解荷载横向分布系数的方法。G-M 法的基本原理是将实际桥跨结构(图 2.60(a)所示)的主梁间距 b 范围内的桥面板和主梁肋组成的截面抗弯惯矩 I_x 和抗扭惯矩 I_{Tx} 均匀分摊于 b 宽度,将横隔梁间距 a 范围内的桥面板和横隔梁肋组成的截面抗弯惯矩 I_y 和抗扭惯矩 I_{Ty} 均匀分摊于 a 宽度,这样就把实际的纵横梁格系比拟成了一块假想的矩形平板,如图 2.60(b)所示。图中沿 x 方向的板厚表示成虚线,这说明所比拟的板在 x 和 y 两个方向的换算厚度是不相同的。此时,比拟板在纵向和横向每米宽度的截面抗弯惯矩和抗扭惯矩相应为:

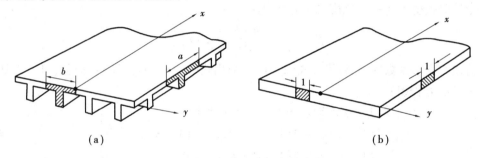

(a)　　　　　　　　　　　　　　(b)

图 2.60　实际结构换算成比拟板的图示

$$J_x = \frac{I_x}{b} \quad 和 \quad J_{Tx} = \frac{I_{Tx}}{b}$$

$$J_y = \frac{I_y}{a} \quad 和 \quad J_{Ty} = \frac{I_{Ty}}{a}$$

对于肋梁式钢筋混凝土或预应力混凝土结构,为了简化理论分析,可近似地忽略混凝土泊松比的影响。这样便得到一块在 x 和 y 两个正交方向截面单宽抗弯刚度为 EI_x、EI_y 和单宽抗扭刚度为 EI_{Tx}、EI_{Ty} 的比拟正交异性板。然后根据比拟正交(构造)异性板的挠曲微分方程来求解,具体的计算原理和实用计算方法参见相关资料。

比拟正交异性板法适用于有中横隔梁的 T 梁桥或整体式板桥,当荷载作用于跨中时计算荷载横向分布系数。

8) 荷载横向分布系数沿桥跨的变化

在以上所介绍计算荷载横向分布的所有方法中,通常用"杠杆原理法"来计算荷载位于支点处的横向分布系数 m,其他方法均适用于计算荷载位于跨中的横向分布系数 m_c。荷载位于桥跨其他位置时计算横向分布系数 m 可以用图 2.61 所示的近似处理方法来确定。

对于无中间横隔梁或仅有一根中横隔梁的情况,跨中部分采用不变的 m_c,从离支点 $l/4$ 处

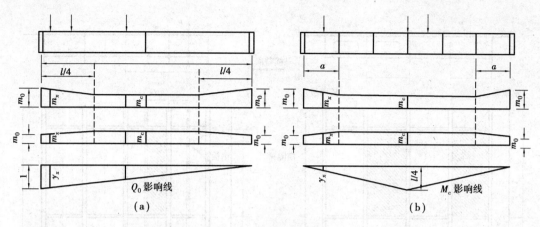

图 2.61 m 沿跨长变化图

起至支点的区段内 m_x 呈直线形过渡。对于有多根内横隔梁的情况,m_c 从第一根内横隔梁起向 m_0 直线形过渡。

这样,主梁上的汽车荷载因其纵向位置不同,而有不同的横向分布系数。在实际设计中,当求简支梁跨中最大弯矩时,鉴于主要荷载位于跨中区段,靠近支座处的荷载对弯矩的影响很小,为简化起见,通常均可按不变化的 m_c 来计算。对于其他截面的弯矩计算,一般也可取用不变的 m_c。

计算主梁梁端截面的最大剪力时,鉴于主要荷载位于所考虑梁端的 m 变化区段内,而且相对应的内力影响线坐标均接近最大值,因此要考虑该段内横向分布系数变化的影响,而位于远端附近的荷载可近似取用不变的 m_c 来简化计算。跨内其他截面的主梁剪力计算,可视具体情况计及 m 沿桥跨变化的影响。

2.3.3 公路简支梁的设计和计算

公路简支梁桥设计的总体过程与铁路简支梁一样。首先要重视总体方案、桥型及布置的合理性,拟定出结构尺寸后,对主要部件进行详细计算,并判断所拟定的尺寸是否满足要求。本节以常用的钢筋混凝土 T 梁桥为例,着重阐述桥面板、主梁和横隔梁的设计计算方法。

1)桥面板的计算

(1)桥面板的力学模型

对于整体现浇的 T 梁桥,梁肋与横隔梁之间的桥面板,是一块四边支承的矩形板,如图 2.62(a)所示。它的受力情况与支承条件和板的平面尺寸有关,当其长边 l_a 与短边 l_b 之比 ≥ 2 时,荷载的绝大部分沿短跨方向传递,此时可将其视为仅由短跨承受荷载的单向受力板(简称单向板)。设计时,在短跨方向配受力筋,而在长跨方向只要适当配置一些分布钢筋即可。对于长短边之比 <2 的双向板,将沿短跨和长跨两方向传递荷载,设计时,需按两个方向的内力分别配置受力钢筋,这种板工程上少用。

对于常见的 $l_a/l_b \geq 2$ 的装配式 T 形梁桥,如果设计的是边梁的外侧翼缘板或两主梁的翼板之间仅用钢板简单联结(图 2.62(b))时,可简化为一端嵌固另一端自由的悬臂板来分析;如果是相邻翼缘板在端部做成铰接接缝(图 2.62(c))的情况,则桥面板应按一端嵌固一端铰接的铰接悬臂板进行计算。

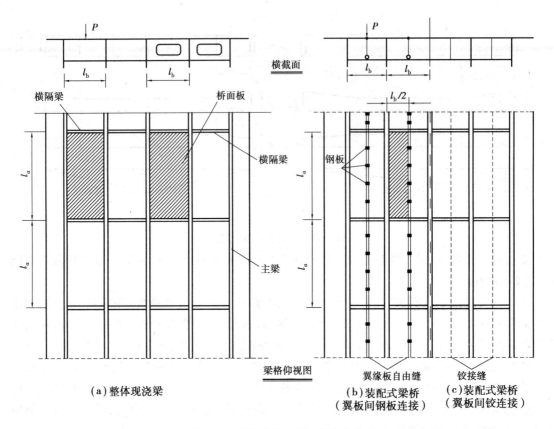

图 2.62 梁格构造和桥面板支承方式

综上所述,在实践中最常遇到的桥面板受力图式为单向板、悬臂板和铰接悬臂板三种。下面将分别阐述它们的计算方法。

(2)车轮荷载在板上的分布

作用在桥面上的车轮压力,通过桥面铺装层扩散分布在钢筋混凝土板面上。由于板的计算跨径相对于轮压的分布宽度来讲不是很大,故在计算中应将轮压作为分布荷载来处理,以免造成较大的计算误差。

富于弹性的充气车轮与桥面的接触实际上接近于椭圆,为了计算方便,通常可近似地把车轮与桥面的接触面看做 $a_2 \times b_2$ 的矩形面积,此处 a_2 是车轮沿行车方向的着地长度,b_2 为车轮的宽度,如图 2.63 所示。作用在混凝土或沥青面层上的车轮荷载,可以偏安全地假定在铺装层内按 45°扩散。因此,最后作用在钢筋混凝土承重板顶面的矩形荷载压力面的边长为:

沿行车方向 $\qquad\qquad\qquad a_1 = a_2 + 2H$ $\qquad\qquad$ (2.38a)

沿横桥向 $\qquad\qquad\qquad b_1 = b_2 + 2H$ $\qquad\qquad$ (2.38b)

式中 H——铺装层的厚度。

车辆荷载的 a_2 和 b_2 值可从我国公路桥梁规范中查得。因此,当有汽车车轮作用于桥面板上时,作用于板面上的局部分布荷载为:

$$p = \frac{P}{2a_1 b_1}$$

式中 P——汽车的轴重。

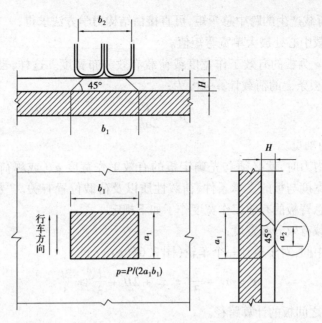

图 2.63 车辆荷载在板面上的分布

（3）桥面板的有效工作宽度

当荷载以 $a_1 \times b_1$ 的分布面积作用在桥面板上时，板除了沿计算跨径 x 方向产生挠曲变形外，沿垂直于计算跨径的 y 方向也必然发生挠曲变形，如图 2.64 所示。这说明荷载作用下不仅使直接承压宽度为 a_1 板条受力，其邻近的板也参与工作，共同承受车轮荷载所产生的弯矩。

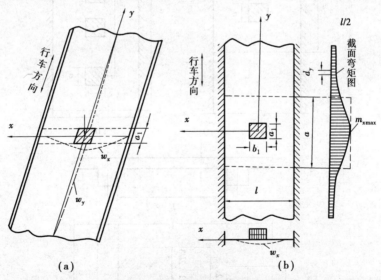

图 2.64 行车道板的受力状态

为了计算方便，设想以 a 宽板均匀承受车轮荷载产生的总弯矩（图 2.64（b）），即：

$$am_{x\max} = \int m_x \mathrm{d}y = M$$

则得弯矩图形的换算宽度为：

$$a = \frac{M}{m_{x\max}} \tag{2.39}$$

121

式中 M——车轮荷载产生的跨中总弯矩,可直接由结构力学方法求得;

$m_{x\max}$——荷载中心处最大单宽弯矩值。

式(2.39)中的 a 为板的有效工作宽度或荷载有效分布宽度。这样,当有一个车轮作用于桥面板上时,1 m 宽板条上的荷载计算强度为:

$$p = \frac{P}{2ab_1} \tag{2.40}$$

式中 P——汽车的轴重。

在计算桥面板内力时,就必须首先确定板的有效工作宽度 a(或称荷载有效分布宽度)。桥面板的有效工作宽度与板的支承条件、荷载性质以及荷载位置有关。"桥规"基于大量的理论研究,对单向板、悬臂板的有效工作宽度作了如下规定。

①单向板的荷载有效分布宽度:

a. 荷载在跨径中间:对于单独一个车轮(图 2.65(a)):

$$a = a_1 + \frac{l}{3} = a_2 + 2H + \frac{l}{3} \geqslant \frac{2l}{3}$$

式中 l——两梁肋之间板的计算跨径。

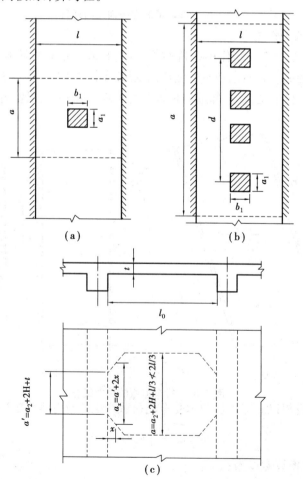

图2.65   单向板的荷载有效分布宽度

按桥梁规范规定,计算弯矩时,$l = l_0 + t$,但不大于 $l = l_0 + b$;计算剪力时,$l = l_0$,其中 l_0 为板的净跨径,t 为板的厚度,b 为梁肋宽度。

对于几个靠近的相同荷载,如按上式计算所得各相邻荷载的有效分布宽度发生重叠时,应按相邻靠近的荷载一起计算其有效分布宽度(图 2.65(b)):

$$a = a_1 + d + \frac{l}{3} = a_2 + 2H + d + \frac{l}{3} \geqslant \frac{2}{3}l + d$$

式中　d——最外两个荷载的中心距离。

b. 车轮在板的支承处:

$$a' = a_1 + t = a_2 + 2H + t$$

式中　t——板的厚度。

c. 车轮在板的支承附近,距支点的距离为 x 时:

$$a_x = a' + 2x$$

需要说明的是,按上述公式计算得到所有分布宽度均不得大于板的全宽度。

②悬臂板的荷载有效分布宽度(图 2.66):

$$a = a_1 + 2b' = a_2 + 2H + 2b'$$

式中　b'——承重板上荷载压力面外侧边缘至悬臂板根部的距离。

对于分布荷载靠近板边的最不利情况,b' 就等于悬臂板的净跨径 l_0,于是:

$$a = a_1 + 2l_0$$

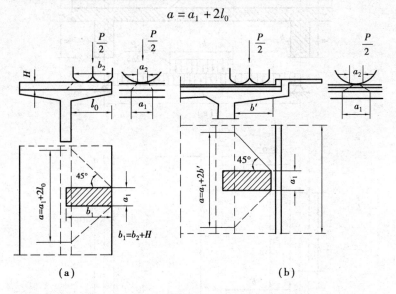

图 2.66　悬臂板的有效工作宽度

(4)桥面板的内力计算

①多跨连续单向板的内力:从构造上看,桥面板与主梁梁肋是整体联结在一起的,当板上有荷载作用时会使主梁也发生相应的变形,而这种变形又影响到板的内力,因此,主梁抗扭刚度对多跨连续板的弯矩有显著的影响。

由于桥面板的受力情况比较复杂,影响因素比较多,通常采用近似方法计算。先算出一个跨度相同的简支板的最大跨中弯矩 M_0,然后再根据实验及理论分析的数据加以修正,修正系数可据板厚 t 与梁肋高度 h 的比值来选用。

当 $t/h \geqslant 1/4$ 时(即主梁抗扭能力小者):

$$\left.\begin{array}{l} 跨中弯矩\ M_{中} = +0.7M_0 \\ 支点弯矩\ M = -0.7M_0 \end{array}\right\} \qquad (2.41)$$

当 $t/h < 1/4$ 时（即主梁抗扭能力大者）：

$$\left.\begin{array}{l} 跨中弯矩\ M_{中} = +0.5M_0 \\ 支点弯矩\ M = -0.7M_0 \end{array}\right\} \qquad (2.42)$$

式中　M_0——把板当做简支板时,由使用荷载引起的 1 m 板宽的跨中最大设计弯矩,它是 M_{0q} 和 M_{0g} 两部分的内力组合。

　　　M_{0q}——1 m 宽简支板条的跨中汽车荷载弯矩（图 2.67(a)）：

$$M_{0q} = (1+\mu)\frac{P}{8a}\left(l - \frac{b_1}{2}\right) \qquad (2.43)$$

式中　P——车辆荷载的轴重；

　　　a——板的有效工作宽度；

　　　l——为板的计算跨径；

　　　$(1+\mu)$——冲击系数,在桥面板内力计算中通常取 1.3。

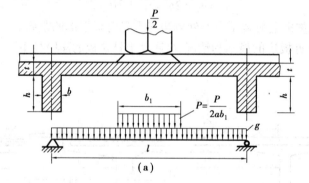

(a)

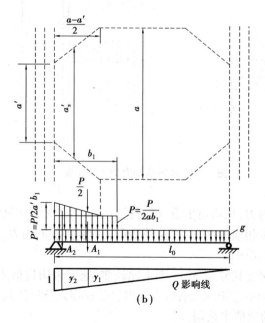

(b)

图 2.67　单向板内力计算图示

其中，M_{0g} 为 1 m 板宽的结构自重在跨中引起的弯矩，可由下式计算：

$$M_{0q} = \frac{1}{8} g l^2 \tag{2.44}$$

式中 g——单宽板每延米的结构自重集度。

计算单向板的支点剪力时，按同跨度的简支板计算，此时荷载必须尽量靠近梁肋边缘布置，如图 2.67(b))所示。如果板的跨径较大，可能还有第二个车轮进入时，应按最不利布载使得计算内力最大。

②铰接悬臂板的内力：用铰接方式连接的 T 形梁翼缘板，其最大弯矩在悬臂根部。计算汽车荷载弯矩时，最不利荷载的位置是把车轮荷载对中布置在铰接处，此时铰内的剪力为零，两悬臂板各承受半个车轮的荷载，即 $P/4$，如图 2.68(a)所示。因此每米宽悬臂板根部的汽车荷载弯矩为：

$$M_{\min,P} = -(1+\mu) \frac{P}{4a} \left(l_0 - \frac{b_1}{4} \right) \tag{2.45}$$

每米板宽的结构自重的弯矩为：

$$M_{\min,g} = -\frac{1}{2} g l_0^2 \tag{2.46}$$

注意，此处 l_0 为铰接双悬臂的净跨径。

悬臂根部 1 m 板宽的最大弯矩是 $M_{\min,P}$ 和 $M_{\min,g}$ 两部分的组合。

计算悬臂根部的剪力时，可以将车轮荷载靠近梁肋边缘布置，偏安全地按一般悬臂板的图式计算。

③悬臂板的内力：在计算悬臂板根部最大弯矩时，应将车轮荷载靠板的边缘布置，此时 $b_1 = b_2 + H$，如图 2.68(b)所示。

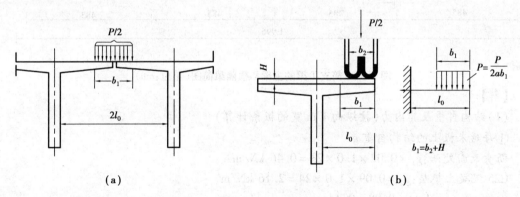

图 2.68 铰接悬臂板和悬臂板计算图式

汽车荷载弯矩：

$$M_{\min,P} = -(1+\mu) \frac{1}{2} p l_0^2 = -(1+\mu) \frac{P}{4ab_1} l_0^2 \quad (b_1 \geqslant l_0 \text{ 时}) \tag{2.47a}$$

或 $$M_{\min,P} = -(1+\mu) p b_1 \left(l_0 - \frac{b_1}{2} \right) = -(1+\mu) \frac{P}{2a} \left(l_0 - \frac{b_1}{2} \right) \quad (b_1 < l_0 \text{ 时}) \tag{2.47b}$$

结构自重弯矩为：

$$M_{\min,g} = -\frac{1}{2} g l_0^2 \tag{2.48}$$

剪力计算从略。

（5）内力组合及配筋计算

计算出各种荷载作用下截面的最大内力后，按桥规有关规定进行内力组合，再按照结构设计理论进行板的配筋设计。

【例2.3】 一座由五片T梁组成的装配式钢筋混凝土简支T梁桥的主梁和横隔梁断面如图2.69所示，计算跨径 $L = 19.5$ m，结构重要性系数1.0，主梁翼板钢板铰接。桥面铺装为2 cm的沥青表面处治（密度为23 kN/m³）和平均9 cm厚混凝土垫层（密度为24 kN/m³），T梁翼板的重力密度为25 kN/m³。桥上汽车荷载为公路—Ⅰ级。试求T梁翼板所构成铰接悬臂板的设计内力。

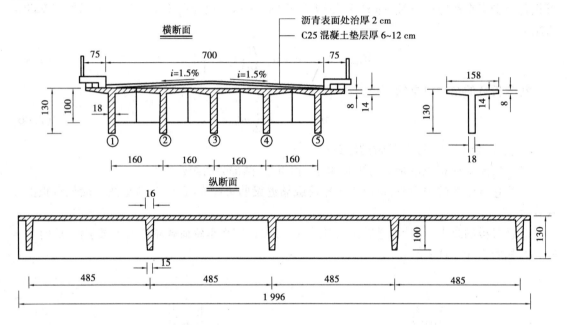

图2.69 简支T梁的主梁和横隔梁简图（单位：cm）

【解】

（1）结构自重及其内力（按纵向1 m宽的板条计算）

①每延米板上的结构自重 g：

沥青表面处治：$g_1 = 0.02 \times 1.0 \times 23 = 0.46$ kN/m

C25混凝土垫层：$g_2 = 0.09 \times 1.0 \times 24 = 2.16$ kN/m

T梁翼板自重：$g_3 = \dfrac{0.08 + 0.14}{2} \times 1.0 \times 25 = 2.75$ kN/m

每延米板宽结构自重合计 $g = \sum g_i = 5.37$ kN/m

②每米宽板条的恒载内力：

$$M_{\min,g} = -\frac{1}{2} g l_0^2 = -\frac{1}{2} \times 5.37 \times 0.71^2 = -1.35 \text{ kN} \cdot \text{m}$$

$$Q_{Ag} = g l_0 = 5.37 \times 0.71 = 3.81 \text{ kN}$$

（2）汽车车辆荷载产生的内力

将汽车荷载后轮作用于铰缝轴线上为最不利位置（见图2.70），此时，两边的悬臂板各承受一半的车轮荷载。后轴作用力为 $P = 140$ kN,轮压分布宽度如图 2.70 所示。车辆荷载后轮着地长度为 $a_2 = 0.20$ m,宽度为 $b_2 = 0.60$ m,则:

$$a_1 = a_2 + 2H = 0.20 + 2 \times 0.11 = 0.42 \text{ m}$$

$$b_1 = b_2 + 2H = 0.60 + 2 \times 0.11 = 0.82 \text{ m}$$

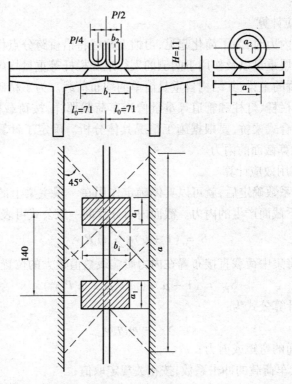

图 2.70　汽车车辆荷载的计算图式

荷载对于悬臂根部的有效分布宽度:

$$a = a_1 + d + 2l_0 = 0.42 + 1.4 + 2 \times 0.71 = 3.24 \text{ m}$$

由于这时汽车荷载局部加载在 T 梁的翼板上,故冲击系数取 $1 + \mu = 1.3$。

作用于每米宽板条上的弯矩为:

$$M_{\min,p} = -(1+\mu)\frac{p}{4a}\left(l_0 - \frac{b_1}{4}\right) = -1.3 \times \frac{140 \times 2}{4 \times 3.24}\left(0.71 - \frac{0.82}{4}\right) = -14.18 \text{ kN} \cdot \text{m}$$

作用于每米宽板条上的剪力为:

$$Q_{Ap} = (1+\mu)\frac{p}{4a} = 1.3 \times \frac{140 \times 2}{4 \times 3.24} = 28.09 \text{ kN}$$

(3)内力组合

按承载能力极限状态内力基本组合

$$M_{ud} = 1.2M_{Ag} + 1.4M_{Ac} = 1.2 \times (-1.35) + 1.4 \times (-14.18) = -21.47 \text{ kN} \cdot \text{m}$$

$$Q_{ud} = 1.2Q_{Ag} + 1.4Q_{Ap} = 1.2 \times 3.18 + 1.4 \times 28.09 = 43.90 \text{ kN}$$

所以,行车道板的设计内力为:

$$M_{ud} = -21.47 \text{ kN} \cdot \text{m}$$

$$Q_{ud} = 43.90 \text{ kN}$$

按正常使用极限状态内力组合的短期效应组合

$$M_{ud} = M_{Ag} + 0.7M_{Ac} = (-1.35) + 0.7 \times (-14.18) \div 1.3 = -8.99 \text{ kN} \cdot \text{m}$$

$$Q_{ud} = Q_{Ag} + 0.7Q_{Ap} = 3.18 + 0.7 \times 28.09 \div 1.3 = 18.94 \text{ kN}$$

2）主梁的设计计算

（1）结构自重效应计算

在计算结构自重内力时，为了简化起见，习惯上往往将沿桥跨分点作用的横隔梁重量、沿桥横向不等分布的铺装层重量以及作用于两侧的人行道和栏杆等重量均匀地分摊给各主梁承受。因此，对于等截面梁桥的主梁，其结构自重是简单的均布荷载。为了精确起见，也可根据施工安装的情况，将人行道、栏杆、灯柱和管道等重量像汽车荷载那样，按荷载横向分布的规律进行分配。如果设计的是组合式梁桥，要根据施工情况具体分析。确定了计算结构自重 g（每延米荷载）后，按力学公式计算截面的内力。

（2）汽车、人群作用效应计算

当荷载横向分布系数确定后，就可以具体确定作用在一根主梁上的荷载数值，然后计算在汽车、人群荷载作用下截面产生的内力。截面内力计算的一般公式可表达如下：

$$S = (1+\mu)\xi \sum m_i P_i y_i \tag{2.49}$$

对于汽车荷载，将集中荷载直接布置在内力影响线数值最大的位置，其计算公式为：

$$S_{汽} = (1+\mu)\xi(m_c q_k \omega + m_i P_k y_i) \tag{2.50}$$

对于人群荷载，计算公式为：

$$S_人 = m_c q_r \omega \tag{2.51}$$

式中　S——所求截面的弯矩或剪力；

$(1+\mu)$——汽车荷载的冲击系数，按相关规定取值；

ξ——车道横向折减系数，按相关规定取用；

m_i——沿桥跨纵向与荷载位置对应的横向分布系数，参见图2.61；

P_k——车道荷载中的集中荷载标准值；

y_i——沿桥跨纵向与荷载位置对应的内力影响线坐标值；

m_c——跨中荷载横向分布系数；

q_r——纵向每延米人群荷载标准值；

ω——弯矩、剪力影响线的面积。

注意，当利用式（2.50）和式（2.51）计算支点截面的剪力或靠近支点截面的剪力时，须计入由于荷载横向分布系数在梁端区段内发生变化而引起的内力增（或减）值，即：

$$\Delta S = (1+\mu)\xi \frac{a}{2}(m_0 - m_c)q\bar{y} \tag{2.52}$$

式中　a——荷载横向分布系数过渡段长度；

q——每延米均布荷载标准值（计算汽车荷载时为 q_k，人群荷载为 q_r）；

$\bar{y}$——m 变化区荷载重心处对应的内力影响线坐标。

（3）内力组合及配筋

计算出各种荷载作用下截面的最大内力后，按"桥规"有关规定进行内力组合，然后再按照结构设计理论及"桥规"的有关规定进行主梁的配筋。

【例2.4】　以例2.3所示的五梁式装配式钢筋混凝土简支梁桥为例,桥梁上作用的汽车荷载为公路—Ⅰ级、人群荷载 $q_r = 3.0 \text{ kN/m}^2$,按承载力极限状态设计时,计算边主梁跨中以及支点截面的设计内力。(已知每侧的栏杆及人行道构件重量为 5 kN/m)

【解】

(1)恒载自重内力计算

①结构自重 g

主梁:　$g_1 = \left[0.18 \times 1.30 + \left(\dfrac{0.08 + 0.14}{2} \right)(1.60 - 0.18) \right] \times 25 = 9.76 \text{ kN/m}$

边主梁的横隔梁:$g_2 = \dfrac{\left\{ \left[1.00 - \left(\dfrac{0.08 + 0.14}{2} \right) \right] \times \left(\dfrac{1.60 - 0.18}{2} \right) \right\} \times \dfrac{0.15 + 0.16}{2} \times 5 \times 25}{19.5}$

$= 0.63 \text{ kN/m}$

桥面铺装:$g_3 = \dfrac{\left[0.02 \times 7.00 \times 23 + \dfrac{1}{2}(0.06 + 0.12) \times 7.00 \times 24 \right]}{5} = 3.67 \text{ kN/m}$

栏杆和人行道:$g_4 = \dfrac{5 \times 2}{5} = 2.00 \text{ kN/m}$

作用于边主梁的全部恒载:$g = \sum g_i = 9.76 + 0.63 + 3.67 + 2.00 = 16.06 \text{ kN/m}$

②结构自重内力:边主梁自重产生的内力列于表2.5。

表2.5　边主梁自重产生的内力

内力　截面	弯矩 (kN·m)	剪力 (kN)
$x = 0$	0	$\dfrac{16.06}{2} \times 19.5 = 156.6$
$x = \dfrac{1}{2}$	$\dfrac{1}{8} \times 16.06 \times 19.5^2 = 763.4$	0

(2)活载内力计算

①荷载横向分布系数

根据例2.1和例2.2的计算的结果,将边主梁在汽车荷载、人群荷载作用下的横向分布系数汇总于表2.6。

表2.6　荷载横向分布系数

梁号	荷载位置	公路—Ⅱ级	人群荷载	备　注
边主梁	跨中 m_c	0.538	0.684	按"偏向压力法"计算,见例2.2
	支点 m_0	0.438	1.422	按"杠杆法"计算,见例2.1

②冲击系数的计算:对于简支梁桥采用《公路桥涵设计通用规范》(JTG D60—2004)给出的估算公式计算

$$f = \frac{\pi}{2l^2}\sqrt{\frac{EI_c}{m_c}} \qquad 其中 \quad m_c = \frac{G}{g}$$

$$\mu = 0.176\,7\ln f - 0.015\,7$$

其中:

$$G = A \times \gamma = 0.390\,2 \times 25 = 9.76 \text{ kN/m}$$

$$\frac{G}{g} = 9.76/9.81 = 0.995 \times 10^3 \text{ NS}^3/\text{m}^2$$

$$I_c = 0.066\,146\,m^4, E \text{ 取 } 3 \times 10^{10} \text{N/m}^2$$

$$f = \frac{3.14}{2 \times 19.5^2} \times \sqrt{\frac{3 \times 10^{10} \times 0.066\,146}{0.995 \times 10^3}} = 5.831 \text{ Hz}$$

$$\mu = 0.176\,7\ln f - 0.015\,7 = 0.296$$

则: $(1 + \mu) = 1.296$

③均布荷载和内力影响线面积计算(表2.7):

表2.7　均布荷载和内力影响线面积计算表

类型 / 截面	公路—Ⅰ级均布荷载 (kN/m)	人群 (kN/m)	影响线面积(m² 或 m)	影响线端点竖标 y
$M_{\frac{1}{2}}$	10.5	3.0×0.75 $= 2.25$	$\Omega = \frac{1}{8}l^2 = \frac{1}{8} \times 19.5^2 = 47.53 \text{ m}^2$	$y = \frac{l}{4} = 4.875$
$Q_{\frac{1}{2}}$	10.5	2.25	$\Omega = \frac{1}{2} \times \frac{1}{2} \times 19.5 \times 0.5 = 2.438 \text{ m}$	0.5
Q_0	10.5	2.25	$\Omega = \frac{1}{2} \times 19.5 \times 1 = 9.75 \text{ m}$	1

④公路—Ⅰ级中集中荷载 P_k 计算:

计算弯矩效应时: $P_k = 180 + \frac{360 - 180}{50 - 5}(19.5 - 5) = 238 \text{ kN}$

计算剪力效应时: $P_k = 1.2 \times 238 = 285.6 \text{ kN}$

⑤跨中弯矩 $M_{\frac{1}{2}}$、跨中剪力 $Q_{\frac{1}{2}}$ 计算:计算跨中截面内力时均采用跨中荷载横向分布系数,并按式(2.50)和式(2.51)计算。

因双车道不折减,故 $\xi = 1$。将计算结果汇总于表2.8。

表2.8　跨中截面内力

截面	荷载类型	q_k 或 q_r (kN)	P_k(kN)	$(1 + \mu)$	m_c	Ω 或 y	S(kN·m 或 kN) S_i	S
$M_{\frac{1}{2}}$	公路—Ⅰ级	10.5	238	1.296	0.538	47.53	348	1 157
						$y = \frac{l}{4} = 4.875$	809	
	人群	2.25	—	—	0.684	47.35	73.1	

截面	荷载类型	q_k 或 q_r (kN)	P_k(kN)	$(1+\mu)$	m_c	Ω 或 y	$S(\text{kN}\cdot\text{m 或 kN})$	
							S_i	S
$Q_{\frac{1}{2}}$	公路—I级	10.5	285.6	1.296	0.538	2.438	17.85	117.42
						0.5	99.57	
	人群	2.25	—		0.684	2.438		3.75

⑥计算支点截面汽车荷载最大剪力

绘制荷载横向分布系数沿桥纵向的变化图形和支点剪力影响线如图 2.71(a)(b)(c) 所示。

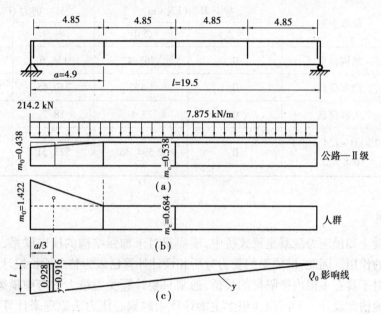

图 2.71 支点剪力计算图示(单位:m)

横向分布系数变化区段的长度 $a=4.9$ m

m 变化区荷载重心的内力影响线坐标为:

$$\bar{y} = \frac{1 \times \left(19.5 - \frac{1}{3} \times 4.9\right)}{19.5} = 0.916$$

利用式(2.38)和式(2.40)计算,则得:

$$Q_{0均} = (1+\mu)\xi q_k\left[m_c\Omega + \frac{a}{2}(m_0 - m_c)\bar{y}\right]$$

$$= 1.296 \times 1 \times 10.5 \times \left[0.538 \times 9.75 + \frac{4.9}{2} \times (0.438 - 0.538) \times 0.916\right] = 68.33 \text{ kN}$$

$$Q_{0集} = (1+\mu)\xi m_i P_k y_i = 1.296 \times 1 \times 0.438 \times 285.6 \times 1.0 = 162.12 \text{ kN}$$

则在公路—I级荷载作用下,1 号梁支点的最大剪力为:

$$Q_0 = Q_{0均} + Q_{0集} = 68.33 + 162.12 = 230.45 \text{ kN}$$

⑦计算支点截面人群荷载最大剪力

人群荷载引起的支点剪力按式(2.51)和(2.52)计算：

$$Q_{0r} = m_c q_r \Omega + \frac{a}{2}(m_0 - m_c)q_r \bar{y}$$

$$= 0.684 \times 2.25 \times 9.75 + \frac{1}{2} \times 4.9 \times (1.422 - 0.684) \times 2.25 \times 0.916$$

$$= 15.00 + 3.73 = 18.73 \text{ kN}$$

(3)计算截面的设计内力

当按承载力极限状态设计时，根据"桥规"规定，荷载基本组合的设计值列于表2.9。

表2.9 荷载基本组合的设计值

序　号	荷载类别	弯矩 M（kN·m）		剪力 Q（kN）	
		支点	跨中	支点	跨中
①	结构自重	0	763.4	156.6	0
②	汽车荷载	0	1 157	230.45	117.42
③	人群荷载	0	73.1	18.7	3.8
④	$1.2 \times ① + 1.4 \times ② + 0.8 \times ③$	0	2 594.36	525.51	167.43

3)横隔梁计算

在钢筋混凝土和预应力混凝土梁式桥中，横隔梁对于加强结构的横向联系，保证结构的整体性有着很大的作用。因此，横隔梁的受力分析和设计计算已成为整个梁桥设计计算中不可缺少的一部分。对于具有多根内横隔梁的梁桥，通常只要计算受力最大的跨中横梁的内力，其他横梁可偏安全地仿此设计。下面阐述根据主梁计算中的偏心压力法原理来计算横隔梁内力的实用方法。

(1)作用在横隔梁上的计算荷载

对于跨中一根横隔梁来说，除了直接作用在其上的轮重外，前后的轮重对它也有影响。在计算中可假设荷载在相邻横隔梁之间按杠杆原理法传布，如图2.72所示。因此，纵向一列汽车车道荷载轮重分布给该横梁的计算荷载为：

$$P_{oq} = \frac{1}{2}(q_k \Omega + p_k y_1) = q_k l_a + \frac{1}{2}p_k y_1 \tag{2.53}$$

同理，人群荷载：

$$P_{or} = q_r \Omega = q_r l_a \quad (影响线上布满荷载) \tag{2.54}$$

式中　Ω——按杠杆原理计算的纵向荷载影响线面积；

　　　l_a——横梁的间距；

　　　y_1——p_k布置在中横梁上时，所对应的按杠杆原理计算的纵向荷载影响线竖坐标值，为1。

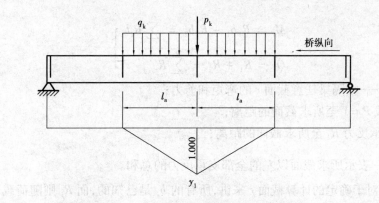

图 2.72 横隔梁上计算荷载的计算图示

(2)横隔梁的内力影响线

由于桥上荷载的横向移动性,通常用绘制横梁内力影响线的方法计算比较简单。

按此方法计算横梁内力的力学模型是将桥梁的中横梁近似地视作竖向支承在多根弹性主梁上的多跨支承连续梁,如图 2.73 所示。当桥梁在跨中有单位荷载 $P=1$ 作用时,各主梁所受的荷载将为 $R_1,R_2,R_3,\cdots\cdots R_n$,这也就是横梁的弹性支承反力。因此,由力的平衡条件就可写出横梁任意截面 r 的内力计算公式。

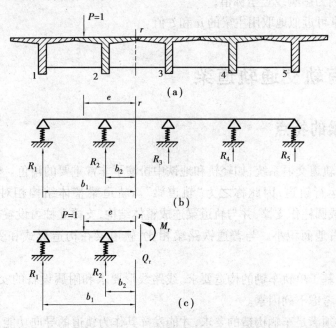

图 2.73 横隔梁计算图示

荷载 $P=1$ 位于截面 r 的左侧时:

$$\left.\begin{aligned} M_r &= R_1 b_1 + R_2 b_2 - 1 \cdot e = \overset{\text{左}}{\sum} R_i b_i - e \\ Q_r &= R_1 + R_2 - 1 = \overset{\text{左}}{\sum} R_i - 1 \end{aligned}\right\} \tag{2.55}$$

荷载 $P=1$ 位于截面 r 的右侧时:

$$\left. \begin{array}{l} M_r = R_1 b_1 + R_2 b_2 = \sum_{}^{左} R_i b_i \\[3mm] Q_r = R_1 + R_2 = \sum_{}^{左} R_i \end{array} \right\} \qquad (2.56)$$

式中　M_r 和 Q_r——横隔梁任意截面 r 的弯矩和剪力；

　　　e——荷载 $P = 1$ 至所求截面的距离；

　　　b_i——支承反力 R_i 至所求截面的距离；

　　　$\sum_{}^{左} R_i$——表示所求截面以左的全部支承反力的总和。

以上公式中对于确定的计算截面 r 来讲,所有的 b_i 是已知的,而 R_i 则随荷载 $P = 1$ 的位置而变化,因此就可以直接利用已经求得的 R_i 横向分布影响线来绘制横隔梁上某个截面的内力影响线。

(3)横隔梁内力计算

用上述的计算荷载在横隔梁某截面的内力影响线上按最不利位置加载,就可求得横隔梁在该截面上的最大(或最小)内力值。

$$S = (1 + \mu) \cdot \xi \cdot p_{oq} \sum \eta \qquad (2.57)$$

式中　η——横梁内力影响线竖坐标值；

　　　μ, ξ——通常可近似地取用主梁的 μ 和 ξ 值。

2.4　城市有轨交通轨道梁

2.4.1　轨道梁的特点

轨道梁在城市轨道交通系统,如轻轨和地铁中扮演了非常重要的角色。轨道梁既承担车辆荷载,又作为车辆运行轨道,因此称之为"轨道梁"。轨道梁整体结构相对简单,可采用 1 ~ 1.5 m 直径的方柱或圆柱作支撑,并与轨道梁连成整体结构,支撑立柱可设置在道路中央分隔带或两侧绿化带上,占地面积小。与普通铁路梁相比,轨道梁在构造形式和受力模型上有很大不同。

轨道梁的构造基于单轨车辆的构造要求、线路线形要求和附属设备的安装和养护需求,在设计和制造时需要考虑下列因素。

①外形首先必须满足车辆构造的要求,才能发挥其作为轨道的导向功能。

②梁体应满足线路的线形要求。为保证车辆运行的安全和平稳,在曲线地段,轨道梁应该满足线形要求,需设计为曲线梁,走行面需设置曲线超高。轨道梁的形状是以走行面为基准面,侧面与走行面垂直的原则进行控制。在计算确定线形后,按此原则和超高值确定梁体的形状。对处于直线和圆曲线上的轨道梁,这个过程比较简单;而对处于超高值变化的缓和曲线和组合曲线上的轨道梁,这个过程就比较复杂,因为要求形成的轨道梁三个面均为空间扭曲面。

③制作精度要求高。由于 PC 轨道梁(详见 2.4.2)既是桥跨结构,又是运行轨道,因此梁体

外形尺寸要求极高,梁与梁的连接也要求极其圆顺。

④能够满足供电、通信、信号、自动监测等电缆、管道设施的辅设、施工和养护要求。

轨道梁在受力模式上,具有以下受力特点:

①动荷载大。由于轨道梁的截面尺寸小,轨道梁的自重也相应较轻,梁长 20~22 m 的标准梁约重 55 t,如果将满员时的单轨列车质量折算成均布荷载,每跨轨道梁上的列车荷载与轨道梁自重几乎相当。而城市轨道交通的车辆间隔时间短,行车密度高,当列车经过时,在轨道梁上形成频繁交替的加载和卸载,可能引起轨道梁的疲劳破坏。

②横向荷载较大。轨道梁为空间受力构件,不仅需要承受竖向荷载,而且要承受较大水平荷载,如横向风荷载、列车水平荷载,曲线梁还要承受离心荷载。这些横向荷载通过导向轮和稳定轮直接作用到轨道梁的侧面上,使得轨道梁承受的横向荷载作用更加突出。

③轨道梁的应力状态复杂。轨道梁不仅要承受双向弯矩,还要承受较大的扭转荷载作用。尤其是曲线梁,通过将梁体斜置来设置曲线超高,使得轨道梁横截面倾斜,自重、二期恒载和活载在横截面上产生双向弯矩,活载在截面内产生扭矩。轨道梁受到双向弯矩和扭矩的共同作用,其应力状态和变形分析较为复杂。

轨道梁不仅需要承受竖向荷载,而且要承受较大水平荷载和扭矩,是受力复杂的空间受力构件,因此它必须具有足够的强度、刚度和抗疲劳性能。

2.4.2　轨道梁的截面形式

轨道梁有现浇普通钢筋混凝土、预制预应力钢筋混凝土轨道梁(简称 PC 轨道梁)和钢制轨道梁几种,近年来还出现了钢-混凝土预弯简支组合轨道梁。除车辆段内的钢筋混凝土轨道梁外,正线绝大部分区段均为 PC 轨道梁,如图 2.74 所示。受车辆骑跨控制,轨道梁截面形状要求采用统一标准形式,日本多采用 I 形中空截面,轨道梁截面宽度及高度为 0.85 m × 1.40 m 或 0.85 m × 1.50 m;西方国家也有采用矩形截面形式的。槽形及倒 T 形预应力轨道梁的主要设计思路是通过加大梁高,增加防止梁体扭转、侧倾的其他构造措施来增大预应力轨道梁的跨越能力,实际上就是将梁体上部轨道部分与梁体下部结合成整体来共同工作,如图 2.75 所示。

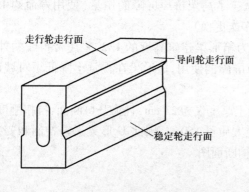
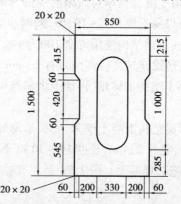

图 2.74　重庆轻轨跨坐式 PC 轨道梁构造图

大跨度轨道梁截面一般采用钢轨道梁和组合式钢轨道梁,如图 2.76 和图 2.77 所示。

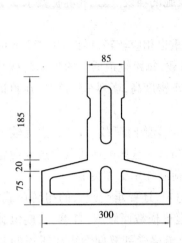

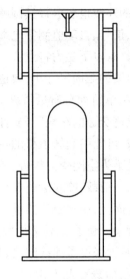

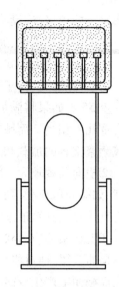

图 2.75　倒 T 形 PC 轨道梁断面(尺寸单位:cm)　　图 2.76　普通钢轨道梁　　图 2.77　组合式钢轨道梁

　　U 形梁是一种从国外引进的最新技术,是一种下承式梁,目前被认为是可以取代城市轨道交通传统箱梁结构,是适用于大运量轨道交通项目和轻轨项目的一种横断面呈 U 形、单线梁板厚不超过 30 cm 的新型预应力混凝土轨道梁。它在国际上已得到广泛应用,但在国内城市轨道交通建设中尚处于起步阶段,仅在广州、上海和南京三地试用。与传统的上承式梁(如箱梁、I 形梁等)相比,U 形梁具有降噪效果好、外形美观、断面利用率高、造价低等优点。

　　①上部结构采用开口的 U 形梁,轨道直接铺设在 U 形梁的结构底板上,具有大幅降低轨面标高、灵活适应线路条件、降低线路标高和车站高度、减少工程量和节约投资等优势。

　　②U 形梁的上翼缘顶部与地铁车辆底板处于相同高度,遇到紧急情况时,可作为紧急疏散通道为乘客提供方便。同时,因为车辆受到 U 形梁整体结构两侧腹板的保护,无需像传统高架结构那样考虑防冲撞功能,安全性较其他高架结构有了进一步提高。

　　③其结构类似开口的隧道,自身形成一个良好的防噪体系,未来通车后地铁列车将行驶在开口的 U 形梁体内,其侧壁起到了普通高架隔声屏障的作用,使地铁列车运行噪声可以被有效屏蔽,大幅度降低列车对线路沿线的影响。模拟计算表明,与传统箱形梁相比,车辆在 U 形梁内运行可以降低噪声 6 ~ 10 dB,同时也大大减少了高架桥声屏障的用量(使用寿命约 15 年的声屏障,在桥梁结构使用寿命 100 年内,需要多次更换)。

　　④U 形梁建筑底板高度只有 26 cm,大约为箱形梁建筑高度的 1/2,采用带折线的外形,视觉上减小了结构的体量,再加上大量减少了声屏障的使用,U 形梁在视觉上降低了对城市景观的影响。

　　U 形梁结构混凝土壁薄,底板最薄处混凝土厚度仅为 23 cm,且为开口断面,抗扭刚度低,梁高 1.8 m,宽 5.224 m,长度 16 ~ 30 m 不等,最大质量 150 t。因此 U 形梁运输控制和安装精度要求高,施工难度大。图 2.78 是 U 形高梁结构断面图。

2.4.3　轨道梁的结构形式

　　轨道梁基本采用简支结构,构造简单、受力明确、抗震性能好,且梁长不大,便于工厂预

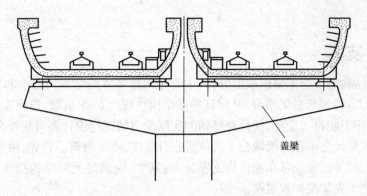

盖梁

图 2.78   U 形梁断面布置图

制,质量和精度也易于控制,缺点是线路接头较多、造价较高、维护工作量较大,且墩柱间距较密、影响景观效果。研究表明简支结构体系轨道梁标准跨径采用 20 m 左右比较合适,据日本、马来西亚及我国重庆市的建设经验,考虑到道路运输条件,PC 简支轨道梁跨径一般不超过 22 m,多为 20 ~ 22 m。实际应用中,一般优先采用标准跨径预制 PC 简支轨道梁布置方案,如我国重庆市轻轨较新线:梁跨在直线和平面曲线半径 $R > 700$ m 时采用 22 m 梁跨,在车站和线路平面曲线半径 $R < 700$ m 时采用 20 m 梁跨;当受其他条件限制时才可采用非标准跨度,非标准跨径简支梁必须大于 6 m,小于 25 m;标准跨径和非标准跨径 PC 轨道梁均采用统一标准断面尺寸;当跨径大于 25 m 时须经特殊设计。为减小墩柱纵向密度并改善景观条件,国内最新研究表明,PC 简支轨道梁跨度可增大至 25 m,在重庆跨坐式单轨交通较新线二期工程及三号线中可能得到应用。在受地形地质条件、立体景观、城市道路立交等制约时,可根据具体条件采用大跨径高架桥,可采用大跨径简支钢轨道梁或钢-混凝土组合轨道梁,也可采用主梁之上叠合标准轨道梁或两者结合成整体受力方式,还可选择 PC 连续轨道梁、连续刚构、V 形撑、T 构等形式。

综上所述,应用钢轨道梁和钢-混凝土组合轨道梁,扩大了线路选择范围,提高了轨道梁跨越能力,增加了高架桥下行人的舒适、通透感,为采用"大跨少墩"布置方式提供了理论基础。但大跨径钢轨道梁构造较复杂,特别在小半径平面曲线上构造更加复杂,构件加工、组拼施工比较困难,且存在造价高、运营维修费用高、噪声大等缺点。钢-混凝土组合轨道梁相比 PC 轨道梁,可减小梁体截面积和体积,具有自重轻、外形轻巧、施工方便等优点;相比钢轨道梁,能减少单轨列车通过时的噪声,增大轨道梁面与单轨列车橡胶走行轮之间的有效摩擦力并提高钢轨道梁爬坡能力等。

更大跨径轨道梁则需采用预应力混凝土连续轨道梁结构。马来西亚吉隆坡市曾采用跨径为 30 ~ 40 m 的直线连续 PC 轨道梁,为 3 ~ 5 跨,梁体截面为变高度形式,梁高从跨中 1.5 m 左右过渡到支点附近 3.0 m 左右,采用简支变连续的施工方式;我国也对连续轨道梁结构进行了研究,重庆市跨坐式单轨交通较新线二期工程采用了 3 m × 30 m 简支变连续轨道梁的设计方案。连续轨道梁结构整体受力好,抗弯和抗扭刚度较大,轨道梁接头少,行车平顺,并减少了墩柱数量,使轨道梁跨越能力得到极大提高,可一定程度优化景观效果,但其结构受力不如简支梁明确,易受到地基沉陷影响,现场施工较复杂,质量和精度难以保证,且在小半径平面曲线上设置变高度 PC 连续轨道梁的设计和施工难度都很大。

2.5 桥梁支座

支座是桥跨结构的一个重要组成部分,其主要作用是将桥跨结构的自重和承受的荷载(包括竖向力和水平力)传递给桥梁墩台,并保证桥梁结构在列(汽)车荷载、温度变化、混凝土收缩和徐变等因素作用下能自由变形,使桥跨结构的实际受力情况与设计要求相符合。在满足上述要求的同时,还应保证支座在桥梁墩台上的位置充分固定,不致滑落。首先,桥梁支座必须具有足够的承载能力,以保证安全可靠地传递支座反力;其次,应满足上部结构构造及变形的要求;此外,支座还应便于安装维护和更换。

2.5.1 支座类型与构造

目前梁式桥使用的支座,按其容许变形的可能性分为:

①固定支座:它能承担支承点处顺桥向、横桥向的水平力和竖向反力,并约束相应的线位移。

②单向活动支座:它在承担竖向反力的同时,能约束顺桥向、横桥向水平位移中的一个线位移。

③多向活动支座:容许支座在顺桥向、横桥向两个方向发生水平线位移,仅承担竖向反力。

桥梁支座按使用材料可分为简易支座、钢支座、橡胶支座、混凝土支座等4大类。桥梁支座类型的选择应根据桥梁的用途、跨径、结构物高度的要求等因素,结合具体情况而定。下面简要介绍桥梁几种常用支座的构造。

1)简易垫层支座

对于跨度小于或等于4 m的铁路板梁桥或标准跨径小于10 m的公路简支梁桥,为简单起见,可不设专门的支座,而采用由几层油毛毡或水泥砂浆做成的简易支座,如图2.79所示。这种简易垫层的变形性能较差。

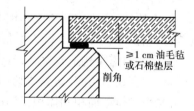

图2.79 简易垫层支座

2)钢支座

钢支座是靠钢部件的滚动、摇动和滑动来实现支座的位移和转动。它的特点是承载能力强,能适应桥梁位移和转动的需要,但用钢量多、易锈蚀,因而养护维修费用较高。钢支座主要用在钢桥或大跨径混凝土桥上。常用的有弧形支座、摇轴支座、辊轴支座和铰轴滑板支座。

(1)弧形钢板支座

弧形钢板支座常用于跨径10 ~ 20 m,支承反力不超过600 kN的简支梁桥上。弧形钢板支座由上、下两块支座垫板以及齿板或销钉组成,上支座垫板是一平板或弧面,下支座垫板的顶面是一曲率很大的弧面,如图2.80所示。

弧形钢板支座是通过其上支座垫板沿着下支座垫板弧形接触面的相对滑动和转动来实现水平位移和转动。固定支座则是通过焊接在上、下支座垫板之间的齿板或销钉来限制支座的水平位移,活动支座将上垫板销孔改成椭圆孔。目前不少桥梁的弧形支座已被板式橡胶支座所代替。

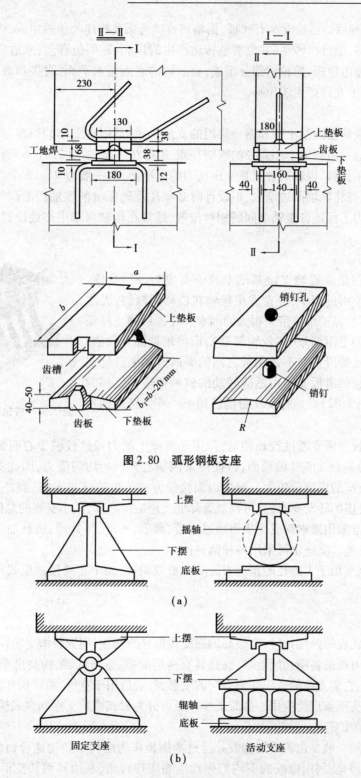

图 2.80　弧形钢板支座

图 2.81　摇轴支座和辊轴支座示意图

(2)摇轴支座

当桥梁跨度大于或等于 20 m 时,可采用钢摇轴支座。摇轴支座有活动支座和固定支座之分,如图2.81(a)所示。活动支座有底板、摇轴和直接与梁底相连的顶板组成,摇轴的顶面和底面均做成圆曲面形,能自由转动,并由摇轴转动产生的顶面、底面位移差,来适应梁体水平位移的需要。固定支座由顶板、摇轴两部分组成,而摇轴的底面是水平面,直接和墩台顶面连接,因此支座只能转动,不允许产生线位移。

(3)辊轴支座

辊轴支座是大跨度混凝土桥和钢桥常用的支座形式,其固定支座的原理与摇轴支座相同。活动支座的底部通常由若干个小直径的辊轴并列、组连在一起,如图2.81(b)所示,通过辊轴的转动实现梁体水平位移,辊轴的数量视支座反力的大小而定,一般为2～10个。为了节省钢材并减小支座长度,可将辊轴两边削去,但设计时必须注意确保被削辊轴仍能调节所要求的位移量而不致倾覆。为了保证各辊轴之间的相对位置,通常在辊轴两端中心处设置连杆,以使各辊轴平行转动。

(4)铰轴滑板支座

铰轴滑板支座是在辊轴支座基础上改进而成的一种支座。由于辊轴支座在使用过程中,经常发生辊轴在位移后倾斜,无法恢复原位,给支座的养护维修带来很大的困难。改进后的支座保留了原辊轴支座的上面部分(即铰轴部分),而将辊轴部分取消,换成通过聚四氟乙烯滑板与不锈钢板之间的平面滑动来满足支座位移的要求。铰轴滑板支座由适应转动的铰轴和适应位移的滑动部分组成(图2.82)。该种支座目前已用于一些大跨度钢桥和混凝土桥。

图2.82 铰轴滑板支座构造图

由于铰轴滑板支座要通过铰轴转动,作用于支座上的力通过铰轴中心两侧向下以刚性角(35～45°)扩散传递到支座滑板顶面,以便使聚四氟乙烯板能均匀受力,因此支座的总体结构高度仍很大,且支座的用钢量较大。采用以面接触方式传力的球型支座(或柱面支座)来替代铰轴,既可满足支座的转动要求,又可以显著降低支座结构高度,减小支座的总体用钢量。

上述支座通常采用碳素钢或优质钢经过制模、翻砂、铸造、热处理、机械加工和表面处理制成,通常称铸钢支座。支座也可采用特种钢制作。

目前,钢支座多用于大跨径的预应力混凝土桥或钢桥,而中小跨径的梁式桥所用支座基本以橡胶支座居多。

3)橡胶支座

橡胶是一种优良的弹性材料,有很高的强度和很好的韧性,用橡胶做支座,不仅可以满足支座在受力和变形方面的各项功能要求,而且具有构造简单、造价低、结构高度小、加工及安装方便等优点。另外,它能方便的适应任意方向的变形,特别适用于宽桥、曲线桥和斜交桥,因此,在桥梁工程中橡胶支座被广泛应用。橡胶支座一般可分为板式橡胶支座和盆式橡胶支座两种。

(1)板式橡胶支座

板式橡胶支座一般是由若干层橡胶片经过薄钢板作为刚性加劲物迭合而成,如图2.83所示。它的活动机理是:利用橡胶的不均匀弹性压缩实现转角,利用其剪切变形实现水平位移。因此,板式橡胶支座一般无固定支座与活动支座之区别,所有纵向水平力和位移由各支座均匀分配,如有必要可采用厚度不同的橡胶板来调节各支座传递的水平力和水平位移,从而实现其作为固定、活动或半固定支座的功能。

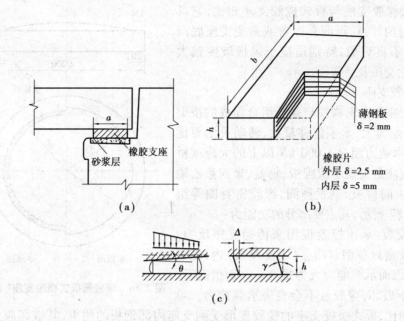

图 2.83　板式橡胶支座

　　板式橡胶支座有长方形和圆形等形状。长方形应用较普遍,而圆形支座由于其在各个方向上有着相同的特性,可以适应桥梁在各个方向的位移和转动,常用在环形立交桥、弯桥等桥梁上。

　　通过改变普通板式橡胶支座的内部结构,可以在不改变支座总厚的条件下适应更大的转角需求。通常做法是将支座转动方向中间部分钢板宽度减窄,而支座非转动方向支座钢板宽度不变,这样可使支座在该方向的转动性能得到改善,如图 2.84 所示。

　　四氟板式橡胶支座是在普通板式橡胶支座的表面粘贴一层聚四氟乙烯板(厚 2 ~ 4 mm)而成。它除具有普通板式橡胶支座的优点外,还能利用聚四氟乙烯板与底板不锈钢板之间的低摩擦系数,使得桥梁上部构造的水平位移不受限制。四氟板式橡胶支座由上支座板、不锈钢板、聚四氟乙烯板、下支座板和防护罩组成,如图 2.85 所示。

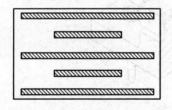

图 2.84　易转动型板式橡胶支座

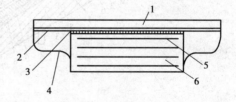

图 2.85　四氟板式橡胶支座

1—上支座板;2—不锈钢板;3—聚四氟乙烯板;4—防护罩;5—A3 钢板;6—橡胶

　　四氟板式橡胶支座适应于较大跨径的简支梁桥、桥面连续的公路梁桥,除作为桥梁支座使用外,还被用作顶推施工的桥梁的滑块,也可以用来做移动重物的滑道。铁路上还利用四氟滑块来横移道岔,可大大减少封闭行车的时间。

　　球冠圆板式橡胶支座是一种改进后的圆板式橡胶支座,其中间层橡胶和钢板布置与圆板式橡胶支座完全相同,只是在支座的顶面用纯橡胶制成球形表面,球面中心橡胶最大厚度为 4 ~ 10 mm,如图 2.86 所示。

球冠圆板式橡胶支座与板式橡胶支座相比,它具有支座传力均匀的特点,可明显改善或避免支座底产生偏压、脱空等不良现象,特别适应于纵横坡度较大(3% ~5%)的立交桥及高架桥。

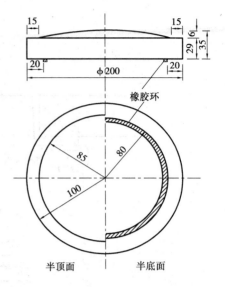

图 2.86　球冠圆板式橡胶支座(单位:mm)

(2)盆式橡胶支座

盆式橡胶支座是由钢构件与橡胶组合而成的桥梁支座,具有承载能力大、水平位移量大、转动灵活等优点,适用于支座承载力超过 1 000 kN 以上的大跨度桥梁。盆式橡胶支座是由氯丁橡胶板、钢盆、聚四氟乙烯板、不锈钢板、中间衬板、钢紧箍圈、橡胶密封圈等组成,构造如图 2.87 所示,其主要部分的功能为:

①承压橡胶板:承压橡胶板用来传递支座反力。由于承压橡胶被密封在钢制凹盆(下支座板)内,处于三向应力状态,因而承载能力大为提高。一般情况下,只要支座钢盆不破坏,橡胶就不会丧失承载能力。与板式橡胶支座相比,板式橡胶支座的橡胶变形受到支座内部钢板的约束,其破坏应力为 70 ~100 MPa,而盆式橡胶支座的橡胶变形受到钢盆的外部约束,其破坏应力可达 150 ~225 MPa,因而盆式橡胶支座更适用于大吨位的桥梁支座。同时处于三向应力状态下钢盆中的橡胶有类似液体的功能,转动灵活,能满足梁部转动的需要。承压橡胶板的硬度一般为 IRHD50 ~ IRHD60。承压橡胶板的厚度约为直径的 1/15 ~1/10。

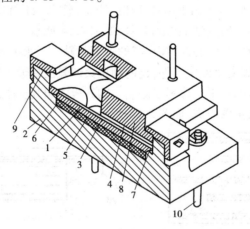

图 2.87　盆式橡胶支座构造示意图

1—素橡胶板;2—钢盆;3—聚四氟乙烯滑板;4—不锈钢板;5—中间衬板;
6—紧箍圈;7—橡胶密封垫圈;8—上摆;9—上、下支座连接板;10—锚拴

②不锈钢板、聚四氟乙烯板:因聚四氟乙烯板和表面粗糙度高及平面度高的不锈钢板(或镀铬钢板)之间的摩擦系数很小,所以通过聚四氟乙烯板和不锈钢板的相对滑动,可以满足支座位移的需要。聚四氟乙烯板的厚度一般为 4 ~8 mm,板厚的一部分(不小于 2.5 mm)嵌入支座钢衬板的凹槽内,一部分高出衬板(1.5 ~3 mm),以便与不锈钢板滑动。

③中间衬板:中间衬板位于承压橡胶板与聚四氟乙烯板之间,中间衬板下面凸起嵌入下支座钢盆内,并略小于凹盆内径(约 1 mm),以保证支座的灵活转动。衬板上部设有凹槽,以便镶

嵌聚四氟乙烯板。

④紧箍圈:在承压橡胶板上设有环形紧箍圈,其厚度约 4 mm。它的外径与钢盆内径相近,镶嵌在氯丁橡胶板的顶面。由于转动的要求,中间衬板比钢盆内径小 1 mm,在高压下橡胶易于从此缝隙间挤出,造成橡胶板沿周边破坏,经设置紧箍圈后,则可防止橡胶沿周边的破坏。德国常采用黄铜夹一层聚四氟乙烯板制成紧箍圈,使其能具有更好的密封效果。目前紧箍圈的材料可以采用多层黄铜圈、聚甲醛等。

⑤橡胶密封圈:密封圈橡胶的硬度一般为 IRHD50,它可使承压橡胶板基本上处于密封状态,有利于防止橡胶老化。

⑥下支座板:采用铸钢或钢板焊接而成的钢盆,用于约束橡胶板的变形。钢盆的盆环厚度可根据橡胶板的侧压力按厚壁圆筒公式求得内力。钢盆盆底厚度主要应根据支撑混凝土的局部承压强度求得。

⑦上支座板:通常采用厚钢板,表面用自动氩弧焊焊接上 2 mm 厚的不锈钢板。上支座板的厚度取决于支撑混凝土的局部承压强度,板厚对保证不锈钢滑板的平面度也有重要作用。此外盆式橡胶支座一般还应设置支座围板,以保证支座滑动面的清洁。

盆式橡胶支座利用设置在钢盆内的橡胶实现对上部结构的承压和转动,利用中间钢板上的聚四氟乙烯板与顶面上不锈钢板之间的平面滑动适应桥梁较大的水平位移。与板式橡胶支座相比,盆式橡胶支座具有承载能力大、水平位移量大、转动灵活等优点。按其工作特征可以分为固定支座、多向活动支座和单向(纵向)活动支座 3 种。目前 60 MN 及以下的大吨位支座多采用盆式橡胶支座。

4)特殊功能的支座

(1)球形钢支座

球形支座是在盆式橡胶支座的基础上发展起来的桥梁支座,如图 2.88 所示。

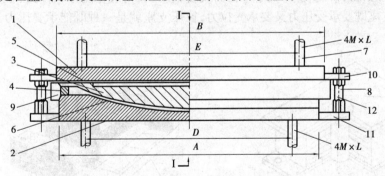

图 2.88 球形支座构造示意图

1—上支座板;2—下支座板;3—钢衬板;4—钢挡圈;5—平面聚四氟乙烯板;
6—球面聚四氟乙烯板;7—锚固螺栓;8—连接螺栓;9—橡胶防尘条;
10—上支座连接板;11—下支座连接板;12—防尘围板

球形支座主要由下座板、球聚面四氟乙烯滑板、下滑板、密封装置、中座板、平面聚四氟乙烯滑板、上滑板和上座板组成。其工作原理是:a. 球形支座的水平位移是由上(支座)滑板与中座板上的平面聚四氟乙烯滑板之间的滑动来实现的。另外,通过在上座板上设置导向板(槽)或导向环来约束支座的单项或多项位移,可以构成单项活动球形支座和固定球形支座;b. 球形支座的转角是由中座板的凸球面与下座板上的球面聚四氟乙烯滑板之间的滑动来实现的;c. 通常由于支座的转动中心与上部结构的转动中心不重合,而在中座板和下座板之间形成第二滑动面。根据上部结构与支座转动中心的相对位置,球面转动方向可以与平面滑动方向一致或相反。如果两个转动中心重合,则无平面滑动。

球形支座传力可靠,转动灵活,它不但具备盆式橡胶支座承载能力大、位移大等特点,而且能更好地适应支座大转角的需要,与盆式支座相比具有以下特点:

①球形支座通过球面传力,不出现力的缩颈现象,作用在混凝土上的反力比较均匀。

②球形支座通过球面聚四氟乙烯滑板的滑动来实现支座的转动,转动力矩小,而且转动力矩只与支座球面半径及聚四氟乙烯摩擦系数有关,与支座转角大小无关。故此特别适用于大转角的要求,设计转角可达 0.05 rad 以上。

③支座各向转动性能一致,适用于宽桥、曲线桥、坡道桥、斜桥及大跨径桥梁。

④支座不用橡胶承压,不存在橡胶老化对支座转动性能的影响问题,特别适用于低温地区。

由于球形钢支座通过球面和平面聚四氟乙烯板将支座反力以面接触方式由梁体传递给墩台,克服了传统的辊轴支座及铰轴支座以线接触传力的缺点,支座各部件受力均匀、应力水平低,支座结构紧凑,建筑高度低,支座造价也低,是当前大吨位桥梁支座的主要结构形式。目前60 MN 以上的大吨位支座,多采用球形钢支座。

(2)减震支座

地震地区的桥梁应使用具有抗震和减震功能的支座。目前国内主要的减隔震支座、抗震支座的类型有抗震型盆式橡胶(球形)支座、抗震铅芯橡胶支座(图2.89)、高阻尼橡胶支座等。

各种减震支座有着相似的功能和作用,即在竖直方向可以支承桥跨结构的荷载,在水平方向则具有良好的柔性,以满足较大的变位,使桥梁结构的振动长周期化;同时利用滞回阻尼吸收耗散振动的能量,提高桥梁结构的阻尼,从而达到减小地震力的目的。

(3)拉压支座

连续梁桥、悬臂梁桥、斜桥以及小半径曲线桥,在运营荷载作用下,有时会在支座处产生向上拉力,此时支座既要承受压力又要承受拉力,拉压支座就是一种既能承受压力又能承受拉力的支座。

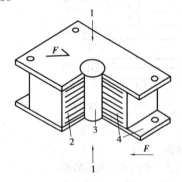

图2.89 铅芯橡胶支座构造示意图
1—竖向力;2—橡胶;3—铅芯;4—钢板

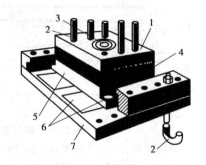

图2.90 板式橡胶拉压支座
1—上支座板;2—锚筋;3—受拉螺栓;
4—承压橡胶块;5—滑板;6—奥氏体钢;7—下支座板

板式橡胶支座、盆式橡胶支座和球形支座都可以做成拉压支座。板式橡胶拉压支座(图2.90)适用于拉力较小的桥梁,对于拉力较大的桥梁,则用盆式拉压支座或球形抗拉钢支座。

5)高速铁路桥梁用支座

高速铁路桥梁具有列车行车速度高,行车密度大,高速行车的安全性和舒适度要求高等特点,因此对高速桥铁路梁用支座提出了较高的技术要求。另外,由于长钢轨纵向力、制动力、列车动力作用和机车车辆横向摇摆等动力的影响较普通铁路桥梁加剧,因而对支座的减振消振性能提出了新的要求。我国高速铁路铁路桥梁主要采用盆式橡胶支座和球型钢支座,支座构造在细节的处理上,结合环境状况增加了多道防尘构造,并特别考虑了支座更换的可能性。高速铁路用桥梁支座性能应满足以下要求:

①桥梁支座应有足够的竖向和水平向的承载能力。

②桥梁支座应有可靠的横向限位,在列车行车时支座的横向位移应控制在 ±1 mm 之内。

③桥梁支座用橡胶材料和聚四氟乙烯等滑板材料应具有可靠的耐久性和耐磨耗性能。

④桥梁支座应具有良好的外防护和油漆涂装。

(1)高速铁路用盆式橡胶支座

由于盆式橡胶支座构造简单,性能可靠,造价低廉,同时橡胶对箱形梁各支点的反力有一定的调整作用,对梁体的垂直荷载有一定的减震缓冲作用,因此盆式橡胶支座在高速铁路桥梁上采用较为普遍。目前,高速铁路桥梁采用的盆式橡胶支座是在原有盆式橡胶支座基础上改进而成。高速铁路桥梁盆式橡胶支座的特点如下:

①盆式橡胶支座的橡胶设计应力为 25 ~ 30 MPa,橡胶材料采用氯丁橡胶、天然橡胶或三元乙丙橡胶,常温地区 -25 ~ +60 ℃ 可采用氯丁橡胶和天然橡胶,低温地区 -40 ~ +40 ℃ 可采用天然橡胶或三元乙丙橡胶。橡胶的物理机械性能应满足《铁路桥梁盆式橡胶支座》(TB/T 2331—2004)的要求。

②使用的聚四氟乙烯板性能要求明显高于普通铁路支座。主要原因是由于高速铁路铁路的行车速度快,高速行车引起桥梁支座的滑动速度提高。以铁路 32 m 箱梁为例,当客车以 300 km/h 速度在桥上通过时,在活动支座处的相对位移速度可达 6 mm/s 左右,而且客车的行车密度大,活动支座在使用寿命中的累积滑移距离将明显大于普通铁路的桥梁支座,因此对支座用滑板提出了较高的要求。聚四氟乙烯板的设计应力为 30 MPa,表面应压制储硅脂凹槽,储硅脂凹槽的排列方向应与主位移方向一致,槽内涂满 5201 硅脂。

③盆式橡胶支座聚四氟乙烯滑板对磨件采用镜面不锈钢板,通常采用 1Cr18Ni9Ti 不锈钢板,不锈钢板表面粗糙度 $R_y \leqslant 1$ μm。不锈钢板应与基层钢板用氩弧焊焊接,焊接后不锈钢板的表面平面度应小于聚四氟乙烯板直径的 0.000 3 倍或 0.2 mm,取其大者。

④盆式橡胶支座的钢件(钢盆、钢衬板和上支座板),可用钢板、铸钢件或锻钢件等加工。钢板的强度等级可采用 Q235 ~ Q345。铸钢件采用 ZG270-500,用于支座的铸钢件除了要满足化学成分和机械性能要求外,还应满足冲击韧性的要求($A_k \geqslant 22$ J)。支座钢盆应力除了考虑橡胶作用的侧向应力外,还必须考虑由于桥上的制动力、离心力、横向摇摆力和地震力等横向水平力引起的钢盆应力。

⑤盆式橡胶支座承压橡胶板的密封采用黄铜紧箍圈,材料采用 H62 黄铜。黄铜圈厚度为 1.5 ~ 2.0 mm,密封用 2 ~ 3 圈,各圈的切口均匀错开,以避免橡胶在高应力下从盆壁内侧挤出。

⑥盆式橡胶支座的聚四氟乙烯滑动表面外侧应设置可靠的防尘构造,以避免聚四氟乙烯滑动面被污染,支座的外侧还应另设防尘罩。

⑦盆式橡胶支座与梁体和墩台采用套筒螺旋方式连接,可以在需要时更换支座。

⑧盆式橡胶支座钢件的外露表面应进行油漆防护。

盆式橡胶支座在机加工和组装过程中应符合设计要求,确保其精度和质量。

(2)高速铁路桥梁用球形支座

球形支座具有使用寿命长、工程造价低、转角大、适用范围广、耐低温性能好等优点,因此,球型支座也是高速铁路桥梁上常用的一种支座形式。球型支座有以下特点:

①球形支座采用平面和球面聚四氟乙烯滑板,聚四氟乙烯板的设计平均压应力为 30 MPa,其材料性能要求与盆式橡胶支座相同。球形支座也可以采用改性超高分子量聚乙烯滑板,改性超高分子量聚乙烯滑板的设计平均压应力为 45 MPa。在特大吨位的球形支座上采用改性超高分子量聚乙烯滑板,可以进一步减小支座构造尺寸。

②球形支座球冠板的滑动球面的球面半径为滑板直径的 1.4 ~ 2.8 倍,通常采用滑板直径的 1.5 倍。球形滑动表面可以采用镀硬铬处理,也可以采用不锈钢板包覆。采用镀硬铬表面时,硬铬层的厚度不小于 100 μm,滑动表面的球面度应小于滑板直径的 0.000 3 倍,且不大于 0.2 mm。

③球形支座的平面滑动面通常采用不锈钢板,对其平面滑动面的要求与盆式橡胶支座一样,即滑动表面的球面度应小于滑板直径的 0.000 3 倍,且不大于 0.2 mm。

2.5.2 支座设计

要正确选择和设计桥梁支座,就必须对支座所承受的竖向反力、位移和转角进行全面分析和计算。

使支座产生垂直反力的因素有恒载、活载、施加预应力、离心力、基础不均匀沉降等。产生作用于桥轴方向的支座水平力的主要因素包括制动力、牵引力、支座位移阻力、撞击力等。产生作用于垂直桥轴方向的支座水平力主要因素包括离心力、风力、列车横向摇摆力、地震力、侧向撞击力等。

支座的位移(包括桥轴向和垂直于桥轴向)计算时应考虑如下因素:施加预应力(纵向、横向)产生的支座位移,混凝土收缩、徐变引起的变位,梁体温度伸缩变位及日照产生的变位,下部结构引起的位移等。支座的转角(纵向、横向)应考虑:自重(含二期恒载)产生的梁体转角,活载产生的转角,梁体施加预应力(纵向、横向)产生的转角,混凝土收缩、徐变产生的转角,下部结构引起的转角,梁体上下翼缘温差造成的转角。

1)板式橡胶支座设计与计算

板式橡胶支座的设计应按现行铁路桥规有关条文进行,其主要设计内容包括:

①计算支座反力并初步拟订支座平面尺寸。

②计算支座位移并确定支座总高度。

③计算支座转角,检算支座不脱空条件是否满足。

④检算支座的稳定性、抗滑性及抗震性能。

板式橡胶支座有系列成品可供选择,因此,一般情况下不必自行设计,只需根据支座反力、位移和转角进行选配。

2)盆式橡胶支座设计与计算

盆式橡胶支座的设计计算内容和其构造形式有关。其设计计算内容有:确定氯丁橡胶板和聚四氟乙烯板的尺寸、钢盆和盆塞的设计计算、钢盆顶板偏转的验算、上下支座垫板的验算、钢紧箍圈和橡胶密封圈的设计以及螺栓连接和焊接缝的计算等。

在实际工程中,通常是根据支座反力和变形直接在成品目录上选配合适的支座,同时考虑温度和地震两个因素,以确定适配常温型或耐寒型支座和采用何种抗震型支座或抗震措施。目前国内生产的盆式橡胶支座主要有 TPE-1、GPZ、SY-I 和 QPZ 等。

3)钢支座设计与计算

钢支座的设计计算主要包括确定支座的平面尺寸和上下板的厚度以及圆弧面(弧形、摇轴及辊轴)的曲面半径,固定支座还要验算销钉及锚栓的抗剪强度。

随着高速铁路的建设,国内开发生产了应用于高速铁路桥梁的 KTPZ、TGPZ 等大吨位盆式橡胶支座和 KGPZ 型球形钢支座。有关各种支座具体的设计计算理论和公式参见铁路桥规及相关资料。

4)支座布置

桥梁支座在布置上要有利于墩台传递纵向水平力和变形,一般地说,一片 T 梁的支点宜设一个支座,一个箱梁的支点宜设两个支座。当超过此数时,则应考虑如何调整多支座均衡受力的措施。

(1)支座布置方式

根据梁桥的结构体系以及桥宽,支座在纵、横桥向的布置方式主要有以下几种:

①简支梁桥应在每跨的一端设置固定支座,另一端设活动支座。对于多跨简支梁,一般把固定支座布置在桥台上,每个桥墩上布置一个(组)活动支座与一个(组)固定支座;若个别墩较高,也可以在高墩上布置两个(组)活动支座。

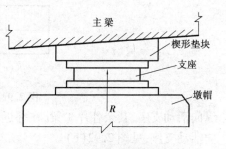

图 2.91 坡桥楔形垫块

②对于坡桥,宜将固定支座布置在标高低的墩台上。同时,为了避免整个桥跨下滑,影响车辆的行驶,当纵坡大于 1% 或横坡大于 2% 时,通常在支座处梁底面增设局部的楔形构造,以使支座保持水平状态,如图 2.91 所示。

③对于桥面连续的简支梁及连续梁桥,一般在每一联设置一个固定支座,并宜将固定支座设置在靠近温度中心处,以使全梁的纵向变形分散在梁的两端,其余墩台上均设置活动支座。在设置固定支座的桥墩(台)上,一般采用一个固定支座,其余为横桥向的单向活动支座;在设置活动支座的所有桥墩(台)上,一般在设置固定支座的一侧,均布置顺桥向的单向活动支座,其余均为双向活动支座。对于一些特别宽的桥梁,尚应设置沿纵向和横向均能自由移动的活动支座。

(2)高速铁路桥梁支座在墩台上的布置原则

①简支箱梁当梁底横向两排支座中心距小于 4 m 时,可在一个桥墩上设两个固定支座,在另一个桥墩上设两个纵向活动支座。简支箱梁当梁底横向两排支座中心距大于 4 m 时,可在一个桥墩上设一个固定支座和一个横向活动支座,在另一个桥墩上设一个纵向活动支座和一个多向活动支座见图 2.92(a),应该指出的是,应使固定支座和横向活动支座的顺桥向水平刚度尽可能接近,以使两个支座同时承受水平力,否则有可能将主要由固定支座承受水平力。

②连续梁桥当梁底横向两排支座中心距小于 4 m 时,可在一个桥墩上设两个固定支座,在其余桥墩上均设置纵向活动支座。连续梁桥当梁底横向两排支座中心距大于 4 m 时,可在一个桥墩上设一个固定支座和一个横向活动支座,其余桥墩上设一个纵向活动支座和一个多向活动支座,见图 2.92(b)。

③多片简支 T 梁可在靠近桥梁横截面中心部位的两片 T 梁下,一端设固定支座,另一端设

当横桥向支座中心距≥4 m时，支座宜按下图布置：

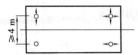

当横桥向支座中心距≥4 m，支座宜按下图布置：

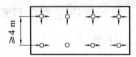

当横桥向支座中心距<4 m时，支座宜按下图布置：

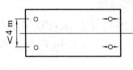

当横桥向支座中心距<4 m时，支座宜按下图布置：

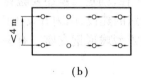

(a)   (b)

当横桥向支座中心距≥4 m时，支座宜按下图布置：

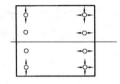

↕○   横向活动支座

⤢   多向活动支座

○   固定支座

当横桥向支座中心距<4 m时，支座宜按下图布置：

─○─   纵向活动支座

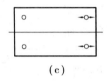

(c)

图 2.92　高速铁路桥梁支座布置示意

纵向活动支座，其余各片 T 梁，在邻近固定支座端，设横向活动支座，临近纵向活动支座端，设多向活动支座，见图 2.92(c)。

(3)防止落梁的措施

桥梁支座除在设计与选配上必须满足承受竖向反力、位移和转角要求外，在梁端支座处还要采取措施防止上部结构产生纵向位移或坠落等，其中以落梁最为严重。防止落梁的措施一般有以下几种。

①桥梁墩台顶部沿梁轴方向的预留设计宽度 s(mm)应大于以下计算值(图 2.93)：

当 $L \leqslant 100$ m 时，$s = 200 + 5L$；当 $L > 100$ m 时，$s = 300 + 4L$；L 为桥梁跨度(m)。此外，对于架设在松软地基上的重要桥梁，s 值应大于 350 mm。

悬臂梁与挂梁在支座处的搭接长度 s 宜大于 600 mm(图 2.94)；但对软弱地基上的桥梁，其值应大于 700 mm。

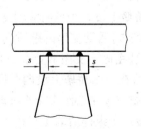

图 2.93　支座两侧预留设计宽度

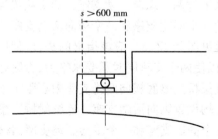

图 2.94　悬臂梁与挂梁在支座处的搭接

②桥跨结构的抗震连接。对于钢筋混凝土梁桥和预应力混凝土梁桥，当墩顶较宽时，可采

用连接螺栓和嵌塞将桥跨结构联为一体,如图 2.95 所示。连接螺栓与端横梁之间以及嵌塞与端横梁之间均应设置氯丁橡胶或海绵胶垫,使梁体在温度变化或混凝土收缩时能自由伸缩,而在地震时,又能起抗震作用。另外,在墩台顶面设置限制位移锚栓或钢筋混凝土挡块,也是常用的防落梁措施,如图 2.96 所示。为防止梁横向位移,目前在高速铁路上常采用横向限位装置,如图 2.97 所示。

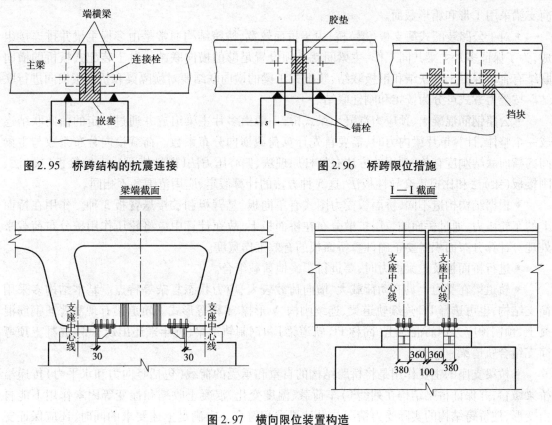

图 2.95　桥跨结构的抗震连接　　　　图 2.96　桥跨限位措施

图 2.97　横向限位装置构造

本章小结

• 混凝土简支梁的截面形式主要由受力要求决定,同时又要考虑到使用和施工两方面的因素。常用有板式、肋式和箱形截面。

• 铁路钢筋混凝土简支梁桥设计时,结构尺寸主要包括主梁高度、梁肋厚度、梁肋间距和道砟槽板厚度。

• 铁路钢筋混凝土简支梁桥设计时,恒载包括梁自重、道砟、线路设备、人行道的质量。活载包括列车活载(计入冲击)和人行道的竖向活载,设计荷载是荷载的组合。道砟槽板承受的列车荷载采用特种活载,按分布荷载计算内力。计算内力时,根据结构实际情况选择相应的计算图式。

• 预应力混凝土简支梁的施工方法常采用先张法和后张法。两种方法在制作工艺、配筋形式上各不相同,内力计算时也应注意其特点。

• 预应力混凝土梁桥设计计算时,纵向预应力体系计算包括:检算截面强度、抗裂性、应力、裂缝宽度及变形等,其步骤为:a.拟订截面尺寸,初估预应力钢筋的数量并布置预应力钢筋;b.按规定检算其强度、抗裂性、应力、裂缝宽度及变形。此外,还要进行横向截面计算、施工阶段(顶梁、架设、运输等)计算。

- 高速铁路桥梁除要满足一般铁路桥梁的要求外,必须有更高的强度、刚度和耐久性,必须保证可靠的稳定性和行车的舒适性,因此对于分片式梁必须要有足够的横向连接。其常用跨度简支梁采用 T 形和箱形截面。

- 对于公路装配式简支板(梁)桥,由于桥面较宽,桥跨结构通常是由多根主梁并排连接组成,为了保证多片主梁共同工作,主梁间就必须设置足够的横向联结。对于装配式板桥的横向联结有企口混凝土铰联结和钢板联结,装配式 T 梁的横向联结要对横隔梁和桥面板横向进行联结。按受力方式可分为铰接和刚性联结。

- 公路钢筋混凝土、预应力混凝土梁式桥,一般由多片主梁组成并通过一定的横向联结连成一个整体,计算单片梁内力时,需要首先计算荷载横向分布系数。荷载横向分布系数与主梁间的横向联结刚度有关,常用的方法有杠杆原理法、偏心压力法(刚性横梁法)、铰接板(梁)法、刚接板(梁)法和比拟正交异性板法,这 5 种方法的计算假定、应用范围各不相同。

- 根据结构构造不同,桥面板受力图式有单向板、悬臂板和铰接悬臂板 3 种。作用在桥面上的车轮压力,通过桥面铺装层扩散分布在桥面板上,故在计算中应将轮压作用按分布荷载来处理。计算分布面积时要正确计算桥面板的有效工作宽度。

- 进行桥面板及主梁内力时,要进行正确地荷载组合。

- 轨道梁在受力上具有动荷载大、横向荷载较大、应力状态复杂等特点。基本结构多采用简支结构,也可选择 PC 连续轨道梁、连续刚构、V 形撑、T 构等形式。轨道梁有现浇普通钢筋混凝土、预制预应力钢筋混凝土(简称 PC 轨道梁)和钢制轨道梁,近年来还出现了钢-混凝土预弯简支组合轨道梁。

- 桥梁支座的主要作用是将桥跨结构的自重和承受的荷载(包括竖向力和水平力)传递给桥梁墩台,并保证桥梁结构在列(汽)车荷载、温度变化、混凝土收缩和徐变等因素作用下能自由变形,使桥跨结构的实际受力情况与设计要求相符合。在满足上述要求的同时,还应保证支座在桥梁墩台上的位置充分固定,不致滑落。

- 梁式桥使用的支座,按其容许变形的可能性分为固定支座和活动支座。常用支座有简易垫层支座、钢支座、橡胶支座和特殊功能的支座。我国高速铁路铁路桥梁主要采用盆式橡胶支座和钢支座。

- 选择和设计桥梁支座时,必须对支座进行竖向反力、位移和转角的分析和计算,并进行合理布置。

思考题与习题

1. 钢筋混凝土与预应力混凝土简支梁桥的截面形式有哪些? 各有什么特点?

2. 简述铁路钢筋混凝土简支梁桥道砟槽板的计算过程。

3. 预应力混凝土简支梁桥和钢筋混凝土简支梁桥相比有哪些优点?

4. 先张法施工的预应力混凝土简支梁桥采用折线布置预应力钢筋的优点有哪些?

5. 高速铁路常用跨度简支梁的截面类型有哪些?

6. 简述预弯预应力混凝土简支梁的特点。

7. 简述铁路预应力混凝土简支梁桥的设计计算内容。

8. 什么是荷载横向分布系数？有哪些计算方法？各自的适用条件是什么？

9. 简述公路简支梁桥面板的计算方法。

10. 轨道梁在受力模式上具有哪些特点？

11. 目前我国梁式桥使用的支座，按其容许变形可分为哪几类？按材料划分又可分为哪几类？

12. 高速铁路用桥梁支座性能应满足哪些要求？高速铁路桥梁支座在墩台上的布置原则是什么？

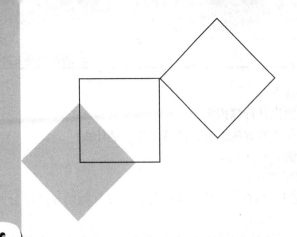

3

预应力混凝土连续梁桥及刚构桥

本章导读：

介绍了预应力混凝土连续梁的发展过程、优缺点及设计的相关知识；预应力混凝土连续梁的施工方法，包括逐孔施工、支架法施工、悬臂施工和顶推施工等施工方法；预应力混凝土连续梁的恒载内力计算方法，其恒载内力和施工过程密切相关，在进行计算时必须明确施工阶段及其特点；预加力次内力的计算方法，力法和等效荷载法，收缩、徐变次内力、温度次内力和基础沉降次内力的相关概念；刚构桥的基本知识，刚构桥的结构形式和特点、设计时的各部分尺寸拟定的方法及简单的计算理论。

混凝土连续梁桥是桥梁工程常用的桥型,但其在铁路桥梁中应用时间并不太长。我国在20世纪60年代,开始用悬臂法施工预应力混凝土T形刚构桥。1965年建成河南卫河窄轨铁路桥,跨度为(25 + 50 + 25)m。1966年在成昆线用悬臂拼装法建成旧庄河1号桥,跨度为(24 + 48 + 24)m。1970年又用悬臂灌筑法建成结构形式相同的成昆线孙水河五号桥,跨度为(32.6 + 64.6 + 32.6)m。这几座桥梁揭开了预应力混凝土连续梁在我国铁路桥梁建设史上应用的序幕,施工过程中也做了大量的科学研究,具有十分重要的意义。1975年建成的北京枢纽东北环线通惠河桥,是我国第一座预应力混凝土连续梁桥,系在支架上施工的,跨度为(26.7 + 40.7 + 26.7)m。1977年建成的西延线狄家河桥,系我国第一座用顶推法施工的预应力混凝土连续梁桥,跨度为4 m×40 m,为顶推法施工技术在我国桥梁应用开创了先河。20世纪80年代,邯长铁路浊漳河桥跨径为(23.5 + 44 + 23.5)m,采用三次超静定结构,梁与斜腿刚性固结,斜腿下设铰支座,两端设活动支座,是我国铁路干线第一座斜腿刚构,为建设大跨度预应力混凝土刚构桥提供了实践经验。1992年,我国修建了钱塘江桥,跨度为(45 + 65 + 14×80 + 65 + 14)m的18跨连续梁,总长达1 340 m长,采用三向预应力,解决了长联制动力分配、温度应力释放等方面的技术问题,标志着我国此类桥梁的建设能力达到了国际先进水平。其后在南昆线、内昆线修建了不少大跨的预应力混凝土连续梁和连续刚构桥,如清水河大桥、板其二号桥、李子沟大桥和花土坡大桥等。到我国开始大规模修建客运专线前,此类桥梁已修建了 40 多座。2007 年客专大规模建设开始后,得到了广泛的应用,其跨度也有了很大的提高。广珠城际容桂水道桥,采用 $108\ m+2\times185\ m+115\ m$ 的连续刚构,为目前我国跨度最大的此类铁路桥梁。公路预应力混凝土连续梁的发展要比铁路快些,目前跨径超过 200 m 的大桥已有 20 余座。

3.1 预应力混凝土连续梁桥构造与设计内容

3.1.1 预应力混凝土连续梁桥的特点

连续梁桥是一种常见的结构体系,与简支梁桥在构造上的不同是连续梁桥由若干跨梁组成一联,而整桥由一联或多联组成,各跨梁在支点上连续通过。虽然简支梁桥构造简单,预制和安装方便,在实际工程中应用广泛,但当这种简支体系跨径超过 40～50 m 时,跨中恒载弯矩和活载弯矩将会迅速增大,致使梁的截面尺寸和自重显著增加,这样不但材料耗用量大,并且也给施工带来困难。但对于预应力混凝土连续梁桥,由于支点负弯矩的存在,使跨中正弯矩值显著减小,从图 3.1 可看出,当跨径 L 和恒载集度 g 相同的情况下,连续梁内力的分布要比同跨度的简支梁更为合理。

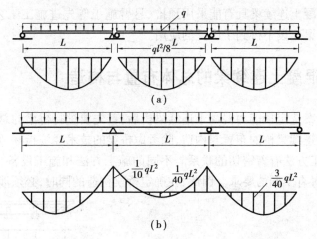

图 3.1 连续梁与同跨度简支梁的弯矩比较图

对预应力混凝土连续梁来说,布置钢筋时必须考虑各个截面上最大正、负弯矩的绝对值之和,即按内力变化幅值布置预应力筋。例如三等跨连续梁,按照产生最大正弯矩或最大负弯矩的要求分别加活载均布荷载 q,可得其中间跨度内跨中截面处的活载正弯矩与活载负弯矩的绝对值之和(即弯矩变化值)为 $0.125qL^2$,等于同跨度简支梁的跨中弯矩值,而中间支点处的活载弯矩变化值为 $0.133qL^2$,L 为梁的跨度。当然这里没有计入恒载的作用,恒载弯矩愈大(相对于活载弯矩而言),则弯矩变化值对总的弯矩来说较小,预应力钢筋布置比较容易满足弯矩变化的要求。在公路桥上,因恒载弯矩占总弯矩的比例较大,实际上支点控制设计的是负弯矩,跨中控制设计的是正弯矩(支点上的活载正弯矩与恒载负弯矩之和为负弯矩;跨中活载负弯矩与恒载正弯矩之和为正弯矩),在梁体中,弯矩有正负变号的区段仅在支点到跨中的某一区段。这样,预应力束筋并不增加太大的用量,就能满足设计要求。反之,在活载较大的铁路桥上及恒载弯矩占总弯矩比例不大的小跨径连续梁桥上,因预应力筋节省有限,施工较简支梁复杂,经济效益差,而较少采用。

连续梁桥刚度大,变形小,对活载产生的动力影响小,线路纵坡平顺,伸缩缝数目少,有良好的运营条件,比简支梁更适于高速行车;连续梁对结构物整体的纵向及横向稳定性也是有利的;减少了伸缩缝的数目对于桥梁的养护工作也比较方便。鉴于这些特点,连续梁桥在我国的客专桥梁建设中得到了较广泛的应用。连续梁桥的优点还体现在桥的立面上,其在中间桥墩上只有一个支座,在竖直荷载作用下桥墩只受轴向的压力。除制动墩外,连续梁的桥墩及其基础的尺寸都可以做得小些。

预应力混凝土连续梁的主要缺点是预应力钢筋的布置难于发挥预加力的优点。因为在梁的大部分截面内既有正号弯矩,也有负号弯矩,这就使预应力钢筋合力的偏心不得不靠近截面重心轴,从而降低了预加力的作用,并且影响到梁的极限强度。

构件在偏心的纵向预压力作用下,要承受弯矩产生的弯曲变形,在连续梁等超静定结构中,构件的变形如受到约束,在其支承处必然产生附加的反力,从而导致二次力矩。二次力矩的符号和原预加力矩相反,使预压力的偏心向重心轴移动,有降低预应力的作用。

当基础发生不均匀沉降时,连续梁会产生附加内力,一般情况下要求有良好的地质条件,但由于混凝土的徐变特性,附加内力会随时间延长会逐渐减小。连续梁等超静定结构的设计工作也比较复杂,张拉程序、施工方法以及材料性能等对其应力状态都有很大影响,且较难精确计算。但由于预应力混凝土连续梁具有能采用顶推、悬臂施工等先进施工工艺的特点,因此这种结构形式在国内外桥梁建设中得到了广泛的应用。

3.1.2 预应力混凝土连续梁的总体布置与构造

当桥梁的设计方案选定预应力混凝土连续梁桥后,首先要进行桥梁的总体布置和确定结构构造。预应力混凝土连续梁桥的布置与构造,除考虑桥梁的技术经济指标、跨越性质、水文和地质等条件外,还与施工方法有着密切的联系。不同的施工方法和施工设备,对桥梁的上下部构造、预应力钢筋的布置有不同的要求。因此,在确定桥梁构造的同时,必须涉及施工方法和施工条件。

1)平面布置

桥梁的平面造型取决于线路的方向与河道或立交线路的方向,并受桥址地形和地貌的制约,通常有正交、斜交、单向曲线和反向曲线桥梁等平面造型(图3.2)。正交桥最为常见,桥墩台位置与主线中线垂直,因而桥梁的构造也最简单。当线路方向与河道或桥下交通斜交时,斜交桥的布置应同时满足桥梁上、下交通的需要,而曲线桥的墩台方向在总体布置中通常选用径向排列。目前高速铁路上采用曲线布置的比较少,但也有采用大半径曲线的连续梁。

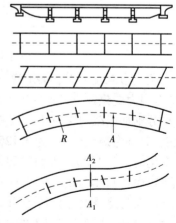

图3.2 连续梁桥常用的几种平面造型

2）立面布置

预应力混凝土连续梁桥的立面布置要考虑桥孔分跨、主梁高度和梁底曲线形状等因素。

常见的立面布置形式如图3.3所示,图中按照桥梁跨径相互关系可分为等跨连续梁[图3.3(a)]和不等跨连续梁[图3.3(b)]。

按照梁高变化可分为等高度连续梁[图3.3(a)、(d)]和变高度连续梁桥[图3.3(b)、(c)]。

按照下部结构的支承形式分为普通的单式桥墩[图3.3(a)、(b)],V形桥墩[图3.3(d)]和双薄壁柱式桥墩[图3.3(e)]。

按照主梁与下部结构的关系分为墩梁分离的连续梁和墩梁固接的连续T构桥。

（1）桥孔分跨

连续梁可以是由三跨、四跨或多跨梁组成一联,再由一联或多联构成全桥,联内主梁在各墩台顶连续通过,各支点纵向只设一排支座,两联之间主梁断开,墩顶纵向设两排支座,布置同简支梁(图3.4)。在跨越山谷的连续梁中,中间高墩也可采用双柱式墩,每柱上都设有支座,可消减连续梁支点的负弯矩尖峰。

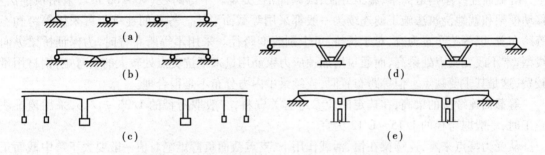

图3.3 预应力混凝土连续梁桥的立面布置

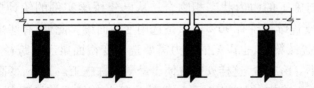

图3.4 连续梁联间支座布置

常见的连续梁桥每联由3~8跨梁组成。若每联跨数太多,将使桥梁的计算与施工难度加大,温度变化及混凝土收缩、徐变所需伸缩缝的宽度增大,对桥墩桥台也不利;若每联跨数太少,则需增加伸缩缝数目,对梁的受力和行车平稳、减小噪声及养护不利。随着计算机及相关软件的普遍使用,施工技术和施工精度的提高以及大型支座和伸缩缝的应用,连续梁桥一联的跨数和长度都有了明显地增加。如英国的奥韦尔桥为18跨一联的连续梁桥,最大跨径190 m,连续长度1 286 m,仅在桥梁两端设置伸缩缝;我国钱塘江二桥取用18跨一联预应力混凝土连续梁桥,中跨径80 m,全长1 340 m。当然,对于一联应选用几跨为宜,需依据桥梁的具体情况确定。

连续梁跨径的布置可采用等跨和不等跨两种。

采用等跨布置[图3.3(a)]结构简单、模式统一,适于采用顶推法、移动模架法或简支转连续法施工的桥梁,但等跨布置将使边跨内力控制全桥设计,不是很经济。等跨布置的跨径大小

155

主要取决于经济分孔和施工设备条件,一般跨湖、跨海湾的长桥常采用中小跨径的等跨连续梁布置。

为减少等跨布置时边跨及中跨跨中正弯矩,可将连续梁设置成不等跨形式[图3.3(b)],从桥梁美学的角度看,连续梁桥跨数不多时,一般采用奇数孔,三跨及五跨较为常见。对三跨连续梁,边跨与中跨跨径之比一般为0.5~0.8;对于城市桥梁或跨线桥,有时为了增大中跨跨径,该比值还可能小于0.3,此时边跨桥台支座将会出现负反力,在桥台上需设拉力支座或压重(图3.5);对五跨连续梁则常取比值为0.65:0.9:1.0。

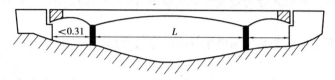

图3.5 边跨中跨之比小于0.3时的措施

(2)梁高及梁底曲线

按照梁高变化连续梁可分为等高度和不等高度两种。

等截面连续梁构造简单、施工方便、线条简洁、美观。中等跨径(40~60 m),采用顶推法、移动模架和就地浇筑法施工的连续梁一般都采用等截面形式。等截面连续梁可采用等跨和不等跨布置,以等跨布置为宜,对于长桥,可个别改变跨径。采用不等跨布置时,为保证桥梁纵向线型,常不改变支点处梁高,而通过增加预应力束筋用量来抵抗支点处较大的负弯矩,钢材用量较费,这是其主要缺点。但等跨布置时,连续梁中内力分布不是很合理。

等截面连续梁的梁高,在选定时应参考有关资料,一般取跨径的1/26~1/16,采用顶推法施工时,一般取跨径的1/15~1/12为宜。

从受力特点来看,连续梁在恒、活载作用下,支点截面负弯矩绝对值一般要大于跨中截面正弯矩绝对值,因此采用变截面梁更能符合梁的内力分布规律。同时大跨连续梁桥宜选用悬臂法施工,而变截面梁又与施工的内力状态相吻合。从已建桥梁实例的统计资料分析,跨径大于100 m的预应力混凝土连续梁桥有90%以上是选用变截面梁。此外,有些采用有支架施工和预制装配施工的大跨径连续梁桥,也以梁的受力需要选用变截面梁。在跨径布置上,为减小边跨中正弯矩,宜选用不等跨布置,这样安排也便于悬臂对称施工。另外,变高度梁使梁体外形和谐,节约材料并增大桥下净空,但施工时要计算较为复杂的体系转换问题,施工和构造也较为复杂。

变截面梁的截面变化规律可采用圆弧线、二次抛物线、折线等,最常用的是二次抛物线,因为二次抛物线的变化规律与连续梁的弯矩变化规律基本相近。采用直线形截面变化布置可使桥梁的构造简单,施工方便。如广东容奇桥主跨径90 m,选用直线形变截面梁,其支点截面到左右各16.5 m处梁高直线变化,从16.5 m处到跨中截面取用等截面。该桥梁用大型预制构件拼装,由悬臂—连续体系转换,并在变截面和等截面交界附近设牛腿连接。从构造与施工方面考虑,该桥纵向选用部分直线变化是合理的,同时,也使各控制截面的强度和应力满足设计要求。预应力混凝土连续梁桥除在梁高上选用变截面外,对箱形截面也可将截面底板、顶板和腹板作成变厚度,以满足梁内各截面的不同受力要求。

实践经验表明,变截面的截面高度与最大跨径之比,跨中截面可在1/50~1/30范围内考虑,支点截面可选用1/20~1/15,边跨与中跨的比例仍在0.5~0.7的范围内变化。

3) 主梁横断面

目前,预应力混凝土连续梁的横断面形式常用的有板式、肋式和箱形截面 3 大类,一般应根据桥梁跨径、高度、梁高、支承形式、总体布置和施工方法等方面综合确定。合理地选择主梁的截面形式可减轻桥梁自重、节约材料、简化施工,并改善截面受力性能。

(1)板式截面(图 3.6)

用于连续梁的板式截面有矩形实体截面、曲线形实体截面及矩形空心截面等几类。矩形实体截面目前已很少采用,曲线形实体截面近年相对使用较多,常用于 20 ~ 30 m 中小跨径,且多为支架现浇施工,跨中板厚 $(1/28 \sim 1/22)L$,支点板厚为跨中的 1.2 ~ 1.5 倍。这种横断面常与柱形桥墩相配合,造型美观,但模板设置较复杂。空心板截面亦常用于跨径 20 ~ 30 m 的连续梁桥,板厚可取 0.8 ~ 1.2 m,亦以支架现浇为主。

(2)肋式截面(图 3.7)

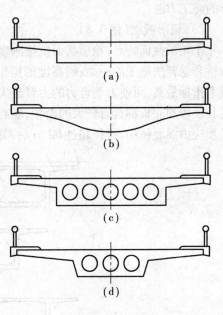

图 3.6　板式截面

肋式截面预制方便,常采用预制架设先简支后连续的施工方法。常用于跨径 25 ~ 60 m 的连续梁桥,梁高一般取 1.6 ~ 2.5 m。如我国滦河桥,

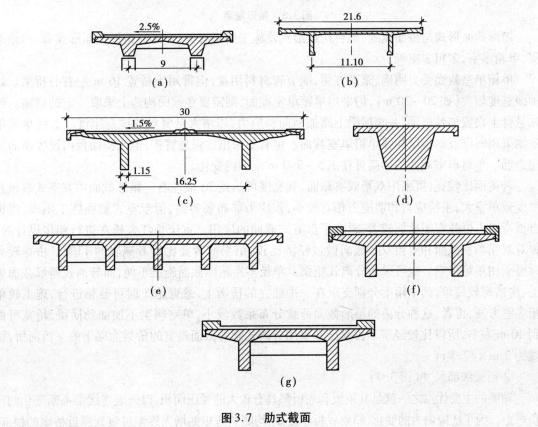

图 3.7　肋式截面

分跨为 6 m × (4 × 40)m,横断面为 T 形截面,桥宽 9 m,梁高采用 2.3 m,施工方法为先简支后连续的施工方法。

（3）箱形截面（图 3.8）

①箱形截面特点:箱形截面抗扭刚度大,整体性好,有良好的静力和动力稳定性,特别适合弯桥和悬臂法施工的桥梁;同高度的矩形、T 形和箱形截面中,箱形截面的核心半径最大,截面效率指标最高,可使力筋合力的力臂最大而不使截面边缘出现拉应力,达到节省力筋的目的;同时其顶板和底板都具有较大的面积,能有效抵抗正负弯矩,满足配筋要求。目前,已建成的大跨径预应力混凝桥中,跨径超过 60 m 后,其横断面大多为箱形截面。

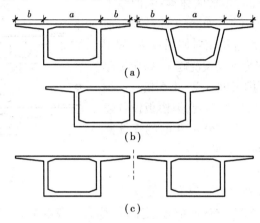

图 3.8　箱形截面

箱形截面形式与桥面宽度、墩台构造形式及施工要求有关,常见的箱形截面形式有:单箱单室、单箱多室,多箱多室等。

单箱单室截面受力明确、施工方便,能节省材料用量,但常用于桥宽 16 m 左右的桥梁。如桥面宽度较大（如 20 ~ 30 m）,仍采用单箱单室截面,则需要在截面构造上采取一定的措施。如在悬臂上设置加劲横梁,并在横梁上施加横向预应力,以增大悬臂板的抗弯刚度。有些单箱单室则采用斜撑或斜板以加强单箱单室截面。也有不采用加强悬臂板,但在桥面板内设置横向预应力筋。单箱单室截面的梁高可在 1.5 ~ 5.0 m 范围内变化。

若桥面比较宽,可采用双箱双室截面,其宽度可达到 20 m 左右。箱形截面中双室式腹板总厚度较单室大,主拉应力和剪应力相对较小,预应力筋布筋容易,但双室式截面施工困难,腹板自重弯矩占恒载弯矩比例较大,影响了双室式截面的应用。重庆长江大桥在进行初步设计时,曾对双箱单室截面和双箱双室截面做过经济比较,结果前者要比后者减轻约 13%。桥宽较大时可采用单箱多室。也可采用分离式箱梁。单箱多室箱形截面施工不便,而分离式箱形截面施工、构造都较简单,两个箱梁分别支承在一排独立的桥墩上,悬臂施工时可分箱进行,施工较单箱多室方便,再者,这种分离的箱形截面荷载分布系数较小,单室箱梁不加加劲横梁,桥宽可做到 40 m 左右,所以比较经济。目前已知采用分离式箱形截面最宽的桥梁为瑞士的莱茵河桥,桥宽为 2 m × 47.7 m。

②箱梁细部尺寸（图 3.9）

箱梁的主要优点之一就是其顶板和底板都具有较大的受压面积,以适应连续梁不断变化的正负弯矩。为了适应内力的变化,箱梁底板厚度 d_2 均随负弯矩的增大逐渐过渡到靠近桥墩的根部,根部底板厚度一般为根部梁高的 1/12 ~ 1/10，尽量使得中性轴在破坏阶段能保持在底板以内。跨中底板厚度一般为 200 ~ 250 mm。

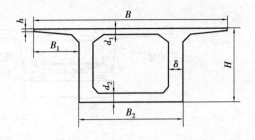

图 3.9 箱梁细部尺寸图

箱梁顶板厚度 d_1 的确定则主要考虑桥面横向弯矩的要求，同时也要满足布置纵横向预应力筋的构造要求。顶板横向弯矩可通过其两侧挑出的悬臂板长度 l_1 进行调整，一般取悬臂板长度为腹板间距的一半。为了减小桥墩墩身和基础的宽度，宜加大悬臂长度，此时可在板内配横向预应力筋，也可在板下加肋或设置斜撑。

箱梁腹板主要承受剪力和主拉应力，但预应力混凝土梁一般都配有曲线力筋，可抵消一部分剪力，且变高度梁中截面高度的变化也可减小主拉应力，故腹板厚度 δ 主要由力筋布置和混凝土灌注等构造要求确定。在大跨径桥梁中，腹板宽度可由跨中至支点逐渐加厚。

为了提高截面的抗扭刚度和抗弯刚度，减少扭转剪应力和畸变应力，箱梁应设置梗腋（承托）。桥面板支点刚度加大后，可以吸收负弯矩，从而减少桥面板的跨中正弯矩，同时，梗腋也为布置力筋提供了足够的空间。梗腋的具体形式和尺寸不再赘述。

4）横隔梁

当主梁采用多片 T 形梁或 I 形梁时，为了增加其抗扭刚度，一般会设置横隔梁将各主梁连成整体，以保证在荷载作用下各主梁能更好地协同工作，横隔梁按位置可分为端横隔梁及中横隔梁。为了增大梁端承受支座反力时的受力面积，一般端横隔梁是必须设置的，而中横隔梁的数目及位置则根据主梁的构造和桥梁的跨径确定。对简支梁，一般在跨中，1/4 跨各设一道横隔梁。横隔梁的肋宽常取 100 ~ 200 mm，为方便脱模，横隔梁预制时常做成上宽下窄和内宽外窄的楔形。

当主梁采用箱形截面梁时，由于其抗扭刚度很大，所以不需太多的横隔梁。即使设中横隔梁，对纵向应力和横向弯矩的分布影响很小，活载横向弯矩的增加很少超过 8%，而恒载弯矩又不受横隔板的影响，因此，许多国家认为可少设或不设中横隔梁。端横隔板除限制畸变应力外，还承受和分布较大的支反力，因此箱梁中均设置端横隔梁。如我国重庆长江大桥，主跨174 m，悬臂长 69.5 m，在悬臂中间仅设置一道横隔梁，边跨悬臂长 51.5 m，中间则不设横隔梁。

端横隔板的设置分为带有离缝的和不带离缝的。当横隔板与腹板、底板相连，而与顶板不连接，则带有离缝，此时横隔板对顶板无支承作用，不会改变顶板受力；如和周边都有连接，则是不带离缝，此时横隔板对顶板起到了刚性支承的作用，增大了顶板的局部刚度，并使该处顶板所受负弯矩增加（图 3.10），因此横隔板的设置对箱梁顶板的受力状态有直接关系，该处顶板的配筋要根据受力需要进行布置。

3.1.3　预应力混凝土连续梁桥设计计算内容

①拟定截面尺寸。

②恒、活载作用下的主梁内力计算。

③主梁次内力计算：包括温度变化产生的次内力、墩台不均匀沉降产生的次内力、预加力产生的次内力、混凝土收缩徐变产生的次内力。

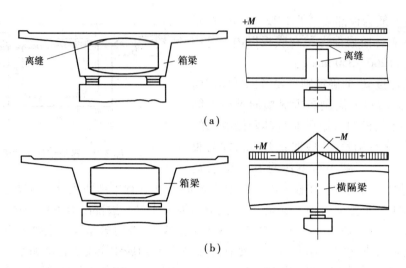

图 3.10　横隔梁的构造对顶板受力的影响

④预应力钢筋的估算与布置:估算原则为,要求预应力混凝土梁在预加力和使用荷载作用下的应力状态应保证截面上下缘均不出现拉应力,且上下缘的混凝土均不被压碎,同时还要满足承载能力极限状态下的正截面强度要求。

⑤预应力损失及有效预应力的计算。

⑥截面校核:包括正截面强度验算,正截面抗裂性验算,正常使用条件下正应力、剪应力和主拉应力的验算,变形验算。

3.2　连续梁的施工

回顾混凝土连续梁的发展,可以清楚地看到,施工技术的发展对桥梁的跨径、桥梁的造型、截面形式等方面起着重要的作用。最早的混凝土连续梁桥多采用支架就地浇筑,桥梁跨径不大,一般为 30～40 m,这种施工方法施工工期长,且耗用大量临时工程材料,因此,建造连续梁数量很少。到 20 世纪 60 年代初期,悬臂施工方法从钢桥引入预应力混凝土桥后,使预应力混凝土连续梁桥得到迅速发展,它用挂篮或吊机悬臂施工,施工不受河流、通航的影响。因此预应力混凝土连续梁在桥梁方案的竞争中常常取胜。

由于预应力混凝土连续梁桥在施工中常出现体系转换,因此施工阶段的应力与变形必须在结构设计中予以考虑。不同的施工方法,在各阶段的内力也不同,有时结构的控制设计出现在施工阶段,所以,连续梁桥的施工和设计是不能且无法截然分开的,结构设计必须考虑施工的方法、施工内力与变形,而施工方法的选择应符合设计的要求,设计与施工是相互联系、相互配合的。为说明各种施工方法对连续梁内力的影响,以一联(36 + 50 + 36)m 的连续梁为例(图 3.11)。

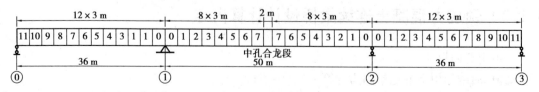

图 3.11　三跨连续梁布置

若采用满堂支架法施工,其一期恒载的弯矩图见图3.12:

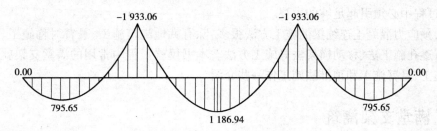

图 3.12 满堂支架施工一期恒载弯矩图

采用悬臂施工,先合龙边跨,再合龙中跨,其一期恒载的弯矩图见图3.13:

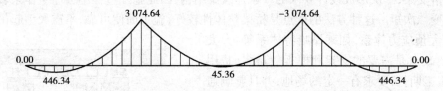

图 3.13 悬臂施工(先合龙边跨,再合龙中跨)一期恒载弯矩图

采用悬臂施工,先合龙中跨,再合龙边跨,其一期恒载的弯矩图见图3.14:

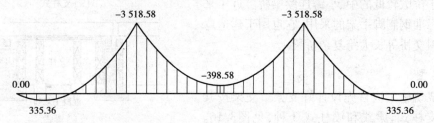

图 3.14 悬臂施工(先合龙中跨,再合龙边跨)一期恒载弯矩图

采用顶推法施工,其一期恒载的弯矩图见图3.15:

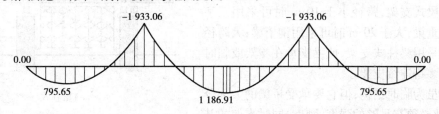

图 3.15 顶推法施工一期恒载弯矩图

列表对比如表3.1所示:

表 3.1 恒载弯矩对比　　　　　　单位:弯矩:kN·m,挠度:mm

施工方法	边跨中弯矩	中支点弯矩	中跨中弯矩	中跨中挠度
整体支架施工	795.65	−1 933.06	1 186.94	−18.2
节段施工,边跨先合龙	446.34	−3 074.64	45.36	−35.2
节段施工,中跨先合龙	335.36	−3 518.58	−898.58	12.8
顶推施工	795.65	−1 933.06	1 186.94	−18.2

从上述数据可以看到,采用不同的施工方法,对连续梁的恒载内力有比较大的影响。在设计和施工过程中必须引起足够的重视。

目前,预应力混凝土连续梁的施工方法很多,除有就地浇筑施工、悬臂对称施工、顶推法施工外,还有逐孔施工法、移动横架法等施工方法。本书仅就工程中常用的满堂支架就地浇筑施工、逐孔施工、悬臂施工和顶推法施工作一些介绍。

3.2.1 满堂支架浇筑

满堂支架就地浇筑施工是在连续梁桥的一联各跨全部设置支架,在一联桥施工完成后,各跨同时卸落支架,一次形成设计要求的一联连续梁结构,因此施工过程不会产生体系转换,不产生恒载徐变二次矩。这种方法的优点是桥梁整体性较好,施工简便可靠,不需大型起吊设备,并可采用强大预应力体系,如莱昂哈特体系等,大大方便施工;缺点是需要的支架和模板数量多,费用昂贵、施工工期长,要求有一定的场地,并且影响通航。20 世纪 50 年代初期我国建造的钢筋混凝土梁桥、悬臂梁桥,主要采用这种施工方法,该方法目前主要用于桥墩较低的中、小跨连续梁桥。近年来随着大量标准钢制脚手架的采用,它也用于建造弯桥、宽桥、斜交桥等长大跨复杂桥梁。

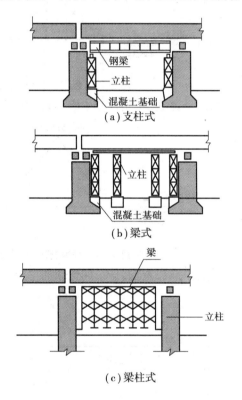

图 3.16 支架构造图

1)支架类型

就地浇筑施工应首先设计好支架。支架按其构造分为支柱式、梁式和梁柱式 3 种,见图3.16。对于陆地或不通航的河道,或桥墩不高的小跨径连续梁可采用支柱式支架;有通航要求的中小跨径桥梁可采用梁式支架,跨径小于 10 m 时可采用工字梁作为承重梁,大于 20 m 时可采用钢桁梁;大跨径桥梁则可采用梁柱式支架,使梁支承在支架或临时墩上形成多跨连续支架。

支架虽为临时结构,但它要承受桥梁的大部分恒重,因此必须有足够的强度、刚度,同时支架的基础要可靠,构件结合要紧密,并要有足够的纵、横、斜的连接杆件,使支架成为整体,若支架处于河道中,则要充分考虑洪水和漂流物的影响。设计时要考虑到支架在受荷后有变形和挠度,因此在安装前要进行计算,设置预拱度,使结构的外形尺寸和标高符合设计要求,另外,支架上要设置落架设备,落架时要对称、均匀,不应使主梁发生局部受力状态。

2)施工顺序

有支架就地浇筑施工需采用一联同时搭设支架,按照一定的程序一次完成浇筑工作,待张拉预应力筋、压浆后移架。小跨径板梁桥一般采用从一端向另一端浇筑的施工顺序,先梁身,后支点依次进行。图 3.17 表示一座 5 跨连续空心板梁桥的施工顺序,该桥为 5 m × 14.68 m,板厚

0.8 m,桥宽 11.65 m,板内有 9 个 φ550 mm 圆孔。

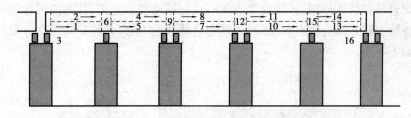

图 3.17　5 跨连续空心板梁桥的施工顺序

大跨径桥通常采用箱形截面,施工时常分段进行。一种是水平分层施工法,即先浇筑底板,待达到一定强度后进行腹板施工,最后浇筑顶板。当工程量较大时,各部分亦可分数次浇筑。如某两跨径 85 m 单箱单室连续梁桥,其施工程序见图 3.18 所示。它在浇筋混凝土时两跨对称进行,这样对支架受力较小,变形也容易控制。其中 10、11 两部分是在力筋张拉完成后再灌筑。另一种是分段施工法,根据施工能力每隔 20~45 m 设置连接缝,该连接缝一般设在弯矩较小的区域,接缝长 1 m 左右,待各段混凝土浇筑完成后,最后在接缝处施工合龙。

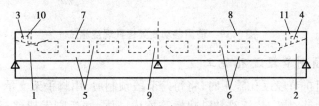

图 3.18　两跨 85 m 箱梁桥灌筑混凝土的施工顺序

为使接缝处混凝土结合紧密,该处梁的腹板常作成齿形或企口缝,同时采用腹板与底板不在同一竖截面内接头的措施。分段施工法在大部分混凝土重量作用后合龙,形成连续梁前支架变形大部分已经发生,这样可以避免由于支架的沉降引起的混凝土开裂,有利于提高质量。

预应力混凝土连续梁桥在支架上施工,其预应力筋可一次布置,集中张拉施工,因此便于采用大型力筋。我国通惠河铁路连续梁桥,跨度为(26.7 + 40.7 + 26.7)m,采用莱昂哈特体系集中布筋,力筋在套管中排成 18 层 13 列,共计 234 根 7 φ3 mm 钢绞线,每端总张拉力为 25 088 kN,采用多台强大千斤顶一次张拉施工。

3.2.2　逐孔施工

逐孔施工是中等跨径预应力混凝土连续梁桥较常采用的一种施工方法之一,逐孔施工时不再在一联各跨内同时施工,而是在支架上逐孔现浇施工,或是用临时支承组拼预制节段逐孔施工,也可以是预制梁的逐孔架设施工,逐孔施工过程中会不断产生体系转换。

1)逐孔现浇施工

逐孔现浇施工就是只在一跨内设置支架,在支架上只浇筑这一节段混凝土,待预应力筋张拉完毕后,将支架移动到下一孔继续施工,这样,最少只需要一套模板周转使用,施工费用小,但施工周期相对较长(图 3.19)。在支架上逐孔现浇和满堂支架施工是不同的,满堂支架施工一次落架即形成连续梁,不存在体系转换,而逐孔现浇施工时,随着施工的进行,结构体系是在不断发生变化的。

用于逐孔现浇施工的支架有支承式和非支承式。其中支承式包括落地式和梁式支架;非支承式包括移动悬吊和活动模架,采用此类支架时也称移动模架施工,其方法可参阅有关书籍。

逐孔现浇施工时必然会留有施工缝,为避免接缝强度不够,其位置应设在弯矩较小的部位,一般取离桥墩 $L/5$ 处。

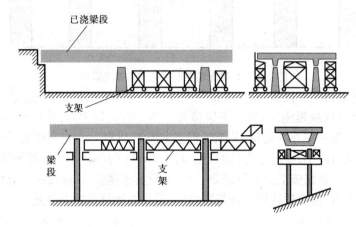

图 3.19　使用移动支架逐孔现浇施工

2)临时支承组拼预制节段逐孔施工

采用临时支承组拼节段逐孔施工时,将每跨节段预制后,用脚手架支承节段自重,待全跨安装就位后张拉预应力筋,使安装桥跨和已建桥跨连成一体,之后脚手架移至前跨进行下一孔的安装施工。

3)预制梁段逐孔架设施工

预制梁逐孔架设施工的基本思路是:将整根连续梁按起吊安装设备的能力先分段预制,然后将预制构件安装至墩台或轻型的临时支架上,再现浇接头混凝土,最后通过张拉部分预应力筋,使梁体集整成连续梁。当起吊能力受到限制时,也可在桥的横向按梁分割,分别预制,在安装形成连续梁体系后再进行横向整体化施工。

此方法的特点是:

①无需大量支架,上部结构的预制工作和下部结构的施工可同步进行,显著缩短工期。

②连续作用只对预制梁连续后的小部分恒载及活荷载有效,因此,此法适用的最大跨径为40~50 m,且宜等跨径布置,不需大型起吊设备。

③适合于主梁截面为矮箱梁及 T 形截面梁的情况。

④施工过程存在体系转换。

若预制构件为简支梁,则称为简支—连续施工;若为悬臂梁,则称为悬臂—连续施工。

图 3.20 表示简支—连续施工方法。施工时预制构件按简支梁的受力状态进行第一次预应力筋(正弯矩)的张拉锚固,安装完成后经调整位置(横桥向及标高),浇筑墩顶接头处混凝土,更换支座,进行第二次预应力筋(负弯矩筋)的张拉锚固,进而完成一联预应力混凝土梁的施工。

图 3.21 表示悬臂—连续施工方法。用这种方法施工时,简支的预制梁段[图 3.21(a)、(b)]先连成单悬臂体系[图 3.21(c)],待安装好中央段,浇筑接缝并张拉部分预应力筋,拆除临时支架后,结构成为最终的连续体系。

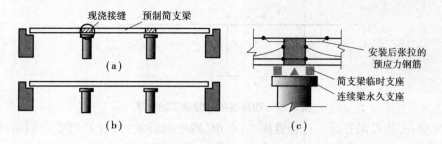

图 3.20 简支—连续施工

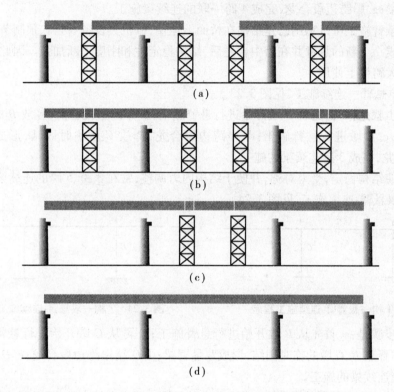

图 3.21 简支—单悬臂—连续施工

3.2.3 悬臂施工

1)概述

悬臂施工就是从已建桥墩开始,对称逐段地沿桥跨方向向两边延伸施工,并通过预应力筋的张拉将新建节段与已有节段集成为整体。悬臂施工过程中不需满设支架,为了承受施工荷载产生的不平衡弯矩,需首先将墩和梁临时固结,施工时首先形成两端带悬臂的 T 形刚架,待合龙后才成为连续梁,因此施工过程中存在体系转换。

悬臂施工工序不同,体系转换的方式也不一样。基本工序有如下 3 种:

①逐跨连续悬臂施工,见图 3.22。

此方法的步骤是:a. 首先从 B 墩开始进行悬臂施工;b. 岸跨边段合龙,B 墩临时固结释放后

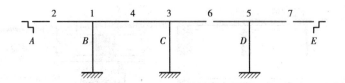

图 3.22 逐跨连续悬臂施工的程序

形成单悬臂梁;c.从 C 墩开始进行悬臂施工;d.BC 跨中间合龙,释放 C 墩临时固结,形成带悬臂的两跨连续梁;e.从 D 墩开始进行悬臂施工;f.CD 跨中间合龙,释放 D 墩临时固结,形成带悬臂的 3 跨连续梁;g.岸跨边段合龙,完成 4 跨一联的连续梁施工。

逐跨连续悬臂施工可以利用已建结构在桥面上运输,故机具设备、材料、预制节段的运输便捷。此外每完成一个新的悬臂并在跨中合龙后,结构稳定性和刚度不断加强。因此常在多跨连续梁或较长的大跨桥上使用。

②T 构—单悬臂—连续施工,见图 3.23。

此方法的步骤是:a.首先从 B 墩开始进行悬臂施工;b.岸跨边段合龙,释放 B 墩临时固结,形成单悬臂梁;c.C 墩进行悬臂施工;d.岸跨边段合龙,释放 C 墩临时固结,形成单悬臂梁;e.BC 跨中段合龙,完成 3 跨连续梁的施工。

此方法可使结构稳定,受力对称,并便于结构内力调整,常在 3 跨、5 跨的连续梁中采用。

③T 构—双悬臂-连续施工,见图 3.24。

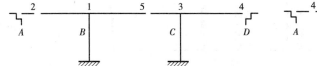

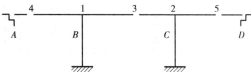

图 3.23 T 构—悬臂梁-连续施工程序 　　　　图 3.24 T 构—双悬臂-连续施工程序

此方法的步骤是:a.首先从 B 墩开始进行悬臂施工;b.再从 C 墩开始进行悬臂施工;c.BC 跨中间合龙,并释放 B、墩的临时固结,形成双悬臂梁;d.D 端岸跨边段合龙;e.D 端岸跨边段合龙,完成 3 跨连续梁的施工。

此方法在结构呈双悬臂状态时,一端施力将引起另一端产生较大的位移,因此稳定性差,且费用昂贵,故较少采用。

上述 3 种悬臂施工的程序是施工的基本方法,对于某一具体桥梁的施工程序可选择其中一种,也可兼顾各程序优点综合选用合适的程序,如图 3.25 所示的 7 跨一联连续梁桥,它的施工过程即有单悬臂又有双悬臂,4 个合龙段最后合龙形成 7 跨一联的连续梁桥。

无论采用哪种工序,都需在悬臂施工前首先将桥墩与墩顶处梁段(称为 0 号段)临时固结,以承受施工过程中产生的不平衡弯矩。具体措施可采用预应力双排锚杆将墩梁临时锚固(图 3.26)。通常锚杆的下端预埋在墩内,锚杆从混凝土中穿过并锚在梁顶。锚杆的数量由施工弯矩计算确定。为便于拆除,在临时支座间设置 20 mm 厚的硫磺砂浆垫层,并在临时支承附近布设千斤顶,便于施工中的微调。如果桥墩太高,悬臂太长,单靠墩梁临时锚固不足以承受不平衡弯矩时,可在墩单侧或两侧设置支架和临时锚固共同承受施工弯矩,如图 3.27 所示。当临时支承可能出现拉力时,应设置抗拉设施,如图 3.28 所示。随着悬臂施工进程,当单孔合龙并张拉锚固预应力筋后,应立即拆除上述临时锚固。

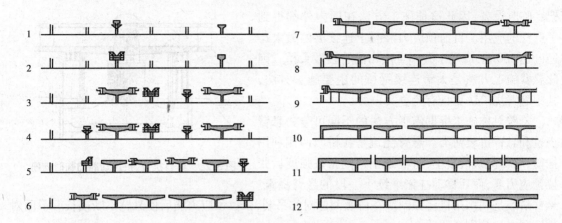

图 3.25　悬臂施工的程序实例

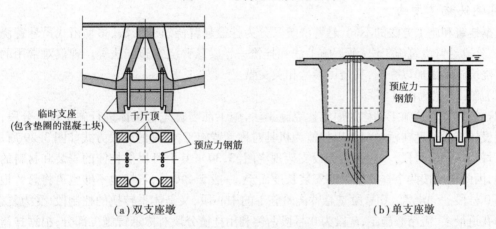

（a）双支座墩　　　　　　　　　　（b）单支座墩

图 3.26　墩臂的临时锚固措施

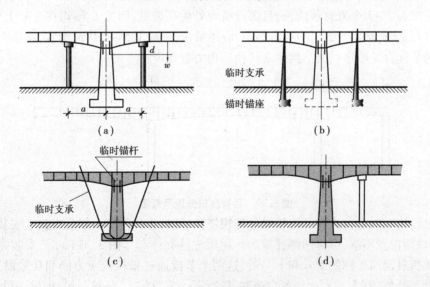

图 3.27　墩旁临时支架的构造

悬臂施工法最大的优点是施工不受季节、河道水位的影响,不影响桥下通航,不需大量的支架和临时设备,因此这种施工方法在国内外都得到了广泛的应用。目前预应力混凝土连续梁的最大跨径已达330 m,应用于我国重庆市的石板坡大桥。因此悬臂施工方法是大跨连续梁桥的主要施工方法,其中悬臂浇筑法更具有竞争实力。

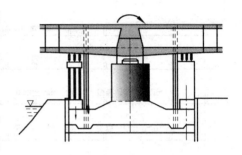

图 3.28 具有抗拉、抗压功能的临时支座

悬臂对称施工根据施工方法的不同可分为悬臂浇筑和悬臂拼装两类。悬臂浇筑是在桥墩两侧利用挂篮,对称浇筑混凝土,待混凝土达到张拉强度后张拉预应力筋,而后移动挂篮继续下一段的悬臂浇筑。悬臂拼装是利用吊机将预制块在桥墩两侧对称吊装,张拉预应力筋后使悬臂不断接长。下面对这两种方法分别介绍。

2) 悬臂浇筑施工方法

根据挂篮和施工方法的不同,悬臂浇筑又分为挂篮悬臂浇筑施工法、移动桁式吊悬臂浇筑施工法、分段悬臂浇筑施工法、渐近施工法和挂篮—导梁悬臂浇筑施工法等。现仅对常用的挂篮悬臂浇筑施工法加以介绍,其余可参考相关文献。

(1)施工工艺流程

用挂篮悬臂浇筑施工又称为迪维达克施工法,施工前需首先将梁体进行施工设计分段,然后依照设计节段长度在桥墩两侧以挂篮为机具对称悬臂施工,通常的分段方式如图 3.29 所示:其中 A 段为墩顶 0 号段,一般在墩旁设支架现浇图(3.30),其上可提供挂篮的安装和材料的堆放场地,因此长度按两个挂篮的纵向安装长度而定,一般 5 ~ 10 m,若场地不够也可将悬臂根部梁段与 0 号段一同浇筑。0 号段是悬臂浇筑施工的中心段,又是体系转换的控制段,受力复杂,预应力孔道最多,需精心施工;B 段为 0 号段两侧利用挂篮分段对称悬臂施工部分,根据挂篮的承载能力和预应力筋的布置要求,一般每 2 ~ 5 m 分成一个节段;C 段为边跨合龙段,根据桥梁分跨比例一般为 2 ~ 3 个悬臂节段长,且因近桥台处桥高较低,因此 C 段均在支架上现浇完成;D 段为中跨合龙段,是悬臂施工的关键部位,应尽量短,一般 1.5 ~ 2.0 m 为宜,有多个中跨合龙段时需选择最优合龙顺序以使结构体系转换后内力最合理。

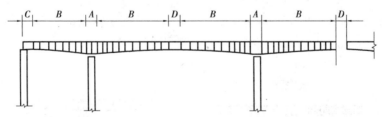

图 3.29 悬臂浇筑分段示意图

挂篮悬臂施工时需首先在已建桥墩顶部现浇 0 号段,张拉预应力筋后在其上安装两个悬臂端挂篮,若墩顶位置不够,可将两侧挂篮的承重梁先连在一起 [图 3.31(a)];安装完毕即可以挂篮为施工机具浇筑对称的 1 号和 1′号的,这两个节段通过张拉预应力筋和 0 号段连成整体;之后两个挂篮解体[图 3.31(b)],各自前移,进行下一节段施工,浇筑一段,前进一段,直至悬臂完成;接下来即可根据设计工序在支架上进行 C 段的边跨合龙或 D 段的中跨合龙,最终成为连续梁体系。

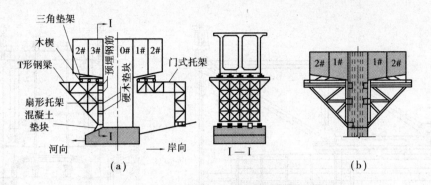

图 3.30　悬臂根部梁段现浇施工的支架

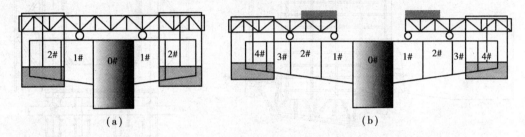

图 3.31　用挂篮悬臂浇筑施工

（2）挂篮

挂篮是悬臂施工的关键设备,挂篮的主要功能是支撑模板,承受新浇混凝土重量,由工作平台提供张拉、灌浆的场地,调整标高。因此挂篮不仅要求有足够的强度保证,还要有足够的刚度及稳定性,并且结构简便,自重轻,便于装、拆,移动灵活,便于调整标高等。

目前,挂篮的形式很多:按使用材料可分为制式杆件(万能杆件、军用梁、贝雷梁等)组拼的挂篮和由型钢加工而成的挂篮;按受力原理可分为垂直吊杆式(包括三角形挂篮和菱形挂篮)、斜拉式(包括三角斜拉式和预应力斜拉式)和刚性模板式;按抗倾覆平衡方式可分为压重式、锚固式和半压重半锚固式 3 种;按移动方式可分为滚动式、滑动式和组合式 3 种。下面以义乌经发大桥菱形挂篮为例说明挂篮的构造和功能,见图 3.32。

菱形挂篮主要由承重系统、走行系统、模板系统、悬吊系统、锚固系统和张拉操作平台组成。

①承重系统:挂篮的承重系统由两榀菱形主桁架组成,桁架主要杆件由 2 片槽钢组焊而成,槽钢的截面由结构分析确定,各杆件间的联结全部为销接,每 2 根主桁杆件由 1 个销子连接。主桁架承受施工设备和新浇节段混凝土的全部重量,并通过支点和锚固装置将荷载传到已施工完成的梁身上。

②走行系统:由钢枕、滑道及上滑板构成,其中钢枕为槽钢加 1 块钢板焊接而成,滑道为 2根槽钢组焊而成,上滑板为厚钢板,牵引动力采用电动卷扬机。

③内外模板系统:内模分顶模和内侧模,由型钢组焊成模架。内模工作时由滑梁支承在内吊梁上,脱模时松开内吊梁,滑梁落在内吊梁上,即可滑行前移;顶模板为组合钢模板,侧模板还有部分木模组成,以适应梁高的变化;外模板由侧模板和底模构成,侧模由外吊梁悬挂,模板为型钢和钢板组焊的整体钢模板;底模由底纵梁、底横梁及模板组成,通过底横梁的前后吊带悬挂在挂篮主桁的前吊点、已浇梁段和外吊梁上,随主桁一起前移;底纵梁由型钢组焊成桁架,底横梁由工字钢组焊成格构式梁。

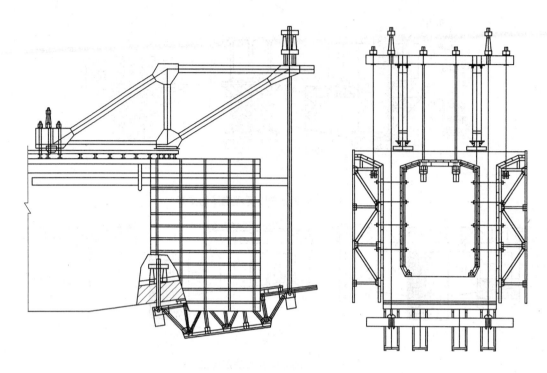

图 3.32　挂篮构造示意

④悬吊系统:由螺旋千斤顶、小横梁、吊带及由 φ32 精轧螺纹钢组成,用于悬挂模板系统,调整模板的标高。

⑤锚固系统:对双向及三向预应力梁,可借助梁腹板的竖向预应力钢筋将滑道锚固在梁的顶板上,用以平衡挂篮空载走行时的倾覆力矩。对无竖向预应力筋的梁,可通过施工中的预埋钢筋或预留孔洞来解决。

⑥张拉操作平台:悬挂于主桁上,提供立模、扎筋、灌筑混凝土、张拉预应力束及移动挂篮的工作面。

(3)悬臂浇筑合龙段构造

当悬臂施工各 T 构完成后,两悬臂之间需有一段梁体将各相邻 T 构连成整体,完成体系转换,最终形成连续梁结构。合龙段施工是悬臂施工技术的重要环节,在混凝土刚浇筑完成至张拉预应力钢筋完毕期间,由于昼夜温差的变化,新浇混凝土的早期收缩、已成梁段混凝土产生的收缩和徐变、新浇混凝土水化热、结构体系的变化、施工荷载及外力变化等原因,在结构中要产生变形和内力,这对尚未达到强度的合龙段混凝土质量有直接影响。例如广西红水河铁路斜拉桥,主跨 96 m 两个 T 构施工完成后,两悬臂端之间距离为 1.4 m,在昼夜温差影响下,伸缩力达 1 289 kN,伸缩量达 5 ~ 6 mm。可见若合龙段设计不合理,施工措施不利,势必引起合龙段混凝土的压碎或开裂,其后果是非常严重的。

为保证桥梁工程质量,从合龙段混凝土开始灌筑至达到设计强度并张拉部分预应力钢筋之前,既保持新浇混凝土不承受任何外力,又要使合龙段所连接的梁体在各种因素影响下变形协调,为此,应从以下两个方面采取措施。

①结构设计

a.在满足施工需要的前提下尽量缩短合龙段的长度,以减小现浇混凝土数量,缩短合龙混凝土浇筑时间,据国内外施工实践,合龙段长度以采用1.5~2.0 m为宜。

b.合龙段的混凝土应选用早强、高强、微膨胀混凝土,以使混凝土尽早达到设计强度,及早施加预应力,完成合龙段的施工。

c.合理选择合龙顺序,使合龙段施工中及合龙后体系转换时产生的内力较小,且又满足工期的需要。

d.加强合龙段的配筋。

②施工设计

为了保证结构按设计要求合龙,往往在合龙段设置临时劲性支撑,以保证合龙前、后结构变形协调。临时支撑分为下述两大类。

a.体内支撑法:

● 用劲性钢管作为合龙段支撑。这种方法是在合龙段内用厚壁钢管安装在箱梁顶、底板的某些预应力孔道位置上,钢管两端加法兰以增加支承面,并在钢管对应的预应力筋孔道内张拉部分预应力筋,以共同承受和传递合龙段在混凝土施工和养生期间的内力,待合龙段混凝土达到设计强度并张拉预应力筋后,放松钢管内临时束或补足到设计应力,成为永久索,最后拆除支承处临时支座,实现体系转换,其构造见图3.33。这种方法的不足是钢管不能回收,由于钢管的作用,减小了合龙后所张拉预应力筋对混凝土的有效预应力值。

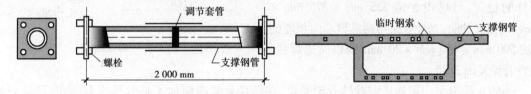

图3.33 支撑钢管构造及临时力筋布置

● 采用预制钢筋混凝土短柱支撑。在合龙段的上、下部设置预制钢筋混凝土短柱,短柱做成空心(与合龙段预应力孔道相吻合),短柱两端预埋带孔钢板,以便与已完成悬臂端预埋钢板焊接。施工程序与劲性钢管支撑相同,这种方法能节省钢材,且可避免钢管对预应力的影响。

b.体外支撑法:在箱梁顶面及底板上方,预先设置若干牛腿,然后在两悬臂端相应位置的牛腿上安装临时型钢支撑,以传递合龙段混凝土的压应力,在预应力管道中张拉部分预应力钢筋,以承受合龙段施工时悬臂两端的拉力,待合龙段混凝土达到张拉强度后,张拉连续束,之后即可解除临时型钢支撑,实现体系转换。其构造见图3.34。这种方法钢材可以回收,但需设置专门的牛腿,牛腿位置往往与合龙用的托架模板有干扰,须特殊处理。

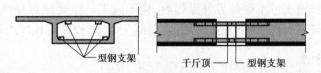

图3.34 临时劲性钢管的布置

③施工措施

合龙段设计及构造除应注意以上几方面以外,在施工过程中还应采取以下措施。

a.采取低温合龙。为避免新浇混凝土早期受到较大拉力作用,合龙段混凝土浇筑时间,应选在当天气温最低时刻,使气温最高时,混凝土本身已能承受部分应力。

b. 加强混凝土养护,使新浇箱梁混凝土在达到设计强度前处于潮湿状态,以减小箱梁顶面因日照不均所造成的温差。

c. 为防止合龙段两边悬臂端因降温而产生上翘,在合龙段施工时应在两悬臂端增加压重。

d. 及时张拉。在合龙段混凝土强度达到设计强度的 80% 时,应及时张拉预应力连续束,解除临时支座,实现体系转换,以策安全。

e. 支撑合龙段混凝土重的吊架,应具有较大的竖向刚度,以保证合龙段混凝土施工时两悬臂端不致因升温产生过大的挠度。

④合龙段构造实例

黄石长江公路大桥为 5 跨(162.5 m + 3 × 245 m + 162.5 m)预应力混凝土连续刚构桥,主桥由 4 个单 T、2 个边跨现浇段及 5 个合龙段组成,4、5 号 T 构于 1994 年 11 月 8 日成功合龙,为该桥首次体系转换。

合龙段长 3 m,合龙段施工利用挂篮作合龙吊架,为防止悬臂端梁上翘,在悬臂端砌筑水池作平衡重,浇筑合龙段混凝土的同时,排放水池中水,每次排放的水重控制为水重:混凝土重 = 1.05。

合龙段与悬臂间临时固定采用劲性骨架和
张拉临时束。劲性骨架由 $2 \times 40b$ 槽钢和上下各
3 块 320 mm × 8 mm 钢板缀板组合而成,为加强
压杆的稳定,另增设 5 道 325 mm × 375 mm ×
8 mm 钢板加劲肋,劲性骨架与两悬臂端面预埋的
8 块 500 mm × 450 mm × 20 mm 钢板周边焊接。
劲性骨架见图 3.35。

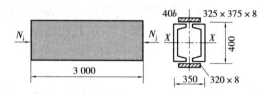

图 3.35　劲性骨架

为防止降温至一定程序时劲性骨架受拉,在劲性骨架内施加了临时预应力,临时预应力筋孔道不灌浆。

混凝土安排在清晨稍低于设计温度 17 ℃时开盘浇筑,在接近 17 ℃时浇完,升温条件下养生,以防混凝土开裂。混凝土的浇筑速度每小时 10 ~ 15 ms,3 ~ 4 h 内浇完。混凝土浇筑过程中指定专人放水,以保证平衡施工。

该合龙段经实测,合龙悬臂标高偏差 8 mm,轴线偏差 1 cm,满足两悬臂标高允许偏差 3 cm,轴线偏差 1 cm 的设计要求。

(4)悬臂浇筑施工方法的优缺点

挂篮悬臂浇筑施工的主要优点为:使用少量施工机具,免去设置支架,不须占有很大预制场地;可以很方便地跨越深谷,逐段浇筑易于调整和控制梁段位置,提高施工精度;主要作业在设在顶棚的挂篮内进行,施工可不受外界气温影响,便于施工。主要缺点是墩与上部结构不能平行进行,施工周期较长,而且混凝土加载龄期短,混凝土收缩、徐变对预应力影响较大。

3)悬臂拼装施工方法

悬臂拼装是在工厂或桥位附近将梁体沿轴线划分成适当长度的块件进行预制,然后将预制块件运至架设地点,用活动吊机起吊后向墩柱两侧对称均衡拼装,通过张拉预应力筋,逐段接长的施工方法。其施工基本工序为梁节段预制、移位、运输、起吊拼装以及施加预应力。

(1)节段预制

预制节段的长度取决于运输、吊装设备的能力,一般采用的块件长度为 1.4 ~ 6.0 m,块件重量 140 ~ 1 700 kN。预制节段要求尺寸准确,拼装接缝密贴,预留孔道对接要顺畅。目前节段

预制常采用以下两种方法:长线预制和短线预制。

①长线预制

长线预制是在工厂或施工现场按梁底曲线形状制作固定底座,在底座上安装底模进行的施工方法。底座可用土胎或石砌形成梁底形状,地质较差的预制场,可采用短桩基础,之后搭设排架形成梁底曲线(图3.36)。

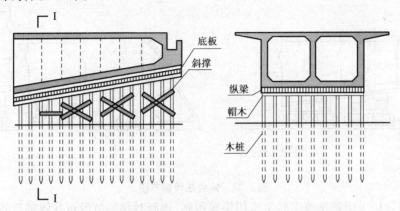

图3.36　地质较差时台座形式

为保证预制块件的尺寸、接缝密贴及预留孔道的对接顺畅,长线预制常采用间隔浇筑法预制块件,使得先浇筑节段的端面成为浇筑相邻块件时的端模(图3.37)。

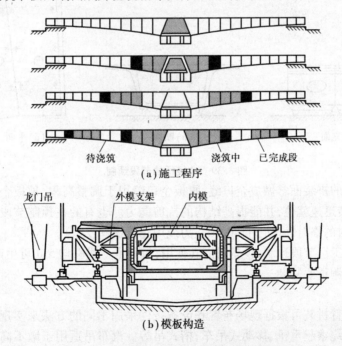

(a)施工程序

(b)模板构造

图3.37　长线法预制节段的顺序和模板构造

长线预制法底模长度最小为桥梁跨径的一半,因此需要较大的施工场地,并要求操作设备能在预制场移动,所以长线预制宜在具有固定梁底缘形状的多跨桥上采用,以提高设备的使用效率。

②短线预制

短线预制节段由可调整外部及内部模板的台车与端模架完成(图3.38)。预制时第一段混凝土浇筑完成后,在其相对位置上安装下一段模板,并利用第一节段的端面作为第二节段的端模完成混凝土的浇筑工作。

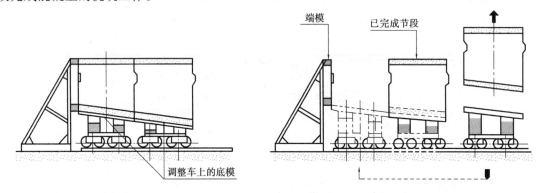

图3.38　短线法预制节段

曲线桥和弯桥采用悬拼施工时常采用短线预制,预制时预制节段可在纵轴位置和节段宽度方向上进行调整。图3.39为曲线桥节段预制的示意图。

(a)立面　　　　　　　(b)断面　　　　　　　(c)平面

图3.39　曲线桥的节段预制

短线预制节段的拼装面常做成企口缝,腹板企口缝用于调整高程,顶板企口缝可控制节段的水平位置,使拼装迅速就位,并能提高结构的抗剪能力。也有的在预制节段的底板处设预埋件,用以固定拼装时的临时筋(可用临时预应力或用花篮螺丝绞紧)。

短线预制适合工厂节段预制,设备可周转使用,每条生产线平均5 d可生产4块,但节段的尺寸和相对位置的调整要复杂一些。

(2)悬拼方法

预制块件的悬臂拼装可根据现场布置和设备条件采用不同的方法来实现。常用的悬拼机具有汽车吊、浮吊、缆索起重机、移动式吊车、桁式吊等。汽车吊适用于墩不高且在陆上或便桥上施工的情况,浮吊适用于墩不高的河中桥孔;墩较高或水流湍急时则应采用后3种施工方法。

桁式吊中的移动桁式吊在悬臂拼装中较常采用。它由钢桁承重梁、两个(中间、尾部)移动支架、一个带有调节千斤顶的铰接支架及沿桁梁下弦轨道可移动的起重平车等部分组成。桁架长度稍大于安装桥孔的跨度,起重平车可使被吊块件作横向、竖向移动及平面内转动,移动支架可使安装块件从其中间通过,桁式吊的构造见图3.40。目前我国桁式吊的起重量在90～127 t。

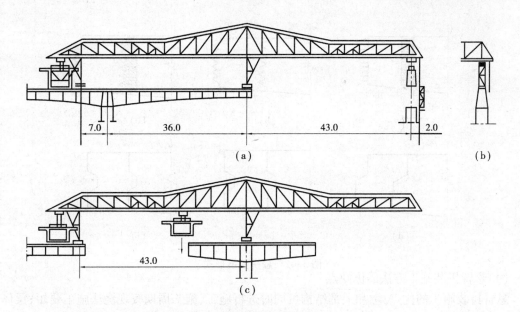

图3.40　移动式桁式吊悬臂拼装(单位 cm)

桁式吊悬臂拼装的施工工序为:将中间支架移至已成悬臂梁的悬臂端;将前端支架临时支承在墩身外侧托架上;调节3个支点,使其按两跨连续梁工作;起吊、运输、安装墩顶0#块,在已安装0#块顶部设置辅助临时支架;调整临时支架高度,使中间支点和前端支点悬空,利用后支点和辅助支架移动吊机使中间支点移至墩顶0#块,调节支点使临时支架压力传递给中间支架,拆除临时支架,在0#块两侧对称逐块拼装和张拉预应力筋,直至合龙。

悬臂拼装的合龙段有两种处理方法:一种是预留1.5~2.0 m的合龙段,待主梁标高调整完毕后,现场浇筑混凝土,并张拉二期预应力筋,将梁联成整体;另一种是采用节段拼装合龙。现浇合龙比节段拼装合龙施工期长,工艺复杂,但便于调整,而节段预制拼装合龙的精度要求较高。

(3)悬拼接缝形式

悬臂拼装时,梁段间的接缝形式分为湿接缝、胶接缝和干接缝。湿接缝[图3.41(a)]通常用于拼装与墩柱连接的第一对块件,缝宽10~20 cm,块件间有钢筋焊接,待拼装梁段的位置调整正确后,用高标号砂浆或小石子混凝土填实接缝,采用湿接缝的原因是因为第一段的施工精度直接影响以后各节段的相对位置,对控制桥梁的标高影响很大。胶接缝[图3.41(b)、(d)、(e)、(f)]是在悬臂端面上涂厚约0.8 mm的环氧树脂薄层,使接缝密贴,胶接缝可提高接缝的不透水性,较干接缝有较大的抗剪能力,这种方法目前在悬拼施工中较常采用。胶接缝可做成平等[图3.41(f)]、单阶型[图3.41(d)]、单齿型[图3.41(e)]、多齿型[图3.41(b)]等形式。齿形及单阶形的胶接缝常用于块件间摩阻力和粘结力不足以抵抗梁体剪力的情况,其中以单阶型接缝施工较为方便。干接缝即在接缝间不加任何填料,由于担心接缝渗水会导致钢筋锈蚀、降低结构的耐久性,以往很少采用。若用体外预应力混凝土,接缝采用干接缝则不会引起钢筋锈蚀,施工比较方便。

在实际拼装中,为调整悬臂位置,也有采用半干接缝的[图3.41(c)]。拼装时,已拼块件的顶板和底板作为拼装安装块件的支托,而在腹板端面上有形成骨架的伸出钢筋,待浇筑混凝土后使块件组合成整体。在工程实践中,常在每一拼装悬臂内设置一个半干接缝以调整悬臂位置。

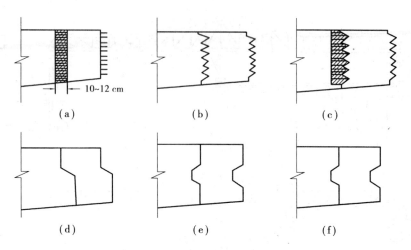

图 3.41　悬拼接缝形式

（4）悬臂拼装施工方法的优缺点

悬臂拼装施工的优点：墩和上部结构可同时进行施工，施工周期较现浇法施工要短；梁体塑性变形小，可减小由此产生的预应力损失；块件集中预制，质量易于保证；另外，和悬臂浇筑法一样，可不用或少用支架，施工不受通航或桥下交通的影响，适于深谷、水流急的情况。缺点是需占用较大的预制场地，须用较大的运输和起吊设备。

4）悬臂施工中预应力筋的布置方式

悬臂施工的预应力混凝土连续梁桥，是由墩顶开始对称向左右两侧悬臂施工的，施工过程包括悬臂施工和合龙段施工两个阶段。悬臂施工时要求预应力筋承受混凝土自重及施工荷载，因此，悬臂施工时应设置前期力筋（施工时设置的力筋称为前期力筋），包括在箱梁顶板内设置直线预应力钢筋，在箱梁腹板内设置弯筋，主要承受悬臂体系的负弯矩。为承受使用荷载产生的正弯矩，常布置后期力筋（按使用阶段要求需补充设置的力筋），包括合龙段附近的下缘束、边跨用支架施工的下缘束和全梁连续弯束。图 3.42 为悬臂施工连续梁力筋的一般构造，其中实线筋为在施工过程中张拉的力筋，虚线筋是在体系转换时张拉的后期力筋。

图 3.42　悬臂施工连续梁配筋的一般构造

力筋在截面上应对称布置，并尽量安排在箱梁范围内，力筋数量较多可分层布置，一般情况先锚固下层钢索，后锚固上层力筋，弯筋应通过腹板下弯锚固。当属非腹板位置的力筋需要进入腹板弯曲时，应首先平弯至腹板位置，然后在腹板平面内竖弯。

3.2.4　顶推施工

1)概述

顶推施工法是在沿桥轴方向的台后设置预制场地,分节段预制梁体,并用纵向预应力筋将预制节段与已完成的梁段联成整体,然后通过水平千斤顶施力,将梁体向前顶推出预制场地,之后继续在预制场进行下一节段梁的预制,直至全桥完成。

顶推法于1962年首次在奥地利的阿格尔桥上使用:该桥为四孔一联预应力混凝土连续梁桥,全长280 m,最大跨径85 m,梁高4.5 m,箱形截面,该桥分节段预制,每段8.5 m,采用0.5 m的湿接缝,该桥在施工时待全桥组拼完成后一次顶推完成。我国最早采用顶推法建造的桥梁为1977年建成的预应力混凝土铁路连续梁桥——西延线狄家河桥。该桥分跨为4×40 m,截面为等截面箱梁,顶推时逐段预制,逐段顶推,全桥分四个阶段拼装和顶推。

采用顶推法施工的预应力混凝土连续梁桥的上部结构施工工序见图3.43。

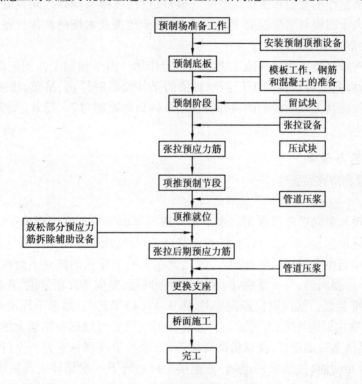

图3.43　顶推法施工框图

2)场地准备及梁段预制

(1)场地准备

预制场是预制箱梁和顶推过渡的场地,预制场的场地包括主梁节段的浇制平台和模板、钢筋、力筋的加工场地,混凝土搅拌机以及砂、石、水泥的堆放和运输路线用地。预制场一般设在桥台后,长度需要有预制节段长的3倍以上。顶推过渡场地需要布置千斤顶和滑移装置,它又是主梁顶推的过渡孔。主梁预制完成后,要将节段向前顶推,空出浇筑平台继续预制,对于顶出的梁段要求顶推后无高程变化,梁的尾端不能产生转角,因此在到达主跨之前要设置过渡孔,并通过计算确定分孔和长度。

(2)节段的预制工作

节段预制前需首先确定分段长度,划分时主要考虑段间的连接处不要设在连续梁受力最大的支点与跨中截面,同时要考虑制作加工容易,尽量减少分段,缩短工期。因此一般常取每段长10~30 m。柳州二桥为 9×60 m 连续梁桥,它的标准节段长为15 m,全桥按 7.5 m $+ 3 \times 15$ m $+ 7.5$ m 划分预制段。

若主梁节段是在工厂制成预制块件,运送到桥位连接后进行顶推,则必须根据运输条件决定节段的长度和重量,一般不超过5 m。这样就增加了接头工作,需要大型起重、运输设备,因此以现场预制为宜。

节段预制所采用的箱梁模板由底模、侧模和内模组成。对等截面箱梁,模板可多次周转使用,宜使用钢模板,以保证预制梁尺寸的准确性。

底模板安置在预制平台上,平台的平整度必须严格控制,且要求总下沉量不超过5 mm。平台上是型钢及钢板制作的底模和腹板位置的底模滑道,在底模与基础之间设置卸落设备,由于要求底模的重量大于底模与梁底混凝土的粘结力,当千斤顶及木楔的卸落设备放下时,底模能自动脱模,将节段落在滑道上。

节段的预制对桥梁施工质量和施工速度起决定作用。由于预制工作固定在一个位置上进行周期性生产,所以完全可以仿照工厂预制桥梁的条件设临时厂房、吊车,使施工不受气候影响,减轻劳动强度,提高工效。目前国内外每顶出段的预制周期为7~15 d,一般15 m长的预制节段预制期为7 d。

3)顶推施工工艺与设备

(1)顶推装置和滑移装置

①顶推装置

a.水平千斤顶与竖向千斤顶联用。水平千斤顶与竖向千斤顶联用顶推梁时(图3.44),先用竖向千斤顶将梁顶起,水平千斤顶进油,推动竖向千斤顶,由于竖向千斤顶与主梁间的摩擦力远大于竖向千斤顶与桥台滑板间的摩擦力,因此梁在水平千斤顶的推动下前移,水平千斤顶走完行程后,竖向千斤顶回油,与主梁脱开,水平千斤顶回程,竖向千斤顶复位,开始下一循环。

b.钢拉杆顶推装置。使用钢拉杆顶推时,图3.45(a)工艺为:水平千斤顶通过传力架固定在桥墩(台)顶部靠主梁的外侧,装配式拉杆用连接器接长后与埋固在箱梁上的锚固器连接,启动水平千斤顶,其活塞带动拉杆,使梁借助滑板前移,水平千斤顶每走完一个行程,卸下一节拉杆,然后水平千斤顶回油,使活塞杆退回,再连接拉杆进行下一次循环。若采用穿心式千斤顶[图3.45(b)],拉杆的一端固定在梁上的锚固器上,另一端穿过水平顶后用夹具锚固在活塞杆尾部,水平千斤顶每走完一个行程,松去夹具,活塞杆退回,开始下一循环。

拉杆式顶推也有采用图3.46所示装置的,其上设有自动制动卡,千斤顶进油时,锥形楔块卡住钢拉杆,带动箱梁前移,收回千斤顶时,锥形楔块又在新的位置将拉杆固定在活塞的头部。

c.连续顶推装置。为解决这一问题,柳州建筑机械厂研制了连续顶推千斤顶 LD60 M,及连续滑道装置,其构造见图3.47。它由串联的两台 600 kN 穿心式千斤顶和配有电磁换向阀的电动油泵控制系统组成,采用 QMI5-7 自动工具锚,有效行程 250 mm。顶推时一台千斤顶通过前端的自动工具锚带动钢绞线束拉杆向前推出一个行程,将要回程时,后方千斤顶接力式顶推,如

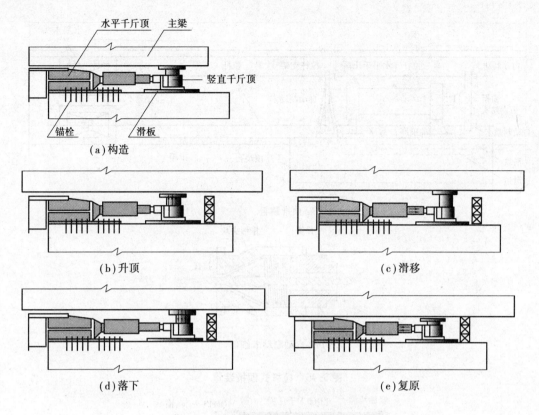

图 3.44 水平千斤顶与竖向千斤顶联用顶推

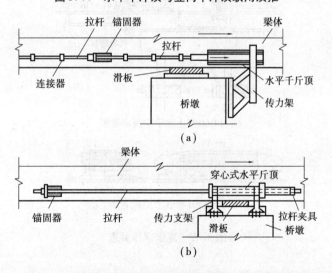

图 3.45 拉杆式顶推装置

此往复,便实现箱梁不停地连续顶推。由于两台千斤顶交替作业,故千斤顶尾部至后锚点(即拉锚器)之间的钢绞线束始终处于拉紧状态。该装置可解决间断顶推时由于从静摩擦(水平推力大)到动摩擦(摩擦力小)的多次反复变化,而造成箱梁以爬行方式前移,使墩台多次受到前后两个方向的冲击力的问题。

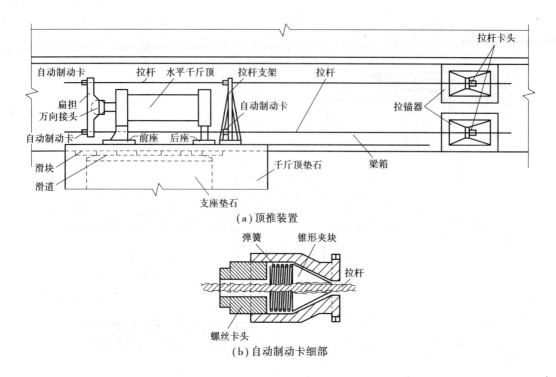

（a）顶推装置

（b）自动制动卡细部

图 3.46　拉杆式顶推装置

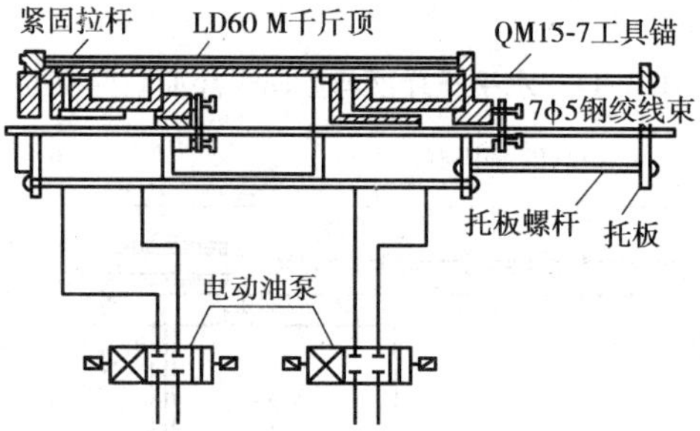

（a）LD60 M连续千斤顶示意图

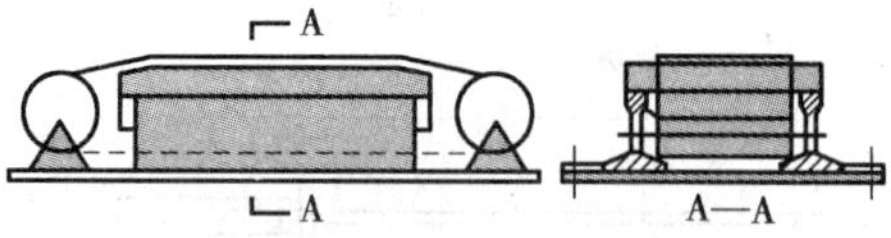

（b）环带式滑道示意图

图 3.47　连续顶推装置

②滑移装置

图 3.48（a）、（b）为顶推法常用的滑道装置,它由设在墩顶的混凝土滑台、铬钢板和滑板组成。滑板由上层氯丁橡胶和下层聚四氟乙烯板镶制而成,橡胶板与梁体接触以增大滑板与梁体的摩擦力,而聚四氟乙烯板与铬钢板接触使摩擦力减至最小。滑板的外形尺寸有 420 mm × 420 mm, 200 mm × 400 mm, 500 mm × 200 mm 等数种,厚度有 21 mm, 31 mm, 40 mm 等几种。图 3.48（a）的滑道当滑板从铬钢板的一侧滑移至另一侧时须停止前进而用竖向千斤顶将梁顶起,将滑板移至原来位置,然后再使竖向千斤顶回油,将梁落在滑板上,再重复顶推过程。图3.50（b）所示滑道顶推

时,接下和喂入滑板连续进行,可节省竖向千斤顶的操作工序,加快顶进速度,但应注意滑板进出口处要做成顺畅的弧面,以免损坏昂贵的滑板。图3.50(c)所示为封闭形铬钢带自动连续的滑道装置,聚四氟乙烯板固定而三层铬钢带(每层1 mm)则不断沿聚四氟乙烯板面滑移,最外层铬钢带外表面有4 mm厚的硫化橡胶,这种装置适用于连续顶推,但结构复杂。

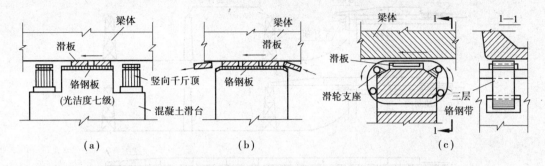

图3.48 滑道构造

(2)顶推方法

顶推施工方法很多,下面分别加以介绍顶推方向、施力方法、支承系统。

①按顶推施力方法分为单点顶推和多点顶推

a. 单点顶推:单点顶推即在全桥纵向只设一个或一组顶推装置,顶推装置一般设在预制场侧的桥台或桥墩上,而在前方各墩上设置滑移装置。单点顶推在国外也称为TL顶推法。我国首次采用顶推法施工的西延线狄家河桥就是采用水平千斤顶和竖向千斤顶联用单点顶推法,水平千斤顶采用H200顶推专用千斤顶,顶推速度为5~7 cm/min,水平最大顶推力2 000 kN,竖向千斤顶采用V314型千斤顶,垂直顶力3 140 kN。其顶推设备布置见图3.49。

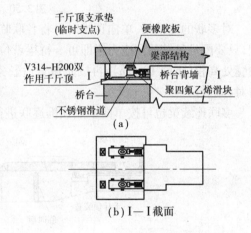

图3.49 顶推设备布置图

b. 多点顶推:多点顶推即在每个墩台上均设置一对小吨位水平千斤顶,将集中顶推力分散至各墩上,在所有墩及临时墩上均设置滑移支承。为保证各墩上千斤顶同步工作,所有顶进千斤顶通过中心控制室控制千斤顶的出力等级。

多点顶推通常采用拉杆式顶推装置,拉杆多采用高强粗钢筋,也有用高强钢丝束作拉杆的,如广东九江桥北岸引桥成功地采用了Φ7高强钢丝束作拉杆(7Φ7)、单孔三瓣夹片锚固体系,完成了13×50 mPC连续箱梁的顶推施工。采用钢丝束作拉杆,其长度可自由选择,中间没有接头,制作简单、使用方便,九江桥仅此一项就省料费5万元。

c. 单点顶推与多点顶推比较:和单点顶推相比,多点顶推由于将集中力分散至各墩,能减弱对墩台的冲击影响,但都存在从静摩擦(水平推力大)到动摩擦(摩擦力小)的多次反复变化,可能使墩台多次受到前后两个方向的冲击力。多点顶推不需大型的顶推设备,顶推时对桥墩的水平推力较小,便于结构采用柔性墩。若多点顶推采用连续顶推,更能提高顶推速度,但连续顶推需一联梁预制完毕后顶推,因此要占用较大的预制场地。

②按顶推方向分为单向顶推和双向顶推:

a. 单向顶推：所谓单向顶推是只按一个方向顶推，即预制场设置在桥梁的一端，逐段预制，逐段顶推，直至梁到对岸的施工方法。这种顶推方法是顶推基本方法，多数桥梁都采用这种顶推方法（图 3.50）。

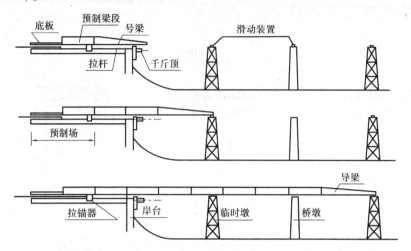

图 3.50　单向顶推施工

对多联的连续梁，单向顶推时可将各联临时靠预应力筋联成一体，联间接缝处不做特殊处理，只要配足足够的预应力索即可。桥梁就位后予以解联，解联时为减小接缝处负弯矩，先调整接缝处高程（下降 10 mm），再按先短索后长索、先下缘后上缘的顺序解除临时索，解索时应左右对称进行。

多联连续梁也可按单向多点顶推逐联进行，见图 3.51。

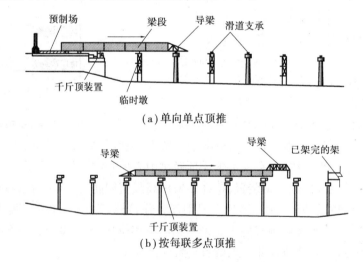

（a）单向单点顶推

（b）按每联多点顶推

图 3.51　连续梁顶推法示意图

b. 双向顶推：双向顶推在桥的两端同时设置预制场，两端同时预制，逐段顶推，最后在跨中合龙。双向顶推的合龙段可采用 1 m 左右的现浇段，现浇合龙，亦可采用直接合龙，经调整后，张拉后期预应力筋连成整体。

双向顶推施工需要两个预制场，两套设备，使用的施工场地也多，因而费用较高。同时采用双向顶推施工需要注意顶推至悬臂状态时，主梁的稳定性要有足够的保证，必要时应采取设置临时支承、梁后压重、加临时支点等措施。一般双向顶推用于桥梁总长大于600 m、工期较紧的多跨连续梁。

③按支承体系分为临时滑动支承和使用与永久支承兼用的滑动支承。

a.设置临时滑动支承:顶推施工的滑道是在墩(台)上临时设置的,用于滑移梁体和起到支承作用,待主梁顶推就位后,拆除顶推设备,进行后期力筋的张拉和管道压浆,待后期筋管道中水泥浆达到设计强度后,用数台大吨位竖向千斤顶同步将一联梁顶起,清除滑道及滑道底层混凝土垫块后,安放正式支座。

连续梁中支座高度变化将引起支反力变化。因此在更换支座前应根据设计要求检查支座高度,同时对同一墩位的各支座反力按横向分布要求调整,调整前要周密计划,操作时统一指挥,做到分级、同步。

b.使用与永久支座兼用的支承:即顶推时的临时滑动支座与竣工后的永久支座兼用。将竣工后永久支座安置在墩顶设计位置上,施工时通过改进作为滑道,主梁就位后不需进行临时滑动支座的拆除作业,也不需用大吨位千斤顶将梁顶起。

4)顶推施工时的临时措施

(1)顶推时的横向导向

为了使顶推能正确就位,施工中的横向导向是不可少的。通常在桥墩台上主梁的两侧各安置一个横向水平千斤顶,千斤顶的高度与主梁的底板位置平齐,由墩(台)上的支架固定位置。在千斤顶的顶杆与主梁侧向外缘之间放置滑块,顶推时千斤顶的顶杆与滑块的聚四氟乙烯板形成滑动面,顶推时由专人负责不断更换滑块。横向导向设置见图3.52。

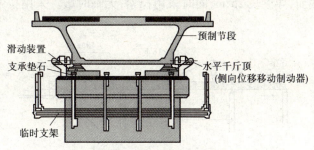

图3.52 顶推施工的横向导向设施

横向导向千斤顶在顶推施工中一般只控制两个位置,一个是在预制梁段刚刚离开预制场的部位,另一个设置在顶推施工的最前端桥墩上,因此梁前端的导向位置将随着顶推梁的前进而不断更换位置。施工中如发现梁的位置有误而需要纠偏时,必须在梁的顶推过程中进行。对于曲线桥,由于超高而形成的单面横坡,横向导向装置可以只在外侧设置。

(2)导梁

顶推过程中梁各截面正负弯矩交替出现,其弯矩包络图与使用荷载作用下弯矩包络图相差较大,为减小施工过程的内力,防止梁顶推过程中倾覆,常用一些临时措施如导梁、临时墩等,以减小顶推跨径,保证施工安全。

导梁设置在主梁的前端,为等截面或变截面的钢桁梁或钢板梁,主梁前端装预埋件与钢导梁栓接。导梁在外形上,底缘与箱梁底应在同一平台上,前端底缘呈向上圆弧形,以便于顶推时顺利通过桥墩。

导梁的结构需通过计算,从受力状态分析,导梁的控制内力是导梁与箱梁连接处的最大正、负弯矩和下弦杆(或下缘)承受的最大支点反力。国内外实践经验表明:导梁的长度一般为顶推跨径的 0.6 ~ 0.7 倍,较长的导梁可以减少主梁悬臂负弯矩,但过长的导梁也会导致导梁与箱梁接头处负弯矩和支反力的相应增加,合理的导梁长度应是主梁最大悬臂负弯矩与使用状态支点负弯矩基本接近。对于导梁的刚度宜选主梁刚度的 1/9 ~ 1/5,导梁的刚度在满足稳定和强度条件下,选用较小的刚度及变刚度的导梁,将在顶推时减小最大悬臂状态的负弯矩,使负弯矩的两个峰值比较接近。此外,在设计中要考虑动力系数,使结构中有足够的安全储备。

我国西延线狄家河桥(4×40 m),导梁由拼装式桁架杆件组成,全长 30.8 m,自重仅 1.1 t/m,远远小于梁段重量,大大降低了梁的悬臂弯矩。

(3)临时墩

单向顶推最适宜建造跨度为 40 ~ 60 m 的多跨连续梁,当跨度更大时,就需要在桥墩间设置临时支墩。临时墩由于仅在施工中使用,在符合要求前提下,应便于装拆,造价低。临时支墩常采用混凝土薄壁空心墩、混凝土预制板或轻便钢组成的框架临时墩。临时墩的基础可采用打桩或混凝土井架浅基础,依据地质和水深情况确定。为了减小临时墩承受的水平力和增加临时墩的稳定性,在顶推前可将临时墩与永久墩用钢丝绳拉紧。通常临时墩上不设顶推装置而仅设置滑移装置。

(4)拉索、托架及斜拉索

用拉索加劲主梁,用以抵消顶推时的悬臂弯矩,这样的临时设施已在法国和意大利桥梁工程中使用,获得成功。如法国的波里弗桥,$L = 286.4$ m,分跨为 35.7 m + 5×43 m + 35.7 m,$B = 13.34$ m,采用单箱截面,导梁长 25 m,同时采用拉索,无临时墩。采用拉索加劲的一般布置如图 3.53 所示。

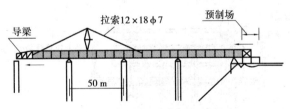

图 3.53　用拉索加劲的顶推法施工

拉索系统由钢制塔架、连接构件、竖向千斤顶和钢索组成,设置在主梁的前端,牵拉的范围为两倍顶推跨径左右,塔架支承在主梁的混凝土固定块上,用钢铰连接,并在该处的箱梁截面进行加固,以承受塔架的集中竖向力。在顶推过程中,箱梁内力不断变化,因此要根据不同阶段的受力状态调节索力,这项工作由设在塔架下端的两个竖向千斤顶来完成。

斜拉索在顶推时用于加固桥墩,特别对于具有较大的纵坡和较高桥墩的情况下,采用斜拉索可以减小桥墩的水平力,增加稳定性。法国在具有 4% ~ 6% 纵坡的连续梁顶推施工中使用了这种加固桥墩的临时设施。当采用向上坡方向顶推时,顶推力大于摩擦力,桥墩需要在墩后设拉索;当采用下坡方向顶推时,顶推力很小,甚至需要制动装置控制梁向前滑移,此时摩擦力使墩产生向后的水平力,需在墩前设拉索。这种加固方法宜在水不太深或跨山谷的桥梁上采用。

5) 顶推施工法的特点

顶推法施工有以下特点:顶推法施工时,主梁节段预制,连续作业,结构整体性较好。由于不需大型起重设备,所以节段长度可根据预制场地条件及分段的合理位置选用,一般取 10 ~ 20 m。梁节段在预制场预制,避免高空作业,同时模板和设备可多次周转使用。

顶推法宜在等截面梁上使用,但当桥跨过大时,选用等截面会造成材料的不经济,也增加施工难度,因此顶推法应以中等跨径的连续梁为宜,推荐的顶推跨径为 40 ~ 50 m,桥梁的总长也以 500 ~ 600 m 为宜。顶推施工平稳、安全、无噪声,可以在深水、山谷中采用,也可在曲率相同的弯桥上使用。

顶推时,梁的受力状态变化较大,施工时的应力状态与运营时的应力状态相差较大,因此在截面设计和预应力筋布置时要同时满足施工与运营荷载的要求。在施工时也可采取加设临时墩、导梁和其他措施,以减少施工应力。

3.3　连续梁结构内力计算

3.3.1　连续梁结构内力计算内容

预应力混凝土连续梁结构内力计算过程包括拟定截面尺寸、确定计算图式、绘制内力影响线、计算各类荷载及其作用下产生的内力、按最不利的内力组合检算截面、选定最优的设计方案等方面。这和简支梁的内力计算过程基本相同,但预应力混凝土连续梁的内力计算必须考虑结构在施工过程中体系转换和结构成形后各种外界因素在这一超静定结构上引起的次内力,计算时必须根据施工方法分阶段进行,计算比较繁琐。其内力计算内容包括:a. 恒载内力计算;b. 活载内力计算;c. 次内力计算,包括预加力次内力、温度次内力、混凝土收缩徐变次内力及墩台沉降次内力等;d. 附加内力(如风力或离心力产生的内力)计算。

预应力混凝土连续梁是超静定结构,为适应梁中内力的分布,在大跨径预应力混凝土连续梁中常采用变截面,这导致梁的刚度沿梁轴线发生变化,由于连续梁为超静定结构,其内力分布与刚度有关,因此在计算活载内力时,必须考虑刚度沿梁轴线变化的特点。

连续梁在进行结构分析时,可以按照平面杆系结构计算,也可以按三维空间结构进行分析。按照平面杆系结构计算连续梁的基本原理,在结构力学等课程中已有较详细的叙述。各种分析超静定结构的方法都可以使用。其中力矩分配法广泛用于手算;变截面构件的刚度系数、传播系数以及单位荷载作用下的固端弯矩,均可在有关手册或结构力学书中查到。而采用三维空间结构进行分析时,则必须应用有限元程序来进行。

另外如前所述,预应力混凝土连续梁桥有各种不同的施工方法,除满布支架现浇施工以外,用其他方法施工的桥梁都存在体系转换,在体系转换中除了要计算因施工程序不同而产生的施工内力外,还应计及各项次内力。次内力包括施工过程中由于张拉预应力筋所引起的次内力和由于混凝土徐变产生的次内力。在悬臂施工法的连续梁中,各项次内力常使跨中区段的正弯矩值有较大的变化幅度,应引起重视。还应注意连续梁的合龙顺序对结构内力分布有直接影响,选择体系转换顺序时,应使最终连续梁体系的恒载内力合理,尽可能缩小各项次内力的不利影响。

本节只介绍恒载内力及活载内力的计算,次内力的计算见第 4 节,附加内力计算可参阅相关规范和书籍。

3.3.2 连续梁结构内力计算

1)恒载内力计算

连续梁恒载内力,包括主梁自重(前期恒载)引起的内力和后期恒载[如桥面铺装(公路桥)或道砟和线路上部设备重(铁路桥)、人行道、栏杆、灯柱等]引起的主梁后期恒载内力。

主梁自重是在结构逐步形成的过程中作用于桥上的,它的计算与施工方法有密切关系,对施工过程中有体系转换的连续梁,其自重内力应考虑体系转换的影响。后期恒载作用于桥上时,主梁结构已形成最终体系,其产生的恒载内力的计算就可直接用结构内力影响线。下面分别介绍常用几种施工方法的主梁自重内力计算。

(1)有支架就地浇筑施工

由于混凝土是在支架上现场整体浇筑,在张拉、锚固预应力筋并压浆后拆除支架,主梁自重作用于桥上时,结构已是最终体系,不存在体系转换,可直接用自重集度与主梁内力影响线得到自重内力。

(2)逐孔施工法

逐孔施工法有逐孔现浇和预制梁逐孔架设等多种方法,在每种方法中又有不同的施工工序,会产生不同的体系转换,下面分别讨论。

①逐孔现浇施工

逐孔现浇施工可以先在第一孔布置支架,张拉完预筋后移到下一孔,每施工一孔就形成一带悬臂的连续梁体系,这样从一端向一端依次逐孔连续;也可以同时在两边孔布置支架,用两套支架从两端向中间依次对称逐孔连续;或先在中间孔布置支架,从中间向两端依次对称逐孔连续。这3种不同的工序会发生不同的体系转换,施工过程中的恒载内力也不尽相同,图3.54给出了五跨连续梁一端向一端依次逐孔连续施工的恒载内力图。

②预制梁逐孔架设

预制梁逐孔架设分两种情况:一种是简支—连续;一种是悬臂—连续。采用简支—连续施工方法时,将预制的预应力混凝土简支梁架设后,现浇墩顶混凝土湿接头,再应用预应力筋使结构在支点上连续,将简支梁转换为连续梁,主梁自重内力则按简支梁计算,简支跨中弯矩为 $g_1 L_1^2/8$(g_1 为主梁前期恒载集度)。如果桥面、护栏等在连续梁合龙后施工,则后期恒载内力按最终的连续梁计算;如在逐孔架设的同时,在已架好的主梁上进行桥面施工,则在计算后期恒载时,应按实际施工过程中的结构体系计算;总的恒载内力等于各施工阶段主梁自重内力与后期恒载内力之和。简支—连续施工方法的工序可有4种:a.从一端向一端依次浇筑墩顶湿接头,张拉预筋,逐孔连续;b.从两端向中间依次浇筑墩顶湿接头张拉预筋,逐孔连续;c.从中间向两端依次浇筑墩顶湿接头张拉预筋,逐孔连续;d.墩顶湿接头单双间隔浇筑,张拉预筋,逐孔连续。图3.55给出了六跨连续梁墩顶湿接头单双间隔浇筑逐孔连续施工时的恒载内力图。

(3)悬臂施工法

在悬臂—连续逐孔架设施工中,简支的预制梁段先连成单悬臂体系,在施工过程中会存在从简支到单悬臂再到连续梁的体系转换,其恒载内力不再详述。

为了便于理解,现取一座三孔连续梁例子进行阐明,如图3.56所示。该桥上部结构采用挂篮对称平衡悬臂浇筑法施工,从大的方面可归纳为5个主要阶段,现按图分述如下:

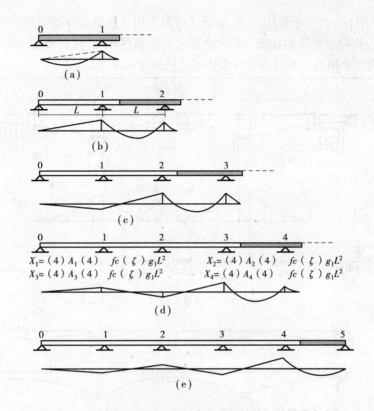

图 3.54　连续梁一端向一端依次逐孔连续施工的恒载内力图

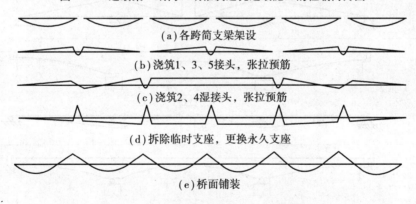

(a)各跨简支梁架设

(b)浇筑1、3、5接头，张拉预筋

(c)浇筑2、4湿接头，张拉预筋

(d)拆除临时支座，更换永久支座

(e)桥面铺装

图 3.55　简支—连续施工的恒载内力图

①阶段 1——在主墩上悬臂浇筑混凝土。首先在主墩上浇筑墩顶上面的梁体节段(称零号块件)，并用粗钢筋及临时垫块将梁体与墩身作临时锚固，然后采用施工挂篮向桥墩两侧分节段地进行对称平衡悬臂施工。此时桥墩上支座暂不受力，结构的工作性能犹如 T 形刚构。对于边跨不对称的部分梁段则采用有支架施工。此时结构体系是静定的，外荷载为梁体自重 $q_{自}(x)$ 和挂篮重量 $P_{挂}$，其弯矩图与一般悬臂梁无异。

②阶段 2——边跨合龙。当边跨梁体合龙以后，先拆除中墩临时锚固，然后便可拆除支架和边跨的挂篮。此时由于结构体系发生了变化，边跨接近于一单悬臂梁，原来由支架承担的边段梁体重量转移到边跨梁体上。由于边跨挂篮的拆除，相当于结构承受一个向上的集中力 $P_{挂}$。

③阶段 3——中跨合龙。当中跨合龙段上的混凝土尚未达到设计强度时，该段混凝土的自

重 q 及挂篮重量 $2P_{挂}$ 将以 2 个集中力 R_0 的形式分别作用于两侧悬臂梁端部。

④阶段 4——拆除合龙段的挂篮。此时全桥已经形成整体结构(超静定结构),拆除合龙段挂篮后,原先由挂篮承担的合龙段自重转而作用于整体结构上。

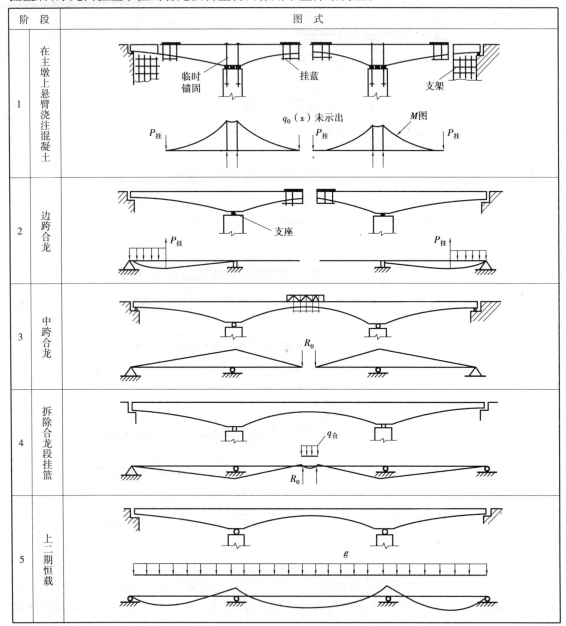

阶 段		图 式
1	在主墩上悬臂浇注混凝土	
2	边跨合龙	
3	中跨合龙	
4	拆除合龙段挂篮	
5	上二期恒载	

图 3.56 采用悬臂浇筑法施工时连续梁自重内力计算图式

⑤阶段 5——上二期恒载。在桥面均布二期恒载 g 的作用下,可得到三跨连续梁桥的相应弯矩图。

以上是对每个阶段受力体系的剖析,若需知道是某个阶段的累计内力时,则将该阶段的内力与在它以前几个阶段的内力进行叠加得到。成桥后的总恒载内力,将是这 5 大阶段内力叠加的结果。

（4）顶推施工法

顶推施工法因梁的节段在桥台后面的临时车间内生产,具有模板可反复使用、施工设备少和工程质量容易得到保证的优点,所以尤适用于建造中等跨径等高多跨连续梁桥。顶推法同样也适用曲线桥梁。

一旦顶推施工的连续梁桥正确就位后,其恒、活载内力即可按连续梁进行计算。顶推法施工的连续梁是逐节建造逐节向前推移的,在顶推过程中,随着梁跨的跨数越多,结构的体系不断转换为高次超静定结构。梁内各个截面在移动过程中,所承受的弯矩正负方向交替出现,这些内力是不断变化的,是控制梁设计的一个因素。顶推过程中在梁内出现的弯矩可绘成弯矩包络图,它将与连续梁运营阶段的恒、活载（或加上其他各项因素,如各项次内力）的弯矩包络图同为结构控制设计的最大内力图。前者常需要结构接近中心配束,后者要求结构曲线配束。为此,顶推法施工常需要在结构内设置能拆除的临时束,这些束在连续梁最终体系受力状态时是并不需要的多余束。顶推过程中梁最不利受力常在梁尚未到达墩顶而悬出长度最大的时刻,为了减小结构内力,顶推梁常使用较混凝土梁更轻的钢导梁。

在多跨连续梁用顶推法施工时,施工过程中的弯矩包络图如图3.57所示。弯矩包络图显示出前伸带导梁的第一孔梁的截面常是受力最大的部位,而其余梁段上受力变化很小。一般称这部分的计算工作为施工阶段的内力验算。现对顶推法施工阶段内力问题加以介绍。

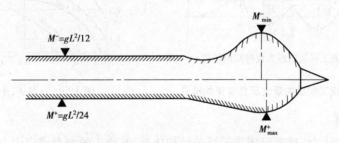

图3.57　顶推法施工时梁的弯矩包络图

通常可通过图3.58来初步估计梁内在顶推时最大正、负弯矩值:

①前伸导梁刚推移过墩顶:

$$M^+_{max} = \frac{gL^2}{12}(0.933 - 2.96\gamma\beta^2) \tag{3.1}$$

式中　γ——导梁与混凝土的自重比;

　　　β——导梁长度与跨长之比。

②前伸导梁刚到达墩顶前面:

$$M^-_{min} = -\frac{gL^2}{12}[6\alpha^2 + 6\gamma(1-\alpha^2)] \tag{3.2}$$

式中　$\alpha = 1-\beta$

③前伸导梁刚搁上墩顶,此时梁内亦可能再现最大负弯矩值。此时,M^-_{min}值与导梁刚度E_sI_s同混凝土梁刚度E_cI_c之比K有关。

$$M^-_{min} = -\mu\frac{gL^2}{12} \tag{3.3}$$

式中　μ——计算系数,由 K 与 β 查图 3.59 所示的曲线可得。

导梁与主梁的刚度比值:

$$K = \frac{E_s I_s}{E_c I_c} \qquad (3.4)$$

式中　E_s, I_s——钢导梁的弹性模量与截面惯矩;

　　　E_c, I_c——混凝土主梁的弹性模量与截面惯矩。

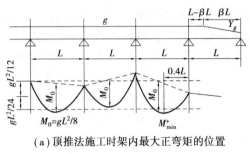

(a)顶推法施工时架内最大正弯矩的位置

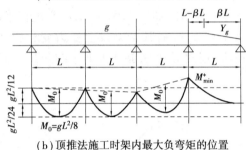

(b)顶推法施工时架内最大负弯矩的位置

图 3.58　顶推法施工时梁内最大正负弯矩的位置

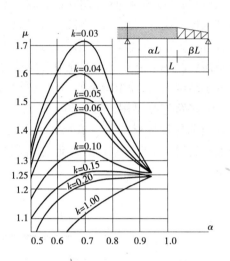

图 3.59　μ 与 K、β 关系曲线

2)活载内力计算

活载作用于桥上时,桥梁已成为最终的结构体系,其产生的内力可由内力影响线,按最不利位置布置荷载,计算步骤与简支梁基本相同。下面仅将连续梁活载内力计算的特点作简单介绍。

在大跨径预应力混凝土连续梁中,绝大多数在纵向采用变截面,各截面刚度不同,计算时应注意。在初步设计时,为简化计算,如主梁刚度沿纵向变化不大(一般在 $EI_{max}/EI_{min} \leqslant 2.5$ 或 $h_{max}/h_{min} \leqslant 1.35$ 时),也可以近似按等刚度结构体系求解主梁内力。

连续梁内力影响线中,大多数截面都存在变号的弯矩和剪力,按最不利荷载位置布置活载求截面控制内力值时,应分别对正、负区段加载,以求出正、负两个内力值。

另外,对公路预应力混凝土连续梁,还应考虑荷载的横向传递。目前,常把荷载在横向的分配用横向分布系数 m 考虑,具体计算可参考有关书籍。

3.4　次内力分析

超静定预应力混凝土梁在各种内外因素的综合影响下,结构因受到强迫的挠曲变形或轴向伸缩变形,将在结构多余约束处产生多余的约束力,从而引起结构附加内力,一般将这种附加内力称为结构次内力。外部因素包括预加力、墩台基础不均匀沉降、温度变化等,内部因素包括混凝土材料的收缩徐变等,本节主要介绍预加力次内力的计算方法及其他几种次内力的基本概念。

3.4.1　预加力次内力分析

1)静定结构中预加力的作用

如图 3.60 所示曲线配筋预应力混凝土简支梁,张拉钢筋后,在预应力作用下,构件中将产生轴向压力、弯矩和剪力,预应力在各截面产生的内力可用下式计算(图 3.61):

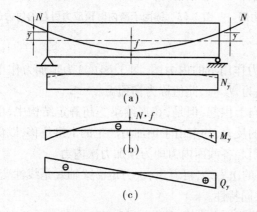

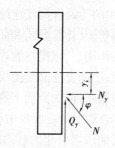

图 3.60　曲线布筋时预应力引起的简支梁内力图　　图 3.61　预应力在截面上产生的内力

弯矩:

$$M_y = N \cdot \cos \varphi_i \cdot e_i \tag{3.5}$$

轴向力:

$$N_y = N \cdot \cos \varphi_i \tag{3.6}$$

剪力:

$$Q_y = N \cdot \sin \varphi_i \tag{3.7}$$

式中　N——梁内有效预加力(为简化计算,忽略各截面预应力损失的差别,假定为常数);

　　　φ_i, e_i——i 截面预应力筋与梁轴线的夹角,及该截面预应力筋到梁重心轴的距离。

由于预应力混凝土简支梁可自由地产生向上(或下)的挠曲变形,因此在预应力作用下不产生多余的约束力,故不产生预加力次力矩。令 y_i 为 i 截面上预应力合力作用点至梁重心轴的距离,则

$$y_i = \frac{M_y}{N_y} = e_i$$

可以看出,由于预应力混凝土简支梁不产生预加力次力矩,故混凝土的压力线必然与预应力筋重心线重合。

直线布筋时:$M_y = N \cdot e$,$Q_y = 0$,见图 3.62。

如果预应力筋锚固在跨内,则由预加力产生的内力将在锚固点处发生突变(图 3.63)。

如果截面中有多束预应力筋作用,可叠加各内力图,得到总的 M_y,Q_y。

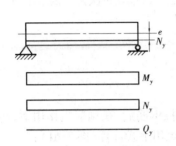

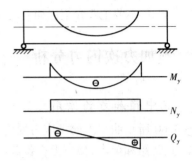

图 3.62　直线布筋时预应力引起的简支梁内力图　　图 3.63　锚固于跨内时预应力引起的内力图

2)超静定结构中预加力的作用

图 3.64 为两等跨等高度连续梁在预加力作用下的内力图,图 3.64(c)为预加力作用下对重心轴产生的弯矩,计算公式和简支梁相同,为 $N_y \cdot e$,此值称为初预矩。

在预应力作用下,该梁将脱离中间支承向上拱起,但是,在连续梁等超静定结构中,由于支座的约束作用,中间支座必然给梁一个向下的反力,约束由于预加力产生的上拱位移,以满足支座处的变形协调条件,由此向下的支座反力引起各截面内力即为预加力次内力。

图 3.64(d)所示为在次反力作用下产生的次力矩,可看出,次力矩沿梁轴线是线性变化的,这也是所有其他因素引起的结构次内力的共同特性。

图 3.64(e)所示为总预矩图,它等于初预矩加次力矩,用公式 $M = M_0 + M_1$ 表示。次力矩可用力法或等效荷载法计算。

图 3.64(f)所示为梁内相应的总预剪力图,它等于初预剪力加次预剪力。

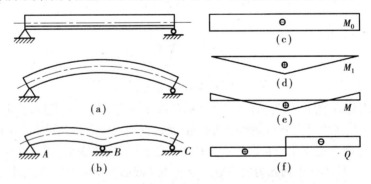

图 3.64　两跨连续梁的初预矩、次力矩和总预矩图

此时,截面上压力合力作用点至梁重心轴的距离为:

$$y = \frac{M}{N_y} = \frac{M_0 + M_1}{N_y} \neq e$$

显然,超静定结构次力矩不为零,混凝土的压力线也不再与预应力筋重心线重合。

3)用力法求预加力次力矩

此种方法是将预应力混凝土梁视为一个整体,采用结构力学中的力法直接求解。

假定两等跨连续梁,直线布筋,预应力筋有效预加力为 N_y,偏心矩为 e[图 3.65(a)]。求次力矩时,取简支梁为基本结构,中间支点截面多余支座反力为赘余力,在预加力作用下,梁要起拱脱离中间支承,要使梁仍支承于中间支座上,必有一向下的反力将梁压回,此反力即为次反力。由中间支承处的变形协调方程：

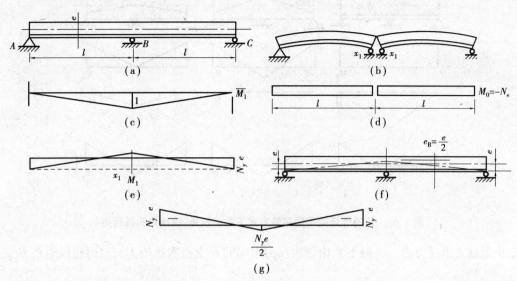

图 3.65 直线配筋两跨连续梁的次力矩及总预矩

$$\delta_{11}x_1 + \Delta_{1N} = 0$$

由图 3.65(c) 及 (d) 并解出 $\delta_{11} = \dfrac{l^3}{6EI}, \Delta_{1N} = -\dfrac{N_y el^2}{2EI}$，代入上式可得次反力值为：

$$x_1 = -\frac{\Delta_{1N}}{\delta_{11}} = \frac{3}{l}N_y e(\,向下\,)$$

则 B 支承处次力矩为 $M_{1B} = x_1 \dfrac{l}{2} = \dfrac{3}{2}N_y e$；

连续梁各截面预加力次力矩为 $M_1 = x_1 \overline{M_1}$；

梁内各截面总预矩为 $M = M_0 + M_1 = -N_y e + \dfrac{3}{2}e N_y \overline{M_1}$。

B 支承处总预矩为 $M_B = N_y \dfrac{e}{2}$；

边支点处总预矩为 $-N_y e$。

次力矩及总预矩沿梁轴的分布图见图 3.65(e)、(g)。

将总预矩 M 的表达式除以预加力 N 得

$$y = \left(-e + \frac{3}{2}e \overline{M_1} \right)$$

式中 y——混凝土压力线和梁轴线之间的偏离值。

图 3.65(f) 虚线表示各截面压力线的分布，从图看出，除两边支座处预应力筋和压力线重合外，其余截面两者均不重合。

假如将图 3.65(a) 中预应力筋的位置，按照图 3.65(f) 所示压力线的位置重新布置，如图 3.66(b)，则初预矩与直线布筋时的总预矩相同，同上计算可得 B 支点支承反力为 0，故次预矩为 0，总预矩与初预矩相同，即与直线布筋时相同。

假如预应力筋的布置采用图 3.66(c) 所示的形式，中支点处力筋偏心距为 0，用同样方法可

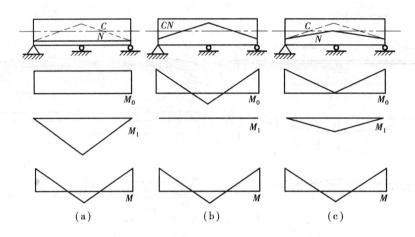

图 3.66 两跨连续梁不同布筋方式下的初预矩、次预矩和总预矩

算出 B 支点支承反力为 $\dfrac{N_y e}{l}$（向下），由该次反力引起的 B 支点次预矩为 $\dfrac{N_y e}{2}$，而初预矩在 B 支点处为 0，则 B 支点总预矩仍为 $\dfrac{N_y e}{2}$，仍与直线布筋时相同。

由上述 3 个例子可知，只变动中间支承处预应力筋的偏心距，保持梁端偏心距、预应力筋的形状及预应力的数值不变，此时次反力和次预矩发生变化，但并不影响预加力在梁中产生的总预矩。由此可以得出以下的结论：在预应力混凝土连续梁中，在不改变预应力筋两端支承处的位置和各支承间的基本形状（如直线、曲线或折线）的条件下，改变它在各中间支承处的偏心距，并不影响其压力线的位置，这就是预应力钢筋的线性变换原理。

因为次力矩的图形总是线性分布的，所以预应力筋的线性变换原理只有在保持力筋线型不变的条件下，仅作中间支座上力筋的上下移动时才成立。因为此时所改变的初预矩图的图形也是线性分布的。如果改变预应力筋在梁端的偏心距，则由预加应力产生的弯矩和压力线的位置就会发生变化。

线性转换的概念对预应力混凝土超静定结构设计中预应力力筋的布置有很大优势，它允许在不改变结构内混凝土压力线位置的条件下调整力筋合力线的位置以适应结构构造上的要求。

预应力混凝土梁中采用曲线配筋或局部配筋时，均可按上述方法计算预加力次内力，具体方法可参考相关文献，在此不再赘述。

4) 等效荷载法

在力法中，是将预应力混凝土梁作为一个整体来考虑的，在多次超静定结构（比较力法和等效荷载法的区别）。因为预应力混凝土结构是一种预加力和混凝土压力相互作用并取得平衡的自锚体系，因此可把预应力钢筋和混凝土视为相互独立的脱离体，此时预加力对混凝土的作用可模拟成分布荷载、集中荷载或弯矩，即所谓的等效荷载，通过分析预应力筋脱离体的内力平衡，就可得到等效荷载。

（1）不同配筋形式下等效荷载的计算

预应力混凝土梁的等效荷载主要包括力筋对构件端部产生的偏心压力（可分解为轴向力、竖向力和偏心弯矩），折线形力筋对构件产生的集中荷载和曲线形力筋产生的分布荷载。

①力筋端部

如图 3.67 所示,力筋作用在梁端的力 N_y 可以分解为 3 个分量。

轴向力:A 支座处为 $N_y \cdot \cos \theta_A$,C 座处为 $N_y \cdot \cos \theta_c$。此力作用在锚头的端部,通常在计算连续梁弯矩时没有影响,但是在刚架内,由于轴向压缩的影响将产生次力矩。

竖向力:A 支座处为 $V_A = N_y \cdot \sin \theta_A$,$C$ 支座处为 $V_C = N_y \cdot \sin \theta_c$。此力作用于支座处,被支座竖向反力平衡,所以它在连续梁内也不产生力矩。

力矩:A 支座处为 $M_A = N_y \cdot \cos \theta_A \cdot e_1$,$C$ 支座处为 $M_C = N_y \cdot \cos \theta_c \cdot e_3$。此力作用在梁的端部,在连续梁全长都产生内力矩,计算中必须考虑。

②折线布筋

图 3.67 为折线布筋的两跨连续梁,取折角处预应力筋为隔离体(图 3.68),在折角 K 点处对混凝土的压力 N_K 可表示为:

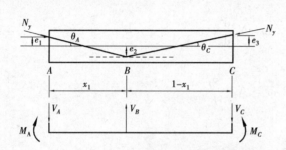

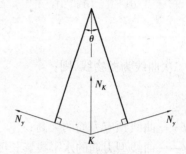

图 3.67　折线形预应力筋的等效荷载　　图 3.68　折角处力平衡图

$$N_K = N_y \cdot \sin \theta_A + N_y \cdot \sin \theta_C$$

一般情况下力筋折角很小,所以 N_K 也可以表示为:

$$N_K \approx N_y(\theta_A + \theta_C) = N_y \cdot \theta \tag{3.8}$$

可见当力筋斜率发生改变时,力筋对混凝土的压力值与力筋斜率的变化幅度成正比,在通常使用的坐标系中,如果 $\theta > 0$,将有方向朝上的压力作用于混凝土,如果 $\theta < 0$,则对混凝土的压力方向朝下。从混凝土梁的隔离体来看,此 N_K 即为预加力对梁的等效荷载。

折线布筋时预应力钢筋的等效荷载为集中荷载。图中各符号的计算式为:

$$V_A = N_y \cdot \theta_A \tag{3.9}$$

$$V_C = N_y \cdot \theta_C \tag{3.10}$$

$$V_B = N_y(\theta_A + \theta_C) \tag{3.11}$$

$$M_A = N_y \cdot e_1 \tag{3.12}$$

$$M_C = N_y \cdot e_3 \tag{3.13}$$

$$\theta_A \approx \frac{e_1 + e_2}{x_1}, \theta_C \approx \frac{e_2 + e_3}{l - x_1}$$

③二次曲线布筋

图 3.69 为二次曲线布筋预应力混凝土简支梁,取跨中一段预应力筋为隔离体(图 3.70),根据竖向力平衡有:

$$N_y \cdot \mathrm{d}\theta = \omega \cdot \mathrm{d}x$$

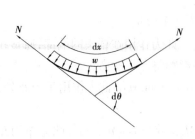

图 3.69　曲线预应力筋的水平衡图

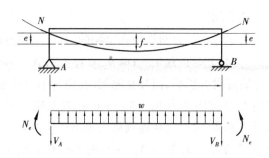

图 3.70　曲线预应力筋的等效荷载

$$\omega = N_y \frac{\mathrm{d}\theta}{\mathrm{d}x}$$

又因 $\theta \approx \tan\theta = \dfrac{\mathrm{d}y}{\mathrm{d}x}$，所以 $\dfrac{\mathrm{d}\theta}{\mathrm{d}x} = \dfrac{\mathrm{d}^2 y}{\mathrm{d}x^2}$，故

$$\omega = N_y \frac{\mathrm{d}^2 y}{\mathrm{d}x^2} \tag{3.14}$$

若二次曲线为抛物线,则:

$$\omega = N_y \cdot \frac{8f}{l^2} \tag{3.15}$$

式中　f——曲线预应力筋的矢高;

　　　l——曲线型力筋的水平投影长度。

当预应力筋按圆曲线、悬链线、正弦曲线布置时,仍可用式 $8N_y f/l^2$ 计算荷载集度,计算精度符合工程要求的精度。当预应力筋按三次曲线布置时,等效荷载为按直线变化的分布荷载,当 y 的变化不便用代数式表达时,可采用有限差分方程式:

$$\frac{\mathrm{d}^2 y}{\mathrm{d}x^2} = \frac{y_{n-1} - 2y_n + y_{n+1}}{(\Delta x)^2} \tag{3.16}$$

(2)次力矩的计算

用等效荷载法计算次力矩可通过两条途径:一是首先求得不同配筋情况下的等效荷载,然后把预应力混凝土梁看作等效荷载作用下的普通梁(不去除多余约束),用力矩分配法或影响线加载法等方法直接求得超静定梁由预加力产生的总力矩,再减去初力矩,即得次力矩(用影响线加载法计算时,注意不要遗漏力筋在梁端的力矩对结构内力的影响);二是求总力矩时直接取出多余支承处的次反力值,再当做荷载加载到去除多余约束后的简支梁上,直接求得次内力。

应当注意,对于实际配筋的预应力混凝土梁,通常配筋较多,形式比较复杂,且等效荷载需根据实际的施工工序来加载,计算时需考虑结构的体系转换。以移动模架法施工的两跨连续梁为例(图 3.71):第一跨施工完成时为简支单悬臂体系,静定结构,故等效荷载不产生次内力,见

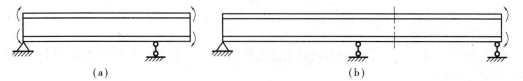

(a)　　　　　　　　　　　　　　　　(b)

图 3.71　移动模架法施工连续梁等效荷载示意图

图3.71(a);第二跨完成时成为一次超静定结构,此时等效荷载是由于张拉第二施工段力筋所引起的,在两跨连续梁各截面内将产生次内力,见图3.71(b)。对于施工周期较长的,尚应考虑后期施工时由于先期结构预应力损失导致的等效荷载下降引起的次内力变化。

(3)例题

【例3.1】 图3.72为两跨连续梁,2×15.24 m,预应力筋按二次抛物线和折线布置;预应力筋偏心距分别为:$e_1 = 61$ mm,$e_2 = 244$ mm,$e_3 = 122$ mm,$e_4 = 274$ mm;相应起弯角为:$\theta_1 = 0.22$ rad,$\theta_2 = 0.08$ rad,$\theta_3 = 0.156$ rad,$\theta_4 = 0.176$ rad,$\theta_5 = 0.08$ rad;有效预应力 $N_y = 1\,112$ kN。求预加力产生的二次矩。

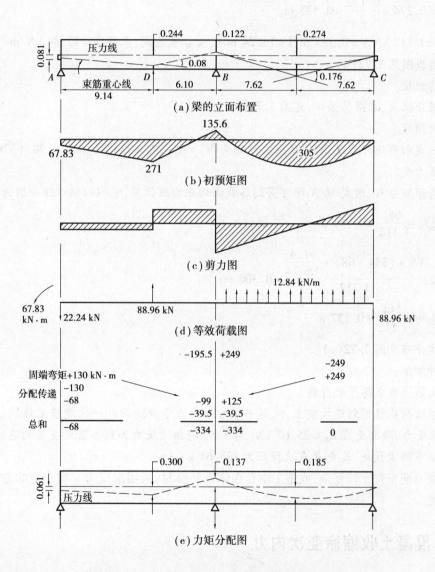

(a)梁的立面布置

(b)初预矩图

(c)剪力图

(d)等效荷载图

(e)力矩分配图

图3.72 两跨连续梁等效荷载计算图(单位:m)

解:第一种方法:

①求等效荷载。

A 支座外梁端弯矩为:$N_y \cdot \cos \theta_i \cdot e_1 = 67.83$ kN·m;

A 支座处竖向力为：$N_y \cdot \theta_1 = 22.24$ kN；

D 点集中力为：$N_y \cdot \theta_2 = 88.96$ kN；

B 支座竖向力为：$N_y \cdot \theta_3 = 173.47$ kN；

C 支座外梁端弯矩为零；

C 支座处竖向力：$N_y \cdot \theta_5 = 88.96$ kN。

BC 跨等效荷载为均布荷载，荷载集度为 $\omega = \dfrac{8 N_y e}{l^2}$；式中 e 为曲线预应力筋矢高，表达式为

$$e = e_4 + \frac{e_3}{2} = 0.274 + \frac{0.122}{2} = 0.335 \text{ m}。$$

将 $N_y = 1\,112$ kN，$e = 0.335$ m，$l = 15.24$ m 代入 ω 表达式，求得 $\omega = 12.84$ kN/m

等效荷载图见图 3.72(d)。

②求总预矩。

用力矩分配法，求得总预矩，见图 3.72(e)。

③求次预矩。

总预矩减初预矩即为次预矩，B 点次预矩为 $M_1 = M - M_0 = 334 - 135.6 = 198.4$ kN·m。

④求压力线。

根据总预矩分布，用式 M/N 即可得到各截面的压力线位置，它们的偏心距分别为：

A 支座处：$\dfrac{68}{1\,112} = 0.061$ m

B 点处：$\dfrac{68 + (334 - 68) \times \dfrac{91.4}{15.24}}{1\,112} = 0.300$ m；

D 支座处：$\dfrac{234}{1\,112} = 0.137$ m

压力线分布见图 3.72(e)。

第二种方法：

①同上第一步求得等效荷载。

②将等效荷载作用到连续梁上，采用一般的结构力学方法解此一次超静定结构，即可求出 B 支点支承反力，即次反力 $R_B = 25.67$ kN(向下)。将该次反力加到去除 B 支座的连续梁上，可得到线性分布的次预矩，其中 B 点次预矩为 195.61 kN·m。

当预应力筋布置比较复杂，或施工中存在体系转换时，采用次反力求次力矩的方法相对来说比较简便。

3.4.2　混凝土收缩徐变次内力

混凝土的徐变是指在荷载和应力保持不变的情况下，变形和应变随时间持续变化的特性。而混凝土在空气中结硬时，由于水分蒸发而体积减小的现象称为收缩，收缩变形与混凝土中的应力情况无关，混凝土若吸收水分也会发生膨胀。混凝土徐变和收缩会引起结构的变形，在超静定情况下就会产生次内力。

1)徐变和收缩变形规律

混凝土徐变和收缩是它作为粘滞弹性体的两种与时间有关的变形性质。图 3.73 表示混凝土柱体随加载和卸载的整个过程中的变形性质。

①柱体未承载前,混凝土就产生随时间增长的收缩应变 ε_s,见图 3.73(d)。

②在混凝土龄期为 τ_0 时开始加载,则混凝土柱体在 $t = \tau_0$ 时产生瞬时弹性应变 $\varepsilon_e = \dfrac{\sigma_b}{E_b}$,见图 3.73(b)。

③在荷载的长期(持续)不变作用下,混凝土柱体随时间增加产生附加应变 ε_c,称为徐变应变。

④荷载在 $t = t_1$ 时卸去,混凝土柱体除了瞬时恢复弹性应变外,还随时间恢复了一部分附加应变。这部分可恢复的徐变应变称为滞后弹性应变 ε_v,残留的不可恢复的附加应变部分为屈服应变 ε_f,$\varepsilon_v + \varepsilon_f$ 为徐变应变的总和,见图 3.73(e)。

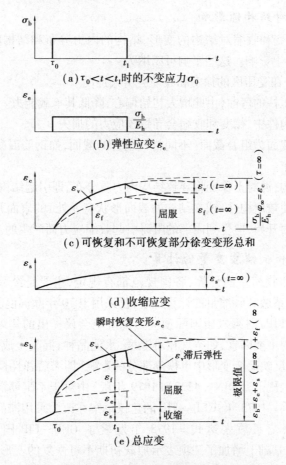

图 3.73　混凝土柱体变形

试验表明,在长期荷载作用下,加载初期收缩徐变应变增长较快,后期增长减慢,几年以后就基本停止增长。结构的徐变变形的累计总值可达到同样应力下弹性变形的 1.5 ~ 3.0 倍或更大。从试验中观察到,当混凝土棱柱体在持续应力不大于 $0.5R_a$(混凝土棱柱强度)时,徐变变形表现出与初始弹性变形成比例的线性关系;而当应力超过这个界限,它们之间的关系变为非线性的,即徐变非线性理论。在桥梁结构中,混凝土的使用应力一般不超过其极限强度的40% ~ 50%。因此,可以以徐变线性理论为基础讨论结构徐变变形与次内力计算方法。这样,在整个使用荷载应力范围内,可引入徐变特性系数 φ(以后简称徐变系数),建立徐变应变的关系式:

$$\varepsilon_c = \frac{\Delta l_c}{l} = \frac{\Delta l_c}{\Delta l_e} \cdot \frac{\Delta l_e}{l} = \varphi \varepsilon_e \tag{3.17}$$

即:

$$\varphi = \frac{\varepsilon_c}{\varepsilon_e}$$

式中　ε_e——混凝土徐变应变 ε_c 开始时,在荷载作用下混凝土的瞬时弹性应变值。

2)影响混凝土收缩和徐变变形的主要因素

混凝土徐变主要与应力的性质和大小、加载时的混凝土的龄期及荷载的持续时间有密切的关系。混凝土的徐变、收缩还与混凝土的组成材料及其配合比,周围环境的温度、湿度、构件截面形式与混凝土养护条件、混凝土的龄期都有关系。

3)混凝土收缩徐变对结构的影响

一般说,混凝土徐变和收缩对结构的变形、结构的内力分布和结构内截面(在组合截面情况下)的应力分布会产生影响。这些影响可归纳为:

①结构(如梁、板)在受压区的徐变和收缩会增大挠度。

②徐变会增大偏压柱的弯曲,由此增大初始偏心,降低其承载能力。

③预应力混凝土构件中,徐变和收缩会导致预应力的损失。

④如果结构构件截面为组合截面(不同材料组合的截面,如钢筋混凝土组合截面),徐变将导致截面上应力重分布。

⑤对于超静定结构,混凝土徐变将导致结构内力重分布,即引起结构的徐变次内力。

⑥混凝土收缩会使较厚构件(或在结构的截面形状突变处)的表面开裂。这种表面裂缝是因为收缩总在构件表面开始,但受到内部的阻碍引起收缩应力而产生的。

4)混凝土徐变系数和收缩应变量的计算

混凝土徐变系数和收缩量的计算,各国规范都有规定,主要是经验公式。英国桥梁规范 BS 5400(1978)对徐变系数和收缩量的计算规定,仍采用1970年欧洲混凝土委员会(CEB)和国际预应力混凝土协会(FIP)向第六届国际预应力混凝土会议提出的建议公式。这些公式已考虑了影响徐变和收缩的主要因素,如空气相对湿度、水泥品种、混凝土成分、加载龄期和构件厚度等,但在规定中没有反映徐变变形中可恢复部分的影响(即滞后弹性性质)。原联邦德国《预应力混凝土设计与施工规范》(DIN—4227)(1979年版)中对于不配筋混凝土徐变系数的计算考虑了滞后弹性的影响。1973年,CEB—FIP 的建议草案亦改为采用滞后弹性变形与残留屈服的徐塑变形相加的徐变系数表达式。1978年发表了 CEB—FIP 国际标准规范(MODEL CODE),又在该草案的基础上增加了一项表示加载初期不可恢复的变形 $\beta_a(\tau)$。我国最近制订的公路桥涵设计规范中,对徐变系数与收缩量计算采用了此建议,详细计算公式见《公路钢筋混凝土及预应力混凝土桥涵设计规范》(JTG D62—2004)。

关于混凝土收缩徐变引起的次内力的计算可参考相关书籍,限于篇幅,这里不做详细介绍。

3.4.3　温度变化引起的次内力

桥梁结构因自然条件变化而引起的温度差效应主要归纳为年温差影响和局部温差影响。年温差影响,指气温随季节发生周期性变化时对结构物所起的作用。一般假定温度沿结构截面高度方向以均值变化,它对无水平约束的简支梁、连续梁等,只会导致桥梁的纵向位移,一般通过桥面伸缩缝、支座位移或柔性桥墩等构造措施相协调,由于结构无弯曲变形,不会产生多余的约束反力,故并不导致结构温度次内力(或温度应力);只有在结构均匀伸缩受到限制时,年温差才引起温度次内力,如拱式结构、框架结构及部分斜拉桥结构。如图 3.74 所示,温差影响包括日照、

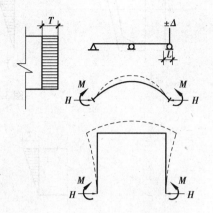

图 3.74　年温差对不同结构的影响

降温和混凝土水化热影响。日照、降温影响因日照时间、日照强度、地理位置等随机因素的存在,使结构表面、内部温差形成瞬时的不均匀分布,可能会导致结构的温度应力,这是产生结构裂缝的主要因素。

结构的温度分布称为温度场。确定了结构各部分的温度场后,应用力学分析的方法即可求得结构的温度应力。严格地说,桥梁结构内任一点的温度 T_i 应是三维坐标 x、y、z 和时间 t 的函数,即 $T_i = f(x,y,z,t)$,为三维热传导问题。考虑到桥梁是一个狭长的结构物,而且一般公路桥梁常用的箱梁结构都带有一定长度的悬臂,腹板因悬臂的遮荫,直接受日照时间较短,两侧温差变化不大;箱梁底板则终日不受日照,又处于高空中,通风较好;只有顶板全天受日照。因此在公路箱梁结构中可将三维热传导问题简化为竖向(沿截面高度)的一维热传导状态问题,主要考虑桥面受日照后形成的沿箱梁高度变化的温度梯度。对于铁路箱梁,因梁较窄,梁腹板直接受日照,导致两侧腹板日照温差,除了考虑竖向的日照温差影响外,还要考虑横向的影响。

温度梯度模式与温度设计值大小是否接近实际状态是正确计算结构温度应力的关键,温度梯度模式可分为线性梯度模式和非线性梯度模式两种。

图 3.75(a)所示为线性变化的梯度模式。由于温度梯度与梁的平截面假定一致,因此在这种温差变化下,梁式结构将产生挠曲变形,但变形后仍然服从平截面假定,梁的纵向纤维之间不产生由于相互约束而引起的自相平衡的温度自应力。同时,由于物体热胀冷缩的性质,线性温度梯度会引起结构的位移。在静定梁式结构中,梁的伸长缩短并不引起多余约束反力,故不产生温度次内力和次应力;但在连续梁式结构中,则不但引起结构的位移,且因多余约束的存在,会产生温度次内力(图 3.76)。

图 3.75(b)、(c)、(d)所示均为非线性变化的梯度模式。此时温度梯度不再与梁的平截面假定一致,故在温差变化下,无论是静定还是超静定梁式结构,在产生挠曲变形后,由于要服从平截面变形,梁的纵向纤维之间必然会产生相互约束,从而引起温度自应力。同样,在静定梁式结构中,不会产生温度次内力和次应力,但在连续梁式结构中,除自应力还会产生温度次内力和次应力。

关于温度变化引起的次内力计算参考相关书籍,本书不做详细介绍。

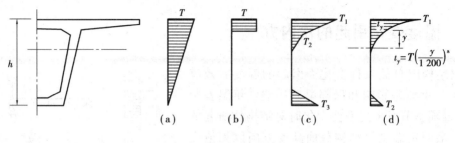

图 3.75　不同温差梯度模式

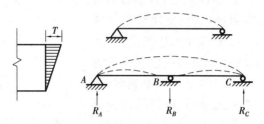

图 3.76　线性温度梯度对结构的影响

3.4.4　墩台不均匀沉降引起的次内力

连续梁桥墩台基础沉降与地基土壤的物理性质有关,一般规律是随时间而递增,经过相当长的时间,沉降接近终值。为简化计算,假定沉降变化规律类似于徐变变化规律,具体计算方法本书不做详细介绍,请参考相关书籍。

3.5　刚构桥

3.5.1　刚构桥的分类及特点

刚构桥,主要承重结构采用刚构的桥梁,即梁和腿或墩(台)身构成刚性连接。结构形式可分为门式刚构桥、斜腿刚构桥 、T 形刚构桥和连续刚构桥。

1)门式刚构桥

门式刚构桥(图 3.77)腿和梁垂直相交呈门形构造,可分为单跨门构、双悬臂单跨门构、多跨门构和三跨两腿门构。前 3 种跨越能力不大,适用于跨线桥 ,要求地质条件良好,可用钢和钢筋混凝土结构建造。

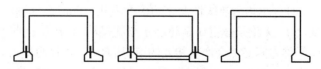

图 3.77　门式刚构桥

其主要特点是将桥台台身与主梁固结,既省掉了主梁与桥台之间的伸缩缝,改善了桥头行车的平顺性,又提高了结构的刚性。

在竖向荷载作用下,可以利用固结端的负弯矩来部分地降低梁的跨中弯矩,从而达到减小梁高的目的。但薄壁台身(或立柱)除承受轴向压力外,还承受横向弯矩,并且在基脚处还产生水平推力。基脚无论采用固结或者铰结构造,都会因预应力、徐变、收缩、温度变化以及基础变位等因素产生较大的次内力(图 3.78)。

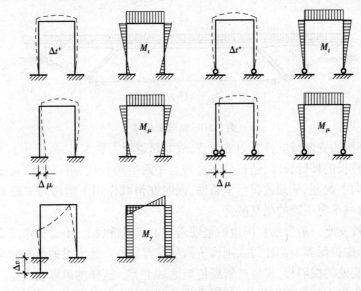

图 3.78 次内力示意

在城市中当遇到线路立体交叉或需要跨越不太宽的河流时,采用这种桥型能降低线路标高,改善纵坡和减少路堤土方量。当桥面标高已经确定时,采用这种桥型可以增加桥下净空。

在门式刚构桥的角隅节点(台身与主梁连接处)截面,一般承受较大的负弯矩,因此,工程设计中必须在此处设置防劈钢筋予以特别加强(图 3.79)。

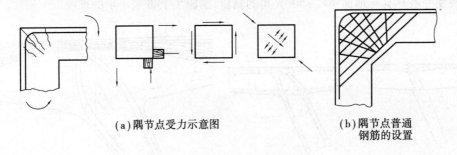

(a)隅节点受力示意图 (b)隅节点普通钢筋的设置

图 3.79 角隅受力及钢筋设置

2)斜腿刚构桥

斜腿刚构桥(图 3.80)是指桥墩为斜向支撑的刚构桥。其腿和梁所受的弯矩比同跨径的门式刚构桥显著减小,而轴向压力有所增加;同上承式拱桥相比不需设拱上建筑,使构造简化。其桥型美观、宏伟,跨越能力较大,适用于峡谷桥和高等级公路的跨线桥,多采用钢和预应力混凝土结构建造。如 1982 年建成的安康汉江桥(铁路桥),腿趾间距 176 m。

斜腿刚构桥的主跨相当于一座折线形拱式桥,其压力线接近于拱桥的受力状态,斜腿以受

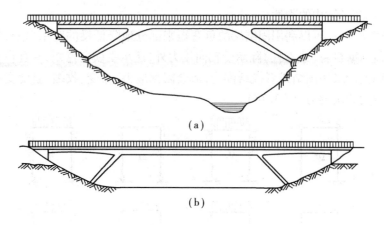

图 3.80　斜腿刚构桥

压为主,比门式刚构的立墙或立柱受力更合理,故其跨越能力也大。

其两端具有较长的伸臂长度,通过调整边跨与中跨的跨长比,可以使两端支座成为单向受压铰支座而不致向上起翘,从而改善行车条件,同时在恒载作用下边跨对主跨的跨中弯矩也能起到卸载作用,有利于将主跨的梁高减薄。

斜腿下端的铰支座一般坐落在岸边的坚硬岩石上或者桥台上,不会被水淹没或者被土堤掩埋,故在施工上和维护保养上都比门式刚构桥简单和容易些。其主梁的恒重和车辆荷载都是通过主梁与斜腿相交处的横隔板,再经过斜腿传至地基土上。这样的单隔板或呈三角形的隔板将使此处梁截面产生较大的负弯矩峰值,使得通过此截面的预应力钢筋十分密集,在构造布置上比较复杂(图 3.81)。

预加力、徐变、收缩、温度变化以及基础变位等因素都会使斜腿刚构桥产生次内力,受力分析上也相对较复杂。因此,为了减少超静定次数,同时使斜腿基脚处的地基应力均匀些,一般将斜脚基脚处设计成铰支座。

该桥型一般具有与地面 40°~50°夹角的斜腿,给施工上带来一定的难度。

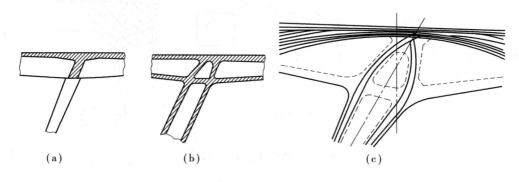

图 3.81　斜腿与主梁相交节点构造

3)T形刚构桥

T形刚构桥(图 3.82)是在简支预应力桥和大跨钢筋混凝土箱梁桥的基础上,在悬臂施工的影响下产生的,其上部结构可为箱梁、桁架或桁拱,与墩固结形成整体。其桥型美观 、宏伟,结构较为轻便,适用于大跨悬臂平衡施工,可无支架跨越深水急流,避免下部施工困难或中断航运,也不需要体系转换,施工简便。T形刚构可分为带挂梁结构的 T形刚构桥和带剪力铰结构的T形钢构桥。其缺点是:挂梁的支座或铰养护比较困难,曾有桥梁的支座发生断裂而导致严重的事故。在接缝处,行车平顺性受到影响。

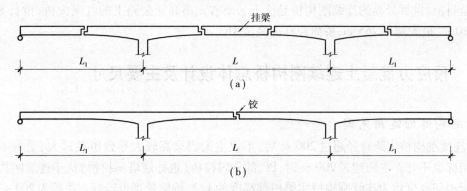

图 3.82　T形刚构桥

4)连续刚构桥

连续刚构桥(图 3.83)分主跨为连续梁的多跨刚构桥和多跨连续刚构桥,均采用预应力混凝土结构,有两个以上主墩采用墩梁固结,具有 T 形刚构桥的优点。

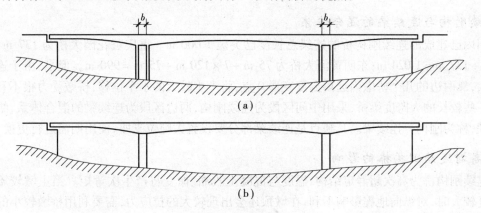

图 3.83　连续刚构桥

与同类桥(如连续梁桥、T 形刚构桥)相比:多跨刚构桥保持了上部构造连续梁的属性,跨越能力大,施工难度小,行车舒顺,养护简便,造价较低;多跨连续-刚构桥则在主跨跨中设铰,两侧跨径为连续体系,可利用边跨连续梁的重量使 T 构做成不等长悬臂,以加大主跨的跨径。典型的连续刚构体系对称布置,并采用平衡悬臂施工方法修建。

同连续梁一样,连续刚结构可以做成一联多孔,在长桥中,可以在若干中间孔以剪力铰相连或简支拼。它综合了连续梁和 T 形刚构桥的受力特点,将主梁做成连续梁体与薄壁桥墩固结,连续刚构体系的梁部结构的受力性能如同连续梁一样,随着墩高的增加,薄壁桥墩对上部梁体的嵌固作用越来越小,逐步蜕化为柔性墩的作用。薄壁墩底部所承受的弯矩,梁体内的轴力随着墩高的增大而急剧减小。在跨径大而墩高度小的连续刚构桥中,由于体系温度的变化,混凝土收缩等将在墩顶产生较大的水平位移,为减少水平位移在墩中产生的弯矩,连续刚构桥常采用水平抗推刚度较小的双薄壁墩,从而保持了连续梁的各个优点:即结构刚度大,变形小,动力性能好,主梁变形挠曲线平缓,有利于高速行车等;墩梁固结节省了大型支座的昂贵费用,减少了墩及基础的工程量;改善了结构在水平荷载(例如地震荷载)作用下的受力性能,即各柔性墩按刚度比分配水平力。唯对柔性墩的设计必须考虑上部梁体变形(转动与纵向位移)对它的影响。

截至目前,世界最高的连续刚构桥是位于云南省元墨高速公路上的红河大桥,桥长801 m,宽超过20 m,最大跨径265 m,桥面距江面高度163 m。

3.5.2　预应力混凝土连续刚构桥总体设计及主要尺寸

1)连续刚构桥的适用范围

PC连续刚构桥主跨跨径超过200 m后,不仅主梁因梁高较大导致恒载过大、受力不好,而且经济指标也不好。主跨超过200 m时,PC部分斜拉桥(也称矮塔斜拉桥)优于连续刚构桥,因为其主梁根部高度约为连续刚构桥主梁根部高度的1/2,桥梁景观也较好。主跨为200~300 m,应首选部分斜拉桥;即使跨径为150~200 m时,也应对这两种桥型进行比较,择优选用。

以上系指按三跨对称布置的连续刚构桥或部分斜拉桥。当为两跨等跨布置时,则成为单T刚构桥或独塔部分斜拉桥。单T刚构桥的跨径一般不宜大于130 m;两跨部分斜拉桥适用跨径为100~180 m。

2)连续刚构与连续梁的混合体系

国内已建成的连续刚构桥的连续总长度已突破1 000 m。重庆黄花园大桥为137 m + 3 × 250 m + 137 m = 1 024 m;东明黄河大桥为75 m + 7 × 120 m + 75 m = 990 m。但是,由于连续长度过大,靠两边的几个桥墩因远离温度变形0点,将产生较大的水平位移,桥墩受力很不利。国内外一些较长的大跨度梁桥,采用中间区段为连续刚构,两边区段为连续梁的混合体系,结构受力合理,称为刚构—连续梁。其缺点是连续梁部分要设置大吨位支座,使用期需进行更换。

3)墩高对连续刚构桥的影响

连续刚构桥为高次超静定结构,温度与混凝土收缩、徐变将产生次弯矩。当主墩较矮或抗推刚度较大时,对纵向地震影响不利,在墩顶还会出现较大的拉应力,需要利用桥墩较小的抗推刚度(双壁墩 $bh3E/(2L3)$)来降低上述次弯矩。

一般情况下,墩身高度宜大于主跨跨径的1/10,否则应采取措施降低次弯矩。例如:

①在满足抗弯和稳定的前提下,减小墩身顺桥向厚度。

②采用群桩基础,计入桩基柔度对墩身的影响。

③利用边跨合龙前后的刚度变化对主梁进行加卸载,以改善墩身的受力。

④将中跨底板预应力长索分三段锚固。其中两段在中跨合龙前锚固,一段在合龙后锚固,以减小底板束产生的次弯矩和混凝土收缩、徐变内力。

⑤对于个别很矮的桥墩,不用墩梁固结,采用墩上设置活动支座。

矮墩连续刚构桥的实例:主跨190 m华南大桥,主墩墩身高度为11 m;东明黄河大桥主墩高度9.1~12.3 m;某城市立交桥,跨径为(36 + 58 + 90 + 58)m,主墩高度为7.25~8.18 m;湖北翟家河大桥,跨径为(85 + 160 + 85)m,两个主跨高度分别为16 m和95 m。

4）孔跨布置

（1）三跨连续刚构

设中跨为 L，边跨为 L_1 及 L_2。$L_1 = L_2$ 时为对称布置，$L_1 \neq L_2$ 时为非对称布置。正常情况下，一般可取 L_1/L（及 L_2/L）$= 0.52 \sim 0.60$ 较为合适。边跨大或小各有利弊，分述如下。

边跨较小的优点如下：

①边跨现浇段长度较短，对施工有利。当边墩台较高时，可用导梁、托架或挂篮前推作为支架，现浇段可以不用落地支架。

②边跨主梁端附近主拉应力较小，对防止箱梁腹板出现斜裂缝有利。

③边跨满布活载，中跨空载时，对中跨受力有利。

④当中跨长度一定时，边跨较小，则主桥长度较短。

边跨较小的缺点有：

①边跨过小时，如边支承出现负反力，需采用拉压式支座或在边跨主梁内加配重的措施，边墩台的受力不好。

②边跨较小时，主墩靠岸一侧的单柱轴力较小，另一单柱轴力较大。故外立柱的偏心距大，将产生较大拉应力。但可采取下述措施克服这个缺点：a. 边跨合龙前，在边跨大的悬臂端加压重，边跨合龙后卸载。结构分析表明，卸载后，外立柱仍可获得因加压增加压力的90%。b. 中跨合龙前顶推主梁，使主墩向岸方向产生水平位移，然后锁定中跨合龙段，再浇边跨和中跨的合龙段混凝土。顶推力应根据计算确定。c. 改变中跨底板纵向预应力钢束的张拉程序。一般是在中跨合龙后才张拉中跨跨中附近的底板钢束，这时将引起墩身弯矩，此弯矩与恒载墩身弯矩方向相同，对墩身受力不利。改为将部分底板钢束在中跨合龙前张拉，可减小墩身的弯矩。

边跨较大时的优缺点，与上述边跨较小的优缺点相反。

（2）两跨 T 构

两跨 T 构多采用等跨布置，对结构受力有利，也方便进行对称施工。例如贵州省贵毕公路小阁丫大桥，跨径（138.1 + 138.1）m，0 号梁段长 16 m，挂篮悬浇梁段长度为 110.5 m（一侧），靠桥台 16.6 m 长为现浇梁段，合龙段长 3 m。

有时受地形限制，也可以采用不等跨布置。小跨与大跨跨径之比，不宜过小，否则对桥墩受力不利，一般宜大于 0.8。例如贵州省崇遵公路两岔河大桥，由于某种特殊原因，跨径为（132 + 126）m，小跨与大跨之比 0.955，0 号梁段长 16 m 在托架上现浇，2×105.5 m 用挂篮悬浇施工，先合龙小跨端部 12.5 m 梁段，然后再将大跨悬浇一个 4.5 m 的梁段，最后浇筑大跨合龙段（亦为现浇段）长 14 m。

两跨 T 构，由于悬臂浇筑施工过程，悬臂长度大，主梁根部负弯矩大，导致主梁梁高较大。在三跨正常布孔其中跨跨径与两跨 T 构跨径相同的情况下，后者主梁根部高度约为前者的 1.6 倍。所以，如果桥长相等，后者往往造价较高。对于两跨 T 构方案，要注意进行经济技术分析。

（3）多跨连续刚构

四跨或四跨以上，可以对称布置，也可以非对称布置。中间一跨或几跨为主跨，跨径相等；边跨跨径一般逐渐减小。相邻两跨如跨径不等时，小跨与大跨之比，正常情况下不宜小于0.52，上限则比较灵活，有的桥达到 0.8。以下是几座四跨或四跨以上连续刚构的孔跨情况：

①广东洛溪大桥：（65 + 125 + 180 + 110）m，连续长度 480 m；

②贵阳小关大桥：（69 + 125 + 160 + 160 + 112）m，连续长度 626 m；

③福建石崆山高架桥:(60 + 115 + 155 + 115 + 115 + 115 + 65)m,连续长度 740 m。

四跨或四跨以上连续刚构的一个重要特点是:大跨与小跨对应的悬臂施工 T 构的长度不相等,出现大 T 和小 T,设计和施工都更复杂一些。

(4)小边跨连续刚构

有时受地形或其他条件限制,可能出现很小的边跨,其跨径与相邻较大跨径之比小于 0.5。这对桥墩和主梁受力不利,设计有下述两种处理措施。

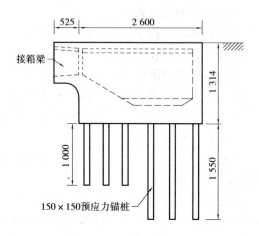

图 3.84　锚定式桥台(单位:cm)

①当小边跨梁端的负反力较大,难以消除时,采用基础锚碇的方法平衡负反力。例如:

a. 四川省泸州长江二桥,孔跨布置为(145 + 252 + 54.75)m,小边跨箱梁通过 5.25 m 长的合龙段与桥台刚性连接。按锚碇桥台设计,布置 18 根方形锚桩,通过设在锚桩内的竖向预应力束将桥台可靠地锚于基岩中。桥台长 26 m,与箱梁结构一致,两端加隔板,箱内用浆砌石填心,小边跨的纵向预应力束锚于台尾。桥台为三向预应力结构。桥台构造见图 3.84。

b. 贵州省关兴公路落拉河大桥,孔跨布置为(40 + 166.5 + 97)m。40 m 小边跨采用大截面等高度箱梁,并在梁端布置 4 排预应力锚杆。锚杆用 φ32 精轧螺纹钢筋,锚入基岩内 10 m,在梁顶张拉。锚杆纵向间距 100 cm,横向间距 180 cm,每根锚杆张拉力 320 kN。

②当小边跨跨径不是很小时,采用大、小 T 和调整边跨构造尺寸的方法协调恒载分布,以改善边主墩的受力。例如:

a. 云南省三界怒江大桥,孔跨布置为(55 + 138 + 95)m,小边跨 55 m 与中跨 138 m 的比值为 0.399。设计采取的协调措施是:主桥由一个 100 m 小 T 和一个 176 m 大 T 组成,使小边跨端部不出现负反力。小边跨箱梁仍按正常情况进行结构设计。

b. 贵州省思南岩头河大桥,孔跨布置为(53.5 + 128.5 + 92)m,小边跨 53.5 m 与中跨 128.5 m 的比值为 0.416。设计亦采用大、小 T 的方式协调内力。小边跨端部为正反力,箱梁按正常情况进行设计。靠小边跨的主墩较矮,墩顶截面出现不大于 3 MPa 的拉应力,布置竖向预应力筋。

5)主梁构造与尺寸

(1)箱梁高度

连续刚构桥几乎都采用变高度箱形断面,故仅对箱形断面进行论述。

①三跨对称布置时的主梁高度

早期设计的连续刚构桥,主梁根部高度多为 L/20 ~ L/18(L 为中跨跨径,下同),见表 3.2。

表 3.2　部分早期连续刚构桥主梁根部高 h

桥　名	孔　径(m)	h(m)	h/L	建成时间
虎门大桥辅航道桥	150 + 270 + 150	14.8	1/18.24	1997

桥　名	孔　径(m)	h(m)	h/L	建成时间
黄石长江大桥	$162.5 + 3 \times 245 + 162.5$	13.0	1/18.85	1995
三门峡黄河大桥	$105 + 4 \times 160 + 105$	8.0	1/20	1993
广东石南大桥	$75 + 135 + 75$	7.5	1/18	1991
东明黄河大桥	$75 + 7 \times 120 + 75$	6.5	1/18.46	1993
南海金沙大桥	$66 + 120 + 66$	6.0	1/20	1994
珠海大桥	$70 + 2 \times 125 + 70$	6.8	1/18.38	1993
安徽南肥河大桥	$45 + 75 + 45$	4.0	1/18.75	1995

近年连续刚构桥出现了一些病害,主要是箱梁腹板产生斜裂缝和跨中挠度过大,箱梁根部高度有增大的趋势,为 $L/17 \sim L/16$。

主梁跨中高度为 $L/60 \sim L/45$ 之间。当跨径较小时,从构造和方便施工考虑,跨中梁高一般不宜小于 2 m。

②两跨 T 构的主梁高度

国内外已建成的两跨 T 构桥很少。主要原因是主梁高度大,不经济。贵州省已建成的两座两跨 T 构桥:小阁丫大桥跨径 $(138.1 + 138.1)$m,主梁根部高度为 13.4 m;两岔河大桥跨径为 $(132 + 126)$m,主梁根部高度为 13.4 m。两座桥主梁根部高度约为 $L/10$;主梁端部梁高均为 4.1 m,为 $L/34 \sim L/32$。

③孔跨非对称布置时的主梁高度

孔跨非对称布置时,一般情况下会出大、小 T。例如:云南省三界怒江大桥,孔径为 $(55 + 138 + 95)$m,主桥由 1 个 100 m 的小 T 和 1 个 176 m 的大 T 组成;小 T 的主梁根部高度为 6.5 m,大 T 主梁根部高度为 9.5 m,中跨跨中梁高为 3.5 m。贵州省思南岩头河大桥,孔径为 $(53.5 + 128.5 + 92)$m,主桥由 1 个 87 m 的小 T 和 1 个 170 m 的大 T 组成;小 T 的主梁根部高度为 6.25 m,大 T 主梁根部高度为 9.5 m,中跨跨中梁高为 3.2 m。

大、小 T 的根部梁高应按结构计算控制。作为初步拟定尺寸,下述两点可供参考:大 T 的根部梁高约为大 T 边跨跨径的 1/10;小 T 的根部梁高约为 $(2h - h_1)$,式中 $h = L/16 \sim L/17$;L 为中跨跨径,h_1 为大 T 根部梁高。中跨最小梁高约为中跨跨径的 1/40。

④主梁高度变化曲线

主梁高度的变化曲线,常用的有三种,即按二次抛物线变化,按正弦曲线变化和按半立方抛物线变化。

图 3.85 表示主梁从根部高度 h_a 变化到跨中高度 h_b。几种变化曲线主梁高度 h_i 的计算公式如下:

a. 按圆曲线变化时:$h_i^① = h_b + \left[R - \sqrt{R^2 - (L - x)^2} \right]$

b. 按二次抛物线变化时:$h_i^② = h_b - \Delta h \dfrac{L - x^2}{L}$

c. 按正弦曲线变化时:$h_i^③ = ha + \Delta h \sin \dfrac{90x}{L}$

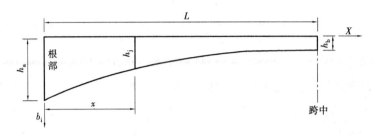

图 3.85　梁高抛物线曲线

d. 按半立方抛物线变化时: $h_i^{④} = h_b + \Delta h \left(\dfrac{L-x}{L} \right)^{\frac{3}{2}}$

e. 按直线变化时(作对比用): $h_i^{⑤} = h_b + \Delta h \cdot \dfrac{L-x}{L}$

式中　$\Delta h = h_a - h_b$,$(90x/L)$ 以度为单位,R 为圆曲线半径。

当 X 相同时,且 $X \neq 0$,$X \neq L$,则有 $h_i^{①} < h_i^{②} < h_i^{③} < h_i^{④} < h_i^{⑤}$

早期的设计多采用二次抛物线变化。近年来由于多座连续刚构桥产生腹板斜裂缝,且常出现在 $L/4$ 附近,为了增大该区段的主梁高度,采用半立方抛物线变化有利于减小主拉应力。但有的论文则认为,从增大底板下缘曲率半径以减小预应力束径向力考虑,建议采用二次抛物线。

（2）箱梁顶、底板和腹板厚度

①顶板厚度

根据箱的宽度和是否布置横向预应力筋,顶板跨中厚度在 25~35 cm 变化。一般情况下不小于 25 cm。0 号梁段和边跨现浇段梁端的顶板应加厚,一般加厚至 50~70 cm。顶板两侧的根部要布置承托,其尺寸应根据顶板预应力钢束构造要求确定。

箱梁两侧的悬臂板,其端部厚度一般为 15~20 cm。当布置横向预应力筋时,多用 20 cm,根部设置承托,尺寸由顶板钢束构造要求确定。边跨梁端因设置伸缩缝,顶板厚度(含两侧悬臂板)要满足预埋锚固钢筋的要求。

②底板厚度

跨中底板厚度一般取 25~35 cm。主梁根部底板厚度一般取根部梁高的 1/10~1/8。0 号梁段底板应加厚,一般取根部梁高的 1/7~1/6。边跨现浇段梁端的底板厚度应按端横隔板的构造要求确定。从箱梁根部至跨中,底板厚度应采用渐变,其变化曲线多采用半立方抛物线或二次抛物线。

③腹板厚度

腹板厚度主要取决于布置预应力筋和浇注混凝土必要的间隙等构造要求。从箱梁根部至跨中,根据跨径的大小,可分为不同厚度的二段或三段。一般为 40~80 cm 取值。当腹板内设置下弯钢束和竖向预应力筋时,腹板厚度按构造要求确定。沿纵向腹板厚度不宜突变,可安排在一个梁段内完成渐变。0 号梁段的腹板要加厚,根据跨径的大小,一般在 80~140 cm 取值。

边跨主梁端部附近应结合端横隔板设计,加大腹板厚度,并设置一渐变段与一般梁段的腹板厚度衔接。

（3）箱梁横隔板

通常的做法是,在 0 号梁段对应于主墩墩柱位置布置横隔板,其厚度与桥墩两壁的厚度一致;另外还在边跨支承处布置端横隔板,其厚度可根据边跨跨径的大小,在 0.8~2 m 取值。其余梁段不设横隔板。

近年曾有连续刚构桥发生底板崩裂的事故。当箱梁较宽时,为了减小底板钢束径向力的不利影响,有的设计在主梁跨中布置横隔板。当边跨跨径较大,箱梁较窄时,为了提高梁端支承的抗扭能力,必要时可将端横隔板延伸至箱外(至腹板的外侧),梁端支承相应移至腹板之外。所有横隔板都应设孔洞,以保证箱内通道全桥贯通。孔洞大小,应方便管养人员及小型机具通过。

6)主墩构造与尺寸

(1)设计原则

在满足抗弯、抗压强度和压杆稳定的前提下,桥墩应具有较小的抗推刚度,使温度、混凝土收缩、徐变和顺桥向地震的不利影响降至最低限度。

(2)墩身结构形式及尺寸

一般多采用双柱式(顺桥向双柱,下同),如图 3.86 所示。从已建成的连续刚构桥可以看到,随着主桥跨径和墩高的不同,b、c 值变化较大。b 值在 $100 \sim 400$ cm,c 值在 $200 \sim 800$ cm,个别桥 c 值达到 $900 \sim 1\,000$ cm。

当主跨 $L \geq 120$ m 时,墩身宜采用箱形断面。箱壁顺桥向厚度一般可取墩柱横向宽度的 $1/14 \sim 1/12$;箱壁横桥向厚度,一般大于顺桥向壁厚 $30 \sim 40$ cm;箱内不设或设置少量横隔板。有的桥为了减小施工阶段的墩身应力,提高稳定安全系数,墩身下段做成实体,上段为箱形断面。实体段的高度视跨径大小和墩高而定。

当主跨 L 在 $80 \sim 120$ m 时,可采用实体双柱式,顺桥向厚度为 $60 \sim 150$ cm。墩身断面常用矩形和工字形。跨径小于 80 m 时,可采用单柱式箱形断面墩身。横桥向墩身宽度 a_1,一般取等于箱梁的底板宽度 a_0,即 $a_1 = a_0$。如果主梁箱宽过小,桥墩较高,或者为造型美观,也可使 $a_1 > a_0$,$(a_1 - a_0)$ 在 $150 \sim 250$ cm(见图 3.87)。

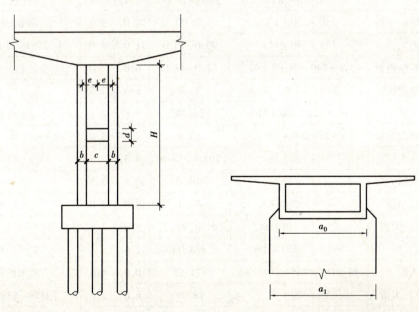

图 3.86 双柱式尺寸示意图   图 3.87 单柱式箱形断面墩身梁底尺寸

分析计算表明,施工过程当主梁为 T 构大悬臂状态时,稳定安全系数最小。当跨径较大,桥墩较高时,为了提高墩身的稳定安全系数,在双柱之间设置横系梁。横系梁的高度一般为 $100 \sim$

200 cm。经计算,如果使用阶段不需要横系梁,可以按临时构件设计,如用钢结构,全桥合龙后便可拆除。横系梁受力较大,尤其是在两柱发生不均匀变形时,横系梁两端出现很大的弯应力。当两端为铰接时,横系梁对墩柱的稳定无贡献。应采取措施确保横系梁两端承载力满足规范要求,限制混凝土的裂缝宽度,使之达到刚接状态。

(3)墩身设计参数的优化

墩身设计参数为双柱的中距 $S=2e$ 和壁厚 b,见表3.8。影响 S 和 b 的主要因素是主跨跨径 L 和墩高 H。三滩黄河大桥[(78+140+78)m 连续刚构]设计中,采用有限元计算和参数回归分析,得到以下初步结论:

①随着 b 值的减小,桥墩整体稳定安全系数 λ 减小,桥墩所受弯矩、轴力显著减小。

②随着 s 值的减小,桥墩整体稳定安全系数 λ 减小,桥墩所受弯矩减小,桥墩所受轴力增大;反之亦然。

③针对三滩黄河大桥,不同墩高时,S 与 b 值的优化结果如表3.3所示。

表3.3　不同墩高 H 时,S 与 b 的优化值

墩身高 H(m)	18.4	18.4	18.4	18.4	18.4	10.0	20.0	30.0	40.0
$S=2e$	5.2	6.4	6.8	7.2	7.8	6.8	6.8	6.8	6.8
b	1.17	1.08	1.07	1.06	1.05	0.68	1.14	1.57	1.99

注:主墩为双矩形截面柱,横桥向宽8.5 m,桥面全宽为16.5 m。

(4)部分连续刚构桥主墩 S 值和 b 值,见表3.4。

表3.4　部分连续刚构桥主墩主要尺寸

桥　名	孔　径(m)	主墩高 H(m)	S(m)	b(m)	备　注
广东虎门大桥辅航道桥	150+270+150	35.00	9.0	3.0	箱形墩柱
贵州省六广河大桥	145+240+145	90.0,73.0	11.0	3.0	上段箱形,下段实体
福建厦门海沧西航道桥	78+140+78+2×42	52.0,43.0	6.0	2.0	
广东珠海主航道桥	70+2×125+70	23.0	6.5	1.5	
广东洛溪大桥	65+125+180+110	26.74	5.8	2.2	箱形墩柱
贵州崇遵路刘家山大桥	110+200+110	53.3	7.0	3.0	下段3 m实体,其余箱形
贵州思林乌江大桥	78+130+78	105.0,94.0	9.5	2.5	矩形实体墩
贵州崇遵路两岔河大桥	132+126	101.0	10.5	3.5	
四川泸州长江二桥	145+252+49.5	40.0	10.0	2.0	
四川南充嘉陵江大桥	63+2×110+63	44.0,46.7	5.0	1.8	
湖北龙潭河大桥	106+3×200+106	178.00	12.5	3.5	箱形墩柱
云南元江大桥	58+182+265+194+70	121.50	10.0	4.0	箱形墩柱
吉林九站松花江大桥	75+120+75	18.09	6.6	1.8	刚构一连续体系
贵州开阳楠木渡大桥	55+100+55	63.1,57.1	5.4	1.8	矩形实体墩
广东南海广和大桥	66+120+66	10.0	4.0	2.0	箱形柱
贵州剑河柳川大桥	48+82+48	48.0	3.6	1.4	矩形实体墩

（5）桥墩防撞设计

位于通航河流或有漂流物的河流上的桥墩，设计时应考虑船舶或漂流物的撞击作用。撞击作用标准值及计算方法按《公路桥涵设计通用规范》（JTG D60—2004）第4.4.2条执行。

（6）桥墩抗渗设计

位于水中或变动水位区域的桥墩应进行抗渗设计。应按《公路钢筋混凝土及预应力混凝土桥涵设计规范》（JTG D62—2004）第1.0.10条的规定，根据最大作用水头与墩身混凝土壁厚之比确定设计采用的抗渗等级。设计应对抗渗混凝土的配合比及主要技术措施提出要求。

3.5.3　刚构桥内力计算

1）计算的基本原则和假定

目前，超静定体系桥梁的内力，仍按在运营荷载作用下，结构为弹性的假定进行计算，然后用算得的内力进行截面强度的验算。计算刚构桥内力时，可遵循下列原则和假定。

①计算图式的轴线取支柱厚度的中分线和平分主梁跨中截面高度的水平线。对于截面高度或厚度变化较大的刚架桥，则以各截面高度中分点的连线作为计算图式的理论轴线。

②计算截面包括全部混凝土截面（包括受拉区），不考虑钢筋。对于T形和箱形截面，不论其顶板和底板厚度如何，均应全部计入计算截面。

③计算变位时，一般可略去轴向力和剪力，仅计弯矩的影响。但在计算张拉力作用所产生的次内力时，则必须计入轴向力对变位的影响。刚架桥横向宽度应根据道路等级、使用功能、主梁的截面形式等确定。

④当采用变截面的主梁和支柱时，如果在同一构件中最大截面惯性矩超过最小截面惯性矩的2倍时，则应考虑此项变化的影响。

⑤在主梁与支柱相交接的区域，其截面惯性矩与其他地方相比要大得多，可视为趋于无限大，此区域的变形实际上非常之小，因此在计算内力时，可不考虑此区域变形的影响。

⑥当刚架置于压缩性甚小的土壤中时，支柱底端可认为是固定的。若刚架置于中等坚实土壤时，则仅在下列情况下，支柱底端可认为是固定的：即由于基础有足够大的尺寸致使基础底面一边的土压应力与另一边之比不大于3倍时。

⑦关于混凝土的弹性模量 E_h，根据现行规范规定，截面刚度按 $0.8E_hI$ 计，其中惯性矩 I 的计算规定如下：对于静定结构——不计混凝土受拉区，计入钢筋；对于超静定结构——包括全部混凝土截面，不计钢筋。

2）竖向荷载作用下的内力计算

刚构桥在竖向荷载作用下的内力计算可参考相关结构力学书籍或采用计算机程序。目前一般按平面结构计算为多，但也可按空间结构进行分析，在此不再赘述。

3）次内力计算

刚构桥次内力计算与连续梁基本相似，但其在计算过程中必须考虑轴力的影响，可参考相关书籍计算。

本章小结

（1）介绍了预应力混凝土连续梁及刚构桥的相关知识，重点介绍了预应力混凝土连续梁桥的结构形式、受力特点、计算理论和施工方法。

（2）在计算理论方面，重点介绍了连续梁的恒载内力计算，次内力计算主要介绍了预加力次内力的计算方法。

（3）关于活载内力计算及其他次内力计算的方法，本书未做重点介绍，需要时可参阅相关书籍。

思考题与习题

1. 在结构特点上，预应力混凝土连续梁桥与预应力混凝土简支梁桥、钢筋混凝土连续梁桥有何异同点？

2. 简支体系、悬臂体系、连续体系的结构特性有何不同？

3. 连续梁横断面有几种形式？各有什么优缺点？

4. 为什么大跨度连续梁桥在纵向一般设计为变高度的？

5. 预应力混凝土连续梁桥有哪些施工方法？

6. 挂篮一般由几部分组成？各部分的作用是什么？

7. 预应力混凝土连续梁桥采用悬臂施工法时，为什么要特别重视合龙段的设计与施工？为此应采取哪些相应的措施？

8. 简述连续梁桥恒载内力计算方法。

9. 什么是预加力次内力计算的等效荷载方法？

10. 什么是次内力？哪些因素会在预应力混凝土连续梁中引起次内力？

11. 预应力混凝土连续梁桥设计计算主要包括哪些内容？

12. 预应力混凝土连续梁桥的主梁截面和预应力筋布置特点是什么？

13. 何为刚架桥？它在结构上有哪些特点？

14. 悬臂梁桥和连续梁桥为什么比简支梁桥具有更大的跨越能力？它们的主要配筋特点是什么？

15. 简述预应力混凝土连续梁梁桥活载内力计算的方法。

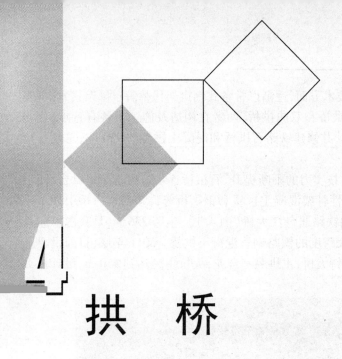

4 拱 桥

本章导读：
　　着重介绍拱桥的力学特征、构造特点、设计计算的一般流程以及常用的施工方法等内容。

4.1　拱桥类型与特点

4.1.1　拱桥的发展及特点

　　拱桥是一种应用广泛的桥梁结构形式，其力学特征与梁桥有较大不同，在竖向荷载作用下，拱脚支承处不仅产生竖向反力，而且还会产生水平推力。由于这个水平推力的存在，使拱肋的跨中弯矩与相同跨径的梁桥相比小了许多。尤其在拱桥的线形设计较为合理的情况下，拱肋截面以承受压力作用为主，可忽略弯矩及剪力作用的影响。拱桥受压为主的力学特性，使众多抗拉性能较差而抗压性能较好的砌体材料（石料、混凝土、砖等）得以应用于拱桥的建造中。

　　拱桥是人类掌握最早也是应用最为广泛的桥型，保存至今的较大跨度的古代桥梁大多为石拱桥，这与拱桥优越的力学性能以及石材坚固耐用的特性有着直接的关系。同为"四大古桥"之一的赵州桥和卢沟桥是存世的古代石拱桥的经典之作。建于隋唐时期的赵州桥，历经一千四百年的风雨；雄踞在永定河上的卢沟桥，见证了七百多年的历史沧桑。两座石拱桥迄今仍保持着初创时的风貌，体现了中国古代工匠们精湛的造桥工艺。

　　1956—1966 年，是我国钢筋混凝土拱桥技术发展较快的时期。十年间，最大跨度由 53 m 增长到 150 m；在结构形式上，开始采用空腹式拱桥，并由单一的上承式发展到中承式、拼装式，拱肋截面也出现了工字型和箱形;施工技术方面,逐渐以常备式钢拱架代替满布排架式木拱架。1966—1973年,出现了钢筋混凝土管芯拱桥和双曲拱桥,两者在构造及施工上各有特点,逐步推广到铁路桥梁建设中。1949—1980年,共修建铁路石拱桥和混凝土拱桥约900座,总延长达30 km。

20世纪80年代以后,随着经济和科技实力的不断提升,石拱桥逐步退出了历史舞台,而钢管混凝土拱桥、钢筋混凝土刚架拱桥、劲性骨架混凝土拱桥和钢拱桥等许多新式拱桥引领了拱桥发展的方向。2001年建成通车的水柏铁路北盘江大桥(图4.1),主跨236 m,是我国首座铁路钢管混凝土拱桥,也是目前世界上最大跨度的铁路钢管混凝土拱桥。2011年底,目前世界上跨度最大的铁路拱桥——南广铁路西江特大桥,主拱顺利合龙,大桥主跨达到450 m,设计最大时速250 km,为中承式钢箱提篮拱桥。

图4.1　水柏铁路北盘江大桥

拱桥的主要特点是:

①跨越能力较大。目前,在世界范围内,钢筋混凝土拱桥最大跨径为420 m,钢拱桥跨径达到552 m。

②能充分发挥就地取材的优势,与梁式桥相比,可以节省大量的钢材和水泥。

③耐久性好,而且养护、维修费用少。

④外形美观,宜于在城市和景区修建。

拱桥的主要缺点是:

①自重较大,相应的水平推力也较大,因此增加了下部结构的工程量,当采用无铰拱时,对地基条件要求高。

②拱桥(尤其是圬工拱桥)采用支架施工时,随着跨径和桥高的增大,支架和施工辅助设备的费用大大增加。

③由于拱桥水平推力较大,在连续多孔的大、中跨度桥梁中,为防止一孔破坏而影响全桥的

安全,需要采取特殊的措施,或设置单向推力墩,因此增加了造价。

④与梁式桥相比,上承式拱桥的建筑高度较高,当用于城市立交桥及平原区的桥梁时受到较大限制。

基于拱桥上述特点,在桥梁设计建造时应结合桥址处的地质地理条件及其他环境因素,进行多方面、多方案的综合比较,谨慎地决定选择哪种式样的桥梁。一般说来,在地质条件较好的山区,中、小跨径拱桥是最具竞争力的桥型;当地质条件较差或在平原地区,修建跨径 100 ~ 600 m 的中大跨桥梁时,采用无推力拱桥的方案,也具有一定的竞争力。

4.1.2 拱桥的组成和分类

拱桥同其他桥梁一样,也是由上部结构(桥跨结构)及下部结构两大部分组成,图 4.2 示出了拱桥各主要组成部分。

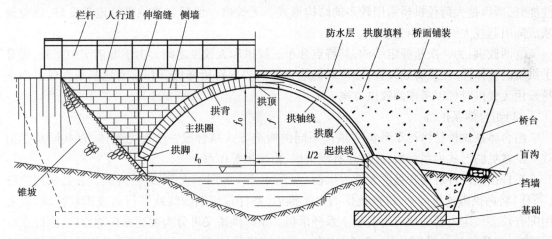

图 4.2 拱桥的主要组成

早期拱桥绝大多数为上承式拱桥,它的桥跨结构是由主拱圈(简称主拱)及拱上建筑(又称拱上结构)所构成的,主拱圈(板、肋、箱)是主要承重构件。由于主拱圈是曲线形,一般情况下车辆无法直接在弧面上行驶,所以在桥面系与主拱圈之间需要有传递压力的构件或填充物,以使车辆能在平顺的桥面上行驶,桥面系和这些传力构件或填充物统称为拱上结构或拱上建筑。拱桥的下部结构由桥墩、桥台及基础等组成,用以支承桥跨结构,将桥跨结构的荷载传至地基。对于有铰拱桥,在主拱圈与墩台帽间还设置了能传递荷载、又允许结构变形的拱铰。

拱桥可以按照不同的方式分类。按照主拱圈(板、肋、箱)所使用的建筑材料可以分为圬工拱桥、钢筋混凝土拱桥及钢拱桥等;按照拱上建筑的形式可以分为实腹式拱桥及空腹式拱桥;按照主拱圈所采用的拱轴线形式,可分为圆弧拱桥、抛物线拱桥和悬链线拱桥等;按照桥面的位置可分为上承式拱桥、下承式拱桥和中承式拱桥等。

以下通过按结构体系和按截面形式两种不同的分类方式对钢筋混凝土拱桥的主要类型进行重点介绍。

1)按结构体系分类

按照主拱圈与行车系(桥面系)之间的相互作用的性质及其相互影响程度,可把拱桥分为简单体系拱桥和组合体系拱桥两大类。

（1）简单体系拱桥

简单体系拱桥中，桥面系结构（拱上结构或拱下悬吊结构）不参与主拱受力，主拱以裸拱的形式作为主要承重结构。简单体系拱桥的静力图式可分为三铰拱、两铰拱和无铰拱（图4.3）。

(a)三铰拱　　　　　(b)双铰拱　　　　　(c)无铰拱

图4.3　简单体系拱圈图式

①三铰拱：为静定结构，温度变化、支座沉降、混凝土收缩和徐变等因素不会在拱圈内产生附加应力。但其构造复杂，施工难度大，整体性差，抗震能力差，目前已较少采用。

②无铰拱：为三次超静定结构，其优缺点正好和上述三铰拱相反。由于其整体性好，即运营性能好，所以是大跨径拱桥采用较多的结构形式。无铰拱一般都要求拱脚处地基良好，以免地基沉降引起较大的附加内力。

③两铰拱：为一次超静定结构，其特点介于三铰拱和无铰拱之间。由于取消了中间铰，提升了拱桥的整体性；在拱脚处设铰，使得对场地条件的要求有所降低，因此，当地基条件较差而不易采用无铰拱时可以考虑两铰拱方案。

（2）组合体系拱桥

组合体系拱桥是将行车系与主拱按不同的构造方式结合成一个受力整体，以共同承受荷载。最常见的形式为系杆拱，此外还有刚架拱、桁架拱等体系。

系杆拱是一种最为常见的无推力拱桥（见图4.4），多用于大、中跨径桥梁。它是采用拉杆（系杆）将两拱脚连接起来，以抵抗拱的水平推力，系杆常用钢绞线或平行高强钢丝组成，或者用配有较多预应力筋的预应力混凝土系杆承担。系杆拱桥又可分为柔性系杆刚性拱、刚性系杆柔性拱（又称朗格尔拱）和刚性系杆刚性拱（又称洛泽拱）3种。对于有斜吊杆的柔性系杆刚性拱，又称为尼尔森拱。

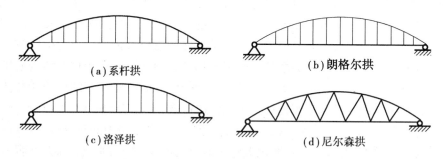

(a)系杆拱　　　　　　　　(b)朗格尔拱

(c)洛泽拱　　　　　　　　(d)尼尔森拱

图4.4　无推力组合体系拱桥

有推力组合体系拱桥（图4.5）种类繁多，以梁拱体系、刚架拱、桁架拱较为常见，也称这些拱为拱片桥。即桥是由两个整体拱片组成，每一拱片的上面与道路平直，下面是曲线形，上下两部分用直杆、斜杆或两者兼有的构件连成一个整体拱片。它没有明确的理论拱轴线，有水平推力，仅适用于上承式桥梁。这类桥梁的构造多变，适用性强，在经济上、施工上各有特点，所以有较广泛的适用空间。

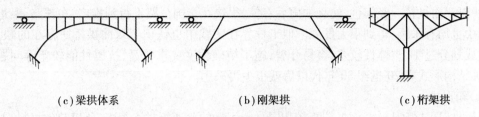

(c)梁拱体系　　　　　　(b)刚架拱　　　　　　(c)桁架拱

图 4.5　有推力组合体系拱桥

梁拱体系拱桥(图 4.6),有单独的梁和拱共同受力,拱脚推力由墩台承受。梁拱体系又可以分为刚性梁柔性拱(倒朗格尔拱)和刚性梁刚性拱(倒洛泽拱)。

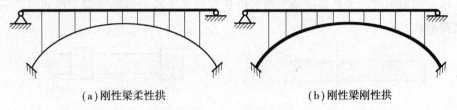

(a)刚性梁柔性拱　　　　　　　　　(b)刚性梁刚性拱

图 4.6　梁拱体系拱桥

2)按主拱截面形式

主拱圈可以做成等截面,也可做成变截面。常用的无铰拱其拱脚内力较大,拱顶内力最小,所以大跨径无铰拱一般都从拱顶向拱脚将拱圈横截面逐渐加大。但对于小跨无铰拱,由于其内力总体都较小,采用变截面省料不多,但却费时费工,所以多用构造较简单、易于施工的等截面。主拱圈横截面形式较多,常见的基本类型有以下几种。

(1)板拱桥

主拱圈的横截面采用整块的实体矩形截面,称为板拱桥[图 4.7(a)]。板拱桥构造简单、施工方便,但由于在相同截面积的条件下,实体矩形截面比其他形式截面的抵抗矩小,为了获得较大的截面抵抗矩,必须增大截面尺寸,这就相应地增加了材料用量和结构自重,从而加重了下部结构的负担,所以通常只在地基条件较好的中、小跨径圬工拱桥中采用板拱桥。

(2)肋拱桥

在板拱桥基础上,将板拱划分成两条或多条,形成分离的、高度较大的拱肋,拱肋之间由横系梁相连[图 4.7(b)]这样就可以用较小的截面积获得较大的截面抵抗矩,从而节省了的建筑材料,降低了拱桥自重。

拱肋可以采用混凝土、钢筋混凝土或钢材等建造,在盛产石料地区,也可用石料修建拱肋。20 世纪 90 年代出现的钢管混凝土拱桥采用了钢管混凝土复合材料修建拱肋,拱肋的横截面为环形或其他形式。由于钢管混凝土具有强度高、质量小、塑性好、耐疲劳和冲击等优点,因此已广泛应用于大跨径拱桥中。

(3)双曲拱桥

双曲拱桥[(图 4.7(c)]的主拱圈截面是由一个或数个小拱组成的,由于主拱圈在纵向及横向均呈曲线形,故称双曲拱桥。

双曲拱桥是我国在继承石拱桥传统的基础上,吸取了装配式钢筋混凝土结构的优点,经过实践探索,于 1964 年创造出的一种具有我国民族风格的新颖的圬工拱桥。由于双曲拱肋的截面抵抗矩较相同材料用量的板拱大,因而可以节省材料。加之在施工等方面比板拱有较多的优越性,所以双曲拱桥一经问世,便犹如雨后春笋,很快在全国公路上得到推广,在铁路、渠道等工程结构中也均有采用,得到很大发展。但工程界在实践中也认识了双曲拱桥所存在的缺点,如截面组成划分过细,整体性较差,容易开裂,施工精确程度要求较高,抗震性能较差等问题。因此,这种结构形式在 20 世纪 80 年代以后就很少再采用。

(4)箱形拱

箱形拱[图4.7(d)]截面抵抗矩较相同材料用量的普通板拱大很多,所以节省材料,对于大跨径桥则效果更为显著。同时,由于它是闭合箱形截面,截面抗扭刚度大,横向整体性和结构稳定性均较双曲拱好,特别适用于无支架施工。但箱形截面施工较复杂,一般情况下,跨径在50 m以上的拱桥采用箱形截面才是合适的。箱形拱是国内外大跨径钢筋混凝土拱桥最常采用的一种主拱截面形式。

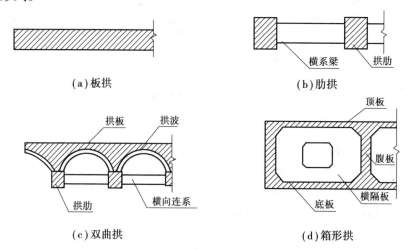

图4.7　主拱圈横截面形式

4.2　拱桥构造

4.2.1　上承式拱桥

1)拱肋的构造

铁路上承式拱桥拱肋常用的截面形式为肋拱和箱形拱。

肋拱桥由两条或多条分离的平行拱肋作为主拱,在拱肋上设置立柱和横梁支承桥面系,为保证各拱肋的横向稳定性和整体性,肋间需设置足够数量和刚度的横系梁(图4.8)。

拱肋的数目和间距以及拱肋的截面形式等,应根据使用要求(跨径、桥宽等)、所用材料、施工方法和经济性等因素综合比较选定。为了简化构造,宜选用较少的拱肋数量。同时,为了保证肋拱桥的横向整体稳定性,最外侧拱肋间的距离不宜小于跨径的1/15。

混凝土拱肋的截面形式,常用的有实体矩形、工字形和箱形(图4.9)。

矩形截面[图4.9(a)]构造简单、施工方便,但截面面积相对集中于中性轴,在弯矩作用下不能充分发挥材料的性能,经济性差,一般仅用于中小跨径的肋拱桥。拟定尺寸时,肋高可取跨

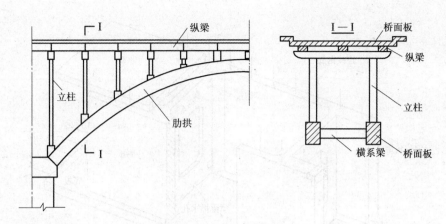

图 4.8 上承式肋拱桥

径的 $1/60 \sim 1/40$，肋宽为肋高的 $0.5 \sim 2.0$ 倍。

跨径较大时，拱肋常采用工字形截面[图 4.9(b)]。肋高为跨径的 $1/35 \sim 1/25$，肋宽为肋高的 $0.4 \sim 0.5$ 倍。在截面积相同的情况下，工字形截面比矩形截面的抗弯刚度大，在材料使用上更经济，但也存在着构造复杂、施工不便以及拱肋横向刚度小等问题。

当肋拱桥的跨径大、桥面宽时，拱肋还可以采用箱形截面，减少更多的圬工体积。拱肋可由单箱肋构成[图 4.9(c)]，也可由多箱肋构成[图 4.9(d)]。箱形助高度通常取跨径的 $1/70 \sim 1/50$，肋宽取肋高的 $1.0 \sim 2.0$ 倍。箱形拱肋内通常要设置内横隔板。

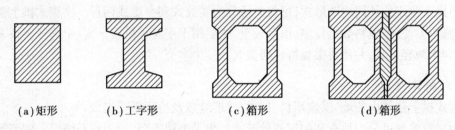

| (a)矩形 | (b)工字形 | (c)箱形 | (d)箱形 |

图 4.9 拱肋截面形式

（1）箱形拱的主要特点

①箱形截面挖空率大，可达全截面的 $50\% \sim 70\%$，因此可以减少圬工体积，减轻重量，降低上、下部结构的造价。

②采用闭合空心截面，抗弯和抗扭刚度大，截面经济，拱圈整体性强，应力分布较均匀。

③箱形拱圈截面中性轴靠近中部，可同时承受正负弯矩，能够较好地适应拱圈不同截面正负弯矩的变化，充分利用材料。

④拱圈构件刚度大，稳定性好，施工操作安全。可以单箱肋成拱，便于无支架吊装施工。

⑤构造复杂，制作要求高，需要较大的吊装能力，适用于大跨径拱桥。

（2）箱形截面拱圈的组成

箱形拱的拱圈，可以由一个闭合箱（单室箱）或由几个闭合箱（多室箱）组成。每一个闭合箱又由箱壁（侧板）、顶板（盖板）、底板及横隔板组成（图 4.10）。

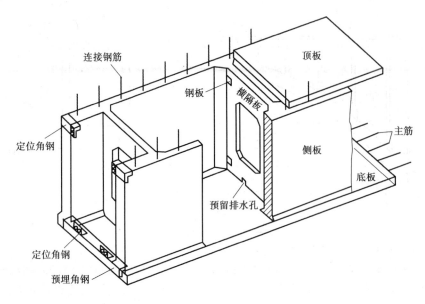

图 4.10　箱形拱闭合箱构造

4.2.2　上承式简单体系拱桥拱上建筑构造

按照拱上建筑的不同构造形式,可将拱桥分为实腹式和空腹式两种。实腹式拱上建筑的构造简单,施工方便,但填料数量较多,恒载较重,主要用于小跨径拱桥。大、中跨径拱桥多采用空腹式,以利于减轻恒载,并使桥梁显得轻巧美观。

1) 实腹式拱上建筑

实腹式拱上建筑由侧墙、拱腹填料、护拱、变形缝以及桥面系等组成。

其中拱腹填料可分为填充和砌筑两种形式。为了美观需要,可用料石镶面。侧墙厚度一般按构造要求确定,其顶宽为 $0.5 \sim 0.7$ m,向下逐渐增厚,墙脚厚度可以取侧墙高度的 0.4 倍。对混凝土或钢筋混凝土拱,侧墙也可采用混凝土与主拱浇筑为一体。侧墙要承受拱腹填料及车辆荷载所产生的侧压力,故可按挡土墙设计。

填料尽量就地取材,通常采用砾石、碎石、粗砂或卵石夹黏土并加以夯实。这些材料的透水性较好,成本较低,而且还能减小对侧墙的压力。地质条件较差时,为了减轻拱上建筑的重量,可以采用其他轻质材料(如炉渣、石灰、黏土等混合料)作为填料。当填充材料不易取得时,可改用砌筑的方式,采用干砌圬工或现浇素混凝土作为拱腹填料。当用素混凝土时,可以不另设侧墙,而在外露混凝土表面用砂浆饰面或设置镶面。

在拱脚处通常设置护拱,既便于敷设防水层和排出积水,又可起到加强拱脚的作用。护拱一般用片石、块石砌筑或现浇混凝土。

2) 空腹式拱上建筑

大、中跨径的拱桥,特别是当矢高较大时,实腹式拱上建筑的填料用量多、重量大,因而采用空腹式拱上建筑较为适宜。空腹式拱上建筑除具有实腹式拱上建筑相同的构造外,还具有腹孔和腹孔墩。

（1）腹孔

腹孔形式和跨径的选择，既要尽量减轻拱上建筑的重量，又要避免荷载过分集中于腹孔墩，对主拱圈受力产生不利影响，在改善主拱受力性能和便于施工的同时，还要使拱桥外形协调美观。

腹孔通常对称地布置在主拱圈两侧结构高度所允许的范围内。其形式大致可以分为拱式腹孔和梁（板）式腹孔两类。在圬工拱桥中，为了节省钢材，大多采用拱式腹孔。

①拱式腹孔

拱式腹孔可简称为腹拱，一般在每半跨内不超过主拱跨径的 1/4～1/3，其跨径一般可选用 2.5～5.5 m，也不宜大于主拱圈跨径的 1/15～1/8，比值随主拱圈跨径的增大而减小。腹拱宜做成等跨，以利于腹拱墩受力并方便施工。

②梁（板）式腹孔

梁（板）式腹孔有简支、连续和框架式等多种形式。

简支腹孔［图 4.11（a）（b）］由底座（底梁）、立柱、盖梁和纵向简支桥道板（梁）组成。这种结构体系构造简单，受力明确，拱上建筑与主拱的联合作用小，是大跨径拱桥拱上建筑采用较多的形式。

连续腹孔［图 4.11（c）］由立柱、纵向连续梁、拱顶段垫墙和横铺桥道板组成。先在拱上立柱顶端设置连续纵梁，然后在纵梁和拱顶段垫墙上横向铺设桥道板，形成拱上传力结构。这种形式主要用于肋拱桥。

框架式腹孔［图 4.11（d）］，在横向需要设置多榀平面框架，并通过横系梁联结成整体。

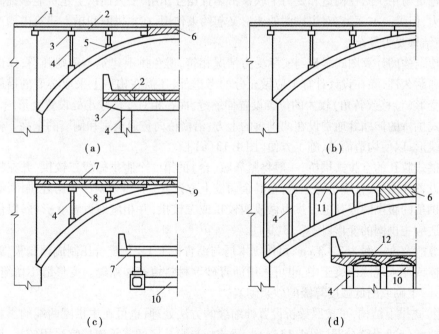

图 4.11 梁（板）式拱上建筑示意图

1—伸缩缝；2—桥道梁（板）；3—盖梁；4—立柱；5—底梁；6—实腹段；

7—横铺桥道板；8—纵向连续梁；9—垫墙；10—横系梁；11—刚架梁；12—拱形板

（2）腹孔墩

腹孔墩由底梁、墩身和墩帽组成。按照墩身的结构形式可分为横墙式和立柱式两种。

横墙式通常用石料、混凝土预制块砌筑，或现浇混凝土做成实体墙。为了节省圬工、减轻重量、便于检修,可在横墙上挖孔[图4.12(a)]。横墙式腹孔墩自重大,但无须设置钢筋,多用于圬工拱桥。

立柱式腹孔墩[图4.12(b)],是由立柱和盖梁组成的钢筋混凝土排架结构。为了使立柱传给主拱圈的压力不至于过分集中,通常在立柱下面也应设置底梁。对于箱形拱,底梁高度不宜小于立柱净距的1/5。立柱及盖梁常采用矩形截面,截面尺寸及钢筋配置应满足受力要求,并应考虑与拱桥的外形及构造相协调。立柱较高时在各柱间应设置横系梁。

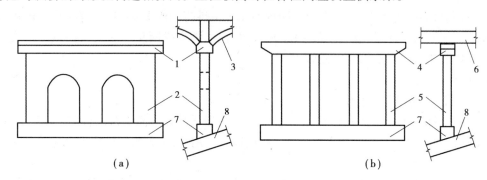

图4.12 腹孔墩构造

1—墩帽;2—横墙;3—腹拱;4—盖梁;5—立柱;6—腹孔;7—底梁;8—主拱

(3)伸缩缝与变形缝

拱上建筑与主拱圈在构造和受力上联系密切且相互作用,一方面拱上建筑能够提高主拱圈的承载能力,但另一方面,它对主拱圈的变形又起约束作用,在主拱圈和拱上建筑内均产生附加内力,而使结构受力复杂。

为了使结构的计算图式尽量与实际受力情况相符,避免拱上建筑不规则开裂,保证结构的安全使用和耐久性,除在设计计算上应做充分的考虑外,还需在构造上采取必要的措施。通常是在相对变形(位移或转角)较大的位置设置伸缩缝,而在相对变形较小处设置变形缝。

实腹式拱桥的伸缩缝通常设在两拱脚的上方,沿横桥向贯通全宽和侧墙的全高。伸缩缝一般做成直线形,以使构造简单、施工方便[图4.13(a)]。

采用拱式腹孔的空腹式拱桥,一般将紧靠墩(台)的第一个腹拱做成二铰拱,并在靠墩台的拱铰上方设置伸缩缝,且应贯通全宽,在其余两铰上方设置变形缝。对于大跨径拱桥,必要时还需将靠近拱顶的腹拱圈或其他腹拱也做成两铰拱或三铰拱,并相应地设置变形缝,以使拱上建筑更好地适应主拱圈的变形[图4.13(b)]。

伸缩缝的宽度一般为2~3 cm,可用锯木屑与沥青按1:1比例配合压制成预制板,施工时将其嵌入砌体或埋入现浇混凝土中,也可采用沥青砂等材料填塞伸缩缝。变形缝不留缝宽,可用油毛毡隔开、干砌或用低强度等级的砂浆砌筑。

梁(板)式拱上结构,可按照梁桥设置伸缩缝的方法处理,也可在主拱圈两端的拱脚上设置腹孔墩与桥墩(台)设缝分开[图4.13(c)],梁或板与腹孔墩的支承连接宜采用铰接,以适应主拱圈的变形。

(4)拱铰

拱桥中需要设铰的有以下几种情况:

a.主拱圈按两铰拱或三铰拱设计;

b.腹拱圈按构造要求需要采用两铰或三铰拱;

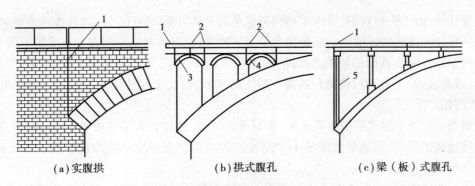

(a)实腹拱　　　　　　　(b)拱式腹孔　　　　　　(c)梁(板)式腹孔

图 4.13　拱桥伸缩缝及变形缝的布置

1—伸缩缝;2—变形缝;3—三角腹拱;4—两铰腹拱;5—端立柱

c.高度较小的腹孔墩上、下端与顶梁、底梁连接处;

d.施工过程中,为消除或减小主拱圈的部分附加内力,以及对主拱圈内力做适当调整时,往往在拱脚或拱顶设临时铰。

前 3 种情况属于永久铰,必须满足设计计算要求,并能保证长期正常使用,因此要求较高,构造较复杂,造价高。而临时铰在施工结束或变形趋于稳定时即可将其封固,所以构造较简单,但必须可靠。

铰的形式可按照其所处的位置、受力大小、使用材料等条件综合选定,常用的形式有弧形铰、平铰以及各种形式的假铰。

弧形铰[图 4.14(a)]由两个具有不同半径弧形表面的块件合成,一个为凹面(半径为 R_2),一个为凸面(半径为 R_1)。R_2 与 R_1 的比值通常为 1.2~1.5。铰的宽度应等于构件的全宽,接触面应精确加工,以保证紧密结合。

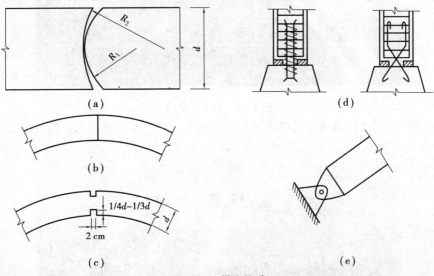

图 4.14　拱脚构造

石拱桥的拱铰,以往都是用石料加工而成的。但由于铰石尺寸大,石料开采、加工成型、运输、安装、就位均很困难,因此目前多采用现浇混凝土铰代替石铰。当跨径较大,要求承压强度更高时,可采用钢筋混凝土拱铰,其钢筋布置按计算及构造要求确定。

弧形铰构造复杂,既费工又难以保证质量,主要用来作为主拱圈的拱铰。对于空腹式拱上建筑的腹拱圈,由于跨径较小,可以采用构造简单的平铰[图4.14(b)]。这种铰是平面相连,直接抵承。平铰的接缝间可铺砌一层低强度等级的砂浆,也可垫衬油毛毡或直接采用干砌。

采用钢筋混凝土预制吊装的腹拱圈,为了便于整体安装,还可以采用图4.14(c)所示的不完全铰(或称假铰)。这种铰既能使拱圈在施工时不断开,又能在使用时起到拱铰的作用,构造简单,使用较广泛。

在钢筋混凝土空腹式拱桥腹孔墩上、下端设置的铰(柱铰),常采用图4.14(d)的不完全铰。由于连接处截面减小(可达全截面的1/3左右),因而可以保证支承截面的转动。支承截面应按局部承压进行构造和计算。

钢铰可做成理想铰[图4.14(e)],除用于有铰钢拱桥的永久铰外,更多地用于施工中的临时铰。如采用劲性骨架施工时,用型钢或钢管制成的骨架在吊装过程中拱铰处就常用这种铰。

4.2.3　中、下承式简单体系拱桥构造

中承式拱桥的桥面系位于拱肋的中部,桥面系一部分用吊杆悬挂在拱肋下,一部分用刚架立柱支承在拱肋上,如图4.15所示。

图4.15　中承式拱桥

下承式拱桥是用吊杆将纵梁和横梁悬挂在拱肋下,在纵、横梁系统上设置桥面系,如图4.16所示。

图4.16　下承式拱桥

中、下承式拱桥保持了上承式拱桥的基本力学特性,而且在下列条件下有更强的适应性:当桥梁建筑高度受到严格限制时,采用中、下承式拱桥可以更容易满足桥下净空要求;在不等跨多孔连续拱桥中,将较大跨度桥孔的矢跨比加大,做成中承式拱桥,可以减小其与相邻拱跨的不平衡推力;在平原区或城市桥梁中,可以降低桥面高度,使线路更加平缓;其造型美观、结构轻巧,与平原、河流地带的周边环境更为协调。

1)拱肋

中、下承式拱桥的主要承重构件是两个分离式的拱肋。两片拱肋一般相互平行有时也可使两拱肋顶部互相内倾,使其在水平面上的投影呈"≍"形,即形成提篮拱,以提高拱肋的横向稳定性和承载力,如图4.17所示。

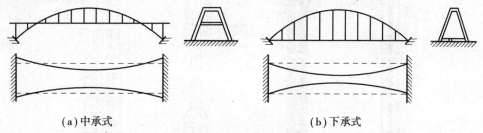

(a)中承式　　　　　　　　　　　　(b)下承式

图4.17　提篮拱桥示意

由于桥面系布置在两拱肋之间,因此,在相同桥面净宽的条件下,拱肋的间距比上承式拱桥大,拱肋之间设置横向联结系困难。拱肋一般采用无铰拱,以保证其刚度。其恒载分布比较均匀,因此拱轴线形可采用二次抛物线,也可采用悬链线。

拱肋材料可以采用钢筋混凝土、钢管混凝土或钢材,与上承式肋拱相似,钢筋混凝土拱肋的截面形状根据跨径的大小、荷载等级和结构的总体尺寸,可以选用矩形、工字形、箱形。截面沿拱轴的变化规律可以为等截面或变截面。有时为了增强肋拱的横向刚度和稳定性,可将拱脚段的肋宽增大。其截面尺寸的拟定及配筋与上承式肋拱相似。

矩形截面拱肋施工简单,一般用于中、小跨径拱桥,拱肋的高度为跨径的1/70~1/40,肋宽为肋高的0.5~1.0;工字形和箱形截面拱肋常用于大跨径拱桥。

2)横向联系

为了保证两片拱肋的横向刚度和稳定性,以承受作用于拱肋、桥面及吊杆上的横向水平力,一般需在两片分离的拱肋间设置横向联系。横向联系可做成一字形、H形、K形、X形或桁架式横撑等形式。横撑一般为钢筋混凝土构件,当拱肋间距较大时,为减轻重量,横撑可制成钢结构构件,横撑的宽度不应小于其长度的1/15。在桥面系以上部分,横向联系的设置应满足桥面净空高度的要求,有时需要将拱肋矢高加大来设置横向构件。对于中承式拱肋,横向联系还可以设置在桥面系以下的肋段。

3)悬挂结构

悬挂结构包括吊杆和桥面系等。吊杆将纵梁和横梁系统悬挂在拱肋下,桥面荷载通过吊杆和桥面系传递到拱肋上。

(1)吊杆

桥面系悬挂在吊杆上,受拉吊杆根据其构造分为刚性吊杆和柔性吊杆两类。

刚性吊杆用钢筋混凝土或预应力混凝土制作,可以增强拱肋的横向刚度,但用钢量较大,施工程序多、工艺复杂。采用刚性吊杆时,吊杆两端的钢筋应扣牢在拱肋与横梁中。刚性吊杆一般设计为矩形,它除了承担轴向拉力之外,还需抵抗上下节点处的局部弯曲。为了减小刚性吊杆承受的弯矩,其截面尺寸在顺桥向应设计得小一些,但为了增强拱肋面外的稳定性,横桥向尺寸应该设计得大一些。图4.18(a)为预应力混凝土刚件吊杆示意图。

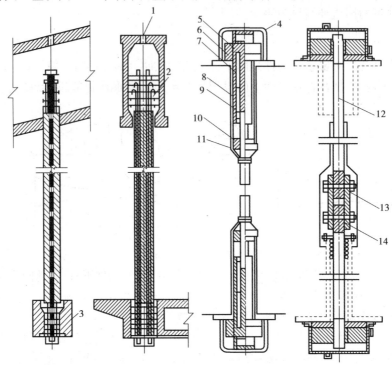

(a)预应力混凝土刚性吊杆　　(b)镦头锚式柔性吊杆　　(c)铰接式短吊杆

图4.18　吊杆构造示意图

1—预留孔;2—现浇吊杆与拱肋联接混凝土;3—预应力筋锚头密封箱;
4—保护罩;5—锚杯;6—螺母;7—纠偏装置;8—密封筒;9—密封剂;10—减振体;
11—防水罩;12—钢吊杆;13—连接销;14—连接板

柔性吊杆一般用冷轧粗钢筋、高强钢丝或钢绞线等高强钢材制作。高强钢丝束做的吊杆通常采用镦头锚[图4.18(b)],而粗钢筋则采用轧丝锚与拱肋、横梁相连。

吊杆的防护方法很多,主要有缠包法和套管法等。目前主要用PE(热挤聚乙烯)索套防护工艺,直接在工厂制成成品索,简单可靠,且较经济。

中、下承式拱桥的吊杆长度相差较大,接近拱脚处的短吊杆设计应特别注意。吊杆较短时,其线刚度相对较大,相应地要比长吊杆承担更大的活载及活载冲击力,因而短吊杆内的应力及应力变幅均较大,需适当增大短吊杆的截面面积。另一方面,在温度变化的作用下,短吊杆下端随桥面一起水平位移,若处理不当,其上下两个锚点偏离垂直线,形成很大的折角,导致钢丝受力不匀、吊杆护套破损,进而易腐蚀断裂。为避免出现这种情况,可将短吊杆两端设计成铰接[图4.18(c)],或采取适当的措施减小短吊杆的水平位移,如设置伸缩缝、改变局部构造等。

吊杆间距即为桥面系纵梁的跨长,应根据构造要求和经济、美观等因素确定。间距大时,吊杆的数目减少,但纵、横梁的用料增多;反之,吊杆数目增多,纵、横梁的用料减少,但吊杆数目过多又会对造型美观和行车视线产生不利影响。通常吊杆取等间距,一般为4~10 m。

（2）桥面系

中承式拱桥的桥面横梁可以分为固定横梁、普通横梁和刚架横梁3类。根据横梁间距不同，横梁高度可取拱肋间距（横梁跨度）的1/15～1/10。为满足搁置和连接桥面板的需要，横梁上缘宽度不宜小于60 cm。

固定横梁是指桥面系与拱肋相交处的横梁与拱肋刚性联结，其截面尺寸与刚度比其他横梁大。由于其位置特殊，既要传递垂直荷载和水平横向荷载，有时还要传递纵向制动力以及从拱肋和桥面传来的弯矩、扭矩和剪力，因此必须与拱肋刚性联结，而且其外形需与拱肋和桥面系相适应。因为拱肋占用了一定宽度的桥面，为了保证桥面宽度不在此处颈缩，固定横梁一般比普通横梁要长。常用的截面形式有工字形、不对称工字形和三角形等。

普通横梁是指通过吊杆悬挂在拱肋下面的横梁，常用的截面形式有矩形、工字形和土字形。大型横梁也可以采用箱形截面，其尺寸取决于横梁的跨度和承担桥面荷载的长度（吊杆间距），一般为钢筋混凝土构件，跨度较大时，也可以采用预应力混凝土构件。

4.2.4　钢管混凝土拱桥构造

1）结构特点

钢管混凝土是在薄壁圆形钢管内填充混凝土而形成的一种复合材料，它一方面借助内填混凝土增强钢管壁的稳定性，同时又利用钢管对核心混凝土的套箍作用，使核心混凝土处于三向受压状态，从而提高其抗压强度和抗变形能力。

钢管混凝土本质上属于套箍混凝土，因此除具有一般套箍混凝土的强度高、塑性好、质量轻、耐疲劳、耐冲击等特点外，还具有以下几方面的独特优点：

①钢管本身就是耐侧压的模板，因而灌注混凝土时，可省去支模、拆模等工序，并可适应先进的泵送混凝土工艺。

②钢管本身起钢筋的作用，它兼有纵向钢筋和横向箍筋的作用，既能受压，又能受拉。

③钢管本身又是劲性承重骨架，在施工阶段可起劲性钢骨架的作用，在使用阶段又是主要的承重结构，因此可以节省脚手架，缩短工期，减少施工用地，降低工程造价。

④在受压构件中采用钢管混凝土，可大幅度节省材料。理论分析和工程实践都表明，钢管混凝土与钢结构相比在保持结构自重力相近和承载能力相同的条件下，可节省钢材约50%，焊接工作量显著减少。与普通钢筋混凝土相比，在保持钢材用量相当和承载能力相同的条件下，可减少构件横截面积50%，混凝土用量以及构件自重也相应大幅度降低。

2）基本组成

钢管混凝土拱桥由钢管混凝土拱肋、立柱或吊杆、横撑、桥面系、下部构造等组成。钢管混凝土拱肋是主要的承重结构，它承受桥上的全部荷载，并将荷载传递给墩台和基础。

钢管混凝土拱桥结构轻盈，恒载集度比较均衡，因此拱轴系数比较小。一般为1.167～2.24，跨径大者取小值。矢跨比为1/8～1/4比较合理。拱轴线常采用悬链线或二次抛物线。

3）细部构造

（1）钢管混凝土拱肋

钢管混凝土拱肋横截面形式，按照钢管的数量及布置方式，通常分为单肢型、双肢哑铃型、四肢格构型、三角形格构型和集束型,如图4.19所示。

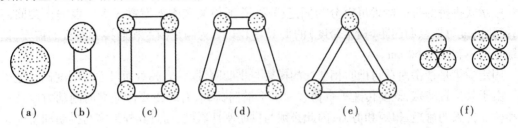

图4.19　拱肋横截面形式

a. 单肢型断面[图4.19(a)]构造简单,受力明确,但当跨径较大时,钢管直径和壁厚都会显著增大,从而使钢管制作和混凝土灌注施工难度增大。该截面适用于跨径80 m以内的小跨径拱桥。

b. 双肢哑铃型断面[图4.19(b)],由上下两个钢管通过缀板连接而成,该断面由于承压面距中心轴较远,因此纵向抗弯刚度大,占用桥面空间少,是一种理想的断面形式。缺点是侧向刚度相对较小,因此桥面以上必须设置风撑,以确保横向稳定,适用于跨径80~120 m的拱桥。

c. 四肢格构型断面根据钢管的布置方式,又分为四肢矩形格构型和四肢梯形格构型[图4.19(c)(d)]。由钢管(又称弦杆)、腹杆(多为空钢管)和横联组成,是大跨径钢管拱桥常用的一种形式。例如北盘江大桥每侧拱肋桁管中心高度4.4 m,宽1.5 m,由4根1 000×16 mm的Q345d钢管及腹杆、腹板栓焊连接而成。

d. 三角形格构型断面[图4.19(e)]纵向刚度大,横向刚度也大,适合于无风撑钢管混凝土拱桥上。

e. 集束型[图4.19(f)]是将钢管桁架改成集束钢管,钢管间采用螺栓、电焊以及钢板箍(间距2~3 m)连成整体形成拱肋,与钢管桁架相比可节省腹杆,但纵向刚度减弱。

拱桥是一个以受压为主的构件,为节省材料,多采用格构式截面,将弯矩转化为轴向力。拱肋通常做成等高、等宽截面,以方便加工制作。当拱脚端应力较大时,可将拱脚端做成变截面形式,钢管混凝土变截面主要通过改变腹杆长度来实现。

(2)钢管

选定断面形式后,钢管直径及壁厚尺寸将直接影响结构的强度,考虑到防腐等要求,壁厚不宜小于12 mm。钢管与混凝土面积之比称之为含钢率α_s,其值不宜小于5%,否则不能发挥钢管混凝土弦杆套箍作用,但也不宜大于10%,以免耗用过多的钢材,造成浪费。

钢管应采用16Mn钢、15Mn钢或A3钢,既可采用成品无缝钢管,也可用钢板卷制加工而成。当钢管直径较大或壁厚超过常用规格时,可用钢板冷卷或热压后焊接成相应的空钢管。由于焊接质量直接关系到全桥的安全,对焊缝必须采用超声波或X射线检测。

(3)混凝土

钢管内的填芯混凝土宜选用高强度等级,使其与钢管钢号和含钢率匹配,以充分发挥钢管混凝土构件的套箍作用。钢管混凝土应采用泵送,为了保证混凝土能填满钢管,应采用减水剂和膨胀剂,同时掺入适量的粉煤灰,以降低混凝土的水化热,减少水泥用量,提高混凝土的和易性和可泵性,减少收缩。

(4)横撑

横撑主要设置在拱顶、拱脚、拱肋与桥面系交接处,横撑的主要作用是将钢管混凝土拱肋连接成整体,以确保结构稳定。钢管混凝土拱肋的横撑多采用钢管桁架,钢管可以是空心的,也可以内填混凝土,做成钢管混凝土横撑。

横撑在拱脚段多做成桁架式 K 撑或 X 撑,以获得更好的稳定性,在桥面系以上则多采用直撑、K 撑或 H 形撑。

(5)吊杆

中、下承式钢管混凝土拱桥需设置吊杆,吊杆一般采用柔性吊杆。锚固在拱肋上的吊杆锚具,为避免直接暴露在大气中,常设置在拱肋弦杆内或缀板处,如图 4.20 所示。

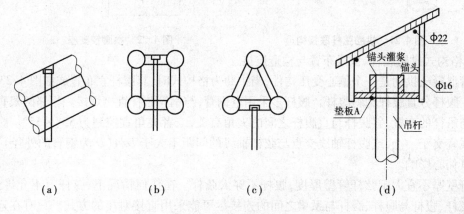

图 4.20　拱肋吊杆锚具布置

吊杆可采用平行钢绞线或平行钢丝束,外套无缝钢管或热挤聚乙烯防护层。上下锚头可采用 OVM 锚、冷铸镦头锚等,然后用高强度等级混凝土封锚。

通常将张拉端设置在缀板处或钢管弦杆内,下端为固定锚,以方便拆卸更换。锚头要求防护严密,不能外露在大气中,以免锈蚀。为便于以后更换吊杆,可以做成双吊杆。

4)节点与连接

钢管混凝土拱肋上下弦杆、腹杆、横系梁之间的相互连接以及与钢结构、钢筋混凝土结构构件之间的连接应满足强度、刚度和稳定性要求。钢管混凝土拱肋连接构件应做到构造简单、整体性好、传力明确、安全可靠、节省材料、方便施工。钢管混凝土结构连接设计的关键在于如何确保可靠地传递内力。

(1)拱肋弦杆连接构造

为减轻吊装重量,通常将钢管混凝土拱肋划分为数段(多为奇数段)。拱肋上、下弦杆是钢管混凝土拱桥的主要受力构件,因此其上、下弦杆连接是钢管混凝土拱肋连接的关键。为了充分发挥钢管混凝土的承载力,应尽可能将连接处的作用力直接传递到核心混凝土上。采用法兰盘连接,传力明确,能有效地将荷载传递给核心混凝土,如图 4.21 所示。

(2)拱肋弦杆与拱座的连接

为加强拱肋上、下弦杆与拱座的连接,应将拱肋上、下弦杆插入拱座内,插入长度应为钢管直径的 1~2 倍。弦杆端头应与预埋在拱座内的钢板或钢筋连接。为避免吊装过程中在拱脚产生弯矩,便于调整拱轴标高,往往在拱座处设置拱脚铰支座,如图 4.22 所示。等拱肋全部合龙并调整完拱肋标高后,再焊死封口进行封铰。

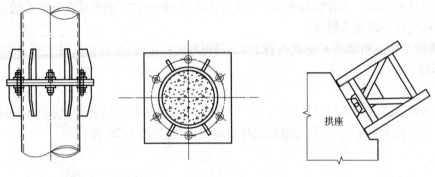

图 4.21　拱肋弦杆联接构造　　　　　图 4.22　拱脚铰支座

（3）格构式拱肋腹杆、系梁布置与构造连接

钢管混凝土拱助是一个偏心受压构件，当拱肋为格构式时，其腹杆宜布置成如图 4.23 所示的形式。腹杆分直腹杆和斜腹杆。腹杆多采用空钢管，与钢管弦杆直接焊接。相邻两根直腹杆的距离与吊杆的布置、斜腹杆与直腹杆之间的夹角有关，二者夹角宜控制为 35°~55°。腹杆与弦杆轴线宜交于一点，或腹杆轴线交点与弦杆轴线的间距不大于 $D/4$（D 为钢管的外径），否则应考虑其偏心影响。

腹杆壁厚不宜大于弦杆管壁厚度，腹杆不穿入弦杆。在任何情况下，弦杆上不允许开孔。腹杆与弦杆、腹杆与腹杆、腹杆与系梁之间的连接尽可能采用直接对接的方式。只有在连接管数较多，且发生冲突时，才可采用节点板连接方式，如图 4.24 所示。当采用节点板连接时，必须将空心的腹杆端头封死，以免潮气侵入，造成管内锈蚀。

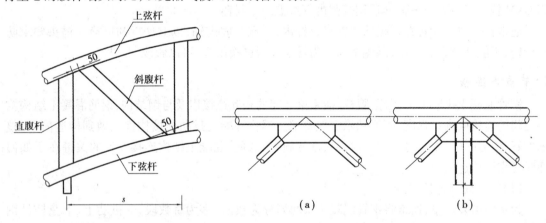

图 4.23　腹杆与弦杆的联接构造　　　　　图 4.24　节点板构造

（4）格构式拱肋缀条的节点构造

格构式拱肋各钢管之间用缀条或缀板连接。缀条可采用钢板，也可采用钢管。圆钢管工作性能好，与弦杆直接焊接，传力简洁，节点构造简单。缀板应用 Q345 或 Q235 钢制成。

4.2.5　其他类型拱桥构造

1）桁架拱桥

桁架拱桥又称拱形桁架桥，是一种有水平推力的桁架结构，其上部结构由桁架拱片，横向联结和桥面组成。桁架拱片是主要的承重结构,由上下弦杆、腹杆组成的端部桁架段及跨中实腹段组成。其立面布置如图4.25所示。

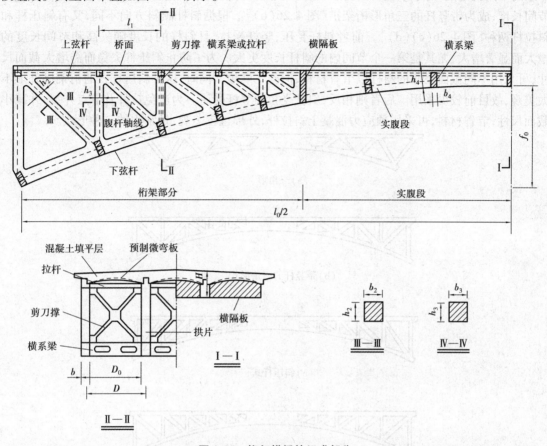

图4.25 桁架拱桥的组成部分

桁架拱的拱上结构与拱肋融为一体共同受力,整体性好。桁架部分各杆件主要承受轴向力,具有普通桁架的受力特点。实腹段具有拱的受力特点:拱的水平推力减少了跨中弯矩,使跨中实腹段在恒载作用下主要承受轴向压力,在活载作用下将承受弯矩,成为偏心受压构件。桁架拱综合了桁架和拱的有利因素,以承受轴向力为主,可采用圬工材料修建,并能充分发挥圬工材料的特性。同时,拱上结构与拱肋已形成桁架,能充分发挥全截面材料的作用。与同跨梁桥相比,节省钢材较多。圬工用量与梁桥接近,但比同跨度拱桥要少。另外,由于桁架拱外部通常采用两铰结构,因而地基位移、温度变化等产生的附加内力较小。综合上述分析,桁架拱受力合理,自重轻,用料少,适合软土地基上采用。

在桁架拱的拱上结构施工中由于其具有整体的钢筋骨架,故可整体预制安装,也可采用分段预制、吊装就位后用接头联成整体。桁架拱预制构件规格少、施工工序少,因此工期短。但桁架拱各节点均为刚性连接,节点的次应力容易导致杆件两端开裂,影响桁架拱的耐久性;桁架拱一般采用预制安装,安装的块件较大,运输和安装过程中需要较大的起重设备。因此,桁架拱桥的应用范围以20~50 m的中等跨径为宜。

根据构造不同,桁架拱可以分为斜(腹)杆式、竖(腹)杆式、桁肋式和组合式4种。

①斜(腹)杆式,如图4.26所示。其中三角形腹杆的桁架拱片腹杆根数少,杆件的总长度

也最短,因此腹杆用料省,整体刚度较大[图4.26(a)]。但是当拱跨较大,矢高较高时,三角形体系的节间就过大,为了承受桥面荷载,就要增加桥面构件钢筋用量。因此,宜增设竖杆来减少节间长度,成为带竖杆的三角形桁架拱[图4.26(b)]。根据斜杆倾斜方向不同,又有斜压杆和斜拉杆两种[图4.26(c)(d)]。前者斜杆受压,竖杆受拉,且斜杆的长度随矢高和节间长度的增大而显著增大,尤其是第一个节间内的斜杆长度更大。为了防止斜压杆失稳而需增大截面尺寸,可采用不同截面尺寸的斜杆以节省材料,但施工麻烦。同时,这种斜压杆式的桁架拱外形不太美观,故目前较少采用。后者则相反,斜杆受拉而竖杆受压。为避免拉杆及节点开裂,并减小截面尺寸,节省材料,可采用预应力混凝土斜拉杆,外形也较美观,是常用的一种形式。

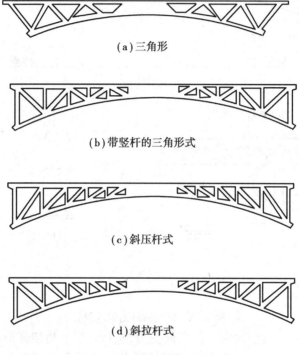

(a)三角形

(b)带竖杆的三角形式

(c)斜压杆式

(d)斜拉杆式

图4.26 斜杆式桁架拱桥

②竖(腹)杆式,如图4.27(a)所示。竖杆式桁架拱片外形较整齐美观,节点构造简单,施工方便,但整体刚度小,竖杆与上、下弦联结点易开裂,适用于荷载小、跨径较小的桥梁。

③桁肋式,如图4.27(b)所示。这种形式实质上为普通型上承式拱,仅是将主拱圈改为桁架结构。桁肋高度小,吊装方便,适宜于无支架施工。但由于桁架在拱脚处固结,基础变位、温度变化和混凝土徐变引起的附加内力较大,拱脚上弦杆易开裂。

④桁式组合拱,如图4.28所示。桁式组合拱与普通桁架拱的主要区别在于上弦杆断点位置不同。普通桁架拱的上弦杆简支于墩(台)上,上弦杆与墩(台)之间没有断缝(即断点),而桁式组合拱上弦杆却是在墩(台)顶部至拱顶之间适当位置断开,形成一条断缝(即断点),从断点至墩(台)顶部形成一个悬臂桁架,并与墩(台)固结,跨间两断点之间为一普通桁架拱,全桥下弦杆保持连续。从力学上看,相当于普通桁架拱支承于两端的悬臂桁梁上,从而形成拱梁组合体系。如图4.29所示,优化断点位置一般在(0.5~0.6)l处。

桁式组合拱常用于100 m以上的特大型预应力混凝土拱桥,如贵州江界河大桥,跨径达330 m,居世界首位。

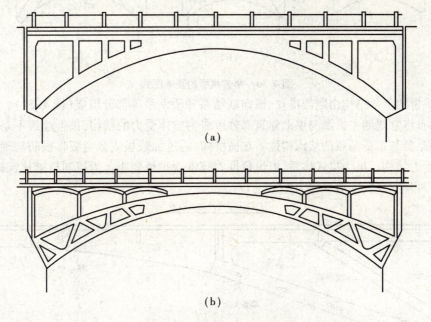

(a)

(b)

图 4.27　竖杆式和桁肋式拱片

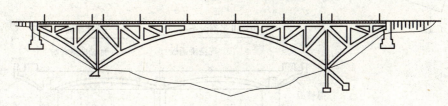

图 4.28　桁式组合拱桥

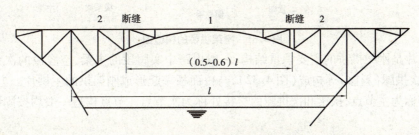

图 4.29　桁架组合拱桥的组成
1—桁架拱部分;2—悬臂桁架部分

　　桁式组合拱的特点是保留了普通桁架拱的优点,纵、横刚度大,施工和运营阶段稳定性好,拱顶正弯矩比同跨径普通桁架拱减少 30% 以上,构造简单,由于上弦断开,其拉力比同跨径普通桁架拱减少 2 倍以上。悬臂桁架在施工和运营阶段受力一致,不需额外增加施工材料,总的经济性较好。

2) 刚架拱桥

　　刚架拱桥是在桁架拱桥、斜腿刚架桥等基础上发展起来的另一种新桥型,属于有推力的高次超静定结构(图 4.30)。由于它具有构件少、质量轻、整体性好、刚度大、施工简便、造价低、造型美观等优点,被广泛用于跨径 25 ~ 70 m 的桥梁。

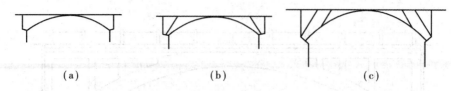

$$(a) \qquad\qquad (b) \qquad\qquad (c)$$

图 4.30　刚架拱桥的基本图式

刚架拱桥的上部结构由刚架拱片、横向联结系和桥面系等部分组成(图 4.31)。其特点是在顺桥方向,将常规的主拱圈与拱上建筑部分组成为整体受力的结构,拱上建筑不是单纯的传递荷载,而是参与承受荷载的结构构件。在横桥向,通过加腋板或微弯板将拱肋与现浇桥面组成整体的受力结构。虽为拱式体系,但恒载推力较常规拱桥要小。为控制桥梁建筑高度,可将矢跨比选择得小一些,一般取值为 1/10 ~ 1/7。

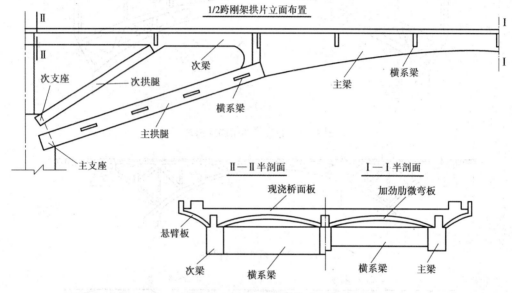

图 4.31　刚架拱桥的构造图

刚架拱片是刚架拱桥的主要承重结构,一般由跨中实腹段的主梁、空腹段的次梁、主拱腿(主斜撑)、次拱腿(斜撑)等构成(图 4.32),与桥面板一起形成刚架拱的主拱片。主梁和主拱腿的交接处称为主节点,次梁和次拱腿的交接处称为次节点。节点构造一般均按固结设计,配置足量钢筋。

主梁和主拱腿构成的拱形结构的几何形状是否合理,对全桥结构的受力有显著的影响,其设计原则是在恒载作用下弯矩最小。主梁和次梁的梁肋上缘线一般与桥面纵向平行,主梁下边缘线一般可采用二次抛物线、圆弧线或悬链线,使主梁成为变截面构件。主拱腿可根据跨径大小和施工方法等不同,设计成等截面直杆或微曲杆。有时从美观的角度考虑,也可采用与主梁同一曲线的弧形杆,这样可改善梁、拱腿的受力性能。

横向联系的作用是将刚架拱片联成整体共同受力,并保证其横向稳定。为了简化构造,横向联系可采用预制装配式的横系梁或横隔板形式,其间距视跨径大小具体布置。一般在刚架拱片的跨中、主次梁端部等处设置横系梁。当跨径较大或者跨径小但桥面很宽时,为了加强跨中实腹段刚架拱片间的横向整体性,有利于荷载的横向分布,可增设直抵桥面板的横隔板。

刚架拱桥的总体布置形式主要与桥梁跨径、荷载大小等有关。当跨径小于 30 m 时,可采用只设主拱腿,不设次拱腿的最简单形式[图4.32(a)]。当跨径在30~50 m时,为了减小腹孔段次梁和斜撑的内力,可以设置一根次拱腿[图4.32(b)]。随着跨径增大,为减小次梁和斜撑的内力,可设置多根斜撑。这些斜撑都可以直接支承在桥梁墩(台)上,也可以将次拱腿支承在主拱腿上,以减小次拱腿的长度[图4.32(c)]。

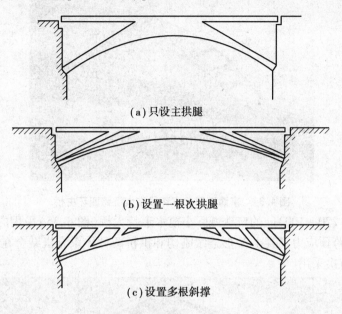

(a)只设主拱腿

(b)设置一根次拱腿

(c)设置多根斜撑

图4.32　刚架拱桥总体布置

　　刚架拱片可以采用现浇或预制安装的方法施工,目前大多数工程施工采用后者。为了减小吊装质量,可将主梁和次梁、斜撑等分别预制,用现浇混凝土接头连接。当跨径较大时,次梁还可分段预制。

3)连续梁拱组合桥

　　连续梁拱组合桥(图4.33)是一种新型的组合结构,它克服了拱桥对地基要求高和大跨度连续梁依赖于高性能材料的缺陷。该桥型具有结构刚度大、动力稳定性好、跨越能力大、造型美观、施工方便等显著优点,有明显的工程实用价值。其受力特点主要为:梁拱共同受力,主梁承受弯矩和拉力;拱肋主要承受轴压力,剪力主要由拱肋轴力的竖向分力承担,通过调整吊杆张拉力可以使主梁的受力处于最有利状态。通过内力分析可知,梁拱组合结构可以加大结构的竖向刚度,减小弯矩和剪力峰值,从而减小梁体截面高度,使结构外形更加轻巧,特别适应承受较大竖向荷载的大跨度铁路桥梁。

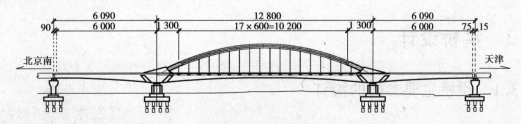

图4.33　连续梁拱组合桥

例如,京津城际北京环线特大桥跨四环主桥(图 4.34)为(60 + 128 + 60)m 预应力混凝土连续梁与钢管混凝土拱的组合结构。

图 4.34　京津城际北京环线特大桥跨四环主桥

主跨为(100 + 220 + 100)m 的广珠城际小榄水道特大桥(图 4.35)采用的 V 形钢管拱组合连续梁结构,将大跨预应力混凝土 V 形连续刚构和拱桥两种体系有机结合在一起,这是该桥型在国内铁路桥梁首次采用。

图 4.35　广珠城际小榄水道特大桥

大桥的受力性能与单一的拱桥或刚构桥梁相比较,均有明显的改善和提高:一方面,通过拱及吊杆对跨中的加强作用,可减小 V 形刚构梁高及边跨跨度、改善了组合结构整体长期变形和受力状态;另一方面,通过调整 V 形刚构外侧斜腿的倾角来平衡拱脚处巨大的水平力作用,改善基础的受力条件,同时对于拱的抗疲劳能力以及抗震性和稳定性均有明显的提高。

4.3　拱桥设计

4.3.1　拱桥主要参数的拟订

1)标高与矢跨比

通过必要的桥址方案比较,确定了桥位之后,根据当地水文、地质等具体情况,选定桥梁结构体系和结构形式,合理地拟订桥梁的长度、跨径、孔数,以及各部分的标高、尺寸,是桥梁总体布置的主要内容。本节对拱桥设计中如何确定设计标高和矢跨比等问题进行说明。

拱桥的标高主要有 4 种,即桥面标高、拱顶底面标高、起拱线标高、基础底面标高(图4.36)。这几项标高的合理确定对拱桥的设计有直接的影响。

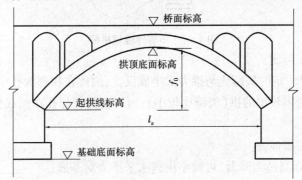

图 4.36　拱桥的主要标高示意图

拱桥桥面的标高,一般由线路纵断面设计来控制,同时要保证桥下净空能满足泄洪、通航或通车的要求。桥面标高确定后,减去桥面构造层厚度,就可以得到拱顶上缘(拱背)的标高。根据跨径大小、荷载等级、主拱圈材料规格等条件估算出拱圈的厚度,即可推算出拱顶底面标高。

拟定起拱线标高时,为了尽量减小桥墩(台)基础底面的弯矩、节省墩台的圬工数量,一般宜选择低拱脚的设计方案。但具体设计时,拱脚位置往往又受到通航(通车)净空、泄洪、流冰等条件的限制,并要符合桥梁设计规范的有关规定。

跨径大小在分孔时已初次拟定,根据跨径及拱顶、拱脚标高,就可以确定主拱圈的矢跨比。有时也可先确定主拱圈的净矢跨比,然后根据净跨径及拱顶底面标高确定起拱线标高。

主拱圈的矢跨比是拱桥的主要设计参数之一,它的大小不仅影响拱圈内力的大小,而且影响拱桥的构造形式、施工方法的选择及拱桥的外观造型。主要体现在以下几个方面:

①当矢跨比减小时,拱的推力增大,相应地在拱圈内产生的轴向力也大,对拱圈自身的受力状况是有利的,但对墩台基础不利;反之,则推力减小。

②拱圈受力后产生弹性压缩,同时在温度变化、混凝土收缩、墩台位移等因素作用下,也将产生附加内力,矢跨比越小,附加内力越大。

③矢跨比过大时,拱脚区段过陡,给拱圈的砌筑或混凝土浇筑带来困难。

④拱桥的外形是否美观、拱桥与周围景物能否协调也与矢跨比有很大关系。

因此在设计时,矢跨比的大小应经过综合比较后进行选定。

2) 不等跨连续拱桥的处理方法

从受力角度来讲,多孔连续拱桥最好选用等跨或分组等跨的分孔方案。当受地形、地质、通航等条件的限制,或对桥梁的美观有特殊要求时,可以考虑采用不等跨的分孔(图4.37)。

对于不等跨拱桥,一个很重要的问题是相邻孔之间的恒载不平衡推力给桥墩和基础带来了不利影响。在采用柔性墩的多孔连续拱桥中,还需考虑恒载不平衡推力产生的连拱作用,使计算和构造变得复杂。为了减小或消除这个不平衡推力,改善桥墩、基础的受力状况,节省材料,降低造价,需采取相应的措施,主要有以下几个方面。

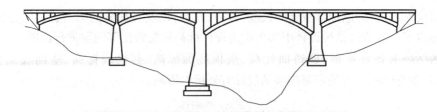

图 4.37　不等跨连续拱桥

（1）采用不同的矢跨比

如前文所述，跨径一定时矢跨比与推力大小成反比，因此在相邻两孔中，大跨径用较陡的拱（矢跨比较大），小跨径用较坦的拱（矢跨比较小），可以使两相邻孔在恒载作用下的不平衡推力尽量减小。

（2）采用不同的拱脚标高

大跨径孔的拱脚标高适当降低，可减小拱脚水平推力对基底的力臂，这样可以使大跨与小跨的恒载水平推力对基底所产生的弯矩得到平衡（图 4.38）。但因拱脚不在同一高度，使桥梁外形欠美观，构造也较复杂。

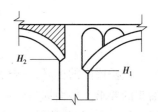

图 4.38　采用不同的拱脚标高

（3）调整拱上建筑的恒载重量

如果为了满足美观要求等条件，必须使相邻孔的拱脚放置在相同或相近的标高上时，也可采用调整拱上建筑恒载重量的方法来减小相邻孔间的不平衡推力。此时大跨径采用轻质的拱上填料或空腹式拱上建筑，小跨径用质量较大的拱上填料或实腹式拱上建筑，以改变恒载重量来调整拱桥的恒载水平推力。

（4）采用不同的拱跨结构

通常对小跨径孔采用板拱或厚壁箱拱结构，大跨径孔采用分离式肋拱或薄壁箱拱结构。为进一步减小大跨径孔的恒载重量，也可以将其做成中承式肋拱。从美观角度来看，这也是一种较好的方案。

在具体设计时，也可以将上述几种措施同时采用。如果仍不能达到平衡推力的目的，则需加大桥墩和基础的尺寸，或将其设计成体形不对称的形式来加以解决。

3）拱圈截面的变化规律

拱桥主拱圈截面有等截面和变截面两种形式。所谓等截面拱，就是拱圈任一法向截面的横截面形状和尺寸是相同的。而变截面拱的主拱法向截面，从拱顶到拱脚是逐渐变化的。变截面拱圈的做法通常有两种：一种是拱圈沿拱轴方向不变宽度而只变厚度，另一种是厚度不变而改变拱圈的宽度，如图 4.39 所示。

拱圈横截面沿跨径变化的规律，要能适应主拱圈内力变化的情况，有利于充分发挥主拱圈每个截面的材料强度。同时，截面变化的形式，还应考虑到使其构造简单，便于设计和施工。

拱圈的内力有轴向力 N、弯矩 M 及剪力 Q。轴向力可表示为 $N \approx H/\cos \varphi$，H 为水平推力，φ 为任意截面处的拱轴线水平倾角。由于 $\cos \varphi$ 值由拱顶向拱脚逐渐减小，轴向力 N 就由拱顶向拱脚逐渐增大，弯矩 M 及剪力 Q 沿拱轴线的变化比较复杂，但一般情况下拱脚处的弯矩常常比拱顶处要大一些。因此，为了使各截面的应力值趋于相等，拱圈的截面也应自拱顶向拱脚逐渐增大。在相同条件（跨径、矢高、荷载）下，变截面拱圈的圬工数量较等截面拱圈少，拱圈稳定性

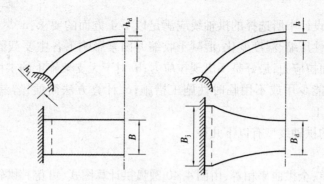

图 4.39　变截面拱圈的两种形式

也较好、但施工较麻烦。特别是料石拱,所需料石规格繁多,给备料和砌筑带来困难;即使是混凝土拱,制模工作也较复杂。

在一般情况下,为了方便施工,拱桥宜采用等截面形式。目前在无铰拱桥设计中,对于跨径小于 50 m 的石板拱桥,跨径小于 100 m 的双曲拱、箱形拱或钢筋混凝土肋拱桥,均可采用等截面形式。只有在更大跨径或很陡的圬工拱桥中,为了节省圬工,减轻拱圈自重,可考虑采用拱圈截面由拱顶向拱脚增厚的变截面形式。

4)拱圈截面尺寸的拟定

拱圈宽度与桥面净空有关,对于铁路桥,尤其是单线铁路桥,桥面净空较小,为保证拱的横向刚度和稳定性:拱圈的宽度 B 不得小于计算跨度的 1/20,且不得小于 3 m;肋拱两外肋中心线之间的最小距离,不宜小于计算跨度的 1/20;其外缘的距离不宜小于 3 m,否则应检算其在拱平面外的稳定性。

拱肋本身的宽度则根据截面计算,视钢筋布置决定。当跨度不超过 60 ~ 80 m 时,铁路拱桥的宽度可定为 0.8 ~ 1.0 m,当跨度更大时可定为 1.0 ~ 2.0 m。采用无支架吊装施工时,单根拱肋宽度不宜小于其高度的 0.6 ~ 1.0 倍。

钢管混凝土主拱的经验高度 d 为:$(1/60 ~ 1/30)l_0$,跨径大或桥面窄时取下限。当跨径增大时,需要采用变截面形式,对大跨径钢管混凝土主拱,有以下几种处理方式:对于哑铃形截面,通过改变钢管材料或壁厚来达到目的(如拱脚采用 Q345 钢,拱顶采用 Q235 钢,或拱脚段管壁变厚而外径不变,此时壁厚变化不宜过大,每段以 2 mm 左右为宜);对其他的桁肋拱,可以变化截面高度或变化厚度;也可将桁肋拱的拱脚段腹杆变成实腹板,内填混凝土等。

对于变截面钢筋混凝土拱圈拱顶截面厚度 $d_d = (1/50 ~ 1/30)l$,拱脚截面厚度 $d_j = (1.2 ~ 1.5)d_d$。

4.3.2　拱轴线型及其选择

拱轴线型直接影响着拱圈的内力大小和分布。因此,选择拱轴线的原则,就是要尽可能降低由竖向荷载产生的弯矩。最理想的拱轴线与拱上各种荷载作用下的压力线相吻合,使拱圈截面内只受轴向压力而无弯矩作用,截面应力均匀分布,充分利用材料的强度和圬工材料的抗压性能,这样的拱轴线称为合理拱轴线。但事实上这种拱轴线是不可能获得的,这是因为,除恒载外,拱圈还要受到活载、温度变化和材料收缩等因素的作用。

一般来说,拱桥设计中所选择的拱轴线应满足以下4方面的要求:a.尽量减小拱圈截面的弯矩,使主拱圈在弹性压缩、温度变化、混凝土收缩等因素影响下各主要截面的应力相差不大,且最大限度减小截面拉应力,最好是不出现拉应力;b.对于无支架施工的拱桥,应能满足各施工阶段的要求,并尽可能少用或不用临时性施工措施;c.计算方法简便,容易被生产人员掌握;d.线型美观,便于施工。

目前拱桥常用的拱轴线型有以下几种。

(1)圆弧线

圆弧拱线型简单,全拱曲率相等,由图4.40圆弧拱计算图式,可得其拱轴方程为:

$$\left.\begin{array}{l} x^2 + y_1^2 - 2Ry_1 = 0 \\ x = R\sin\varphi \\ y_1 = R(1 - \cos\varphi) \\ R = \dfrac{l}{2}\left(\dfrac{1}{\dfrac{4f}{l}} + \dfrac{f}{l}\right) \end{array}\right\} \tag{4.1}$$

式中　x, y_1——圆弧拱任一点以拱顶为原点的坐标;

　　　R——圆弧拱计算半径;

　　　φ——圆弧拱任一点至圆心的连线与垂线的夹角。

圆弧拱施工放样方便,易于施工人员掌握。但在一般情况下,圆弧拱轴线与恒载压力线有偏离:当矢跨比f/l较小时,两者偏离不大;随着矢跨比f/l的增大,偏离逐渐增大;当矢跨比f/l接近1/2时,恒载压力线的两端将位于拱脚截而中心线以上相当远(实际中,常在拱脚处设置护拱,以帮助拱圈受力)。这将在截面上产生较大的弯矩,且使各截面受力不均匀。因此圆弧拱轴线一般常用于20 m以下的小跨径拱桥。有些大跨径钢筋混凝土拱桥,为了方便各拱节段的预制拼装、简化施工,也有采用圆弧线作为拱轴线的。

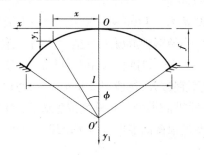

图4.40　圆弧拱轴线

(2)抛物线

在均布荷载作用下,拱的合理拱轴线是二次抛物线。故对于恒载分布比较接近均匀的拱桥,例如矢跨比较小的空腹式钢筋混凝土拱桥、钢筋混凝土桁架拱和刚架桥等,可以采用二次抛物线作为拱轴线。其计算图式如图4.41所示,拱轴线方程为:

$$y_1 = \frac{4f}{l^2}x^2 \tag{4.2}$$

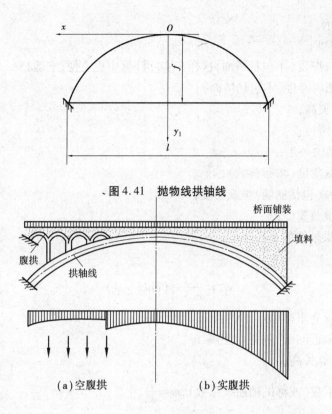

图 4.41　抛物线拱轴线

（a）空腹拱　　　　（b）实腹拱

图 4.42　悬链线拱桥

（3）悬链线

实腹式拱桥，其恒载集度（单位长度上的恒重量）是由拱顶向拱脚连续分布、逐渐增大的 [图 4.42(b)]，这种荷载分布图式的拱圈的压力线是一条悬链线。因此，实腹式拱桥采用悬链线作为拱轴线，在恒载作用下，当不计拱圈由恒载弹性压缩产生的影响时，拱圈将只承受轴心压力而无弯矩，即不计弹性压缩时实腹拱的合理拱轴线为悬链线。其计算图式如图 4.43 所示。

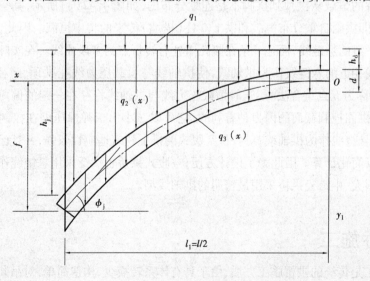

图 4.43　悬链线拱轴线的计算图式

图中各参数表示:

d——主拱圈厚度;

h_d——拱顶填料厚度(不包括桥面,这样在实际计算中更方便、准确);

h_j——拱脚处填料厚度(不包括桥面);

f——拱的计算矢高;

l——拱的计算跨径;

l_1——计算跨径的一半;

q_1——桥面恒载集度(均布荷载);

q_2——拱上填料(包括侧墙)恒载集度;

q_3——主拱圈恒载集度;

ϕ_j——拱脚处拱轴线的水平倾角。

悬链线方程:

$$y_1 = \frac{f}{m-1}(\mathrm{ch}k\xi - 1) \tag{4.3}$$

式中　y_1——以拱顶为坐标原点,拱轴上任意点的坐标;

ξ——计算截面至拱顶的相对距离,i;

f——拱的计算矢高;

m——拱轴系数(或称拱轴曲线系数),$m = \dfrac{q_j}{q_d}$。

对于拱脚截面,$\xi = 1$,$y_1 = f$,代入上式可得 $\mathrm{ch}k = m$。

若 m 已知,则 k 值可由下式求得:

$$k = \mathrm{ch}^{-1}m = \ln(m + \sqrt{m^2 - 1}) \tag{4.4}$$

当 $m = 1$ 时,则 $q_x = q_d = q_j$,表示恒载是均布荷载。如前所述,在均布荷载作用下的压力线为二次抛物线,其方程为 $y_1 = f\xi^2$。

空腹式拱桥的恒载从拱顶到拱脚不是连续分布的,如图 4.42(a)所示,其空腹部分的荷载有两部分组成,即拱圈自重分布恒载和拱上立柱(横墙)传来的集中恒载。因此,其相应的恒载压力线不再是平滑的悬链线,而是一条在腹孔墩处有转折点的多段曲线。在实际设计中一般采用与恒载压力线相近的悬链线作为拱轴线,使拱轴线与恒载压力线在拱顶、跨径 1/4 和拱脚 5 个截面相重合(称为五点重合法)。这时恒载压力线与拱轴线将存在一定的偏离。理论分析证明,这种偏离对拱圈控制截面的内力是有利的,它可以减小由于弹性压缩在控制截面上产生的弯矩。同时,用悬链线作为拱轴线,对各种空腹式的拱上建筑适应性较强,并且已有现成和完备的计算图表可以简化计算。因此为了设计方便,空腹式拱桥也广泛采用悬链线作为拱轴线。悬链线是目前我国大、中跨径拱桥采用最普遍的拱轴线型。

4.4　拱桥施工

有支架施工是传统的拱桥施工方法,由于具有体系转换少,构造简单,对吊装设备的要求相对较低等优点,有支架施工一直是中小跨径拱桥最为合理的施工方法。近 30 年来,我国大跨径拱桥建设数量日益增多,大型吊装机具设备越来越广泛的应用于桥梁建设中,这些都促进了无支架施工法在拱桥建设中的应用和发展。

4.4.1　有支架施工

有支架施工主要用于石拱桥和现浇混凝土拱桥以及预制块砌筑的混凝土拱桥,也可用于大跨度钢筋混凝土拱桥施工中。其施工工序主要有材料准备、拱圈放样、拱架制作和安装,拱圈及拱上结构砌筑等。有支架施工常用满堂拱架、墩梁拱架、拱式拱架等。其优点是比较简单,但占用大量器材。技术问题主要有:

　　a.拱架的设计计算(荷载、受力、稳定等);

　　b.拱架预压和预拱度设置;

　　c.加载程序设计;

　　d.落架程序和落架设备。

1)拱架的形式

拱架是有支架施工必不可少的辅助结构,在拱桥建造期间,用以支承全部或部分主拱及拱上结构的重量,并保证主拱圈的形状符合设计要求。故要求拱架既要有足够的强度、刚度和稳定性,又要求构造简单、制作容易、节省材料,并能重复使用,以加快施工进度,减少施工费用。

拱架随拱桥跨度的大小、材料供应情况、机具设备条件和桥址环境,采用不同的结构形式。

(1)满布式拱架

满布式拱架一般由拱架(拱架上部,即拱盔),支架(拱架下部,包括基础)和拱架卸落设备组成,如图4.44所示。拱架是直接支撑拱圈重量的部分。在其顶部用弓形垫木形成拱圈底部曲线。支架是支承拱架的部分,其构造同一般脚手架。在拱架与支架间,应设置卸落设备,以备施工完毕后拱架卸载拆除。

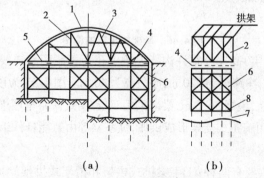

(a)　　　　　　　　(b)

图4.44　满布式拱架的构造

1—弓形木;2—立柱;3—斜撑;4—落拱设备;

5—水平拉杆;6—斜夹木;7—桩木;8—水平夹木

拱架种类繁多,按材料分有木拱架、钢管拱架和"土牛拱胎"等形式。木拱架制作简单,架设方便,但耗用木材较多。钢管拱架则多为常备式构件,一次投资较大,但能多次重复使用,对

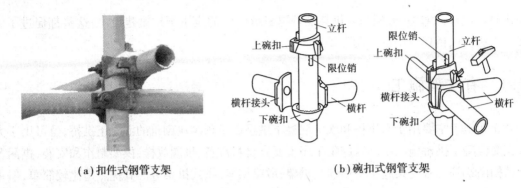

（a）扣件式钢管支架　　　　　　　　　　（b）碗扣式钢管支架

图 4.45　钢管支架

大中跨度拱桥,可采用碗扣式、扣件式钢管拱架(图 4.45)。这些钢管作拱架,一般不再分支架和拱盔部分,而是两者形成一体。

当拱桥跨度小,且建设于钢、木材缺乏地区时,可采用简单经济的"土牛拱胎"代替拱架,即在桥下用土、砂或卵石等填筑土胎(俗称"土牛"),然后在其上砌筑拱圈,砌成之后将填土清除即可。

（2）墩架式拱架

这种拱架的上部与满布式拱架相同,其下部是用少数框架式支架加斜撑来代替众多数目的立柱,既能减少支架材料,又能在桥下留出适当的空间,方便交通。图 4.46 是比较适合中等跨度拱桥施工的墩架式拱架形式之一。工字梁的跨度可达 12～15 m,墩架可用制式器材做成。制式器材包括钢管支架、贝雷梁、万能杆件、军用墩、军用梁等。

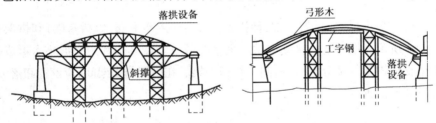

图 4.46　墩架式拱架的构造

洛(阳)三(门峡)灵(宝)高速公路许沟特大桥主孔为等截面悬链线箱形无铰拱,横截面为三室箱,拱轴系数 $m=1.543$,净跨径为 220 m,净矢高为 40 m。图 4.47 为该桥现浇支架施工的照片。支墩采用 65 式铁路军用墩,最高 36.6 m,梁部采用双层 64 式铁路军用梁,跨度均为 20 m,横向共 8 片。在梁墩支架上部,采用碗扣式支架形成拱弧,纵系梁等由万能杆件组拼而成。

（3）钢拱架

我国现有常备式钢拱架有两种:工字梁拱式拱架和桁架式拱架。另外还可以用其他制式构件组拼式拱架(如图 4.48 所示即为 64 式铁路军用梁拼装的拱式拱架)。

①工字梁拱式拱架

该拱架由基本节、楔形插节、拱顶铰和拱脚铰等基本构件组成。用选配不同的基本节段及相互间插入 1～2 个楔形插节的方法,可使拱架适用于多种拱度和跨度的拱桥施工,如图 4.49 所示。这种拱架可用于建造跨度 40 m 以下的石拱桥。

图 4.47　大跨度拱桥现浇支架的构造

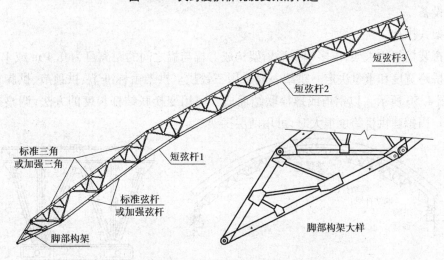

（a）单层梁组拼拱式拱架（一般适用于跨度比较小的拱桥）

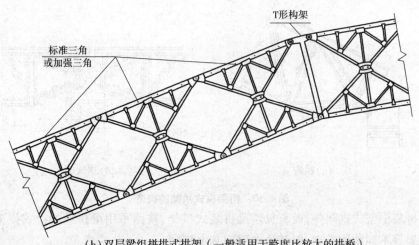

（b）双层梁组拼拱式拱架（一般适用于跨度比较大的拱桥）

图 4.48　用 64 式军用梁拼装拱式拱架

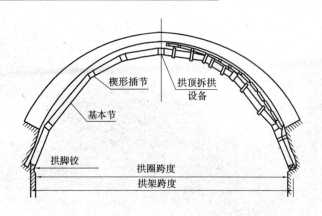

图4.49　工字梁拱式拱架的构造

　　工字梁拱架可做成三铰拱或两铰拱。落架设备可置于拱顶或拱脚。若置于拱顶,则拱顶铰改用落架设备。

　　②桁架式拱架

　　常备拼装桁架式拱架,由多榀拱形桁架构成。榀与榀之间的距离可为0.4 m或1.9 m。桁架榀数视桥跨宽度和重量决定。拱架一般采用三铰拱。拱架由标准节、拱顶节、拱脚节和联结杆等(如图4.50所示),以钢销或螺栓联结而成。可用变换联结杆长度的方法,调整拱架的曲度和跨度。当拟建拱桥跨度很大时,可用两层拱架。

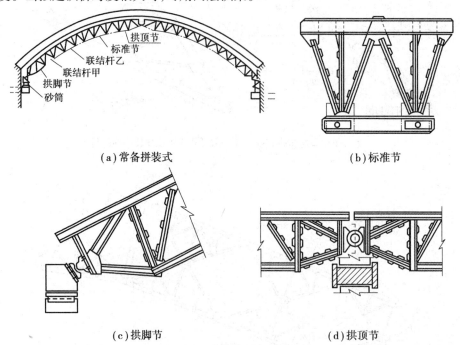

图4.50　桁架拱式拱架的构造

　　除常备拼装桁架式拱架外,尚有贝雷梁拼装式拱架、铁路军用梁拼装的拱式拱架和万能杆件拼装式拱架等不同结构类型,但其构造原理基本相同。

2)拱架的制作安装与卸落

(1)制作与安装

为使拱架具有准确的外形和尺寸,在制作拱架前,一般要在样台上按拱圈内弧线放出拱架大样,放样时应计入预拱度。拱架与拱圈内弧线间,一般需留出 30~50 mm 的间隙,以便放置横梁、弓形木和模板等构件。放出大样后,便可制作杆件样板,以便按样板加工制作。杆件加工完后,一般须先试拼。根据试拼情况,对构件作局部修改后,即可在桥孔中进行安装。

满布式拱架一般在桥孔逐杆进行安装。工字梁拱式拱架由于重量较轻,多采用半孔吊装的方法安装;常备式钢桁拱架一般采用悬臂法逐节拼装、旋转法安装和缆索吊安装(如图 4.51~图 4.53 所示)等。各类拱架安装时,都应及时进行测量,以保证设计尺寸的准确。同时应注意施工安全;在风力较大地区,拱架需设置风缆索,以增强稳定性。

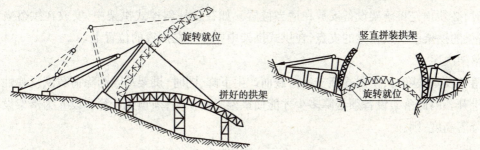

(a)半跨拱架在桥孔位置拼装后旋转升高合龙　　(b)半跨拱架在竖立位置拼装后旋转降低合龙

图 4.51　半拱旋转法安装拱架

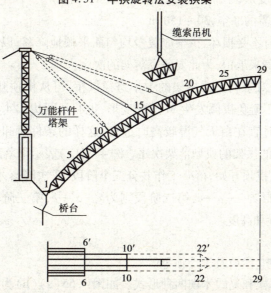

图 4.52　悬臂法逐节拼装拱架

拱架安装好后,其轴线偏离应符合设计要求,拱架上用于拼装或灌筑拱圈(肋)的垫木或底模的顶面标高误差不应超过 +20 mm 或 -10 mm,而纵轴的平面位置不应大于跨径的 ±1/100,也不超过 ±30 mm。

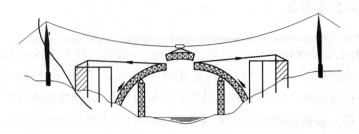

图 4.53　缆索吊装拱架

(2)拱架的卸落

拱架在圬工灌砌期间,支承拱圈的全部重量,须待圬工凝固后方可拆除。为使拱架所支承的重量逐渐转移到由拱自身来承受,切忌将拱架突然拆除,或仅将其某一部分拆除。为此,在安装拱架时,必须预先将落架设备安放在适当位置。如在立柱斜撑式拱架中,安放在拱盔立柱下面,在带梁的拱架中安放在梁的支点,在拱式拱架中则安放在拱铰的位置上。

①落架次序

当落架设备松降时,拱因逐渐支承荷载而产生下降,同时,拱架却因卸除荷载恢复弹性变形而相对上升。因此落架设备须松降多少才能使拱架脱离拱圈,须预先计算。设 h 为落架设备所需的总降落高度,则:

$$h = y + \delta + c$$

式中　y——安放落架设备处拱在自重下的挠度;

　　　δ——拱架的弹性变形;

　　　c——拆除拱架所需的净空,30 ~ 150 mm。

为了保证拱在落架时不受损坏,拱架应缓慢均匀而平顺地降落,以便使拱架所支撑的桥跨重量逐渐转移给拱圈自身来承担,为此要研究落架的次序。

一般的落架程序是:对于满布式拱架的中小跨径拱桥,可从拱顶开始,逐渐向拱脚对称卸落;对于大跨径拱圈,为了避免拱圈发生 M 形的变形,也有从两边 $L/4$ 处逐次对称地向拱脚和拱顶均匀地卸落。落架时宜在白天气温较高时进行,这样的条件对卸落拱架工作较方便。图 4.54 表示了有中间支承的拱架的典型落架次序。图 4.54(a)表示降落高度,跨中总降落高度是最大的,故降落工作常从拱顶开始,落架工作共分三个阶段 12 次降落才完成[图 4.54(b)],第一阶段降落完成后的图形为 e—a—e,第二阶段则为 e—a′—e,第三阶段为 e—a″—e。图 4.54(c)表示每次降落的位置和高度。

②落架设备

落架设备可采用木楔、沙筒及千斤顶等。

a. 木楔:又分简单木楔和复式木楔两种形式。如图 4.55(a)(b)为简单木楔,其中(a)型由两块带 1:10 ~ 1:6 斜面的楔块组成,构造简单,但松降时须用小锤敲击,故降落不均匀,常用于跨径小于 10 m 的拱架。(b)型为双向木楔,大木楔分上下两块,滑动斜面为 1:4,在大木楔斜面正交方向装有小木楔两片(滑动斜面为 1:20)以控制楔块向下滑动,其优点是不用铁件,卸落方便,承载能力较(a)型大,可用于跨径 30 m 的满布式拱架。

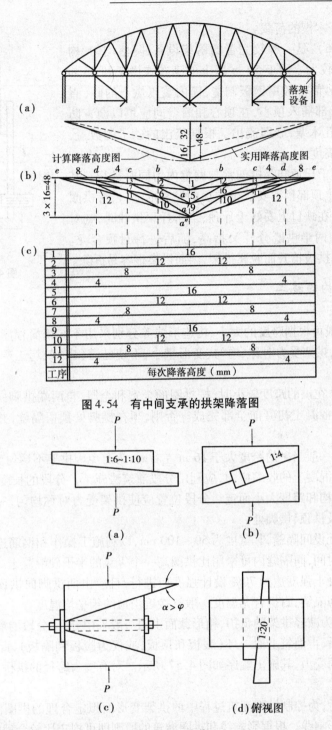

图 4.54　有中间支承的拱架降落图

图 4.55　木楔

图 4.55(c)为组合木楔,由三块楔木与螺栓组成,构造简单而完善,可用于较大跨径的满布式拱架和拱式拱架。楔块的斜角 α 应大于楔块间的摩擦角 φ,拧松螺栓后,拱架即均匀降落,螺栓中的内力按下式计算:

$$z = 2P \tan(\alpha - \varphi)$$

式中 P——作用于木楔的荷载。

b.砂筒(图4.56):是一种较完善的落架设备,降落均匀,构造简单且承载能力较大。用于50 m以上的满布式拱架和30 m以上的拱式拱架。砂筒一般用钢板制造,筒内装以烘干的砂(直径不大于2 mm),上部插入顶心,在顶心和筒壁间应填以沥青防潮。拔出筒底泄砂孔木塞,砂即流出。根据流出的砂子的数量,即可测定拱架降落高度。

c.千斤顶:采用千斤顶卸落拱架常与调整内力同时进行。其方法是在两半拱的拱顶部预留安放千斤顶的壁龛形缺口,待拱圈混凝土达到强度后,在缺口上安好千斤顶;当千斤顶供油时,则对两半拱施加推力,使两半拱既分开又抬高,随后进行封顶合龙。由于千斤顶施力时,拱被抬升而脱离拱架,因而拱架很容易拆除。

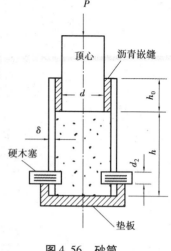

图4.56 砂筒

3)拱圈及拱上结构的施工

(1)拱圈的施工

拱圈的施工一般可根据跨度的大小、构造形式等分别采用不同繁简程序的施工方法,以使在灌(砌)筑过程中,拱架受力对称、均匀、变形量小,不使已灌(砌)筑坏工产生裂缝,并且令施工过程尽可能简单。

①连续灌筑法:在拱的跨度较小时,按拱圈的全宽和全厚,自两端拱脚向拱顶对称的连续灌筑,并且在拱脚处混凝土初凝前全部完成。否则,须在拱脚处预留隔缝,并最后灌筑隔缝混凝土。

②分段灌筑法:一般当拱的跨度大于16 m左右时,为避免因拱架不均匀变形而导致拱圈产生裂缝,以及为减小混凝土的收缩应力,应利用分段灌筑法施工。分段的长度为6.0～15.0 m,视灌筑能力、拱架结构和跨度大小而定。分段位置应使拱架受力对称均匀,一般分段点应设在拱架支点、节点处,及拱顶、拱脚处。

一般在分段点处设间隔缝,其宽度为50～100 cm,以利施工操作和钢筋连接。为缩短拱圈合龙和拱架拆除的时间,间隔缝内可采用比拱圈高一个等级的半干硬混凝土。填充间隔缝混凝土应在拱圈分段混凝土强度达到70%设计强度后进行,且应由两拱脚向拱顶对称进行。最后填充拱顶和两拱脚间隔缝,封拱合龙温度一般宜接近当地的年平均温度。

③分环灌筑法:为减轻拱架的负担,箱形截面拱圈一般采用分环、分段的灌筑方法施工。等底板分段灌筑合龙后,再灌筑上面一环(腹板和顶板,或仅为腹板和隔板),此时可以考虑合龙后的底板与拱架共同受力,其施工顺序如图4.57所示。对有些大跨径的拱桥,有时也采用分段和分环综合的方法。

对于大跨度拱桥,为控制拱圈灌筑过程中的拱架变形而拟定合理的拱圈灌筑顺序时,最好先画出拱架的挠度影响线。根据影响线和拱圈灌筑的原则即可拟定比较合理的拱圈灌筑次序。

(2)拱上建筑施工

拱上建筑的施工,应在拱顶灌筑完成全桥合龙,拱圈达到设计强度的30%后进行。拱上建筑的施工,应保持对称均衡地进行,避免使主拱圈产生过大的不均匀变形。实腹式拱上结构,应由拱脚向拱顶对称灌筑。当侧墙灌筑好后,再填筑拱腹填料。空腹式拱桥一般是在横墙(或刚架)灌筑完后卸落拱架,然后再对称均衡地灌筑腹拱圈,以免由于主拱圈不均匀下沉而使腹拱

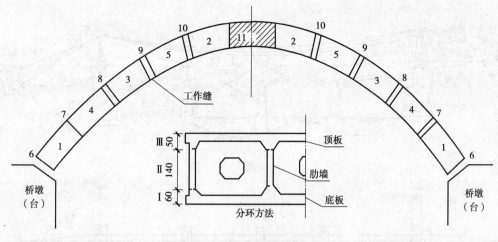

图 4.57　拱圈灌筑顺序

圈开裂。

　　在多跨连续拱桥中,当桥墩不是按单向推力墩设计时,仍应注意相邻跨间的对称均衡施工,避免桥墩承受过大的单向推力。

4.4.2　无支架施工

　　拱桥无支架施工法的出现大大提高了拱桥的跨越能力,从而增强了拱桥的竞争能力。概括起来,拱桥的无支架施工方法有如下几种:a. 缆索吊装施工法;b. 悬臂施工法;c. 转体施工法;d. 劲性骨架施工法。

1)缆索吊装施工法

　　缆索吊装施工是目前拱桥无支架施工的主要方法之一,其工序大致包括拱箱(肋)的预制、拱箱(肋)的移运和吊装、主拱圈的安装、拱上建筑施工、桥面结构施工等。

　　图 4.58 为一缆索吊装拱桥施工示意图。缆索吊车由塔架、主索、牵引索、起重索、起重小车(行车)和风缆等构成。塔架立于桥台上或桥头高地,四面用风缆固定。主索即起重小车的轨索,用数根粗钢索构成,支承于塔架顶部的索鞍上,并用地垄锚固。一般用两组主索,如塔架可移动,也可用一组主索。牵引索牵引起重小车,使其能沿主索移动,起重索用于使起重小车的动滑轮组升降,牵引和起重均用绞车。此外还有联结索,用于悬挂分索器和使主索、起重索和牵引索不至相互干扰和下垂。

　　拱桥的构件在桥头预制或预拼后,送至缆索下,由起重小车起吊送至桥位安装。为使端段基肋在合龙前保持在一定位置,在其上用扣索临时固定,然后方可松开吊索。吊装应自一孔桥的两端向中间对称进行。在最后一节构件吊装就位,并将各接头位置调整到规定标高后,才能放松吊索并将各接头接正合龙,最后再将所有扣索撤去。

　　吊装施工的成败关键在于保证基肋(指拱肋、拱箱或桁架拱片)有足够的强度和稳定性,不仅要按单根构件在运输和吊装时复核其强度和稳定性,更重要的是还要按基肋合龙时及合龙后所承担的荷载,检算其强度及稳定性。

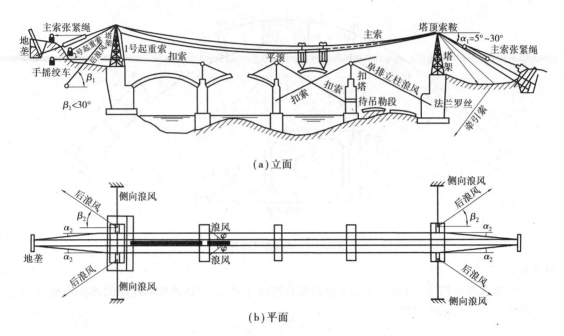

(a)立面

(b)平面

图 4.58　缆索吊装布置示意图

基肋吊装合龙要拟定正确的施工程序和施工细则,拱桥跨度较大时,应采用双基肋或多基肋合龙。此时基肋与基肋间的横系梁或横隔板必须紧随拱段的拼装即时焊接。必要时可在基肋的上下两平面内设置临时的交叉斜杆,以缩短基肋的自由长度。端段拱肋就位后,除上端用扣索拉住使之不下坠外,还应在左右两侧各用一对风缆牵住以免左右摆动。中段拱肋就位时,宜缓慢的放松吊索,必须使各接头顶紧,避免简支搁置和冲击作用。

施工时一般在每一接头处都设一对横撑或一对横向风缆来加强基肋的稳定性。通常两侧横向风缆要求角度对称的设置。

2) 悬臂法施工

拱桥悬臂施工法施工要点是:将拱圈(肋)、立柱与纵、横梁对称地分成几段,加上临时斜拉(压)杆、上弦杆预先组成桁式框架,用拉杆或缆索锚固于台后,然后用扒杆或吊车向跨中逐段悬臂施工,最后在拱顶合龙成拱。悬臂施工方法,又根据拱圈构件的制作方式,分为悬臂浇筑和悬臂拼装两大类。

(1)悬臂浇筑法

此方法为将拱圈、拱上立柱和预应力混凝土桥面板等齐头并进的边浇筑边构成桁架的悬臂灌筑方法。施工时,用预应力钢筋临时作为桁架的斜拉杆和桥面板的临时明索,将桁架锚固在后面的桥台上。悬臂浇筑法施工程序如图 4.59 所示,拱脚段拱圈(至第一立柱)在斜拉杆扣吊的钢支架上就地浇筑,以后各段均用挂篮从左右两岸悬臂灌筑混凝土施工拱肋。立柱间的拱圈采用悬臂施工,在拱圈节段中设预应力粗钢筋,以承受自重悬臂弯矩。施工至立柱部位,则用临时斜拉杆及上拉杆将立柱、拱圈组成桁架。立柱就地浇筑,上下设铰,空心桥面板利用钢支承梁整跨就地现浇,它比拱圈和立柱的浇筑错后一个节间。

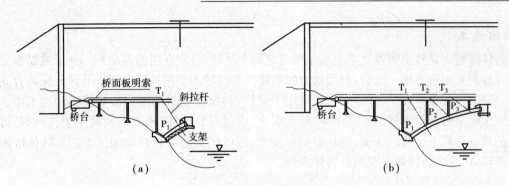

图4.59 悬臂浇筑施工顺序

(2)悬臂拼装法

将拱圈的各个组成部分(侧板、上下底板等)事先预制,然后将整孔桥跨的拱肋、立柱通过临时斜压(拉)杆和上弦拉杆组成桁架拱片,沿跨分为几段(一般为3～7段),再用横系梁和临时风缆将两个桁架拱片组装成框构。每节框构整体运至桥位,由两端向跨中逐段悬臂拼装至合龙(图4.60)。悬臂伸出去的拱体通过上弦拉杆和锚固装置固定于墩、台上,维持稳定。也可以将拱圈的各个组成部分分别在拱圈上悬臂组拼成拱圈,然后利用立柱与临时斜杆和上拉杆组成桁架体系,逐节拼装,直至合龙。

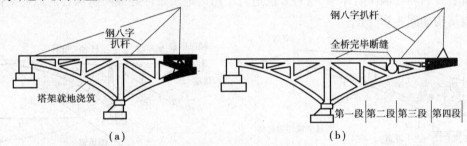

图4.60 悬臂桁架法拼装

图4.61是利用伸臂式起重机在已拼接好的悬臂端逐次起吊和拼接下一节段的施工示意图。每拼接好一个节段,即用辅助钢索临时拉住,每拼完三节,便改用更粗的主钢缆固定,然后拆除辅助钢索,供重复使用。这种方法适用于特大跨径拱桥的施工,因为有塔架和临时斜拉索,所以又称为塔架斜拉索法。

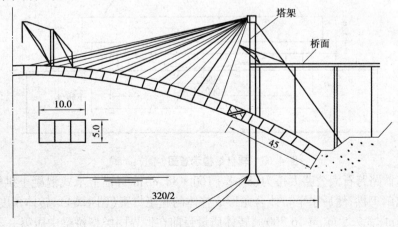

图4.61 悬臂拼装示意图(单位:m)

3)转体施工

转体法施工是将拱圈或整个上部结构分成两个半跨,分别在河的两岸利用地形或简单支架灌筑或预制装配成半拱。然后,利用动力装置将两半拱转动至桥轴线位置上及设计标高合龙成拱。它适用于各类单孔拱桥的施工,也可用于梁桥、斜拉桥和斜腿刚构桥等桥梁的施工中。转体法施工通常可减少大量的高空作业,施工安全、质量可靠,节省较多的临时支架,特别是可大幅度的减少对桥下交通的干扰,是具有明显技术、经济优势的一种桥梁施工方法。转体法施工有平面转体、竖向转体和平竖结合转体3种。

(1)平面转体施工法

这种施工方法特点是:将主拱圈分为两个半跨,分别在两岸利用地形作简单支架(或土牛拱胎),现浇或者拼装拱肋,再安装拱肋间横向联系(横隔板、横系梁等),把扣索的一端锚固在拱肋的端部(靠拱顶)附近,经引桥桥墩延伸至埋入岩体内的锚碇中,最后用液压千斤顶收紧扣索,使拱肋脱模,借助环形滑道和千斤顶或卷扬机牵引,缓慢地将拱肋转到其在水平面内所需的角度(一般小于180°),最后再进行主拱圈合龙段和拱上建筑的施工。图4.62所示为转动体系的一般构造。其中图4.62(a)是在转盘上放置平衡重来抵抗悬臂拱肋的倾覆力矩,转动装置是用聚四氟乙烯和不锈钢板制造。图4.62(b)是无平衡重的转动体系,它是把有平衡重转体施工中的扣索直接锚固在两岸岩体中,这种方法适合于山区地质条件好或跨越深谷的地形条件下采用。转盘结构如图4.63所示。

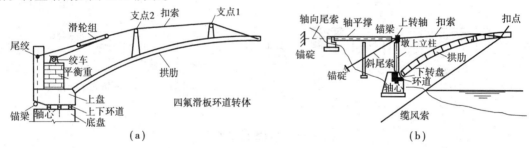

(a)   (b)

图4.62 转动体系的一般构造

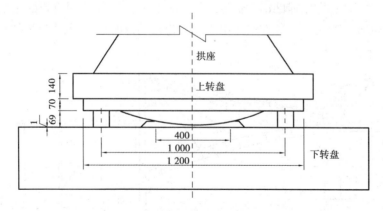

图4.63 转盘结构示意图(单位:cm)

沪杭高速铁路跨石大公路大桥为(88.8 + 160 + 88.8)m自锚上承式混凝土拱桥,采用旁位支架现浇形成单T拱,然后水平转体合龙形成整体的施工方案(图4.64),转体角度26°,单个转体结构长158 m,宽7.5 m,重16 800 t,转体质量目前在世界同类型桥梁中居第一。

图 4.64 泸杭高速铁路跨石大公路大桥转体施工

转体系统主要由球铰、下滑道、撑脚、砂箱、转体牵引和助推反力座、转体牵引索及动力系统组成。动力系统包括牵引系统和助推系统。下球铰球面上安装聚四氟乙烯复合滑块,转体过程中,16 800 t 质量主要落在滑块上。

转体牵引助推系统(图 4.65)作为牵引系统工作不正常时的应急手段。转体过程中,16 800 t 质量只有球铰一点支承。转体结构中心高度 21 m,上部转体结构受外界条件或施工影响,易出现倾斜,必须设置位置控制系统。在转体过程中及转体就位后,对转体悬臂端高程及轴线进行微小调整,需要设置微调系统。

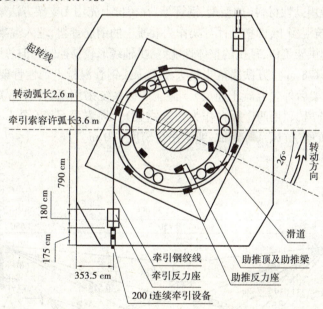

图 4.65 转体牵引助推系统示意图

(2)竖向转体施工法

当桥位处无水或水很浅时,可以将拱肋分成两个半跨放在桥孔下面预制。如果桥位处水较深时,可以在桥位附近预制,然后浮运至桥轴线处,再用起吊设备和旋转装置进行竖向转体施工。这种方法最适宜于钢管混凝土拱桥的施工。因为钢管混凝土拱桥的主拱圈必须先让空心钢管成拱后再压注混凝土,故在旋转起吊时,不但钢管自重相对较轻,而且钢管本身强度高,易于操作。图 4.66 为用扒杆吊装系统对钢管拱肋进行竖向转体施工的示意图。它的主要施工过程是,将主拱圈从拱顶分成两个半拱在地面胎架上完成,经过对焊接质量、几何尺寸、拱轴线形等验收合格后,由竖立在两个主墩顶部的两套扒杆分别将其旋转拉起,在空中对接合龙。

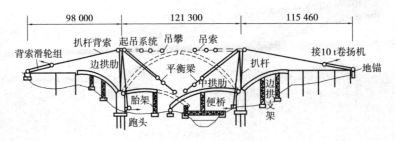

图4.66 竖向转体施工

(3)平竖结合转体施工法

在地面条件受限的情况下,采用平面和竖向相结合的转体施工法架设拱桥,有时会取得很好的效果。例如:安阳文峰路立交桥为净跨135 m钢管混凝土系杆拱桥,跨越京广铁路。施工时,先在大致与京广线平行方向铁路两侧拼装半拱,然后竖转26°至设计标高后,再平转至桥梁中轴线上合龙。竖向铰用设于拱脚处带转动轴的固定钢支座。而平转则采用设于墩底与承台间的混凝土球面铰完成。在下盘球面铰上,涂以四氟粉加黄油混合物,以减小摩擦阻力。

4)劲性骨架施工法

这种施工方法是用劲性材料(如型钢、钢管等)在桥位上先用无支架方法架设以形成劲性拱骨架,然后围绕骨架浇筑混凝土,即把劲性骨架作为混凝土的钢筋骨架,埋入混凝土中。该施工法特点是节省另造施工用拱架工作,且拱的整体性能好,拱轴线形较易控制。但总用钢量较大。

图4.67是跨度178 m宜万铁路落步溪大桥上承式钢管混凝土劲性骨架提篮拱桥用缆索吊吊装示意图(形成骨架后外包混凝土而成)。施工安装系统采用吊、挂分离方案(缆索吊系统与所有扣索均为塔扣分离,利用两岸桥台作为扣索锚梁)。缆索吊系统(图4.68)由索塔系、索道系、后锚系群、卷扬机群、抗风系等组成,缆索吊机跨度310 m。

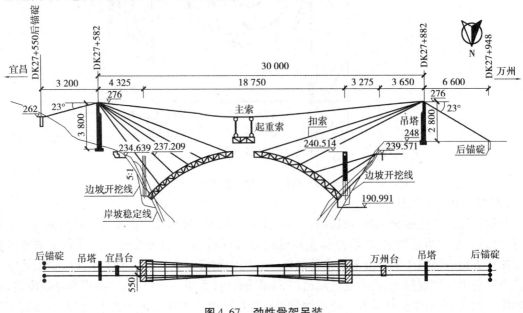

图4.67 劲性骨架吊装

图 4.68　缆索吊系统

本章小结

（1）拱桥在竖向荷载作用下，两端支承处除有竖向反力外，还产生水平推力，使拱内产生轴向压力，并大大减小了跨中的弯矩，主拱截面材料强度得到充分发挥，跨越能力增大。

（2）简单体系拱桥按主拱圈的静力特点，可分为三铰拱、两铰拱及无铰拱。无铰拱是国内外拱桥采用最多的一种构造形式。

（3）按照桥面和拱肋的相对位置，拱桥可以做成上承式拱桥、中承式拱桥和下承式拱桥。

（4）主拱的截面形式很多，通常包括板拱、肋拱、箱形拱及双曲拱。双曲拱截面受力复杂，整体性差，目前已很少采用。箱形肋拱是国内外大跨径钢筋混凝土拱桥普遍采用的截面形式。

（5）拱轴线的形式直接影响主拱截面内力分布及大小。最理想的拱轴线应与拱上荷载的压力线相吻合。常用的拱轴线形式有圆弧线、抛物线及悬链线。悬链线是目前大、中跨径拱桥所采用的最普遍的拱轴线形式。

（6）拱桥的施工方法与拱桥的结构形式密切相关。从总体上看，拱桥的施工可分为有支架施工和无支架施工两大类。其中，无支架施工又可分为缆索吊装施工法、悬臂施工法、转体施工法和劲性骨架施工法。

思考题与习题

1. 拱桥的基本组成有哪些？
2. 如何处理不等跨拱桥分孔的问题？
3. 中、下承式拱桥适用在哪些场合？
4. 什么是系杆拱桥？系杆拱桥分为哪几类？
5. 肋拱的主要截面形式有哪些？各有何特点？
6. 常用的无支架施工法有哪些？各有何特点？

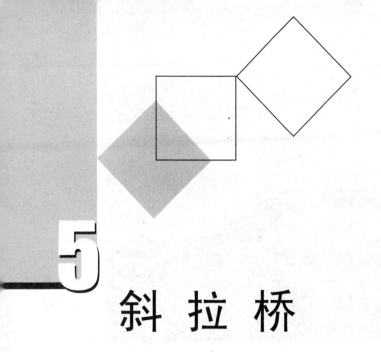

5 斜 拉 桥

本章导读:

　　介绍了斜拉桥的受力特点、斜拉桥的孔跨布置、主要构件(即三大件——拉索、塔和梁)的布置及结构设计,较详细地介绍斜拉索的构造、制备和防腐,简要介绍了斜拉桥的施工所需要解决的问题。

　　斜拉桥又称斜张桥,属组合体系桥梁,它的上部结构由主梁(也称加劲梁)、拉索和索塔三大部件组成。它是一种桥面体系以主梁受压(密索体系)弯(稀索体系)为主、支承体系以拉索受拉和索塔受压为主的桥梁。拉索的作用相当于在主梁跨内增加了若干弹性支承,使主梁跨径显著减小,从而大大减少了梁内弯矩、梁体尺寸和梁体重力,使桥梁的跨越能力显著增大。与悬索桥相比,斜拉桥不需要笨重的锚固装置,抗风性能又优于悬索桥,由调整拉索的预拉力可以调整主梁的内力,使主梁的内力分布更均匀合理。

　　近30多年,我国已建成斜拉桥100多座,是世界上斜拉桥最多的国家,其中跨径在400 m以上的大跨径斜拉桥有20多座,亦居世界各国之首,斜拉桥结构形式多样化也为世人称道。我国在斜拉桥设计理论、计算方法和施工技术等方面日臻完善,修建斜拉桥的技术水平当属世界前列。

5.1　斜拉桥总体布置

　　斜拉桥的总体布置应与周围的环境相协调,并综合考虑经济与安全、设计与施工、材料与施工机具、运营与管理及桥位处的地形、地质、水文、气象、地震等因素,宜进行多方案比选,以寻求经济合理的方案。

5.1.1　孔跨布置

现代斜拉桥最典型的孔跨布置有双塔三跨式和独塔两跨式两种,在特殊情况下也可以布置成独塔单跨式、双塔单跨式及多塔多跨式等(图5.1)。

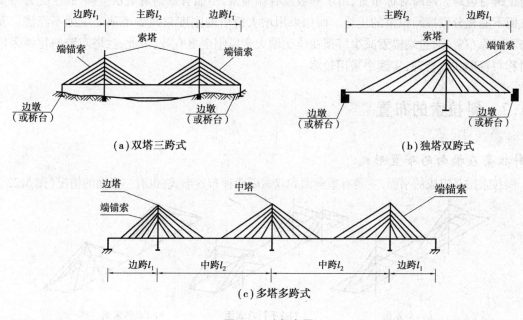

图5.1　跨径布置

1)双塔三跨式

双塔三跨式最为常见。双塔三跨斜拉桥的中跨常用于跨越河流的主槽,为主要通航孔。边跨也可用于副通航孔,通行较小的船只,但多为主跨的受力而配置,从简化设计、方便施工考虑两边跨是相同跨径,但也可以不同。一般来说,主跨和边跨跨径之比常控制在 2.0 ~ 3.0。边跨与主跨的跨径比应考虑全桥的刚度、拉索的疲劳强度、锚固墩承载能力等多种因素。一般来说,主跨有活载会增加端锚索的应力,而边跨上有活载时,端锚索应力会减少。拉索的应力变化幅度则必须保持在钢拉索的疲劳强度安全范围内,所以拉索的疲劳强度是边跨与主跨跨径允许比值的判断标准。对于大跨斜拉桥,其边跨还视受力需要配置几个辅助墩。

当斜拉桥的边孔设在岸上或浅滩,边孔高度不大或不影响通航时,在边孔设置辅助墩,可以改善结构的受力状态,增加施工期的安全。当辅助墩受压时,减少了边孔主梁弯矩,而受拉时则减少了中跨主梁的弯矩和挠度,从而大大提高了全桥刚度。通常辅助墩的位置由跨中挠度影响线确定,同时考虑索距及施工要求。大量设计实践证明,边孔设一个辅助墩后,塔顶水平位移、主梁跨中挠度、塔根弯矩和边跨主梁弯矩都大大减少,一般为原来的40% ~ 65%,边孔加两个辅助墩,上述这些内力和位移虽然继续降低,但变化幅度不大;加三个辅助墩后,则上述内力和位移不再有明显变化。但当边孔设在岸上或浅滩,基础工程施工难度及费用不高时,还可以考虑加设辅助墩。总之,无论斜拉桥属哪种结构体系,在边孔加设辅助墩的个数,应综合考虑结构需要和全桥的整体经济性确定。

2)独塔双跨式

独塔双跨斜拉桥是因跨越对象及其地形、地质特点而产生的。通常将跨径较大的一侧称为主跨,较小的称为边跨,主跨和边跨长度之比常为 1.2~2.0。

独塔双跨式斜拉桥可以布置成两跨跨径相等的对称形式或两跨跨径不等的非对称形式,即分为主跨与边跨。两跨对称布置,由于一般没有端锚索,不能有效约束塔顶位移,故在受力与变形方面不能充分发挥斜拉桥的优势。而如果用增大桥塔的刚度来减少塔顶变位则不经济。而两跨不对称布置,通过端锚索减少塔顶变位比增大索塔刚度更有效,因此,独塔双跨斜拉桥采用不对称布置形式较合理,实践中采用较多。

5.1.2　斜拉索的布置

1)斜拉索在横向的布置形式

斜拉索按其组成的平面,主要有单索面和双索面两种布置形式,也有三索面的情况(图5.2)。

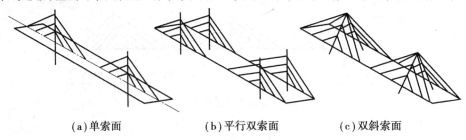

(a)单索面　　　　(b)平行双索面　　　　(c)双斜索面

图 5.2　索面布置示意图

单索面斜拉索置于桥梁纵轴线上,这对于有较宽分车带的桥梁特别适合,基本不用增加桥梁宽度,具有较小的梁、墩横向尺寸及良好的视觉效果。单索面斜拉桥的缺点是其抗扭能力由主梁承担。单索面有时实际上是由两个距离十分靠近的单索面组成,因其很靠近,且在受力分析时将其看成一个索面也不会产生难于容忍的误差,故还是将其称之为单索面。

双索面又可分为平行双索面和双斜索面。双斜索面可较大地提高梁的抗扭能力,抗风动力性能也较好,但斜索面会产生横向弯矩。

2)斜拉索在纵向的布置形式

目前斜拉索在纵向(索面内)的布置主要有图5.3所示的4种。

(1)平行形斜拉索(竖琴形)

各个索的倾角相同,索在塔上的锚固构造与在梁上的锚固易于处理,索力分布于一个较长的区段内,减少索塔的弯矩并对塔的稳定有利。其最大的优点是外观简洁美观;缺点是竖琴形布置拉索倾角较小,拉索对主梁的支承效果差,拉索总拉力大,拉索用量相应较多,又无法形成飘浮体系,于抗风、抗震不利,且难于控制中跨挠度,故拉索竖琴形布置一般仅用于中、小跨径的斜拉桥。

(2)辐射形索

拉索集中于索塔顶部,与水平面的平均交角较大,垂直分力大,拉索的用量最少。拉索的水

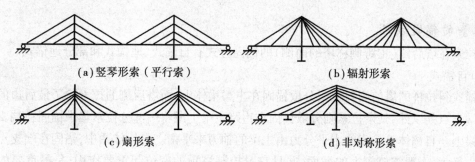

(a)竖琴形索（平行索）　　　　　　　(b)辐射形索

(c)扇形索　　　　　　　　(d)非对称形索

图5.3　拉索纵向布置

平分力在塔顶基本平衡,所以索塔的纵向弯矩较小。结构的柔性对桥面的水平运动和抗震有利。其最大缺点在于所有索集中锚固于塔顶,造成锚固区应力集中、构造复杂且外观较笨重;同时,索塔的内力及刚度、桥梁的总体稳定性能也不如竖琴形优越。

(3)扇形索

兼有辐射形和竖琴形索的优点,是采用最多的一种索型,特别是在大跨径斜拉桥中,几乎都采用扇形布置形式。随着斜拉桥跨径的不断增大,对结构的总体刚度,特别是抗扭刚度以及抗风振稳定性和抗地震稳定性提出越来越高的要求,采用扇形空间倾斜双索面布置是理想的选择。但是,其对拉索在索塔和主梁上的锚固位置、构造要求及施工工艺要求较高,应妥善处理。

(4)非对称形索

由于地形条件和水平净空的要求,常出现独塔且塔两侧跨度不同的情况,这时可以将拉索布置成不对称形式。通过减少拉索倾角减少锚固力的垂直分力,以达到减少压重或不必设置地锚的目的。

拉索在索面内的布置形式,除了上述三种基本形式,有时还可采用星形、叉形及混合型的布置。

3)斜拉索间距

拉索索距的选择应根据主梁内力、拉索张拉力、锚固构造、施工吊装能力、材料规格及经济等因素综合考虑。拉索索距的确定应结合施工方法一起考虑。

早期斜拉桥采用拉索根数少而刚性大的稀索布置,索距达15~30 m(混凝土主梁)或30~50 m(钢主梁),相应的斜拉桥跨径也不大。稀索布置的主要优点是拉索索力易于调整到设计预期值。但由于索距大,主梁的弯矩和剪力仍较大,因而需要较大的主梁高度。拉索索力相对也较大,使架设和施工较困难,拉索锚固构造也较复杂,其附近还需作大规模的补强,耗材较多。

随着斜拉桥的发展,为方便施工,减少风振危险,适应施工吊装能力及张拉条件,目前斜拉桥都趋向于密索型布置。索面内拉索根数多,使主梁由受弯为主向受轴向力为主转变,主梁弯矩的减少使梁高降低,直至主梁可采用高宽比例接近于薄板的梁式板截面形式,这样不仅取得了较好的经济效益,也大大改善了结构的动力性能,提高了结构的抗风、抗震能力,并使斜拉桥的造型更加柔细轻巧。由于索面内多索布置,对每根拉索索力的承受要求相应降低,简化了拉索锚固构造,张拉千斤顶可小型化、轻型化。尤其是多索布置与悬臂平衡的施工方法相适应,更有利于斜拉桥的施工控制。多索、密索布置使每根拉索索力和截面较小,使拉索在工厂制索中完成防护、配装好锚具等工序成为可能,也使在通车条件下更换拉索成为可能。

4)斜拉索的锚固方式

斜拉索在塔后侧(主跨侧称塔的前侧)的锚固方式有自锚式、地锚式和部分地锚式。

(1)自锚式

自锚式斜拉桥的塔前侧斜拉索分散锚固在主梁梁体上,而塔后侧的拉索除了最后边的锚固在主梁端支点处以外,其余拉索则分散锚固在边跨主梁上或将一部分拉索集中锚固在端支点附近的主梁上。自锚体系拉索的水平分力由主梁的轴力来平衡。自锚体系中,锚固在端支点处的拉索索力最大,一般需要较大的截面,并且它对控制塔顶的变位起重要作用,是最重要的一根(组)拉索,被称为端锚索或边索(背索)。无论是双塔三跨式或独塔双跨式斜拉桥,绝大多数均采用自锚体系。

(2)地锚式

单跨式斜拉桥一般采用地锚式,由于全桥只有一个索塔,没有边跨,塔后拉索只能采用地锚形式(图5.4),此时,由拉索的水平分力引起的梁内水平轴力必须由相应的下部结构即地锚来承担。

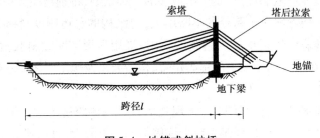

图5.4 地锚式斜拉桥

(3)部分地锚式

部分地锚式斜拉桥索塔两侧拉索的不平衡水平力直接由边跨主梁传递给桥台(地锚)。无论是双塔三跨式还是独塔两跨式斜拉桥,由于某种原因边跨相对于主跨很小时,可以将边跨部分拉索锚固在主梁上,而剩余部分拉索布置成地锚式。

5.1.3 主梁的支承体系

斜拉桥的主梁主要是靠斜拉索悬吊,而其在墩台和塔处支承方式的变化组合构成了斜拉桥的飘浮体系、半飘浮体系、塔梁固结体系、刚构体系4种结构体系(图5.5),体系的不同会影响和改变梁和塔的受力状态。

塔梁固结体系是在一个桥塔横梁上设置固定铰支座,其余墩、台、塔处均为活动铰支座,整个梁就如常见的连续梁,具有连续梁的全部优点。

在桥塔处不设刚性支座,而是增加一对垂直吊索,墩、台上也只设刚性活动铰支座,整个梁在纵向可相对自由移动,但由于斜拉索的约束也不可能有大的纵移,通常将这种支承体系称之为漂浮体系。为限制这种体系在风载等横向力作用下的位移,在桥塔处设置水平横向约束。这种体系的优点是整个梁上均无较大的负弯矩,梁受力均匀,温度应力很小,其缺点是位移较大。

刚构体系是在桥塔处让塔、墩、梁固结在一起,其他墩台上设活动铰支座。其优点是梁的位移小,缺点是在桥塔处梁的负弯矩很大,需要对梁的抗弯刚度做特别设计。

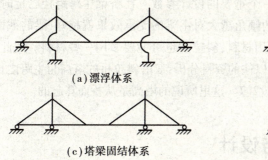
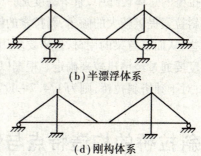

(a)漂浮体系　　(b)半漂浮体系

(c)塔梁固结体系　　(d)刚构体系

图5.5　斜拉桥的结构体系

　　半飘浮体系是塔墩固结、塔梁分离,在塔墩处主梁下设竖向支撑。半飘浮体系的主梁内力在塔墩支承处出现负弯矩峰值,通常须加强支承区段的主梁截面,温度及混凝土收缩、徐变内力也较大。但是,如在墩顶设置可调节高度的支座或弹簧支承来代替飘浮体系的从塔柱中心悬吊下来的拉索(一般称为0#索),并在成桥时调整支座反力,可以消除大部分收缩、徐变等不利影响。

5.1.4　索塔的布置

　　索塔在顺桥向的形式有单柱形、A形及倒Y形等几种。单柱形索塔构造简洁,外形轻盈美观、施工方便,是常用的塔型。目前国内外大多数斜拉桥在顺桥向均采用单柱形。A形和倒Y形在顺桥向索塔刚度大,有利于抵抗索塔两侧拉索的不平衡拉力,能承受较大的顺桥向弯矩,并有更良好的抗震能力,但由于施工较复杂,这类索塔采用不多。我国山东济南黄河大桥就是一座顺桥向采用A形索塔的混凝土斜拉桥。

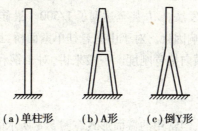

(a)单柱形　　(b)A形　　(c)倒Y形

图5.6　索塔顺桥向结构形式

　　索塔在横桥向有图5.7所示的几种形式,分别称为单柱形、双柱形、门形、H形、梯形、A形、倒V形、倒Y形、菱形(或称钻石形)等。其中单柱形、倒V形、A形、倒Y形和钻石形多用于单索面,其他一般用于双索面,但是倒V形、倒Y形和钻石形也可以用于双索面。

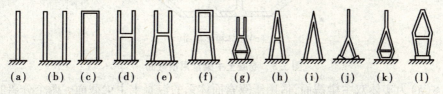

(a)　(b)　(c)　(d)　(e)　(f)　(g)　(h)　(i)　(j)　(k)　(l)

图5.7　索塔横桥向结构形式

在斜拉桥的总体设计中,索塔高度是一个重要的设计参数。在桥梁主跨跨径已定时,索塔高则可给斜拉索提供较大的倾角,斜拉索的倾角越大对主梁的支承效果就越好,梁的截面可以做得小一些,从而节省梁的用材,但塔要多用材料,斜拉索也可能要多用一些材料。因此,索塔的适宜高度要通过经济比较来确定。根据以往的资料分析,双塔斜拉桥的塔高与主跨之比多为 $1/7 \sim 1/3$;对于独塔斜拉桥,则是 $1/4.7 \sim 1/2.7$。这里所说的塔高是从桥面算起的。

5.2 斜拉桥的构造特点与设计

5.2.1 主梁

主梁直接承受车辆荷载,是斜拉桥主要承重构件之一。由于受拉索的支承作用,其受力性能不仅取决于自身的结构体系,同时与塔的刚度、梁塔连接方式、索的刚度和索形等密切相关,所以主梁设计必须综合考虑梁、塔、索三者之间的关系。由于拉索的支承,斜拉桥主梁具有跨越能力大、梁的建筑高度小和能够借助拉索的预应力对主梁内力进行调整等特点。

1)主梁截面形式

主梁截面形式应根据跨径、索距、桥宽等不同需要,综合考虑结构的力学要求、抗风稳定性、施工方法等选用。

斜拉桥主梁自重应尽量减小,梁高与主跨比 h/L 变化范围一般在 $1/100 \sim 1/50$,对密索体系大跨径斜拉桥,高跨比可小于 $1/200$。单索面要按抗扭刚度确定梁高。密索布置特别适合于混凝土桥面,此时无需刚度很大的主梁。刚度越大纵向弯矩越大,因此应选择尽可能柔的桥面系。由此导致很柔断面形式的发展,h/L 甚至达到了 $1/500$。最佳刚度不仅取决于拉索间距,拉索布置和桥面宽度均是重要影响因素。对于中间悬挂单索面桥,最基本的是要具有较大的抗扭刚度,同时也就具备了较大的横向抗弯刚度。一般来讲,对于钢和混凝土箱梁均应采用封闭的空间框架结构。

(1)混凝土梁

混凝土梁的截面形式很多,但常用的截面形式有图 5.8 所示的 3 种。

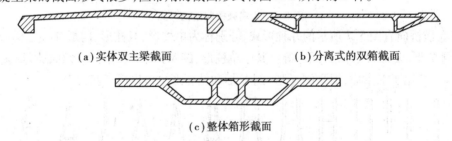

(a)实体双主梁截面　　　　　　　　(b)分离式的双箱截面

(c)整体箱形截面

图 5.8　混凝土主梁常用横截面

图 5.8(a)为实体双主梁截面,适用于双索面体系的混凝土主梁截面。两个分离的主梁之间由混凝土桥面板及横梁连接,拉索可直接锚固在主梁中心处。这种梁构造简单,施工方便快捷,也是近年来采用得较多的一种主梁截面形式。其缺点是抗扭刚度较小。

图 5.8(b)为分离式的双箱截面形式,其边箱为三角形,两箱之间为整体桥面板,横截面外侧做成风嘴状以减少迎风阻力,端部加厚以锚固拉索。这种截面易于满足抗弯和抗扭的要求,而且具有良好的抗风动力性能,因而特别适合于密索宽桥。

图 5.8(c)为整体箱形截面,它具有较大的抗弯与抗扭刚度,广泛用于单索面斜拉桥。

(2)钢梁

钢梁一般用在跨度大于 500 m 的斜拉桥上,其价格昂贵,后期养护工作量大,抗风稳定性较差;但跨越能力大,施工速度快,质量可靠。常用的钢主梁截面如图 5.9 所示。图 5.9(a)的边主梁为 I 形,图 5.9(b)的边主梁为箱形。图 5.9(c)为扁平钢箱形,这种截面近于流线型,有很好的空气动力性能。

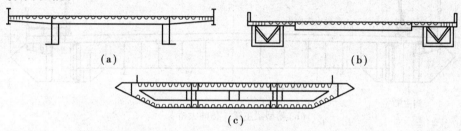

(a)   (b)

(c)

图 5.9   钢主梁常用横截面

钢主梁的桥面板一般都采用正交异性板,即在桥面板上焊有单向或双向的开口或闭口加劲肋。斜拉桥钢箱梁[图 5.9(c)]就是用这种带纵肋的薄板制成的,且沿纵向每隔几米设一道横隔板,横隔板周边开槽以便让箱室薄板上的纵肋不间断地穿过。为了装配方便,常将两块或四块开槽的窄条钢板分别和箱室顶、底板和外腹板匹配,形成和箱室形状相似的框架,然后用一块相对较大的钢板扣在该框架上,通过焊接形成横隔板。横隔板常用 10 mm 或稍厚一点的钢板做成,并设竖向加劲肋以增加其刚度。有些桥也将横隔板用一个横置桁架代替(如图 5.10所示)。

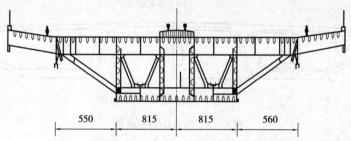

| 550 | 815 | 815 | 560 |

图 5.10   用横置桁架替代横隔板的钢箱主梁

(3)结合梁和混合梁

结合梁(又称叠合梁)即在钢主梁上用预制或现浇混凝土桥面板代替正交异性钢桥面板,二者的共同作用是用焊于钢梁顶面深入混凝土板中的剪力键来保证的。它除具有与钢主梁相同的优缺点外,还能节约钢材用量且其刚度及抗风稳定性均优于钢主梁。结合梁一般采用钢双主梁,其断面形式常采用实腹开口 I 字形、箱形、II 形等。其典型截面如图 5.11 所示。

混合梁斜拉桥是指主梁部分用混凝土(通常布置在边跨,有的还从边跨延长至中跨的一部分),部分用钢梁(通常在中跨或中跨的大部分)。这种桥型特别适合于边跨与主跨比值较小的

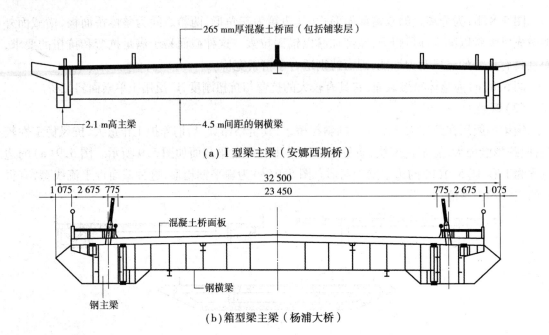

(a) I 型梁主梁（安娜西斯桥）

图 5.11 结合梁典型截面(单位:mm)

情况。这样布置,将边跨结构看作中跨结构的锚固部件。预应力混凝土梁与钢梁的连接位置宜选择在弯矩和剪力较小的地方。混合梁的典型断面如图 5.12 所示,其结合部构造如图 5.13 所示。这种结构的优点是:

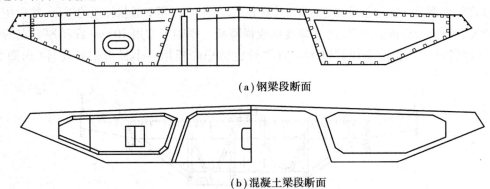

(a) 钢梁段断面

(b) 混凝土梁段断面

图 5.12 混合梁典型断面

a. 加大了边跨主梁的刚度和重量,减少了主跨内力和变形;

b. 可减少或避免边跨端支点出现负反力;

c. 边跨 PC 梁容易架设,主跨钢梁也可较容易地从主塔开始用悬伸法连续架设;

d. 减少全桥钢梁长度,节约造价。

2) 主梁主要尺寸

斜拉桥的主要尺寸包括梁高、主梁截面尺寸、横梁尺寸、桥面板尺寸及拉索锚固区局部构造尺寸要求等。

斜拉桥的梁高除少数在索塔附近变化外,通常采用等高度梁。前面已经叙述了斜拉桥的高跨比,它与主梁的结构体系、截面形式和索距等有关,其宽度取决于行车道、人行道宽度、拉索的

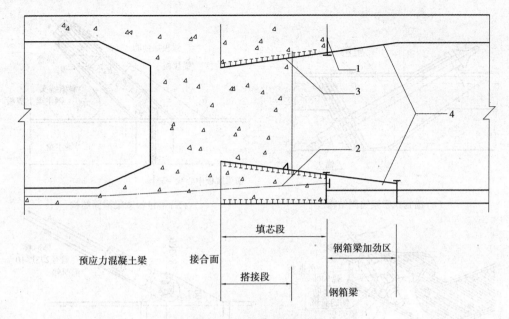

图5.13 结合部构造立面

1—端板;2—连接钢束;3—剪力键;4—加劲梁

布置、横截面布置及抗风稳定性等因素。从提高斜拉桥结构的抗风稳定性考虑,梁宽和主跨跨径的比值宜≥1/30,与梁高的比值宜≥8。横梁和桥面板的尺寸可以根据桥面局部荷载按常规的方法确定,由主梁所承受的轴向力及构造要求确定主梁截面面积的大小,进而确定主梁截面的各细部尺寸。

3) 斜拉索在主梁上的锚固构造

（1）在钢梁上的锚固

斜拉索在钢梁上的锚固形式常见的如图5.14所示:其中图5.14(a)是用一钢管穿过顶板腹板,端头设一承压板固定在底板上,斜拉索通过钢管,其锚头紧压(兜底)承压板;图5.14(b)为锚拉板索梁锚固结构;图5.14(c)为锚箱方案,它是在梁的腹板上设一和斜拉索轴线一致的斜向钢箱,斜拉索穿过钢箱锚固在钢箱的端板上,不管是哪一种锚固方式,锚节点附近梁的各构件,特别是其腹板常要加厚和加肋,以满足传力的要求;图5.14(d)为耳板式锚固点,它是一矩形板前方上端带一耳板,耳板上开孔用销子和拉索的U形锚头相连,矩形板紧贴梁的腹板,二者用数列竖排高强螺栓相连。

（2）斜拉索在混凝土梁上的锚固

斜拉索在混凝土主梁上锚固的梁段,习惯地称为锚固梁段。斜拉索在锚固梁段的锚固方式,根据索面和截面形状的不同而很不一样。选择锚固方式时,要考虑以下几个因素:确保连接可靠;能简捷地把索力传递到全截面;如需在梁端张拉,应具有足够的操作空间;要有防锈蚀能力和避免拉索产生颤振应力腐蚀;便于拉索养护和更换。锚固方式详见图5.15—图5.19。

图5.15所示的锚固方式一般用于单索面整体箱的锚固构造,斜拉索直接锚固在截面中部箱梁顶板上,并与一对斜撑连接,斜撑作为受拉杆件将索力传递到整个截面。斜拉索在锚固点通过锚固块与主梁截面连接,锚固块构造根据张拉设备与施工要求进行设计。如法国的柏老东纳桥,斜拉索直接锚固在箱梁顶板与一对斜拉杆交叉点处的锚固块上。采用这种锚固方式,局

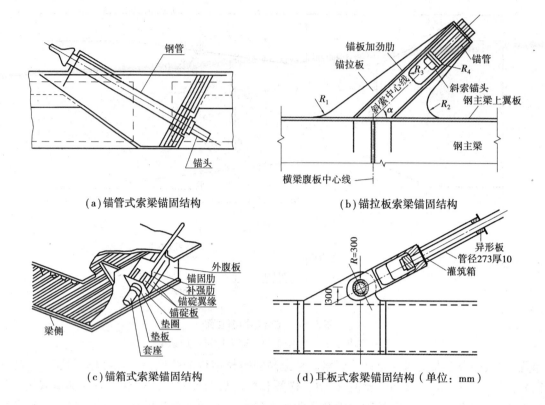

(a)锚管式索梁锚固结构

(b)锚拉板索梁锚固结构

(c)锚箱式索梁锚固结构

(d)耳板式索梁锚固结构（单位：mm）

图 5.14 斜拉索在钢梁上锚固形式

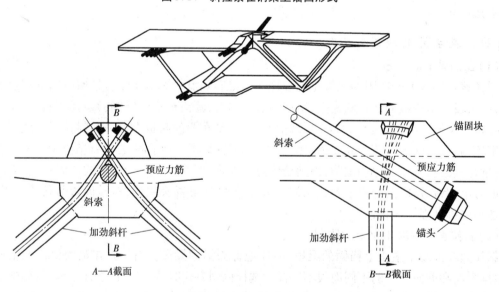

A—A截面

B—B截面

图 5.15 顶板设置锚固块

部受力非常复杂,在锚固块内设一对交叉布置的箍筋是非常必要的。

图 5.16 为在箱梁内设横隔板的锚固方式。该锚固形式一般用于双索面分离双箱或单索面整体箱及梁、板组合断面形式中,斜拉索在箱梁内通过锚固板或锚固块与主梁联结。锚固板是与箱梁连成一体的斜向横隔板,其斜度与拉索一致。锚固板厚度应满足锚具排列的构造要求。为减小锚固板体积,可设计成底宽上窄的楔形锚板,拉索通过该锚固板锚固于箱梁底板,锚头可

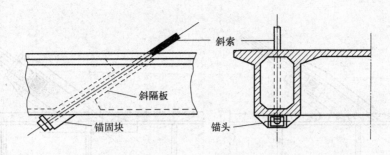

图 5.16　横隔板锚固

外露,也可缩至底板以内,前者受力好,后者反之。也可以在边箱内部设置与顶板及两侧腹板固结的锚块,靠近顶板并与斜拉索斜度一致,锚头设在箱内。

图 5.17 为在主梁横截面两侧实体边缘的锚固方式。图 5.18 为在箱梁两侧的挑边处锚固,拉索通过预埋于梁中的钢管,锚固在梁底的锚固块上。图 5.19 为在箱梁内的锚固形式。另外还有加设锚固横梁的方式。

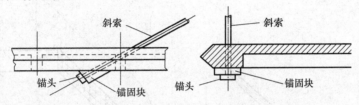

图 5.17　锚固在两侧实体块

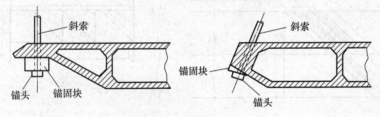

图 5.18　锚固在箱梁两侧

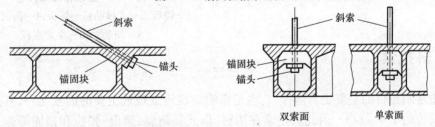

图 5.19　锚固在箱梁内

(3)斜拉索在结合梁上的锚固

结合梁斜拉桥的拉索通常直接锚在两侧的钢主梁上,以使桥面系获得较大的抗扭刚度。拉索与结合梁的锚固构造对开口工字形钢梁的锚固有两种方式:一是将拉索的锚固构件放在钢主梁顶面(图 5.20);二是将锚固箱布置在工字形钢主梁腹板的侧面(图 5.21),拉索穿过上翼板达到锚固箱,锚固箱与腹板可以采用高强螺栓摩擦连接或焊接连接。对其他形式的钢梁可以采用锚固梁的方式(图 5.22)。

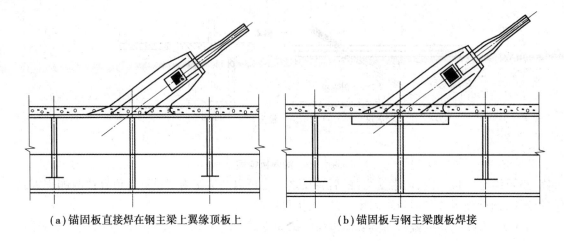

(a)锚固板直接焊在钢主梁上翼缘顶板上　　　　　(b)锚固板与钢主梁腹板焊接

图 5.20　拉索与结合梁的连接

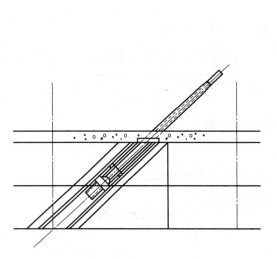

图 5.21　南浦大桥斜拉索锚固箱

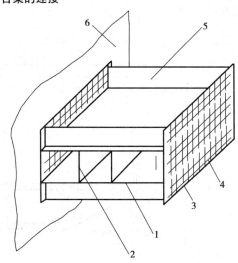

图 5.22　拉索锚固箱构造

1—锚板;2—支撑肋;3—端板;4—高强螺栓;
5—加劲肋;6—主梁腹板

5.2.2　斜拉索

　　斜拉索是斜拉桥的主要受力构件,它也是影响斜拉桥景观最主要的因素之一,其造价常常占到全桥造价的 1/4~1/3。因此斜拉索在用材、形式及防腐、架设、张拉和锚固等施工工艺方面都应该慎重,尤其是在腐蚀性环境中更要选择好拉索的结构和防护形式。

1)斜拉索的构造

　　斜拉索包括钢索、锚固段和过渡段(如图 5.23 所示,图中的斜拉索是平行钢丝索)。钢索承受拉力,设置在两端的锚具用来传递力,过渡段埋设在塔和梁的内部,用于密封穿过梁和塔体内的斜拉索,且不与混凝土接触,其中减振器对斜拉索起减振作用。由平行钢绞线索组成的斜拉索在过渡段内呈扩散状减振器还起夹紧钢索的作用。

　　过渡段的作用是在塔、梁体内预留孔洞,以能进行穿索、张拉,将钢丝或钢绞线扩散,穿入锚具孔,减少索尤其是索端的振动。图5.23中的过渡段由承压板(锚垫板)、索导管(预留管)及减振装置三部件组成。

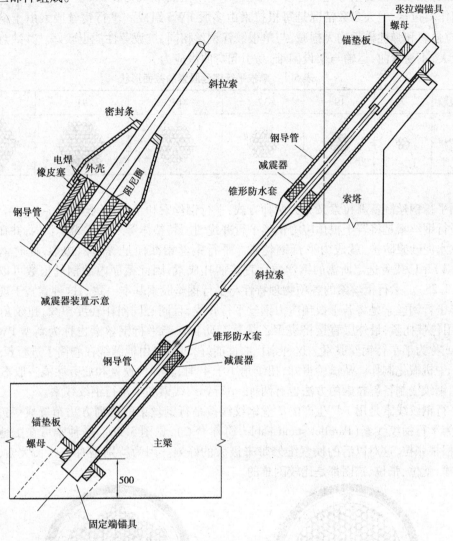

图5.23 拉索构造

2)斜拉索的横截面

斜拉索由高强度的粗钢筋、钢丝或钢绞线制作,如图5.24所示。目前国内外用得最多的是由高强钢丝制成的钢丝索和钢绞线索。

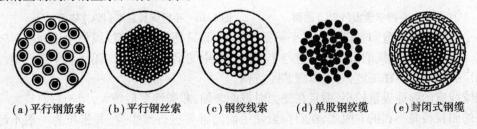

(a)平行钢筋索　(b)平行钢丝索　(c)钢绞线索　(d)单股钢绞缆　(e)封闭式钢缆

图5.24 拉索的种类和构造

平行钢丝索股(Parallel wire strand,简称PWS)是将$3n(n-1)+1$根平行的镀锌钢丝顺直无扭转地捆扎成股,截面呈等边六边形。单根PWS的截面形状见表5.1。大型的PWS可以直接单独用作斜拉索,但大多数情况是每根拉索由多股PWS组成。平行钢丝股索由于钢丝未经旋扭,抗拉强度和弹性模量均无损减,与单根镀锌钢丝相同,抗疲劳性能也较好。其缺点是斜拉索刚度较大,不易弯曲,运输与架设困难,易引起弯曲次应力。

表5.1　单根平行钢丝股索的截面形状

钢丝根数	7	19	37	61	91	127
截面形状						

用平行钢丝制备斜拉索又分为两种方式:平行钢丝索和半平行钢丝索。

平行钢丝索是将若干根预应力钢丝平行并拢、扎紧,整体穿入聚乙烯套管内,并在张拉结束后压注水泥砂浆防护,就成为平行钢丝索。平行钢丝索截面呈等边六边形,此时钢丝根数为$3n(n-1)+1$,或者选定所需的钢丝数后直接捆扎成索,因此截面内的钢丝根数可以自由地选定(图5.25)。平行钢丝索的各项物理特性与平行钢丝股索基本一致。这种索宜于现场制作。

半平行钢丝索是将若干根预应力钢丝平行并拢,且同心同向作轻度扭绞,扭绞角度为2°~4°,再用包带扎紧,最外层直接挤裹聚乙烯索套防护。半平行钢丝索也称为新型PWS、螺旋形PWC,或称为半平行钢丝股索。这种索挠曲性能好,可以自由地缠绕在卷筒上进行长途运输,宜在工厂中机械化制作。从试验得知,扭绞角小于4°时,其弹性模量和疲劳性能一般不受损减。

用钢绞线制备斜拉索的方法也有两种:平行钢绞线索和半平行钢绞线索。

平行钢绞线索是用工厂生产的7丝钢绞线按平行钢丝束的排列方法布置成等边六角形截面,即为平行钢绞线索(Parallel stand cable,简称PSC),见图5.26。这种索可在工地一根根穿束,一根根张拉,这对以后的换索维修带来极大的好处。因为特别是对一些长大索,其整索上盘、运输、就位、张拉、锚固都是比较困难的。

图5.25　平行钢丝索(PWC)截面

图5.26　平行钢绞线索(PSC)截面

半平行钢绞线构造和制作方法与平行钢绞线相同,只是在索中钢绞线集中排列后再轻度扭绞而成,斜拉索中钢绞线的扭绞方向应与单根钢绞线中的钢丝扭绞方向相反。半平行钢绞线索均在工厂制作好后运往工地,它可以配装冷铸锚。

钢绞线索的弹性模量较小,而且在受力时截面紧缩,非弹性变形较大,用于对斜拉索变形较为敏感的斜拉桥是不利的。因此,在斜拉索使用前通常要进行预张拉,其张拉力一般不超过破断拉力的55%。

3）斜拉索的防腐

早期修建斜拉桥拉索的防护方法不成熟,常由于腐蚀导致换索。近年换索的斜拉桥大多数是全部更换,换索工程费用相当昂贵,大约为原来建桥总费用的一半,而且常常需要中断交通或者限制交通。现各国对防锈处理都很重视,常用的防锈蚀处理方法是:采用镀锌钢丝或钢绞线(由于镀锌价格较高,也有镀锌钢丝或钢绞线);在平行钢丝索或钢绞线外涂油脂或石蜡等防锈脂,外包加有黑色 PE 护套,形成 2~3 道防锈蚀措施。

对平行钢丝索在外包 PE 护套前,还要用包带捆紧。对平行钢绞线索,钢绞线作逐根防锈处理,在工厂加工。最后对钢索还可外涂有色漆(树脂类)或外套 PE 管,形成又一道防锈蚀措施,并形成美观的外形。套管按一定长度分为两半制作,利用榫头楔合成圆筒,将套管纵、横向接缝进行热焊接成全长,圆筒套管内间隔设有定形隔板支垫。外套圆筒除防止钢索意外伤害外,同时有利于改善拉索的气动外形。

斜拉索的防护另一个关键在于锚头。实践证明,锚头难以防止雨水渗漏,因此锚头的密封和泄水措施十分重要。图 5.27 所示为几种锚头的防腐措施。

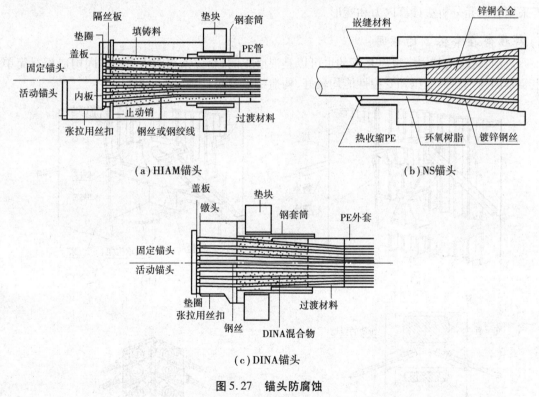

（a）HIAM 锚头
（b）NS 锚头

（c）DINA 锚头

图 5.27　锚头防腐蚀

5.2.3　索塔

梁的自重和活载主要是通过斜拉索经由索塔传给基础和大地的。索塔主要受轴向压力,斜拉索的不平衡水平分力使其发生沿桥梁轴向的弯曲,风力等使其发生横向弯曲。因此,索塔为一压弯构件。地震烈度较高时,在塔上产生的弯矩常控制其塔根截面设计。在施工期间,裸塔抗风稳定性也是设计者关心的问题之一。索塔的结构形式在前面的章节已经介绍,这里不再赘述。

1) 索塔所受的荷载

根据索塔所受到的荷载,可以计算其内力,根据内力可以设计出索塔的截面。

索塔上主要作用的荷载有:自重、由拉索传至塔部的主梁的恒载和活载、拉索索力的垂直分力引起的塔柱轴向力和拉索索力的水平分力引起的塔柱弯矩和剪力;温度变化、日照影响、支座沉降位移、风荷载、地震力、混凝土收缩、徐变等都将对塔柱产生轴向力、水平力扭矩和顺桥向、横桥向弯矩。为此,在塔柱受很大轴向压力的情况下,应考虑顺、横桥向双向弯矩的影响,在各个角点进行相应各类工况条件下的应力叠加。特别在大跨径斜拉桥中,由于塔柱中巨大的轴向力和施工可能产生的累计偏差,以及在各类外力的作用下,塔将出现水平位移并导致附加弯矩,因此,要对塔进行验算,确保塔的屈曲稳定性。

塔柱的内力和变形,通常采用小变形理论分析。一般情况下,对恒载、活载等垂直荷载,将梁、索、塔用平面杆件有限元分析。对于风荷载等横向荷载作用,则可将塔作为一个平面框架分析。对于结构动力特性和结构抗风、抗震稳定计算,应通过结构空间有限元法,进行专题分析和计算。此外,对于拉索锚固区,塔与主梁的连接区的结构分析和应力集中、局部应力的分析,都可采用有限元分析法计算内力和变形。

2) 斜拉索在索塔上的锚固

对钢斜拉桥,其主塔可以是钢的也可以是混凝土的,斜拉索在钢塔上的锚固构造相对简单,主要是因为钢材的受压和受拉性能均较好,构造细节容易处理(图5.28)。

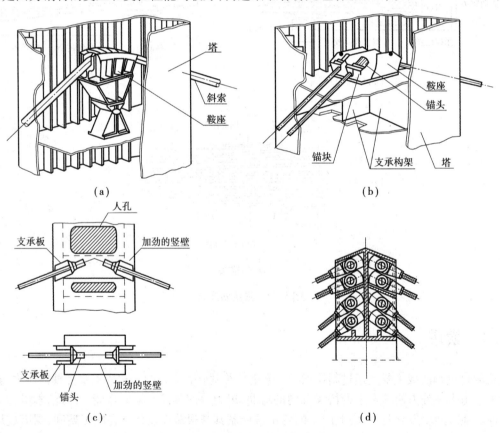

图 5.28　斜拉桥在钢塔上的锚固

　　斜拉索在混凝土塔上的锚固点为防止混凝土在集中力作用下胀裂,常需在锚点周围设置复杂的环向预应力(图5.29)。

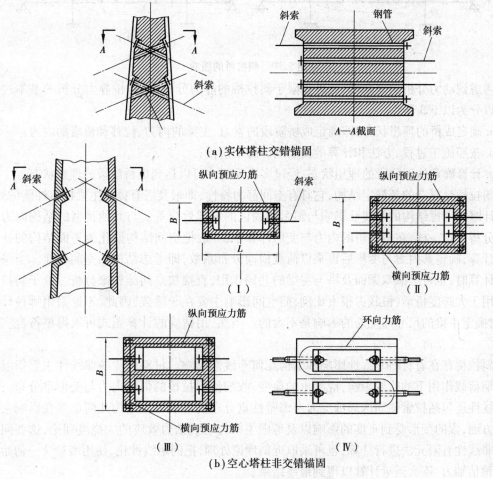

（a）实体塔柱交错锚固

（b）空心塔柱非交错锚固

图5.29　斜拉索在混凝土塔上的锚固

（Ⅰ）,（Ⅱ）,（Ⅲ）,（Ⅳ）为A—A截面四种选择

5.3　斜拉桥计算分析

　　斜拉桥的结构分析理论复杂,其结构分析的内容大致包括静力分析、稳定性分析和动力分析三大类。

　　动力方面,由于斜拉桥属于高次超静定,其结构行为表现出较强的耦合性,尤其是扭转和横向弯曲振型经常强烈耦合在一起,因此,在动力分析时最好采用空间模型。一般的梁桥、拱桥和刚架桥设计时,首先考虑对桥梁的恒载和使用荷载进行计算,其次是对桥梁的地震荷载和风荷载进行验算;但对于跨度较大的斜拉桥,环境荷载和使用荷载同样重要。

　　稳定性方面,在外荷载作用下,斜拉桥的梁和塔都承受很大的压力,当压力达到一定数值时,斜拉桥就可能发生如图5.30所示的平面屈曲或平面外屈曲,这类屈曲的分析可按空间杆系有限元方法进行。

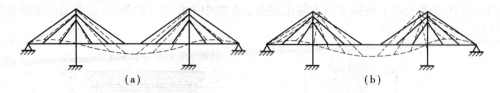

（a）   （b）

图5.30　斜拉桥的屈曲

考虑到动力分析的复杂性,此处仅限于斜拉桥的静力分析,斜拉桥静力分析的基本过程大致可以分为以下3步:

a.确定成桥的理想状态,即确定成桥阶段的索力、主梁的内力、位移和桥塔的内力;

b.按照施工过程、方法和计算的需要划分施工阶段;

c.计算确定施工阶段的理想状态,经过多次反复才可以达到成桥阶段的理想状态。

斜拉桥是复杂的超静定结构,它具有空间静力特性,即索及塔有提高主梁抗扭性能的效应,在设计时需考虑结构的非线性影响与斜索锚固区的局部效应等。与其他桥型的结构内力及变形的分析方法一样,在斜拉桥的内力与变形计算中,一般把空间结构简化为平面结构的计算图式来计算,确定其内力与变形后再乘以荷载横向分布系数,即考虑结构的空间效应。当采用计算机计算时,也可考虑双索面及塔与主梁的共同作用,直接按空间结构来分析。由于斜拉桥多数应用于大跨度桥梁,恒载占很大比例,而空间影响主要在于活载,因此,不论采用哪种计算图式,对确定主梁的尺寸与配筋的影响是不大的。当然,用精确的计算图式可取得更符合实际的结果。

斜拉桥存在着材料非线性影响和结构几何非线性影响。材料性质的非线性主要指混凝土在长期荷载作用下的徐变影响,混凝土的徐变、收缩使斜拉桥的恒载内力与变形重分布。材料的非线性还包括拉索锚固区局部应力考虑塑性重分布的影响等。结构几何非线性影响主要包括两方面,索的变形受到垂度的影响以及考虑主梁与塔的轴力效应的大挠度理论,这些问题可采用非线性有限元法进行计算,也可采取近似理论处理,把问题线性化,使用增量——初始应变法或预估轴力,逐次逼近计算以得到最终结果。

斜拉桥施工过程复杂,导致体系多次转换,结构内力和线形变化复杂,特别是主梁在施工阶段的受力状态往往起控制作用,这是由于主梁的抗弯承载力一般限制在一个较小的范围内,以便采取较小的主梁尺寸以减轻它的自重力,提高跨越能力。在斜拉桥中恒载引起的内力平衡主要依靠索、塔及主梁的轴力来实现,因此,索力的微小偏差均能在主梁内引起较大弯矩,这一点是施工阶段计算的重点。此外,斜拉桥施工一般采取悬臂浇注或悬臂拼装法来实现,因此,施工阶段变形计算也很重要,通过变形计算以确定预拱度,控制桥面标高,使施工完成后的桥面呈平顺线形。为了控制好斜拉桥的内力和变形,一般要作施工控制计算和施工监测。

5.3.1　斜拉桥内力的整体分析

斜拉桥是一种高次超静定的大型空间结构,特别是密索斜拉桥,超静定次数更高,加之其施工过程复杂,无论是初步设计或是技术设计,相应的结构计算分析都得借助计算机完成。尽管现代计算机的功能越来越强大,但对斜拉桥这种大型复杂结构仍需进行合理的简化,以使其计算结果能真实地反映其受力状态而又不至于过于复杂、繁冗。通常斜拉桥的内力分析分3部分进行。只考虑梁的竖向弯曲变形,在竖向荷载作用下,可以将双索面斜拉桥简化成两片平面结构,而将荷载在两平面结构间分配,梁可以略去横隔板按分段等截面梁单元来处理。这是梁内力的主要组成部分,称之为一系内力[图5.31(a)]。二系内力是指梁的横向弯曲和扭转变形,较宽的斜拉桥其横向弯曲变形和抗扭效应是不能忽略的。横隔板和其两侧部分上、下翼板构成一个横置的梁,是抵抗横向弯矩的主要部件,主梁外腹板和斜拉索为其两端提供竖向弹性支承,

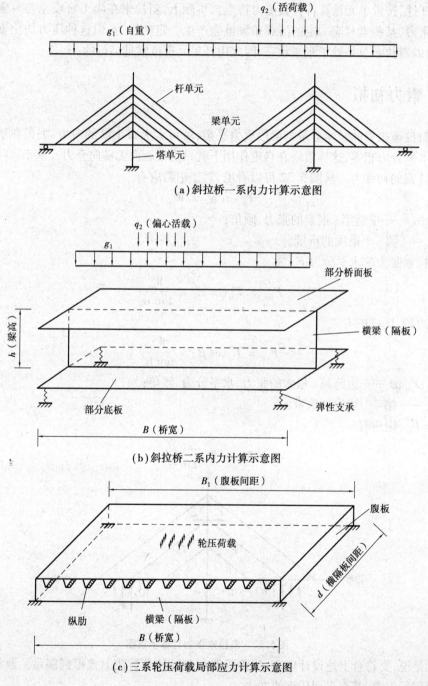

(a)斜拉桥一系内力计算示意图

(b)斜拉桥二系内力计算示意图

(c)三系轮压荷载局部应力计算示意图

图5.31　斜拉桥简化计算图式

荷载包括自重和最不利的活载布置[图5.31(b)]，一般是取一段典型梁段，把上下翼缘、腹板和横隔板都按板壳单元来处理。三系内力是指在车辆轮轴压力下梁顶板的局部变形，可把顶板看作是支承在周边构件(如腹板和横隔板)上，最大轮轴荷载作用在最不利的位置在顶板上所产生的局部变形[图5.31(c)]。三系内力可单独计算，当计算二系内力单元划分得足够细时，二系和三系内力也可合并计算。斜拉桥的混凝土塔通常用梁单元计算。斜拉索是一种只能受拉的柔性杆件，按索单元计算符合其受力特点。实际上，斜拉索在施工阶段总要对索施加足够大的初始张力，某些索对应一定的活载布置虽会产生一定的压力，但这种压力均比索的初张力小很多，所以斜拉索总是处于张紧状态，因此用杆单元模拟索是可行的。

5.3.2　索力初拟

如果斜拉索张力的竖向分量与梁段重力平衡，就可大大减小梁的内力；如果在塔两侧一对斜拉索的水平分力相等，这样索塔在自重作用下就只受轴压而无横向合力。基于这一假设便可以拟定斜拉索的初张力。从图5.32可以看出，对于中跨应有

$$T_{mi} \sin \alpha_i = W_m$$

式中　T_{mi}，α_i——中跨第 i 根索的张力、倾角；

　　　W_m——第 i 个梁段的重量。

该斜拉索张力的水平分力 F_{mi} 为

$$F_{mi} = T_{mi} \cos \alpha_i = \frac{W_m}{\tan \alpha_i}$$

对于边跨，同样的有

$$F_{bi} = T_{bi} \cos \beta_i = \frac{W_m}{\tan \beta_i}$$

式中　T_{bi}，F_{bi}，β_i——边跨第 i 根索的张力、水平分力、倾角；

　　　W_m——第 i 个梁段的重量。

要使 $F_{mi} = F_{bi}$，则应有

$$W_b = W_m \frac{\tan \beta_i}{\tan \alpha_i}$$

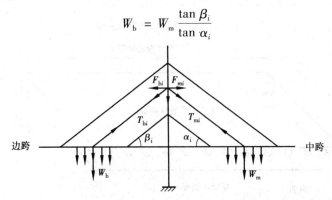

图5.32　斜拉索张力计算示意图

这就是说，要符合上述设计理念，就要调整有关设计参数使上式得到满足。通常的做法是改变边跨梁段重量，甚至采用压重的办法。

用上述方法确定斜拉索初张力只是一个最基本的计算起点。在此基础上，根据成桥状态的

受力图式进行斜拉桥的设计计算,并且按施工过程将梁段安装、索的张拉过程逐步细化。

初拟索力还需通过全桥分析对索力做进一步调整。常用的方法有简支梁法、刚性支承连续梁法、有限元法等。

(1)简支梁法

将斜拉桥主梁看作一个个以斜拉索锚固点为支点的简支梁,调整索力使各梁段内力与对应的简支梁内力一致。

(2)刚性支承连续梁法

将斜拉索锚固点看作主梁的刚性支承点,以各支承点竖向位移为零分析该多跨连续梁,所求得的支承反力就作为斜拉索张力的竖向分量。这种分析方法概念清晰、计算简单,可按结构力学方法进行。

(3)有限元法

这是目前使用最为广泛的一种方法。对于斜拉桥这种高次超静定问题,即便是进行合理的简化,计算仍然是十分繁难的,计算精度也很有限。用有限元法列出计算程式,编制程序或用大型商业通用软件计算是目前通用的方法。通过有限元法计算调整索力时,一般将梁和塔都按梁单元处理,索则用杆单元模拟,索的垂度效应用后面将要讲到的恩斯特(Ernst)公式来考虑(有限元算法可参考相关书籍)。在初拟索力的基础上,用有限元算得梁、塔各截面的弯矩和剪力后,对照相关的桥梁设计规范,验算这些内力值是否超出截面的承载力,再根据其调整索力,重复计算,直至所有截面内力都满足桥梁设计规范的要求。在个别截面超过规范值不多的情况下也可通过调整主梁截面参数的方法解决。

5.3.3　活载内力及其他影响的内力计算

斜拉桥的活载内力计算一般通过影响线加载的方式来求解最不利组合活载产生的最大内力。

1)内力影响线及影响线加载

斜拉桥内力影响线及影响线加载可一般用有限元法利用程序进行。对于一般的平面杆系结构已有很多套计算程序,可以计算内力与变位,可以绘制各种内力、变位影响线,并自动在影响线上加载,得到各单元活载内力与变位。应该注意的是,要求得主梁最大、最小挠度值,对大跨度斜拉桥,特别是铁路桥或公铁两用桥,可由挠度控制设计。此外在求解最大内力时,应对属于同截面的弯矩,轴向力和剪力三条影响线中的任意一条,施加以最不利活载位置,其余的两条,则加相应轮位的活载。

2)活载的横向分布系数

活载内力按平面杆系计算,必要时可对结果用空间分析进行校核,用空间模型分析时就没有荷载横向分布系数的概念了。当用平面杆系计算时,用活载的横向分布系数来考虑结构的空间作用。对双箱(或双主肋)断面,横向分布系数可按杠杆原理计算;对箱形断面考虑约束扭转的影响,弯矩及剪力建议按增大15%计算。

3)温度、支座位移影响力

温度内力的计算,可以将杆件固定,计算温度影响下单元的节点力,然后以此节点力反作用于结构,求解位移未知量,即为温度影响所引起的变形。

求得单元坐标中的杆端力后,再与单元固定条件下,由温度引起的初始力相加,即得由于温度影响引起的杆件内力。

支座位移的影响计算,同温度力计算原理相同。将支座位移视为非节点荷载,将其等效为节点荷载,形成节点荷载列阵,然后求解位移未知量。再求出单元坐标下的杆端力与原支座位移影响的初始力,即得支座位移影响的杆件内力。

4)预加力次内力计算

将预加力的作用以等效荷载法等效为外力,然后作用于结构,所求得的是预加力的总效果(即总预矩)。

5.3.4 锚固区应力计算特点

预应力混凝土斜拉桥的斜拉索在主梁和主塔锚固区有很大的局部应力,如处理不当,容易产生裂缝。为此,在锚固区采取构造措施(见前面相关章节),布置密集的钢筋网及局部预应力钢筋。

一般计算方法采用有限元方法,计算时假定不计钢筋的作用,把预应力作为外力,进行局部应力计算。计算按弹性体考虑,不考虑材料的塑性,这样某些部位的计算结果可能过高,而实际上由于材料的塑性,其值没有那么高。进行局部应力计算时取锚固点前后一个梁高或半个梁宽作为锚固体,按平面应力单元、薄壳单元或空间六面体单元划分计算。其边界条件的选取,可根据实际构造决定,对于梁体连接处,可以根据整体计算所确定的变形,按截面假定内插到各点,边界上成为指定位移的问题。

5.3.5 施工验算与施工控制

绝大多数斜拉桥都采用悬臂施工法施工,以塔为中心,向两侧各浇筑一段混凝土(悬灌)或拼装一个梁段(悬拼),相应地安装、张拉两组索,依次建造第二段、第三段……直至合龙。在悬臂的建造过程中,在张拉当前一对索时,都会改变前面已建梁段的内力、线形和索力。因此,为获得理想的桥梁线形和合理的内力分布,总是要对索力进行多次调整。若为混凝土梁,随着施工的进程,混凝土的收缩与徐变也在发展和变化。

设计斜拉桥时,应对结构体系和荷载不断变化的各施工阶段内力和变形进行验算,然后与实测值比较调整。验算时应考虑的主要因素有结构自重、施工荷载、预应力、混凝土收缩和徐变、温度、地震力、风力、支座位移及施工误差等。主要验算项目有:主梁的应力、挠度、预拱度、转角、桥轴方向的长度变化量,主塔及桥墩的应力、塔顶水平位移、倾斜角,斜拉索的拉应力、伸长量,支点的反力及位移量等。

斜拉桥施工控制的目的是保证斜拉桥在施工过程中结构的受力状态和变形始终处在安全的范围内,成桥后的主梁线形符合预先的期望,结构本身又处于最优的受力状态。

1)施工计算的方法

(1)倒拆法

倒拆法是斜拉桥施工计算中广泛采用的一种方法。通过对斜拉桥由成桥状态(即理想的恒载状态)出发,按照与实际施工步骤相反的顺序,进行逐步倒退计算而获得各施工阶段的控制参数。结构据此正装顺序施工完毕时,理论上斜拉桥的恒载内力和线形便可达到预定的理想状态。

对于大跨度混凝土斜拉桥,施工计算中应考虑混凝土收缩、徐变的影响,否则计算结果将发生较大的偏差。但是混凝土的徐变与结构形成过程有关,原则上倒拆法无法进行徐变计算,这是因为徐变计算在时间上是正序的,而倒拆法在时间上逆序的。一般可用迭代法解决此问题。即在第一轮倒拆计算时不计混凝土的收缩、徐变影响,然后以倒拆结果进行正装计算,逐阶段计算混凝土的收缩、徐变影响,再进行倒拆计算时,按阶段迭加正装计算时相应阶段混凝土的收缩、徐变影响,如此反复迭代,直到计算结果收敛。

(2)正算法

采用倒拆法进行施工计算时,斜拉桥架设各阶段的控制参数和主梁的架设线形必须待倒拆计算全部完成后才能获得。施工中如遇架设方案有较大的改变或施工荷载有较大的变化,则需重新进行计算。当采用预制块件悬臂拼装施工时,为获得准确的制梁线形,施工前必须完成倒拆计算。而运用正算法对斜拉桥的架设进行施工计算,面临同样的问题则能更加灵活方便地解决。

正算法采用与斜拉桥施工相同的顺序,依次计算各架设阶段结构的施工内力和位移。然后依据一定的计算原则,选择相应的计算参数作为未知量,通过方程求解得到相应的控制参数。只要计算参数选择适当,结构按正算法所获得的控制参数和顺序施工完毕时,理论上斜拉桥的恒载内力和主梁线形应与预定的理想状态基本一致。

正算法所采用的计算原则有刚性支承连续梁法、五(四)点为零法、零弯矩悬臂法等。

在初步设计中还广泛使用较为简单的连续梁法,它将各斜拉索锚固点看作主梁的刚性(或弹性)支承,算出恒载作用下的支承反力,将其看作斜拉索初张力在竖向的分量,该计算结果也可当做前述实时向前分析第一循环的斜拉索初张力,可大大加快正向和反向分析的速度。

2)施工控制的原则与方法

(1)施工控制原则

一般来说斜拉桥施工时,在主梁悬臂架设阶段确保主梁线形合顺、正确是第一位的,施工中以标高控制为主。二期恒载施工时为保证结构的整体内力和变形处于理想状态,拉索张拉时以索力控制为主。

所谓"标高控制为主",既要控制主梁的标高,又要兼顾拉索索力的偏差。施工中应根据结构本身的特性和施工方法的不同,采取相应的控制策略。如果主梁刚度较小,斜拉索索力的微小变化将引起悬臂端挠度较大的变化,斜拉索张拉时应以高程测量进行控制。如果主梁刚度较大,斜拉索索力变化很多而悬臂端挠度的变化却非常有限,施工中应以拉索张拉吨位进行控制,然后根据标高的实测情况对索力作适当的调整。此时标高、线形的控制主要是通过混凝土浇筑前放样标高的调整或预制块间接缝转角的调整来实现的。

(2)施工控制方法

在斜拉桥施工的理论计算中,虽然可采用各种计算方法算出各施工阶段的索力和相应的挠度、位移值,但是按理论计算所给出的索力进行施工时,结构的变形却未必能达到预期的结果。其原因是由于设计时所采用的诸如材料的弹性模量、构件自重、混凝土的收缩徐变系数、施工临时荷载的条件等设计参数,与实际工程中所表现出来的参数不完全一致而引起的。斜拉桥在施工工程中所表现出来的理论与实践的偏差具有累积性,如不进行有效的控制和调整,随着主梁悬臂施工长度的增加,主梁标高最终将显著的偏离设计位置,造成合龙困难并影响成桥后的线形和内力。

对于偏差的处理和索力的调整,常用的方法有一次张拉法、多次张拉法、设计参数识别修正法、卡尔曼滤波法等。

①一次张拉法:在施工过程中每一根斜拉索张拉到设计索力后不再重复张拉。对于施工中出现的梁端挠度和塔顶水平位移的偏差不用索力调整,或任其自由发展,或通过下一块件接缝转角进行调整,直到跨中合龙时挠度的偏差采用压重等方法强迫合龙。一次张拉法简单易行、施工方便,但对构件的制作要求高。因为对已完成的主梁标高和索力不予以调整,主梁线形较难控制,跨中强迫合龙则扰乱了结构理想的恒载内力状态。

②多次张拉法:在整个施工过程中对拉索进行分期分批张拉,使施工各阶段结构的内力较为合理,梁塔的受力处于基本平衡的状态,即梁塔仅承受轴向力和数值不大的弯矩。主梁的线形主要是通过斜拉索索力在一定范围内调整而加以控制的。

③设计参数识别修正法:该法是根据施工中结构的实测值对主要设计参数进行估计,然后将被修正过的设计参数反馈到控制计算中去,重新给出施工中索力和挠度的理论期望值,以消除理论值与实测值不一致的主要部分。所选择的参数主要有混凝土的收缩徐变系数,主梁的抗弯刚度和构件自重等。

④卡尔曼滤波法:斜拉桥恒载索力是根据一定的原则而制定的,然后逐步计算各施工阶段的索力及相应的挠度,如按此预定的索力施工,到某阶段必然会产生挠度偏差,即真正要使梁体内力达到预定的恒载内力状态,必须改变原设计的索力,使挠度达到预定值。该法是在施工过程中选取一定的控制指标,通过选择适当的索力调整值(实质上是最优控制过程),使其最终达到预期的目标。

5.3.6 斜拉桥的非线性问题

斜拉桥是一种柔性结构,在受力时呈现明显的非线性效应。密索斜拉桥的主梁由斜拉索提供密集的弹性支承,梁高可以做得很矮,其承受的弯矩和剪力也不是很大,但斜拉索,特别是长索在大的拉力作用下会产生很大的伸长,所以梁的变位也较大。梁的这种小变形(但内力不大)大变位(斜拉索伸长)就是一种典型的几何非线性现象。其次,斜拉桥的主梁和塔都是既受弯又受压的构件,受弯构件在轴向压力作用下其弯矩和挠度有增大的趋势,且其增量与轴力是非线性关系。这两种非线性效应分析在各种结构非线性分析的教材和专著中都可以看到,限于篇幅,本书不再深入介绍。第三个非线性效应是由斜拉索垂度引起的,它是斜拉桥特有的现象,其计算方法简介如下。

斜拉索在自重作用下会表现出如图 5.33(a)所示的悬链线状态,而当给斜拉索施加一轴向拉力时,其在自重作用下的垂度会发生变化,这种变化是一种非线性关系。因此,给斜拉索施加的张力一部分使斜拉索沿轴向弹性伸长,另一部分则用于改变索的垂度。

通常,可将斜拉索的抗弯刚度视为零,因此轴向张力 T 对斜拉索中点的弯矩 Tf_c 应等于斜索自重集度 q_s 的 y 向分量对斜拉索中点的力矩,即

$$Tf_c = \frac{1}{8}ql^2 = \frac{1}{8}q_s l^2 \cos\alpha$$

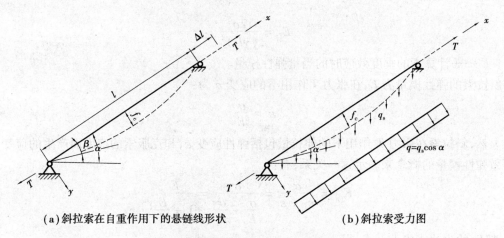

(a)斜拉索在自重作用下的悬链线形状　　　　(b)斜拉索受力图

图 5.33　斜拉索受力分析简图

$$f_{\mathrm{c}} = \frac{q_{\mathrm{s}}l^2}{8T}\cos\alpha$$

从上式可以看出,张力 T 越大,斜拉索挠度 f_{c} 越小。

索的形状应用悬链线表示,但在 f_{c} 很小时,可近似地用下列抛物线表示:

$$y = \frac{4f_{\mathrm{c}}}{l}x\left(1 - \frac{x}{l}\right)$$

索的曲线长度用下式求算:

$$\mathrm{d}s = \sqrt{\mathrm{d}x^2 + \mathrm{d}y^2} = \sqrt{1 + y'^2}$$

$$s = \int_0^l \sqrt{1 + y'^2}\,\mathrm{d}x$$

把上式用麦克劳林级数展开,近似地取:

$$s = l + \frac{8}{3}\frac{f_{\mathrm{c}}^2}{l}$$

斜拉索伸长量 Δl 为:

$$\Delta l = s - l = \frac{8}{3}\frac{f_{\mathrm{c}}^2}{l} = \frac{q_{\mathrm{s}}^2 l^3}{24T}\cos^2\alpha$$

求出斜拉索伸长量 Δl 随斜拉索张力的变化率,即:

$$\frac{\mathrm{d}\Delta l}{\mathrm{d}T} = -\frac{q_{\mathrm{s}}^2 l^3}{12T^3}\cos^2\alpha$$

上式的负号表示为减小斜拉索挠度而使张力与索的伸长量的变化率为负。

用弹性模量概念来描述上述关系,即:

$$E_{\mathrm{f}} = \frac{\sigma}{\varepsilon_{\mathrm{f}}} = \frac{\mathrm{d}T}{A} \Big/ \frac{\mathrm{d}\Delta l}{l} = \frac{\mathrm{d}T}{\mathrm{d}\Delta l}\frac{l}{A} = \frac{12T}{q_{\mathrm{s}}^2 l^3 \cos^2\alpha}\frac{l}{A}$$

式中　A——索的横截面面积;

　　　γ——索的单位体积重量;

　　　l_1——斜拉索的水平投影长度。

注意到 $\sigma = \dfrac{T}{A}$,$q_{\mathrm{s}} = \gamma A$,$l_1 = l\cos\alpha_0$。则上式变为:

$$E_f = \frac{12\sigma^3}{(\gamma l_1)^2}$$

式中　E_f——计算索的垂度效应时的当量弹性模量。

斜拉索的弹性模量为 E,在张力 T 作用下的应变 ε 为:

$$\varepsilon = \frac{\sigma}{E}$$

显然,斜拉索在张力 T 作用下的伸长量包括弹性应变 ε,和克服索的挠度而产生的应变 ε_f,用等效弹性模量的概念来表示这一关系,有:

$$E_{ep} = \frac{\sigma}{\varepsilon_f + \varepsilon} = \frac{\sigma}{\frac{\sigma}{E} + \frac{\sigma}{E_f}} = \frac{E}{1 + \frac{E}{E_f}}$$

把 E_f 的表达式代入上式,得:

$$E_{ep} = \frac{E}{1 + \frac{(\gamma l_1)^2}{12\sigma^3}E}$$

这就是著名的恩斯特公式。这样一来,在考虑斜拉索因自重垂度引起的非线性放应时,就可用等效弹性模量 E_{ep} 代替弹性模量 E,从而使非线性计算大为简化。

5.3.7　斜拉桥计算的其他问题

斜拉桥属大型复杂桥结构体系,其计算分析包括桥梁结构分析的全部内容。一般是先根据桥址地质水文、人文环境和交通要求确定桥跨布置和桥面宽度,然后根据以往建桥经验确定究竟是采用混凝土主梁,还是钢主梁、结合梁或混合梁方案,进而拟订主梁和索塔尺寸。接着用本节的分析方法拟订和调整斜拉索的索力。在此基础上按照运营荷载做全桥整体分析,根据施工方法再进行施工内力分析,对斜拉索初张力做进一步调整,使全桥内力和线形都满足设计和有关规范的要求。以上计算过程常要重复多次。

此外,对斜拉桥还要进行下列计算:

①抗风稳定性分析,必要时还要通过风洞试验验证。

②斜拉索的风雨振型分析。

③斜拉桥抗震分析。

④斜拉桥锚头及其锚固部位的局部应力分析。

⑤主梁和索塔的稳定性分析。

⑥钢主梁各构造细节的疲劳分析,特别是斜拉索锚头和锚固部分的疲劳分析,必要时还应进行疲劳试验。

⑦混凝土梁收缩和徐变的深入分析。

⑧梁的温度应力计算等。

5.4　斜拉桥施工

一般来说,斜拉桥施工可采用与梁桥和拱桥大体相似的施工方法,如支架上施工、悬臂灌筑、悬臂拼装、顶推法、转体法等,选择施工方法时要综合考虑桥跨结构的特点、桥址环境和场地、施工设备和能力等诸多因索。

由于斜拉桥的结构特点,大跨斜拉桥基本上都采用悬臂施工。它可以是在支架上建造边跨,然后中跨采用双单悬臂(从两个桥墩处各伸出一个悬臂)施工的单悬臂法;也可以是对称平衡施工的双悬臂法。悬臂施工法的工序可以大致分为:修建索塔,在索塔上现浇零号节段(墩顶上的梁段)并将之临时固结;在0号节段(墩顶上的梁段)上安装吊机(悬拼法)或挂篮(悬灌法);吊装主梁节段(悬拼法)或在挂篮上现浇混凝土主梁节段(悬灌法);安装并张拉斜拉索;两者交替进行,直至合龙。在施工过程中,斜拉索的索力和主梁线形需要根据设计要求和实测线形以及索力和主梁应力随时进行调整,且一般需要在全桥合龙后进行最终调整。图5.34为斜拉桥悬臂施工的示意图。

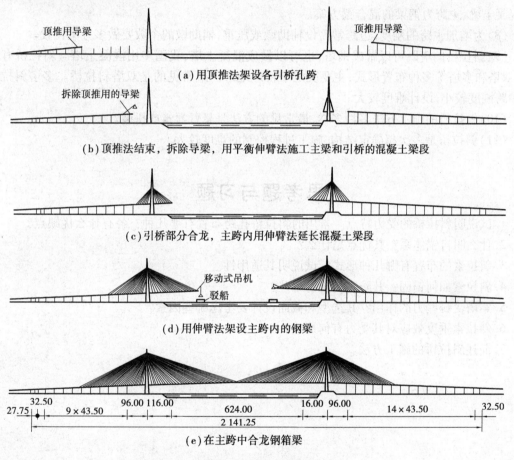

(a)用顶推法架设各引桥孔跨

(b)顶推法结束,拆除导梁,用平衡伸臂法施工主梁和引桥的混凝土梁段

(c)引桥部分合龙,主跨内用伸臂法延长混凝土梁段

(d)用伸臂法架设主跨内的钢梁

(e)在主跨中合龙钢箱梁

图5.34 斜拉桥悬臂施工示意图(单位:m)

本章小结

(1)斜拉桥主要受力构件是塔、梁和斜拉索;斜拉桥是一种自锚体系,斜拉索的水平分力在塔和梁上基本相互抵消,其具有较大的跨越能力。

(2)斜拉桥的梁由于斜拉索为其提供密集的弹性支承,梁高通常较小且等高。梁受有很大的轴向压力和弯矩,为压弯构件,因此,其稳定问题突出。

(3)斜拉索是斜拉桥的主要受力构件,其布置方式多种多样。斜拉索的布置对梁和塔的内力构成和大小都有很大的影响,也影响整个桥的视觉效果。斜拉索的布置有疏密之分,有单索面和双索面的区别,有垂直索面和斜索面的不同,还有扇形、辐射形、竖琴形等各种布置形式。

(4)斜拉索有用平行丝股制成的,也有用钢绞线制成,各有其优缺点。

(5)斜拉索在塔和梁上的锚固设计也很重要,锚头的作用是将很大的斜拉索力(集中力)顺利地传递给塔、梁。斜拉索的防腐,特别是斜拉索锚头的防腐十分重要。

(6)跨径在400 m以下的斜拉桥多用混凝土梁,混凝土梁的截面形式多种多样,双索面斜拉桥常用边主梁或边箱梁截面的布置。

(7)大跨径斜拉桥为减轻梁的自重常用钢主梁或结合梁,跨径更大的斜拉桥则多采用边跨为混凝土梁、主跨为钢梁的混合梁方案。

(8)为增加主跨的刚度,边跨常需设辅助墩或压重,辅助墩的个数要做多方案比较。

(9)斜拉桥的塔既可以做成钢塔,也可以做成混凝土塔,我国多用混凝土塔。斜拉桥有独塔、双塔和多塔等多种布置形式,主要决定于桥址地形。最常见的是双塔斜拉桥。多塔斜拉桥的中跨刚度较小,设计难度较大。

(10)斜拉桥的施工方法多种多样,最常见的方法是悬臂灌筑或拼装。

(11)斜拉桥是多次超静定结构,施工过程控制的难度较大。

思考题与习题

1.试说明斜拉桥的受力特点。常用的斜拉桥孔跨布置有哪几种?各有什么优缺点?

2.什么叫自锚体系?其优点是什么?

3.斜拉索的布置有哪几种形式?试说明其适用性。

4.斜拉索如何锚固?其防腐措施有哪些?

5.索塔受哪些力的作用?其选型和截面设计要考虑哪些因素?

6.斜拉索垂度效应对其受力有何影响?

7.简述斜拉桥的施工方法。

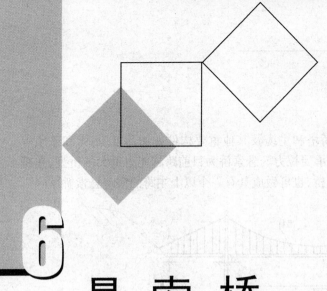

6

悬 索 桥

本章导读:

　　介绍悬索桥的结构特点,悬索桥的主要构件及其作用,简要说明悬索桥的受力特点及其计算分析方法和建造方法。

　　悬索桥是以主缆为主要承重结构的桥梁结构,行车的桥道梁(也叫加劲梁)是用从主缆上垂吊下来的吊索扣系固定的,所以又称之为吊桥。其主要构造包括主缆、桥塔、锚碇、吊索、加劲梁及桥面。从结构受力讲,悬索桥主缆所受的力是通过锚碇和桥塔传给地基的,主缆、塔和锚碇三者构成悬索桥受力的主体,传力途径简洁明确。悬索桥的加劲梁承受交通活载,其作用很重要,用料也很多,但却不是主要受力构件,其自重全由大缆承担,它只是将活载传给主缆。

　　悬索桥历史悠久,原始社会就有利用拉索支承梁做桥的实践,早期人们利用森林中的藤、竹树茎作成悬式桥以渡小溪,使用的悬索有竖直的、斜拉的,还有两者混合的,这是最早的悬索桥雏形。近现代悬索桥与古代悬索桥相比,其进步之处,首先是按力学理论做静力分析计算,其次是以钢索代替铁索,设高塔和加劲梁,改缆顶面上承为缆底面下承,提高了载重量和稳定性。

　　悬索桥是大跨桥梁的主要形式之一,具有跨度能力大、受力合理、能充分发挥高强钢丝组成的主缆受拉性能的特点。与其他桥型相比,悬索桥的跨径越大,相对材料耗费越少,桥的造价相对也越低,其悬链线的曲线形状能够给人以舒缓柔和的美感。目前在桥梁设计时,当需要桥梁跨度在 600 m 以上时,悬索桥这一经典桥型具有很强的竞争力。其主要特点如下:相对于其他桥梁结构悬索桥可以使用比较少的材料来跨越比较长的距离;悬索桥可以修建得比较高,通行净空也较高;在造桥时不必在桥中心建立暂时的桥墩,因此悬索桥可以在比较深的或比较急的水流上建造。缺点是:悬索桥的刚度较弱,在大风情况下交通必须暂时被中断;悬索桥不宜作为重型铁路桥梁;悬索桥主塔对地面施加非常大的力,因此,塔基庞大而且昂贵。

6.1 悬索桥的构造

悬索桥主要由被称为三大件的锚碇、桥塔和主缆及其他重要构件如加劲梁、吊索和鞍座等组成(图6.1)。它以悬索为主要支撑结构承受拉力。悬索桥为目前跨越能力最大的桥型,在跨度布置上通常为主跨带两边跨的三跨悬索桥,也可做成具有一个以上主跨的多跨悬索桥。

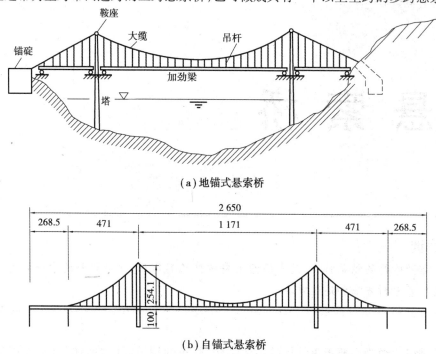

(a) 地锚式悬索桥

(b) 自锚式悬索桥

图6.1 悬索桥示意图(单位:m)

6.1.1 锚碇

悬索桥分为自锚式和地锚式。自锚式悬索桥的主缆锚于加劲梁上,不需要设置锚碇结构;而地锚式悬索桥的主缆端头则锚于重力式混凝土锚块或岩洞中的混凝土锚块上,防止其走动。

承受悬索两端全部拉力的结构,即锚碇是将主缆中拉力传递给地基的构件,一般由锚块基础、锚块、钢索的锚碇架及固定装置和遮棚等构成。按照边跨的情况,可以与桥台组合设置或单独设置。

锚碇分为重力式锚碇和隧道式锚碇(图6.2)。重力式锚碇用得较多,完全由大体积混凝土构成,它主要是由自重及其与地基的摩擦力来抵抗主缆的斜向拉力;隧道式锚碇则利用已有的坚实的岩层或岩洞,部分用混凝土浇筑来形成锚碇。锚碇最好设置在靠近地表的坚实的岩层,并且应该与下面的基础形成整体,以提高锚碇的倾覆稳定性与滑动稳定性。一般来说,锚碇做得都比较大,这样才能使主缆传来的荷载通过锚碇传给地基。

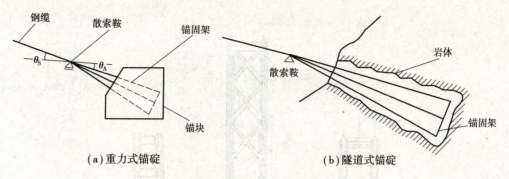

（a）重力式锚碇　　　　　　　（b）隧道式锚碇

图6.2　重力式锚碇和隧道式锚碇示意图

6.1.2　桥塔

桥塔也称主塔,它是支撑主缆的重要构件。塔主要是承压,不管是用混凝土还是钢材建悬索桥的塔,跨径加大,塔的增高却有限。

1）桥梁顺桥向（桥轴方向）的结构形式

从结构力学上来分类,悬索桥的桥塔在桥梁顺桥向的结构形式主要有以下三种:

①刚性塔:是指塔顶水平变位量相对较小的桥塔。刚性塔可做成单柱形状,也可做成 A 字形状。刚性塔一般用于多塔（桥塔数量为 3 个或 3 个以上）悬索桥,特别是位于中间的桥塔,通过提高桥塔的纵向刚度来控制其塔顶的纵向变位,从而减小梁内的应力。

②柔性塔:是指塔顶水平变位量相对较大的桥塔,也就是相对刚性塔而言的。在大跨度三跨（双跨）形式的悬索桥中,桥塔几乎全是做成柔性的。柔性塔一般塔柱下端做成固结的单柱形式。

③摇柱塔:摇柱塔为下端做成铰接的单柱形式。它一般只用于跨度较小的悬索桥。

2）桥梁横向的结构形式

悬索桥的桥塔在桥梁横向的结构（塔架）形式（图6.3）,一般有以下三种:

①刚构式:单层（横梁）或多层（横梁）的门架式,这种形式在外观上明快简洁,它既能适应钢桥塔,又能用于混凝土桥塔。

②桁架式:在两根塔柱之间,除了有水平的横梁之外,还具有若干组交叉的斜杆,形成桁架式结构。桥塔在横向采用这种结构形式,无论在塔顶水平变位、用钢数量（经济性）及塔架内力（功能性）等方面均较为有利。但是,由于交叉斜杆的施工用于混凝土桥塔有较大困难,因而这种形式一般只适用于钢桥塔。

③混合式:由以上的刚构式和桁架式可以组合成混合桥塔。这种形式一般在桥面以上不设交叉杆,以便在景观上保持刚构式的明快简洁,而在桥面以下设置少量交叉杆以改善桥塔的功能（内力）性和经济（耗钢）性。由于具有交叉杆的关系,一般这种形式也只宜用于钢桥塔。

在上述的 3 种桥塔形式中,还可以将竖直的塔柱改变为在横向略带倾斜的斜柱式或具有转折点的折柱式。无论是斜柱式或折柱式,其优点是都有稳定感和塔顶宽度（塔柱中心距）较紧凑。

悬索桥的活载和恒载（包括桥面、加劲梁、吊索、主缆及其附属构件的重量）通过主塔传递

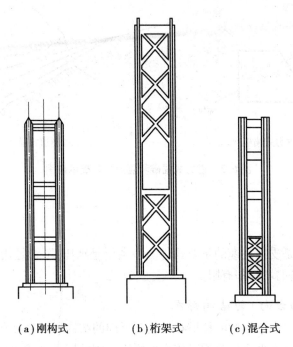

(a)刚构式　　　　　(b)桁架式　　　　　(c)混合式

图6.3　塔身横向结构布置图

到下部的塔墩和基础上。在两跨或多跨悬索桥中,有时因地形等原因,悬索桥的主缆在边跨端部不能设置锚固体,则常设置副塔,使主缆先通过副塔顶部,然后延伸一定长度后再进入锚固体。副塔顶部设有能使副塔转角的鞍座,它实际上是一个支撑主缆的塔墩。

6.1.3　主缆

主缆是通过塔顶鞍座悬挂在主塔上并锚固于两端锚固体中的柔性承重构件,它通过吊索承受加劲梁(包括桥面)的恒载及其上作用的活载,承受自重时其为悬链线形状,形成桥面后近似于抛物线。现代大跨悬索桥的主缆都是由高强、冷拔、镀锌钢丝组成。

1)主缆的布置形式

悬索桥的主缆的布置形式一般采用两根平行的主缆。迄今为止,世界上只有两座悬索桥即美国的维拉扎诺桥和乔治·华盛顿桥设有4根平行的主缆。即使采用4根主缆,也是在桥面左右两侧各集中布置两根主缆,而非将4根主缆作均匀布置(4根主缆横向间距相等)。如果将主缆与其下面的吊索视为悬索桥的索面,而4主缆虽有4个索面,但其外观与功能仍为双索面悬索桥,只是在每个索面中含有形成立体的双重缆索体系而已。

2)主缆的截面组成与编制方法

钢丝可以防锈,直径大多在5 mm左右。视缆力大小,每根主缆可以包含几千乃至几万根钢丝。这些钢丝分成几十乃至一百多股,每股内的丝数大致相等。这是为了将主缆的力分散给各丝股,以利锚固。为了保护钢丝,并使主缆的形状明确,需要将主缆钢丝压紧成一定截面形状(圆形),然后用缠丝机将软质钢丝(圆形或S形)紧密地缠绕在主缆表面,并进行外部涂装防腐。

钢丝束股的组成方法有空中编丝组缆(Air Spinning)法与预制平行钢丝束股(Prefabricated Parallel Strands)法。前者简称 AS 法,后者简称 PS 法或者 PWS(Parallel Wire Strands)法。欧美国家使用 AS 法,我国和日本习惯使用 PS 法。AS 法是由通过牵引做来回走动的编丝轮,每次将数根钢丝在高空从桥的一端拉向另一端制成。平行丝股法(PS 法)是在工厂将成定数 $m[m = 3n(n-1)+1, n = 2,3,\cdots]$ 根钢丝平行排列成正六边形,捆扎成束,两头浇制锚头,然后上盘,运至工地后,一束一束牵引过江形成主缆。

如果钢丝直径已经决定,无论采用 AS 法或 PS 法,每根主缆的钢丝总根数对某一座具体的悬索桥而言,在理论上是相同的,即 n 根。但组成具有 n 根钢丝的主缆截面中的钢丝束股数 n_1 和每根钢丝束股中的钢丝根数 n_2 则根据主缆的编制方法而有所不同。在 $n_1 \times n_2 = n$ 中,AS 法中的 n_1 要比 PS 法中的少很多,而 AS 法中的 n_2 要比 PS 法中的多很多。一般来说 AS 法中的 n_2 可达 400~500 根之多,而 PS 法中的 n_2 迄今为止只有 61~127 根,两者相差达 4~5 倍之多。

6.1.4　吊索

吊索是将活载和加劲梁(包括桥面)的恒载通过索夹传递到主缆的构件。它的上端与索夹相连,下端与加劲梁相连。一般情况下边跨和主跨均应布置吊索,但是有时在跨度较小,或边跨较小的情况下,边跨可以不设置吊索,而采用类似于简支梁的承重类型。

1)吊索的材料

（1）钢丝绳索

用于吊索的钢丝绳有两种:一是绳心式钢丝绳,它是由位于中央的一股钢丝绳作绳心,在其外围再用 6 股由 7 丝、或 19 丝、或 37 丝扭绞组成的钢丝束股扭绞而成;二是股心式钢丝绳,它由 7 股 19 丝钢丝束股扭绞而成,位于中央的一股为股心。两种钢丝绳中的钢丝束股的扭绞方向与钢丝束股中的钢丝的扭转方向均相反。

（2）平行钢丝索

采用平行钢丝索做吊索时,其截面组成一般为几十根到百余根的 $\phi5\sim7$ mm 镀锌钢丝,外加 PE 套管保护。

2)吊索与主缆和加劲梁的连接方式

大跨度悬索桥吊索与主缆的连接一般可分为骑跨式(图 6.4)和销接式(图 6.5)两种。骑跨式连接就是用钢丝绳吊索通过索夹上预留的槽口吊挂在主缆上,槽口的构造允许吊索在顺桥向有少量的摆幅,以避免由于主梁在活载、温度、风载等作用下产生的纵向位移而引起弯折。销接式连接是将钢丝绳索或平行钢丝索的上端与索夹下的耳板连接。采用骑跨式时,索夹按左右方向分成两半,用高强度螺栓相连,凭螺栓的预拉力使索夹夹紧主缆而不致沿缆下滑,再让吊索骑跨在索夹之外。采用销接式时,索夹按上下方向分成两半,连接上下两个半索夹的竖向高强预应力杆位于索夹的左右侧。

吊索与加劲梁的连接因加劲梁的截面形状不同而各异。箱形加劲梁常见的是通过箱梁风嘴上斜腹板处预留的护筒口,将吊索锚头穿过防护套筒锚于箱梁内。

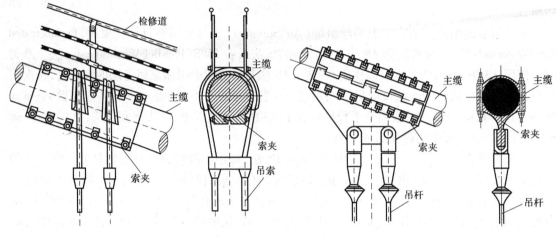

图 6.4　骑跨式吊索与主缆连接　　　　图 6.5　主缆与吊索销接

3）竖吊索与斜吊索

吊索的立面布置一般有垂直和斜向两种形式(图 6.6)。传统的悬索桥的吊索都是竖直的；斜置索可以提高桥梁的振动阻尼，但构造比较复杂，经济上不占优势，而且疲劳问题没有完全解决，故应用较少。

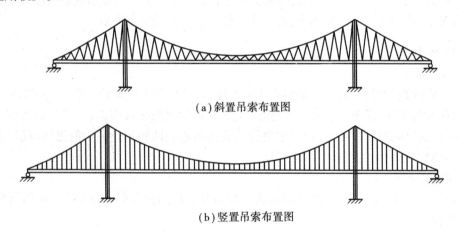

(a)斜置吊索布置图

(b)竖置吊索布置图

图 6.6　斜吊索与竖吊索

6.1.5　加劲梁

加劲梁的主要功能是提供桥面和防止桥面发生过大的挠曲变形和扭曲变形。桥面上的活载及加劲梁的恒载通过吊索和索夹传至主缆。加劲梁是悬索桥承受风荷载和其他横向水平力的主要构件。加劲梁的主要形式有钢板梁、桁架梁、钢箱梁、钢筋混凝土箱梁等。钢板梁通常采用工字形截面，沿跨径设置成等高度梁；桁架梁一般也是沿跨径设置成等高度梁，杆件多采用四支角钢和钢板组成的 H 形截面；对于长细比控制的构件常采用箱形截面，以增加截面的惯性矩。钢箱梁抗扭刚度大，比桁架梁构造简单且用料少，易于制造，其形式为流线型扁平钢箱梁。钢筋混凝土箱梁的刚度大，构造简单，易于制造，而且与其他梁的形式相比，造价最低。由于悬索桥一般跨度比较大,因此相对而言梁就变得很薄,所以受风荷载的影响很大,将梁做成流线型,有利于抵抗风荷载,避免产生共振而使梁受到破坏。

目前最常见的加劲梁结构主要有桁架梁和扁平钢箱梁(图 6.7)。前者由于刚性大并方便设置双层结构,所以多见于铁路桥和公铁两用桥;后者用于公路桥。

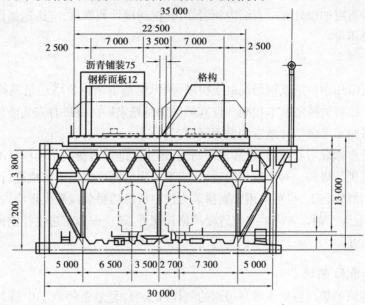

(a)钢桁梁加劲梁(单位:mm)

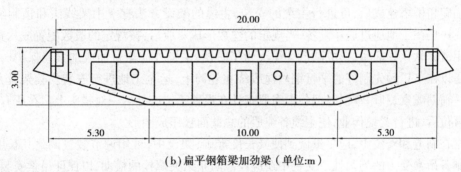

(b)扁平钢箱梁加劲梁(单位:m)

图 6.7 加劲梁

6.2 悬索桥的施工特点与施工控制

6.2.1 施工特点

悬索桥的施工主要包括锚碇、桥塔、主缆、吊索和加劲梁等的制作和安装。其主要特点如下。

1)锚碇

锚碇是支承主缆的重要结构之一。大跨悬索桥的锚碇由锚块、锚块基础、主缆的锚碇架及固定装置、遮棚等组成;在小跨径悬索桥中,除了锚块外其他部分则可作简化。重力式锚块混凝土的浇注应按大体积混凝土浇注的注意事项进行,锚块与基础应形成整体。对于隧道式锚块,在开挖岩石过程中不应采用大药量的爆破,应尽量保护岩石的整体性。锚板混凝土浇注应注意水化热影响,防止锚板产生裂缝。隧道式锚块应注意岩洞中排水和防水措施,对于岩洞周围裂缝较多的岩石应加以处理。岩洞内的岩面,开挖到设计截面后,应迅速加设衬砌,避免岩面风化而影响锚块质量。

2)桥塔

桥塔可采用钢桥塔或钢筋混凝土桥塔,但无论是钢结构桥塔还是混凝土结构桥塔,其施工方法均与斜拉桥的桥塔基本相同。仅有的区别是悬索桥的桥塔有安装塔顶主鞍座的问题,而斜拉桥的桥塔则要考虑斜拉缆索的锚固问题。

钢桥塔多做成空心桥塔,常在工厂制造,运至工地进行拼装。在桥塔不高时,可采用桥塔旁的悬臂吊机进行拼装。对于较高的桥塔,需要采用沿桥塔爬高的吊机进行拼装。钢筋混凝土桥塔一般采用滑模施工,也可采用预制拼装方法。桥塔的拼装或滑模现浇均应随时控制桥塔的准确位置,一般除了两个方向轴线位置要严格控制外,还应按施工进度控制桥塔各点高程,确保桥塔的准确尺寸。

3)缆索体系的架设

缆索体系的架设包括主缆与吊索的制作和安装,是悬索桥施工中最具特色的部分,所以这里作为重点介绍。

在锚碇和桥塔建成后,可进行主缆的安装,主缆的架设方法有空中架线法和预制绳股法。空中架线法是在工地通过送丝设备,当规定的丝数形成一股后,按规定的股数配置成六角形,每隔几米用镀锌软铁丝捆紧,形成圆形主缆。为了防锈,主缆外应涂黄油或加索套保护。而预制绳股法是以在工厂预先制好的平行钢丝绳股绕在卷筒上,运至工地进行安装。其架设方法是,先架设一辅助缆索,利用牵引机把各根绳股张挂在设置于锚碇处的一对锚头上。在所有的绳股都正式就位后,进行紧缆作业,使主缆各绳股的总截面被压成圆形。

吊索在制造和安装中,应尽量做到使其长度准确;架设中,可用调节装置调整其长度,用测力计控制各吊索受力的均匀性。安装中还应注意防止索夹螺栓的松动,以保证吊索安装位置准确;当加劲梁安装后,应防止竖向吊索的偏移,并注意吊索的防锈处理。

悬索桥缆索体系的施工顺序大致可分为下列步骤,见图6.8。

(1)准备工作

在架设缆索之前的准备工作包括安装塔顶吊机、塔顶鞍座、锚固体附近的散索鞍座以及各种绞车和转向设备等驱动装置。

(2)架设导索

导索是缆索工程中最先拉过海(或江河)的钢丝索,是缆索工程的第一道难关。传统的方法是用人力借助于船或陆上交通运输车辆拖拽完成,现在发展到用火箭、直升飞机或飞艇架设复杂桥址环境的导索。

(3)架设牵引索及猫道索

当导索从一岸到另一岸架设完毕,即可由它来架设牵引索,牵引索是布置在两岸之间的一

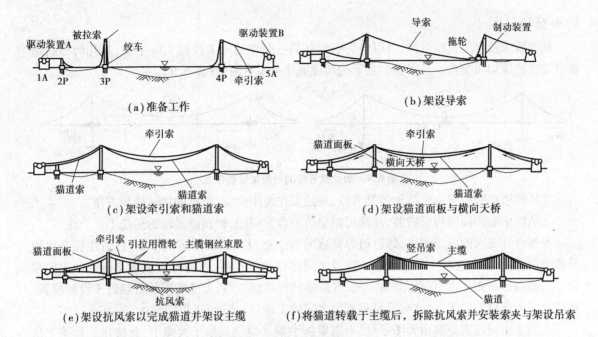

（a）准备工作　　　　　　　　　　　　　　　　（b）架设导索

（c）架设牵引索和猫道索　　　　　　　　　　　（d）架设猫道面板与横向天桥

（e）架设抗风索以完成猫道并架设主缆　　　（f）将猫道转载于主缆后，拆除抗风索并安装索夹与架设吊索

图6.8　架设缆索体系的施工顺序

根连接呈环状的无端头的钢丝索，可由两岸的驱动装置来牵引索走动，从而一来一往地引拉其他需要架设的缆索。牵引索架妥后首先要架设猫道索，它是一种在空中架设的工作走道，是主缆编制和架设必不可少的临时设施。每座悬索桥的施工一般设有两个猫道，每个猫道各供一侧主缆施工所用，它是由若干根猫道索来承载的，其布置以方便主缆施工为原则。

（4）架设猫道面板及横向天桥

当猫道的若干根猫道索由牵引索引拉架设好后，即可铺设猫道面板及架设横向天桥。横向天桥是沟通两个猫道之间的空中工作走道，它除了满足横向交通所需外，还兼有增加猫道横向稳定的作用。

猫道索上铺设面板并在两个猫道之间架有若干横向天桥后，由于在风力作用下此临时架空结构极不稳定，故必须在猫道之下架设抗风索后猫道才算全部完成，并可在猫道上正式开始架设主缆。

（5）架设主缆

若大缆的丝股是在空中制造，就需要在两塔塔顶之上、从锚碇到锚碇布置送丝装置，让送丝轮不停地带着卷筒上的钢丝从一岸到达另一岸，直至形成丝股，并将其两端都扣接于锚杆；若大缆的丝股是预先制造，则先在空中布置一拽拉系统，再让丝股在猫道上拽过，并将其两端分别连接于锚杆。丝股的几何形状需逐根校核准确，并使其相同。在丝股完全到位后，用紧缆机将每根大缆的钢丝挤压成圆形，对各丝股的原形状不予保留，再用扁钢（临时）沿缆扎紧，大缆便已成形，此时即可对其长度和形状进行测量和校核。

（6）将猫道转载于主缆后拆除抗风索并架设吊索

当主缆架设完毕后，可将猫道的全部荷载转移到主缆上去，然后将抗风索拆除。在猫道上将索夹和吊索安装于大缆，并将沿大缆走行的提升机也安装在大缆上，安装完毕后即可拆除猫道，至此，悬索桥的缆索工程全部完成。

4）加劲梁

悬索桥加劲梁架设特点是,可以将先期架好的主缆作为一柔性施工脚手架,其几何形状随着架设梁段的增加而变化。悬索桥加劲梁的架设顺序主要有两种(图6.9)。

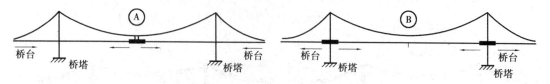

图6.9　加劲梁节段的一般架设顺序

①从桥塔向跨中对称安装加劲梁节段,加劲梁在跨中合龙,梁段的运输较为方便。

②从跨中对称向两桥塔拼装,此法可避免跨中合龙问题,但预拼梁段的运输不如上法。

根据设计要求的施工顺序,将已组焊完成的各个梁段用驳船浮运到桥位,然后用提升机提升各梁段,并将梁段连接于吊索下端。梁段之间可以临时连接,因为梁段重量是恒载的主要部分。而缆的形状则是由全部恒载决定的,在较多的梁段到位后,大缆的形状将趋近于设计位置,梁段之间的接缝趋向闭合,这时就可将梁段之间的工地焊(或栓)逐步完成。

在施工中梁段重量都由大缆承受,不需要脚手架。梁段悬吊于大缆上,此法比悬臂施工法(梁桥、斜拉桥均需使用)安全。就施工控制来讲,只需将大缆丝股长度、吊索的长度及大缆在塔顶的位置控制好,全桥的几何形状就得到了保证。

6.2.2　施工控制原则

悬索桥的施工基本程序是:先施工锚碇和塔,其次架设主缆,再挂吊索,后安装加劲梁及铺设桥面系。其中,缆和梁的架设是悬索桥施工的关键环节。因为在缆和梁的架设过程中,塔和缆上的荷载不断变化,主缆的线形也随着变化,由承受本身自重的悬链线,逐渐转变成承受全部恒载的抛物线。为使悬索桥建成后其加劲梁和主缆都能达到设计线形,就需要在施工过程中对其进行严格控制,控制原则主要有以下几方面:

1）对主缆的施工控制

（1）让主缆内各钢丝均匀受力的控制

不论主缆是采用空中架线法架设,还是采用预制绳股法架设,主缆内各钢丝受力要均匀,这是其控制工作的一个原则要求。而对于预制绳股法而言,其更需注意:首先其锚头应是在同一绳股内的各钢丝,在承受同等拉力,且其长度相等的情况下浇制完成;另外架设中,各绳股进入鞍座槽路前,应将它稍微顶高,使它处于自由悬挂状态,量测其中点的矢高,进行调股,这样各股矢高调得相等,各股长度就会相等,各丝才能均匀受力。

（2）调股的控制

只有将股缆主跨和边跨的矢度调到要求,并使股缆两端位置固定,才能将其落入主鞍座。只有这样严格控制,才能使悬索桥进入恒载状态时,主鞍座的位置才会完全与设计位置相等。

（3）架设中长度的控制

因为股缆一旦架落在主鞍座后,其支承点的相对位置就不允许变动,所以主缆架设中应对其从锚到主鞍顶、从一岸主鞍顶到另一岸主鞍顶、再从主鞍顶到锚的三段主缆长度不仅要精确定位,而且要严格控制。

(4)其他控制量测

架设股缆施工中和调股中,均应在夜间温度均匀时,量测股缆矢高和两塔顶主鞍位置,并应以主鞍位置值校正矢高实测值。

2)对塔上主鞍座位置的控制

在悬索桥施工架设中,塔上主鞍座位置的控制是相当重要的。因为要使成桥的主鞍座位于其设计位置,在主缆架设时,就应该让主鞍座的空间位置(前面已介绍,此时塔顶主鞍座相对于主跨主缆中点的水平距离)具有一个靠岸的偏移量。只有这样,在架梁过程中,随着梁段增加,主缆拉力增大,主缆长度增加,主鞍座才会进入设计位置,成桥的恒载状态才会符合设计要求。

3)对梁段架设中的施工控制

如上所述,加劲梁梁段的架设是悬索桥施工的关键环节。所以,在悬索桥施工中应对梁段架设的方法和步骤作细致的计算和分析,并根据此架设计算,作施工量测和控制。首先,架设计算的任务就是对加劲梁架设阶段的悬索桥进行结构分析,通过对不同架设方案的比较决定最合理的架设方案,以防止结构出现超限应力,同时给出结构的位移,为架设提供依据。当然,在梁段悬挂在主缆上后,对主缆线形的计算只是一个静力平衡问题。因为缆的长度为已知,各梁段的重量和吊点位置为已知,主缆的跨度可以实测,则缆的几何线形完全可以计算出。施工中,可以用这些实测值及矢高的测值等进行校核和控制。

6.2.3 重力刚度的概念

大缆的几何形状是由其在外力下的平衡条件决定的。外力包括恒载和活载,如果恒载相当大,则其恒载所决定的几何形状就不会因较小的活载上桥而有多大改变。而桥面的线型是(通过吊索)由大缆决定的。在大缆几何形状不因活载上桥而有多大改变的情况下,桥面的线型也就没有多大改变,于是对活载来讲,桥就有了刚度,叫做重力刚度(因为恒载提供重力)。

古代悬索桥的跨径较小,重量较轻,谈不上什么重力刚度,具有明显的柔性特征。如今大跨悬索桥重量大,重力刚度很明显,而柔性特征不突出,这是大跨悬索桥的特点和优点。图6.10表明了其概念。

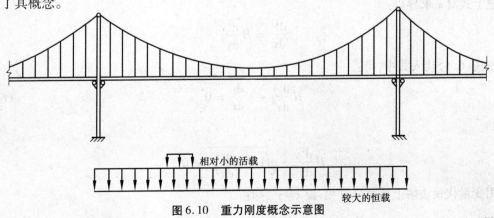

图6.10 重力刚度概念示意图

6.3 悬索桥设计计算

6.3.1 大缆曲线形状

悬索桥的主要承重构件是大缆,所以首先要进行缆索的计算。在架设绳索时,除缆索自重外无其他外力作用,其形状为一悬链线。

如图 6.11 所示一段索,作用在索上的外力仅有自重 q;索两端的张力用 T_i 和 T_j 表示,H_i,V_i 和 H_j,V_j 分别为张力的水平分量和竖向分量;索的切线和水平线之间的夹角用 θ 表示。这一段索上无水平外力作用,故 $H_i = H_j = H = $ 常量。

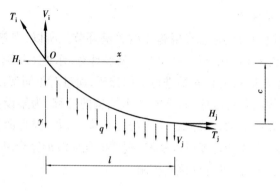

图 6.11 悬链线

竖向力的平衡条件为:

$$\mathrm{d}V = V_j - V_i = -q\mathrm{d}s$$

即:

$$\frac{\mathrm{d}V}{\mathrm{d}x} = -q\frac{\mathrm{d}s}{\mathrm{d}x} \tag{6.1}$$

从 6.11 可以看出:

$$\frac{V}{H} = \tan\theta = \frac{\mathrm{d}y}{\mathrm{d}x}$$

把上式对 x 求导得:

$$\frac{\mathrm{d}V}{\mathrm{d}x} = H\frac{\mathrm{d}^2 y}{\mathrm{d}x^2}$$

把式(6.1)代入式中,得:

$$H\frac{\mathrm{d}^2 y}{\mathrm{d}x^2} + q\frac{\mathrm{d}s}{\mathrm{d}x} = 0 \tag{6.2}$$

即:

$$H\frac{\mathrm{d}^2 y}{\mathrm{d}x^2} + q\sqrt{1 + \left(\frac{\mathrm{d}s}{\mathrm{d}x}\right)^2} = 0$$

用变量代换法解上列微分方程,设 $z = y'$,则:

$$Hz' = -q\sqrt{1 + z^2}$$

$$\frac{\mathrm{d}z}{\sqrt{1 + z^2}} = -\frac{q}{H}\mathrm{d}x$$

对上式两边分别积分,得:

$$\ln(z + \sqrt{1 + z^2}) = \frac{q}{H}\mathrm{d}x + \alpha$$

即:

$$\mathrm{sh}^{-1} = -\frac{q}{H}\mathrm{d}x + \alpha$$

得:

$$z = \frac{\mathrm{d}y}{\mathrm{d}x} = \mathrm{sh}\left(\alpha - \frac{q}{H}\mathrm{d}x\right) = -\mathrm{sh}\left(\frac{q}{H}\mathrm{d}x - \alpha\right)$$

上式再积分一次,得:

$$y = \frac{H}{-q}\mathrm{ch}\left(\frac{q}{H}x - \alpha\right) + \alpha_1 \quad\quad (6.3)$$

式中,α, α_1 为积分常数,由边界条件 $x = 0$ 时,$y = 2$,及 $x = 1$ 时,$y = c$ 定出,即:

$$\alpha_1 = \frac{H}{q}\mathrm{ch}\alpha$$

$$\alpha = \mathrm{arcsh}\left(\frac{\beta c/l}{\mathrm{sh}\beta}\right) + \beta$$

其中 $\beta = \dfrac{ql}{2H}$,

两支座等高时 $c = 0$,则:

$$\alpha = \beta = \frac{ql}{2H}$$

$$y = \frac{H}{q}\left[\mathrm{ch}\alpha - \mathrm{ch}\left(\frac{qx}{H} - \alpha\right)\right]$$

当 $x = \dfrac{l}{2}$ 时,$y = f$ 则:

$$y = \frac{H}{q}(\mathrm{ch}\alpha - 1)$$

对于悬索桥,当主梁分段挂吊于大缆上时,作用于大缆的外力当是沿水平方向均布的 $q_s\mathrm{d}x$ 而不是 $q\mathrm{d}x$,所以:

$$y'' = \frac{q_x}{H}$$

对上式积分两次得:

$$y = \frac{q_x}{2H}x^2 + Ax + B$$

用边界条件确定 A、B 后得:

$$y = \frac{q_x}{2H}x(l - x) + \frac{c}{l}x \quad\quad (6.4)$$

由于 H 还未确定,所以上述曲线为一簇抛物线(图6.12)。因为在定值 q 作用下,索长与水平分力 H 相关,设 q_x 已定,且给定跨中挠度 f,则在 $x = \dfrac{l}{2}$ 时,有:

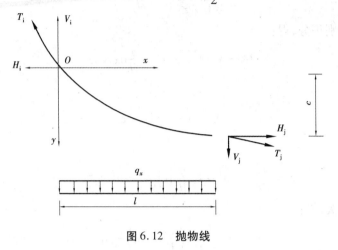

图6.12 抛物线

$$y = \frac{c}{2} + f = \frac{q_x}{2H}\frac{l}{2}\left(l - \frac{l}{2}\right) + \frac{c}{2l}l = \frac{q_x l^2}{8H} + \frac{c}{2}$$

故:

$$H = \frac{q_x l^2}{8f}$$

于是大缆的挠度曲线为:

$$y = \frac{4f_x(l - x)}{l^2} + \frac{c}{l}x \tag{6.5}$$

这是由 l, f, c 完全确定的一条抛物线。

悬索桥主级缆从架设丝股到建成运营各阶段分别为悬链线和抛物线。明确了以上计算,对各个阶段的索长计算、线型控制、索夹定位、吊索长度确定均有用处。

6.3.2　悬索桥的设计计算理论

1)悬索桥的线弹性理论

对于小跨度悬索桥,可略去活载作用下的变形,按结构力学的线弹性方法进行分析。这种分析方法通常假定恒载均布,主缆初始曲线为抛物线。在活载作用下主缆仍保持静载作用下的抛物线形状,恒载作用下的内力全由主缆承受,加劲梁只承受活载及温度变化引起的内力。

通常,悬索桥是一种简单的组合体系。图6.13所示悬索桥是一次超静定结构。如果将大缆在其跨中切开,则该一次超静定结构就变为静定的基本体系——简支加劲梁。当单位荷载 $P = 1$(这是为求加劲梁影响线而设的单位移动活载)作用在加劲梁任意一点时,大缆切口处有相对位移 δ_{11}。现在,在切口处作用一对 $H = 1$ 的水平拉力(这是为求解一次超静定结构而设的单位力),在该处产生相对位移,因在原结构中,此处并无相对位移,故应有:

$$H_x \delta_{11} + \Delta_{1p} = 0$$

其中，H_x 为在外荷载的作用下（此时 $P=1$）缆中的水平力，现为待定量：

$$\delta_{11} = \int_0^l \frac{m^2 \mathrm{d}x}{EI} + \int_0^l \frac{T^2}{EA}\mathrm{d}x$$

$$\Delta_{1P} = \int_0^l \frac{mM_0}{EI}\mathrm{d}x$$

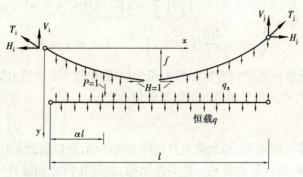

图 6.13 单跨两铰悬索桥

m 为大缆切口处有单位力 $H=1$ 时加劲梁上的弯矩。由于在加劲梁重量作用下大缆形状为抛物线。所以：

$$H = \frac{q_x l^2}{8f}$$

故：

$$q_x = \frac{8fH}{l^2} = \frac{8f}{l^2}$$

从图 6.13 可以看出，在 q_x 作用下，加劲梁（为一简支梁）的弯矩是：

$$m = -\frac{1}{2}q_x lx + \frac{1}{2}q_x lx^2 = -\frac{4f}{l}x\left(1 - \frac{x}{l}\right) = -Hy = -y$$

T 是 $H=1$ 时大缆中的轴力，$\frac{H}{T} = \frac{\mathrm{d}x}{\mathrm{d}s}$，$T = H\frac{\mathrm{d}s}{\mathrm{d}x} = \frac{\mathrm{d}s}{\mathrm{d}x}$；

M_0 是 $P=1$ 时静定基本体系中加劲梁上的弯矩。其中：

$$0 \leqslant x \leqslant al \text{ 时},M_0 = (1-\alpha)x$$

$$\alpha l \leqslant x \leqslant l \text{ 时},M_0 = \alpha(1-x)$$

据此容易求得：

$$\delta_{11} = \int_0^l \frac{m^2 \mathrm{d}x}{EI} - \int_0^l \frac{T^2}{EA}\mathrm{d}x = \frac{8}{15} \cdot \frac{f^2 l}{EI} + \frac{l}{EA}\left(1 + \frac{8f^2}{l^2}\right)$$

$$\Delta_{1P} = -\frac{1}{3EI}fl^2\alpha(1 - 2\alpha^2 + \alpha^3)$$

$$H_x = \frac{\Delta_{1P}}{\delta_{11}} = \frac{-\dfrac{1}{3EI}fl^2\alpha(1 - 2\alpha^2 + \alpha^3)}{\dfrac{8}{15} \cdot \dfrac{f^2 l}{EI} + \dfrac{l}{EA}\left(1 + \dfrac{8f^2}{l^2}\right)}$$

其中，E,A,I 分别为加劲梁的弹性模量、横截面积和抗弯惯性矩。

在原一次超静定的悬索桥中，加劲梁的弯矩 M 和剪力 Q 分别为：

$$M = \begin{cases} (1-\alpha)x - H_x \dfrac{4f}{l}x\left(1-\dfrac{x}{l}\right) & (0 \le x \le \alpha l) \\ \alpha(1-x) - H_x \dfrac{4f}{l}x\left(1-\dfrac{x}{l}\right) & (\alpha l \le x \le l) \end{cases}$$

$$Q = \begin{cases} (1-\alpha) - \dfrac{8fH_x}{l}\left(\dfrac{l}{2}-x\right), & (0 \le x \le \alpha l) \\ -\alpha - \dfrac{8fH_x}{l}\left(\dfrac{l}{2}-x\right), & (\alpha l \le x \le l) \end{cases}$$

这就是单跨双铰悬索桥加劲梁弯矩和剪力影响线表达式。需要指出的是,按线弹性理论, y 是大缆承受恒载之后,尚未承受活载时的纵坐标值。

2)挠度理论

由于悬索桥主要靠大缆承重,加劲梁主要起传力的作用,所以加劲梁往往做得很柔,大缆本身是一个柔性受拉杆件,所以悬索桥是一种柔性结构,如何在设计和计算中正确考虑其柔性就显得十分重要。经过仔细分析,人们逐渐认识到,大缆的活载挠度是其几何非线性的主因,其他非线性因素相对来说是次要的。很明显,加劲梁是挂在大缆上的,在荷载作用下,加劲梁的线型变化完全取决于大缆的下挠度,基于这一认识的分析理论就叫"挠度理论"。

如图6.14所示的单跨双铰悬索桥,在内力计算中计入大缆挠度 η 的影响后,则加劲梁的弯矩计算公式为:

$$M = M_0 - H_1 y - (H_D + H_L)\eta \tag{6.6}$$

式中　M_0——活载 p 在简支梁(加劲梁)上所产生的弯矩;

　　H_D——恒载 q 所产生大缆水平拉力;

　　H_L——活载 p 所产生大缆水平拉力;

　　η——主缆挠度,也是加劲梁的挠度。

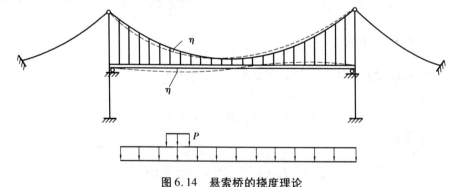

图6.14　悬索桥的挠度理论

$y = \dfrac{4f}{l^2}x(l-x)$ 为主缆在恒载作用下的轴线方程,设 $H = H_D + H_L$,对加劲梁上述弯矩表达式两边微分得:

$$(EI\eta'')'' = p + H_L y'' + H\eta'' \tag{6.7}$$

这就是悬索桥挠度理论的平衡方程, η 和 H_L 均为待定量,还需建立一个变形协调方程。图6.15表示表示一段缆索 ds 的位移,可建立以下关系:

$$(ds)^2 = dx^2 + dy^2$$

$$(ds + \Delta ds)^2 = (dx + \xi_j - \xi_i)^2 + (dy + \eta_j - \eta_i)^2 = (dx + d\xi)^2 + (dy + d\eta)^2$$

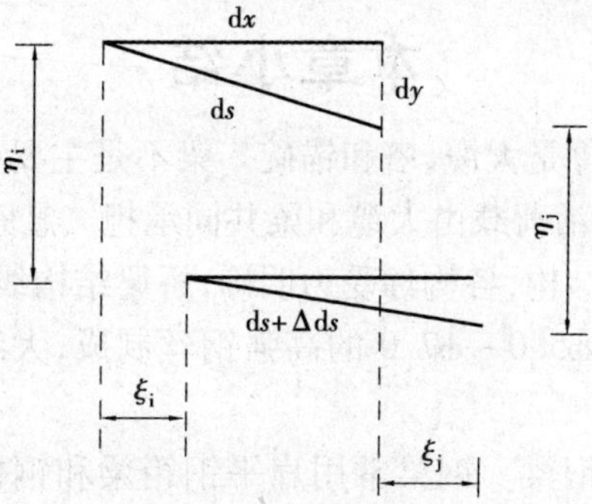

图 6.15　缆索单元变形关系

两式相减,并略去高阶微量$(\Delta dx)^2$,$(dy)^2$,$(d\eta)^2$,得:

$$ds\Delta ds = dxd\xi + dyd\eta$$

由此得

$$d\xi = \Delta dl = \frac{ds}{dx}\Delta ds - \frac{dy}{dx}d\eta \tag{6.8}$$

式中　Δds——主缆伸长量,它由轴向拉力 T 和温度变化 Δt 所产生,即:

$$\Delta ds = \frac{Tds}{A_c E_c} \pm \alpha_i \Delta t ds \tag{6.9}$$

式中　A_c,E_c——主缆的截面积和弹性模量;

　　　α_i——主缆的温度膨胀系数。

注意到$\dfrac{ds}{dx} = \dfrac{1}{\cos \phi}$,$T = H_L \dfrac{1}{\cos \phi}$,将 Δds 表达式代入 Δdl 的表达式,得

$$\Delta dl = \frac{H_L}{A_c E_c \cos^3 \varphi}dx \pm \frac{\alpha_t \Delta t}{\cos^2 \varphi}dx - \frac{dy}{dx}d\eta \tag{6.10}$$

由于缆索两端固定点无相对位移,故:

$$\Delta l = \int_0^l \Delta dl = \frac{H_L}{A_c E}\int \frac{dx}{\cos^3 \varphi} \pm \alpha_t \Delta t \int \frac{dx}{\cos^2 \varphi} - \int \frac{dy}{dx}d\eta = 0 \tag{6.11}$$

上式中最后一项积分可通过分部积分法变换成

$$\int_0^e y'd\eta = [y'\eta]_0^l - \int_0^l y''\eta dx = -\int_0^l y''\eta dx \tag{6.12}$$

于是由式(6.11)和式(6.12)得变形协调方程

$$\frac{H_L}{A_c E_c}\int \frac{1}{\cos^3 \varphi}dx \pm \int_s \frac{\alpha_t \Delta t}{\cos^2 \varphi}dx + \int_0^l y'' \eta dx = 0 \tag{6.13}$$

式(6.7)和式(6.13)是悬索桥挠度理论两个基本方程,含两个未知数 H_1 和 η。一般的,常以弹性理论求得的 H_1 作为第一个近似值,再采用迭代的办法求出 η,H_1。需要指出的是挠度理论的解有相当高的精度,可以满足工程设计精度的要求。现在的大多数大跨悬索桥都是用挠度理论进行设计的。

随着计算机的进一步发展,现在有不少人研究用更为精确的有限位移理论分析悬索桥。有限位移理论较为全面地考虑了各种非线性因素。但许多桥例计算表明,挠度理论的解答和有限位移理论的结果非常接近。

本章小结

(1)悬索桥的主要受力构件是大缆、塔和锚碇。梁不是主要受力构件,而是传力构件,梁的自重由大缆承担。二期恒载和活荷载由大缆和梁共同承担。悬索桥跨越能力最大。

(2)悬索桥是一次超静定结构,各构件受力明确,桥梁结构线形较易保证。

(3)悬索桥的大缆通常用 $\phi5.0 \sim \phi7.0$ 的高强钢丝制成,大缆架设采用平行丝股法或空中编缆法。

(4)悬索桥加劲梁多采用钢梁。钢梁常用扁平钢箱梁和钢桁梁两种形式。小跨径悬索桥也可用混凝土加劲梁。悬索桥的加劲梁可以做成单跨双铰,也可以做成三跨双铰或三跨连续。

(5)悬索桥的矢跨比,即大缆的跨中垂度与跨径之比是悬索桥的重要设计参数。

(6)对于同样跨径的桥来说,悬索桥的塔比斜拉桥的塔要低。悬索桥的塔主要受压。悬索桥既可以用钢塔也可以用混凝土塔,我国多用混凝土塔。

(7)锚碇是悬索桥的重要受力构件,常见的是重力式锚和隧道锚两种形式。

(8)悬索桥的建造方法通常是先修建塔和锚碇,然后挂缆,最后架梁。一般不需支架,但常要在大缆下设工作通道(又叫猫道),以便进行安装索夹、吊杆及紧缆、大缆防腐和缠丝等工作。

思考题与习题

1.悬索桥的主要受力构件有哪些? 为什么悬索桥的跨越能力特别大?

2.试比较悬索桥和斜拉桥受力特点有哪些不同?

3.怎样理解悬索桥的重力刚度?

4.大缆在加劲梁起吊之前(空缆状态)的线形曲线表达式如何推导?

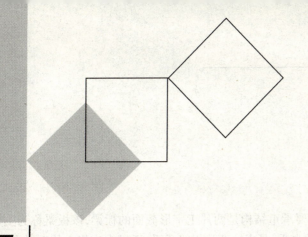

7 钢板梁桥

本章导读：
    主要介绍钢板梁桥的分类、全焊工字形上承式板梁桥的构造细节和板梁桥的设计计算原理、方法。

钢板梁桥的使用有着悠久的历史，其具有外形简单，制造和架设费用较低的特点，所以在铁路上应用广泛。

在我国，为节省钢料和维修费用，对钢桥的使用作过一些限制。铁道部曾规定凡能采用圬工梁的桥，尽量不使用钢板梁，所以在新线铁路设计中采用钢板梁较少，而在旧线换梁上使用比较多。但从技术发展角度来看，我国铁路钢板梁的发展还是紧跟了世界发展的趋势，钢板梁已经从铆接发展为全焊和栓焊板梁。全焊接板梁是板梁的全部结构制造均在工厂焊接完成，主梁在工厂用自动焊做成工字形梁，两片工字形梁之间的联结系则用手工焊于主梁上，然后整孔运输出厂，工地不需再进行连接工作，即可进行架设。栓焊板梁的设计适用于不能整孔运输的桥梁，主要是下承式板梁和大跨度的上承式板梁。主梁桥面系和联结杆系件分别在工厂焊成，各部分运至工地后，用高强度螺栓联结成整孔。

现有的铁路钢板梁标准设计中：上承式钢板梁跨度为 24 m、32 m，是全焊梁设计；40 m 的是栓焊梁设计。下承式栓焊钢板梁的标准设计有跨度为 20 m、24 m、32 m、40 m 四种。

钢板梁是实腹的承重结构。过去钢梁制造采用铆接工艺时，结构形式和跨度都受到很多限制，现在由于焊接技术的提高使得钢板梁的制造工艺大大简化，结构形式也得到了发展。从单腹板为主的板梁，发展为箱形梁。箱形梁是实现长大、轻型以及经济化的最有前途的桥梁构件形式之一。例如斜拉桥、斜腿刚构等大跨度钢桥的基本部件大多是箱形构件。

7.1 常用板梁桥

7.1.1 上承式板梁桥

上承式板梁桥(图7.1、图7.2)的主要承重结构是两片工字形截面的板梁,该板梁称为主梁。在它的上面铺设有桥面,活载及板梁桥的自重,是由这两片板梁承受,通过支座将力传至墩台。在两片主梁之间,有许多杆件联系着,使它成为一个稳定的空间结构。在上面的杆件与主梁的上部翼缘组成一个水平桁架,称为上面水平纵向联结系,简称"上平纵联";在下面的就简称"下平纵联"。在两主梁之间设有交叉杆,与上下横撑及主梁的加劲肋和一部分腹板组成一个横向平面结构,称为横向联结系,简称"横联",位于中间者称为"中间横联",位于主梁两端者称为"端横联"。

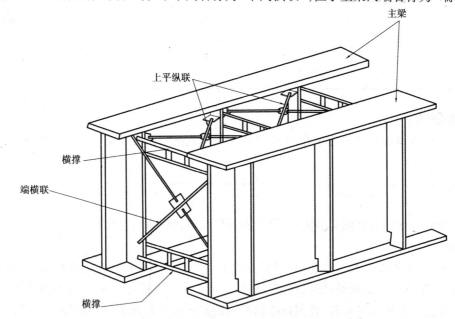

图7.1 上承板梁部分透视图(下平纵联及中间横联未画出)

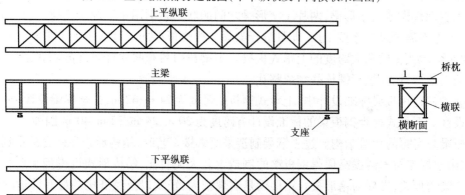

图7.2 上承式板梁桥简图

桥面设置在主梁上部的板梁桥,称为"上承式板梁桥"。

当跨度小于 40 m 时,钢板梁桥比钢桁梁桥经济。因此,小跨度的钢桥常用板梁桥。上承式板梁桥的构造较简单,钢料也较省,可以整孔装运架设,因此,是用得最多的一种钢板梁桥。

7.1.2 下承式板梁桥

下承式板梁桥(图7.3、图7.4)的主要承重结构也是两片工字形截面的板梁,称为主梁。在两片主梁之间,设置有由纵梁和横梁组成的桥面系,桥面不是搁置在主梁上,而是搁置在纵梁上。由于纵梁高度较主梁高度小得多,这样就大大地缩小了建筑高度 h(自轨底至梁底)。

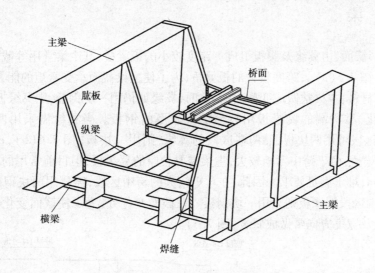

图 7.3 下承板梁部分透视图

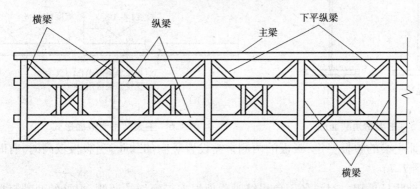

图 7.4 下承式板梁桥简图

由于桥面是布置在两片主梁之间,列车在两片主梁之间通过,这样就要求两片主梁之间的净空能满足桥梁净空的规定。桥梁净空的宽度为 4.88 m,因此下承式板梁桥标准设计中的两片主梁中心距为 5.4 m。

为了使下承式板梁桥成为一个空间稳定结构,在其主梁之下同样也设有下平纵联。由于要满足桥梁净空的要求,无法设置上平纵联,故在横梁与主梁之间,加设肕板。一方面肕板对主梁上翼缘起支撑作用,保证上翼缘的稳定;同时,肕板与横梁连成一体,可起横联的作用。

下承式板梁桥与上承式板梁桥相比,在结构方面增加了桥面系,因此用料较多,制造也费工。由于它的宽度大,无法整孔运送,增加了装运与架设的工作量。所以,铁路桥梁板梁桥应尽可能采用上承式。但是,由于下承式板梁桥具有较小的建筑高度,在某些条件下仍有采用下承式板梁桥的必要。例如跨线铁路桥,当桥上线路标高不宜提高而又要求桥下有一定的净空,这时,则可考虑采用下承式板梁桥。

7.2 全焊上承式板梁桥的构造

7.2.1 主 梁

主梁是工形截面,由翼缘及腹板组成。跨度较小的板梁桥,其主梁常用等截面的板梁,翼缘只用一块钢板[图7.5(a)];跨度较大的板梁桥,为了使主梁截面承受弯矩的能力能大致符合弯矩图,借以节省材料,主梁常做成变截面的,这时,翼缘如仍用一块钢板,则翼缘板可在宽度或厚度方面加以变化,靠梁端的翼缘板用较窄的或较厚的钢板。当翼缘需采用两块钢板时[图7.5(b)],跨中区段可用两块板,靠两端区段的翼缘,则用一块板[图7.6(b)(c)]。例如跨度32 m 的上承板梁桥,由于跨中弯矩较大,主梁需要较厚的翼缘板,但目前常用的桥梁钢,一般厚度不超过32 mm,难于满足要求。因此,在弯矩较大的跨中区段,需要用两块钢板(组成较厚的翼缘板);而梁端区段翼缘板则只用一块钢板。在截面变化处,为了使截面变化匀顺,以减少应力集中,沿厚度及宽度方向常做成斜坡(图7.6)。

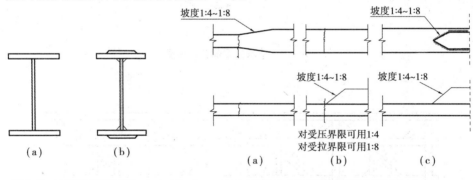

图 7.5 主梁常用截面图   图 7.6 主梁常用变截面形式

为了保证主梁的腹板稳定,腹板的两侧常需设置竖向加劲肋,当腹板较高时,有时还需加水平加劲肋(图7.7)。

竖向加劲肋是采用一对板条用角焊缝对称地焊连于腹板的两侧,焊缝的两端至翼缘角焊缝的距离应不小于80 mm;加劲肋与上翼缘相连的焊缝,其端头至翼缘角焊缝的距离应不小于50 mm,以免焊缝相距太近而降低了该处的疲劳强度(图7.8)。由于主梁上翼缘直接承受桥枕的压力,因此,加劲肋的上端常与上翼缘顶紧,以达到支承翼缘板的作用。在横联处,加劲肋还是横联的一个组成部分,受力较大,加劲肋的上端可与上翼缘焊牢。加劲肋的下端无需与下翼缘顶紧,更不应与下翼缘焊连,这是由于焊缝对受拉的翼缘板的疲劳强度影响甚大的缘故。加劲肋应用半自动焊与腹板相连,不应采用手焊,以免降低焊接质量。过去曾经在加劲肋两侧的半自动焊缝端处,用手焊缝把它接连(图7.9)。后来,在运营过程中发现手焊缝的下边腹板出

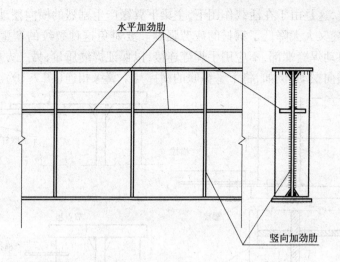

图 7.7 加劲肋布置示意图

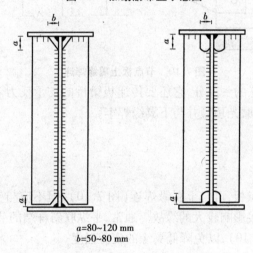

a=80~120 mm
b=50~80 mm

图 7.8 中间竖向加劲肋构造

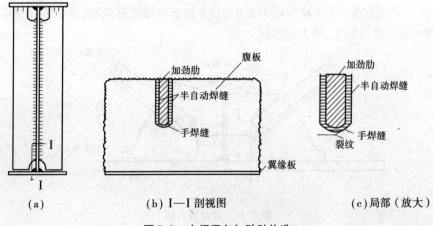

(a)　　　　(b) I—I 剖视图　　　　(c)局部（放大）

图 7.9 中间竖向加劲肋构造

现水平方向的裂纹,这是由于在活载作用下,主梁下翼缘产生剧烈的横向摆动,使该处腹板产生反复应力,而手焊缝又大大降低了钢材的疲劳强度。要避免这种裂纹的产生,可从两方面来解决:一方面,在半自动焊缝端部,不应用手焊缝连接,以保证焊缝质量;另一方面,改善桥梁构造,以减少下翼缘的横向摆动,例如,将下平纵联的横撑与下翼缘相连(图7.10)。

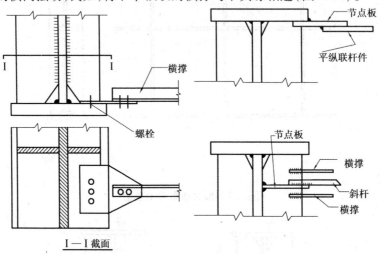

图7.10　节点板上翼缘焊连

端加劲肋既是端部横联的一部分,它还要传递板梁桥的支承反力。因此,端加劲肋上端应与上翼缘顶紧焊牢,下端应磨光顶紧并与下翼缘焊牢。

7.2.2　联结系

平纵联杆件端部的节点板,可与上翼缘焊连(图7.10),但不应与受拉翼缘焊连,这是由于受拉翼缘的疲劳强度受焊接影响较大的缘故。通常,平纵联斜杆端的节点板,常与腹板焊连,而横撑则焊在加劲肋上(图7.10),以免降低翼缘的疲劳强度。

与腹板焊连的节点板,其另一边是焊连于加劲肋上(图7.11),节点板切去一块,这样使节点板边缘焊缝至加劲肋与腹板相连焊缝,保持一定距离。斜杆端头连接焊缝至节点板边缘的焊缝,也应保持一定的距离。为了减少应力集中,节点板还应做成圆弧形,并在施焊完毕后用砂轮或风铲将焊缝表面进行加工,使表面平顺。

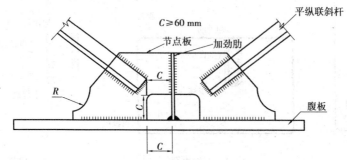

图7.11　节点板连接

横联的位置,应与竖向加劲肋的布置一起考虑,横联的间距不应大于 4 m。在架设及养护过程中,常需将梁端顶起,因此,梁端需设置顶梁。如果端横联的下横撑作顶梁用,则应适当加强。跨度小于 16 m 的上承式钢板梁,可不设下平纵联。

7.3　板梁桥的计算

7.3.1　设计总说

作用在板梁桥上的荷载主要有竖向荷载(恒载和活载)和横向荷载(包括风力、列车摇摆力,在弯道桥则还有离心力)。

将桥跨结构作为空间结构进行内力分析是比较繁复的,在设计实践中通常采用简化的计算方法,即将桥跨结构划分成若干个平面结构,每个平面结构只承受作用在该平面上的力。据此,可以认为竖向荷载由主梁承受,荷载经主梁传给支座和墩台。横向荷载由上、下平纵联承受。计算时将上平纵联视作一个简支的水平桁架,两端支承在端横联上。主梁上翼缘是该桁架的弦杆,平纵联的斜杆和横撑是该桁架的腹杆。作用在上平纵联上的横向力包括列车、桥面、主梁上半部所受的风力和列车摇摆力。同时把下平纵联也看作一个简支的水平桁架,它是由主梁的下翼缘和平纵联的斜杆及横撑所组成。作用在下平纵联的横向力只有主梁下半部的风力。由下平纵联传至主梁两端的横向反力将直接传给支座;由上平纵联传到梁两端的横向反力 H_w 将通过端横联再传给支座(图 7.12)。

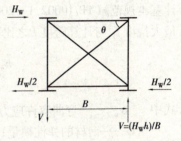

图 7.12　横向力计算简图

本章介绍主梁的计算方法,联结系的计算在钢桁梁计算中阐述。

7.3.2　板梁桥主要尺寸的拟订

板梁桥的主要尺寸包括计算跨度、主梁高度和主梁中心距。设计时应首先确定这几个主要尺寸。

1)计算跨度

《铁路桥涵设计基本规范》(TB 10002.1—2005)对桥梁的跨度规定了标准值。对板梁桥而言,常用的计算跨度的标准值是 20 m、24 m、32 m、40 m 等几种。

2)主梁高度

主梁高度根据下列条件来决定:
①使用钢量最省。
②主梁的竖向刚度(跨中挠度)应满足《铁路桥涵设计基本规范》(TB 10002.1—2005)所提的要求。
③在可能的条件下,应使腹板宽度等于最常轧制的钢板宽度,以避免不必要的拼接或裁切。

④应使桥跨的建筑高度(从轨底至梁底的高度)尽可能小。

⑤应使全梁的总尺寸在运输限界之内。

⑥为便于工厂制造,跨度相近的板梁(例如 20 m 和 24 m 的板梁),可以采用相同的腹板宽度。

从用料经济方面来考虑,根据理论推导并总结过去的设计资料,主梁的经济高度可采用下式求得:

$$h = \sqrt{\frac{aM}{[\sigma_w]\delta_f}} \qquad (7.1)$$

式中 a——系数,可取 2.5 至 2.7;

M——计算弯矩;

$[\sigma_w]$——弯曲容许应力(其值较基本容许应力$[\sigma]$大5%,若板梁上直接搁置桥枕,则弯曲容许应力等于$[\sigma]$);

δ_f——腹板厚度。

从满足板梁桥的竖向刚度的要求出发,可以得出主梁的允许最小高度。按照《铁路桥涵设计基本规范》(TB 10002.1—2005),在净活载(即不计冲击力的活载)作用下,简支板梁跨中的最大挠度f_k与计算跨度l之比不得超过 1/900。主梁所需的最小高度h_{min}可由下式求得:

$$h_{min} = \frac{5}{24} \cdot \frac{[\sigma_w]}{E} \cdot \frac{l}{\left[\frac{f}{l}\right]} \cdot \frac{1}{1+\mu+\frac{p}{k}} \qquad (7.2)$$

式中 $[\sigma_w]$——弯曲容许应力;

E——钢材的弹性模量;

L——板梁桥计算跨度;

$\left[\frac{f}{l}\right]$——板梁允许挠度与跨度之比;

$1+\mu$——活载冲击系数;

p,k——梁上的均布恒载和活载。

从上式可以看出,主梁的最小高度与钢材的容许应力$[\sigma_w]$成正比。为使其具有《铁路桥涵钢结构设计规范》(TB 10002.2—2005)所要求的刚度$[f/l]$,因此,采用高强度低合金钢设计的板梁桥,并使截面应力达到允许值,所需的主梁高度要比普通低碳钢(其容许应力较低合金钢为小)设计的梁高大。

综合以上所述,可见刚度条件决定了主梁所需的最小高度,而允许的建筑高度决定了主梁可能的最大高度。在这个范围内,根据梁的经济高度和钢厂供料的规格来决定采用的梁高,设计时还应参考已有设计资料来拟定。

3)主梁中心距

决定主梁中心距时应考虑下列因素。

①桥枕的合理跨度:桥枕直接放在主梁上,主梁中心距就是桥枕跨度。若其跨度太小,则钢轨几乎位于主梁上方,很难利用桥枕受载时发生的弹性弯曲来减轻列车的冲击作用;若桥枕跨度太大,则将使所需的桥枕截面过大。其合理跨度为 1.8~2.5 m。

②为避免桥跨结构在水平力作用下产生横向倾覆,因此,要求主梁中心距不能太小。

③为使桥跨结构具有必要的横向刚度,《铁路桥涵钢结构设计规范》(TB 10002.2—2005)要求主梁中心距不得小于计算跨度的 1/15,且不小于 2.2 m。

④还应考虑用架桥机整孔架设的可能性。

7.3.3 主梁计算

主梁计算包括内力计算、截面的选择和验算、加劲肋的计算等。在选定主梁截面时,需要考虑强度、稳定(板的局部稳定和梁的总体稳定)和刚度这 3 个方面的问题。

1)主梁的内力计算

沿梁选取若干截面(例如将梁分成 8 等份),算出各截面处因恒载和活载产生的最大弯矩 M 和最大剪力 Q。

(1)恒载

参照现有设计资料,假定桥跨(不包括桥面)沿跨度每米的重量为 p_1(kN/m)。桥面重(双侧有人行道木步板时)$p_2 = 8$ kN/m,故每片主梁所受恒载 $p = \dfrac{1}{2}(p_1 + p_2)$kN/m。

(2)活载

①铁路活载用中活载的换算均布活载 k 值,按影响线(图 7.13)顶点位置 a 及加载长度 l 从《铁路桥涵钢结构设计规范》(TB 10002.2—2005)查表得。

②动力系数$(1+\mu)$。按下列经验公式求算:

$$1 + \mu = 1 + \frac{28}{40 + L}$$

式中 L——取主梁的计算跨度,m,故活载强度为 $k(1+\mu)$。

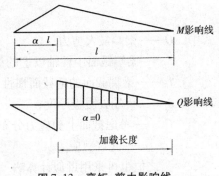

图 7.13 弯矩、剪力影响线

③计算内力。在求出沿梁每米的恒载和活载后,即可按影响线面积法分别求出各截面因恒载和活载所产生的 M 和 Q 的最大值。

2)主梁截面选择

主梁截面选择包括决定腹板和翼缘板的尺寸。一般是先近似地选配截面,然后再进行较精确的验算,以下为焊接板梁截面选择的一般步骤。

(1)按上述主梁主要尺寸拟定的原则,选定梁高 h 及腹板高度 h_f

腹板高度比梁高小 8 ~ 12 cm,腹板厚度 δ_f 一般可选用 10 mm 或 12 mm,按《铁路桥涵钢结构设计规范》(TB 10002.2—2005):主要构件所用钢板不宜小于 10 mm,以免锈蚀后对截面削弱过大;对跨度等于或大于 16 m 的焊接板梁,腹板厚度不宜小于 12 mm,以减少焊接所引起的变形。

(2)估算所需翼缘截面积 A_{yi}

$$A_{yi} = \frac{M}{[\sigma_w]} \cdot \frac{1}{h} - \frac{1}{6}\delta_f h \tag{7.3}$$

其中,h 为梁高,其余符号同前。

求出所需翼缘面积后,即可决定翼缘板的尺寸。一般可采用一块厚钢板,但厚度不宜太大

（最好不超过 32 mm）。太厚的钢板，因轧制困难，其力学性能较差。当根据计算需要很厚的翼缘板时，可考虑用两块钢板。

翼缘板伸出肢的宽度和厚度之比，应不大于 10，以保证受压翼缘板的局部稳定并减少焊接变形。若桥枕直接铺放在翼缘板上，则根据桥枕承压强度的要求，翼缘板宽度应不小于 240 mm。

（3）截面应力验算

按上述步骤所选定的主梁截面尺寸只是初步的，尚需进行较精确的应力计算。

①验算弯曲应力。主梁截面上的最大弯曲应力 σ_{max} 应不大于允许弯曲应力 $[\sigma_w]$

$$\sigma_{max} = \frac{M}{W} \leqslant [\sigma_w] \tag{7.4}$$

式中　　M——跨中最大弯矩；

　　　　W——跨中截面的抵抗矩，验算受拉翼缘时，W 用净截面抵抗矩 W_i，验算受压翼缘时，W 用毛截面抵抗矩 W_m；

　　　　$[\sigma_w]$——钢材的容许应力。

②验算剪应力。主梁截面上的最大剪应力 τ_{max} 应不大于允许剪应力 $[\tau]$

$$\tau_{max} = \frac{QS}{I_m \delta_f} \leqslant C_\tau [\tau] \tag{7.5}$$

式中　　Q——梁端最大剪力；

　　　　S——梁端截面中性轴以上的截面积对中性轴的面积矩；

　　　　I_m——梁端截面的毛截面惯性矩；

　　　　δ_f——梁端处腹板厚度；

　　　　C_τ——考虑截面上剪应力分布不均匀而引用的系数；

　　　　$[\tau]$——允许剪应力。

τ_{max} 之值也可采用近似计算法

$$\tau_{max} = \frac{3}{2} \frac{Q}{\delta_f h_f} \tag{7.6}$$

③关于疲劳强度的验算。当列车通过桥梁时，主梁截面中性轴以下部分将承受数值变动的拉应力。因而需要根据截面的结构形式和连接形式、加工方法和质量情况计算该计算截面的疲劳容许应力幅。计算方法可按《铁路桥梁钢结构设计规范》（TB 10002.2—2005）第 4.3 条进行。疲劳荷载组合包括设计荷载中的恒载加活载，但不考虑活载发展系数 η。

列车竖向荷载应考虑动力作用，即将列车竖向静活载乘以运营动力系数 $(1 + \mu_f)$，其值按下式计算：

$$1 + \mu_f = 1 + \frac{18}{40 + L} \tag{7.7}$$

式中　　L——桥梁跨度，m；

　　　　μ_f——活载冲击的动力系数。

主梁疲劳容许应力幅检算截面：根据焊接结构的特性，主要检算下翼缘底面和加劲肋切口与腹板的焊接处。

跨中截面下翼缘底面，拉应力最大处。如果下翼缘与平纵联连接处截面有栓孔削弱，因而检算疲劳容许应力幅为 V 类，疲劳容许应力幅值为 109.6 MPa；而无栓孔处截面的检算疲劳容许应力幅为Ⅳ类,疲劳容许应力幅值为 110.3 MPa。加劲肋切口与腹板的焊接处,拉应力虽不是最大,但由于加劲肋切口与腹板的焊接处产生的应力集中和焊接质量的影响,在设计中可能成为截面设计的控制截面,其检算疲劳容许应力幅为Ⅶ类,疲劳容许应力幅值为 99.9 MPa。具有多层盖板的板梁,还必须在盖板切断点截面检算疲劳强度。其检算疲劳容许应力幅为Ⅸ类,疲劳容许应力幅值为 71.9 MPa。

3)变截面梁问题

(1)主梁截面沿跨度的变化

板梁桥的主梁截面可随弯矩的变化而加以变更,借以节约钢材。但跨度不大的板梁,若采用变截面,所省的钢料有限,却增加制造工作量,故通常不改变主梁的截面。

对于只有一块翼缘板的焊接梁,其截面的改变是用减小翼缘板的厚度或宽度的方法来实现的。根据经济分析,变截面点在离支座约 1/6 跨度处,节省钢材为 10% ~ 12%。当翼缘板有两块时,可用减少翼缘板块数来改变梁的截面。理论切断点的位置可由计算确定。为减少应力集中,应将板端沿板宽度方向加工成不陡于 1:4 的斜边,厚度方向加工成不陡于 1:8 斜坡,末端宽度不宜小于 20 mm,厚度定为焊脚高度加 2 mm。

(2)换算应力的验算

对于腹板承受较大的法向应力与较大的剪应力的共同作用之处,应进行换算应力验算,其验算公式如下:

$$\sqrt{\sigma^2 + 3\tau^2} \leqslant 1.1[\sigma] \tag{7.8}$$

式中　σ——截面检算处的法向应力(即弯曲应力),即 $\sigma = \dfrac{My}{I_i}$,$y = \dfrac{1}{2}h$;

　　　h——腹板高度;

　　　τ——截面检算处的剪应力,即 $\tau = \dfrac{QS_{yi}}{I_m\delta_f}$,其中 S_{yi} 为翼缘截面积对中性轴的面积矩。

4)翼缘与腹板的连接焊缝计算

焊接板梁系采用连续的翼缘焊缝,并用自动电焊机施焊。计算时通常先按《铁路桥梁钢结构设计规范》(TB 10002.2—2005)关于角焊缝最小尺寸的规定,决定采用的焊缝尺寸,然后进行焊缝强度的验算,翼缘焊缝的验算方法如下。

(1)求单位长度的水平剪力 T_1

剪应力:
$$\tau = \frac{QS_{yi}}{I_m\delta_f} \tag{7.9}$$

式中　Q——梁所受的最大剪力(简支梁的 Q 就是梁端剪力);

　　　S_{yi}——一个翼缘截面对中性轴的面积矩;

　　　I_m——梁毛截面惯性矩;

　　　δ_f——腹板厚度。

沿梁跨度单位长度(1 mm)内剪应力的总和为:

$$T_1 = \tau\delta_f l = \frac{QS_{yi}}{I_m} \tag{7.10}$$

此即(1 mm)长的翼缘焊缝需传递的水平剪力。

（2）求最大轮压 P 产生的竖向剪力 V_1

由桥枕传下的最大轮压 P（包括冲击力）按平均分布在 1 000 mm 范围内计算，即沿跨长 1 mm 内的竖向剪力 $V_1 = \dfrac{P}{1\,000}$。

按铁路标准活载最大轮压 $\dfrac{220}{2} = 110$ kN，故 $P = 110(1 + \mu)$ kN。

（3）求单位长度 1 mm 内翼缘焊缝承受的总剪力 Q_1

水平剪力与竖向剪力的合力（按向量相加）：

$$Q_1 = \sqrt{T_1^2 + V_1^2} = \sqrt{\left(\frac{QS_{yi}}{I_m}\right)^2 + \left(\frac{P}{1\,000}\right)^2} \tag{7.11}$$

（4）1 mm 长的焊缝（包括左右两侧焊缝）截面所能承受的剪力：

$$N = A[\tau] = 2 \times 0.7h_f[\tau]$$

式中　A——焊缝工作截面的面积；

　　　h_f——焊缝焊脚尺寸；

　　　$[\tau]$——焊缝允许剪应力（与基本钢材的允许剪应力相同）。

（5）翼缘焊缝的验算公式

1 mm 长度内的总剪力 Q_1 应不大于相应的焊缝承载能力，即：

$$Q_1 \leqslant N_1$$

故得：

$$\frac{1}{2 \times 0.7h_f}\sqrt{\left\{\frac{QS_{yi}}{I_m}\right\}^2 + \left\{\frac{P}{1\,000}\right\}^2} \leqslant [\tau] \tag{7.12}$$

翼缘焊缝的高度通常由施焊工艺确定，往往在 6 mm，8 mm 以上（焊缝不宜太小，否则冷却过快，钢材可能变脆，允易产生裂缝），强度验算一般均无问题。

5）主梁的总体稳定问题

主梁的总体稳定性一般采用近似计算方法。验算公式如下：

$$\sigma = \frac{M}{W_m} \leqslant \varphi_2[\sigma] \tag{7.13}$$

式中　M——计算弯矩（上平纵联相邻点的中央 1/3 范围内的最大弯矩）；

　　　W_m——毛截面抵抗矩；

　　　φ_2——检算梁的总体稳定时采用的容许应力折减系数，其值可按换算长细比 $\lambda_e = \alpha \dfrac{L}{h} \cdot \dfrac{r_y}{r_x}$，查中心受压构件容许应力折减系数表求得；

　　　α——系数，焊接梁用 1.8，铆接板梁用 2.0；

　　　L——上平纵联两相邻节点间的间距；

　　　r_y, r_x——主梁截面对 y—y、x—x 轴的回转半径；

　　　h——主梁高度。

若换算长细比 $\lambda_x < 40$，这时梁丧失总稳定时的临界应力接近或超过钢材的屈服强度。因此，可不再进行总稳定性的检算。

6)主梁的局部稳定和腹板中加劲肋的布置

(1)主梁的局部稳定

主梁的翼缘和腹板都是薄板,在外力作用下,如果设计不当,则在梁中最大应力尚未达到屈服强度,全梁尚未丧失总体稳定之前,其翼缘或腹板可能局部出现翘曲而更早的丧失稳定。

对于受压翼缘板,其局部稳定性取决于翼缘伸出肢的宽度(自腹板中心算起)对厚度的比值。对焊接板梁,《铁路桥梁钢结构设计规范》(TB 10002.2—2005)规定该比值不得大于10。

(2)腹板中加劲肋的布置(图7.14)

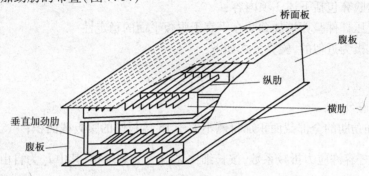

图7.14　箱形梁截面构造

对于腹板,为防止其在外力作用下丧失局部稳定,通常是用加劲肋来增强它的刚度。为免去腹板局部稳定性的烦琐计算,对简支板梁腹板的中间加劲肋和水平加劲肋,可按下列办法设置。

①当腹板高厚比$\frac{h}{\delta} \leqslant 50$时,主梁高度较小,腹板本身的刚度已可保证其局部稳定,可不设中间加劲肋。

②当$140 \geqslant \frac{h}{\delta} > 50$,此时腹板的刚度较弱,应设置中间加劲肋,其间距为$a \leqslant \frac{950\delta}{\sqrt{\tau}}$,且不得大于 2 m。考虑到构造上的需要及制造上的方便,竖向加劲肋常按等距离布置。

③当$250 \geqslant \frac{h}{\delta} > 140$时,腹板高度较大而厚度相对较小,除按上述②中规定设置竖向加劲肋外,还应在距受压翼缘$\left(\frac{1}{4} \sim \frac{1}{5}\right)h$处加设水平加劲肋。

其中,h为腹板全高(cm);δ为腹板厚(cm);τ为检算板段处的腹板平均剪应力(MPa),$\tau = \frac{Q}{h\delta}$,Q为板段中间截面处的剪应力(kN)。

加劲肋宜具有足够的刚度来支承腹板,使其在加劲肋处不发生翘曲。为此,《铁路桥梁钢结构设计规范》(TB 10002.2—2005)对加劲肋作如下规定:

①当仅用竖加劲肋时,若竖加劲肋是成对且对称地设置在腹板的两侧,则腹板每侧加劲肋的宽度不得小于$\left(\frac{h}{30} + 0.04\right)$m,$h$为腹板的高度,单位 m。

②如同时设有竖加劲肋及水平加劲肋,则每对加劲肋的截面惯性矩不得小于下列各值。

对于竖加劲肋:$3h\delta^3$(绕腹板水平截面中线);对水平加劲肋:$h\delta^3\left[2.4\left(\frac{a}{h}\right)^2 - 0.13\right]$,但不得

小于 $1.5h\delta^3$（绕腹板竖直截面中线）。

加劲肋应两侧成对设置,如必须采用单侧加劲肋,则其绕腹板截面的惯性矩应不小于上述各值。为了保证加劲肋不丧失局部稳定,如同受压翼缘一样,对其伸出肢的宽厚比,应加以限制,除端加劲肋外,其伸出肢的宽厚比应不大于 15。

（3）端加劲肋的计算

板梁端部的竖加劲肋的主要作用是承受并传递支座反力,可用一对或两对较厚的板条做成,其下端应磨光顶紧。端加劲肋伸出肢的宽厚比不应大于 12。

端加劲肋的验算包括下述 3 项内容:

①按中心受压杆件验算端加劲肋在垂直于腹板平面的稳定性

这种验算是极为近似的,验算公式如下:

$$\sigma = \frac{N}{\varphi A_{\mathrm{m}}} \geqslant [\sigma] \tag{7.14}$$

式中　N——支座反力;

　　　A_{m}——加劲肋的全部截面积加每侧不大于 15 倍板厚的腹板截面积;

　　　φ——压杆容许应力折减系数,按长细比 $\lambda_x = \dfrac{l_x}{r_x}$ 查表求得,其中 l_x 为自由长度,其值可取

　　　横向联结系上下两点间距的 0.7 倍;r_x 为计算截面 A_{m} 绕 x—x 轴的回转半径。

②验算加劲肋端部面积的承压强度

$$\sigma_{ya} = \frac{N}{A} \leqslant [\sigma]_{ya} \tag{7.15}$$

式中　N——支座反力;

　　　A——端加劲肋与下翼缘磨光顶紧的面积;

　　　$[\sigma]_{ya}$——端部承压(磨光顶紧)容许应力。

③端加劲肋与腹板连接焊缝的计算

近似地按承受全部支座反力 N 计算所需焊缝面积:由 $n \times 0.7h_f l_f [\tau] \geqslant N$,得:

$$h_f \geqslant \frac{N}{n \times 0.7 l_f [\tau]} \tag{7.16}$$

式中　h_f——焊缝高度(亦称焊缝的计算厚度);

　　　n——焊缝数目,如用一对端加劲肋,则 $n=4$。

　　　l_f——焊缝长度;

　　　$[\tau]$——焊缝允许剪应力。

（4）腹板疲劳强度的验算

在中间加劲肋下端焊缝起始点,主梁腹板兼受法向拉应力 σ 和剪应力 τ。在反复荷载作用下,由于该处具有较高的应力集中,故应验算该处腹板的疲劳强度,即由 σ 及 τ 所产生的主拉应力应小于疲劳容许应力幅。

横肋一般皆为倒 T 形截面,其间距即是纵肋的跨径。计算截面考虑钢盖板形成的上翼缘,从而形成工字形截面。纵、横肋交叉部位一般皆在横肋中设切口。

纵向加劲肋间距与钢盖板厚度(t)有关,一般在 300 mm 左右。德国规范规定行车道部分的间距 $b \leqslant 25t$,人行道部分为 $b < 40t$;日本则规定在 $t \geqslant 12$ mm 时,行车道部分 $b < 28.5t$。纵肋跨径与加劲肋截面形式有关,见表 7.1。

表 7.1　纵肋跨径与截面形式关系

加劲肋截面形式	1a	1b	1c,1d	1e	1f	
设计跨径(m)	1.5~2.0	1.8~2.0	1.5~2.7	1.8	1.9~2.0	
加劲肋截面形式	2a	2b	2c	2d	3a	3b
设计跨径(m)	2.3~2.4	2.0~3.1	2.0~3.1	2.3~3.0	2.3~4.0	2.2~3.0

7)箱梁腹板、底板和加劲肋

箱梁腹板的构造和板梁腹板相同,但加劲肋仅设在内侧,腹板沿长度需要设置焊接或栓接的竖向接头,沿高度随尺寸而定,如有可能就用整块钢板,不然则设水平接头。腹板按强度要求的厚度是不大的,一般根据桥型、跨径和梁高在 10~36 mm 变化。腹板应保证局部屈曲的安全性,为此需要设置一定的水平加劲肋和竖直加劲肋,箱梁加劲肋仅设在箱的内侧。如同钢板梁一样在支点处及横肋与腹板连接处应设置竖向加劲肋。水平加劲肋的数量与腹板高度和厚度有关,可以设置到 3 层以上。底板一般也设有纵、横肋,横肋与桥面板上横肋位置一致,以组成横向联结系,纵肋布置间距较顶板间距大。

箱梁应有一定数量的横隔板或横框架以保证箱梁的整体作用。横隔板和横框架的位置和尺寸要由计算确定,一般横隔板或横框架的间距可达 10~15 m,在跨中和支点截面则必须设置。

本章小结

(1)钢桥的优点是跨越能力大,适于工业化生产,适用于各种桥式;缺点是造价高,噪声大,防腐困难。

(2)钢板梁桥通常用于中小跨径桥梁,也用做大跨径钢桁梁的桥面系。

(3)典型的钢板梁是用联结系将两个各用三块钢板焊制而成的工字梁连接成一个整体,共同受力;联结系的作用还要抵抗横向力。

(4)在腹板上设竖向加劲肋,将宽厚比大的腹板分成宽厚较小的板块以防止其在弯剪作用下失稳,腹板较高时,还应设水平纵向加劲肋。

(5)钢板梁桥的设计计算包括主要尺寸(计算跨度、主梁高度和主梁中心距)的拟订、主梁内力计算、截面设计和截面验算;截面验算的内容主要包括弯曲应力、剪应力、疲劳强度和稳定的计算。

思考题与习题

1.简述钢板梁桥的结构形式和特点。

2.简述钢板梁桥的组成和各部分作用。

3.钢板梁桥主梁高度的确定应考虑哪些主要因素?

4.联结系的作用是什么?

5.加劲肋的设置与腹板高厚比有何关系? 加劲肋的作用是什么?

6.规范为什么要限制加劲肋的最小刚度?

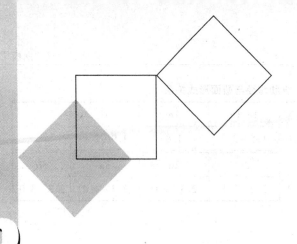

8 下承式简支栓焊钢桁梁

本章导读:

　　介绍下承式简支栓焊钢桁梁的组成,钢桁梁的杆件的内力计算方法,杆件的节点连接和拼接,挠度计算和上拱度设置方法,支座的设置及抗震。

　　栓焊钢桁梁在桥梁工程中应用十分广泛。钢桁梁是用节点板或整体节点把多个杆件连接的平面杆系结构,若干个平面桁架通过纵横梁桥面系、横向连接系、上下平纵联和桥面等结构彼此相连形成一个稳定的空间结构,共同承受荷载。钢桁梁的主桁由上下弦杆、腹杆和节点等组成,上下弦杆主要以轴向受拉或受压形成一个抵抗矩以平衡外力弯矩,腹杆用以承受剪力,受力明确。钢桁梁各杆件、节点板和整体节点可在工厂制造,质量有保证,在工地上利用不大的起重设备就可以组装成大跨桥梁结构,施工方便;同时,钢桁梁可以布置高低不同的桥面,适用于建设公铁两用、汽车交通与城市轻轨并用、两层多车道的城市桥梁;另外,斜拉桥和悬索桥的加劲梁也常用桁架结构。本章主要以下承式铁路简支钢桁梁为例,说明其结构特点和计算基本原理。

8.1　下承式简支钢桁梁构造与内力计算原理

8.1.1　下承式简支钢桁梁组成和结构特点

　　栓焊简支钢桁梁按桥面所在的位置分上承式钢桁梁和下承式钢桁梁,两种钢桁梁的组成基本相同。栓焊简支钢桁梁由5个部分组成:主桁、桥面、桥面系、联结系和支座。图8.1为下承式栓焊简支钢桁梁简图,桥面为明桥面。

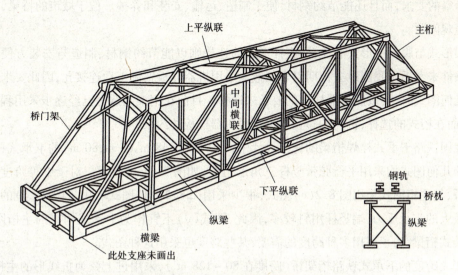

图 8.1   铁路下承式简支桁架桥组成

主桁是钢桁梁的主要承重结构,它由上弦杆、下弦杆、腹杆及节点组成。倾斜的腹杆称为斜杆,竖直的腹杆称为竖杆,杆件交汇的地方称为节点。

铁路钢桁梁桥面分明桥面和有砟桥面。钢桁梁的桥面系是指纵梁、横梁及纵梁之间的联结系。

在两主桁弦杆之间加设若干水平布置的撑杆,并与主桁弦杆共同组成一个水平桁架,这个桁架就叫做水平纵向联结系,简称平纵联。在上弦平面的平纵联,称为上平纵联;在下弦平面的平纵联,称为下平纵联。为了增加桥跨结构的横向刚度,传递横向水平荷载,并使两主桁架受力均匀,在两主桁端斜杆上部加设若干撑杆,与主桁端斜杆组成桥门架;在两主桁竖杆的上部加设若干撑杆(称为楣杆),组成中间横联,其几何图示与桥门架相似。

支座是连接上部钢梁与下部基础并传递荷载的构造。钢桁梁的支座一般为铰接式支座,简支钢桁梁支座一端设活动支座,另一端设固定铰支座。活动支座可分沿桥跨方向移动和转动的支座及沿桥梁两个方向移动和转动的支座;固定支座分沿桥跨方向转动和不能移动的支座,以及沿桥跨方向转动和可横向移动的支座。

钢桁梁承受的竖向荷载通过桥面传给纵梁,由纵梁传给横梁,再由横梁传给主桁节点,通过主桁架的受力传给支座,再由支座传给墩台;钢桁梁承受的横向荷载一部分通过上平纵联与上弦杆组成的水平桁架的两端传递到桥门架,再经由桥门架传到支座和墩台;一部分通过下平纵联与下弦杆组成的水平桁架的两端直接传递到支座和墩台。

8.1.2   主桁的几何图式

主桁是钢桁梁的主要组成部分,在拟定主桁几何图式时,应根据桥位当地具体情况(如地形、地质、水文、气象、运输条件等)选择一个较为经济合理的方案。这样不仅能满足桥上运输及桥下净空的要求,而且还能节约钢材,便于制造、运输、安装和养护。位于城市的桥梁,还应适当考虑美观问题。

桁架形式与腹杆的形式有关,而腹杆形式的选择则以能节约钢材、制造与安装方便和外形美观等条件来考虑。我国过去长期以来制造上采用机器样板钻制工地连接孔,因此要求在选择桁架的几何图式时,要按照机器样板的要求来选择。目前在钢梁制造上已经逐步采用程序控制钻孔,因而在桁式的选择,钉孔的布置均可摆脱机器样板的约束。

在我国铁路下承式栓焊桁梁的标准设计中,中等跨度(48 m,64 m,80 m)的下承式桁架桥,其主桁的几何图式均采用平行弦带竖杆三角形桁架,如图8.2(a)所示。对于中等跨度的上承式桁架桥,其主桁图式采用图8.2(c)图式,很少采用图8.2(d)图式。由于图式(d)的端竖杆要传递较大的支承反力,端竖杆用料较多,因此,图式(d)不宜作为上承式桁梁的主桁图式,但对于拆装式桁梁,为了适用多种跨度的需要,某些跨度也采用这种图式。

对于大跨度的下承式铁路桁架桥(跨度在80~128 m),采用过上弦为折线形的主桁图式,如图8.2(f)所示。这种图式的主桁高度变化尽管符合主桁弯矩图,但杆件类型多,节点类型也多,降低了构件的互换性,不利于制造、安装与修复。因此,这种图式在我国已很少用。现较多采用平弦尖头菱形[图8.2(h)]和平弦带竖杆三角形[图8.2(a)]的图式。

对于大跨度或特大跨度桁架桥,常采用图8.2中的图式(g)与图式(h),可以增大桁高。图式(g)称为三角形再分式,图式(h)称为米字形。我国修建许多大跨度钢桁梁(跨度从128~192 m)大多采用米字形腹杆体系的图式。

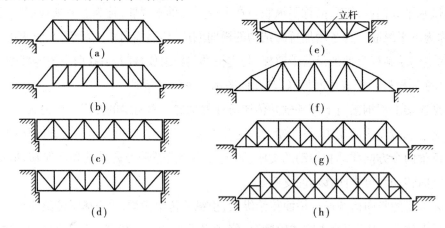

图8.2 铁路钢桁梁几何图式

8.1.3 主桁的主要尺寸

主桁的主要尺寸是指主桁高度(简称桁高)、节间长度、斜杆倾度及两主桁的中心距离。这些尺寸的拟订和主桁杆件的截面形式及宽度,对桁架桥的技术经济指标起着重大的作用。

（1）主桁高度

主桁高度较大时，则弦杆受力较小，弦杆的用钢量可较省。但主桁高度增大带来腹杆增长，因而腹杆的用钢量将有所增加。对于一定跨度的桁架桥，将有某一桁高对用钢量而言是较经济的，这个高度称之为经济高度。根据过去大量的设计资料，铁路下承式简支桁架桥的桁梁的经济高度一般为跨长的 $1/10 \sim 1/5$。铁路桥梁的荷载较大，允许拱度较小，其高跨比宜取大些。

选择主桁高度要考虑经济高度的同时，还要满足刚度的要求，对于下承式桁架桥还必须满足桥梁净空的要求。我国的标准设计中采用的主桁高度有两种：下承式桁架梁单线为 11 m，双线为 16 m。

（2）节间长度

节间长度对桁架桥的用钢量有影响。节长若小，纵梁、横梁数量增多，但由于跨度或外力减小，故梁截面可小，主桁腹杆也相应变短。因此，主桁的节间长度影响到桥面系的重量和弦杆的拼接数量，对桁高和斜杆倾角也有直接关系。一般下承式桁架桥节长可为 $5.5 \sim 12$ m，或为桁高的 $0.8 \sim 1.2$ 倍。我国标准桁梁的设计节长为 8 m，标准设计的跨度都是 8 m 的倍数。

（3）斜杆倾角

斜杆倾度影响到节点构造。斜度设置不当，不仅会影响节点板的形状及尺寸，而且使斜杆位置难于布置在靠近节点中心处，以致削弱节点平面外刚度，增加了节点平面内的刚度。根据以往设计经验，斜杆轴线与竖直线的交角以在 $30° \sim 50°$ 为宜。

（4）主桁中心矩

主桁的中心距与桁架桥的横向刚度有关。为了保证桥梁的横向刚度，主桁的中心距不应小于计算跨度的 1/20。对于下承式桁架桥，主桁中心距还必须满足桥上净空的要求（单线铁路桥桥面上的净空宽度是 4.88 m）。对于上承式桁架桥来说，主桁中心距与桁架桥的横向倾覆的稳定性有关。在确定主桁中心距时，还应考虑这一点。

在列车提速后，为增大桥梁横向刚度，减少横向振幅，标准设计的单线铁路下承式钢桁梁的主桁的中心距由 5.75 m 改为 6.4 m，双线铁路下承式钢桁梁的主桁中心距由 9.75 m 改为 10.0 m。

随着我国客货共线、客运专线和高速铁路等铁路线路的修建，下承式栓焊钢桁梁的主桁几何图式、主桁主要尺寸、桥面架、横联和桥面都有新的发展，并被大量使用。图 8.3 为宁启铁路 64 m 下承式单线钢桁梁设计概图；图 8.4 为邯黄铁路 72 m 下承式双线钢桁梁设计概图；图 8.5 为宁启铁路 80 m 下承式双线钢桁梁设计概图。

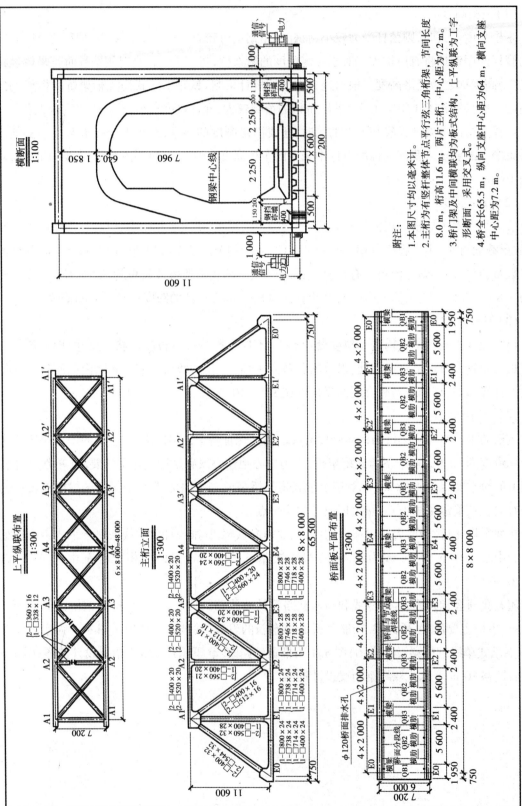

图8.3 宁启铁路64 m下承式单线钢桁梁设计概图

附注：
1. 本图尺寸均以毫米计。
2. 主桁为有竖杆整体节点平行弦三角桁架，节间长度8.0 m；桁高11.6 m；两片主桁，中心距为7.2 m。
3. 桥门架及中间横联均为板式结构，上平纵联为工字形断面，采用交叉式。
4. 桥全长65.5 m，纵向支座中心距为64 m，横向支座中心距为7.2 m。

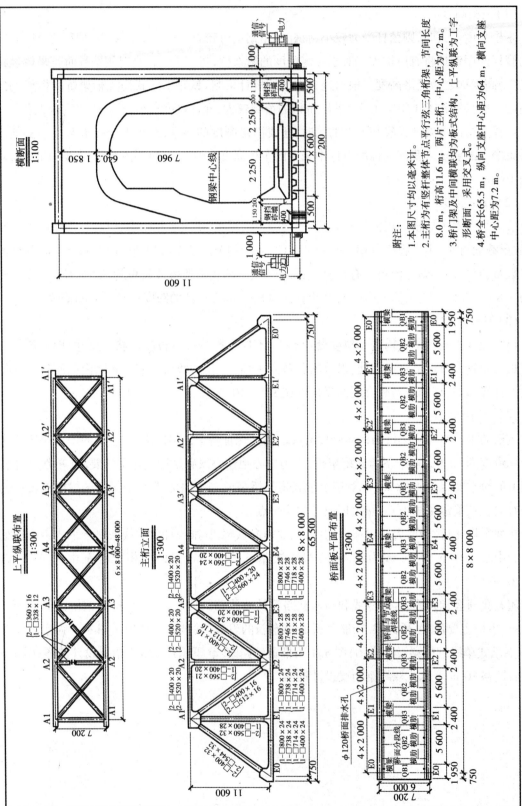

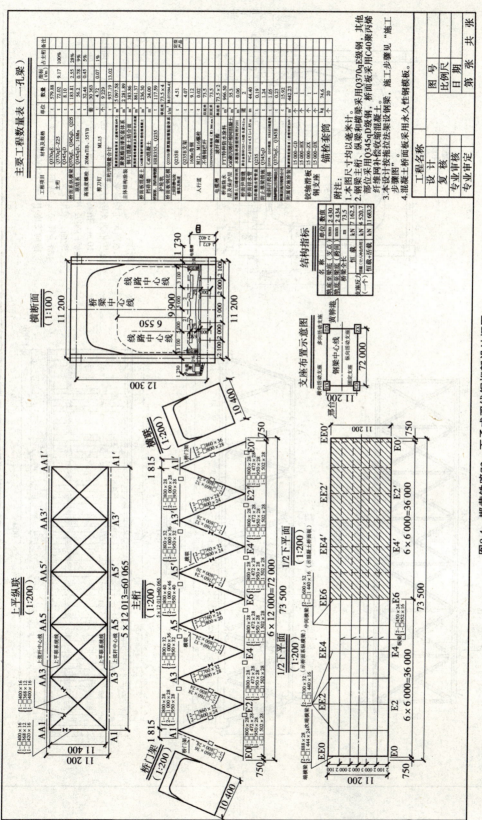

图8.4 邯黄铁路72 m下承式双线钢桁架设计概图

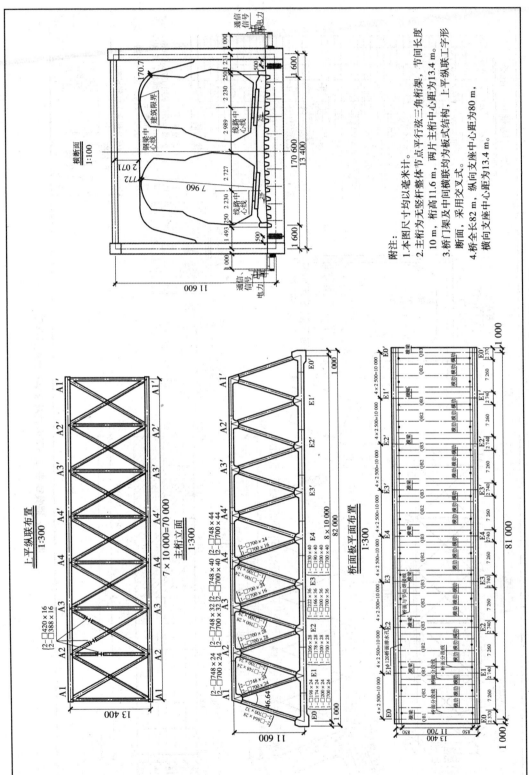

图8.5 宁启铁路80 m下承式双线钢桁梁设计概图

附注:
1. 本图尺寸均以毫米计。
2. 主桁为无竖杆整体节点平行弦三角桁架,节间长度10 m,桁高11.6 m,桁架中心距为13.4 m,两片主桁中心距为13.4 m。
3. 桥门架及中间横联均为板式结构,上平纵联为工字形断面,采用交叉式。
4. 桥全长82 m,纵向支座中心距为80 m,横向支座中心距为13.4 m。

8.1.4　钢桁梁杆件内力分析的基本原理

钢桁梁结构是一个空间结构,各杆件之间是接近刚性连接的。在荷载作用下,杆件的内力最佳的计算方法应该是用空间结构来分析。目前应用计算机来计算空间结构已不再困难,但在实际工作中常用简化的计算方法,即将桁架结构分成主桁、纵梁、横梁、平纵联、横向联结系、桥门架等若干个平面结构,并假定桁架各节点均为铰接,然后按承受各自平面上的荷载来计算杆件的内力。同时将平面内各杆件轴线所形成的几何图形作为该桁架的计算图式,如图8.6所示。

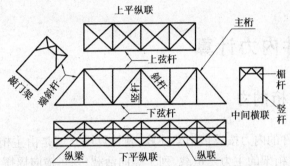

图8.6　桁架空间结构分成若干平面结构图

当同一杆件为两个平面结构所共有时,例如弦杆,它既是主桁平面内的弦杆,又是平纵联桁架平面内的弦杆。对这类杆件,计算时应先将它在各个平面桁架内的内力求出,而后相加,以其代数和作为它的计算内力。

实际上的桁架结构是具有刚性连接的空间结构,按上述平面结构假定所算出来的内力必然产生一定的误差。当误差的影响较大时,应进行必要的校正。由桁架结构的空间作用和节点的刚性连接所引起的对杆件内力的影响,主要考虑下列几个方面:

①由于主桁弦杆变形所引起的平纵联杆件的内力。

②桥面系的纵、横梁和主桁弦杆的共同作用产生的内力:在竖向荷载作用下,下弦杆将伸长,这时,连接到下弦各节点的横梁将随着节点的移动而移动,但却受纵梁的牵制。因此,纵梁因为限制横梁的移动而受到拉力,横梁则因纵梁的牵制而引起水平弯曲(图8.7),弦杆的变形也将因此减小。这种共同作用通常应在计算中加以考虑,但当桥面系与主桁弦杆采用同一钢种而其连续长度又不超过80 m时,可不检算桥面系与主桁共同作用的影响。

③由横梁、主桁竖杆和横向联结系的楣部杆件所构成的横向框架:当横梁在竖向荷载作用下梁端发生转动时,竖杆的上端和下端均将产生弯矩(图8.7)。在设计竖杆时应考虑此弯矩的影响。该弯矩可按《铁路桥梁钢结构设计规范》(TB 10002.2—2005)附录B计算。

④主桁各杆件是用许多高强度螺栓紧固在节点板上或各杆件焊接在节点上形成刚性的连接,杆端不能自由转动。因此,当主桁在荷载作用下发生变形而节点转动时,连接在同一节点的各杆件之间的夹角不能变化,迫使杆件发生弯曲(图8.8),因而在主桁杆件内产生附加的应力(或称为"次应力")。规范规定:主桁杆件截面高度与其长度之比在连续桁梁中大于1/15时,简支桁梁中大于1/10时,应计算由于节点刚性所产生的次应力。

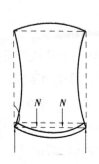

图8.7　横向框架作用竖杆产生弯矩

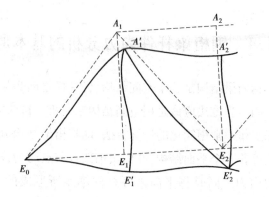

图8.8　主桁刚性节点转动使杆件弯曲

8.2　主桁杆件内力计算

8.2.1　作用在主桁的力

如前所述,主桁杆件的内力按铰接桁架计算,其计算图式就是由主桁各杆件的轴线所形成的几何图式。作用在主桁架的主力是恒载、列车竖向活载、列车横向摇摆力,曲线桥还应包括离心力。作用在主桁架的附加力包括风力、制动力或牵引力。

8.2.2　主力作用下的主桁杆件内力计算

1)恒载的确定

计算杆件内力前需先确定作用在桥跨结构上的恒载,恒载包括桥跨自重和桥面重量。

(1)桥跨自重

桥跨结构的精确自重(包括桥面、桥面系、主桁架及联结系的重量)需待技术设计完成时才能准确地算出。因此,为了计算各杆件的内力,目前我国有很多已完成的桁架梁的设计资料,可根据已有的桁架桥设计资料估算桥跨自重,也可按理论公式去推算。按理论公式求算桥跨自重的方法可参考桥梁设计手册。

若设计中采用的活载等级和钢材的容许应力与原设计不同,则桥跨自重可近似地按其与活载强度成正比,而与容许应力成反比去推算,即:

$$p_1 = p_0 \frac{k_1 [\sigma_0]}{k_0 [\sigma_1]} \qquad (8.1)$$

式中　$p_1, k_1, [\sigma_1]$——拟设计的桥跨结构的自重、换算均布荷载及基本容许应力;

$p_0, k_0, [\sigma_0]$——原设计中相同跨度的桥跨自重、换算均布荷载及基本容许应力。

桁架梁计算恒载 p_1 应包括主桁、桥面系、联结系、螺栓、焊缝等质量。

(2)桥面重量

按《铁路桥梁钢结构设计规范》(TB 10002.1—2005)第4.2.1条规定:单线明桥面的计算恒载 p_2,无人行道时采用6 kN/m,直线上双侧人行道铺设木步行板时为8 kN/m,铺设钢筋混凝土或钢步行板时为 10 kN/m；双线明桥面的计算恒载 p_2，直线上双侧人行道铺设木步行板时为 15 kN/m，铺设钢筋混凝土或钢步行板时为 17 kN/m。

如桥梁由两片主桁组成，故总共计算恒载：

$$p = \frac{1}{2}(p_1 + p_2)（每片主桁）\tag{8.2}$$

2）影响线面积计算

在单位荷载作用下杆件内力影响线的原理已在结构力学中讲过。现将平行弦三角形桁架的杆件内力影响线面积的计算公式列举于下。

（1）上下弦杆内力影响线面积

根据图 8.9（a），可得上下弦杆内力影响线面积计算公式为：

$$\Omega = \frac{1}{2} \times \frac{l_1 l_2}{l} \times \frac{l}{H} = \frac{1}{2} \cdot \frac{l_1 l_2}{H}\tag{8.3}$$

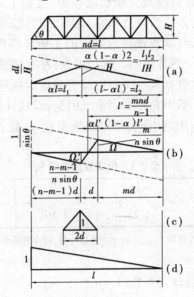

图 8.9 平行弦三角形桁架主桁杆件影响线

（2）斜杆（包括端斜杆）内力影响线面积

根据图 8.9（b），可得斜杆内力影响线面积计算公式为：

$$\Omega = \frac{1}{2} \cdot \frac{mnd}{n-1} \cdot \frac{m}{n \sin \theta} = \frac{1}{2} \cdot \frac{m^2 d}{n-1} \cdot \frac{1}{\sin \theta}\tag{8.4}$$

$$\Omega' = -\frac{1}{2}\left(nd - \frac{mnd}{n-1}\right)\frac{n-m-1}{n \sin \theta} = -\frac{1}{2} \cdot \frac{d}{n-1} \cdot \frac{(n-m-1)^2}{\sin \theta}\tag{8.5}$$

式中 θ——斜杆与弦杆间的夹角；

d——节间长度；

n——全跨节间总数。

（3）竖杆内力影响线面积

根据图 8.9（c），可得竖杆内力影响线面积计算公式为：

$$\Omega = \frac{1}{2} \cdot 1 \cdot 2d = d\tag{8.6}$$

（4）支点反力影响线面积

根据图 8.9（d），可得支点反力影响线面积计算公式为：

$$\Omega = \frac{1}{2} \cdot 1 \cdot l = \frac{l}{2} \tag{8.7}$$

3）活载计算

（1）换算均布荷载 k

铁路列车竖向活载必须采用中华人民共和国铁路标准活载，即"中—活载"。设计中采用"中—活载"加载时，标准活载计算图式可任意截取，换算均布活载和加载规定执行现行规范。

活载的换算均布荷载 k 按影响线顶点位置 α 和加载长度 L 求出。同时承受多线荷载的桥跨结构，考虑多条线路上同时出现最大活载的可能性很小，对主要杆件（弦杆和斜杆）换算均布荷载 k 采用双线应为两线活载总和的 90%，三线及三线以上应为各线活载总和的 80%。对受局部活载的杆件（竖杆和纵横梁），因其受载长度较短，线路上同时出现最大活载的可能性较大，设计时换算均布荷载则应为多线活载总和的 100%，且各线均采用同样情况的最不利活载。

当计算杆件的疲劳荷载时，对双线铁路桁架桥的主桁杆件（受局部荷载的杆件除外）按一线偏心加载并以杠杆原理分配于两片主桁。这是因为：在双线铁路桥上，两列列车在桥上对开的情况较少，双线加载的循环次数远远小于制定疲劳强度时所依据的 200 万次循环，故疲劳强度将显著提高，因而双线加载一般不是控制因素。但是，双线铁路桁架桥的主桁杆件的疲劳荷载计算，要考虑双线列车同时作用的影响，乘以双线系数 γ_d 修正。双线系数 γ_d 应符合表 8.1 的规定。

表 8.1 钢梁双线系数 γ_d

δ_1/δ_2	3/7	4/8	5/9
γ_d	1.13	1.16	1.19

注：δ_1/δ_2 为一线作用下，按杠杆原理原理计算，两片桁梁各自承受的荷载比。

（2）冲击系数 $(1+\mu)$ 和运营动力系数 $(1+\mu_f)$

列车通过桥梁时产生各种动力作用，使结构的内力和变形比静活载时增大。列车的主要动力因素有：a. 蒸汽机车动轮上的平衡重产生的周期性锤击；b. 机车和车辆的轮通过钢轨接缝时的冲击；c. 位于转向架上的车体的振动；d. 桥上线路不平顺及轮缘磨损引起的冲击及因竖挠度引起的离心力；e. 轮因蛇形运动引起的冲击。上述因素中，可分周期的和随机的两类，现在很难在理论上作综合的量的分析。

《铁路桥涵设计基本规范》中的冲击系数主要依据试验资料得出。冲击系数为：

$$(1+\mu) = 1 + \frac{28}{L+40} \tag{8.8}$$

凡承受动荷载的结构构件或连接，应进行疲劳检算。疲劳荷载组合包括设计荷载中的恒载加活载（包括冲击力、离心力，但不考虑活载发展系数）。由于疲劳检算是计算桥梁在其长期使用时间内的损伤，故冲击系数不使用 $(1+\mu)$，因为冲击系数的冲击值是针对蒸汽机车在强度设计中设计的。疲劳检算应将列车竖向静活载乘以运营动力系数 $(1+\mu_f)$。据研究，运营动力系数冲击公式的计算结果接近于强度设计用的冲击系数的冲击公式的计算结果的 1/2。为了便于设计人员使用，疲劳检算用的运营动力系数简化按下式计算：

$$(1 + \mu_f) = 1 + \frac{18}{L + 40} \qquad (8.9)$$

式中的 L 值(按 m 计):对主桁的主要杆件,取跨长;对承受局部荷载的竖杆及纵横梁,取影响线加载长度。

(3)活载发展系数 η

随着社会生产力的发展,铁路运输量不断增加,机车车辆的重量不断提高。因此,为了保证铁路钢桥在较长的时期内能适应机车车辆重量增长的需要,设计时必须为现在使用的列车活载预留一个发展系数。预留的方法有两种:一是让计算中采用的活载等级大于现在运转的活载等级,二是让设计容许应力低于实际能允许的应力。在我国的钢桥设计中一般采用后一种方法。

铁路钢桥设计应力均留存一些发展余量,以便在长期使用中适应机车车辆重量的增长及特种超重列车通过的需要。但由于桁梁中各杆件恒、活载内力的比值各不相同,所能承受活载的增长倍数也不相同,故形成整个钢桁梁杆件强弱不一,而钢梁的承载能力则取决于最弱的杆件,这样就不能利用较强杆件的潜力。为了发挥较强杆件的潜在能力,在增加钢料不多的条件下,使所有杆件承受活载的能力比较一致,以提高钢梁的承载能力,因此规定所有杆件在活载所产生的杆力乘以增大系数 η,称活载发展系数 η。其计算推导如下。

设计钢桥时,规范规定其在主力作用下的基本容许应力 $[\sigma]$,但其实际上可供使用的应力则是 $[\sigma]' = m[\sigma]$(对 Q345qD 钢材,$m = 1.2$)。显而易见,按一定等级的中活载和基本容许应力 $[\sigma]$ 设计出来的钢桥实际上能承担更高等级的荷载。这个实际上能承担的更高等级的活载对设计活载的比值就是该桥预留的活载发展倍数 n,其值可用下法求出。

若以 A 表示桁架杆件的计算截面积,N_p 表示恒载使该杆件所受的内力,N_k 表示静活载使该杆所受的内力,$(1 + \mu)$ 表示冲击系数,$[\sigma]$ 为设计基本容许应力,则:

$$A = \frac{N_p + N_k(1 + \mu)}{[\sigma]} \qquad (8.10)$$

若干年后,当有更大的活载运行而需对此桥跨进行检定时,A 和 N_p 是不变的,仅 N_k 将加大到 nN_k。此时,检定的容许应力应该用实际容许应力 $[\sigma]' = 1.2[\sigma]$,而不再预留活载发展余量。于是可得下式:

$$A = \frac{N_p + nN_k(1 + \mu)}{[\sigma]'} \qquad (8.11)$$

联立式(8.10)、式(8.11),可求出:

$$n = \left(\frac{[\sigma]'}{[\sigma]} - 1\right)\frac{N_p}{N_k(1 + \mu)} + \frac{[\sigma]'}{[\sigma]} = \left(\frac{[\sigma]'}{[\sigma]} - 1\right)a + \frac{[\sigma]'}{[\sigma]} \qquad (8.12)$$

其中:

$$a = \frac{N_p}{N_k(1 + \mu)}$$

若以 $[\sigma]' = m[\sigma]$ 代入式(8.12)中,可得:

$$n = (m - 1)a + m \qquad (8.13)$$

由此可见,预留活载发展倍数 n 随 a 值而变化,a 值大,即恒载内力 N_p 大,n 也就较大。对同一桥跨的不同杆件,由于 a 值(恒载内力与活载内力的比值)是不相等的,故 n 值也不一样。因此,若按式(8.10)用基本容许应力 $[\sigma]$ 来设计钢桥,则在若干年后,在更高等级的活载作用下,用检定容许应力 $[\sigma]' = m[\sigma]$ 来检定该钢桥时,就会发现,桁架各杆件的承载能力并不相等,a 值大(即 n 值大)的杆件能承受的活载大一些,a 值小(即 n 值小)的杆件能承受的活载小一些。由于桁架中任一主要受力杆件退出工作就意味着整个桁架不能继续使用,因此,整个桁架的承载能力将由承载力最小的杆件来控制,这就使其他较强杆件的强度不能充分发挥。显然,这是不合理的。为了解决这个矛盾,使各杆件具有相同的活载发展倍数 n,必须将式(8.10)中活载内力一项进行调整,即将其乘以活载发展系数 η,然后根据调整后的公式来设计,于是:

$$A = \frac{N_p + \eta N_k(1 + \mu)}{[\sigma]} \qquad (8.14)$$

这就是说,对活载发展预留量较小的那些杆件,在设计时加大其计算内力,即将活载内力 N_k 乘以大于1的系数 η,使其与全桥预留活载发展倍数最大的那根杆件强度相等。对预留活载发展倍数最大的杆件,则不再加大,即 $\eta = 1$,使各杆内力乘以 η 后,能得到相同的预留活载发展倍数。下面讲 η 值如何求算。

将设计时用的(8.14)式与检定时用的式(8.11)联立,解得:

$$n = \left(\frac{[\sigma]'}{[\sigma]} - 1\right)\frac{N_p}{N_k(1 + \mu)} + \frac{[\sigma]'}{[\sigma]}\eta = (m - 1)a + m\eta \qquad (8.15)$$

各杆件的值应该相同,故:

$$n = n_{max}$$

即:

$$n = (m - 1)a + m\eta = (m - 1)a_{max} + m \times 1 \qquad (8.16)$$

对承载力最强的杆件,a 就是 a_{max},而 $\eta = 1$,且取 Q345qD 钢材,$m = 1.2$ 得:

$$\eta = 1 + \frac{1}{6}(a_{max} - a) \qquad (8.17)$$

式中 a_{max} 就是主桁所有弦杆的 a 值中最大者。这样,在设计时引用了 η 值后,各杆件在检定时就能够表现为承载能力彼此一致。

对于简支桁架桥,弦杆的 a 值可写成:

$$a = \frac{N_p}{N_k(1 + \mu)} = \frac{p\Omega}{k(1 + \mu)\Omega} = \frac{p}{k(1 + \mu)} \qquad (8.18)$$

式中 p 及 k 是主桁所承受的均布荷载和换算均布荷载。

对于同一桁架的各杆件而言,p 值是常数,故杆件的 k 值小者,其 a 值就大。简支桁架的跨中弦杆 $k(= k_{0.5})$ 最小,故其 a 值最大,即:

$$a_{max} = \frac{p}{k_{0.5}(1 + \mu)} \qquad (8.19)$$

承受反复应力的斜杆,其 a 值可能出现负值。计算 η 值时,可将其负号一并代入式(8.17)。

对大跨度钢桥,由于其恒载大,故弦杆的 a_{max} 值也较大。由式(8.15)可见,大跨度钢桥将预留较大的活载发展倍数 n,就是说,它具有较大的检定活载等级。相反,对中、小跨度桥预留的活载发展倍数就小。将来活载加大时,首先是中、小跨度梁需要更换,然后才是大跨度梁的更换,这样分期分批更换给换梁加固工作的安排带来很大方便。但是,让大跨度钢梁具有多大的检定活载等级,这需要在设计时另行研究确定。

纵梁和横梁也应具有和主桁架各杆件相同的承载能力的储备。因此,也应按主桁杆件的 a_{max} 来计算它们的 η 值。设纵梁简支于横梁,其跨度等于主桁的节间长度;横梁简支于主桁节点,其跨度等于两片主桁的中心距。纵梁的 a 值可用下式求得:

$$a = \frac{M_p}{M_k(1+\mu)} = \frac{p\Omega_1}{k_1(1+\mu)\Omega_1} = \frac{p}{k_1(1+\mu)} \tag{8.20}$$

式中　M_p, M_k——纵梁跨中恒载力矩及静活载力矩；

　　　p, k_1——纵梁所承受的恒载强度及跨中换算均布活载；

　　　Ω_1——纵梁跨中力矩的影响线面积(图 8.10)；

　　　$1+\mu$——按 L 等于纵梁跨度 d 求得的冲击系数。

横梁承受由相邻两片纵梁传来的压力。若略去横梁自重所产生的弯矩不计,则横梁 a 值可求得如下:

$$a = \frac{M_p}{M_k(1+\mu)} \approx \frac{N_p l'}{N_k(1+\mu)l'} = \frac{N_p}{N_k(1+\mu)} = \frac{\Omega_2 p}{\Omega_2 k_2(1+\mu)}$$
$$= \frac{p}{k_2(1+\mu)} \tag{8.21}$$

式中　M_p, M_k——横梁跨中恒载力矩及静活载力矩；

　　　N_p, N_k——相邻纵梁作用于横梁的恒载压力及静活载压力；

　　　p, k_2——纵梁所承受的恒载强度及跨中换算均布活载；

　　　Ω_2——横梁承受的纵梁压力影响线面积(图 8.11)；

　　　$1+\mu$——按 L 等于 2 倍纵梁跨度 $2d$ 求得的冲击系数。

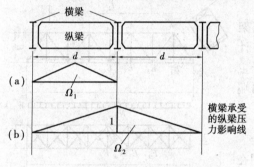

图 8.10　纵梁跨中弯矩影响线

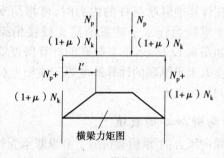

图 8.11　横梁弯矩图

4)列车横向摇摆力作用下的主桁杆件内力

列车横向摇摆力应取 100 kN,作为一个集中荷载取最不利位置,以水平方向垂直线路中心线作用于钢轨顶面。对于多线桥只计算任一线的横向摇摆力。空车时应考虑横向摇摆力。

5)主力作用下的主桁杆件内力

由于恒载所生内力:

$$N_p = p \sum \Omega$$

式中　p——均布恒载强度(每片主桁的)；

　　　$\sum \Omega$——杆件内力影响线面积的代数和。

由于活载所生内力(包括冲击力在内):

静活载　　　　　　　　　　　　$N_k = K\Omega$

式中　K——换算均布荷载(每片主桁的)；

　　　Ω——杆件内力影响线加载部分的面积,当影响线的面积有正有负时,正负面积要分别加载,以求出符号相反的两个 N_k 值。

包括冲击力和考虑均衡发展系数 η 的活载：

$$(1 + \mu)\eta N_k = (1 + \mu)\eta K\Omega$$

由于列车横向摇摆力所产生的内力为 $N_{摇}$，故主力作用下主桁杆件内力的计算公式为：

$$N_1 = N_p + (1 + \mu)\eta N_k + N_{摇} = p\sum\Omega + (1 + \mu)\eta K \cdot \Omega + N_{摇} \qquad (8.22)$$

同样可以得到，主力作用下主桁杆件在进行疲劳检算时内力的计算公式。活载发展系数 η 与杆件的疲劳损伤没有关系，故在疲劳检算的内力组合中，不考虑活载发展系数 η，因此计算公式为：

$$N_1 = N_p + (1 + \mu_f)N_k + N_{摇} = p\sum\Omega + (1 + \mu_f)K \cdot \Omega + N_{摇} \qquad (8.23)$$

8.2.3　横向附加力作用下的主桁杆件内力计算

钢桥是一个空间结构，主桁架的弦杆同时又是平纵联的弦杆。在计算主桁弦杆内力时，除考虑竖向荷载的作用外，必须同时计及横向力的作用。横向附加力主要有风力。对下承式桁架桥，由端斜杆和其间的撑杆组成的桥门架，在横向力作用下，端斜杆和下弦杆均产生附加内力，计算其内力时，均应计及。

横向力作用下的平纵联弦杆的内力计算。

1）计算图式

在计算平纵联弦杆的内力时，可将简支桁架桥的平纵联当作水平放置的简支铰接桁架来计算。如图 8.12 所示，下平纵联的计算跨度等于主桁跨度 l，上平纵联的计算跨度等于主桁上弦两端节点间的距离 l_1。

2）横向附加力的数值

横向风力：下承桁架桥的下平纵联承受作用在下半个主桁架、列车和桥面系（桥面也计算在内）的横向风力。在计算中，两片主桁架的受风面积按桥跨结构纵向竖直面内的理论轮廓面积乘以填充系数计。对于采用钢桁梁和钢塔架，填充系数为 0.4。列车受风面积应按 3 m 的长方带计算，其作用点在距轨顶 2 m 高度处。桥面系的受风面积按其侧向面积计，但它们和主桁架的填充面积有重复，计算时应减去被主桁填充面积挡住的部分。

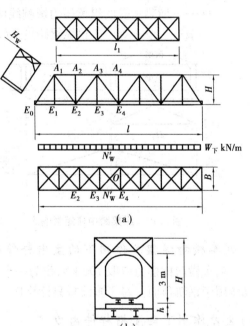

图 8.12　横向力作用下平纵联计算图示

按照《铁路桥梁钢结构设计规范》（TB 10002.2—2005）规定，横向水平力在上下纵向联结系的分配系数见表 8.2。

表 8.2　横向水平力在上下纵向联结系的分配系数

横向水平力	桥面系所在的平面	另一平面
主桁风力	0.5	0.5
桥面系风力、列车风力、车辆摇摆力、离心力	1.0	0.2

横向风力等于风荷载强度和受风面积的乘积。风荷载强度 W 计算或选取:桥上无车时,W 按照《铁路桥梁钢结构设计规范》规定计算,单位为 Pa;当桥上有车时,风荷载强度按 W 的 80% 计算,并不得大于 1 250 Pa。由于弦杆在列车荷载下所受内力相当大,对弦杆内力最不利的组合一般都是桥上有车时的情况,所以在计算弦杆内力时所用的风荷载强度可按桥上有车时计。在标准设计中,风荷载强度按下列规定:桥上有车时,$W_1 = 1\,250$ Pa;桥上无车时,$W_2 = 2\,200$ Pa。

①桥上有车时平行弦下承桁架桥上、下平纵联所受的风力强度(单位长度上的横向风力)计算:

下平纵联所受的风力强度:

$$\omega_{\text{下}} = \left[0.5 \times 0.4 \times H + (h + 3.0) \times (1 - 0.4)\right] \times W' \quad \text{(kN/m)} \qquad (8.24)$$

式中　0.5——主桁所受风力对下平纵联的分配系数;

　　　0.4——主桁理论轮廓面积的填充系数;

　　　H——主桁理论高度,m;

　　　h——纵梁及桥面共占的高度,m;

　　　3.0——列车高度,m;

　　　$(1 - 0.4)$——计算列车及桥面系受风面积时应扣去重复计算的主桁受风面积;

　　　W'——桥上有车时的风荷载强度,Pa(即 W,标准设计中 $W_1 = 1\,250$ Pa)。

上平纵联所受的风力强度:

$$\omega_{\text{上}} = \left[0.5 \times 0.4 \times H + 0.2 \times (h + 3.0) \times (1 - 0.4)\right] \times W' \quad \text{(kN/m)} \qquad (8.25)$$

式中　0.2——列车及桥面系所受风力对上平纵联的分配系数。

②桥上无车时,风荷载强度为 W_2。

下平纵联所受的风力强度:

$$\omega_{\text{下}} = \left[0.5 \times 0.4 \times H + h \times (1 - 0.4)\right] \times W_2 \quad \text{(kN/m)} \qquad (8.26)$$

上平纵联所受的风力强度:

$$\omega_{\text{上}} = \left[0.5 \times 0.4 \times H + 0.2 \times h \times (1 - 0.4)\right] \times W_2 \quad \text{(kN/m)} \qquad (8.27)$$

桥面系风力、列车风力对上下平纵联的分配系数与主力车辆摇摆力、离心力对上下平纵联的分配系数相同。

3)横向力所产生的平纵联弦杆内力

上下弦杆所受横向力产生的杆件内力,按上、下平纵联所形成的平面桁架计算。现以下平纵联的弦杆 E_2E_4 为例计算(图 8.13)。

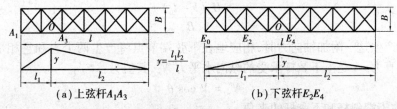

$$y = \dfrac{l_1 l_2}{l}$$

(a)上弦杆 A_1A_3　　　　　　　　(b)下弦杆 E_2E_4

图 8.13　横向力作用下上下平纵联计算模型

设作用在下平纵联的横向力强度为 $\omega_{\text{下}}$。对于采用交叉式腹杆体系的平纵联,可取各交叉点为力矩中心(如 O 点,即取弦杆 E_2E_4 所在的两个节间中,其平联之交叉点距左端支座之较远者),求出均布的横向荷载 $\omega_{\text{下}}$ 对 O 点的力矩 M_0(用影响线面积法),此力矩由两侧弦杆内力 N_{W} 所形成的内力矩所平衡,即:

$$M_w = \frac{1}{2}l_1 l_2 \omega_下 \qquad (8.28)$$

由此得:

$$N_w = \pm \frac{M_w}{B} \pm \frac{l_1 l_2 \omega_下}{2B} \qquad (8.29)$$

式中 B——主桁宽度。

随着风向的改变,同一杆件的内力可为拉力(正值)亦可为压力(负值)。

桥门架效应:下承式桁架桥的桥门架设置在端斜杆上,上平纵联所受的横向力经由两端的桥门架传至下弦端节点,使端斜杆和下弦杆产生附加内力。附加内力值计算如下:

把上平纵联当做简支桁架,跨长等于上弦两端节点间的距离(图8.14)。在均布的横向荷载 $\omega_上$ 作用下,其支点反力 $H_w = l_1 \dfrac{\omega}{2}$,它就是作用在桥门架上的水平力。

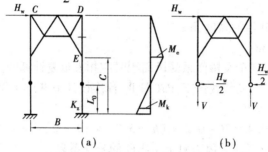

图8.14 桥门架受力计算模型

桥门架的计算图式:桥门架的两腿杆的下端固定在下弦节点上,不计横梁作用,按刚架图示计算。在水平力作用下,刚架作水平位移,刚架腿杆的反弯点位置可按下式求得:

$$l_0 = \frac{C}{2} \cdot \frac{C+2l}{2C+l} \qquad (8.30)$$

式中 l_0——腿杆上弯矩零点至下弦端节点中心距离,m;

l——下弦节点中心至上弦节点中心的距离,m;

C——由下弦节点中心至门楣在腿杆上的下节点中心 E 的距离,m。

反弯点决定后,取桥门架在反弯点以上的部分为脱离体,见图8.14,在水平力作用下,两腿杆的反弯点处将产生水平反力(各等于 $H_w/2$)和数值相等而方向相反的竖直反力 V。对任一反弯点取矩,可将值 V 求出,即:

$$V = \frac{H_w(l-l_0)}{B} \qquad (8.31)$$

当端斜杆产生这一附加轴向力时,相应地在下弦端节点将产生两个力和它相平衡,一是由支座承受的竖直力,一是由下弦杆承受的纵向水平力 N_w'',其值为:

$$N_w'' = V \cos\theta \qquad (8.32)$$

式中 θ——主桁端斜杆和下弦杆的夹角。

在桁架桥背风侧的主桁端斜杆,V 是压力,N_w'' 是拉力,在计算端斜杆和下弦杆的附加轴向力时应分别计入。

由于水平力的作用,使端斜杆承受附加弯矩,其值见图8.14。

端斜杆及下弦杆等主桁杆件主要是承受由恒载及列车荷载所生的内力,故 H_w 之值应按桥上有车时的风力强度计算。

8.2.4 制动力作用下的主桁杆件内力计算

列车在桥上行驶时因制动或启动而产生制动力或牵引力,它们是纵向水平力。为使该作用力传给梁端的固定支座,通常在跨度中央设置制动联结系,如图 8.15 所示。制动力 T 经由纵梁传给四根附加的短斜杆(为传递制动力而加设的杆件,称制动撑杆),经 O 及 O' 点由平纵联斜杆传至主桁节点,最后由下弦杆传给固定支座。因此,每片主桁的下弦杆将承受附加制动力 $T/2$(随制动力方向的不同,其值可为拉力或压力)。此外,在端节点处,当制动力传给固定支座时,因作用力对支座铰中心尚有一偏心距离 h。因而产生一偏心弯矩值为:

$$M = \frac{T}{2}h \tag{8.33}$$

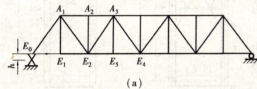
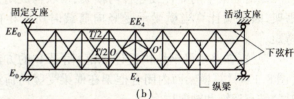

图 8.15 制动联结系布置图

式中 h——自下弦杆中心线至支座铰中心(算至下摆顶面)的距离(图 8.16)。

M 值由交汇于该节点的各杆件共同承受,并按各杆件的单位刚度比来分配,例如,交汇于端节点 E_0 的有两根杆件——E_0A_1 和 E_0E_1,则:

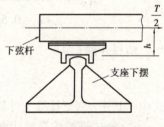

杆件 E_0A_1 所受的附加弯矩:

$$M_1 = M \frac{\dfrac{I_1}{l_1}}{\sum \dfrac{I}{l}} \tag{8.34}$$

图 8.16 支座处的构造示意图

杆件 E_0E_1 所受的附加弯矩:

$$M_2 = M \frac{\dfrac{I_2}{l_2}}{\sum \dfrac{I}{l}} \tag{8.35}$$

式中 M——附加弯矩,由式(8.33)算得;

I_1/l_1——杆件 E_0A_1 的单位刚度;

I_1——其截面惯性矩;

l_1——杆件长度;

I_2/l_2——杆件 E_0E_1 的单位刚度;

I_2——其截面惯性矩;

l_2——杆件长度。

其中, $\sum \dfrac{I}{l} = \dfrac{I_1}{l} + \dfrac{I_2}{l_2}$。

《铁路桥涵设计基本规范》(TB 10002.1—2005)规定:制动力或牵引力 T 的大小,按列车竖向静活载重量(相应于主力作用下求各该杆件内力时的活载)的10%计算;但当与离心力或列车竖向动力作用同时计算时,其值按竖向静活载的7%计算。双线桥应采用一线的制动力或牵引力,三线或三线以上的桥应采用两线的制动力或牵引力。按此计算的制动力或牵引力不考虑双线竖向活载进行折减的规定。制动力或牵引力作用在轨顶以上2 m处。采用特种活载时,不计算制动力或牵引力。

主桁弦杆应按主力加制动力(附加力)的组合进行检算,其容许应力用$1.25[\sigma]$($[\sigma]$为基本容许应力)。计算制动力时就不计风力等其他附加力,因二者同时出现最大值的机会很少。

8.2.5 桁架梁中的立杆和竖杆

在桁架梁中的立杆或竖杆与横梁、横联构成闭合框架,因而应计算当横梁承受竖向荷载时所产生的弯矩。

现按《铁路桥梁钢结构设计规范》附录B的方法(图8.17)计算横梁面内闭合框架在横梁受竖向荷载时的结点弯矩和轴向抗力。

结点B处:

$$M_{\mathrm{B}} = -\frac{3}{(2 - 0.5\beta)\dfrac{i_{\mathrm{b}}}{i_{\mathrm{s}}} + 3}\mu M \qquad (8.36)$$

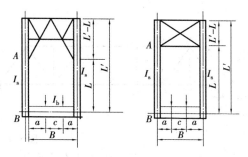

图8.17 横梁面内的闭合框架

结点A处:

$$M_{\mathrm{A}} = -\frac{1}{2}\beta M \qquad (8.37)$$

式中 M——横梁按简支计算的跨中最大弯矩,MN·m;

μ——横梁按简支计算的平均弯矩与跨中最大弯矩之比(对横梁恒载及双线桥纵梁反力所产生的弯矩,取$\mu = 2/3$,对单线桥纵梁反力所产生的弯矩,取$\mu = (a + c)/B$);

$i_{\mathrm{b}}, i_{\mathrm{s}}$——横梁、竖杆在框架面内的刚度系数,$i_{\mathrm{b}} = EI_{\mathrm{b}}/B$,$i_{\mathrm{s}} = EI_{\mathrm{s}}/L$;

E——钢的弹性模量,MPa;

$I_{\mathrm{b}}, I_{\mathrm{s}}$——框架横梁与竖杆在框架面内的惯性矩,$\mathrm{m}^4$;

L——横联门楣最下端节点至横梁重心轴之间的距离,m;

L'——上弦节点中心至横梁重心轴的距离,m;

B——两主桁中心距离,m。

其中,$\beta = L/L'$。

8.2.6 主桁杆件计算内力的确定

在算出主荷载产生的杆件主力及附加荷载产生的附加力后,要将它们按主力及主力+附加力进行组合。由于按"主+附"计算时钢材的容许应力值比单算主力时要高,见表8.3,因此,为了判断哪一种组合在设计中起控制作用,要将组合后的内力连同各自的容许应力一起作比较。

表8.3　各种外力组合容许应力的提高系数

序　号	外力组合		提高系数
1	主力		1.00
2	主力 + 制动力		1.25
3	主力 + 风力		1.20
4	主力 + 次应力 + 制动力（或风力）		1.45
5	钢梁安装	主力	1.20
6		主力 + 风力	1.30 ~ 1.40

注:1. 表中次应力指由节点刚性在主桁杆件中引起的次应力;
　　2. 序号4仅检算强度用。

　　如主力为 N_1,其相应的容许应力为 $[\sigma]$;主力 + 制动力为 N_2,其相应的容许应力为 1.25 $[\sigma]$;主力加风力为 N_3,其相应的容许应力为 $1.2[\sigma]$。将 N_2 和 N_3 按公式(8.38)换算成 N_2' 和 N_3',然后同 N_1 作比较,取其大者作为计算内力。

$$\frac{N_2'}{[\sigma]} = \frac{N_2}{1.25[\sigma]}, \frac{N_3'}{[\sigma]} = \frac{N_3}{1.2[\sigma]} \tag{8.38}$$

　　钢梁各杆件根据架设钢梁时所用安装方法的不同,而使杆件具有不同的安装内力,设计时也应计及。钢梁安装时杆件的容许应力亦可以提高:当主力作用时为 $1.2[\sigma]$,主力 + 风力时为 $1.3[\sigma]$ ~ $1.4[\sigma]$。如前所述,亦可将安装时的杆件内力 N_4 和 N_5 按式(8.38)思路换算成 N_4' 和 N_5',以便和其他组合时的内力比较,取其中较大者作为内力,进行杆件截面的设计。

8.3　主桁杆件截面选取和检算

8.3.1　主桁杆件的截面形式

　　主桁杆件的截面形式主要分成两类:H 形截面和箱形截面(图8.18)。

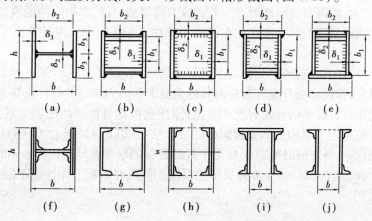

图8.18　主桁杆件截面形式

焊接 H 形截面是由两块竖板(或称翼板)和一块水平板(或称腹板)焊接而成(图 8.18a)。这种截面的优点是:构造简单,易于用自动电焊机施焊,焊接变形较易控制和修整,工地安装时也比较方便。H 形截面的主要缺点是:截面对两轴的回转半径差别较大,当压杆用 H 形截面时,基本容许应力的折减相当大,扩充截面考虑问题多;腹板为间接拼接不宜过厚,若加大翼板高度又受到局部稳定的限制,而加厚翼板尺寸,受板厚的影响,容许应力和疲劳强度都将降低。因此,对内力不很大的杆件和长度不太大的压杆,采用 H 形截面是比较适宜的。在设计时,使用 H 形截面宽度 b 较大时,为了保证腹板的局部稳定性,常在腹板的两侧对称焊接一对加劲肋,常称为"王"字形杆件,如图 8.19。

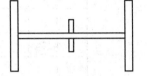

图 8.19 "王"字杆件截面形式

箱形截面由两块竖板和两块水平板焊接而成(图 8.18),其中(a)、(b)可用于各种杆件,(d)、(c)分别用于工厂焊接的上弦和下弦。若将它用于压杆及拉一压杆,为了保证竖板及水平板的局部稳定性,杆件内必须设置横隔板,其间距不应大于 3 m。靠近端部的隔板,其周边均与竖板和水平板焊连,以防外界潮气侵入杆件内部而引起钢材锈蚀,为便于工地安装螺栓,也可不设端隔板。设计时,考虑主桁倾斜,箱形杆件也可设计成平行四边形的截面。石武客专郑州黄河大桥倾斜主桁的上下弦杆就设计成平行四边形的箱形截面。

8.3.2 主桁杆件外轮廓尺寸的确定

杆件截面的外轮廓尺寸是指其高度 h(在主桁平面内与杆轴垂直的尺寸)和宽度 b(两竖肢外至外的距离)。这两个尺寸对桁架桥的构造和制造以及杆件的受力状况均有密切关系。选定时需注意下列问题:

①对受压力较大的压杆,若其在主桁平面内和主桁平面外的自由长度相等,则截面对两根主轴的回转半径最好相接近,这样可使钢材的强度得到充分利用,从而节省钢料。

②为使节点构造简单和合理,同一桁架中所有杆件的宽度应相等,使节点处的两块节点板能平贴地盖在各交汇杆件的外侧;同时,为使桥面系的横梁长度全跨一致,横梁与两片主桁架连接处的各节点板内侧的净距必须相等,这也要求各弦杆截面的宽度应当一致。

③决定杆件截面的高度时,需考虑节点处用几排栓孔线以布置高强度螺栓。若高度太小,则在其高度范围内能布置的栓孔线将较少,要布置下足够的螺栓就必然要使节点板的尺寸加大;若截面高度太大,则因节点刚性而产生的次应力将增加,且局部稳定的要求也较难满足。规范规定主桁杆件截面高度与其长度之比在简支桁梁中大于 1/10 时,应计算由于节点刚性所生的次应力。

为使桁架各节点的构造合理,弦杆高度最好全跨相同,或者变化不多。由于弦杆在不同节间的内力变化很大,在决定弦杆高度时应对其内力最大和内力最小的杆件统筹兼顾,合理安排。

④在拟定受压杆件截面的外轮廓尺寸时,必须注意板宽与板厚的比例关系,以保证薄板的局部稳定性。规范规定了结构各部分截面允许最小尺寸(表 8.4)、组合压杆的板和板束宽度 b 和厚度 δ 的比例(表 8.5);同时规定了 H 形压杆的腹板的厚度在焊接构件中不宜小于 0.5δ(当 $\delta \geq 24$ mm)和 0.6δ(当 $\delta < 24$ mm),δ 为翼缘的厚度。但随着钢板工作性能不断提高,较厚的钢板也被较广泛使用。

表8.4　结构各部分截面允许最小尺寸(mm)

构　件		最小厚度或尺寸
钢板	挂杆翼缘;跨度≥16 m 焊接板梁的腹板	12
	填板	4
	其他	10
联结系角钢肢的厚度		10
纵梁与横梁及横梁与主桁的连接角钢		$100 \times 100 \times 12$

表8.5　组合压杆板束宽度与厚度最大比例

序　号	板件类型		钢　种					
			Q235qD		Q345qD 、Q370qD Q345qE 、Q370qE		Q420qE 、Q420qE	
			λ	b/δ	λ	b/δ	λ	b/δ
1	H 形截面中的腹板		<60	34	<50	30	<45	28
			≥60	$0.4\lambda+10$	≥50	$0.4\lambda+10$	≥45	$0.4\lambda+10$
2	箱形截面中的板件		<60	33	<50	30	<45	28
			≥60	$0.3\lambda+15$	≥50	$0.3\lambda+15$	≥45	$0.3\lambda+14.5$
3	H 形或 T 形无加肋的伸出肢	铆接杆	—	≤12		≤10	—	
		焊接杆	<60	13.5	<50	12	<45	11
			≥60	$0.15\lambda+4.5$	≥50	$0.14\lambda+5$	≥45	$0.14\lambda+4.7$
4	铆接杆角钢伸出肢	受轴向力的主要杆件		≤12		≤12		
		支撑及次要杆件	—	≤16		≤16		

注:1. b 为板束宽度,δ 为板束厚度;

2. 计算压应力 σ 小于容许应力 $\varphi_1[\sigma]$ 时,表中 b/δ 值除序号4外,可按规定放宽,其方法为:根据该杆件计算压应力与容许应力之比 φ 按规范表 3.2.6 查出相应的 λ 值,再根据此 λ 值按本表算出该杆件允许的 b/δ 值。

现在工厂制造时可以用程序控制钻制工地钉孔,结点设计灵活。H 形截面杆件可以做主桁受拉或受压的杆件,箱形截面杆件最好是用作受压杆件。根据工厂的设备条件,我国钢桥设计中目前常用的主桁杆件宽度 b 有 460 mm、600 mm、720 mm 等几种;主桁杆件高度 h 有 260 mm、440 mm、460 mm、600 mm、760 mm、920 mm、1 100 mm 等几种;杆件尺寸根据杆件内力大小来选择。

8.3.3　主桁杆件设计计算

1)主桁下弦杆设计计算

简支下承式桁架桥的下弦杆都是拉杆,其设计的主要步骤如下。

①先从强度或疲劳入手,求出所需的净截面积 A_j。

$$A_{1j} \geqslant \frac{N}{[\sigma]}, A_{2j} \geqslant \frac{\gamma_d \gamma_n (N_{\max} - N_{\min})}{\gamma_t [\sigma_0]}, A_j = \max(A_{1j}, A_{2j}) \qquad (8.39)$$

②根据设计经验,杆件净截面积 A_j 大致为毛截面积 A_m 的 0.85 倍左右,即:

$$0.85A_m = A_j \qquad (8.40)$$

③根据 A_m 及决定杆件截面外廓尺寸的原则选定组成截面的各部件尺寸,同时要符合规范对钢板允许的最小厚度所作的规定。一般说来,水平腹板的厚度应选得小些,使杆件截面积主要集中在两块竖板上,因为在节点连接处,杆件的竖板是与节点板及拼接板直接相连的,这样就可使内力传递比较匀顺。

④进行节点连接的计算,确定所需的螺栓数,见本章第 4 节。

⑤根据螺栓孔在杆件截面上的布置,算出实际的 A_j,进行杆件下列方面的验算。

a. 强度验算:

$$\sigma = \frac{N}{A} \leqslant [\sigma] \qquad (8.41)$$

式中　N——杆件的计算内力,包括恒载、活载、冲击力等;

　　　　A——杆件的净截面面积,等于全截面减去钉孔面积;

　　　　$[\sigma]$——钢材的允许轴向应力。

b. 刚度验算。验算杆件的刚度时,杆件最大允许长细比应符合表 8.6 的规定。杆件的长细比等于计算长度与相应的回转半径之比,计算公式如下:

$$\lambda = \frac{l_0}{\gamma} \leqslant [\lambda] \qquad (8.42)$$

式中　l_0——杆件的计算长度,见表 8.7。

其中,$\gamma = \sqrt{I/A}$,I 为杆件的毛截面惯性矩,m^4,A 为杆件毛截面面积,m^2。

计算受拉或受压的 H 形杆件的长细比时,均应考虑腹板,但如受压杆件的计算面积中未包括腹板,则计算长细比时亦可不考虑腹板。长细比的计算应考虑主桁平面内或平面外两种情况,两个方向的长细比均应小于允许值。

表 8.6　杆件允许最大长细比

杆　件			长细比
主桁杆件	弦杆、受压或受反复应力的杆件		100
	不受活载的杆件		150
	仅受拉力的腹杆	长度 ≤ 16 m	180
		长度 > 16 m	150
联结系杆件	纵向联结系、支点处横向联结系、制动联结系		130
	中间横向联结系		150

c. 疲劳强度的验算。凡承受动力荷载的结构构件或连接,应进行疲劳检算。疲劳计算的相关规定和公式如下:

● 疲劳荷载组合包括设计荷载中的恒载加活载(包括冲击力、离心力,但不考虑活载发展系数)。其中列车竖向荷载包括列车竖向动力作用,其动力作用应将列车竖向静活载乘以运营动力系数,计算公式见式(8.9)。

表8.7 杆件计算长度

杆件			弯曲片面	计算长度
弦杆			面内及面外	l_0
端斜杆、端立杆、连接梁中间支点处立柱或斜杆作为桥门架时			面 内	$*0.9l_0$
			面 外	l_0
主桁	桁架的腹杆	无相交和无交叉	面 内	$*0.8l_0$
			面 外	l_0
		与杆件相交或相交叉(不包括与拉杆相交叉)	面 内	l_1
			面 外	l_0
		与拉杆相交叉	面 内	l_1
			面 外	$0.7l_0$
纵向及横向联结系	无交叉		面内及面外	l_2
	与拉杆相交叉		面 内	l_1
			面 外	$0.7l_2$
	与杆件相交或相交叉(不包括与拉杆相交叉)		面 内	l_1
			面 外	l_2

• 双线铁路桥主桁(或主梁)构件检算疲劳时,按一线偏心加载并以杠杆原理分配于主桁(或主梁),并以双线系数 γ_d 修正,γ_d 应符合表8.1的规定。

• 双线铁路桥的横梁及连接横梁的主桁挂杆,按一线最大活载,另一线为80 kN/m 活载加载,来计算疲劳内力。

• 铁路纵梁与横梁布置在同一平面,当纵梁与横梁用鱼形板连接,纵梁可以承受支点弯矩时,则纵梁跨中弯矩取 $0.85M_0$,支点弯矩取 $0.6M_0$(M_0 为按简支梁计算的跨中弯矩)。

• 焊接及非焊接(栓接)构件及连接均需进行疲劳强度检算,当疲劳应力均为压应力时,可不检算疲劳。

焊接构件及连接疲劳检算公式:

疲劳应力为拉—拉构件或以拉为主的拉—压构件,$\rho = \dfrac{\sigma_{min}}{\sigma_{max}} \geqslant -1$。

$$\gamma_d \gamma_n (\sigma_{max} - \sigma_{min}) \leqslant \gamma_t [\sigma_0] \tag{8.43}$$

式中 σ_{max},σ_{min}——最大、最小应力(拉力为正,压力为负);

γ_d——双线桥的双线系数(表8.1);双线桥的横梁及相应的挂杆和单线桥均取1;

γ_n——损伤修正系数(表8.8);

γ_t——板厚修正系数(板厚 $t \leqslant 25$ mm,$\gamma_t = 1$,$t > 25$ mm,$\gamma_t = \sqrt[4]{25/t}$);

$[\sigma_0]$——疲劳容许应力幅。

疲劳应力以压为主的拉—压构件,$\rho = \dfrac{\sigma_{min}}{\sigma_{max}} < -1$。

$$\gamma_d \gamma'_n \sigma_{max} \leqslant \gamma_t \gamma_p [\sigma_0] \qquad (8.44)$$

式中　γ'_n——损伤修正系数(见表 8.8);

　　　γ_p——应力比修正系数(见表 8.9)。

非焊接构件及连接疲劳检算公式:

疲劳应力为拉—拉构件,$\rho = \dfrac{\sigma_{min}}{\sigma_{max}} \geqslant 0$。

$$\gamma_d \gamma_n (\sigma_{max} - \sigma_{min}) \leqslant \gamma_t [\sigma_0] \qquad (8.45)$$

疲劳应力为拉—压构件,$\rho = \dfrac{\sigma_{min}}{\sigma_{max}} < 0$。

$$\gamma_d \gamma'_n \sigma_{max} \leqslant \gamma_t \gamma_p [\sigma_0] \qquad (8.46)$$

表 8.8　损伤修正系数 γ_n、γ'_n

跨度(m)	γ_n	γ'_n		
		恒:活(2:8)	恒:活(2:8)	恒:活(2:8)
>20 m	1.00	1.00	1.00	1.00
16	1.10	1.08	1.07	1.06
8	1.20	1.16	1.14	1.12
5	1.30	1.24	1.21	1.18
4	1.40	1.32	1.28	1.24

表 8.9　应力比修正系数 γ_p

ρ	-1.8	-1.6	-1.4	-1.2	-1.0	-0.8	-0.6	-0.4	-0.2
焊接构件 γ_p	0.38	0.41	0.43	0.46	—	—	—	—	—
非焊接构件 γ_p	0.45	0.48	0.52	0.56	0.60	0.65	0.71	0.79	0.88

2)主桁上弦杆设计计算

简支下承式桁架桥的上弦杆均为中心受压杆件,其设计的主要步骤如下:

①选定截面形式并估定杆件的长细比 λ 值。一般受压弦杆可按 $\lambda = 60 \sim 80$ 估计,受压腹杆可按 $\lambda = 80 \sim 100$ 估计。若主桁各杆件的宽度 b 大致已决定,又知道截面高度 h 与宽度 b 间的关系,则可利用各种截面回转半径的经验公式 $r_x = \alpha_1 h$,$r_y = \alpha_2 b$ 近似地估算 r 值及 A 值。

②根据估算的 λ_x 及 λ_y,取其较大者查表得 φ,则所需的毛截面积:

$$A_m = \frac{N}{\varphi_1 [\sigma]} \qquad (8.47)$$

③根据所需 A_m,选配组成杆件的各板件的尺寸。主桁杆件的截面,应主要集中在平行于主桁面的板上。对于 H 形截面,腹板厚度应尽量减少(但不小于 10 mm),以使钢料主要集中在竖板上。但是,根据腹板丧失局部稳定时的临界压应力不小于竖板的临界压应力的条件,为保证杆件的整体作用,H 形压杆腹板厚度也不宜小于:

对于铆接杆件——0.4δ(δ 为翼缘板厚);对于焊接杆件——0.5δ(当 $\delta \geqslant 24$ mm),0.6δ(当

$\delta < 24$ mm)。

在主桁中不宜采用由缀板组合的焊接杆件。此外,还要注意板件的宽度与厚度之比应满足局部稳定条件的要求。

④计算所选截面的截面特性。

⑤验算:

a.刚度,杆件的长细比计算与上弦杆相同,最大的长细比 $\lambda \leqslant [\lambda]$。

b.局部稳定,板件的跨度与厚度之比 $b/\delta \leqslant [b/\delta]$。

c.总体稳定:压杆总体稳定计算公式:

$$\sigma = \frac{N}{\varphi_1 A_{\mathrm{m}}} \leqslant [\sigma] \tag{8.48}$$

式中　N——杆件的计算轴向力,MN;

　　　φ_1——中心受压杆件的容许应力折减系数,根据钢种、截面形状及验算所对应的轴按杆件长细比由表 8.10 中查出;

　　　A_{m}——杆件的毛截面面积,m^2;

　　　$[\sigma]$——钢材的基本允许轴向应力。

必要时修改截面尺寸,重复上述步骤进行稳定及刚度的验算。

表 8.10　中心受压杆件轴向容许应力折减系数 φ_1

焊接 H 形杆件 (检算翼板平面内总稳定性)			焊接 H 形杆件(检算腹板平面内总稳定性)、焊接箱形及铆接杆件		
杆件长细比 λ	φ_1		杆件长细比 λ	φ_1	
	Q235qD	Q345qD Q345qE Q370qD Q370qE	Q420qD Q420qE		Q235qD	Q345qD Q345qE Q370qD Q370qE	Q420qD Q420qE
0 ~ 30	0.900	0.900	0.866	0 ~ 30	0.900	0.900	0.885
40	0.864	0.823	0.777	40	0.878	0.867	0.831
50	0.808	0.747	0.694	50	0.845	0.804	0.754
60	0.744	0.677	0.616	60	0.792	0.733	0.665
70	0.685	0.609	0.541	70	0.727	0.655	0.582
80	0.628	0.544	0.471	80	0.660	0.583	0.504
90	0.573	0.483	0.405	90	0.598	0.517	0.434
100	0.520	0.424	0.349	100	0.539	0.454	0.371
110	0.469	0.371	0.302	110	0.487	0.396	0.319
120	0.420	0.327	0.258	120	0.439	0.346	0.275
130	0.375	0.287	0.225	130	0.391	0.298	0.235
140	0.338	0.249	0.194	140	0.346	0.254	0.200
150	0.303	0.212	0.164	150	0.304	0.214	0.166

3)端斜杆设计计算

端斜杆的计算,在主力作用下,端斜杆仅仅受轴向压力,因此,主力作用下的端斜杆计算方法与弦杆的压力杆件相同,仅杆件的计算长度在面内为 $0.9l_0$,在面外为 l_0。

在横向力作用下,端斜杆因桥门架效应而发生弯曲。因此。当考虑主力 + 附加力的荷载组合时,端斜杆受压和受弯曲共同作用,应按压弯杆件进行验算。

设计时端斜杆可按主力作用下的中心受压杆件先算出所需的截面积,然后按主力 + 附加力作用下的压弯杆件去检算所选的截面。

压弯杆件需验算杆件的刚度、强度和总稳定性。其计算公式如下:

①刚度:刚度的验算与中心受压杆件一样。即限制其长细比的最大值 $\lambda \leqslant [\lambda]$。

②强度:强度验算的公式:

$$\frac{N}{A} \pm \frac{M}{W} \leqslant [\sigma] \tag{8.49}$$

式中,M 为作用在验算截面处的力矩,对端斜杆,可近似地取端节点的力矩(力臂取反弯点至横梁中点的距离)。其余符号同前。

A、W 对于拉杆用净截面,对于压杆用毛截面计算。

③总稳定性:验算公式为:

$$\frac{N}{A_m} + \frac{\varphi_1}{\mu_1 \varphi_2} \cdot \frac{M}{W_m} \leqslant \varphi_1 [\sigma] \tag{8.50}$$

式中　N——杆件的计算轴向压力,MN;

　　　M——构件中部 1/3 长度范围内最大计算弯矩,对于端斜杆,取 $M = H_w (C - l_0)/2$,MN·m;

　　　A_m——毛截面积,m^2;

　　　W_m——毛截面抵抗矩,m^3;

　　　φ_1——中心受压杆件的容许应力折减系数,根据钢种、截面形状及验算所对应的轴按杆件长细比由表 8.10 中查出;

　　　φ_2——构杆在一个主平面内受弯时的容许应力折减系数(端斜杆是压弯杆,可按 $N = 0$ 的情况来确定 φ_2;在不作进一步分析时,可按计算构件换算长细比 λ_e,并按表 8.10中查得相应的 φ_1,用作 φ_2);

$$\lambda_e = \alpha \frac{l_0 r_x}{h r_y} \tag{8.51}$$

式中　α——系数,焊接杆件取1.8,铆接杆件取2.0;

　　　l_0——构件受压翼缘(指因弯曲而受弯)对弱轴的计算长度,对端斜杆,指在主桁平面外的计算自由长度,即主桁的端斜杆的几何长度;

　　　r_x,r_y——构件截面对 x—x 轴(强轴)及 y—y 轴(弱轴)的回转半径,见图 8.20;

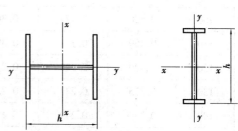

图 8.20　H 形杆件及工形梁简图

h——对 H 形截面为截面的宽度,见图 8.20。

对于下列情况,取 $\varphi_2 = 1$:a. 箱形截面杆件;b. 任何截面杆件,当所验算的失稳平面和弯矩作用平面一致时。

μ_1——考虑弯矩因构件受压而增大所引用的值;

当 $\dfrac{N}{A_m} \leqslant 0.15\varphi_1[\sigma]$ 时,取 $\mu_1 = 1.0$;

当 $\dfrac{N}{A_m} > 0.15\varphi_1[\sigma]$ 时,取 $\mu_1 = 1 - \dfrac{n_1 N \lambda^2}{\pi^2 E A_m}$。

其中 λ——构件在弯矩作用平面内的长细比;

E——钢材的弹性模量,MPa;

n_1——压杆容许应力安全系数(主力组合时取 1.7,$[\sigma]$ 应按主力组合采用;主力加附加力组合时取 1.4,$[\sigma]$ 应按主力加附加力组合采用)。

4)腹杆的计算

(1)斜杆的计算

在竖向荷载作用下对于仅承受拉力或仅承受压力的斜杆,其截面计算的基本原理与中心受拉或中心受压的杆件相同。对于承受异号反复应力的斜杆,则除验算截面的刚度、强度及稳定性外,还应验算其疲劳强度。其设计和验算可参照上弦杆和下弦杆的相关内容。

(2)竖杆的计算

竖杆包括挂杆(吊杆)和立杆(在下承式桁架桥中,不承受列车荷载的竖杆称立杆)。对下承式桁架桥,吊杆不仅因承受横梁传来的竖向荷载而轴向受拉,而且由于横向框架作用(由横梁、吊杆和横向联结系的顶部榍杆所组成的框架),在吊杆与横梁梁端连接处将产生弯矩 M(见图 8.14)。因此,在竖向荷载作用下,吊杆受拉并受弯曲,应按拉—弯杆件设计。因横向框架作用所产生的吊杆下端的弯矩按本章第 2 节的内容计算。

吊杆为拉杆,设计计算可按下弦杆的内容进行。对于下承式桁架桥的立杆一般不计算,取吊杆相同的截面尺寸。

吊杆为拉弯构件,其设计按下列步骤进行。

① 按轴向受拉杆件确定吊杆的截面尺寸,其确定方法与一般的拉杆相同。

② 检算刚度:$\lambda = \dfrac{l_0}{\gamma} \leqslant [\lambda]$。

③ 强度检算:$\sigma = \dfrac{N}{A} + \dfrac{M}{W} \leqslant [\sigma]$

式中 N——轴向拉力,MN;

M——作用在检算截面处的弯矩,MN·m;

A,W——杆件净截面面积,m^2;净截面抵抗矩,m^3;

$[\sigma]$——钢材的基本容许应力,MPa。

④疲劳计算:疲劳计算可参照前述章节中疲劳计算所列的公式计算。

8.4 主桁节点连接和拼接计算

8.4.1 主桁节点设计原则

主桁节点是桁架桥的重要组成部分,它把杆件联结起来,组成一个桁架。节点设计既要满足强度的要求,也要经济合理,便于制造、运输、安装及养护。此外,还应考虑同类型构件可以互换使用,便于修复,有利战备。现在就 64 m 简支单线铁路栓焊下承式桁架桥标准设计中的主桁 E2 节点(图 8.21),说明节点设计的原则与细则。

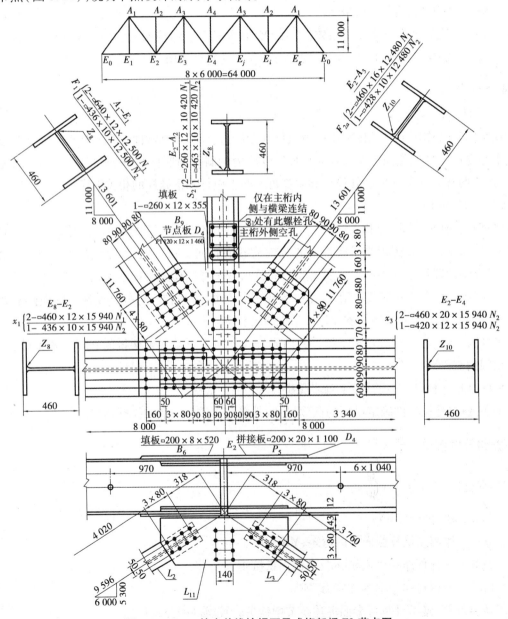

图 8.21 64 m 简支单线栓焊下承式桁架桥 E2 节点图

①在设计节点构造时,应尽可能使同一节点的各杆件截面的重心轴交汇于一点,以免由于偏心的影响而增加杆件的次应力,图 8.21 中主桁 E_2 节点构造就考虑了这一点。

②为了使杆件端头的连接螺栓受力均匀,应当使螺栓群的重心布置在杆件截面的重心轴上,如图 8.21 中的 A_1E_2 杆,其端头连接螺栓在每片节点板上有 20 个,螺栓群的重心正布置在 A_1E_2 杆截面的重心轴上。

第一排栓孔使杆件截面削弱,对杆件强度影响较大。有时,可在第一排少布置几个螺栓,见图 8.22。

③节点构造应紧凑刚劲,各杆件应尽量伸入节点,使节点板变小,从而可减小节点刚性次应力,并可加强节点外刚性。同时为了减少节点板的用料,应将各杆件端头布置得互相靠拢些。在布置时,首先将左右弦杆布置得尽可能靠拢,但考虑到拼装的方便及设置拱度的需要,在两弦杆杆端之间、竖杆与弦杆之间和斜杆与弦杆以及竖杆之间皆应有一定的缝隙。图 8.23 为杆件在节点处布置示意图。

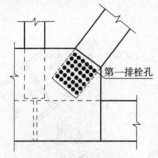

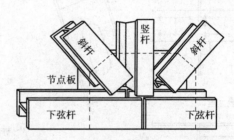

图 8.22　桁架桥节点螺栓孔布置示意图　　　图 8.23　桁架桥节点处杆件布置示意图

④节点板须力求其尺寸小,轮廓简单,不要有凹角,主桁节点板的厚度一般不小于 12 mm。

⑤杆件及节点板工地连接的螺栓孔眼,是用机器样板钻制成的,螺栓孔位置可按桥梁厂已有的机器样板的孔眼布置,但用程序控制钻孔者可不受样板的约束。

⑥为了使同类型的杆件可以互换,不仅杆件设计长度要一致,还应使工地连接栓孔布置也一致。同时为了安装方便,最好使同一根杆件可以调头,所以杆件两端的栓孔布置最好也相同。

8.4.2　主桁节点设计步骤

①按照结构计算图式画出交汇于节点的各杆件的截面重心轴线。这些轴线应交汇于一点。

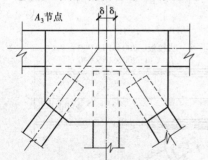

但为了设置拱度,有些节点的杆件并不交汇于一点,例如 64 m 栓焊下承桁梁标准设计,主桁上弦大节点处,是有意让两斜杆与上弦杆不在同一点上相交,而是相距 $2\delta = 16$ mm,见图 8.24。

②先画出弦杆的外轮廓,其次画出竖杆的外轮廓,然后再画出斜杆的外轮廓。

③布置两斜杆上的栓孔,定出斜杆的端线。

④根据斜杆栓孔的布置,画出节点板的外轮廓线。

⑤布置竖杆及下弦杆的连接螺栓及边缘轮廓线。

⑥通过计算,验算弦杆拼接板及拼接用的螺栓数。

图 8.24　上弦节点处杆件轴线交汇示意图

⑦调整节点板至规划形状,必要时增加各杆栓钉排数。

8.4.3　节点构造说明

现就 64 m 简支单线铁路栓焊下承式桁架桥标准设计中 $E_0(EE_0)$，$E_1(EE_1)$，$E_2(EE_2)$，$A_1(AA_1)$，$A_2(AA_2)$，$A_3(AA_3)$ 节点的构造加以说明。

（1）$E_0(EE_0)$ 节点图（图 8.25）

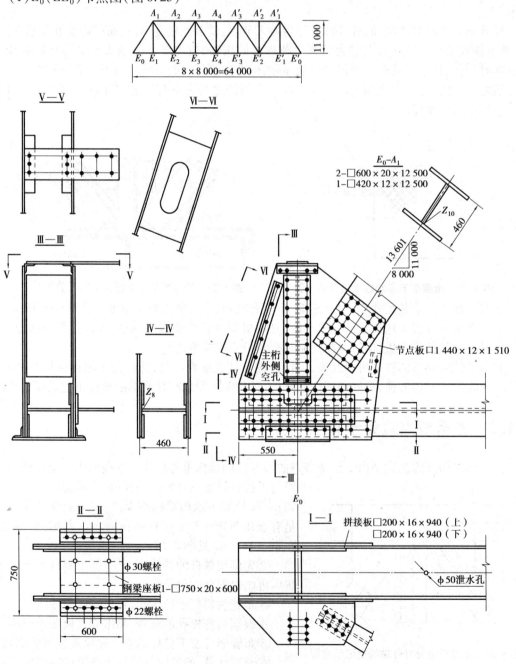

图 8.25　$E_0(EE_0)$ 节点图

此节点为桁架下弦的端节点,它的特点是:在主桁平面只有两根杆件在此相交,其下还设置有一个支座。为了使节点构造刚劲牢固,并要求右侧弦杆内力可靠地传递到节点中心左侧。因此,在节点中心左侧节点板内,应增设隔板 G_2 及拼接板 P_1 及拼接板 P_4。由于此处无竖杆,因此,位于弦杆上面两块节点板之间处,设置隔板 G_5,使横梁传来的力可由两块节点板分担。在节点板顶部设置一块水平板,以便承受横梁梁端的弯矩。

在节点板左边,设有隔板 G_4,以防此处节点板翘曲。节点下方有一座板 B_{12},它是用 φ30 螺栓与支座上摆相连。全桥的支点反力是通过节点板的下缘传到座板上去的。因此,要求节点板的下缘不但要比下弦杆的边缘突出 10 mm,而且还要磨光顶紧。座板是通过一对角钢 J_2 与节点板相连。座板与角钢之间用工地埋头螺栓相连。座板的竖向中线应通过节点中心。如桁梁支座采用标准设计,则在设计座板时,应注意使其尺寸及栓孔与支座上摆相适应。例如支座上摆的槽口宽度为 762 mm,座板宽度应较之稍小一点,此处采用 750 mm,见图 8.26。

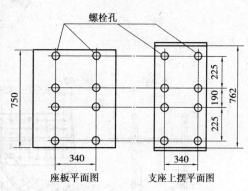

图 8.26　座板和支座上摆平面图

对于 48 ~ 160 m 的简支栓焊桁梁,端头伸出长度采用为 550 mm,目的是便于同跨度的钢梁可以互换。节点 $E_0(EE_0)$ 的中心离节点板左缘的距离因此也采用 550 mm。

(2) $A_1(AA_1)$ 节点图(图 8.27)

此节点左边无上弦杆,设置隔板 G_1,用拼接板 P_2 将它与右边弦杆相连,使右边弦杆内力能借此传递到节点中心的左边,这样使节点板的受力状况较好。由于在节点板内侧须与上平纵联及桥门架的一些杆件相连,因此,在弦杆中线位置设置一个卜形的小节点板,使平纵联的斜杆及横撑连接于此小节点板的水平板上。此外还在主桁端斜杆的内侧翼板上也设置一个卜形的弯曲节点板,桥门架的横撑及斜杆与它连接,见图 8.27 ~ 图 8.30。

在设计节点时,还应考虑到安装问题,为安装时的临时杆件预留某些栓孔。在 $A_1(AA_1)$ 节点处平纵联小节点板上预留 6 个栓孔,就是为了在安装时连接临时杆件的;当采用悬臂法拼装时,可以将隔板 G_1 取出,让临时性的上弦杆从左侧伸入节点板内;节点 $A_1(AA_1)$ 的左边,在节点板的靠边处设置了一对加劲角钢,这是为了防止节点板在此处发生翘曲(图 8.27)。

在图 8.27 的节点板上,在一侧留有某些空孔,这是为了前后两块节点板的栓孔布置完全一样,以便于制造与安装。某些栓孔对一侧节点板来说是需要的,而对另一侧来说,则不需要。为此,这一侧的节点板上就留有空孔。在节点板上或杆件上留孔洞将降低其疲劳强度,在设计中应注意这点。

在跨度较大的桁架桥中,平纵联由于受力较大,常需采用工字形杆件。这时,平纵联的节点板就需要采用两块,并分别与工字形杆件的上下翼缘相连接,见图 8.31。

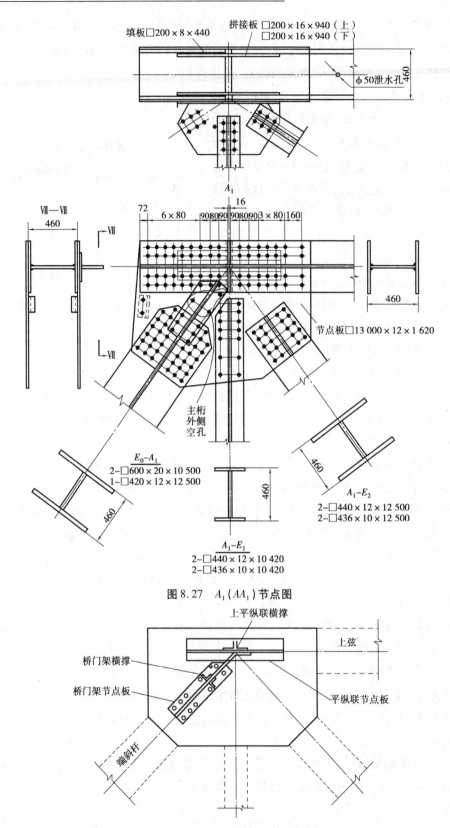

填板 □200 × 8 × 440
拼接板 □200 × 16 × 940（上）
□200 × 16 × 940（下）

ϕ50泄水孔

460

A_1

VII — VII

460

VII

16

72

6 × 80   90 80 90 90 80 90 3 × 80 160

VII

460

460

节点板 □13 000 × 12 × 1 620

主桁外侧空孔

E_0-A_1
2- □600 × 20 × 10 500
1- □420 × 12 × 12 500

460

460

A_1-E_2
2- □440 × 12 × 12 500
2- □436 × 10 × 12 500

460

A_1-E_1
2- □440 × 12 × 10 420
2- □436 × 10 × 10 420

图8.27 $A_1(AA_1)$ 节点图

上平纵联横撑

上弦

桥门架横撑

桥门架节点板

平纵联节点板

端斜杆

图8.28 $A_1(AA_1)$ 节点内侧纵联和桥门架杆件连接的节点板

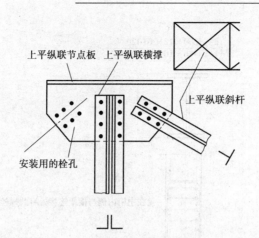

图 8.29 $A_1(AA_1)$ 节点内侧纵联杆件连接的节点板

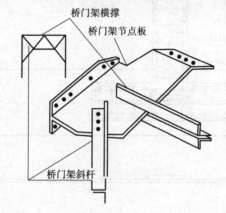

图 8.30 $A_1(AA_1)$ 节点内侧桥门架杆件连接的节点板

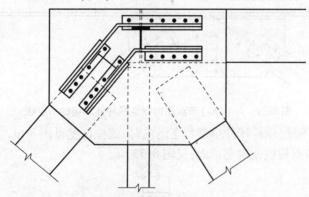

图 8.31 $A_1(AA_1)$ 节点内侧纵联和桥门架工字形杆件连接的节点板

（3）$E_1(EE_1)$ 节点图（图 8.32）

在这个节点处，弦杆是连续的。此处又无斜杆交汇，因此节点构造较简单。竖杆端靠近弦杆，两边用长条矩形节点板与弦杆相连。在连接横梁一侧，此节点板较长，而另一侧则较短，横梁梁端的力将通过梁端与竖杆内侧连接的螺栓传到竖杆上去。由于节点 $E_1(EE_1)$ 为主桁节点之一，它和其他主桁节点一样，也应采用两块节点板。因此，在竖杆外侧加设了一块短节点板，用少量螺栓将竖杆与弦杆相连。

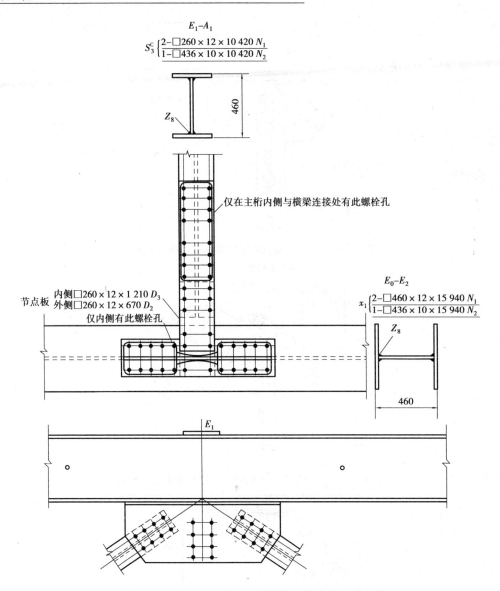

图 8.32　$E_1(EE_1)$ 节点图内侧纵联杆件连接的节点板

当建桥工地交通不便,钢桥杆件全靠汽车运输时,弦杆长度可用 8 m。这时,小节点处需有弦杆拼接,因而此处节点板也就需要扩大,见图 8.33。

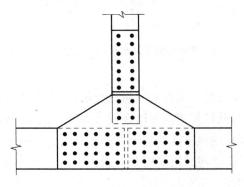

图 8.33　$E_1(EE_1)$ 节点板扩大图

（4）$E_2(EE_2)$ 节点图（图 8.21）

该节点为主桁下弦大节点，是弦杆、斜杆、竖杆交汇的地方。在各杆件的外侧用 D_4 连接，弦杆翼缘内侧的腹部上下各用拼接板 P_5 连接，连接的两弦杆的翼缘板厚不等，较薄翼缘的一侧用填板 B_6 补厚。在节点的内侧用水平钢板 L_{11} 连接桥面系中的斜杆。

8.4.4　腹杆杆端连接计算

主桁的腹杆，其两端是用高强度螺栓连接于节点板上的。为了适应荷载发展需要，避免结构上有薄弱环节，要求腹杆连接的强度不低于被连接的腹杆的承载能力，故计算连接螺栓数量时，采用等强度法，其连接螺栓数量可按下式计算：

$$连接螺栓数\ n = \frac{腹杆的承载力}{P} \tag{8.52}$$

$$P = m\mu_0 \frac{N}{K} \tag{8.53}$$

式中　P——高强度螺栓的允许抗滑承载力；

m——高强度螺栓连接处的抗滑面数；

μ_0——钢材表面抗滑移系数；

N——高强螺栓的设计预拉力；

K——安全系数，取 1.7。

腹杆的承载能力随着杆件受力状况不同而异。受拉杆件的承载力，取 $A_j[\sigma_0]$ 和 $A_j[\sigma]$ 两者中的小者；以受压为主承受反复应力的杆件，其承载能力取 $A_j[\sigma_0]$ 和 $\varphi_1 A_m[\sigma]$ 中之较小者；受压杆件的承载能力取 $\varphi_1 A_m[\sigma]$。其中 A_m、A_j 表示杆件的毛截面面积及净截面面积；$[\sigma]$、$[\sigma_0]$ 表示钢材的基本容许应力及杆件的疲劳容许应力幅；φ_1 表示中心压杆轴向容许应力的折减系数。

高强度螺栓的连接不考虑疲劳的影响。

8.4.5　弦杆杆端连接计算

1）弦杆拼接位置及拼接方法

由于受到运输、安装等条件的限制，桁架桥需分成若干构件，由工厂发送到工地，然后在工地进行拼装。如果把单根杆件作为一个发送单元。则杆件的长度不仅要考虑运输、安装条件，同时还应考虑钢材轧制长度，最好不让杆件长度大于钢材轧制长度，以减少工厂拼接的工作量。我国目前轧制的钢材，长度可达 18 m，宽度较大的钢材，一般长度在 12 m 左右，但也可达到 16 m。如果主桁腹杆长度在 16 m 内，则每根腹杆可以作为一个发送单元而无需工厂拼接。对于主桁弦杆，它的总长是比较大的，必须分成若干段，然后在工地拼接。弦杆工地拼接的位置，通常是设置在节点中心。这样的布置，可以使弦杆的类型减少，因而便于杆件标准化，从而使杆件具有较大的互换性，不仅有利于制造与安装，而且有利于修复。由于杆件标准化，也就减少了钢材供应的种类，有利于钢料的生产与储备，也就给采用机器样板制孔提供了有利的条件。不仅如此，这样布置的拼接位置，还能适应各种架设方法。为此，目前我国铁路钢桁梁的标准设计的弦杆拼接位置,都是采用这种布置。对于个别的特大跨度的桁架桥,为了节省钢材,也有在工厂将弦杆的节点板用对接焊缝与弦杆发送单元焊连成一个构件,而弦件的另一端则用高强度螺栓在工地连接于节点板上。

若弦杆拼接的位置设在节点中心,则弦杆的理论长度应为节间长度的倍数。当节间长度为 8 m 时,弦杆拼接位置可以只设在大节点中心处,这时,弦杆的理论长度为 16 m,这样的杆件长度,是符合我国目前供料、运送和安装的一般条件的,目前我国钢桁梁的标准设计,就是这样布置弦杆拼接位置的。在个别的情况下,例如建桥工地交通不便,钢桥构件只能靠汽车运送。这时,如果弦杆的发送单元长度为 16 m,就会太长。在这种情况下,可将弦杆长度减到 8 m 左右(相当于一个节间长度),而在每个节点中心处都设有弦杆拼接。

主桁弦杆的拼接可以在节点外拼接,也可以在节点内拼接。其拼接方法常采用所谓对接法,即把被拼接的两弦杆杆端对正,在弦杆竖板内外两侧加设拼接板,用螺栓将拼接板与弦杆连牢。从有利于传力来看,最好在组成杆件的各部件上均设有拼接板。例如 H 形的弦杆,杆件的腹板及两侧翼板若均设有拼接板,则传力比较好,腹板及翼板的应力均能直接通过拼接板传递,杆件截面的应力分布也比较均匀,但这样对杆件截面形状及栓孔位置的准确位置就有更高的要求,同时增加了工地拼装的工作量。因此,目前我国钢桁梁所用的 H 形、箱形弦杆的拼接一般都对竖板采用双面拼接,在腹板两侧不设拼接板。而且主要还是在节点内拼接,这种拼接方法是将弦杆高度内的节点板作为弦杆的外拼接板,弦杆竖板内侧设内拼接板。H 形截面的拼接如图 8.34 所示。

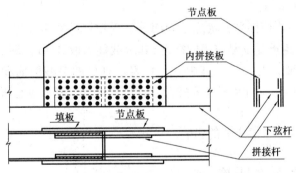

图 8.34　节点内连接示意图

2) 弦杆对接拼接计算

计算拼接时,主要要解决两个问题:一是确定拼接板的尺寸;二是确定拼接板与被拼接杆件连接的螺栓数。

(1)确定拼接板的尺寸

根据《铁路桥梁钢结构设计规范》规定:主桁受拉杆件的拼接板净面积,应较被拼接部分的净面积大 10%。主桁受压杆件的拼接板有效面积应大于被拼接压杆有效面积($\varphi_1 A_m$)的 10%。在节点内拼接时,拼接板的受压容许应力折减系数采用 0.9;在节点外拼接时,拼接板容许应力折减系数与该压杆的受压容许应力折减系数同。

设　A_j'——拼接板的净面积;

　　　A_m'——拼接板的毛面积;

　　　A_j——被拼接部分的净面积;

A_{m}——被拼接部分的毛面积;

φ_1——中心压杆的轴向容许应力折减系数。

对于受拉弦杆:

$$A_{\mathrm{j}}' \geqslant 1.1 A_{\mathrm{j}} \tag{8.54}$$

对于受压弦杆:

$$节点内拼接:A_{\mathrm{m}}' \geqslant 1.1\varphi_1 \frac{A_{\mathrm{m}}}{0.9} \tag{8.55}$$

$$节点外拼接:A_{\mathrm{m}}' \geqslant 1.1\varphi_1 A_{\mathrm{m}} \tag{8.56}$$

当被拼接的两弦杆的截面不等时,拼接板应按截面较大的弦杆来计算。

(2)确定拼接所需的螺栓数

连接拼接板和弦杆的螺栓数,根据连接螺栓的承载能力不小于拼接板的承载能力的原则来确定。若一个高强度螺栓的承载力为P,螺栓数为n,则连接螺栓的承载能力为nP。按照连接螺栓的承载能力不应小于拼接板的承载能力这个原则,得:

对于受拉弦杆:

$$nP \geqslant A_{\mathrm{j}}'[\sigma] \tag{8.57}$$

对于受压弦杆:

$$nP \geqslant A_{\mathrm{m}}'[\sigma] \tag{8.58}$$

决定螺栓数目n后,即可进行螺栓栓钉布置,定出拼接板长度。

8.4.6　主桁节点板计算原理

主桁大节点板是位于几根杆件交汇的地方,腹杆弦杆的内力是通过节点板来平衡的。节点板的应力状态比较复杂:既有压应力,也有拉应力,还有剪应力;应力分布也极不均匀。对于节点板计算,目前尚无比较精确的计算方法。过去在铆接铁路桁架桥中,为了保证节点板有足够的强度,采用经验数据与近似验算相结合的方法。例如,对于中等跨度的单线铁路桁架桥,其节点板的厚度常用12 mm,每个节点用两块;对于中等跨度的双线铁路桁架桥及跨度较大的单线铁路桁架桥,其节点板常用两块16 mm厚的板;对于大跨度重荷载的铁路桁架桥,其节点板常采用更厚的钢板或多层板。这些数据是多年来在钢桥建造中获得的经验数据。

目前虽然采用高强度螺栓连接,仍沿用近似验算方法。下面以节点E_2为例介绍主桁节点板的近似验算方法,包括三部分验算。

(1)验算在主力作用下节点中心处节点板竖向截面上的法向应力

如图8.35所示,验算节点板中心处a—a截面的法向应力。取节点右边的弦杆、斜杆的内力的水平分力之代数和即为垂直作用于这个截面的力$\sum N$。

$$\sum N = N_{弦} - N_{斜}\cos\theta \tag{8.59}$$

在节点的中心处承受$\sum N$法向力的截面为节点板和拼接板的净截面之和A_{j},节点板的法向应力计算如下。

节点板下缘法向应力:

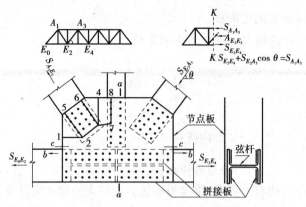

图 8.35　E_2 节点板连接图

$$\sigma_1 = \frac{\sum N}{\sum A_j} + \frac{E \cdot \sum N \cdot y_1}{I_j} \qquad (8.60)$$

节点板上缘法向应力：

$$\sigma_2 = \frac{\sum N}{\sum A_j} + \frac{E \cdot \sum N \cdot y_2}{I_j} \qquad (8.61)$$

式中　e —— $\sum N$ 与节点板截面中轴的偏心距；

$\quad$ I_j —— 节点板截面的净惯性矩。

y_1 和 y_2 如图 8.36 所示。

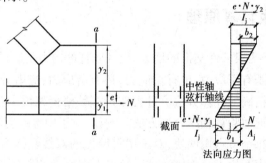

图 8.36　E_2 节点板中性轴应力图

(2)验算在主力作用下腹杆与弦杆之间的节点板水平截面上的剪应力

由于相邻两腹杆的水平力是通过节点板传递到弦杆的,此处两腹杆的水平力的代数和为 $T = \sum N_{斜} \cos \theta$,此力即作用于节点板上的水平剪力。在用上式求算 T 值时,理论上应采用同一活载位置来求两斜杆的内力。为了计算简便,实际计算中可近似地不考虑活载位置是否相同而分别采用两斜杆的最大值。

节点板的水平截面 b—b 由于钉孔而削弱,应对此截面剪应力进行验算,如图 8.35 和图 8.37 所示,拼接板不参加承受剪力 T 的作用。计算时近似地把截面上的剪应力看成是均匀分布的,因此,其剪应力计算为:

$$\tau = \frac{T}{A_j} \leqslant 0.75[\sigma] \qquad (8.62)$$

其中,A_j 为两块节点板在 b—b 处的水平净截面积。

（3）在斜杆与节点板连接处，验算节点板的撕裂应力

当斜杆受力，有可能将节点板撕裂，如图 8.37 和图 8.38 所示，节点板可能撕裂截面有 1—2—3—4、5—2—3—6、1—2—3—7—8、5—2—3—7—8，因此对这些截面应进行节点板的撕裂应力验算。根据《铁路桥梁钢结构设计规范》规定：节点板任何连接截面的撕破强度，应较各被连接杆件的强度至少大 10%。在检算时，其净面积上的容许应力应符合下列规定：a. 垂直于被连接杆件中线的截面部分采用基本容许应力 $[\sigma]$；b. 与被连接杆件中线倾斜相交或平行的截面部分采用 $0.75[\sigma]$。

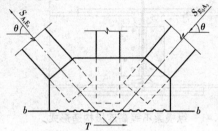

图 8.37　节点板剪应力计算截面

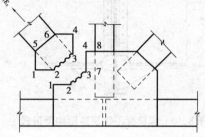

图 8.38　节点板撕裂应力计算截面

例如验算 1—2—3—4 截面：

$$A_{1-2} \times 0.75[\sigma] + A_{2-3} \times [\sigma] + A_{3-4} \times 0.75[\sigma] \geq 1.1 \text{ 倍的杆件强度}$$

其中，A_{1-2}，A_{2-3}，A_{3-4} 表示节点板的净截面，计算时应按两块节点板计算。

8.5　桥面系

8.5.1　桥面系的构造

钢桁梁的桥面系结构指列车行驶部分的结构系统，由纵梁、横梁及纵梁之间的联结系所组成。钢桥宜优先采用有砟桥面，当钢桥采用明桥面时，其明桥面的纵梁中心距不得小于 2 m。纵梁、横梁采用钢板焊接成工字形梁，纵梁的联结系杆件一般采用角钢，其结构比较简单。

纵梁与横梁的连接，纵梁联结系的连接采用高强度螺栓。由于桁梁的每个节间都设有一道或多道横梁，纵梁必须在横梁处断开，纵梁与纵梁的连接有下列几种常用的形式。

1）下承式钢桁梁纵横梁连接形式

（1）纵横梁等高

单线铁路桁梁，常把纵、横梁做成一样高，使纵梁梁端连接构造简单一些。图 8.39 就是等高的纵梁、横梁的连接构造，在纵梁腹板上设一对连接角钢，与横梁腹板相连。在纵梁上下翼缘上各设一块鱼形板，与横梁及相邻的纵梁的翼缘相连。这种构造简单，传力较好，目前常被采用。

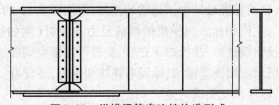

图 8.39　纵横梁等高连接构造形式

（2）纵横梁不等高

双线铁路或节间长度较大的钢桁梁，其横梁受力较大，要求较大的梁高。纵梁、横梁常采用不等高的形式。纵横梁不等高时连接方式有下列几种：a. 纵梁与横梁上翼缘平齐用鱼形板连接，纵梁下翼缘与横梁用牛腿连接，如图 8.40 所示；b. 纵梁间的连接可通过在横梁腹板上挖扁孔，让纵梁鱼形板从此孔中通过，如图 8.41 所示。

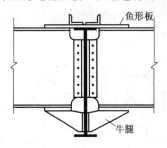
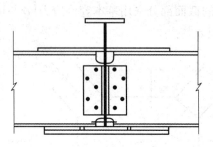

图 8.40　纵横梁不等高连接构造形式　　　　图 8.41　纵横梁不等高连接构造形式

2）上承式钢桁梁的纵横梁连接形式

上承式桁梁的纵横梁连接，一般都采用叠置式，即纵梁放在横梁上翼缘之上。

3）纵梁横梁断开连接形式

钢桁梁桥面系和弦杆在荷载作用下其受力有共同作用，为了减小横梁与弦杆的共同作用所产生的水平弯距。根据《铁路桥梁钢结构设计规范》规定：在主桁跨度大于 80 m 时，还必须把主桁中间的纵梁断开，设置活动纵梁。活动纵梁的结构见图 8.42 所示。纵梁活动端通过一对特制的支座支承于短伸臂上，纵梁活动端可以纵向滑动，也可转动。为了避免行车时纵梁活动端上、下跳动，特设一块铰板，把纵梁活动端连在短伸臂上。在安装架设钢梁时，应将短伸臂与活动纵梁临时连接成一整体，待钢梁安装时，再将临时连接拆除，如图 8.42 所示。

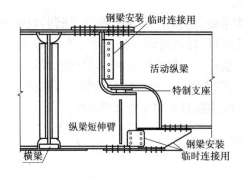
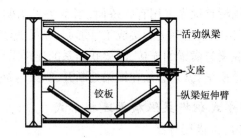

图 8.42　纵梁横梁断开连接构造

4）横梁与主桁连接形式

横梁与主桁的连接，目前标准设计中横梁梁端连接，采用图 8.43 的构造。中间横梁梁端是用一对连接角钢以螺栓与主桁相连。当横梁梁端的反力甚大时（例如顶梁），则梁端连接螺栓的数量需要较多。若连接角钢过短，螺栓难于布置，此时可在横梁端部加焊一块肋板，使连接角钢得以增长，如图 8.44 所示。端横梁梁端，除设有连接角钢外，还设有一块盖板，将横梁上翼缘与两块主桁节点板相连，以便承受梁端弯矩。

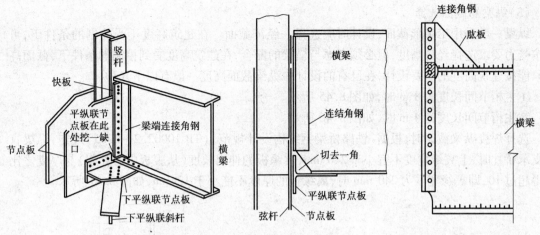

图8.43　标准设计中主桁与横梁连接形式　　　　图8.44　横梁端连接形式

8.5.2　纵梁和横梁的计算

1)纵梁结构及梁端计算

（1）纵梁结构

无论是明桥面还是有砟桥面,纵梁基本上都是直接承受列车荷载的结构。纵梁的结构实际上是小跨度板梁,它由多片工形主梁加上上、下平纵联和中间横联连接而成。主梁腹板上焊有竖向加劲肋,起加劲腹板的作用,有时横联和人行道托架也可借它与腹板相连,所以某些加劲肋又起了连接板的作用。

明桥面枕木直接放在纵梁翼缘上,枕木的变形使上翼缘发生侧向弯曲,在加劲肋上端切口处腹板上产生裂缝。

由于纵梁在竖向加劲肋处受有横向力,同时受加劲肋切口处焊接构造影响,疲劳强度较低,所以为了提高纵梁的疲劳强度。纵梁的横向联结系应与梁的上、下翼缘连接,纵梁的横向联结系如焊于竖加劲肋时,则各加劲肋应与梁的受压翼缘相连。

（2）纵梁的计算原则

每片纵梁在其梁端处,用连接角钢和鱼形板与横梁及相邻的纵梁相连;各片纵梁连接成为一支承在横梁上的连续梁。纵梁的受力状态实际上类似弹性支承上的连续梁,它的下沉决定于横梁与主桁的下挠,它的转角决定于横梁的扭转。纵、横梁连接的松动以及主桁节点的转动,其计算十分复杂。在实际设计工作中,为了简化计算,不是把纵梁当做弹性支承的连续梁来分析,而是把它看为简支梁。根据《铁路桥梁钢结构设计规范》(TB 10002.2—2005)规定:a. 栓、铆接纵梁在竖面内的弯矩、剪力和反力,应按跨径等于横梁中距的简支梁计算;b. 当设有鱼形板、牛腿或其他能承受支点弯矩的结构时,则纵梁与横梁的连接应能承受全部纵梁纵向力和支点弯矩,该弯矩可按纵梁跨中弯矩的0.6倍计算,而连接纵横梁腹板的角钢肢上的栓(钉)数量应按简支反力增加10%;c. 疲劳计算时,铁路纵梁和横梁布置在同一平面,当纵梁与横梁用鱼形板连接,纵梁可以承受支点弯矩时,则纵梁跨中弯矩取$0.85M_0$,支点弯矩取$0.6M_0$(M_0为按简支梁计算的跨中弯矩)。

（3）纵梁的截面选择

纵梁一般采用工字形截面，设计时应选择一经济截面。在建筑高度不受控制的条件下，可以按受力要求选择经济高度，但必须考虑与横梁的配合，在建筑高度受到控制的条件下，截面高度只能按建筑高度的需要设计，在已有的设计中纵梁截面高度一般有以下几种。

①主桁节间长度为 8 m 时，如图 8.45 所示。

②主桁节间长度为 4 m 时，如图 8.46 所示。

选择焊接纵梁截面时，根据《铁路桥梁钢结构设计规范》（TB 10002.2—2005）规定：纵梁直接支承桥枕时，上翼缘宽度不宜小于 240 mm，翼缘板的伸出长度（从腹板中心算起）与厚度之比不得超过 10，即翼缘宽度为 240 mm 时，翼缘板的厚度不能小于 12 mm，如图 8.47 所示。

图 8.45　纵梁形式　　　　图 8.46　纵梁形式　　　　图 8.47　纵梁翼缘尺寸

（4）纵梁应力计算

纵梁设计一般验算其跨中截面的弯曲应力、梁端截面的剪应力、梁端的连接和腹板的稳定性，其内力计算和应力检算与钢板梁相同。

（5）纵梁横梁的连接计算

纵梁端既传递剪力，也传递弯矩。计算时假设剪力全部由纵梁与横梁的连接角钢传递，弯矩由鱼形板传递。当设有鱼形板、牛腿或其他能承受支点弯矩的结构时，则纵梁与横梁的连接应能承受全部纵梁纵向力和支点弯矩，该弯矩可按纵梁跨中弯矩的 0.6 倍计算，而连接纵横梁腹板的角钢肢上的栓（钉）数量应按简支反力增加 10%；当不设承受支点弯矩的结构时，在连接于纵梁的竖角钢肢上的栓钉数量应按简支反力增加 20% 计算，在连接于横梁的竖角钢肢上的栓钉数量应按简支反力增加 40% 计算。

①纵梁连接角钢的螺栓数量计算（设承受支点弯矩的结构时）：

$$n = \frac{1.1Q}{P} \tag{8.63}$$

式中　P——高强度螺栓的允许承载力；

　　　Q——纵梁端剪力；

　　　n——高强度螺栓数；

1.1 表示连接纵横梁腹板的角钢肢上的高强度螺栓数量应按简支反力增加 10%。

②鱼形板的应力验算和连接螺栓计算：计算鱼形板的应力时，M_0 按简支纵梁跨中弯矩的 0.6 倍计算。若上、下两鱼形板之间的距离为 h_0，则每块鱼形板所受之拉力为：

$$N_0 = \frac{M_0}{h_0} \tag{8.64}$$

计算鱼形板的疲劳强度时，在其最大拉力和最小拉力时，M_0 分别取按简支纵梁跨中最大弯矩 0.6 倍和最小弯矩的 0.6 倍。

鱼形板应力计算和疲劳强度的验算如下：

$$\sigma = \frac{N_0}{A_0} \leqslant [\sigma] \tag{8.65}$$

$$\gamma_d \gamma_n (\sigma_{max} - \sigma_{min}) \leqslant \gamma_t [\sigma_0] \tag{8.66}$$

式中　A_0——鱼形板的净截面面积；

　　　$[\sigma]$——鱼形板的容许应力；

　　　$[\sigma_0]$——疲劳容许应力幅。

每块鱼形板与纵梁翼缘连接所需的螺栓数 n：

$$n = \frac{N_0}{P} \tag{8.67}$$

式中　P——单个高强度螺栓的允许承载力。

2）横梁及梁端连接计算

（1）计算原则

横梁与相连的主桁竖杆及横向联结系的楣杆形成横向框架，当纵梁的外力加载于横梁上时，横梁梁端不仅有剪力，而且还有负弯矩。但在实际设计中，偏于安全地将横梁截面按跨度等于两主桁中到中的简支梁内力进行验算。计算时，由于横梁自重对其内力的总值影响甚微，可忽略不计。在设计梁端连接时，应考虑由于闭合框架作用而产生的负弯矩的影响。

（2）横梁内力分析

横梁设计分端部横梁和中间横梁两种，横梁的截面形式为工字形梁。

①作用在中间横梁上的外力：横梁的受力情况如图 8.48 所示，作用在横梁上的外力 N，其值等于两跨纵梁反力之和，N 的影响线见图 8.49 所示。

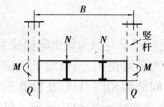

图 8.48　横梁受力情况

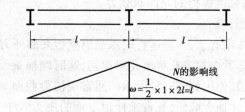

图 8.49　横梁受力影响线

纵梁上的恒载产生的内力：$N_p = p \cdot l$。

纵梁上的活载产生的内力：$N_k = \eta(1+\mu)k \cdot l$；

其中 p 为纵梁和桥面单位长度的重量；k 为按 N 的影响线求得的换算均布活载；μ 为荷载发展系数；$(1+\mu)$ 为按跨度 $L = 2l$ 求得的冲击系数；l 为纵梁计算跨度。

作用在横梁上的外力：$N = N_p + N_k$。

②横梁的内力计算：横梁的内力计算参看图 8.50 所示。

恒载产生的剪力：$Q_p = N_P$；

恒载产生的弯矩：$M_p = N_p \left(\dfrac{B-b}{2}\right)$；

活载产生的剪力：$Q_k = N_k$；

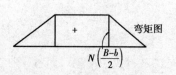

图 8.50　横梁受力计算图

活载产生的弯矩: $M_k = N_k \left(\dfrac{B-b}{2} \right)$。

横梁的内力为:

$$Q = p \cdot l + \eta(1 + \mu)kl \qquad\qquad (8.68)$$

$$M = p \cdot l \cdot \left(\frac{B-b}{2} \right) + \eta(1 + \mu)kl \cdot \left(\frac{B-b}{2} \right) \qquad\qquad (8.69)$$

(3)弯曲应力、剪应力、疲劳强度及换算应力验算

验算的内容同上承式板梁桥的主梁,内容有:横梁上、下翼缘的弯曲应力;横梁剪应力;横梁下翼缘的疲劳强度;纵梁梁端与横梁连接处的横梁截面其所承受的剪力与弯矩均相当大,在此处还应验算换算应力。

(4)横梁端连接螺栓计算

横梁与主桁连接的强度,计算应符合下列规定:a. 当不设承受支点弯矩的结构时,在连接于横梁的竖角钢肢上的螺栓数,按简支反力增加10%计算,在连接于主桁的竖角钢肢上的螺栓数量,按支点反力增加20%计算;b. 当设有承受支点弯矩的结构时,则全部弯矩由该结构承受,而连接横梁和主桁的竖角钢肢上的螺栓数量,仍按支点反力增加10%计算。

不设承受支点弯矩时,竖角钢肢上的螺栓数:

$$n_1 = \frac{Q}{P} \times 1.1 \qquad\qquad (8.70)$$

$$n_2 = \frac{Q}{P} \times 1.2 \qquad\qquad (8.71)$$

式中 n_1——横梁梁端连接角钢与横梁腹板相连的螺栓数;

n_2——横梁梁端连接角钢与主桁连接的螺栓数;

P——高强度螺栓的允许承载力。

(5)端横梁计算

端横梁的作用有二:一是运行时承受纵梁传来的外力,此时所承受的力较中间横梁为小;二是钢梁安装或运营中常需要将整孔梁顶起,这时端横梁就作为顶梁使用,顶梁的千斤顶就放在端横梁的下面,其作用如图8.51所示。通常端横梁截面与中间截面相同,只有在验算顶梁作用的强度不足时,才加大截面,每台千斤顶支承的压力等于一个支座支承的恒载反力。但在验算顶梁时,考虑到两台千斤顶可能发生顶力不均或其他因素。为安全起见,《铁路桥梁钢结构设计规范》规定应将顶起荷载增加30%检算。强度验算方法与中间横梁相同,此时的容许应力应将基本容许应力提高20%。

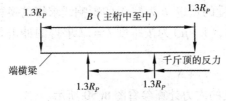

图8.51 端横梁受力计算图

8.6 联结系

8.6.1 平纵联

1)平纵联的腹杆体系

主桁架的平纵联由主桁弦杆及其间的腹杆组成。平纵联的腹杆体系很多,常见的几种图式:交叉式腹杆体系、菱形体系、有横撑的三角形腹杆体系。而菱形体系和有横撑的三角形腹杆体系,当弦杆变形时由于斜杆和横撑的作用使弦杆受到侧向弯曲,所以这两种腹杆体系应用较少。而交叉形的腹杆体系,当弦杆伸长或缩短时,弦杆变形比较均匀,弦杆只受轴向力,不会使弦杆受到侧向弯曲。因此,我国的桁架桥标准设计都采用这种形式,如图 8.52 所示。

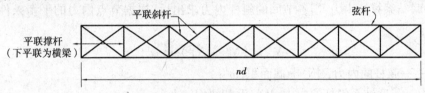

图 8.52 交叉形的腹杆体系

2)平纵联的计算

在横向力作用下平纵联弦杆的内力计算时曾指出,简支桁架桥的平纵联的计算图式是水平放置的简支铰接桁架,其计算跨度或等于主桁跨度,或等于主桁上弦端节点之间的距离。平纵联所受的荷载包括横向风力、列车横向摇摆力、离心力(若是弯道桥)、由于弦杆变形所引起的力。

(1)计算横向风力作用时的内力

交叉形斜杆所产生的内力,假设节间剪力由交叉斜杆各承受一半,随着风向的不同每一根斜杆均可能受压或受拉。

在下承式钢桁梁的平纵联风力计算时,主桁和桥面系(包括桥面)的风力应是全跨加载,列车上的风力则应按斜杆内力影响线之最不利的情况加载,如图 8.53 所示。

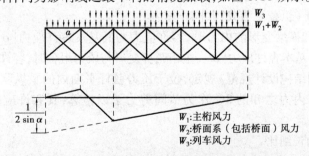

W_1:主桁风力
W_2:桥面系(包括桥面)风力
W_3:列车风力

图 8.53 水平力作用下平纵联斜杆内力影响线

按照《铁路桥梁钢结构设计规范》规定,横向水平力在上下纵向联结系的分配系数见表8.2。

（2）弦杆变形所生内力

①纵向联结系斜杆内力：在交叉形的纵向联结系中，应计算由于主桁弦杆变形或横梁变形所引起的联结系杆件的内力。该内力与风力组合计算时，容许应力提高系数可采用1.2。

由于主桁弦杆变形或横梁变形所引起的联结系杆件的内力，可按下列公式计算。

交叉形斜杆因弦杆变形而生的内力：

$$N_d = \frac{N}{A} \times \frac{A_d \cos^2\alpha}{1 + 2\dfrac{A_d}{A_p}\sin^3\alpha + \dfrac{A_d}{A}\cos^3\alpha} \tag{8.72}$$

交叉形，当横梁兼作撑杆：

$$N_d = \frac{A_d\left(\dfrac{N}{A}\cos^2\alpha + 0.6\sigma_b\sin^2\alpha\right)}{1 + 4\dfrac{A_d}{A_b}\sin^3\alpha + \dfrac{A_d}{A}\cos^3\alpha} \tag{8.73}$$

②纵向联结系撑杆内力：当各节间的斜杆内力求出后，根据节点内力的平衡条件得出撑杆内力 N_p，即：

$$N_p = (N_d^{左} + N_d^{右})\sin\alpha \tag{8.74}$$

式中　N, A——弦杆的内力，MN；毛截面积，m^3；

　　　N_d, A_d——联结系斜杆的内力，MN；毛截面积，m^2；

　　　N_p, A_p——联结系撑杆的内力，MN；毛截面积，m^2；

　　　A_b——横梁毛截面积，m^2；

　　　I——弦杆对竖轴的毛截面惯性矩，m^4；

　　　α——联结系斜杆与弦杆的交角；

　　　B——主桁中距，m；

　　　σ_b——横梁按竖向荷载和毛截面计算的最大纤维应力，MPa。

当 σ_b 和 N 的符号相反时，可按不利的内力组合，假设求 N_d 的式中的 σ_b 或 N 等于零。

（3）内力组合及容许应力

最不利的荷载组合应考虑桥上有车及桥上无车的情况，内力组合有：

a.桥上无车风力 + 恒载共同作用力；

b.桥上有车时的（恒载 + 活载）共同作用力；

c.桥上有车风力 +（恒载 + 活载）共同作用力。

仅计算主桁弦杆和横梁变形的内力时，容许应力为其基本容许应力$[\sigma]$；仅计算风力荷载的内力时，容许应力为基本容许应力$[\sigma]$；主桁弦杆变形与风力组合时，容许应力为$1.2[\sigma]$。

按照《铁路桥梁钢结构设计规范》规定，位于压力弦杆平面内的平纵联斜杆除按以上方法检算外，还应以两弦杆内力之和的3%作为节间剪力予以检算，其容许应力与基本容许应力相同。

（4）平纵联杆件的长细比

交叉形平纵联的斜杆的自由长度在平面内为其对角线全长的一半，平面外则为对角线的全长，允许最大长细比为130。

平纵联的斜杆由单根型钢组成的拉杆，可不考虑杆件连接的偏心弯矩，但其计算截面应为：

①由单个角钢组成的杆件等于连接肢截面积与50%非连接肢的截面积之和。

②由单个槽形杆件(轧制的或组合的)用腹板连接及 T 形杆件用翼缘连接的计算截面积均减少 10% 。

③计算由单个角钢组成的联结系压杆应力,如仅以一个肢与节点板相连,当采用最小回转半径计算其长细比时,可不考虑杆件连接的偏心影响。

8.6.2　横向联结系及桥门架

1)图式及布置方法

横向联结系及桥门架的作用在于承受并传递横向力,加强桁架桥的整体性;桁架桥承受偏载时分配荷载。横向联结系随桁架高度的不同可以有各种不同的图式,如图 8.54 所示可用于钢桁梁的几种图式。我国标准设计中的单线和双线铁路钢桁梁中常用图 8.54(b)中的第 2 种和第 4 种形式。新建铁路为了增加横向连接和刚度,横向联结系常采用如图 8.3 ~ 图 8.5 所示形式和高速铁路下承式钢桁结合梁的桥面构造推荐形式。

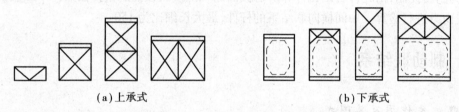

(a)上承式　　　　　　　　(b)下承式

图 8.54　下承式横向联结系形式

为保证桥跨的整体作用,中间横向联结系至少应每隔两个节间设置一个。中间横向联结系均为竖直设在立杆或吊杆上,一般设在上弦大节点处,在上弦小节点处设横撑即可。在栓焊梁标准设计中,在跨中的各个节点处均设有横联,以增强桥跨结构的整体刚度。桥门架通常采用和横向联结系同样的形式,为使上平纵联所受的风力有效地经由桥门架直接传给支座,下承式桁架桥的桥门架一般设置在端斜杆平面。

2)桥门架楣杆的计算

在前面讲主桁杆件内力计算时已经求出桥门架在水平风力作用下腿杆反弯点 l_0 的位置,见桥门架效应一节的内容。现在进一步分析桥门架楣杆的内力。

如图 8.55 所示,取①—①截面所截取的左侧部分结构为分离体。对 I 点取力矩,可得:

$$S_{GH} \cdot e + \frac{H_w(l - l_0)}{B} \cdot \frac{B}{2} - \frac{H_w}{2}(l - l_0) = 0$$

由上式可得 $S_{GH} \cdot e = 0$,即 $S_{GH} = 0$。取节点 G 为隔离体,可得 $S_{CG} = 0$。

杆件 CG、GH、DH 在横向力作用下均为不受力的杆件,设置这些杆件是为了减少楣杆 IE、IF 的自由长度。同样,取①—①截面取分离体,并对 C 点取矩,得:

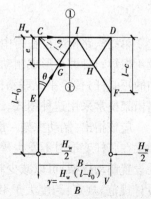

图 8.55　桥门架内力分析图

$$\frac{H_{\mathrm{w}}}{2}(l - l_0) = S_{\mathrm{IE}} \cdot e_1 = S_{\mathrm{IE}}(l - c)\sin\theta$$

$$S_{\mathrm{IE}} = \frac{H_{\mathrm{w}}(l - l_0)}{2(l - c)\sin\theta}$$

根据水平力的平衡条件：

$$S_{\mathrm{IC}} + H_{\mathrm{w}} - \frac{H_{\mathrm{w}}}{2} + S_{\mathrm{IE}}\sin\theta = 0$$

$$S_{\mathrm{IC}} = -\left(\frac{H_{\mathrm{w}}}{2} + S_{\mathrm{IE}}\sin\theta\right) = -\left(\frac{H_{\mathrm{w}}}{2} + \frac{H_{\mathrm{w}}(l - l_0)}{2(l - c)\sin\theta}\sin\theta\right) = -\frac{H_{\mathrm{w}}}{2}\left(1 + \frac{l - l_0}{l - c}\right)$$

随着风向的不同，杆件 *IE* 和 *IC* 可以受拉或受压，受压时较为不利，设计时应按受压杆件计算。

计算楣杆的内力时，应采用按无车时的风力强度算出的 H_{w}。桥门架的楣杆内力一般均较小，多为刚度控制，桥门架杆件的最大长细比为130。至于单线铁路钢桁梁中间横向联结系各楣杆，也为刚度控制，由允许长细比计算所需截面面积。横联顶部的横撑因兼作平纵联的横撑，应按所受内力进行检算。中间横向联结系的杆件，最大长细比为150。

8.6.3　制动联结系

1）制动联结系作用及其图式

列车在桥上行驶时因变速所引起的制动力或牵引力是一种纵向力，经由钢轨和桥枕传给纵梁，由纵梁传给横梁。此时横梁将因纵梁的推动而引起水平挠曲，而横梁对水平挠曲的抵抗能力很弱，这将使横梁水平弯曲变形过大，如图8.56所示，甚至导致横梁破坏。为使这种纵向水平力传给主桁节点，然后通过主桁弦杆传至固定支座，以减少横梁所受的水平弯矩，这就需要设置制动联结系（或称制动撑架）。

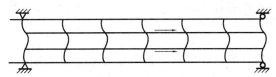

图8.56　制动力引起的横联变形

单线铁路桁架桥在跨中的制动撑架如图8.57所示。在纵横梁交点及平纵联斜杆交点间加设4根短斜杆即可形成制动撑架。由纵梁传来的制动力（或牵引力）将经由4根制动撑杆（附加的短斜杆）传至平纵联斜杆交点 O 及 O'，而后经平纵联斜杆（共8根）传给主桁。我国单线铁路桁架桥常采用这种图式。

应该指出：制动撑架一般宜设在跨中（或纵梁断开点与桥梁支点间的中部），因为在该处，横梁在弦杆变形时不发生弯曲，其相邻节间的纵梁与平纵联斜杆的纵向相对位移也较小。在该处设置制动撑架，可以减少制动撑架参与桥面系和弦杆的共同作用。因此，《铁路桥梁钢结构设计规范》规定：跨度大于48 m的钢梁，应在跨度的中部设制动联结系。跨度大于80 m的简支梁，宜在跨间设置可使纵梁纵向移动的活动支承，其间距不应大于80 m。当纵梁连续长度大于48 m时，还应在其中部设制动联结系。

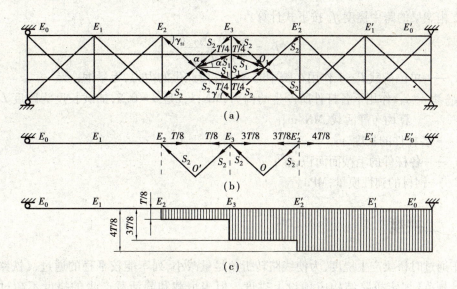

图 8.57　单线铁路钢桁梁的制动撑架的布置图

2）制动联结系的计算

设作用在桥跨上的制动力为 T，此力经纵梁传给左右两套制动撑架，如图 8.57（a）所示，在制动力作用下，制动撑杆的内力值：

$$S_1 = \pm \frac{T}{4} \cdot \frac{1}{\cos \theta} \tag{8.75}$$

制动撑杆是专为传递制动力而设置的，故对撑杆而言，制动力是主力，计算时其容许应力用基本容许应力 $[\sigma]$。

平纵联斜杆因制动力作用所产生的内力值：

$$S_2 = \pm \frac{T}{8} \cdot \frac{1}{\cos \gamma} \tag{8.76}$$

此力在验算平纵联斜杆的应力时应予计算。其 T 值按相应于求平纵联斜杆主应力时的静活载的 7% 计算，因为求平纵联斜杆的主应力时已考虑了冲击力的影响，故可予以降低。容许应力用 $1.25[\sigma]$。

如图 8.57（a）所示，弦杆因制动力 T 而引起的内力如下（左侧下弦端结点为活动铰支座，右侧下弦端结点为固定铰支座）：E_0E_2 为 0；E_2E_3 为 $T/8$；$E_2'E_3$ 为 $3T/8$；$E_0'E_2'$ 为 $T/2$。每根制动撑杆由制动力 T 而引起的内力为 $T/8$。

8.7　桁梁挠度、上拱度及横向刚度

8.7.1　桁梁挠度

为了保证行车的安全平稳，桥梁应具有一定的竖向刚度，根据《铁路桥梁钢结构设计规范》规定，钢桁梁由静活载（不计冲击力）引起的竖向挠度（按平面桁架计算）简支桁架和连续桁梁的边跨不应大于 $L/900$，连续桁梁的中跨不应大于 $L/750$，L 为检算跨的跨长。

简支桁架梁的跨中挠度，f_k 按下式计算：

$$f_k = \sum \frac{N_1 N_{k0.5} l}{E A_m} \qquad (8.77)$$

式中　N_1——单位荷载 $P=1$ 作用在跨中时各杆件所产生的内力，无量纲；

　　　$N_{k0.5}$——$k_{0.5}$ 作用下各杆件所产生的内力，MN；$k_{0.5}$ 是 $a=0.5$，加载长度为跨度 L 时的换算均布静活载，MN/m；

　　　l——各杆件的长度，m；

　　　A_m——各杆件的毛截面面积，m^2；

　　　E——钢材的弹性模量，MPa。

8.7.2　上拱度

列车通过时桥梁产生挠度，为使线路转折角尽量减小，列车能较平稳的通过，《铁路桥梁钢结构设计规范》规定桥跨结构应预设上拱度。但当恒载和静活载产生的挠度不超过跨度的 $1/1\,600$ 时，也可以不设上拱度。上拱度曲线应与恒载和半个静活载产生的挠度曲线基本相同而方向相反。

设 f_p 为恒载所产生挠度，f_k 为静活载所产生的挠度，如图 8.58 所示，桁架梁跨中预设上拱度的矢度 f 为：

$$f = f_p + \frac{1}{2} f_k \qquad (8.78)$$

式中　f_p——恒载挠度；

　　　f_k——静活载挠度。

钢梁架设后，恒载上拱度将因恒载的作用而消失。

如果将上拱度曲线做成圆弧形，则应该将上弦杆的理论长度做长。下弦杆的理论长度缩短，腹杆长度不变。但为使预留拱度后，各杆件的实际长度不变，所以桁梁的上拱度是采取在节点板上留出伸长和缩短值的办法来实现。

上承式桁架梁的桥面系在上弦杆，为使纵梁的实际长度和上弦杆的实际长度保持不变，应将下弦杆的理论长度缩短，即在大节点处，每端缩短 Δ，在大节点板上第一排螺栓起线为 $a-\Delta$，如图 8.59 所示。

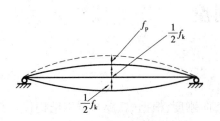

图 8.58　上拱度设置曲线图

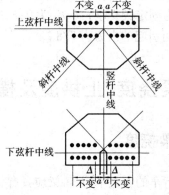

图 8.59　上承式桁架桥拱度设置

　　下承式桁梁的桥面系在下弦杆,为使纵梁的实际长度和下弦杆的实际长度保持不变,应将上弦杆的理论长度伸长,每端伸长 Δ ,在节点板上第一排螺栓起线为 $a-\Delta$,如图 8.60 所示。

　　上拱度的计算以下承式桁梁为例,设计时是让下弦杆和腹杆理论长度不变,上弦杆每两个节长 $(2d)$ 伸长 2Δ ,如图 8.61 所示。

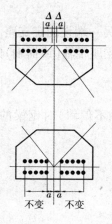

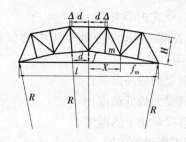

图 8.60　下承式桁架桥拱度设置　　　　图 8.61　下承式桁架桥拱度设置计算示意图

　　由几何关系可知:

$$\frac{R}{d} = \frac{R+H}{d+\Delta}$$

$$R = \frac{dH}{\Delta}$$

在确定了半径 R 之值后,桁架梁的实设上拱度为:

$$f = \frac{l^2}{8R}$$

下弦任一节点 m 的上拱度为:

$$f_m = f - (R - \sqrt{R^2 - X^2})$$

式中　l——桁梁跨度,m;

　　　R——上拱度圆曲线半径,m;

　　　d——主桁节间长度,m;

　　　H——主桁高度,m;

　　　Δ——弦杆每端伸长或缩短值,m;

　　　X——跨中至任一点 m 的距离。

8.7.3　横向刚度

　　桥跨结构应具有必要的横向刚度,以避免通过列车时发生太大的摆动。桥跨的刚度与两片主桁的中心距离密切相关。根据《铁路桥梁钢结构设计规范》(TB 10002.2—2005)规定:下承式简支桁架梁及连续桁架梁的边跨,其宽度与跨度之比不宜小于1/20,连续梁中跨的宽跨比不宜小于1/25。

随着列车速度的提高,横向刚度更显得突出,因此新建钢桥应进行车桥动力响应计算,使列车过桥时,其轮重减载率,脱轨系数和舒适度能达到一定的指标,确保安全运行。

8.8 支座的设置及抗震

简支钢桁梁的支座一般为铰接式支座,一端设活动支座,另一端设固定支座。落梁时活动支座计算是按左右偏移量相等这个原则来考虑的,因此,活动支座辊轴(或摇轴)的偏斜度的设置,要符合该原则。

对简支下承式桁梁来说,设:

t——无活载时活动支座处于正中的位置(即辊轴或摇轴不偏斜)时钢梁的温度,按摄氏度计;

$t_高$——钢梁的最高温度;

$t_低$——钢梁的最低温度;

$t_落$——落梁时钢梁的温度;

L——简支桁梁的跨度;

α——钢材的热膨胀系数($=0.000\ 011\ 8$);

Δ_1——活载产生的纵向移动量。

由于当钢梁温度为 t 时活动支座恰处于正中位置,当钢梁温度下降到 $t_低$,这时,钢梁将因温度下降而缩短,活动支座的上部,将向一侧移动 $\alpha(t - t_低)l$,如图 8.62 所示;当钢梁温度上升到 $t_高$,且桥上还有列车通过时,由于温度升高与活载的影响,钢梁将伸长,活动支座的上部,将从正中的位置向另一侧移动 $\Delta_1 + \alpha(t_高 - t)l$。因活动支座左右偏移量应相等,所以:

$$\Delta_1 + \alpha(t_高 - t)l = \alpha(t - t_低)l$$

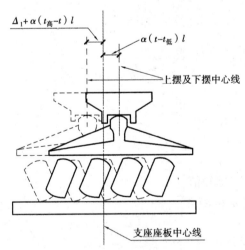

图 8.62 支座左右摆动示意图

由此得:

$$t = \frac{1}{2}\left(\frac{\Delta_1}{\alpha l} + t_高 + t_低\right)$$

在落梁设置活动支座时,如果 $t_落 = t$,则应将活动支座设置正中,使其辊轴或摇轴不偏斜;若

$t_{落}>t$,则设置支座时,应使上摆中心偏移底板中心,偏移方向为上摆远离固定支座而偏斜,其偏移量为 a,则:

$$a = \alpha(t_{落} - t)l$$

当 $t_{落}<t$ 时,偏移方向为上摆朝固定支座的方向偏斜,偏移量为 $a = \alpha(t_{落}-t)l$。

支座的设计和计算除要满足规范要求外,尚应按照《铁路工程抗震设计规范》(GBJ 50111—2006)的要求引入抗震验算及采取必要的抗震措施。

本章小结

(1)下承式简支栓焊钢桁梁由主桁、桥面、桥面系、联结系和支座组成。

(2)下承式简支栓焊钢桁梁在实际工作中简化计算方法是把整个桁架结构分成若干个平面结构,有主桁、纵梁、横联、平纵联、横向联结系和桥门架等。

(3)杆件在节点处采用节点板、拼接板利用高强螺栓连接,钢桁梁通过在工厂里焊接整体节点已广泛应用到钢桁梁的设计中。

(4)利用单位荷载法计算钢桁梁的挠度,设置上拱度曲线按恒载和半个静活载产生的挠度曲线基本相同且方向相反。

(5)钢桁梁在安装过程中,活动支座应根据安装时温度调整活动支座的偏移量。

思考题与习题

1.简支栓焊桁架梁由哪几部分组成?

2.简述下承式简支栓焊桁架梁不同方向荷载的传力路径。

3.简述活载发展系数的含义。

4.桥面架效应是什么?

5.简述主桁节点的设计步骤和近似计算应检算的内容。

6.简述桁架梁在设计理论和实际的上拱度设计方法。

7.制动力(牵引力)对桥跨结构的哪些杆件有不利影响?设计中采取什么措施来消除这种不利影响?

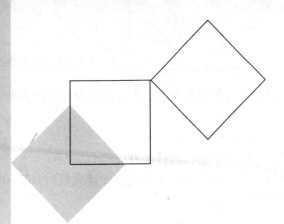

9 普通钢桥的制造与安装

本章导读

　　阐述钢构件制作工艺,钢桁梁的杆件安装基本作业,钢梁安装常用方法。

　　钢桥施工图完成后,各构件需在工厂制作,然后运到桥位,再通过不同的施工方案将钢构件连接在一起,形成钢桥结构。

9.1 钢构件制作工艺

9.1.1 构件制作

1)作样

　　根据结构构件加工详图用薄钢板、小角钢做成样板和样条,在钢料上标出切割线及螺栓(铆钉)孔的位置。制作样板样条的工作称为作样。对于钢桥结构的次要部分,如人行道的节点板,可用样板划出它的外轮廓切割线及标出栓孔的位置。对于钢桥的主要部分,如主桁、桥面系、联结系等构件,要求较高精确的栓孔位置,一般采用机器样板钻制栓孔。主桁架的节点板栓孔的位置在制作的样板上就不必标出。

2)号料及号孔

　　利用样板或样条,在钢料上将零件的切割线划出,这种工作称为号料。利用样板或样条,用样冲在钢料上打上冲点,表示栓(钉)孔的位置,这种工作称为号孔。如果采用机器样板,则不必进行号孔。对于较长的角钢、槽钢及钢板,宜用样条号料及号孔。型钢号料有时也可用称为样杆的小角钢进行。

现在的钢桥制造中,利用电子计算机自动画图放样,先将图形数值化,使用自动制图机、自动样杆制作机、自动画线机一次完成放样。并以自动气割机,同时完成切割工序。

3)切割

钢料的切割方法有机械剪切、气割、联合剪冲和锯切多种。

对于低碳钢和低合金钢钢板,目前剪切机切割厚度在 20 mm 以下。钢材被剪切后,边缘较粗糙,有翘边和边缘冷硬现象,只适用于次要零部件,或在剪切后需要进行边缘加工的零部件等。剪切机的构造原理如图 9.1(a)所示。

气割用于切割一般剪切机不能剪切的厚钢板,或因形状复杂不能剪切的板件。按操作方法划分气割可分为手工气割、自动或半自动气割和数控气割。按精密程度分有一般气割和精密气割。半自动气割主要用于低、中碳钢板,进行直线、弧线或圆形切割。一般经气割后的钢板边缘,可不必再加工。

联合剪冲用于角钢的剪切。目前,联合剪冲机可剪切的最大角钢为∟125×12,如图9.1(b)所示。

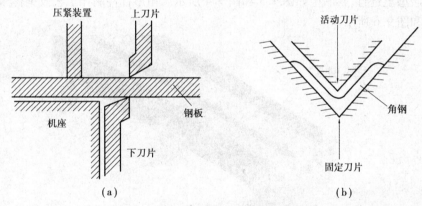

图9.1 剪切机和联合剪冲机工作原理

锯切主要用于切割槽钢工字钢、管材和大尺寸角钢。锯切的工具为圆锯机。

4)制孔

制孔的成孔方法有冲孔、钻孔和扩孔 3 种。

①冲孔:冲模和冲头配合,用机械或油压,将冲头通过冲模压下,钢板板面受压剪而成孔。冲孔法一般只用于板厚小于 12 mm 的次要构件。若冲孔后再扩孔,则可用于板厚 16 mm 的钢板。

②钻孔:用一种合金工具钢制造的钻头,通过旋转和轴向前进,在钢板或型钢上成孔称为钻孔法。在钢桥构件制造中,多用机械样板移动式旋臂钻床、通用或专用的数控钻床。

机器样板是在厚 12 ~ 20 mm 的钢板上,按照孔眼的设计位置,精确的嵌入经过渗碳淬火处理的钢质钻孔套。钻孔时将机器样板覆盖在要加工的部件上,用卡具夹紧,钻头即通过钻孔套钻制加工部件上的安装孔。钻孔时可将几块板材与覆盖式机器样板一同卡牢,然后用摇臂钻床一次在钻孔套内套钻钻透各层。如图 9.2 所示,钢桥中主桁节点板的机器样板及钻孔套。数控坐标式钻床钻孔可达到很高的精度,也可使 H 字形杆件的栓孔一次钻成。

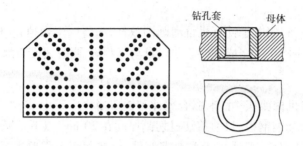

图 9.2 覆盖式机器样板及钻孔套

③扩孔:组装件可预钻小孔,组装后进行扩钻,预钻孔径至少应较设计孔径小 3 mm。

5)组装

组装是按加工图纸把制备完成的半成品或零件拼装成部件、构件的工序。构件组装前,应对连接表面及焊缝边缘 30~50 nun 范围内铁锈、氧化铁皮、油污、水分等进行清理。

栓焊钢梁的主桁杆件截面形式为 H 形和箱形。H 形和箱形杆件为了便于进行定位焊,其组装最好在胎型上进行,其胎型如图 9.3 和图 9.4 所示。箱形杆件制作工艺及整体节点制作工艺如图 9.5 和图 9.6 所示。

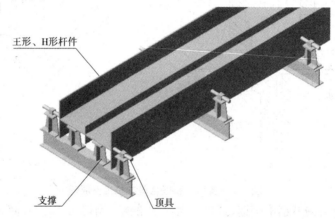

图 9.3 H 形、王形杆件组装胎型示意图

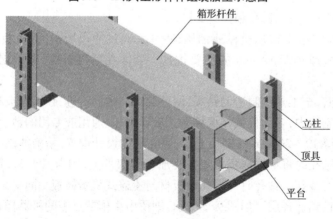

图 9.4 箱形杆件组装胎型示意图

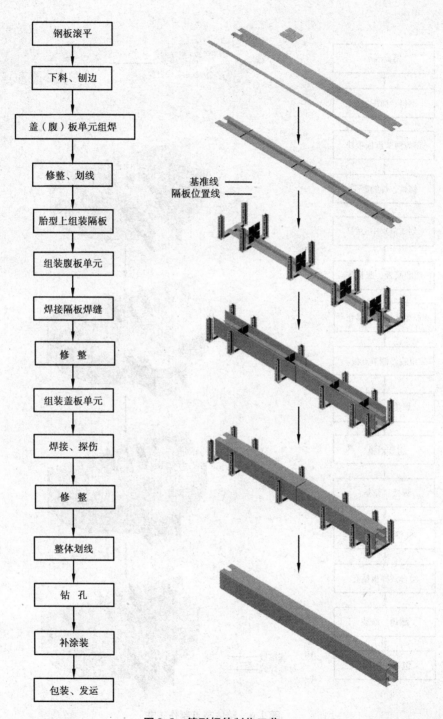

钢板滚平

下料、刨边

盖（腹）板单元组焊

修整、划线

胎型上组装隔板

组装腹板单元

焊接隔板焊缝

修 整

组装盖板单元

焊接、探伤

修 整

整体划线

钻 孔

补涂装

包装、发运

基准线 ——
隔板位置线 ——

图 9.5 箱形杆件制作工艺

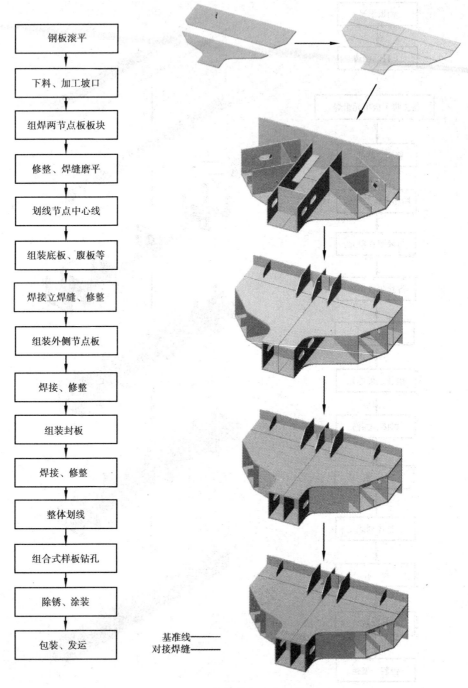

钢板滚平

下料、加工坡口

组焊两节点板板块

修整、焊缝磨平

划线节点中心线

组装底板、腹板等

焊接立焊缝、修整

组装外侧节点板

焊接、修整

组装封板

焊接、修整

整体划线

组合式样板钻孔

除锈、涂装

包装、发运

基准线 ———
对接焊缝 ———

图 9.6　整体节点制作工艺

9.1.2 钢梁的试拼装、涂装和装运

1）试拼装

钢梁的部件在工厂里制作完成，运往工地前应进行试拼装，以验证工艺装备是否精确可靠。厂内试拼装可按主桁、桥面系、桥门架及平纵联 4 个平面进行。试拼装时，钢梁主要尺寸如桁高、跨度、上拱度、主桁间距等的精度应满足规范规定的要求。对于所有现场栓焊栓孔，其栓孔眼应有 95% 能自由通过较设计孔径小 0.5 mm 的试孔器，全部栓孔眼应能自由通过较设计孔径小 0.75 mm 的试孔器。

凡新设计的以及改变工艺装备后制造的钢梁，均应进行试拼装。对成批连续生产的钢梁，一般可每 10～20 孔试拼装一孔。

2）涂装

钢桥构件在厂内应按规定的表面处理方法进行防锈去污，然后涂装油漆使钢材表面与大气隔绝以防锈蚀。对于栓焊梁杆件，防锈处理应不致使工地安装孔部位的摩擦系数降低。除锈的方法有酸洗、人工喷铁丸（砂）及机械抛丸等。工厂内涂装油漆大多数为底漆，待杆件运到工地架设安装后再涂面漆。

3）装运

底漆涂完后，杆件标注编号，连同钢桥施工图、拼装简图、发送杆件表及螺栓一并装运发往工地。

9.2 钢梁安装的基本作业

钢梁安装的基本工序包括钢梁构件的存储、预拼、栓合、顶落梁、移梁、临时支座设置、钢梁定位及支座安装等。本节介绍基本工序中的构件的预拼和构件之间的栓合。

9.2.1 构件的预拼

钢梁的构件从工厂运到工地，在拼装之前存贮在储用场。构件的预拼是将部分构件在预拼场拼装成吊装单元，再运送到工地组拼。预拼目的是为了减少拼装钢梁时的高空作业，减少吊装次数，减少工地组拼工作量，加快施工速度。因此，预拼场和构件储用场一般合并布置。

构件的预拼，一般而言：大节点板预拼在弦杆上，下弦节点板可成对地预拼在下弦节点上；上弦节点板一块附在弦杆上，另一块附在竖杆上；对于竖杆预拼，若为菱形桁架，可将竖杆上下两部分与中间部分节点板预拼成一整体单元；三角形桁架时，如前述竖杆与上弦相连接的小节点，可预拼一块节点板，另一块不拼；两根纵梁可用联结系预拼成单元；一横梁上一般只预拼连接角钢；上平纵联斜杆与中间的连接板应拼成一个单元，而两根短杆宜只连一个螺栓，以便装运；下平纵联杆件视纵梁安装的先后，或预拼或分件安装。

预拼工作一般都在台座上进行。预拼台座大都按上弦、下弦、竖杆、纵梁、横梁、联结系等分别设置。台座结构为钢马凳、浆砌片石垛或混凝土垛等。

9.2.2　构件的栓合

栓焊钢桥构件和板件之间是通过高强度螺栓进行栓合连接的。为了使构件和板件之间的接触面上产生足够的摩擦力来抵抗板束间的滑动,摩擦力主要是通过拧紧螺帽,使栓杆中产生很大的预拉力使板束间产生很大的预压力来实现的。栓合的方法有扭矩法和扭角法两种。

(1)扭矩法

扭矩法的原理是控制施拧螺栓时的扭矩值,使螺栓达到所要求的轴拉力。施拧扭矩与螺栓的轴拉力的关系如下式所示。

$$M = K \times N \times d$$

式中　M——施拧扭矩值,N·m;

　　　N——螺栓的轴拉力,kN;

　　　d——螺栓计算直径,mm;

　　　K——扭矩系数,对于同样材质和形状的螺栓、螺母和垫圈,它应当是个常数,应通过现场试验,数理统计取值。

(2)扭角法

此法是扭矩法与转角法的结合。先用扭矩法进行初拧,使板束达到密贴,再用转角法进行终拧,控制螺母转角,使螺栓达到预定的拉力。扭角法自板层处于完全密贴状态开始计算的终拧转角,受以下3个因素影响:a.螺栓、螺母、垫圈及相互间弹性压缩变形对转角的影响 a;b.板层间压缩变形对转角的影响 b;c.被连接板的压缩和螺栓伸长的影响 c。

终拧转角的计算公式为:

$$\theta = a + (n-1)b + cB$$

式中　n、B——板层数和总厚度;

　　　a、b、c 三项可通过多组实验数据统计确定。

栓合机具可分为手动、风动和电动3种施拧扳手。

①手动扳手:是利用扳手在施拧时的弹性变形和扭矩间的关系,显示扭矩值。其中有简单手动扳手、音响扳手、灯光扳手和百分表扳手等。这些扳手精度较差,多用于终拧螺栓检查。

②风动扳手:是以压缩空气为动力的扳手,由于显示的扭矩值离散性大。目前大都只用于初拧。

③电动扳手:能自动控制转角和扭矩,适用于初拧和终拧,是目前使用较多的扳手。

9.3　钢梁安装常用方法

钢梁安装常用的方法有膺架法架梁、悬臂拼装法架梁、拖拉法架梁、浮运法架梁。

9.3.1　膺架法架梁

膺架法架梁钢梁是在膺架上组拼架设钢梁的一种架梁方法,其工艺与地面上拼装钢梁完全相同,因施工中需搭设膺架,故适用桥下净空不高的情况。

1)临时台座

在膺架或地面上拼装钢梁,需在节点处搭设临时台座来承托钢梁。临时台座按所用材料分为:混凝土台座、钢支座台座、方木垛台座。无论采用何种台座形式,在拼装钢梁时,都要考虑预拱度的设置,甚至要考虑调整钢梁拱度,千斤顶的设置位置。

2)拼装方法

在膺架上拼装钢梁,可采用纵向分段拼装法和竖向分层拼装法两种方法。

①纵向分段拼装:将1个大节间的杆件作为1个拼装单元,从梁的一端按拼装单元向另一端推进,或从两端向跨中推进拼装。每个单元的拼装程序是:下弦—下平纵联—纵梁—横梁—斜杆—竖杆—上弦—上平纵联—横联;也可先将整孔(或一部分)钢梁的底盘(下弦杆、纵向联结系、桥面系组成的平面桁架)全部拼完,然后再按组成闭合三角形的次序,逐个节间依次拼装。

②竖向分层拼装:拼装程序是:全部底盘—全部腹杆—全部上弦—全部上平联——全部横联。该方法一般用于桁高较低的场合。

3)杆件连接

杆件拼装时,应采用冲钉和螺栓,在节点板上临时定位连接。冲钉用35号碳素结构钢或具有同等硬度的钢,制成的纺锤形定位钉杆,其圆柱部分直径宜小于设计孔径0.1~0.3 mm。螺栓可用粗制螺栓、精制螺栓或高强度螺栓。粗制螺栓也称安装螺栓,不承受安装应力。精制螺栓可以承受剪力和承压力。

规范规定安装钢梁时冲钉和高强度螺栓总数不得少于孔眼总数的1/3,其中冲钉占2/3;在孔眼较少的部位,冲钉和螺栓总数不得少于6个或全部数量。但当采用悬臂拼装法时,冲钉用量应按受力计算而定,并不得少于孔眼总数的50%,其余孔眼布置螺栓。

4)落梁

钢梁拼装完毕且连接螺栓全部终拧后,即可落梁就位。落梁时,在顶梁下用千斤顶将钢梁顶起,然后拆除节点下的临时支座,使钢梁支承在永久支座上。落梁时要计算活动支座的预偏量。连续钢梁活动支座不止一个,由于各支座的温度跨度不同,所以各支座的预偏量也不同。

9.3.2　悬臂拼装法架梁

悬臂拼装法架梁是指在桥位处布设临时辅助支架,先在辅助支架上拼装钢梁节,然后逐节悬臂拼装钢构件形成钢梁的施工方法。该方法辅助工程量小,进度较快,宜在水深、流急、桥高、跨大和桥下通航通车条件下采用。

1)拼装方式

悬臂拼装架设钢梁主要采用下列两种方法。

(1)全悬臂拼装

在两桥墩(台)之间完全不设任何临时支墩进行钢梁拼装的方法。此时,为减少悬臂拼装长度,降低拼装应力和梁端挠度,常在前方桥墩一侧设置承接托架,如图9.7所示;或在墩顶梁上设临时吊索塔架,来提供吊点支撑,如图9.8所示。

(2)半悬臂拼装

在两桥墩(台)之间拼装桥孔内装一至几个临时桥墩,以减小拼装时的悬臂长度,降低拼装应力,也可减小后

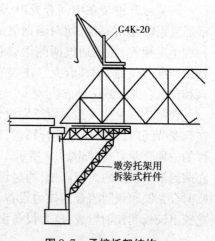

图9.7　承接托架结构

方平衡梁的重量。因此有条件在两桥墩(台)间设置临时桥墩时,应优先采用半悬臂拼装方法。

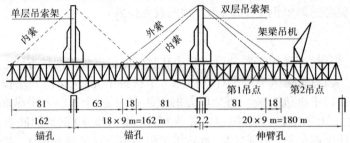

图9.8　吊索塔架结构(单位:m)

2) 拼装工艺

拼装顺序时应考虑的主要原则是:使拼好的杆件尽快形成闭合的三角形,组成稳定的几何不变体系,并尽快安装纵横联结系,保证结构的空间稳定;同时先装的杆件,不应妨碍后装杆件的安装与吊机运行。

(1)节点连接

主桁杆件安装对孔后,应上足50%的冲钉和30%的螺栓后,方可松钩,并立即补足50%螺栓。对于其他杆件上足30%的冲钉和30%的螺栓后方可松钩。如用高强度螺栓,则可进行一般拧紧。冲钉数量应按计算确定。大节点高强度螺栓终拧,不应落后于悬拼2个大节点的距离,以求安全。为加强主桁在悬拼时的横向稳定性,应及时安装悬拼梁跨内的桥门架和断面联结系。悬拼时应安装25%的冲钉,其余安装高强度螺栓,只达到初拧程度。全部高强度螺栓终拧,不得落后于悬拼进度4个大节间。

(2)悬拼长度

钢梁在安装过程中的最大悬臂长度,受拼装时的稳定性、伸臂端点的下挠度、悬臂支承处附近杆件应力,以及拼装时伸臂振动等条件的控制。要求和基本方法:随着悬拼长度的加大,抗倾覆稳定系数降低,但不得小于1.3;为了降低杆件的安装应力加大拼装长度,可在墩顶附近一段安装临时加劲梁,或设墩上塔架斜拉索,由拉索承担一部分悬臂梁弯矩,也可在悬臂应力最大的区段的上弦安装临时预应力钢筋;悬臂长度与桁架宽度之比达到6:1时,悬拼时会产生使人不安的晃动,一般当悬臂长度与桥宽之比达到12:1时,就应采取措施防止晃动。

(3)中间合龙方法

钢梁悬臂拼装在中间合龙时,采用调整锚固梁前后支点的相对高度,使两侧钢梁的端截面保持平行和垂度相等,然后通过两侧钢梁联结部的临时拉杆微调纵向位置,使其合龙。主要有合龙节点拉杆式和节点合龙铰式两种方法。

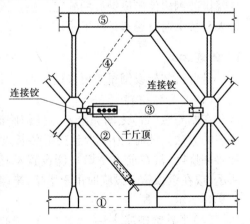

图9.9　节点拉杆式合龙结构

合龙节点拉杆式是利用特别设计的临时拉杆装在合龙节间内,施加拉力进行精调,以便插入合龙杆件的一种合龙方式,如图9.9所示。节点合龙铰式是在两侧钢梁联结的大节点处,通过设于上、下弦杆的临时合龙铰和强制闭合的拉力设备,将钢梁合龙;合龙铰由铰板和铰轴组成,拉力设备由托架、顶梁和拉杆组成,分别位于上、下弦杆两侧。中间合龙铰的构造如图9.10所示。合龙前用临时节点板将斜杆分别与上、下弦杆连成整体,合龙时下弦或上弦平面内千斤顶同时启动,梁体慢慢移动,当移动到合适位置,即插入合龙铰并安装好铰轴,然后栓合,卸除铰轴。

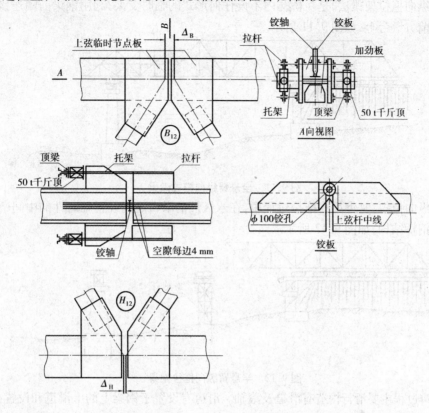

图9.10 总价合龙铰的构造

3)悬臂拼装钢梁计算内容

悬臂拼装钢梁计算内容包括:安装施工中所必需的临时结构的计算,如膺架、临时支承、墩旁托架、吊索塔架、中间合龙等计算;钢梁结构本身在施工过程中在不同受力状态下的检算,如钢梁在不同伸臂长度下杆件应力和伸臂端挠度的计算,钢梁在拼装过程中总体稳定的计算;还有其他的计算,如两联钢梁或两孔钢梁之间临时联结及拆除的计算,应力调整的计算,加固杆件的计算等。

悬臂安装钢梁在施工中的荷载主要包括下列部分:钢梁的自重;施工中的临时荷载,有下弦运料道与人行道重、上弦拼梁吊机走道重和人行道重、风水管路与安全网重、人群荷载、拼装吊机重、运杆件平车重、拼装脚手架重等施工临时结构的重量;风荷载,根据具体情况而定。

9.3.3 拖拉法架梁

拖拉法架梁,是将钢梁在桥头路堤上或脚手架上组拼,并在钢梁上设上滑道,路堤或脚手架上设下滑道,通过上、下滑道间的滚轴或滑块等装置,将钢梁拖拉至预定桥孔,顶落梁就位。

1)架设方式和装置

拖拉法架设方式有全悬臂纵向拖拉和半悬臂纵向拖拉。

全悬臂纵向拖拉架梁法,是在桥孔内不设任何形式的临时支架,利用钢梁前端连接的导梁,将钢梁拖至前方墩台上,如图9.11所示。

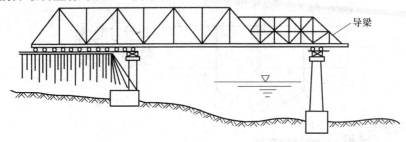

图9.11　全悬臂纵向拖拉架梁

半悬臂纵向拖拉,是钢梁在拖拉过程中,在永久性的墩台之间设置临时性的中间墩架,来承受被拖拉的钢桥结构,如图9.12所示。

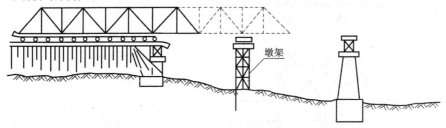

图9.12　半悬臂纵向拖拉架梁

钢梁拖拉过程主要滑行构造有滑道及滚轴。滑道有设置于钢梁上的上滑道和设置在桥头路堤或中间墩台和墩架上的下滑道之分。滚轴介于上滑道和下滑道之间,靠其滚动使钢梁前进。

上滑道有设于桁架的纵梁下方和桁架下弦节点下方两种类型。图9.13所示是位于纵梁下面的上滑道构造。位于桁架下弦节点底部的上滑道,长度不长,比纵梁滑道要宽。下滑道可按水平的或有向下的坡度设置。

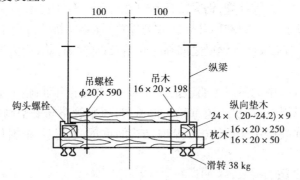

图9.13　纵梁上滑道构造(单位:cm)

滚轴可采用Q235钢或35号碳素结构钢旋制而成,一般采用80~140 mm的直径,长度大于滑道宽度20~30 cm。施工中也可采用聚四氟乙炔滑块、普通钢滑块、硬质钢滑板、走轮、坐轮等作为滚滑设施。

2）拖拉法计算内容

拖拉架梁施工计算内容包括：被拖拉桥跨结构的计算，包括抗倾覆稳定性、桁架杆件内力和悬臂端点挠度的计算；导梁设计计算；滑道以及滚轴的相关内容的计算；中间墩架的强度和稳定性检算；牵引力、制动力和锚碇等计算。以下为滑道支承反力、滚轴数量、制动和牵引力的相关计算。

（1）滑道支承反力

进行滑道支承反力计算，不考虑钢梁结构的变形。

①路基、引桥或满布式脚手架上的反力计算：其计算图式如图 9.14 所示，按 $c \leqslant 3a$ 和 $c \geqslant 3a$ 两种情况的偏心受压法进行计算。

②钢梁采用部分支承在路堤上，部分支承于中间墩架上，其反力计算如图 9.15 所示：牵引力作用下排架所受的附加荷载为 T_1，路基所受的附加荷载为 T_2。

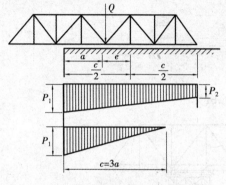

图 9.14　基础的计算图式

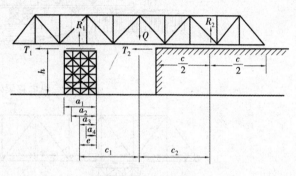

图 9.15　反力计算图式

（2）滚轴数量

每米滑道上应有的滚轴数（m），按下式计算：

$$m \geqslant \frac{K_1 P}{SN}$$

式中　P——每米滑道上钢梁引起的反力，kN/m；

　　　S——钢轨与滚轴每 1 接触处的允许压力，kN，滚轴直径 $d = 80 \sim 140$ mm 时，$S = 20 \sim 50$ kN；

　　　N——上滑道的钢轨数目，一般为 $2 \sim 5$ 根；

　　　K_1——压力分布不均匀系数，取 $K_1 = 1.1 \sim 1.4$。

（3）牵引力和制动力

滚移钢梁所需牵引力 T，即全部滚轴的实际阻力为：

$$T = k\varphi Q \pm nQ \ （下坡取负）$$

式中　Q——钢梁移动时的全部计算重量，kN；

　　　φ——阻力系数，为 $0.05 \sim 0.10$；

　　　k——阻力增加系数，考虑轨面与滚轴局部不平、滚轴斜置等不利因素，取 $2.5 \sim 5.0$；

　　　n——下滑道的坡度。

制动设施所需的牵引力可按下式计算：

$$T' = K(0.4AW - \varphi Q + nQ)$$

式中　A——钢梁横向受风面积；

　　　W——风荷载强度，取可能发生的最大值；

0.4——相当于填充系数,将横向风化为纵向风力系数;

Q——拖拉的钢梁重量;

φ——阻力系数;

n——下滑道坡度;

K——安全系数,一般取 $3\sim5$。

9.3.4 浮运法架梁

浮运法架梁是在桥位的下游侧岸边,将钢梁组装成整孔后,利用码头把钢梁纵移(图9.16)或横移(图9.17)到浮运设备如浮船上,再浮运至预定架设的桥孔上落梁就位。

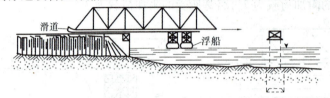

图 9.16 纵向移梁示意图

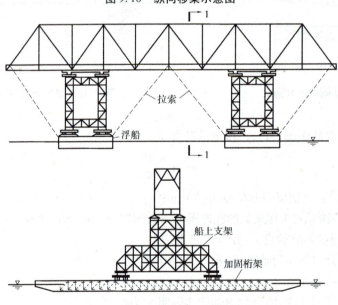

图 9.17 横向移梁示意图

浮运法架梁的主要优点是钢梁可在岸上进行拼装,不在高空作业,安全可靠质量好,且可与墩台同时施工节省工期。其缺点是对自然环境要求较高:水深适当、水位稳定、流速不大;钢梁底面距施工水位不宜过高,一般不大于15 m;浮运时风力不大于5级;岸边有拼装钢梁的场地和修建码头的条件等。此外,最好在桥孔较多的情况下采用,以利码头、浮船重复使用,节省投资。

浮运支承主要由浮船、支架和各种系缚工具等组成。

浮船可用铁驳船或常备式浮箱拼组而成。无论是铁驳还是浮箱尽量设置多个隔舱,舱内可抽充水,并可借此调整浮船的受力状态。船上支架通常是由装配式杆件拼装而成,其高度应使钢梁底面高出支座顶0.2~0.3 m。为了使支架压力分布至浮船上,在支架底部应设分配梁。

浮船甲板上应布置有绞车、滑车、卷扬机等各种系缚工具,以及抽水机和各种管路。

在浮运的全过程中,保证浮运系统的稳定,是浮运架梁的关键。因此,浮运应从下游逆水进入桥孔,在选择岸上钢梁拼装场地时应注意这一问题。浮运钢梁可采用缆绳、绞车牵引的方法,或拖轮顶推办法,钢梁在浮托过程中必须保持水平状态,浮船的最后定位则总是要靠锚索、绞车的控制来完成。选用和布置锚碇设备,所布置的绞车、地垄或锚碇应使浮船前进或横移方便可靠,锚索和水流方向夹角不宜太大,锚索也不能太松太长,以免浮船位置难于控制。

在风力作用下,浮船在浮运过程中,纵、横向倾覆稳定系数不应小于2.0,浮船的纵、横向倾角应小于5°,以保证浮运过程中浮运系统的稳定性。

浮运法施工还应进行浮船的相关验算:其承载力应大于浮运系统的全部重量;船弦高度的验算,船舷的高度应使浮船倾斜达到最大允许倾角值时,其船面各处均应高出水面至少0.5 m;浮船稳定性的验算,浮船在行走和停靠中稳定力矩与倾覆力矩之比不小于2。

9.4 钢梁安装其他方法

钢梁安装架设的其他方法主要有缆索吊机拼装架设法、转体架设法、自行吊机整孔架设法、门架吊机整孔架设法、浮吊架设法、浮运膺架架设法等。

①缆索吊机拼装架设法:是在两岸建立临时塔架,于索塔顶之间设置一对缆索,用缆索吊机吊运钢梁杆件或整节钢梁,逐节前拼钢梁至合龙。

②转体架设法:与拱桥转体施工法的原理一样,采用转体构造,如转盘、平衡梁、平衡重、托架和弧形轨道等,把在岸边拼装好的钢梁转体安装到桥位处,如图9.18所示。施工条件允许时,可将梁的另一端支承于浮船上,采用浮运转体施工。

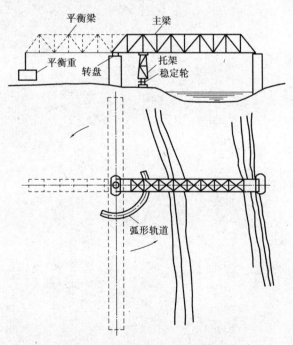

图9.18 转体架设法示意图

③吊机整孔架设法：利用自行吊机或拼装的门式吊机架设多孔钢板梁和钢桁梁。适用于河床或地面可行走吊机，且起吊高度不大的条件。

④浮吊架设法：是在大河和大江上或海上用大吨位浮吊，吊运安装整孔钢梁。

本章小结

（1）钢构件制作工艺包括构件制作、试拼装和装运。

（2）钢梁安装的基本作业包括钢梁构件的存储、预拼、栓合，顶落梁、移梁、临时支座设置，钢梁定位及支座安装等。

（3）钢梁安装常用的方法有膺架法架设、悬臂拼装法架梁、拖拉法和浮运法等。

思考题与习题

1. 简述钢构件的制作工艺。

2. 描绘一下 H 形杆件和箱形杆件组装的胎型结构。

3. 说明普通钢梁安装基本作业程序。

4. 简述钢梁安装常用的方法，并说明各种安装方法的施工工序和适用情况。

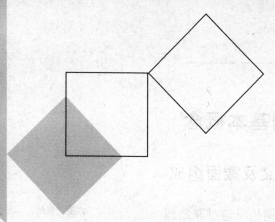

10 钢-混凝土结合梁桥

本章导读

　　阐述结合梁的概念、分类方法及截面组成,对结合梁的工作原理、受力特点和弹性分析方法进行了介绍。

　　由两种及以上不同力学性质的建筑材料结合在一起,并在荷载作用下能够共同受力、协调变形的结构称为组合结构。组合结构根据组成材料的不同有多种类型,本章所述特指由钢材与混凝土两种材料组成的桥梁结构,即钢-混凝土组合梁桥,铁路上则习惯于称之为钢-混凝土结合梁桥。

　　钢-混凝土结合梁桥是在利用钢材和钢筋混凝土材料各自优点的基础上发展起来的一种新型结构构造,具有承载力高、刚度和延性大、抗震性能好、造价低、施工方便等优点,成为继钢桥与钢筋混凝土桥之后,又一种被工程界所接受并取得发展的中等跨径的桥梁结构形式。

　　我国于1958年开始使用以钢筋混凝土桥面板与钢板梁共同组合的铁路结合梁桥,普通铁路结合梁桥当年在铁路建设,特别是山区铁路桥梁建设中发挥了相当重要的作用。但在我国普通铁路线上的钢桥曾经大都是明桥面桥,随着高速铁路和客运专线桥梁的大量修建,要求桥梁刚度大、噪音小,因此明桥面钢桥不再适用。当桥下净空和桥头线路高程受到限制时,混凝土桥梁也因建筑高度高而不能采用。因此钢-混凝土结合梁桥具有很强的竞争优势。钢-混凝土结合梁同时也非常适用于斜拉桥、悬索桥等大跨桥梁结构体系。近年来,钢-混凝土结合梁桥在我国发展很快,跨度越来越大,应用范围越来越广泛。本章对钢-混凝土结合梁的基本概念、截面组成及分类、构造及受力特点、结合梁的弹性计算方法以及抗剪联结器的构造及计算进行介绍。

10.1 钢-混凝土结合梁的基本概念

10.1.1 钢-混凝土结合梁的定义及截面组成

钢-混凝土结合梁是由外露的钢梁或钢桁梁通过联结器与钢筋混凝土板组合而成的结构。结合梁通常情况下由钢筋混凝土翼板、钢梁、梗肋和联结器4部分组成,如图10.1所示。

(1)钢筋混凝土翼板

钢筋混凝土翼板作为结合梁的受压翼缘,可保证钢梁的侧向整体稳定,一般可采用现浇或压型钢板组合的钢筋混凝土板,也可采用预制的钢筋混凝土板。

(2)钢梁

钢梁在结合梁中主要承受拉力和剪力,钢梁的上翼缘可以支承混凝土翼板并用来固定抗剪联结器。同时,在混凝土板施工过程中,钢梁可用作支承结构。

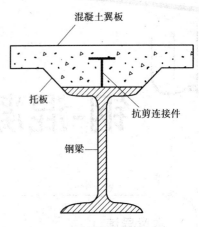

图 10.1 结合梁的截面组成

(3)梗肋

结合梁中的梗肋(图10.1)一般可设置或不设置,应根据工程的具体情况确定。设置梗肋虽给施工支模带来一定的困难,但可增加梁高,节约钢材,并可加大混凝土翼板的支撑面。在结合梁设计中宜优先采用带有混凝土梗肋的结合梁,但在结合梁截面设计中,一般可不考虑梗肋的作用。

(4)联结器

联结器是钢筋混凝土翼板与钢梁能否组合成整体而共同工作的重要保证。联结器的作用主要是承受钢梁与混凝土翼板之间结合面上的纵向剪力,抵抗二者之间的相对滑移。结合梁中采用的联结器种类很多,从工作性能上可划分为刚性或柔性联结器两大类。

10.1.2 钢-混凝土结合梁桥的分类

钢-混凝土结合梁桥可按钢梁的截面形式、混凝土桥面板的构造形式、钢梁与混凝土板结合面上的滑移大小、结合梁施工方法、钢梁在支座上是否连续等分为多种类型。

1)按钢梁截面形式分类

按照钢梁的截面形式主要分为钢板结合梁桥、钢箱结合梁桥、上承式钢桁结合梁桥和下承式钢桁结合梁桥。

(1)钢板结合梁桥

钢板结合梁桥是由钢板梁与混凝土桥面板组合而成的桥梁,是出现得较早的结合梁桥形式。钢板梁由钢板焊接而成,为了充分发挥钢材的作用,常用下翼缘加宽的非对称工字形截面的钢板梁,钢板梁上翼缘通过联结器与混凝土桥面板相连,见图10.2。

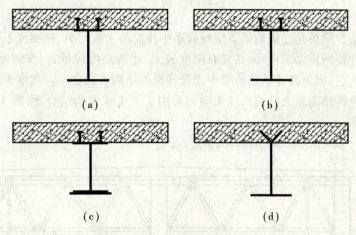

图 10.2 钢板结合梁

（2）钢箱结合梁桥

钢箱结合梁桥是由钢箱梁与混凝土桥面板组合而成的桥梁。对于大跨径的钢-混凝土结合梁桥，多采用钢箱梁的截面形式。钢箱结合梁桥的抗扭刚度大，特别适合于建造曲线梁桥，且在顺桥方向大多做成连续结构。钢箱梁可采用开口截面，也可采用闭口截面，腹板可竖直，也可为斜腹板，常用截面形式见图 10.3。

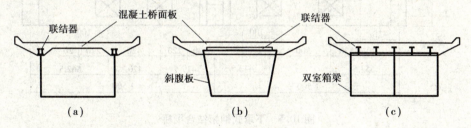

图 10.3 钢箱结合梁

（3）上承式钢桁结合梁桥

上承式钢桁结合梁桥是指将钢桁梁的上弦杆与其上的混凝土板用联结器相连，使两者成为一个整体共同工作，主要目的是让混凝土板帮助钢桁梁上弦杆抗压。上承式钢桁结合梁在施工阶段桁架梁的刚度较大，可以分段运输和现场拼装，在跨度较大时具有一定的优越性，特别适合于桥梁结构，见图 10.4。我国于 2000 年建成通车的芜湖公铁两用长江大桥即为是上承式钢桁结合梁桥。

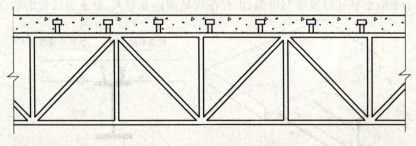

图 10.4 上承式钢桁结合梁

（4）下承式钢桁结合梁桥

下承式钢桁结合梁桥是在钢桁梁下层桥面系中将混凝土板与纵、横梁或下弦杆结合成一体而共同受力的一种新型桥梁结构，因其具有刚度较大、建筑高度较低、行车时噪声和震动较小、动力性能较好等优点，成为高速铁路桥梁中比较理想的结构形式之一。武汉天兴洲公铁两用长江大桥和京沪高速铁路南京大胜关长江大桥均采用了下承式钢桁结合梁，图 10.5 为天兴洲大桥的桥面横断面图。

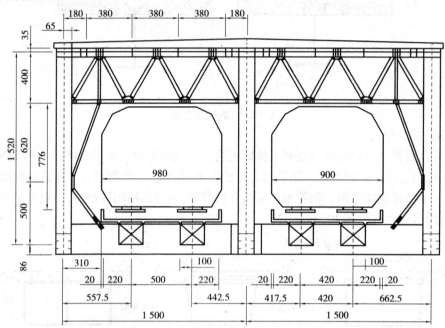

图 10.5 下承式钢桁结合梁桥

2）按混凝土桥面板的构造形式分类

按混凝土桥面板的构造形式，目前铁路上常用的结合梁可分为现浇钢筋混凝土板和预制钢筋混凝土板两种。

（1）现浇钢筋混凝土板结合梁（图 10.6）

现浇钢筋混凝土板结合梁的混凝土桥面板全部现场浇筑。这种形式最早于 19 世纪末开始被使用到桥梁上，现在成为最常用而且最经济的桥面板，一般不需大型设备，施工比较简单，特别适合应用于平面形状比较复杂的桥型，但存在现场湿作业量大，施工进度慢的缺点。

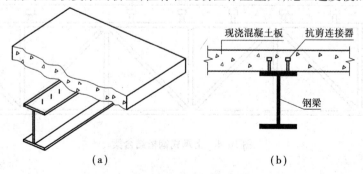

（a）   （b）

图 10.6 现浇钢筋混凝土翼板结合梁

（2）预制钢筋混凝土板结合梁（图 10.7）

预制钢筋混凝土板结合梁的混凝土桥面板为预制，直接铺设于钢梁上，现场仅需要在预留槽口处浇筑混凝土。此结合梁的优点是施工制作质量好、施工速度快、现场湿作业量少。另外，由于预制桥面板从浇筑到铺设，通常都放置一定的时间加以养护，由水化热引起的温度应变及其干燥收缩变形都未受到外界的约束，产生的应力极小。

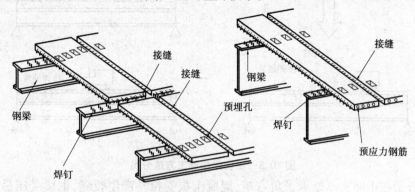

图 10.7　预制钢筋混凝土翼板结合梁

3）按结合梁中钢梁与混凝土板结合面上的滑移大小分类

按结合梁中钢梁与混凝土板结合面上的滑移大小来分类，结合梁可分为完全抗剪连接结合梁和部分抗剪连接结合梁。

如果钢梁与混凝土翼板结合面上联结器的纵向水平抗剪承载力能够保证结合梁最大弯矩截面上的抗弯承载力得以充分发挥，这样的连接称为完全抗剪连接。如果结合梁剪跨内联结器的数量小于完全抗剪连接所需的联结器数量，则称为部分抗剪连接。部分抗剪连接结合梁可以在不明显降低抗弯承载力的前提下，简化施工工序，降低建设费用，并提高结构的柔性。

结合梁中钢梁与混凝土板结合面上的滑移大小可由抗剪连接度 η 来度量。令 n_r 为结合面上实配的联结器个数，n_f 为完全抗剪连接时的联结器个数，两者比值即为抗剪连接度 η，即：

$$\eta = \frac{n_r}{n_f} \tag{10.1}$$

当 $\eta < 1$ 时为不完全抗剪连接，当 $\eta = 1$ 时为完全抗剪连接，当 $\eta > 1$ 时可称为超抗剪连接。

4）按施工方法分类

按照施工方法，可以把结合梁分为恒载结合梁和活载结合梁，如图 10.8 所示。当采用脚手架支撑法施工，并且在混凝土桥面板完全硬化后撤除脚手架时，钢梁、桥面板及线路设备等一期和二期恒载都由结合梁承担，即承担所有恒载及其活载的结合梁称为恒载结合梁。当不采用脚手架支撑法施工，并且在钢梁上拼装模板浇筑混凝土桥面板时，钢梁及其桥面板等一期恒载由钢梁承担，线路设备等二期恒载及活载由结合梁承担，称为活载结合梁。

5）按钢梁在支座上是否连续分类

根据钢梁在支座上是否连续，可分为简支结合梁和连续结合梁。对于简支结合梁桥，位于钢梁上部的混凝土桥面板主要承担纵向压应力，下部的钢梁主要承受拉应力。简支结合梁能够充分发挥两种不同性质的材料特性，使两种材料扬长避短，各尽所能，协调工作，以取得最大的技术、经济效益。

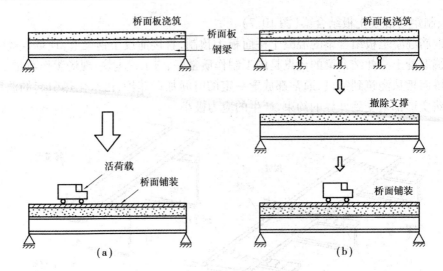

图 10.8　结合梁按施工方法分类

连续结合梁在中间支点处承受负弯矩,混凝土板受拉易产生裂缝,钢梁受压易发生压屈。钢梁的压屈问题可通过设置足够的局部加劲肋来解决,但如何控制负弯矩区混凝土板的开裂,目前尚未完全解决。虽然连续结合梁在中支座处受力不甚合理,但就整体而言,连续结合梁可以进一步降低梁高,行车舒适度好、外形美观、抗震性能好,其刚度和承载能力都优于同等跨度的多跨简支梁,因此也得到了较广泛的应用。

10.1.3　钢-混凝土结合梁的特点

概括起来,钢-混凝土结合梁有以下特点:

①抗弯承载力高,节约钢材。在简支梁和连续梁的正弯矩区,可以充分发挥钢材适于受拉和混凝土适于受压的材料特性;桥面板既承担局部载重,又在整体中作为主梁截面的有效部分,且能代替普通钢桥中的上平联,比较经济合理。实践表明,结合梁比钢板梁节省钢材可达到 20% ~40% 。

②降低梁高。结合梁较非结合梁不仅节约钢材、降低造价,而且降低了梁的高度,这在建筑或工艺限制梁高的情况下,采用结合梁结构特别有利。

③梁的刚度大。充分利用了钢梁制造简单、承重能力好和钢筋混凝土桥面板行车条件好的长处。由于钢筋混凝土板有效地参与工作,结合梁的计算截面比钢板梁大,增加了梁的刚度,从而减小了主梁的挠度。研究表明,梁挠度可减少20%左右。

④整体稳定性和局部稳定性好。结合梁的受压翼缘为较宽和较厚的钢筋混凝土板,增强了梁的侧向刚度,能有效地防止梁的弯扭失稳倾向。钢梁部分只受到较低的压应力、大部分甚至全部截面受拉,一般不会发生局部失稳。

⑤施工方便。可先安装较轻的钢梁,再在上面现浇或组拼钢筋混凝土桥面板,适宜在既有道路上作为跨线桥,施工简便,对桥下行车干扰少。

⑥便于适应弯道超高,能较好地承受离心力,且细节简单,也有利于在斜交桥及大坡度桥上使用。

⑦结合梁桥在活荷载作用下比全钢梁桥的噪声小,在城市中结合梁桥的适用性更广。

10.1.4 结合梁的材料

(1)混凝土板

钢-混凝土结合梁桥主体结构的混凝土材料应满足我国现行《铁路桥涵钢筋混凝土和预应力混凝土结构设计规范》(TB 10002.3—2005)的要求:钢筋混凝土桥面板的混凝土强度等级不得低于 C30,采用预应力混凝土桥面板时,不得低于 C40;管道压浆用水泥强度等级不应低于 M35,并掺入阻锈剂。混凝土的骨料选择及碱含量应符合《铁路混凝土工程预防碱—骨料反应技术条件》(TB/T 3045)的规定:混凝土中的氯离子含量不得大于 0.06%,在有腐蚀性环境下尚应采取耐腐蚀措施。混凝土剪切模量 G_c 可取其弹性模量的 0.43 倍,泊松比按 0.2 采用。

(2)钢梁

钢-混凝土结合梁桥主体结构的钢材应满足我国现行《铁路桥梁钢结构设计规范》(TB 10002.2—2005)的要求,主要有 Q235qD、Q345qD、Q345qE、Q370qD 和 Q370qE。其中,Q345qD 和 Q345qE、Q370qD 和 Q370qE 的基本容许应力相同,合金含量基本接近,但纵向 V 形冲击功不同。各种钢材牌号的基本容许应力均与钢板的厚度有关。《铁路桥梁钢结构设计规范》(TB 10002.2—2005)规定钢材弹性模量 $E = 2.1 \times 10^5$ MPa,剪切模量 $G = 8.1 \times 10^4$ MPa,泊松比 $\nu = 0.3$。

(3)钢筋

《铁路桥涵钢筋混凝土和预应力混凝土结构设计规范》(TB 10002.3—2005)规定,桥面板中的普通钢筋宜采用 Q235 和未经高压穿水处理过的 HRB335 钢筋,其技术条件应符合现行国家标准《钢筋混凝土用热轧光圆钢筋》(GB 13013—1991)和《钢筋混凝土用热轧带肋钢筋》(GB 1499—1998)的规定。预应力钢丝应符合现行国家标准《预应力混凝土用钢丝》(GB 5223—2002)的规定。预应力钢绞线应符合现行国家标准《预应力混凝土用钢绞线》(GB 5224—2003)的规定。

10.2 结合梁的工作原理及受力特点

10.2.1 结合梁的工作原理

钢-混凝土结合梁的工作原理可以用如图 10.9 所示的模型加以说明。两根相同的匀质材料梁,截面为矩形,作用有均布荷载 q。每根梁的宽度均为 b,高度为 h,跨度为 L,如图 10.9(a)所示。当两根梁之间为光滑的结合面,只能传递相互之间的压力而不能传递剪力时,在荷载作用下的变形情况如图 10.9(b)所示。由于每根梁的变形情况相同,均只承担 1/2 的荷载作用,则跨中截面的最大正应力为:

$$\sigma = \frac{My}{I} = \frac{qL^2}{16} \frac{12}{bh^3} \frac{h}{2} = \frac{3qL^2}{8bh^2}$$

跨中挠度为:

$$\delta = \frac{5\left(\frac{q}{2}\right)L^2}{384EI} = \frac{5}{384}\frac{q}{2}\frac{12L^4}{Ebh^3} = \frac{5qL^4}{64Ebh^3}$$

当两根梁之间完全粘结在一起没有任何滑移时,可以作为一根整体受力的梁来进行考虑,如图 10.9(c)所示,则跨中截面的最大正应力为:

$$\sigma = \frac{My}{I} = \frac{qL^2}{8}\frac{12}{b(2h)^3}h = \frac{3qL^2}{16bh^2}$$

跨中挠度为:

$$\delta = \frac{5qL^2}{384EI} = \frac{5}{384}q\frac{12L^4}{8Ebh^3} = \frac{5qL^4}{256Ebh^3}$$

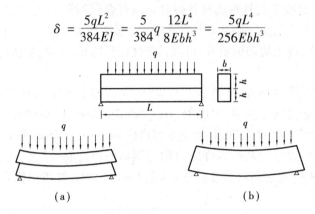

图 10.9　结合梁工作原理

比较以上各式可知,当将两根相同材料和截面尺寸的矩形梁组合在一起时,可以使截面最大应力和挠度降低为原来的 1/2 和 1/4。因此,将两根梁组合在一起,能够在不增加材料用量和截面高度的情况下,使结构的承载力和刚度均显著增加。

完全抗剪连接的结合梁通过联结器将混凝土翼板与钢梁紧密地连接在一起,使两者成为一个整体共同工作。在荷载作用下,截面仅有一个中性轴,中性轴以上截面(主要为混凝土翼板)受压,中性轴以下截面(主要为钢梁)受拉,充分利用材料的各自强度。与非结合梁相比,完全抗剪连接结合梁的抗弯承载力显著提高,截面刚度也较大。

在外荷载作用下,完全抗剪连接的结合梁截面通过混凝土翼板和钢梁共同承受弯矩,见图 10.10(a),结合面滑移可忽略不计,在弯曲状态下截面的应变分布近似符合平截面假定,见图 10.10(b)。

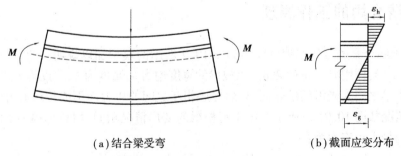

(a)结合梁受弯　　　　　　　　　　(b)截面应变分布

图 10.10　完全抗剪连接结合梁的受力状态

部分抗剪连接结合梁的受力状态是介于非结合梁和结合梁之间,见图 10.11(a)。混凝土翼板和钢梁各自受弯,在弯曲状态下,结合面上出现相对滑移,截面的应变分布如图 10.11(b)所示。

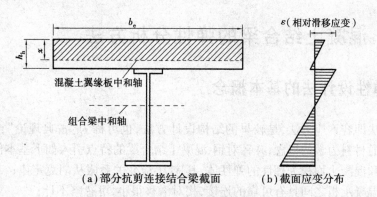

(a)部分抗剪连接结合梁截面　　　　(b)截面应变分布

图 10.11　部分抗剪连接结合梁的受力状态

10.2.2　结合梁的受力特点

1)简支结合梁

简支结合梁在使用阶段具有以下的受力特点:

①在支座截面处和跨中截面处内力存在着较大的差异,应分别计算其承载力。在支座截面处,剪力最大,弯矩为零;在跨中截面处,弯矩较大,剪力较小,故可按纯剪和纯弯条件分别计算支座截面及跨中截面处的结合梁承载力。

②结合梁是通过结合面上的抗剪联结器将混凝土翼板与钢梁形成一个整体,共同受力,故沿结合梁跨度全长各截面的受弯承载力均大于钢梁的承载力。

③由于结合梁的混凝土翼板具有较大的刚度,且与下部钢梁的上翼缘连接,因此在使用阶段,简支结合梁的整体稳定性和钢梁上部受压翼缘的局部稳定性均可以得到保证。

2)连续结合梁

由于连续结合梁中间支座负弯矩区的连接较为复杂,受力比简支结合梁复杂,其具有以下的受力特点:

①对于连续结合梁的负弯矩区段,由于混凝土受拉开裂退出工作,翼板不考虑混凝土翼板的作用,可仅考虑混凝土翼板在有效宽度内沿梁轴线方向的纵向钢筋和钢梁承担弯矩。

②对于连续结合梁的跨中截面,混凝土翼板与钢梁可以形成整体共同受力,受弯承载力较高。

③连续结合梁支座负弯矩区段的抗弯承载力远小于跨中截面,而一般连续梁的内力分布规律为支座负弯矩大、跨中正弯矩小,两者正好相反,对结构构件受力产生不利影响。

④连续结合梁在活载的最不利布置下,可能导致某一跨结合梁在全跨范围内出现负弯矩,使钢梁的下翼缘处于受压状态,此时需验算钢梁的整体稳定。

⑤在连续结合梁的支座处,截面的剪力和弯矩均较大,受力复杂,截面验算时需考虑钢梁中正应力和剪应力的组合。

10.3 钢-混凝土结合梁的弹性分析方法

10.3.1 弹性设计法的基本概念

弹性设计法即容许应力法,是较早的结构设计方法,也可称为"古典理论"或"弹性理论",基本上沿用普通材料力学的概念,并针对钢-混凝土结合梁的特点引入如下基本假定:

①将钢材和混凝土均视为理性的弹性体,其应力-应变关系服从胡克定律;

②钢梁与混凝土板之间具有可靠的连接,相对滑移很小,可忽略不计;

③结合梁的截面变形符合平截面假设;

④不考虑受拉区混凝土参与工作。

在上述基本假定基础上,弹性设计法要求结合梁在使用荷载作用下,构件截面上任意一点的应力均不得超过相应材料的容许应力,即:

$$\sigma \leqslant [\sigma] \tag{10.2}$$

式中 σ——由最不利设计荷载产生的结构最大应力;

$[\sigma]$——材料的容许应力,由材料的极限强度(混凝土)或者流限(钢材)除以安全系数 K 而得(安全系数 K 主要考虑结构构件的工作条件和材料的力学特性,根据经验确定,一般取 $K = 2 \sim 3$)。

结合梁所用混凝土的容许应力按我国现行《铁路桥涵钢筋混凝土和预应力混凝土结构设计规范》(TB 10002.3—2005)中5.2.2条的表5.2.1采用。另外,该规范中还规定 Q235 钢筋在主力或主力加附加力作用下,容许应力 $[\sigma_s]$ 分别为 130 MPa 或 160 MPa;HRB335 钢筋母材及纵向加工(打磨)的闪光对焊接头在主力或主力加附加力作用下,容许应力 $[\sigma_s]$ 分别为 180 MPa 或 230 MPa;未经纵向加工的闪光对接焊头在主力或主力加附加力作用下,容许应力分别见规范表 5.2.2-1 和 5.2.2-2。

结合梁所用基本钢材和焊接材料,以及容许应力和提高系数均应符合现行《铁路桥梁钢结构设计规范》中3.2.1条的要求,但在主力和温度变化影响组合作用下的钢梁容许应力提高系数可采用1.15。

10.3.2 结合梁换算截面

容许应力法的概念是在线弹性假定的基础上,直接应用材料力学中匀质梁的公式进行任意一点应力和变形的计算。但结合梁是由混凝土、钢筋和钢梁三种弹性模量不同的材料组成的,因此计算时需首先将实际截面换算为具有相同弹性模量的同一种材料,由这种假想材料组成的截面即为换算截面。在钢筋混凝土结构中,一般将钢筋换算为与之功能相等、既能受拉也能受压的假想混凝土;而在结合梁中,则习惯于将混凝土截面和钢筋截面均换算为功能等效的钢截面,然后按换算截面的几何特性值,直接利用材料力学公式计算截面应力和变形。

1)等效换算原理

设有面积为 ΔA_h,弹性模量为 E_h,应力为 σ_h 的混凝土单元,假设混凝土单元内钢筋的弹性模量与钢梁弹性模量相同,欲将其换算为假想面积为 ΔA_g,弹性模量为 E_g,应力为 σ_g 的钢单元,按照功能等效的原则,该假想钢单元应与原混凝土单元形心位置相同,应变相等,且单元面积上的合力大小、方向和作用点不变,即:

$$\varepsilon_h = \varepsilon_g \tag{10.3}$$

$$\sigma_h \Delta A_h = \sigma_g \Delta A_g \tag{10.4}$$

由 $\varepsilon_h = \sigma_h/E_h$,$\varepsilon_g = \sigma_g/E_g$,得:

$$\sigma_h = \frac{E_h}{E_g}\sigma_g = \frac{1}{n}\sigma_g \tag{10.5}$$

$$\Delta A_g = \frac{1}{n}\Delta A_h \tag{10.6}$$

其中,$n = E_g/E_h$,E_g、E_h 分别为钢材与混凝土弹性模量的比值。

由式(10.6)可以看出,原面积为 ΔA_h 的混凝土单元,其换算钢截面面积为原来的 $1/n$,在结合梁中,只要将混凝土板的面积用 $1/n$ 倍的钢截面代替,即可将整个截面换算为单一弹性模量为 E_g 的钢截面。按换算截面的几何性质,直接带入材料力学公式求得的应力是假想的钢截面应力。对混凝土板而言,其真实应力应为同一点假想钢截面应力的 $1/n$。

混凝土板在短期荷载(例如温度变化影响)作用下,其弹性模量为 E_h,钢与混凝土弹性模量的比值 $n = E_g/E_h$。在长期荷载和多次重复荷载作用下混凝土将有残余变形产生,考虑了残余变形的弹性模量实质上是变形模量,此处按习惯仍称为弹性模量。长期荷载作用下的混凝土弹性模量须考虑残余变形的影响,其弹性模量降低为 E_h',钢与混凝土弹性模量的比值 $n_1 = E_g/E_h'$。经过多次重复荷载作用后,混凝土弹性模量降低为 E_h'',此时钢与混凝土弹性模量的比值 $n_2 = E_g/E_h''$。《铁路结合梁设计规定》(TBJ 24—89)对于承受短期荷载(温度变化)、长期荷载(考虑徐变的恒载和混凝土收缩时)和重复荷载(活载)的结合梁桥跨结构,分别规定了钢与混凝土的弹性模量比,见表 10.1。

表 10.1 钢与混凝土的弹性模量比

计算工况	混凝土标号	
	$\geqslant$ C40	< C40
计算温度变化影响时 n	6	7
计算考虑徐变的恒载和混凝土收缩时 n_1	15	18
计算活载时 n_2	10	15

2)钢筋混凝土桥面板的计算宽度

当主梁中心距较大,混凝土板较宽时,结合梁受弯后混凝土板截面上的法向应力并非均匀分布,在主梁附近较大。为了使得用初等理论算得的板内法向应力与实际的最大应力相同,常用一个比实际宽度略小的有效宽度来计算应力。板的有效宽度与梁的跨度、材料、荷载形式、支承状态等许多因素有关。

按《铁路结合梁设计规定》(TBJ 24—89)的规定,计算结合梁截面应力时,混凝土板的有效宽度采用以下各项中之最小值(图 10.12):

①主梁间板的有效宽度 w:

a. 两主梁中心距之半；

b. 主梁跨度的 1/6；

c. 如板有梗肋时，取 $b/2 + c + 6h$。

②主梁外侧悬臂板的有效宽度 w_1：

a. 主梁中心至板的悬臂端之间的距离；

b. 主梁跨度的 1/12；

c. 如板有梗肋时，取 $b/2 + c + 6h$。

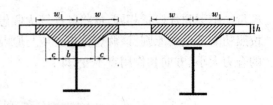

图 10.12　混凝土板有效宽度示意图

3）换算截面几何特征

在结合梁换算截面几何特性计算时，将混凝土板换算为功能等效的钢截面。为保证换算前后混凝土板的截面重心不变，换算时混凝土板厚度保持不变，而仅将翼板的有效宽度用 w/n 或 w_1/n 来代替。当考虑长期荷载或重复荷载作用的影响时，将 n 分别改变为 n_1 或 n_2 来计算。

10.3.3　结合梁截面应力计算公式

引入换算截面的几何特征值后，即可按材料力学的有关公式计算结合梁的截面应力。

(1) 钢梁和混凝土的正应力

$$\sigma_{\text{g}} = \frac{M}{I_0}y, \quad \sigma_{\text{h}} = \frac{M}{nI_0}y \tag{10.7}$$

式中　M——计算截面的工作弯矩值，按不同的受力阶段，不同的组合取值；

　　　I_0——结合梁换算截面惯性矩；

　　　y——所求应力之点到换算截面重心轴的距离。

(2) 钢梁和混凝土的剪应力

$$\tau_{\text{g}} = \frac{QS_0}{bI_0}, \quad \tau_{\text{h}} = \frac{QS_0}{nb_eI_0} \tag{10.8}$$

式中　Q——计算截面的工作剪力值，按不同的受力阶段，不同的组合取值；

　　　S_0——所求应力之处的水平纤维以上（或以下）部分换算截面面积对结合梁换算截面重心轴的面积距；

　　　b——所求应力水平纤维处钢梁的宽度；

　　　b_e——混凝土翼板的有效宽度，$b_e = w + w_1$。

10.3.4　结合梁的截面验算简介

结合梁的应力验算应满足不同受力阶段的要求。结合梁的施工方法分为有支架施工和无支架施工两种。有支架施工是指将钢梁支承在满布脚手架上，然后在其上灌筑或铺设混凝土板，待混凝土获得强度后拆除脚手架，此时钢梁与混凝土板已通过联结器形成整体，因此所有荷载都由结合梁承受。无支架施工是将钢梁架设在桥位上以后，再在钢梁上浇筑或铺设混凝土板，此时钢梁、连接系、混凝土板自重和模板重量等只能由钢梁单独承受，此阶段荷载为第一受力阶段的荷载；当混凝土板和钢梁通过联结器形成整体且混凝土获得强度以后，再在混凝土板上铺设道砟和线路材料、运行列车，这部分荷载由整个结合梁承受，为第二受力阶段的荷载。我国铁路结合梁大多采用无支架施工方法完成。因此在不同的受力阶段,应针对其受力特点,以式(10.7)和式(10.8)为基础,采用相应的截面特性和荷载进行各控制截面正应力和剪应力的验算。

此外,当环境温度变化时,由于钢和混凝土的导热性能不同,使二者温度发生差异而产生内力;在钢-混凝土简支结合梁桥中,当混凝土板发生纵向收缩,或在受压状态下发生徐变时,都会使桥面板缩短。由于钢梁与混凝土板之间联结器的剪力传递作用,钢梁会对混凝土板的缩短产生约束,从而在混凝土板和钢梁之间产生交互作用力,并进一步在钢梁和混凝土板内产生收缩应力。因此《铁路结合梁设计规定》(TBJ 24—89)中指出:结合梁应计及温度变化和混凝土收缩影响产生的内力。在设计中如无实测资料时,可取钢梁与混凝土板因温度变化引起的温度差为 5 ~ 15 ℃,并偏于安全地采用 ±15 ℃,周围环境温度提高时,用正号,否则用负号。结合梁收缩应力则通常采用降低温度的方法来计算。

结合梁的挠度可按材料力学的方法计算,但截面刚度应采用换算截面的几何特性值。结合梁挠度计算的一般公式为:

$$\delta = \int_0^l \frac{\overline{M}_1(x) M_q(x)}{E_g I_0(x)} \mathrm{d}x \tag{10.9}$$

式中　$\overline{M}_1(x)$——在所求挠度处作用单位力时引起的各截面上的弯矩值;

　　　$M_q(x)$——外荷载引起的各截面上的弯矩值。

本章小结

(1)钢-混凝土结合梁是由外露的钢梁或钢桁梁通过联结器与钢筋混凝土板组合而成的结构。结合梁通常情况下由钢筋混凝土翼板、钢梁、梗肋和联结器 4 部分组成。

(2)结合梁桥按照钢梁的截面形式可分为钢板结合梁桥、钢箱结合梁桥、上承式钢桁结合梁桥和下承式钢桁结合梁桥;按混凝土桥面板的构造形式可分为现浇钢筋混凝土板和预制钢筋混凝土板两种;按结合面上的滑移大小可分为完全抗剪连接结合梁和部分抗剪连接结合梁;按施工方法可分为恒载结合梁和活载结合梁;按钢梁在支座上是否连续可分为简支结合梁和连续结合梁。

(3)钢-混凝土结合梁具有承载力高、刚度大、整体稳定性和局部稳定性好、施工方便、便于适应弯道超高、噪声小等优点。

(4)铁路结合梁在正常运营时可按容许应力法进行计算,应首先将混凝土截面和钢筋截面均换算为功能等效的钢截面,然后按换算截面的几何特性值,直接利用材料力学公式计算截面应力和变形。

思考题与习题

1. 钢-混凝土结合梁的截面主要由几部分组成?
2. 按钢梁的截面形式,钢-混凝土结合梁主要分为哪几类?
3. 什么是完全抗剪连接? 什么是部分抗剪连接? 结合梁中钢梁与混凝土板结合面上的滑移大小可由什么指标来度量?

4. 钢-混凝土结合梁有哪些特点？

5. 简支结合梁和连续结合梁在受力上有哪些不同？

6. 有支架施工的结合梁和无支架施工的结合梁在受力方式上有何不同？

7. 温度变化和混凝土收缩是否会在简支结合梁中产生应力？为什么？

11

桥梁墩台与基础

本章导读：

介绍几种常用墩台的构造、受力特点，也阐述了其设计方法和适用范围。

11.1 概　述

　　桥梁墩台主要由墩台帽、墩台身和基础三部分组成，它们构成了桥梁的主体工程。墩台的主要作用是承受上部结构的荷载，并通过基础将此荷载及其本身的重量传到地基上。桥墩一般是指多跨梁的中间支承结构物，它除了承受上部结构的荷重外，还要承受流水压力、风力以及可能出现的冰荷载、船只、排筏或漂流物的撞击力。桥台除了是支承桥跨结构的结构物外，又是衔接两岸路堤的构筑物，既要能挡土护岸，又要能承受台背填土及填土上车辆荷载所产生的附加侧压力。因此，桥梁墩台不仅本身应具有足够的强度、刚度和稳定性，而且对地基的承载能力、沉降量、地基与基础之间的摩擦力等都提出了一定的要求，以避免在这些荷载作用下有过大的水平位移、转动或沉降发生，这一点对超静定结构尤为重要。

　　当前，世界各国的桥梁建设都在迅速发展，这种发展和进步不仅反映在上部结构的造型新颖上，而且也反映在下部结构向轻型合理的方向发展上。近 20 年来，国内外出现了不少新型桥梁墩台，尤其在桥墩形式上显得更为突出，它把结构上的轻巧合理和艺术造型上的美观统一起来，例如：既适应大跨度桥梁上部结构的受力和施工而又能节省圬工的 X 形、V 形、Y 形墩及其他各种优美立面形式的桥墩，适应城市宽广桥面而又具有较高的审美价值和节省空间的独柱、排柱、倾斜式、双叉形、四叉形、T 形等多种多样的桥墩，适应高墩施工和受力的空心桥墩等。

　　桥梁基础是桥梁结构物与地基接触的部分，而承受基础传来荷载的那一部分地层（岩层或土层）则称为持力层，亦称地基。地基与基础受到各种荷载后，其本身将产生附加的应力和变形。为了保证桥梁的正常使用和安全,地基和基础必须具有足够的强度和稳定性,变形也应在允许范围之内。根据地基土的土层变化情况、上部结构的要求和荷载特点,桥梁基础可采用不同方案。

确定基础方案主要取决于地基土的工程性质与水文地质条件、荷载特性、桥梁结构形式及使用要求,以及材料的供应和施工技术等因素。方案选择的原则是力争做到使用上安全可靠,施工技术上简便可行,经济上合理。因此,必要时应作不同方案的比较,以确定合理的工程方案。

桥梁基础位于地面或水面以下,其施工条件和受力状况与上部结构不同。尤其是深水中修筑埋于河床很深的大型桥梁基础的技术特别复杂,且完成后即埋于水土之中,属于掩蔽工程,检查和修补很困难,所以,在设计和施工中对它进行慎重考虑与深入研究很有必要。

桥梁结构是一个整体,上、下部结构和地基是共同工作,相互影响的。地基的任何变形都必然引起上下部结构的相应位移,上、下部结构的力学特征也必然关系到地基的强度和稳定条件。所以,桥梁基础的设计、施工都应紧密结合桥梁结构的特点和要求,全面分析、综合考虑。

11.2 桥墩的类型及特点

尽管桥梁墩台的类型繁多,但根据力学特点可以把常用的墩台归纳为两大类。

(1)重力式墩台

这类墩台的主要特点是依靠自身巨大的重量和材料的受压性能来抵抗外载维持自身的稳定性。因此,墩台自身截面积较大,可以用抗压性能较好的圬工修建。这类墩台具有坚固耐久、抗震性能较好,对偶然荷载有较强的抵抗能力,施工简便,养护工作量小等优点,适用于地基良好的大中型桥梁或流冰、漂浮物较多的河流中,是目前铁路桥梁墩台的主要类型,在公路桥梁上也得到了较为普遍的应用。

(2)轻型墩台

这类墩台主要是针对重力式墩台的特点,进行如下的改进,从而使墩台自身的重量和截面积减小,达到了轻型化之目的。

①改变建筑材料,使用抗拉压性能均较好的材料,以减少截面尺寸,如钢筋混凝土空心墩等。

②采用杆系结构,将单独的有较大偏心的压杆改成杆系体系,可以进一步节约工程量,并且保持必要的整体抗压弯能力,如塔架、刚架墩等。

③改变结构的受力体系,使墩台内各构件的内力重新分配,如将墩梁用固定支座联系起来的柔性墩体系和将重力式台身承受的土压力由单独的锚碇板承受从而减少台身尺寸的锚碇板桥台等。

总之,墩台的形式很多,而且都有各自的特点和使用条件,选用时需要据桥位处的地形、地质、水文和施工条件等因素,综合考虑确定。

11.2.1 重力式墩

在梁桥和拱桥上,重力式桥墩用的比较普遍。它们除了在墩帽构造上有所区别以外,其他部分的构造和外形大致相同。在此,结合铁路重力式墩介绍其特点。

1)梁桥重力式墩

重力式桥墩有多种形式,选用时主要考虑它的流水特性,尽量减轻河床的局部冲刷和不妨碍航运,在此前提下应力求节省圬工和施工方便。常用的重力式墩有如下几种截面形式。

①矩形墩[图11.1(a)]:它的外形简单,施工方便,圬工数量较省,但对水流阻力甚大,引起局部冲刷较巨。一般用于无水或静水中,用于高桥墩最高水位以上部分。

②圆端形墩[图11.1(b)]:它的截面是矩形两端各接一个半圆,施工稍麻烦,但比较适合水流通过,可减少局部冲刷。用于水流与桥轴法线交角小于15°的情况,是铁路跨河桥最广泛使用的一种形式。

③圆形墩[图11.1(c)]:其截面为圆形,流水特性较前两种形式好,用于桥轴法线与水流交角大于15°或流向不定的河流中。由于截面为圆形,各方向具有相同的抵抗矩,在用于纵横向受力差异较大的桥墩上时,浪费圬工;另外,当用石料砌筑时费工。这种桥墩多见于单线直线铁路高墩中,在公路上极少采用。

④尖端形桥墩[图11.1(d)]:此种墩外形也较简单,适用于水流斜交角小于5°及河床不允许有严重冲刷的小跨度桥梁。在有流冰的河流,桥墩的尖端能起破冰的作用,因此,迎水端应采取特殊加固措施。在有流冰的河流中,也有只在迎水端流冰水位上下一个范围做成这种截面形式的。

(a)矩形桥墩　　　(b)圆端形桥墩　　　(c)圆形桥段　　　(d)尖端形桥墩

图11.1　重力式桥墩的几种形式

为了加快设计进度和便于组织规模施工,铁路上对前三种截面形式的桥墩编制了标准设计图。它们适用于各种不同跨度的钢筋混凝土梁、不同的墩身高度和不同地基承载力的扩大基础。标准图中不仅给出了各部分的具体尺寸,还给出了细部构造和各部分的工程数量,对于一般桥梁的设计,使用起来极为方便。公路部门也有自己的标准设计图。

2)拱桥重力式桥墩

拱桥是一种推力结构,拱圈传给桥墩上的力,除了竖向力外,还有较大的水平推力,这是与梁桥的最大不同之处。从抵御恒载水平力的能力看,拱桥桥墩又分为普通墩和单向推力墩(也称制动墩或固定墩)两种。普通墩一般不承受恒载水平推力或者当相邻孔不等跨度时承受经过相互作用后尚余的不平衡水平推力。单向推力墩的主要作用是,在其一侧的桥孔坍塌后,能承受住另侧的单向恒载水平推力,以保证另侧的拱桥不致连续坍塌。而且当施工时,为了拱架的多次周转或者当施工设备的工作跨径受到限制时,能分段进行施工,在此情况下,也有设置能承受部分恒载单向推力的制动墩。多跨连续拱桥的制动墩一般 3~4 跨设置一个。由此可见,为了满足结构强度和稳定的要求,普通墩的墩身可以做得薄一些[图 11.2(a)~(c)],制动墩则要求做得厚实一些[图 11.2(d)]。

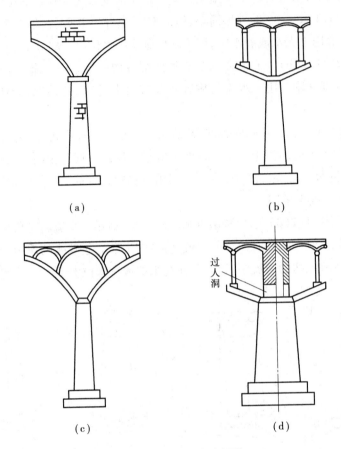

图 11.2 拱桥重力式桥墩

其次,与梁桥重力式桥墩相比较,拱挢桥墩在构造上还有以下特点。

(1)拱座

拱桥桥墩与梁桥桥墩的一个不同点是,梁桥桥墩的顶面要设置传力的支座,且支座距顶面边缘保持一定的距离;而装配式拱桥桥墩则在其顶面的边缘设置呈倾斜面的拱座、直接承受由拱圈传来的压力。故无铰拱的拱座总是设计成与拱轴线呈正交的斜面。由于拱座承受着较大的拱圈压力,故一般采用 C20 以上的整体式混凝土、混凝土预制块或 MU40 以上的块石砌筑。肋拱桥的拱座由于压力比较集中,故应用高等级混凝土及数层钢筋网加固,装配式的肋拱,以及双曲拱桥的拱座,也可预留供插入拱肋的孔槽(图 11.3)。就位以后再浇筑混凝土封固。为了加强肋底与拱座的联结,底部可设 U 形槽浇筑混凝土,混凝土强度等级应不低于 C25。有时孔底或孔壁还应增设一些加强钢筋网。

(2)拱座的位置

当桥墩两侧孔径相等时,则拱座均设置在桥墩顶部的起拱线标高上,有时考虑桥面的纵坡,两侧的起拱线标高可以略有不同。当桥墩两侧的孔径不等,恒载水平推力不平衡时,则将拱座设置在不同的起拱线标高上。此时,桥墩墩身可在推力小的一侧变坡或增大边坡。从外形美观上考虑,变坡点一般设在常水位以下(图11.4)。墩身两侧边坡和梁桥的一样,一般也为20:1～30:1。

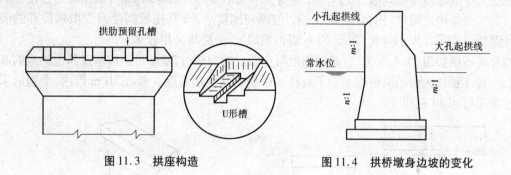

图11.3　拱座构造　　　　　　　　　图11.4　拱桥墩身边坡的变化

(3)墩顶以上构造

由于上承式拱桥的桥面与墩顶顶面相距有一段高度,故墩顶以上结构常采用各种不同形式。对于实腹式石拱桥的墩顶以上部分通常做成与侧墙平齐的形式[图11.2(a)]。对于空腹式石拱桥或双曲拱桥的普通墩,常采用立墙式、立柱式或者跨越式[图11.2(b)、(c)、(d)]。对于单向推力墩常采用立墙式[图11.2(d)]。当采用立墙式时,为了检修的方便,墙中应设置过人孔;当采用立柱加盖梁或框架时,则应按照钢筋混凝土结构进行配筋。立柱和盖梁可以做成装配式构件,采用不低于C20的钢筋混凝土。架设时可以将预制立柱插入墩顶预留的孔槽内,使工期大为加快。普通铁路拱桥桥墩的顶宽,对于混凝土墩一般可按拱跨的1/25～1/15采用,石砌墩可按拱跨的1/20～1/10估算,其比值将随跨径的增大而减小,且不宜小于80 cm。对于单向推力墩,则按具体情况计算确定。

为了减小墩身截面长度,拱桥墩顶部分也可做成托盘形式。托盘可采用C20素混凝土圬工,或仅布置构造钢筋。墩身材料可以采用块石、片石或混凝土预制块砌筑,也可用片石混凝土浇筑。

公路拱桥墩顶构造与铁路基本相同,只是横向宽度要大。

11.2.2　轻型桥墩

1) 梁桥轻型桥墩

当地基土质条件较差时,为了减轻地基的负担,或者为了减轻墩身重量,节约圬工,常采用轻型桥墩。轻型墩主要有空心墩、板式墩、桩柱式墩、双柱式墩及各式柔性墩等。

(1)空心墩

墩身高度在30 m以上的高墩,如将实体墩身改为厚壁式空心墩身,可节省圬工20%～30%;墩身高在50 m以上时可用钢筋混凝土空心墩,节省圬工可达50%左右。近年来滑动模板工艺的大量使用为空心墩施工创造了良好的条件,引起桥梁界的关注。

空心墩在力学上属于空间板壳结构,即使是素混凝土的,其受力也有别于重力式实体墩,故将其划在轻型桥墩中。

(2)桩柱式桥墩及双柱式桥墩

桩柱式桥墩亦称排架式墩(图11.5),墩身是利用基础的桩延伸到地面,顶帽即为连接桩的帽梁。其特点是构造简单,用料少、施工快,但纵向刚度小,故其建筑高度常受墩顶位移的限制。铁路桥只宜用在较小跨度,高度10 m以内的墩上,公路桥采用较多。

双柱式桥墩如图11.6所示,它是钢筋混凝土做成的刚架,其基础可为桩基或其他类型的基础,南京、九江长江大桥的引桥都采用了双柱式桥墩。其使用高度一般在30 m以内,个别的采用多层刚架可达40 m以上。

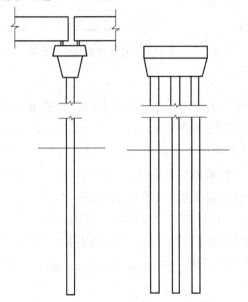

图11.5 桩柱式桥墩

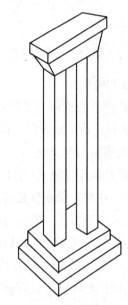

图11.6 双柱式(刚架式)桥墩

(3)各式柔性墩

以上是通过改变建筑材料或改变桥墩的结构形式而使桥墩轻型化。柔性墩则是改变桥梁的受力体系,使墩台由单独承受某种荷载变为与其他墩台和梁组成共同的受力体系,以达到轻型化的目的。如图11.7所示,其特点是将若干个称为柔性墩的小截面桥墩和一个称为刚性墩的大截面墩,通过桥跨结构用固定支座联结起来称为一联,在纵桥向就形成一个可以共同承受纵向水平力的框架体系,这样在活载引起的纵向力作用下,各柔性墩内力就大为减小。

目前国内已建成的铁路桥梁柔性墩所采用的形式主要有刚架式、排架桩、板式及"上柔下刚墩"等。

①刚架式柔性墩:它在横向为一刚架。单线桥的刚架柔性墩通常由两根立柱、数根横撑和顶帽所组成,墩身采用钢筋混凝土,如图11.8所示。

②排架桩柔性墩:排架桩柔性墩的特点是,墩身直接由基桩延伸至顶帽,地面下不需设置承台,在上端通过顶帽把各个桩顶联结在一起,如图11.9所示。

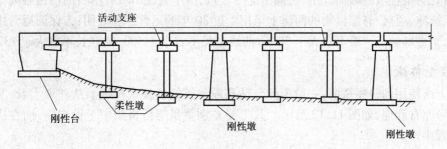

图 11.7　柔性墩桥梁布置

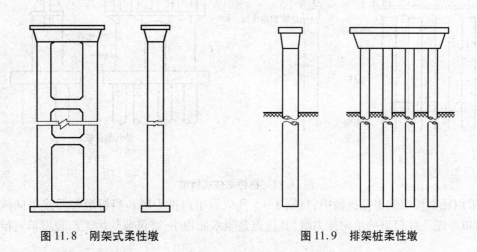

图 11.8　刚架式柔性墩　　　　　图 11.9　排架桩柔性墩

③板式柔性墩:板式柔性墩墩身为一实体矩形板壁。它的设计计算和施工都较为简单,特别便于滑模施工。因此,它已被广泛地采用,如图 11.10 所示。

④"上柔下刚墩":当墩身高度较大,或墩处在有漂流物的水流湍急的河流中时,为增加墩身的稳定性和加强抵抗漂流物撞击的能力,可采用墩身的上半部为小截面、下半部为大截面的"上柔下刚"墩(或半柔半刚墩),如图 11.11 所示。这种桥墩的特点是:利用桥墩上部的柔性结构减少制动力,而下部的刚性墩身也因制动力较小而使截面减小,但要注意在刚柔相接部分的应力集中问题。

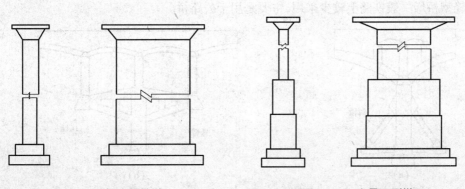

图 11.10　板式柔性墩　　　　　图 11.11　上柔下刚墩

应当指出:柔性墩的截面纤细,抗撞击能力较低,故不宜在山坡有落石的傍山谷高架桥上或有泥石流、流冰、通航、有漂流物的河流上采用。近30年的运营经验表明:为保证运营中有较高的安全度,柔性墩墩高一般不宜大于30 m,曲线半径不宜小于500 m,联长不宜大于132 m。

2)拱桥轻型桥墩

拱桥上所使用的轻型桥墩,一般为配合钻孔灌注桩的桩柱式桥墩。从外形上看,与梁桥的桩柱式桥墩非常相似,如图11.12所示。其主要差别就是梁桥桥墩帽上设支座,而在拱桥墩顶部分则设置拱座。

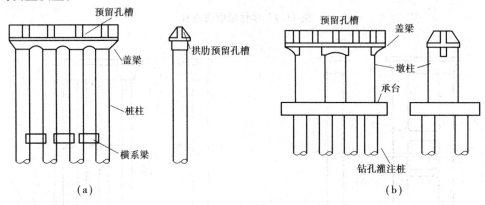

图11.12 拱桥桩柱式桥墩

在采用轻型桥墩的多孔拱桥中,每隔3~5孔应设单向推力墩。当桥墩较矮或单向推力不大时,可以考虑一些轻型的单向推力墩,其优点是阻水面积小,并可节约圬工。轻型单向推力墩形式有:

①带三角杆件的推力墩:这种桥墩的特点是在普通墩的墩柱上,从两侧对称地增设钢筋混凝土斜撑和水平拉杆,用来提高抵抗水平推力的能力[图11.13(a)]。为了提高构件的抗裂性,可以采用预应力钢筋混凝土结构。这种墩只在桥不太高的旱地上采用。

②悬臂式单向推力墩:悬臂式单向推力墩的工作原理是当该墩的一侧桥孔遭到破坏以后,可以通过另一侧拱座上的竖向分力与悬臂长度所构成的稳定力矩来平衡由拱的水平推力所导致的倾覆力矩[图11.13(b)]。这种形式适用于两铰双曲拱桥。但由于墩身较薄,在受力后悬臂端会有一定位移,因而对无铰拱来说会有附加内力产生。

拱桥轻型桥墩一般铁路上较少采用,主要是用于公路桥。

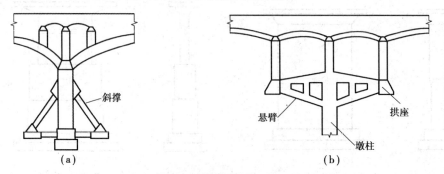

图11.13 拱桥轻型单向推力墩

11.3　桥台的类型及特点

11.3.1　重力式桥台

梁桥和拱桥使用重力式桥台也比较普遍,二者除在台帽部分有所差别外,其余部分基本相同,从尺寸上看,拱桥桥台一般较梁桥的大。重力式桥台按其截面形状可以分为矩形桥台、U 形桥台、T 形拱台、耳墙式桥台、矩形埋式及十字埋式桥台等多种形式。

1)矩形桥台与 U 形桥台

图 11.14(a)为矩形桥台,其主要优点是造形简单、整体性好,对抗震有利,但台身较高时,圬工量大,不经济。为减少圬工数量,做成如图 11.14(b)的 U 形,中空部分用土料填实。考虑到中间填土部分易积水引起冻胀而使两翼裂损,宜选用渗水性好的土填充,并应有良好的排水设施。这两种桥台一般用于填土高 $H \leqslant 4$ m 的小跨桥梁。

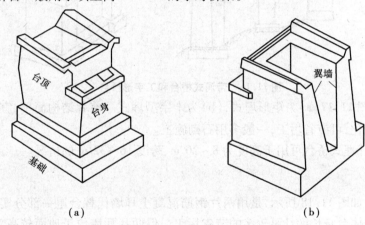

图 11.14　矩形与 U 形桥台

2)T 形桥台

图 11.15 为 T 形桥台,在铁路桥中使用较多,从经济性考虑,它适用在填土高度 $H = 4 \sim 12$ m。通常,T 形桥台的纵向长度是根据锥体填土的构造要求和锥体填土的坡脚不超出桥台前缘的条件确定的。当填土较高时,台长因而加长,圬工数量增大,故有时将锥体适当伸入台前一部分如图 11.15 所示。有的为减少圬工量,将 T 形改造成如图 11.16 所示带洞的形式,或做成工字形截面。铁路标准图设计范围 $L_p = 5 \sim 32$ m,$H = 4 \sim 12$ m。

3)埋式桥台

埋式桥台是指部分台身埋在锥体护坡之中,这样对较高桥台可减少台长,故对跨谷高桥甚为有利。但由于它占据了桥孔一部分空间,对有水桥梁将压缩部分过水面积,在方案比选时应综合权衡"减小台长"与"增大孔跨"二者的利弊。

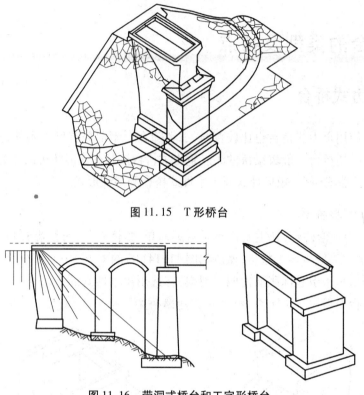

图 11.15　T 形桥台

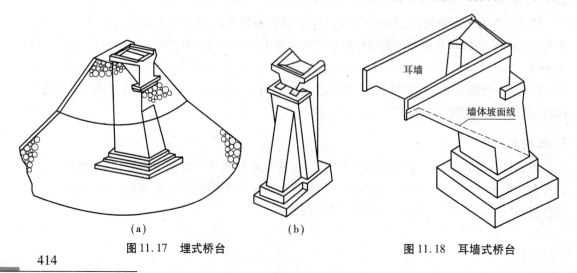

图 11.16　带洞式桥台和工字形桥台

　　埋式桥台如图 11.17(a)为矩形埋式,(b)为十字型埋式。前者结构简单,宜用于混凝土施工;后者台宽有变化,可节省圬工,一般多用石砌施工。

　　铁路标准设计埋式桥台可用于高度为 8 ~ 20 m、跨度 16 ~ 32 m 的情况。

4)耳墙式桥台

　　耳墙式桥台,如图 11.18 所示,是用两片钢筋混凝土耳墙代替台尾一部分实体圬工与路堤相连,从而缩短实体台身长度且可较多的节省圬工。但两片耳墙位于地面较高部位,其施工工艺要求较高,如施工质量不好,在耳墙与台身连接的根部较易产生裂缝,为此也要求耳墙不宜做得太长。当填土高大于 7 m 时,此类桥台的锥体往往也伸出桥台前墙形成埋式桥台。

| (a) | (b) |
| 图 11.17　埋式桥台 | 图 11.18　耳墙式桥台 |

耳墙

墙体坡面线

11.3.2　轻型桥台

1) 梁桥轻型桥台

铁路上已采用的梁桥轻型桥台主要有桩柱式桥台和锚碇板式桥台。桩柱式桥台的桩柱既是基础也是台身,如图11.19所示,台顶部分由帽梁、两侧耳墙及胸墙组成,适用于地基承载力较低、填土不高的情况。

锚碇板桥台是在其后设置由挡墙、拉杆和锚碇板组成的锚碇结构来承受土压力,以达到本身轻型化的一种桥台,如图11.20所示,挡墙可用整体式或用预制的钢筋混凝土立柱与挡土板拼装而成,钢拉杆一端与立柱联结,另一端与锚碇板连接。在图11.20(a)中墙后土体的侧压力通过墙传至拉杆,拉杆的力由土体抗剪强度对锚碇板所产生的抗拔力来平衡。它

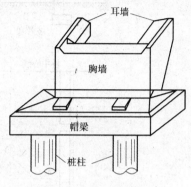

图11.19　桩柱式桥台

的台身与锚碇结构分开,土压力全部由锚碇结构承受,台身仅受桥跨传来的竖向压力和水平力,相当于一个桥墩的作用。这种分离式锚碇板桥台的受力明确,但构件较多,施工工艺较繁,操作也不方便。锚碇板桥台的另一种形式是将台身和挡墙合为一体,如图11.20(b)所示。整体式与分离式相比,其构造简单、施工方便,材料也较省,但台顶位移尚难以精确计算。

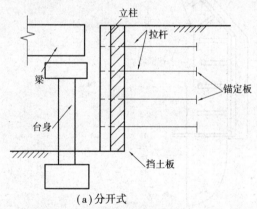

(a)分开式

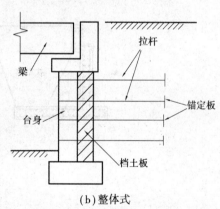

(b)整体式

图11.20　锚定板桥台

锚碇板桥台采用锚碇结构承受土压力,改变了重力式桥台靠自重来平衡土压力的受力状态,使桥台向轻型发展,节省圬工可达50%～70%,并可大幅度地降低造价。国内已对锚碇板桥台进行了一些研究,并已试建了几座桥台进行观测。

公路桥除桩柱式桥台使用较多外,对小跨度旱桥采用设有支撑梁的轻型桥台,如图11.21所示,其特点是台身为直立薄壁墙,台身两侧有翼墙。在两桥台下部设置钢筋混凝土支撑梁,上部结构与桥台用锚栓连接,成为四铰框架系统。其翼墙布置可为一字形、八字形或耳墙式,如图11.21(a)左、(a)右及(b)所示。此外,还有钢筋混凝土薄壁轻型桥台,如图11.22所示。

2) 拱桥轻型

这种桥台适用于公路跨度13 m以下的小跨径拱桥和桥台水平位移量很小的情况。其工作

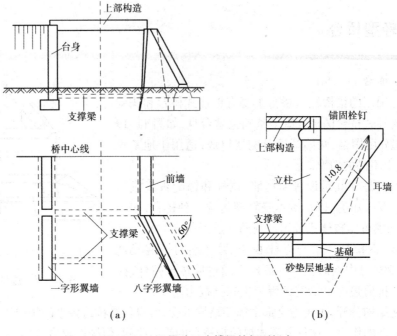

（a）
（b）

图 11.21　设置地下支撑梁的轻型桥台

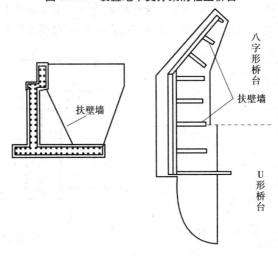

图 11.22　钢筋混凝土薄壁桥台

原理是,当桥台受到拱的推力后,便发生绕基底形心轴而向路堤方向的转动,此时台后的土便产生抗力来平衡拱的推力,从而使桥台的尺寸大大地小于实体重力式桥台。常用的轻型桥台有八字形和 U 形桥台,以及由此派生出来的 Π 形、E 形等背撑式桥台。此外,我国近年来在有的地区还修建了改进基础布置方式的靠背式框架桥台,下面将分别介绍。

（1）八字形桥台

八字形桥台构造简单,台身由前墙和两侧的八字翼墙构成,如图 11.23（a）所示,两者之间通常留沉降缝分砌。前墙可以是等厚度的,也可以是变厚度的,变厚度台身的背坡为 2∶1～4∶1。翼墙的顶宽一般为 40 cm,前坡为 10∶1,后坡为 5∶1。为了防止基底向河心滑动,基础应有一定的埋置深度,台后填土必须分层夯实,做好防护措施,防止受水流侵蚀冲刷。

（2）U 形桥台

　　U 形桥台是由前墙和平行于行车方向的侧墙组成,构成 U 形的水平截面,如图 11.23(b)所示。它与 U 形重力式桥台的差别是,后者是靠扩大桥台底面积,以减少基底压力,并利用基底与地基的摩阻力和适当的利用台背侧土压力, 以平衡拱的水平推力。因此, 基础底面积较轻型桥台的要大, 通常从前墙一直延伸到侧墙尾端, 侧墙与前墙连成整体, 而与拱上侧墙断开。U 形轻型桥台前墙的构造和八字形桥台相同,但侧墙却是拱上侧墙的延伸,它们之间应设变形缝,以适应桥的可能变位。轻型桥台侧墙的顶宽一般为 50 cm,内侧坡度为 5:1,若有人行道,则上端做成等厚直墙,直到与按 5:1 内坡相交为止,以下仍用 5:1 的坡度。

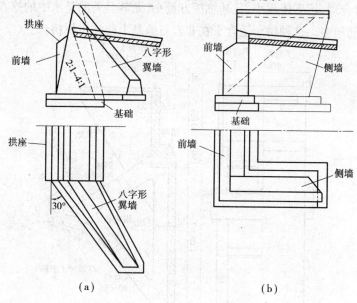

图 11.23　八字形和 U 形轻型桥台

（3）背撑式桥台

　　当桥台较宽时,为了保证结构的强度和稳定性,可以在八字形或 U 形桥台的前墙背后加一道或几道背撑,构成 Π 字形、E 形等水平截面形式的前墙(图 11.24)。背撑顶宽为 30 ~ 60 cm、厚度也为 30 ~ 60 cm,背坡为 3:1 ~ 5:1 的梯形。这种桥台比八字形桥台的稳定性要好,但土方开挖及圬工体积都有所增多。然而加背撑的 U 形桥台却能适用于较大跨径的高桥和宽桥。

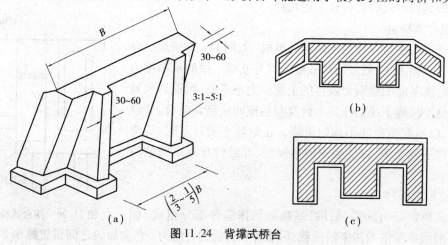

图 11.24　背撑式桥台

(4)靠背式框架桥台

这种桥台是用三角形框架把台帽、前壁、耳墙和设置在不同标高且具有不同斜度的分离式基础连接而成(图11.25)。一方面它具有水平的和仰斜的基底,能够满足桥台在施工期间的稳定性;另一方面由于底板比柱脚基础位置高,并具有与土紧贴的斜背面,能够合理地承受主拱作用力,因而结构轻巧,圬工量大为减少。水平基础主要承受结构自重及部分荷重,在施工期间,整个结构类似于锚杆式挡土墙。斜置基础设置在L形的基坑上,其坡度等于挖方边坡。这种桥台的优点是:受力合理、圬工体积小,且基坑挖方量小,尤其显著的是水中的挖方量要减少很多。主要缺点是用钢筋稍多。这种桥台适合于在非岩石地基上修建拱桥桥台。

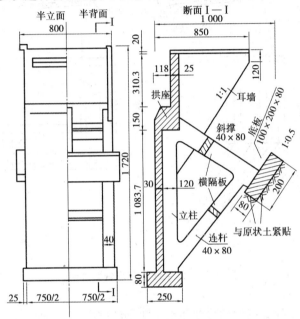

图 11.25　靠背式框架桥台(单位:cm)

3)拱桥的其他形式桥台

常用的其他形式的桥台有下述几种。

(1)组合式桥台

组合式桥台由台身和后座两部分组成,如图11.26所示。台身基础承受竖向力,一般采用桩基础或沉井基础。拱的水平推力则主要由后座基底的摩阻力及台的土侧压力来平衡,因此后座基底标高应低于拱脚下缘的标高。台身与后座间应密切贴合,并设置沉降缝,以适应两者的不均匀沉降。在地基土质较差时,后座基础也应做适当处理,以免后座向后倾斜,导致台身和拱圈的位移和变形。

(2)空腹式桥台

空腹式桥台是由前墙、后墙、基础板和撑墙等部分组成(图11.27)。前墙承受拱圈传来的荷载,后墙支承台后的土压力。在前后墙之间设置撑墙3~4道,作为传力构件,并对后墙起到扶壁和对基础板起到加劲作用。最外边的撑墙可以做成阶梯踏

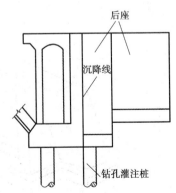

图 11.26　组合式桥台

步,供人们上下河岸。空腹可以是敞口的,也可以是封闭的。如地基承载力许可时,也可在腹内填土。这种桥台一般是在软土地基、河床无冲刷或冲刷轻微、水位变化小的河道上采用。

(3)齿槛式桥台

齿槛式桥台是由前墙、侧墙、底板和撑墙几个部分组成(图11.28)。其结构特点是:基底面积较大,可以支承一定的垂直压力;底板下的齿槛可以增加摩擦和抗滑的稳定性;台背做成斜挡板,用其背面的原状土和前墙背面的新填土,共同平衡拱的水平推力;前墙与后墙板之间的撑墙可以提高结构的刚度;齿槛的宽度和深度一般不小于50 cm。这种桥台适用于软土地基和路堤较低的中小跨径拱桥。

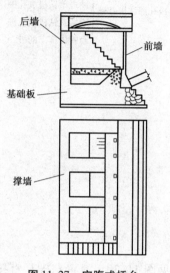

图11.27　空腹式桥台

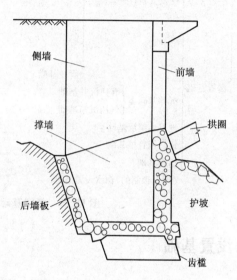

图11.28　齿槛式桥台

11.4　基础的类型及特点

桥梁基础根据埋置深度分为浅置基础和深置基础两类,其施工方法不同,设计计算理论也不同。浅置基础是在桥台和桥墩下直接修建的埋深较浅的基础(一般小于5 m)。由于浅层土质不良,有时需把基础埋置于较深的良好地层上,这样的基础称为深基础(一般埋深大于5 m),当需要设置深基础时,常采用桩基础或沉井基础,特殊桥位也可能采用其他大型基础或组合形式。有水时,基础埋置在土层内深度虽较浅,但在水下部分较深,称为深水基础。按埋深和施工方法桥梁基础的分类见图11.29。当然也有其他的分类方法,如按桩的持力方式可将其分为柱桩和摩擦桩等。

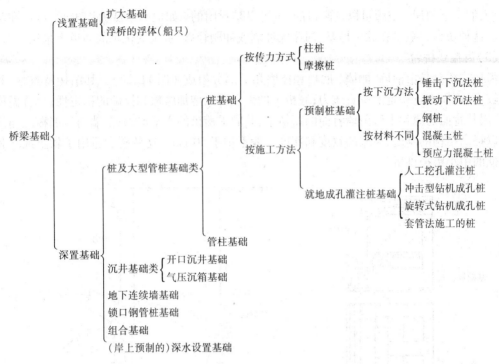

图 11.29　桥梁基础的类型

11.4.1　浅置基础

浅置基础又称刚性扩大基础,也称明挖基础,其构造参见图 11.30。浅置基础是直接在墩台下开挖基坑修建而成的实体基础,适合于在岸上或水流冲刷影响不大的浅水处,且浅表地基承载力合适的地层。它构造简单,施工方便,最为常见。

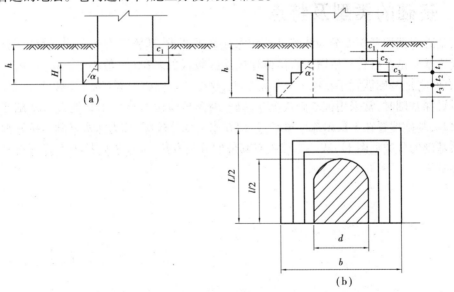

图 11.30　明挖扩大基础平面、立面图

明挖扩大基础的平面形状常为矩形,也有其他形式(视墩台身底面的形状而定)。其立面形状可为单层或多层台阶扩大形式,其与地基承载力及上部荷载大小有关。如图 11.30 所示,自墩台身边缘至基顶边缘的距离 c_1 以及台阶宽度 c_2、c_3 称为襟边。其作用一方面是扩大基底面积以增加基础承载力,另一方面便于对基础施工时在平面尺寸上可能发生的误差进行调整,同时也为了支立墩台身模板的需要。襟边的最小值为 20 ~ 50 cm。基础每层台阶的高度通常为 50 ~ 100 cm,且一般情况下各层台阶宜采用相同厚度。基础的各级台阶的正交方向的坡线与竖直线所成夹角 α 称为刚性角,其值不应超过某一限值 α_{max},以防止基础开裂破坏。α_{max} 与基础材料有关,混凝土基础为 40° ~ 50°,石砌圬工基础为 30° ~ 35°。

明挖扩大基础的常用材料有混凝土、片石混凝土、浆砌片石等。混凝土强度等级一般不宜小于 C25,浆砌片石一般用 M20 以上水泥砂浆,MU50 以上石料。

明挖扩大基础的特点是稳定性好、施工简便、取材容易、能承受较大荷载,所以只要地基承载力能满足要求,它是桥梁的首选基础形式。但其缺点是自重大,在持力层为软弱土时,由于基础面积不能无限扩大,需要对地基进行处理或加固后才能采用。所以对于荷载较大、上部结构对沉降变形较为敏感、持力层土质较差且较厚的情况,不宜采用明挖扩大基础。

11.4.2　桩及大型管柱基础

当墩台所处位置的覆盖层很厚,适于承载的地基很深,或同时水深也较大时,往往需要采用深基础。桩基础就是一种常用的深基础。

桩基础由若干根桩和承台两部分组成,桩在平面排列上可为一排或几排,桩的顶部由承台联成一个整体。再在承台上修筑桥墩或桥台及上部结构,如图 11.31 所示,桩身可全部或部分埋入地基土中。

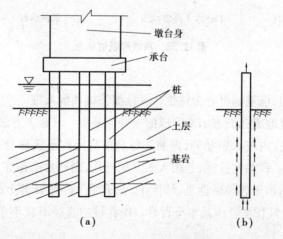

图 11.31　桩基础一般构造在桥梁

我国桥梁桩基础大多采用钢筋混凝土桩、预应力混凝土桩和钢桩。钢筋混凝土桩截面形式有圆形、环形、方形、六角形等,钢桩的截面形式有圆形、H 形等,在桩轴方向,也分竖直桩和斜桩(通常用于拱桥墩台基础)。实践中已形成了各种形式的桩基础,它们在构造及桩土相互作用性能上都具有各自的特点,分别阐述如下。

1) 按承台位置分类

按承台位置的不同,桩基础可分为高桩承台桩基础和低桩承台桩基础,如图 11.32 所示。高桩承台的承台底面位于地面或冲刷线以上,低桩承台的承台底面则位于地面或冲刷线以下。高桩承台的桩身外露部分称为桩的自由长度,而低桩承台的自由长度为零。高桩承台由于承台位置较高或设在施工水位以上,可减少墩台的圬工数量,避免或减少水下作业,施工较为方便。然而由于承台和基桩外露部分无侧边土层来共同承受水平外力,对基桩受力较为不利,桩身内力和位移都将大于在同样水平力作用下的低桩承台,稳定性亦较低桩承台差。近年来由于大直径钻孔灌注桩的采用,桩的刚度、强度都较大,因而高桩承台也采用得较多。

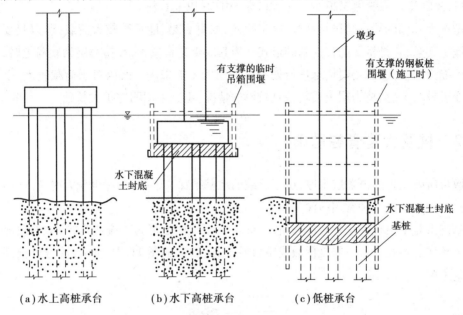

图 11.32 高桩和低桩承台

(a)水上高桩承台　　(b)水下高桩承台　　(c)低桩承台

2) 按施工方法分类

按施工方法的不同,桩基础可分为钻挖孔就地灌注桩和沉入桩。

①灌注桩是采用就地成孔的方法来完成的一种深基础。其施工方法是:先用机械或人工在土中做成桩孔,然后在孔内放入钢筋笼,再灌注桩身混凝土而形成桩身,最后在桩顶浇筑承台或系梁。若用钻机成孔,称为钻孔桩;若用人工开挖桩孔,则称为挖孔桩。灌注桩的特点是施工设备简单,操作方便,适用于各种砂性土、粘性土,也适用于碎卵石类土层和岩层。钻孔桩的直径一般为 0.8～3.0 m,其长度可由几米至百米。挖孔桩的直径不宜小于 1.2 m,长度不宜大于 20 m,以便人工挖土。

②钻孔灌注桩常用设备为冲击型钻机和旋转式钻机。前者采用卷扬机带动重力式冲击钻头,往复吊起和落下,冲击成孔;后者由钻机机身、钻杆和钻头(可有多种形式,以适应不同地层)组成,其钻孔速度比冲击型钻机要快得多。在成孔过程中,需要向孔内灌入特制的泥浆,以起到保护钻好的孔壁不致坍塌的作用。为排除坍孔的危险,还可采用套管法施工桩基础。该方

法适于施工深度不大于 40 m 的情况。其特点是:采用一套常备式钢套管,用重锤式抓斗在套管内抓土,同时在地面上用一套特殊设备不断晃动套管,使其随之下沉。在套管达到设计标高后,即可清基并进行后续工序。在灌注混凝土的过程中,仍需不断地向上晃动套管,并逐节拔除。

③沉入桩是通过汽锤、柴油锤或振动锤等打桩机械将各种预制好的桩(主要是钢筋混凝土实心桩或管桩,也有木桩或钢桩)沉入或打入地基中所需深度。这种施工方法适用于桩径较小(一般直径为 0.6 ~ 1.5 m),地基土质为砂性土、塑性土、粉土、细砂以及松散的不含大卵石或漂石的碎卵石类土的情况。

3)按基础传力方式分类

按基础的传力方式,桩基础可分为柱桩与摩擦桩。柱桩是将桩尖通过软弱的覆盖层以后再嵌入坚硬的岩面,荷载由桩尖直接传到基岩中,桩像柱子一样受力,如图 11.33(a)所示。摩擦桩是当基岩埋藏很深,桩尖不可能达到时,荷载通过位于覆盖层中桩的侧壁与土壤间的摩擦力和桩的端部的支承力共同承受的桩基础,如图 11.33(b)所示。

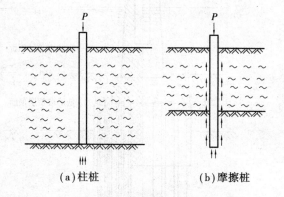

(a)柱桩　　　　(b)摩擦桩

图 11.33　柱桩与摩擦桩

柱桩承载力较大,较安全可靠,基础沉降也小,但若岩层埋置很深,就需要采用摩擦桩。由于柱桩和摩擦桩在土中的工作条件不同,它们与土共同作用的特点也就不一样,因此在设计计算时所采用的方法和有关参数也不一样。

桩基础内基桩的布置应根据荷载大小、地基土质、基桩承载力等决定。采用大直径钻孔灌注桩的中小跨度的公路桥梁常用单排式(横向),在大型桥梁基础中,或桩承受的水平力较大时,则采用多排式。考虑桩与桩侧土的共同工作条件和施工条件的需要,桩与桩间的中心距不得小于桩径的某一倍数,一般为 2.0 ~ 2.5 倍桩径。此外,为避免承台边缘距桩身过近而发生破裂,边桩外侧到承台边缘的距离,亦不能太小,一般要求不小于 0.3 ~ 0.5 倍桩径。

桩基础承台的平面尺寸和形状,应根据其上部墩台身底面尺寸和形状及其桩的平面布置而定,一般采用矩形和圆端形。承台厚度应保证承台有足够的强度和刚度。一般采用钢筋混凝土刚性承台,承台厚度不宜小于 1.5 m,混凝土强度等级不低于 C20。承台底部需布置一层钢筋网,确保承台受力均匀,避免在桩顶荷载作用下开裂或破碎。承台与桩之间的连接,靠伸入承台的桩顶主筋来实现,桩身一般亦需伸入承台 10 cm。

总之,桩基础是深基础方案的首选形式,它耗用材料少、施工简便、适应性强。但当上层软弱土层很厚,桩底不能达到坚实土层,需使用较多较长的桩来传递荷载时,桩基础的稳定性稍差,沉降量也较大;当覆盖层很薄时,桩的稳定性也可能存在问题。

管柱基础是一种大直径桩基础,适用于深水、有潮汐影响以及岩面起伏不平的河床。它是将预制的大直径(直径 1.5 ~ 5.8 m,壁厚 10 ~ 14 cm)钢筋混凝土或预应力混凝土管柱,用大型的振动沉桩锤沿导向结构将桩竖向振动下沉到基岩,然后以管壁作护筒、用水面上的冲击式钻机进行凿岩钻孔,再吊入钢筋笼并灌注混凝土,将管柱与基岩牢固连接。管柱施工需要有振动沉桩锤、凿岩机、起重设备等大型机具,动力要求也高,一般用于大型桥梁基础,如图 11.34 所示。

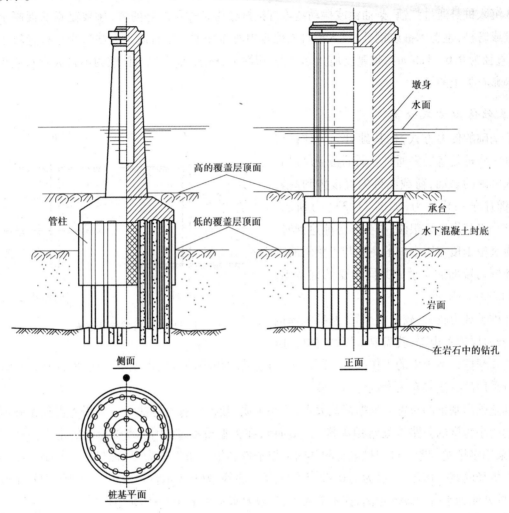

图 11.34　管柱基础(武汉长江大桥)

11.4.3　沉井及沉箱基础

沉井是一种历史悠久的施工方法,适用于地基表层较差而深部较好的地层,既可以用在陆地上,也可以用在较深的水中。所谓沉井基础,就是用一个事先修筑好的以后充当基础的混凝土井筒,一边挖土,一边靠它的自重不断下沉直至设计标高。其基本施工工序是:首先在地面(或人工筑岛)上做成钢筋混凝土沉井底节,底节下部的内侧井壁做成由内向外斜的"刃脚";然后用机械或人工方法挖掘与清除井底土壤,使之不断下沉,沉井底节以上随之逐节接高;沉井下沉到设计标高后,再以混凝土封底,并建筑沉井顶盖,沉井基础便告完成,最后在其上修建墩台身。下沉时,为了减少沉井侧壁和土壤之间的摩阻力,可以采用泥浆护套、空气幕或塑料布膜衬壁等方法。

沉井基础是桥梁工程中一种较常见的基础形式。其优点是埋置深度可以很大,整体性强、稳定性好,能承受较大的垂直荷载和水平荷载;沉井既是基础,又是施工时挡土和围水的结构物,施工工艺也不复杂。其不足是工期较长,对细砂及粉砂类土在井内抽水易发生流砂现象,造成沉井倾斜;沉井下沉过程中遇到大孤石、树干或井底岩层表面倾斜过大,均会给施工带来一定困难。

按下沉方式,沉井基础可分为就地建造下沉的沉井和浮运就位下沉的沉井。按建筑材料,沉井基础可分为混凝土沉井,钢筋混凝土沉井等。桥梁上常用的是钢筋混凝土沉井,它的抗拉及抗压能力较好,下沉深度可以很大,可达几十米。当下沉深度不大时,沉井壁大部分用混凝土,下部(刃脚)用钢筋混凝土。浮运沉井的底节也有用钢质的。

沉井按平面形状可分为圆形、矩形及圆端形沉井等,如图 11.35 所示。圆形沉井[图 11.35(c)、(d)]受力好,适用于河水主流方向易变的河流;矩形沉井制作方便,但四角处的土不易挖除;圆端形沉井[图 11.35(a)]兼有两者的特点。沉井基础的平面形状常取决于墩台底部的形状。对矩形墩或圆端墩,可采用相应形状的矩形和圆端形沉井。采用矩形沉井[图 11.35(b)]时为了保证下沉的稳定性,沉井的长边和短边之比不宜大于 3。当墩的长宽比较接近时,可采用圆形沉井或方沉井。立面外形主要有竖直式、倾斜式及阶梯式等,如图 11.36 所示。采用何种形式主要视沉井需要通过的土层性质和下沉深度而定。外壁竖直形式的沉井,在下沉过程中不易倾斜,井壁接长较简单,模板可重复使用,故当土质较松软、沉井下沉深度不大时,可以采用这种形式。

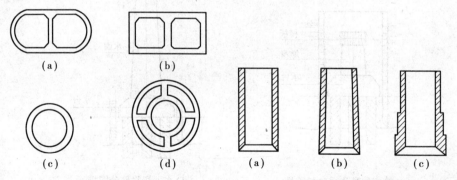

图 11.35　沉井平面形式　　　　　　图 11.36　沉井竖剖面形式

倾斜式及阶梯式井壁可以减少土与井壁的摩阻力,其缺点是施工较复杂,消耗模板多,同时沉井下沉过程中容易发生倾斜。故在土质较密实、沉井下沉深度大、本身重量不大的情况下,可采用这类沉井。倾斜式的沉井井壁坡度一般为 1/40 ~ 1/20,阶梯形井壁的台阶宽度为 100 ~ 200 mm。

气压沉箱则是一种类似于沉井的深水基础,其不同之处是在沉井刃脚以上适当高度处设置一层密封的顶盖板。顶盖板以下为工作室,以上构造与沉井类似。顶盖板中开有空洞,安置升降井筒,直出水面,井筒上端为气闸。压缩空气经气闸和井筒输入工作室,当压力相当于刃脚处水头时,工作室内积水被排出,施工人员就可以进入工作室,在高气压(2 ~ 3 个大气压,视沉箱下沉深度而定)下进行挖土。挖出的土通过井筒提升,经气闸运出,这样沉箱就可以利用其自重下沉到设计标高。沉箱的主要缺点是对施工人员的身体有害,工效很低。

11.4.4 复式基础

复式基础指由一些常见基础通过组合而形成的深水基础结构形式。图 11.37 为京九铁路九江长江大桥正桥采用的双壁钢围堰加钻孔灌注桩基础的构造和施工过程。

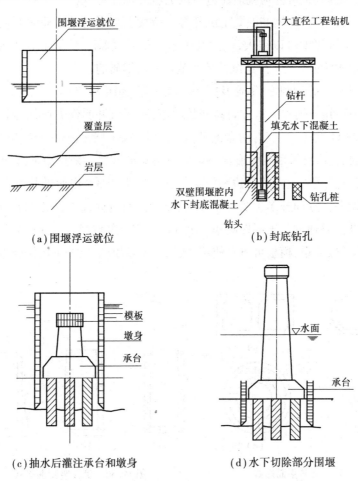

(a)围堰浮运就位

(b)封底钻孔

(c)抽水后灌注承台和墩身

(d)水下切除部分围堰

图 11.37 双壁钢围堰加钻孔灌注桩基础施工步骤

本章小结

(1)桥墩有实体式(重力式)、空心式、桩柱式等多种形式,薄壁墩及不同的柔性墩体系也有广泛地应用在桥梁工程上。

(2)桥台主要为重力式和轻型桥台。重力式桥台主要依靠其重力抵抗水平荷载,避免产生倾覆和滑动;轻型桥台依靠其他措施来抵抗水平荷载。

(3)桥梁墩台的设计计算,要对各种荷载进行可能的最不利组合,并选择适当的验算截面。

验算内容包括强度、偏心验算,以及刚度和稳定性验算。

思考题与习题

1. 桥墩的作用及其分类是什么?
2. 试述实体桥墩和轻型桥墩的受力特点和适用范围。
3. 什么是预偏心桥墩? 简述其构造特点和作用。
4. 试述柔性桥墩的工作特点和计算方法。
5. 桥台的作用及其分类是什么?
6. 什么是拱桥的单项推力墩? 它有哪些形式?
7. 简述墩台的设计与选型原则。设计时应考虑哪几种外荷载?

参考文献

[1] 中华人民共和国铁道部.铁路桥涵设计基本规范（TB10002.1—2005）[S].北京:中国铁道出版社,2005.

[2] 中华人民共和国铁道部.铁路桥梁钢结构设计规范（TB10002.2—2005）[S].北京:中国铁道出版社,2005.

[3] 中华人民共和国铁道部.铁路桥涵钢筋混凝土和预应力混凝土结构设计规范（TB 10002.3—99）[S].北京:中国铁道出版社,2005.

[4] 中华人民共和国铁道部.铁路桥涵混凝土和砌体结构设计规范（TB 10002.4—99）[S].北京:中国铁道出版社,2005.

[5] 中华人民共和国铁道部.铁路桥涵地基和基础设计规范（TB 10002.5—99）[S].北京:中国铁道出版社,2005.

[6] 中华人民共和国铁道部.铁路柔性墩桥技术规范（TB 10052—97）[S].北京:中国铁道出版社,1997.

[7] 中华人民共和国铁道部.铁路结合梁设计规定（TBJ24—89）[S].北京:1989.

[8] 中华人民共和国交通部.公路桥涵设计通用规范（JTG D60—2004）[S].2004.

[9] 中华人民共和国交通部.公路钢筋混凝土及预应力混凝土桥涵设计规范（JTG D62—2004）[S].2004.

[10] 胡夏闽.欧洲规范4钢-混凝土结合梁设计方法(6)-剪力联结器.工业建筑,1996.

[11] 强士中.桥梁工程(上、下)[M].北京:高等教育出版社,2004.

[12] 葛俊颖.桥梁工程[M].北京:中国铁道出版社,2007.

[13] 李亚东.桥梁工程概论[M].成都:西南交通大学出版社,2001.

[14] 李富文,伏魁先,刘学信.钢桥[M].北京:中国铁道出版社,1992.

[15] 周远棣,徐君兰.钢桥[M].北京:中国铁道出版社,1991.

[16] 吴冲.现代钢桥[M].北京:人民交通出版社,2006.

[17] 裴伯永,盛兴旺.桥梁工程[M].北京:中国铁道出版社,2007.

[18] 黄乔.桥梁钢-混凝土组合结构设计原理[M].人民交通出版社,2004.

[19] 薛建阳.钢与混凝土组合结构[M].华中科技大学出版社,2007.

[20] 叶梅新,张晔芝.桁梁结合梁及其剪力联结器试验研究[J].铁道学报,1999.

[21] 辛学忠,张晔芝.我国铁路钢-混凝土结合梁桥技术发展思考[J].桥梁建设,2007.

[22] 刘玉擎.组合结构桥梁[M].北京:人民交通出版社,2005.

[23] 范立础.桥梁工程(上、下)[M].北京:人民交通出版社,2000.

[24] 聂建国,刘明,叶列平.钢-混凝土组合结构[M].中国建筑工业出版社,2005.

[25] 聂建国.钢-混凝土结合梁结构[M].科学出版社,2005.

[26] Eurocode 4,Part 1. General Rules and Rules for Buildings [S].1994.

[27] 朱聘儒.钢-混凝土结合梁设计原理.中国建筑工业出版社[M],2006.

[28] 项海帆,等.中国桥梁史纲[M].上海:同济大学出版社,2009.

[29] 王慧东.桥梁墩台与基础工程[M].北京:中国铁道出版社,2005.

[30] 周远棣,徐君兰. 钢桥[M]. 北京:中国铁道出版社,1991.

[31] [日]小西一郎. 钢桥[M]. 宋慕兰,董其震,译. 北京:中国铁道出版社,1980.

[32] 苏彦江. 钢桥构造与设计[M]. 成都:西南交通大学出版社,2006.

[33] 吴冲. 现代钢桥[M]. 北京:人民交通出版社,2006.

[34] 郑健. 中国高速铁路桥梁[M]. 北京:高等教育出版社,2008.

[35] 孙树礼. 高速铁路桥梁设计与实践[M]. 北京:中国铁道出版社,2011.